TROTSKI

TROTSKI
ROBERT SERVICE

Tradução de
VERA RIBEIRO

3ª edição

EDITORA RECORD
RIO DE JANEIRO • SÃO PAULO
2025

CIP-BRASIL. CATALOGAÇÃO NA PUBLICAÇÃO
SINDICATO NACIONAL DOS EDITORES DE LIVROS, RJ

S489t   Service, Robert
3ª ed.   Trotski: uma biografia / Robert Service; tradução Vera Ribeiro. – 3ª ed. –
Rio de Janeiro: Record, 2025.
il.

Tradução de: Trotsky: a biography
Inclui bibliografia e índice
ISBN: 978-85-011-0858-6

1. Trotski, Leon, 1879-1940. 2. Comunismo – Biografia. 3. Revolução e comunismo. I. Ribeiro, Vera. II. Título.

17-38999

CDD: 920.93354
CDU: 929:330.85

Copyright © Robert Service, 2009
Copyright dos mapas © Robert Service, redesenhados por Martin Lubikowski

Originalmente publicado por Macmillan, um selo de Pan Macmillan Ltd.

Título original em inglês: Trotsky: a biography

Todos os direitos reservados. Proibida a reprodução, armazenamento ou transmissão de partes deste livro, através de quaisquer meios, sem prévia autorização por escrito.

Texto revisado segundo o novo Acordo Ortográfico da Língua Portuguesa.

Direitos exclusivos de publicação em língua portuguesa para o Brasil adquiridos pela
EDITORA RECORD LTDA.
Rua Argentina, 171 – 20921-380 – Rio de Janeiro, RJ – Tel.: (21) 2585-2000, que se reserva a propriedade literária desta tradução.

Impresso no Brasil

ISBN 978-85-011-0858-6

Seja um leitor preferencial Record.
Cadastre-se em www.record.com.br e receba informações sobre nossos lançamentos e nossas promoções.

Atendimento e venda direta ao leitor:
sac@record.com.br

Sumário

Mapas	9
Prefácio	17
Nota sobre os critérios adotados	23
Introdução	25

Parte I: 1879-1913

1.	A família Bronstein	35
2.	Criação	46
3.	Escolarização	58
4.	O jovem revolucionário	70
5.	Amor e prisão	83
6.	Exílio siberiano	93
7.	*Iskra*	106
8.	Solto das amarras	118
9.	O ano de 1905	129
10.	Julgamento e punição	141
11.	De novo emigrante	152
12.	Unificador	164
13.	Correspondente especial	175

Parte II: 1914-1919

14.	Guerra à guerra	189
15.	Projetos de revolução	199
16.	Travessias do Atlântico	209
17.	Quase bolchevique	222
18.	Ameaças e promessas	233
19.	Tomada do poder	245
20.	Comissário do povo	256
21.	Trotski e os judeus	268
22.	Brest-Litovsk	280
23.	Kazan e depois	291
24.	Quase comandante	303
25.	Vitória vermelha	315
26.	Revolução mundial	327

Parte III: 1920-1928

27.	As imagens e a vida	341
28.	Paz e guerra	351
29.	Voltando da beira do abismo	363
30.	Disputas sobre a reforma	373
31.	A política da doença	384
32.	A Oposição de Esquerda	395
33.	Na frente cultural	408
34.	Sem sucesso	419
35.	Círculo e facção	431
36.	O convívio com Trotski	442
37.	O que Trotski queria	451
38.	Último confronto em Moscou	463
39.	Alma-Ata	473

Parte IV: 1929-1940

40. Buyukada	487
41. À procura de revoluções	498
42. O escritor	510
43. Conexões russas	523
44. Europa meridional e setentrional	535
45. Estabelecendo-se no México	548
46. A Quarta Internacional	559
47. Trotski e suas mulheres	570
48. "A questão russa"	582
49. Confrontando os filósofos	594
50. A Segunda Guerra Mundial	605
51. O assassinato	616
52. Os guardiães e a chama	627
Notas	641
Seleta bibliográfica	717
Índice remissivo	735

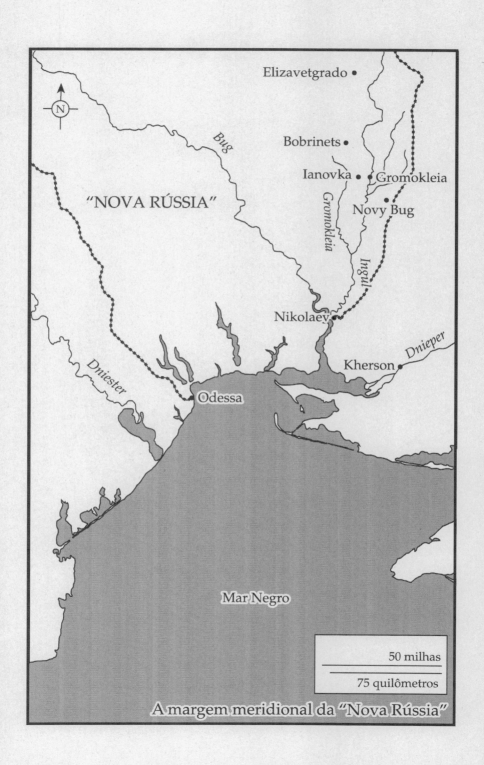

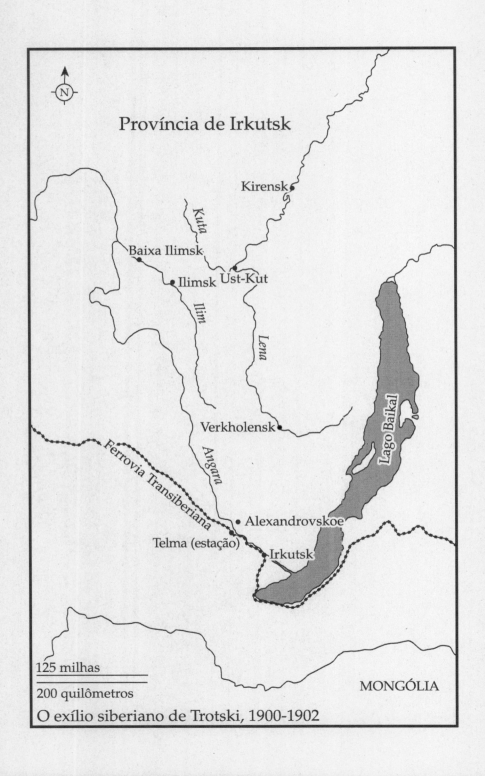

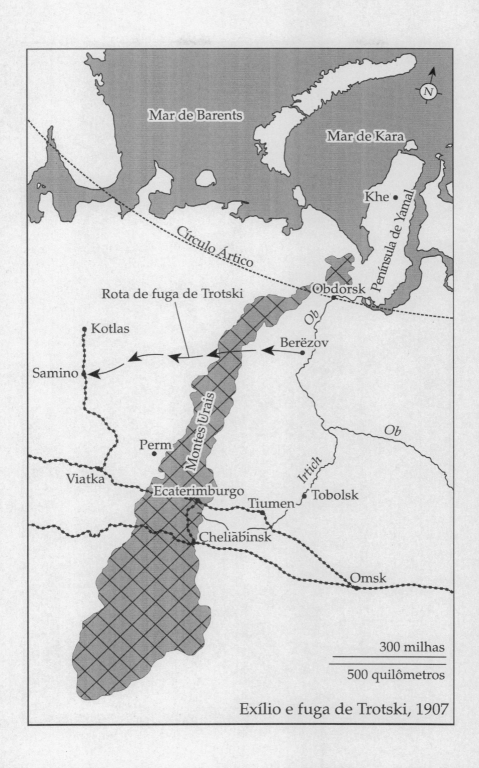

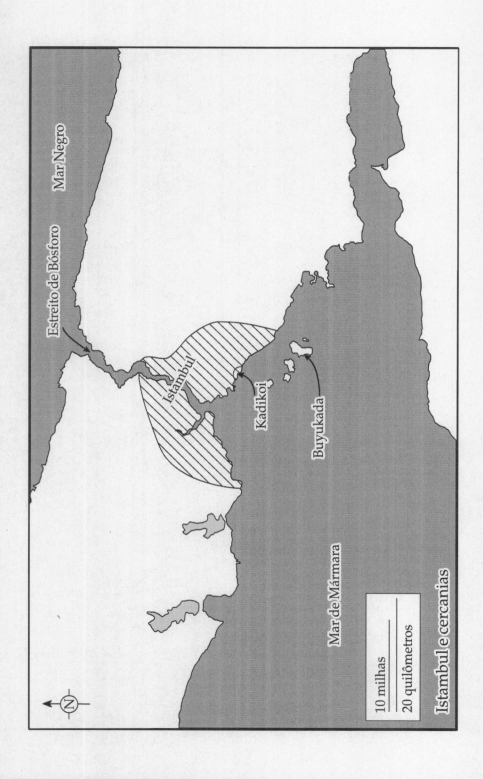

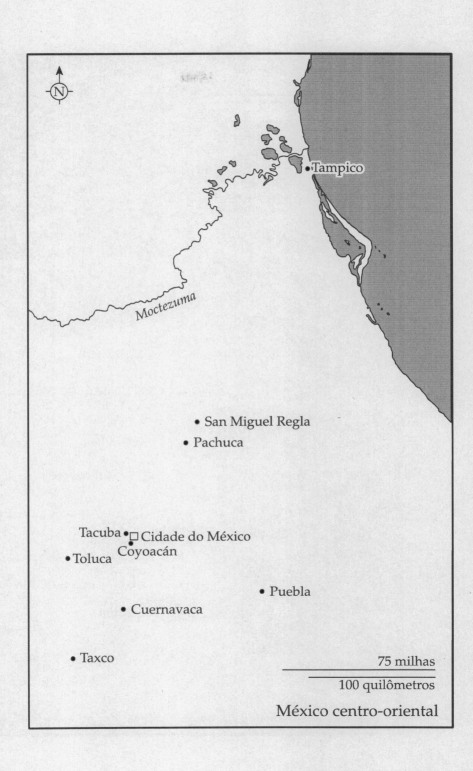

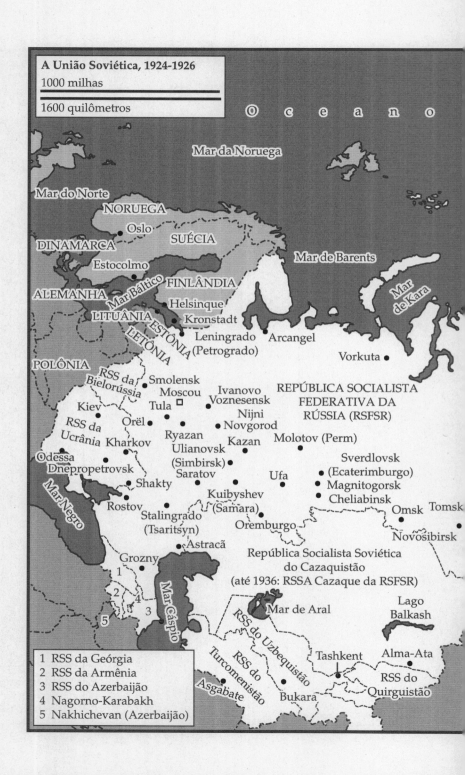

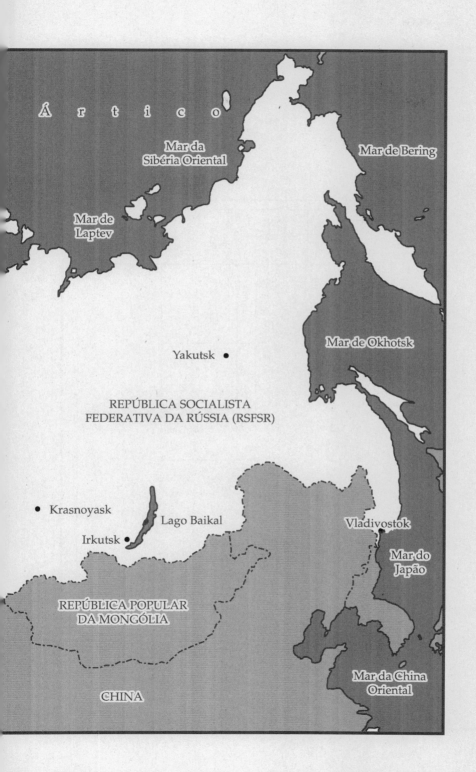

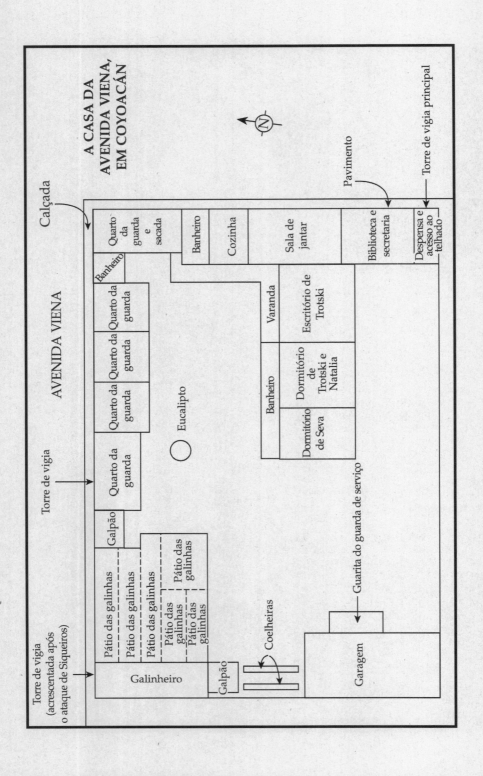

Prefácio

Este é o último livro de uma trilogia sobre os líderes dos primórdios do Estado soviético. O Instituto Hoover foi minha base da pesquisa arquivística, e sou grato ao diretor John Raisian, ao diretor associado sênior Richard Sousa e a Tad Taube, membro do Conselho de Supervisores, bem como à Fundação Sarah Scaife, por sua maneira amável e eficiente de criar a oportunidade para que o trabalho fosse executado em Stanford. Deborah Ventura e Celeste Szeto também não poderiam ter prestado maior auxílio. Nos arquivos, recebi a assistência indispensável de Elena Danielson, Linda Bernard, Carol Leadenham, Lora Soroka, Michael Jacobs, Ron Bulatov, Zbigniew Stanczyk, Lyalya Kharitonova, Dale Reed e Anatol Shmelev. Eles foram muito além do que exigiam suas responsabilidades, alertando-me com frequência para o material cuja existência me era desconhecida. Nossas conversas sobre as centenas de caixas de diversas coleções foram de uma ajuda inestimável.

O material novo usado neste livro inclui arquivos da Coleção Trotski, da Coleção Boris Nicolaevski e da Coleção Bertram Wolfe, os diversos registros do Politburo e do Comitê Central da década de 1920, os papéis depositados pelos assistentes e seguidores de Trotski e as atas internas da nascente Quarta Internacional. A joia preciosa dos Arquivos Hoover é o rascunho inicial da autobiografia de Trotski, que contém muitas informações excluídas por ele da versão impressa. Também importantes são as cartas de e para Trotski, bem como as variações inéditas de seus escritos e a correspondência e as memórias de sua mulher, Natalia, e de outros membros de sua família, ao longo de várias gerações. Além disso, os Arquivos do Instituto Hoover dispõem de fontes de valor inestimável sobre Trotski, provenientes do escritório parisiense da Okhrana imperial russa, dos papéis de Nestor Lakoba e dos de Dmitri Volkogonov. A maior parte desse material é usada pela primeira vez nesta biografia. Também sou grato à equipe da biblioteca do Instituto Hoover por sua diligência no fornecimento de livros, artigos e jornais raros que foram contemporâneos de Trotski.

Entre outras coleções arquivísticas sobre Trotski consultadas para a redação deste livro estão as de Amsterdã, Harvard e Moscou. Enquanto as de Amsterdã e Harvard foram exploradas há muito tempo, as minas de Moscou só foram abertas à prospecção dos estudiosos a partir de 1991. Não apenas o arquivo pessoal de Trotski e os papéis do partido central no Arquivo Estatal Russo de História Social e Política (antes conhecido como Arquivo do Partido Central), mas também os papéis do Arquivo Estatal Russo de História Militar e do Arquivo Central do Serviço Federal de Segurança, oferecem importantes informações. A Biblioteca Houghton, na Universidade Harvard, também possui em seu acervo cartas que mereceram um reexame, e sou grato a Jennie Rathbun por ter obtido as que solicitei. A Escola de Estudos Eslavos e do Leste Europeu do Colégio Universitário de Londres (SSEES-UCL) tem várias primeiras edições dos livros de Trotski, as quais pude consultar. Minha mulher, Adele Biagi, visitou o Arquivo Nacional de Kew em busca de documentos sobre Trotski e descobriu vários registros policiais interessantes.

Enquanto redigia a pesquisa, beneficiei-me das trocas de opiniões com Robert Conquest, cujo vasto conhecimento de episódios da vida e da época de Trotski proporcionou-me inúmeras pistas com que trabalhar. Foi também um prazer trocar ideias com Paul Gregory, Arnold Beichman, Michael Bernshtam, Norman Naimark e Amir Weiner, no Hoover e em Stanford, e com Yuri Slezkine, em Berkeley. O grupo de trabalho anual de Paul sobre arquivos soviéticos tornou-se um esplêndido fórum para a discussão de questões referentes ao passado da URSS. Em Oxford, beneficiei-me durante muitos anos do trabalho com Katya Andreyev nas cadeiras que lecionávamos juntos. O Centro de Estudos Russos e Eurasianos e sua biblioteca proporcionaram recursos excelentes, e sou grato a Richard Ramage, nosso administrador, por haver obtido livros, mesmo

Prefácio 19

durante a interrupção causada pela reconstrução de nossa biblioteca. O seminário das segundas-feiras no Centro, que se realiza há mais de meio século, foi uma fonte fecunda de ideias para este livro, mesmo quando os temas nada tinham a ver com Trotski.

Faço um agradecimento a Elena Danielson, que me relatou suas conversas com Ella Wolfe, grande amiga de Frida Kahlo; a Anita Burdman Feferman, que conheceu e escreveu sobre Jean van Heijenoort; a Robin Jacoby, cujo saber psiquiátrico e psicológico contribuiu para a compreensão da personalidade de Trotski; a Tanya Okunskaya, que me forneceu cartas dos arquivos do partido no Turcomenistão; e ao falecido Brian Pearce, que, ao longo de muitos anos, compartilhou sua vida inteira de reflexões sobre Trotski e o trotskismo. Olga Kerziouk e Elena Katz ofereceram seus veredictos abalizados sobre o sotaque e a dicção de Trotski, depois de ouvirmos *on line* seus discursos em russo. Gabriel Gorodetsky compartilhou comigo as páginas do diário de Ivan Maiski que mencionam Trotski. Bob Davies, o falecido John Klier, Keith Sidwell, Faith Wigzeil, Mikhail Zilikov e Andrei Zorin ofereceram orientação sobre assuntos específicos. Sou grato a Robert Harris por me emprestar seu mapa pré-revolucionário de Odessa, e a Harun Yilmaz, por obter e traduzir textos históricos turcos.

Harry Shukman e Ian Thatcher tiraram um tempo apreciável de seu próprio trabalho para ler a íntegra do manuscrito. Os interesses históricos de Harry tocam em temas cruciais desta biografia, e sou grato pela destreza e tato com que ele me orientou a superar muitas imperfeições nos capítulos de rascunho. Ian passou sua carreira escrevendo sobre Trotski. Agradeço a generosidade de espírito com que ele examinou meu manuscrito e fez sugestões. Harry e Ian também tiveram a gentileza de permitir que eu voltasse a procurá-los com novas indagações. Simon Sebag Montefiore e Paul Gregory leram grandes partes do manuscrito e aprimoraram a exposição. Simon e Paul são muito discretos na demonstração de sua erudição: sou grato a ambos por seu discernimento. Hugo Service deu uma olhada na Introdução. Acima de tudo, Adele leu o livro inteiro duas vezes, auxiliou na eliminação de erros e me orientou sobre o curso da argumentação e da narrativa. É impossível encontrar palavras para lhe agradecer sua perspicácia e paciência: tivemos conversas intermináveis sobre os problemas da vida de Trotski e, como sempre, é para com ela que tenho minha maior dívida.

Meu agente literário, David Godwin, e Georgina Morley, editora da Macmillan, foram ativos e estimulantes como sempre; e Peter James fez um excelente trabalho de copidesque, com sua mescla habitual de empatia consultiva e incisividade. Foi um prazer trabalhar com os três.

Este livro é a primeira biografia completa de Trotski a ser escrita, fora da Rússia, por um autor que não é trotskista. O próprio Trotski escreveu um vívido conjunto de memórias em 1930, dez anos antes de morrer. Seu seguidor emigrante polonês Isaac Deutscher escreveu uma trilogia de grande verve literária em 1954-1963, e o trotskista francês Pierre Broué produziu um estudo em volume único em 1989. Trotski e Deutscher escreviam com brio, e não tenho a pretensão de me haver equiparado a seu estilo. Mas afirmo que Trotski foi seletivo, evasivo e autoengrandecedor em seu relato, e que Deutscher e Broué deixaram de fazer muitas das perguntas incômodas e necessárias a respeito dele. Broué era um idólatra; Deutscher, mesmo acreditando que o regime soviético depois de Stalin poderia corrigir-se e construir uma ordem comunista humana, rezava pela cartilha de Trotski. Trotski e Deutscher escreveram livros que ganharam influência duradoura, muito além do perímetro da extrema esquerda política, e seus juízos altamente questionáveis foram tratados, com demasiada frequência, como a última palavra sobre o assunto. Era o que queriam. A história da Revolução Russa merece uma abordagem mais investigativa, e esta biografia tenciona contribuir para tudo isso.

Seria tedioso para todos se minhas discordâncias da "linha" trotskista básica salpicassem os capítulos do livro. Mais de três décadas atrás, quando fazia pesquisas doutorais sobre o partido comunista no período revolucionário inicial, convenci-me de que o diagnóstico de Trotski sobre as causas de sua derrota diante de Stalin era enganoso e servia a interesses pessoais. Vários outros trabalhos sobre Trotski submeteram-no a um escrutínio cético. No que concerne à sua tática na tomada do poder em outubro, Alexander Rabinowitch e James White fizeram contribuições importantes. A propósito de sua liderança no Exército Vermelho, Francesco Benvenuti, Evan Mawdsley e Geoff Swain ofereceram novas percepções. Quanto a suas ideias econômicas durante o período da Nova

Prefácio

Política Econômica, Richard Day, Bob Davies e John Channon questionaram a antiga visão. No tocante a sua política sobre a China na década de 1920, Alexander Pantsov ofereceu uma nova análise. Com respeito à sua atividade como político e autor revolucionário antes da Revolução de Outubro, os estudos de Ian Thatcher são fundamentais. Duas grandes biografias, da autoria de Nikolai Vasetski e Dmitri Volkogonov, foram publicadas na Rússia. Sem oferecerem uma interpretação original, elas aumentaram as informações documentais disponíveis.

Houve época em que Trotski era um tema frequente de debates públicos, pelo menos fora da URSS. Esse tempo passou. Mas as ideias e a atividade dele merecem ser reexaminadas, pois são importantes para nossa maneira de compreender os últimos cem anos da história russa e mundial.

Este livro é dedicado à memória da falecida Janet Service. Saindo das fronteiras escocesas, ela conheceu nosso pai na Edimburgo dos tempos de guerra, antes de eles construírem o resto de suas vidas na região central da Inglaterra. Durante a maior parte da vida profissional, ela foi uma abnegada enfermeira de crianças com deficiências físicas; era uma cozinheira e tricoteira superlativa e sabia executar quase todas as tarefas de ordem prática em casa. Foi uma mãe excepcional para meu irmão Rod e para mim, e uma avó maravilhosa para seus seis netos.

Robert Service
Março de 2009

Nota sobre os critérios adotados

As datas são habitualmente fornecidas de acordo com o calendário oficialmente utilizado no país onde Trotski vivia em cada época. As autoridades russas empregaram o calendário juliano até janeiro de 1918, quando passaram para o gregoriano. Na transliteração do russo, usei uma versão simplificada do sistema da Biblioteca do Congresso dos Estados Unidos, com a ressalva de que as notas ao final do livro são apresentadas de acordo com o sistema completo. As traduções da maioria das citações são minhas — os tradutores de Trotski nem sempre lhe prestaram bons serviços e, de qualquer modo, traduzi-lo não era a mais simples das tarefas, uma vez que ele interferia frequentemente no trabalho dos tradutores, mesmo quando, como no caso do inglês, seu domínio da língua era insuficiente.

Introdução

Trotski deslocou-se como um luminoso cometa pelo céu da política. Chamou a atenção global pela primeira vez em 1917. Segundo a opinião geral, foi o melhor orador da Revolução Russa. Chefiou o Comitê Militar-Revolucionário que derrubou o governo provisório em outubro. Contribuiu mais que qualquer outra pessoa para fundar o Exército Vermelho. Pertenceu ao Politburo do partido e exerceu um profundo impacto em sua estratégia política, econômica e militar. Foi uma figura de ponta nos primeiros anos da Internacional Comunista. O mundo inteiro atribuiu o impacto da Revolução de Outubro à sua parceria com Lenin, mas ele e Lenin tiveram suas dificuldades um com o outro. Antes de 1917, Trotski tinha sido inimigo do bolchevismo, e muitos bolcheviques não o deixaram esquecer esse fato. Quando Lenin ficou mortalmente enfermo, em 1922, o resto do Politburo temeu que Trotski pleiteasse tornar-se o seu único sucessor. As disputas subsequentes entre as facções fizeram-no cair em desgraça e ele foi deportado da URSS em 1929, havendo recebido asilo político na Turquia, França, Noruega e México. Sua análise do que tinha saído errado no Estado soviético continuou a exercer influência no exterior. Surgiram organizações trotskistas em todos os locais onde as condições políticas o permitiram. Stalin retratou Trotski como traidor da Revolução de Outubro, moveu acusações contra ele nos simulacros de julgamento de 1936-1937 e ordenou que as agências do serviço secreto soviético o assassinassem. Em 1940, elas lograram êxito.

Trotski levou uma vida cheia de dramaticidade, encenada tendo o mundo por palco. A Revolução de Outubro alterou o curso da história, e Trotski desempenhou um papel destacado nessa transformação. A política esquerdista foi transfigurada em todos os países; os socialistas tiveram de decidir entre apoiar ou se opor ao que vinha sendo feito pelos bolcheviques na Rússia. Os inimigos do socialismo foram igualmente afetados. Os governos tiveram de criar maneiras de se contrapor à Internacional Comunista e, na extrema direita, surgiram partidos fascistas para impedir que o marxismo revolucionário continuasse a se disseminar.

Trotski orgulhava-se de suas realizações nos anos de poder e se esforçou por justificar as medidas revolucionárias do governo soviético, bem como a violência por ele praticada. Assim que foi nomeado comissário do povo, escreveu comentários e memórias que descreviam nas mais calorosas cores a atividade bolchevique. Seus textos foram amplamente distribuídos na URSS, assim como instantaneamente traduzidos e vendidos em edições populares no exterior. Durante vários anos, ele foi campeão de vendas como autor. Quanto a seu brilhantismo literário e analítico, nunca houve qualquer dúvida. Depois de ser expulso da União Soviética, foi tão somente graças a seus escritos prolíficos que ele pôde sustentar a si mesmo e à sua família com razoável conforto. Era levado a sério não apenas por socialistas anticomunistas, mas por um grande número de comentaristas influentes que detestavam o regime de Stalin. A explicação de Trotski sobre o que havia acontecido desde a queda da monarquia dos Romanov, em fevereiro de 1917, criou raízes nos trabalhos históricos do Ocidente. Seus livros continuaram a ser impressos. Sua autobiografia foi uma das obras favoritas entre os leitores que desejavam uma exposição geral da Revolução de Outubro e suas consequências. Seus panfletos políticos foram muito valorizados pelos críticos comunistas do Kremlin.

Durante a vida de Trotski, os grupos trotskistas exerceram uma influência minúscula nos assuntos políticos. Após sua morte, o movimento entrou em contínuo declínio. Houve uma breve reascensão em 1968, durante a agitação estudantil ocorrida na Europa e na América do Norte, porém ela mal chegou a ultrapassar aquele ano. Na URSS, ele continuou a ser vilipendiado até Gorbachev ordenar sua reabilitação política póstuma, em 1988. Entrementes, os trotskistas do Ocidente continuaram a formar seus grupos querelosos, amiúde defendendo ideias que assustariam Trotski.

Introdução

Mas a descrição que ele fez de sua vida e sua época preservou sua marca profunda no mundo acadêmico ocidental. De acordo com Trotski, Stalin era um homem sem talento, um ignorante, uma mediocridade burocrática. Trotski teria perdido a batalha pela sucessão de Lenin supostamente porque a balança das forças sociais do país inclinava-se para a burocracia. A camada administrativa soviética teria abraçado Stalin e rejeitado Trotski. Por isso, a Revolução de Outubro estava condenada desde o começo, a menos que pudesse romper seu isolamento e se ligar a estados comunistas da Alemanha e outros lugares. A cautela de Stalin, ao que se alega, teria traído a causa revolucionária internacional depois da morte de Lenin. Trotski postulou que a situação da URSS teria sido radicalmente diferente se ele e sua facção houvessem conquistado a supremacia. Afirmou que ao menos eles teriam lutado pela democratização da política soviética e contido a maré da contrarrevolução, do governo arbitrário e do terror. Declarou que os trabalhadores teriam ficado a seu lado, se não tivessem sido impedidos de fazê-lo pela ação opressiva da polícia.

A elegância de sua prosa não foi a única razão da influência de Trotski no pensamento histórico posterior. Seu assassinato o transformou num mártir político, a quem muitas vezes foi concedido o benefício da dúvida por autores que, de outro modo, exerceriam o seu ceticismo. Entrou também em ação uma certa desinibição mental. Trotski dera argumentos que desacreditavam a reputação de Stalin e seus asseclas, e foi muito fácil para os autores adotá-los de forma irrefletida, como se fossem seus.

Trotski errou em muitos aspectos cruciais de sua colocação. Stalin não era nenhum medíocre e tinha, ao contrário, uma gama impressionante de habilidades, bem como talento para uma liderança decisiva. De qualquer modo, a estratégia trotskista para o avanço do comunismo pouco tinha a oferecer para se evitar um regime opressivo. Suas ideias e práticas lançaram diversas bases para a construção do edifício político, econômico, social e até cultural de Stalin. Este, Trotski e Lenin tinham mais coisas em comum do que discordâncias entre si. Quanto à acusação de que Stalin era um arquiburocrata, ela foi curiosa, vindo de um acusador que se deleitara com uma autoridade administrativa irrestrita em seus anos de pompa. Nem mesmo a afirmação trotskista de que Stalin não se interessava por ajudar as tomadas de poder comunistas no exterior resiste a um exame detido. Ademais, se o comunismo tivesse saído vitorioso na Alemanha, França ou Espanha nos anos do entreguerras, seria pouco provável que seus grandes defensores conservassem o poder. E, se algum dia Trotski tivesse sido o líder supremo, em vez de Stalin, os riscos de um banho de sangue na Europa teriam sofrido um aumento drástico. Trotski se orgulhava de sua capacidade de ver as questões soviéticas e internacionais com realismo. Estava enganado. Ele se havia encerrado em preconcepções que o impediam de compreender a dinâmica da geopolítica contemporânea. (Não que Stalin deixasse de ter falhas grosseiras de previsão.) A questão é que qualquer um que governasse a URSS de forma eficaz precisaria de métodos profundamente autoritários para conservar o poder comunista.

Não há como negar as qualidades excepcionais de Trotski. Ele era um extraordinário orador, organizador e líder. Poderia facilmente ter construído uma grande carreira como jornalista ou ensaísta, se a política não se houvesse tornado sua preocupação. Tinha sensibilidade, ainda que intermitente, para a literatura. Escrevia tão bem sobre a vida cotidiana e o progresso cultural quanto sobre os temas marxistas mais costumeiros de sua época. Tinha um entusiasmo e um compromisso ilimitados com os objetivos revolucionários. Inspirava proezas de sacrifício em seu círculo. Mais do que qualquer outro bolchevique eminente, conservou na cabeça a visão de um mundo futuro em que cada homem e cada mulher teriam a oportunidade de autorrealização a serviço do bem coletivo, e a proclamou de forma apaixonada até seu último dia de vida.

No entanto, o retrato que ele fez de sua vida e sua época envolveu muitas distorções — e estas obscureceram nossa compreensão da história comunista soviética. Ele exagerou sua importância pessoal. Suas ideias, antes de 1917, não chegaram nem perto de ser tão originais e de tão largo alcance quanto lhe agradava acreditar. Sua contribuição para o avanço bolchevique no poder foi importante, mas não no grau afirmado por ele. Embora tenha levado uma autoridade unificadora para o Exército Vermelho em 1918-1919, ele também provocou problemas desnecessários e cometeu erros evitáveis. Nos anos seguintes, continuou inconstante e indigno de confiança. Faltava-lhe refinamento tático. Ele era um indivíduo arrogante e, mesmo em tempos de adversidade pessoal, nas décadas

Introdução

de 1920 e 1930, deslumbrava seus seguidores com sua preeminência, mas não conseguia convencê-los nem encorajá-los plenamente. Presumia de modo egocêntrico que suas opiniões, se expressas numa linguagem vívida, poderiam granjear-lhe a vitória. Era melhor administrador que político. Stalin sabia fazer o jogo melhor que ele. Trotski não foi derrotado nas mãos da "burocracia": perdeu para um homem e um grupo que tinham uma compreensão superior da vida pública soviética. A oratória esmerada e os panfletos bem redigidos já não eram suficientes. Trotski era viciado na autoimagem que havia adquirido no ano da Revolução, o que em nada o favoreceu nos anos posteriores.

Ele costuma ser visto como uma pessoa de qualidades que o colocavam numa categoria diferente da de Stalin. É verdade que este último fez coisas de uma monstruosidade a que poucos ditadores do século XX se equipararam. Mas Trotski não era nenhum anjo. Seu gosto pela ditadura e pelo terrorismo mal foi disfarçado na guerra civil. Ele ignorou os direitos civis de milhões de pessoas, inclusive os trabalhadores da indústria. Era de um egocentrismo extremo. Como marido, tratou sua primeira mulher de forma lamentável. Desconhecia as necessidades dos filhos, especialmente quando seus interesses políticos interferiam. Isso teve consequências catastróficas até para os que, dentre eles, não tiveram participação ativa na vida pública soviética — e é possível que seu filho Lev, que o acompanhou no exílio, tenha pago com a vida por colaborar com o pai.

Todavia, Trotski também tinha qualidades fascinantes. De nada adianta fingir que é possível reduzi-lo a dimensões comuns e mostrar que ele foi igual a qualquer um de nós. Então, exatamente de que modo devemos procurar avaliá-lo? Embora soubesse ser de uma franqueza desconcertante, ele guardou muitas coisas para si ao publicar sua autobiografia e divulgar partes seletas de documentos. O propósito deste livro é escavar a vida encoberta. Trotski teve um caráter e uma carreira complexos. Como no caso de todos os líderes da Revolução de Outubro, as provas começam pelos textos — livros, artigos e discursos — que ele publicou em vida. Trotski viu alguns como embaraçosos, à medida que seus interesses políticos se modificaram. Entretanto, mesmo que examinemos todas essas obras, não podemos deixar a investigação nesse ponto. Elas nos falam de seus grandes objetivos, mas nem sempre elucidam seu propósito pessoal ou faccional num dado momento. Como político atuante, nem sempre ele podia se dar o luxo de explicitar o que pretendia. Suas cartas, telegramas e outras mensagens proporcionam uma via para esse círculo íntimo de seu pensamento. Mesmo assim, amiúde as mensagens enviadas eram objetos demasiadamente burilados. Para compreender o que ele planejava, também é necessário examinar os rascunhos do que escreveu. Os cortes e correções nos revelam aquilo que ele não queria que os outros soubessem. Isto se aplica em especial a sua autobiografia.

Não devemos permitir que seu legado escrito converta-se na história toda. Às vezes, é nos resíduos supostamente triviais, e não nas grandiosas declarações públicas, que a perspectiva de sua carreira é reconstruída da maneira mais eficiente: o estilo de vida, a renda, a moradia, as relações familiares, os maneirismos e as suposições cotidianas sobre o resto da humanidade. Há pouco disso em sua autobiografia, mas é possível resgatar as informações a partir de suas cartas e rascunhos, bem como daquilo que foi lembrado sobre ele pelos que lhe foram próximos — desde suas mulheres e filhos até seus tradutores e conhecidos passageiros. Como nos casos de Lenin e Stalin, além disso, é tão importante assinalar o que Trotski silenciou quanto aquilo sobre o qual optou por falar ou escrever. Seus pressupostos básicos não enunciados eram parte integrante do amálgama de sua vida.

Trotski detestava jogar coisas fora. Abarrotava seus armários de arquivo com velhos bilhetes de balsa, passaportes vencidos, fragmentos inéditos de memórias e fotografias de suas moradias alugadas; certa vez, repreendeu Max Eastman, seu sofrido e paciente tradutor, por ter amassado uma carta de uma mulher de Ohio, nos Estados Unidos, apesar de não ter a menor intenção de respondê-la.[1] O resultado é que resta uma abundância de material. Para mim, foi um prazer desenrolar o manuscrito original de Trotski com a história da Revolução Russa, que ele colou trabalhosamente, página por página, em rolos com a extensão de um capítulo. Os arqueólogos que desenterraram papiros nos desertos egípcios devem ter tido a mesma sensação animadora. No entanto, ele não era um funcionário, sacerdote ou mercador da Antiguidade, e sim um revolucionário do século XX, que tinha sua própria datilógrafa e seu

Introdução

papel industrialmente produzido. Travar conhecimento com a excentricidade de sua produção de papiros me ajudou a formar uma ideia sobre seu estilo de vida e seu trabalho. Os filmes existentes de seus discursos provam que, como atestam seus contemporâneos, ele realmente era um esplêndido orador. Suas cartas de amor à primeira e à segunda esposas fornecem exemplos vívidos de sua natureza passional. Similarmente, os manuscritos de seus textos, sobretudo sua cintilante autobiografia, demonstram sua fluência e precisão como escritor. Quando ele corrigia um trecho escrito, comumente era apenas para prevenir algum tipo de constrangimento político ou social. Em termos estilísticos, ele sabia dar forma a suas ideias na primeira tentativa.

Tinha também a letra afortunadamente legível. O belo caderninho de endereços que manteve durante o exílio soviético interno em Alma-Ata, em 1928, confirma que ele era meticuloso e organizado. A bem da verdade, não era um grande conspirador, mas, vez por outra, trabalhava para corrigir essa deficiência, como mostra sua cópia do diário publicado de Aleksandr Blok, no qual ele usou tinta invisível para rabiscar instruções para seus seguidores. Há também o livro sobre marxismo e filosofia de seu ex-seguidor Sidney Hook: os pontos de exclamação feitos por ele nas margens atestam seu moralismo raivoso e sua autoestima intelectual. Igualmente notáveis são as centenas de cartas que ele enviou a trotskistas de dezenas de países, utilizando uma atordoante alternância de pseudônimos (Velho, Crux, Onken, Tio Leon, Vidal e Lund); devia precisar de uma memória vastíssima para se manter em dia com suas múltiplas identidades. Trotski deixou provas abundantes de ter sido uma pessoa fora do comum, tanto nas grandes questões quanto nas pequenas.

Como todos os seres humanos, ele foi um fenômeno impossível de repetir. Enfim, um outro Trotski não poderia irromper de novo diante de nós, pela razão óbvia de que muitas coisas mudaram no mundo, e um cometa político do seu brilhantismo teria uma composição e uma trajetória diferentes. É sempre preciso levar em conta sua época e seu meio. Ele nasceu numa geração conhecida por seu radicalismo revolucionário no Império Russo. Ganhou proeminência num partido que tomou o poder em outubro de 1917 e proclamou sua determinação de virar o mundo de pernas para o ar. Trotski contribuiu tanto quanto qualquer um, exceto

Lenin, para construir o Estado soviético, na primeira meia década de sua existência. Mas não tinha faculdades sobre-humanas. Ele e seus camaradas se beneficiaram de atuar em circunstâncias de profunda perturbação em toda a sociedade. Se assim não fosse, jamais teriam conseguido obter e consolidar sua hegemonia na Rússia. Depois de vencerem a guerra civil, ainda enfrentaram enormes dificuldades. O governo e a economia estavam caóticos; a hostilidade ao comunismo era generalizada. O próprio partido comunista não era um brinquedo nas mãos da liderança central: era preciso administrá-lo e persuadi-lo, com cuidado e contemporização. Durante algum tempo, até o começo da década de 1920, Trotski portou-se como se não houvesse qualquer restrição aos comunistas, desde que eles demonstrassem suficiente força de vontade, unidade e disposição de usar a violência em massa. Aos poucos, ele começou a perceber que isso era uma utopia. Mas nunca abandonou por completo os projetos irrealistas que defendia para si e para o partido. Viveu pelo sonho que muitos consideravam um pesadelo.

Esse sonho ganhou forma aos poucos, ao longo de sua vida. Ninguém — ou quase ninguém — que houvesse conhecido Trotski como adolescente ou adulto jovem imaginaria a carreira extraordinária que ele viria a ter. No entanto, em retrospectiva, alguns lampejos já eram visíveis naqueles primeiros anos, e devemos agora começar pelo começo.

Parte I

1879-1913

1. A família Bronstein

Lev Davidovich Bronstein nasceu no dia 26 de outubro de 1879 numa família de agricultores, em Ianovka, na província de Kherson, na região então chamada de Nova Rússia e hoje situada no sul da Ucrânia. Terminou seus dias em Coyoacán, nos arredores da Cidade do México, quase 61 anos depois. Teve uma vida extraordinária. Somente quase ao final de sua quarta década foi que ele ganhou destaque público permanente. A partir da Revolução de Outubro de 1917, foi uma figura de impacto mundial. Durante dez anos, ocupou um lugar no ápice da política soviética. Depois, sua sorte mudou de forma irreversível, seguindo-se o exílio na Sibéria e a deportação da URSS. Entretanto, ele permaneceu no centro das atenções globais até seu assassinato por um agente da polícia de segurança de Stalin, em 1940.

Trotski foi Leiba Bronstein até os 23 anos de idade, quando adotou seu famoso pseudônimo. Continua a ser uma figura mais esquiva do que se costuma reconhecer. Criticando severamente o que chamou de "escola stalinista de falsificação", denunciou a campanha de calúnias de Stalin contra ele;[1] entretanto, embora raras vezes tenha contado claras mentiras em seus relatos autobiográficos, seus escritos eram cheios de graves incorreções. Trotski foi um revolucionário militante, e nada do que declarava em público deixava de trazer a marca de seus objetivos práticos na ocasião em que era dito. Ele ria da própria sugestão de que algum dia as coisas pudessem ser diferentes.[2] Ao narrar a história de sua vida, eliminou e selecionou episódios adequados a seu interesse político do momento. Foi persistentemente injusto a respeito dos adversários. Sua seletividade não foi um processo inteiramente consciente. Trotski adotou uma ideologia definida em idade precoce; sua análise e seu prognóstico passaram por um desenvolvimento, mas não sofreram alterações radicais. Vendo o mundo pelo prisma de certas ideias básicas, ele tolheu sua visão dos méritos de opções alternativas. Estruturava-se como um bloco inteiriço de pedra, rejeitando qualquer demarcação entre o homem privado e o líder público. Como seria inevitável, isso influenciou seu modo de lidar com a redação da autobiografia. Sua descrição de si mesmo foi aceita, acriticamente, por gerações de leitores. A realidade era diferente, pois, sempre que fatos inconvenientes obscureciam sua imagem desejada, ele os eliminava ou distorcia.

Como marxista, ficava constrangido com a riqueza de seus pais e nunca reconheceu de maneira apropriada as extraordinárias qualidades e realizações deles. Mais que isso, a descrição publicada de sua meninice na autobiografia tendeu a omitir as passagens em que ele se afigurava tímido ou mimado, e, sem negar sua origem judaica, reduziu as referências a ela. Ao examinar os manuscritos e as provas tipográficas, podemos captar vislumbres de aspectos de sua criação que permaneceram ocultos por muito tempo. Assim, ele declarou publicamente apenas que seu pai era um fazendeiro próspero e competente, o que foi uma enorme subestimação da realidade. David Bronstein, casado com Aneta, figurou entre os mais dinâmicos fazendeiros num raio de quilômetros ao redor da província de Kherson. Por meio do trabalho árduo e da determinação, elevou-se na escala do sucesso econômico e tinha todos os motivos para se orgulhar de sua conquista.

Ianovka ficava na orla da colônia agrícola judaica conhecida como Gromokleia, no distrito de Elizavetgrado, na província de Kherson. A fazenda situava-se a uns 3 quilômetros do vilarejo mais próximo.[3] O solo da Nova Rússia era muito fértil. A província de Kherson localizava-se no litoral do mar Negro, perto do grande e florescente porto de Odessa, de onde os navios cargueiros levavam exportações russas e ucranianas para o Mediterrâneo. Depois de derrotar e expulsar as forças turcas em 1792, a imperatriz Catarina, a Grande, havia tratado de proteger suas fronteiras. Odessa foi um foco de sua atenção e prosperou sob o comando do governador-geral Armand Emmanuel du Plessis, duque

A família Bronstein

de Richelieu, no início do século XIX. (Na época, os franceses eram bem-vindos no império, quando tinham notória competência.) Essa cidade apequenou Nikolaev e todos os outros locais habitados da Nova Rússia, cujas áreas rurais do interior permaneceram escassamente povoadas durante anos, após a vitória militar russa. As autoridades de São Petersburgo compreendiam que nunca se poderia eliminar a ameaça de um retorno otomano. Assim, o neto de Catarina, imperador Alexandre I, resolveu povoar as terras da Nova Rússia, abrindo-as para colonos agrícolas. Fizeram-se apelos a veteranos do exército, alemães e judeus do Império Russo, a fim de que eles ocupassem o território virgem das estepes ucranianas. Milhares de famílias migraram para o sul. Houve um grande crescimento da produção de cereais, pois a Nova Rússia funcionou como um ímã para os que buscavam tirar proveito das oportunidades oferecidas.

O governo imperial não tinha afeição por seus judeus. Milhões deles tinham sido introduzidos no império pelas três divisões da Polônia impostas por Viena, Berlim e São Petersburgo em 1772-1795. Desde o começo, os judeus depararam com a desconfiança oficial. Sucessivos imperadores temeram deixá-los "contaminar" o coração da Rússia com sua religião estranha, seu tino comercial e sua mestria educacional. Os russos eram a espinha dorsal demográfica e espiritual do império, e era preciso levar em consideração sua sensibilidade. Mas os judeus tinham que viver em algum lugar, se não se pretendia deportá-los, e o governo nunca sonhou expulsá-los como tinham feito os espanhóis, em 1492. Os próprios judeus queriam ficar: não houve êxodo em massa para os Estados Unidos até o fim do século XIX, e o movimento sionista em prol de uma pátria judaica na Palestina ainda não fora iniciado. A Zona de Assentamento foi a solução escolhida pela imperatriz Catarina em 1791. Estendendo-se do mar Báltico até o mar Negro, ela abarcava uma vasta região. Seu objetivo era impedir que os judeus habitassem em cidades, vilarejos e aldeias russos, a menos que porventura fossem muito ricos — e, mesmo nesse caso, às vezes havia dificuldades na obtenção dos documentos de autorização necessários. A maioria dos súditos judeus dos tsares continuou a viver na metade norte da Zona de Assentamento, onde havia séculos eles tinham suas casas.

Seus *shtetlech* eram aldeias ou aldeolas em que a pobreza era a norma. Os habitantes atinham-se à religião de seus antepassados. As tradições de caridade, apoio recíproco e escolarização eram mantidas. Como povo do livro, os judeus estudavam a Torá, e seus filhos adquiriam um nível de letramento e competência matemática que não era atingido por poloneses, russos e ucranianos. Desde tempos imemoriais, até os judeus mais pobres reservavam dinheiro para que seus filhos pudessem estudar os livros sagrados. Respeitavam-se as normas da dieta *kosher*. Observava-se o calendário religioso tradicional. Os rabinos e cantores eram reverenciados e se valorizava a erudição. Na maioria dos *shtetlech*, a efervescência religiosa era comum, e era o judaísmo da variante hassídica que tinha maior popularidade. Suas seitas discutiam tanto entre si quanto com outros fiéis judeus. Quase todos os adeptos atinham-se a um rigoroso código de indumentária. Os homens, com suas longas túnicas pretas e seus cachos de cabelo laterais, eram fáceis de distinguir de seus vizinhos eslavos. Homens e mulheres observavam separadamente o culto religioso, e o hassidismo esperava que os homens adultos fossem várias vezes por dia à casa de oração. Esses judeus, a menos que pertencessem ao grupo diminuto dos que eram empresários bem-sucedidos, mantinham a distância dos gentios. Os crimes e as disputas civis eram resolvidos nos tribunais religiosos judaicos. Uma vez pagos os tributos anuais ao governo, havia pouco contato com a administração imperial.

Não era apenas o hassidismo que desconcertava as autoridades. Os judeus de cada *shtetl* setentrional concentravam-se em ocupações como as de sapateiro, alfaiate e outros ofícios artesanais. A concorrência econômica entre eles era feroz. Como a maioria dos russos e ucranianos, além disso, eles tinham famílias numerosas. Os casais continuavam a gerar filhos até o término da capacidade de engravidar da mulher. A penúria endurecia a vida de quase todas as famílias judias dos *shtetlech* nortistas. O governo concluiu que, para que eles se integrassem à sociedade geral, era preciso fazer algo para reformar suas condições espirituais e materiais.[4]

Foi nessa situação que o imperador Alexandre I introduziu um projeto de colônias agrícolas judaicas. Terras não ocupadas das províncias de Kherson e Ecaterinoslav, perto do mar Negro, foram demarcadas para eles. Expediram-se proclamações e o avô paterno de Trotski, Bronstein,

A família Bronstein

esteve entre os primeiros a se mudarem da província de Poltava para uma das colônias. Muitos judeus viajaram para o sul à procura de um alívio da pobreza, recomeçando a vida como agricultores.[5] Foi essa a ideia que o governo decidiu incentivar. Os ministros da Coroa esperavam que os judeus — uma comunidade indigente, irrequieta e distante — se transformassem numa população produtiva e mais bem integrada ao império. Pradarias virgens e gratuitas, em áreas especialmente demarcadas, foram oferecidas aos que concordassem em cultivá-las. Mais de 65 mil colonos judeus viviam nas regiões sul, centro e oeste da Ucrânia em meados do século XIX, e havia 22 colônias judaicas somente na província de Kherson.[6] Gromokleia foi a última colônia agrícola judaica a ser fundada ali. Os Bronstein estiveram entre os bravos judeus que resolveram fugir da armadilha econômica do *shtetl* e se dedicar à agricultura.[7]

Algumas restrições legais foram incorporadas ao projeto dessas colônias, e inspetores do governo as visitavam com regularidade para garantir o cumprimento das normas. (O funcionário que submetia os relatórios sobre Gromokleia costumava hospedar-se na casa de um tio de Trotski, Abram.)[8] Desde o começo, as autoridades manifestaram dúvidas de que os artesãos urbanos judeus fossem receptivos ao trabalho braçal na agricultura.[9] Muitos colonos pareceram confirmar essa visão, ao tentarem vender suas terras assim que chegaram. Impôs-se uma proibição a essas tentativas (o que não impediu as pessoas de simplesmente fugirem de suas colônias.)[10] Os administradores mais inteligentes reconheciam que, não raro, as condições físicas eram de excepcional dificuldade. Nem todos os assentamentos ficavam perto de um rio, o que era mais culpa das autoridades imperiais que dos judeus que chegavam. Outro fator incômodo era a proibição de se instalarem lojas ou tendas.[11] A ideia dos ministros era que os colonos se dedicassem inteiramente à lavoura. No princípio, eles foram proibidos de usar a mão de obra cristã, mesmo durante a colheita, para que os camponeses ucranianos não viessem a ficar sob sua dominação econômica. Além disso, houvesse o que houvesse, as colônias tinham que se manter separadas. Os colonos judeus eram proibidos de vender seus campos e suas casas aos gentios, também não lhes sendo permitido comprar bens de raiz de não judeus. Toda a estrutura de leis e decretos era perpassada pela desconfiança.[12]

Não haveria qualquer tentativa de convertê-los ao cristianismo; as autoridades pretendiam que eles se mantivessem fiéis a sua religião, e por isso os judeus foram estimulados a construir sinagogas.[13] A esperança era que o tipo de judaísmo praticado por eles viesse a adquirir um caráter mais "esclarecido" e moderno, e que o hassidismo fosse abandonado, à medida que melhorassem as suas condições de vida. A ajuda oficial para a criação de escolas em que se usasse a língua russa foi fornecida a partir de 1840. Mas, em geral, elas não foram um sucesso. Quase todos os colonos judeus continuaram a criar seus filhos falando iídiche.[14] O governo de São Petersburgo ficou perplexo com isso, e os ministros refletiram sobre a melhor maneira de intervir nas escolas fundadas pelos colonos. Tentaram fazer com que as escolas de iídiche lecionassem o russo como segunda língua, em vez do alemão. Por algum tempo, entretanto, os judeus resistiram a essa intromissão. Em grande parte, o iídiche originava-se na língua alemã, e o convencional era as escolas dos *shtetlech* nortistas optarem pelo alemão — se é que chegavam a ensinar alguma língua estrangeira.[15] Só depois de muita persuasão foi que as colônias começaram a aceitar professores russos e a língua russa.[16]

O respeito aos costumes judaicos era vibrante nas colônias. Os colonos não tinham qualquer desejo de alterar suas formas de vida e de culto, e o governo imperial da Nova Rússia não tardou a informar que esses povoadores estavam convidando rabinos e açougueiros hassídicos a deixarem o norte e se juntarem a eles.[17] Muitas características do comportamento judaico eram intrigantes para os cristãos. Era raro um colono embriagar-se em tabernas. A incidência da criminalidade era baixa — os administradores notavam com assombro que "a vergonha da punição tem um efeito mais forte do que a própria punição".[18] (Se essa sobriedade era mantida em casa, no Sucot ou noutras festas do calendário religioso, é duvidoso, mas isso as autoridades civis pouco viam.) "Nem mesmo um traço" de hassidismo existira até então na Nova Rússia. Os recém--chegados alteraram tudo isso.[19] Quando um estudioso rabínico falava de questões sociais, suas palavras tinham a força de uma ordem: o credo e a vida cotidiana achavam-se intimamente ligados, o que as autoridades imperiais viam como puro "fanatismo". Ora essa, exclamavam, os judeus priorizavam o calendário de sua religião, acima do trabalho e do lucro!

A família Bronstein   41

"Desperdiçavam" dinheiro em carne *kosher*. Toda semana, "perdiam" o período inteiro entre o anoitecer da sexta-feira e o momento em que se avistava a primeira estrela na noite de sábado, sem fazer qualquer trabalho no campo — a rigor, em geral só retomavam suas atividades na manhã de domingo.[20] As famílias judias só economizavam e guardavam para gastar sua poupança no casamento das filhas. Quando morria um parente, todos se sentavam no chão por uma semana e pranteavam a pessoa falecida. Que espécie de rotina era essa, se eles queriam tornar-se lavradores bem-sucedidos?

As auditorias anuais não tardaram a revelar que a produção das comunidades de colonos estava muito abaixo das expectativas oficiais. O cálculo foi que apenas um quinto delas, mais ou menos em meados do século, fizera da lavoura um sucesso. Outro quinto saía-se razoavelmente bem, porém as demais eram realmente um fracasso abjeto. Relatou um especialista: "A proposta beneficente do governo, a de transformar os judeus em agricultores, não se realizou."[21] A pobreza tinha se transferido dos *shtetlech* poloneses ou lituanos para as colônias agrícolas de Kherson e das províncias vizinhas.

As coisas tiveram uma pequena mudança para melhor quando a política oficial foi ajustada.[22] Os ministros de São Petersburgo chegaram a admitir que as colônias agrícolas judaicas precisavam funcionar com menos restrições. Em 1857, permitiu-se finalmente que os judeus contratassem trabalhadores cristãos para o trabalho sazonal.[23] Além disso, Gromokleia foi criada no período em que o imperador Alexandre II estava fazendo reformas gerais na ordem imperial. Em 1861, ele expediu um Édito de Emancipação que concedeu liberdade pessoal aos camponeses que tivessem obrigações para com a aristocracia rural. Nos locais onde o solo era fértil, eles receberam um pequeno lote de terra para cultivar. Onde era menos produtivo, receberam um lote muito maior. Em ambos os casos, tinham de pagar empréstimos ao Estado pela propriedade recém-adquirida. As condições especiais das colônias agrícolas judaicas não foram ignoradas, ao ocorrer essa transformação da situação rural. Em 1863, foi suspensa a proibição de que os colonos se dedicassem ao comércio não agrícola fora da colônia.[24] No fim da década, a proibição do emprego permanente de cristãos foi revogada e os judeus

42 Parte I: 1879–1913

foram autorizados a arrendar terras adicionais dos gentios. As colônias deixaram de ser mantidas isoladas do restante do setor agrícola. Relatou-se que os lavradores judeus mais bem-sucedidos estavam alcançando "uma vida econômica próspera" e, na opinião dos inspetores, viriam a constituir "um núcleo saudável de verdadeiros agricultores", à medida que as restrições às atividades nas colônias judaicas fossem reduzidas.[25]

As melhoras, que haviam tardado a começar, pareceram enfim despontar no horizonte — e os Bronstein figuraram entre as famílias que reforçavam o otimismo oficial. O tamanho médio das propriedades, quando as colônias foram estabelecidas na província de Kherson, correspondia a 110 acres.[26] O procedimento normal era o chefe da família reivindicar a posse de uma área contínua, e não havia pressão para que se interligassem pequenas faixas de terra, como era comum entre os camponeses das regiões central e sudeste da Rússia.[27] Uma vez facilitadas as normas sobre o arrendamento de terras, homens como David Bronstein aproveitaram a oportunidade para ampliar a área que possuíam ou arrendavam. Em meados do século, oito famílias das colônias agrícolas judaicas da província de Kherson haviam acumulado dinheiro e conhecimento suficientes para construir moinhos — e, tempos depois, os Bronstein se juntariam a elas.[28] A modernidade técnica começava a chegar à zona rural local.

O meio econômico geral estava do lado dos Bronstein e de pessoas como eles. Os mercados mundiais mostravam-se ávidos dos cereais russos e ucranianos. Construíram-se ferrovias desde o norte até Odessa e Kherson. Expandiram-se os portos do grande sistema fluvial da costa norte do mar Negro. Trens e navios a vapor carregavam trigo e centeio para Odessa. O cultivo de cereais na Nova Rússia começou a prosperar. As técnicas agrícolas tiveram que ser desenvolvidas quase a partir do zero, visto que o solo e o clima das estepes meridionais eram diferentes dos de outras partes do Império Russo. A terra certamente era fértil, mas, afora isso, havia problemas que não tinham sido antecipados. As chuvas eram imprevisíveis. As variedades convencionais de trigo não se saíam bem. Os judeus que se mudaram para as províncias de Kherson e Ecaterinoslav, ao contrário dos colonos alemães, tinham pouca experiência em arar, semear e colher. As autoridades não puseram à sua disposição nenhuma orientação científica. Eles tiveram de aprender na

A família Bronstein   43

prática. Nos bons anos, podiam ter resultados positivos pelo simples fato de se tratar de terras que nunca tinham sido cultivadas. Sem possuírem formação ecológica, eles tomavam poucas providências para recuperar a fertilidade do solo — e, no século XX, isso levou a que as estepes de muitas áreas se transformassem em bacias de pó. O trabalho era estafante. Todavia, as recompensas imediatas eram grandes para os poucos que se mostravam decididos.

A Nova Rússia era famosa por sua diversidade étnica e religiosa, e a economia da província de Kherson refletia essa mistura. Gromokleia, aliás, ficava ao lado de uma próspera colônia agrícola alemã. Ao serem relaxadas as proibições anteriores referentes aos colonos judeus, houve uma interação cada vez maior entre poloneses, alemães e judeus, além de russos, e de modo geral, deu-se uma coexistência pacífica. Os *pogroms* antissemitas não eram infrequentes no Império Russo em 1881-1883. Naturalmente, isso agitava os judeus de toda a Nova Rússia, especialmente em locais problemáticos como Odessa, mas os que viviam no interior ficavam menos sujeitos a esse problema e se atinham à esperança de que a situação pudesse melhorar.

David e Aneta Bronstein enquadraram-se melhor do que a maioria dos colonos judeus nesse meio ampliado. Singularizavam-se entre os membros da colônia de Gromokleia por terem uma atitude meio displicente com respeito à observância religiosa. Ianovka ficava longe demais da sinagoga do vilarejo para que eles participassem diariamente dos cultos. Trotski os recordou como pessoas que praticavam o judaísmo com indiferença e, na vida privada, faziam certas restrições a todos os credos religiosos — e Leiba, na adolescência, teria entreouvido conversas dos dois como ateus consumados. Além disso, apesar de serem habitantes da zona rural, Aneta era originária de Odessa e tinha parentes que vinham fazendo da sua vida um sucesso naquela cidade. Os laços de família significavam que o casal tinha abertura para um mundo mais amplo do que a fazenda e a aldeia. Havia entre os parentes um proprietário de fábrica, e Aneta tinha sobrinhos de ambos os sexos que viriam a prosperar na expansão econômica do fim do século XIX. Os Bronstein de Ianovka pertenciam a uma família extensa que prosperou na economia pujante da Nova Rússia. Em certa época, os pais de David tinham residido num *shtetl* da província de Poltava, ao passo que ele e a mulher foram pioneiros num tipo de vida que não punha o judaísmo em primeiro plano.

É claro que a vida agrícola num lugarejo remoto restringia a interação do casal com a modernidade. Aneta fora criada sem grande atenção para com os estudos. Era capaz de ler com hesitação, mas não muito bem. David, nascido num vilarejo, não sabia ler nem escrever; nesse aspecto era um judeu incomum, por não ter tido uma escolarização rudimentar. Isso restringia o acesso dos Bronstein à cultura urbana do Império Russo, então em processo de transformação, e ambos se contentavam com a vida na lavoura. Sua crescente prosperidade deslumbrava a colônia inteira. A distância geográfica não impedia David de fazer suas viagens a Nikolaev e cuidar de seus próprios negócios. Os parentes de Aneta em Odessa também não deixavam de fazer viagens a Ianovka no verão.

De um modo imperceptível, os Bronstein foram-se tornando menos "judeus" que seus vizinhos de Gromokleia. Em casa, se acreditarmos no relato de Trotski, David Bronstein "falava uma mistura agramatical de russo e ucraniano, com preponderância da língua ucraniana".[29] Esta última era o vernáculo local, ao qual se costumava fazer referência como um "dialeto". Havia uma razão prática para os Bronstein prescindirem do iídiche. Seus trabalhadores e criados eram ucranianos que não falavam outra coisa senão o "dialeto" ucraniano. Por isso, presos numa fazenda na província de Kherson, fazia sentido eles usarem a língua local. A semelhança entre o iídiche e o alemão devia facilitar a comunicação de David com os proprietários de terras alemães e com seus amigos e parentes na colônia. Em toda a Zona de Assentamento, as pessoas — poloneses, russos, ucranianos, alemães, judeus e gregos — habituaram-se a se arranjar no plano linguístico. David e Aneta só eram incomuns no sentido de darem uma preferência muito acentuada a um dialeto ucraniano, em relação a todos os demais. Era um sinal de sua receptividade a um mundo externo à sua família e comunidade imediatas.

Embora a maioria das famílias de Gromokleia vivesse e trabalhasse na terra por mais de uma geração, nenhum dos filhos de David e Aneta Bronstein permaneceu na fazenda ao atingir a idade adulta. Os pais lhes proporcionaram a melhor educação disponível. David e Aneta, eles próprios, eram um casal que poderia ter contribuído para a criação de uma

Rússia muito diferente da que emergiu da carnificina da guerra mundial, das revoluções e da guerra civil. A julgarmos por sua conduta, pertenciam à camada cada vez maior de súditos do imperador que defendiam o esclarecimento, o progresso material e a promoção por mérito. Como nome, a Nova Rússia tinha importância social e territorial. A velha Rússia estava dando lugar, sistematicamente, a uma sociedade, uma economia e uma cultura que iam descartando as atitudes e práticas tradicionais, e a família Bronstein de Ianovka era entusiástica a respeito desse processo de mudança.

2. Criação

Os Bronstein tiveram oito filhos. Apenas metade sobreviveu até a idade adulta. Os outros morreram pequenos, de febre escarlatina ou difteria, e Trotski rememorou: "Fui o quinto a nascer. Meu nascimento nem de longe representou um acontecimento jubiloso na família. A vida era por demais repleta de trabalho intenso. Os filhos eram uma inevitabilidade, mas, nas famílias abastadas, não constituíam um requisito."[1] Como de praxe, ele exagerou na severidade das condições de vida em Ianovka, mas teve razão ao frisar que a família ainda não dispunha de acesso a todas as facilidades da civilização contemporânea. Leiba Bronstein foi o terceiro dos filhos sobreviventes — um irmão e duas irmãs cresceram a seu lado. Ele mal os mencionou em sua autobiografia, exceto ao descrever incidentes que os envolveram diretamente. Chamavam-se Alexander, Elisheba — posteriormente conhecida como Elizaveta —, e Golda, que veio a ser conhecida como Olga.[2] Alexander nasceu em 1870, Elisheba, em 1875. Depois veio Leiba, seguido por Golda em 1883. Os dois mais velhos, Alexander e Elisheba, faziam em dupla muitas atividades, enquanto Leiba e Golda brincavam juntos; todavia, com um intervalo de quatro anos entre os dois, era sempre ele quem assumia a liderança.

A fazenda Ianovka recebeu seu nome do proprietário anterior, um certo coronel Ianovski, cujos serviços meritórios lhe haviam rendido a concessão de mil acres na província de Kherson, no reinado do imperador Alexandre II. Ianovski viera das fileiras militares e era de uma inexperiência desanimadora na agricultura, razão por que pôs a fazenda à

Criação

venda. David Bronstein percebeu nisso uma boa oportunidade comercial, além, talvez, da chance de escapar das restrições sociais e religiosas da colônia agrícola de Gromokleia. Fez uma oferta tentadora para a compra de um lote de 250 acres. A família Ianovski aceitou de muito bom grado e lhe arrendou outros 400 acres, antes de se mudar para a província nortista de Poltava. Os Ianovski russos estavam voltando exatamente para a mesma parte do império de que haviam emigrado os Bronstein. Uma ou duas vezes por ano, a viúva do coronel voltava em pessoa para receber o aluguel e inspecionar a propriedade. Nunca teve motivos de queixa sobre o arrendamento de Bronstein. Ele cultivava trigo para os prósperos mercados exportadores da região. Criava cavalos para o arado e para viajar a Elizavetgrado e outras cidades próximas; possuía muitas cabeças de gado bovino e ovelhum; também criava porcos — apesar de seu judaísmo, não tinha aversão a criá-los e os deixava perambular perto da casa, fuçando a folhagem e, não raro, entrando no jardim, sem serem molestados.

Leiba era um menino bonito e robusto, com olhos de um azul vivo, como os do pai. (Em anos posteriores, alguns conhecidos, inclusive o jornalista comunista norte-americano John Reed, descreveram-nos erroneamente como castanho-escuros. É provável que tenham presumido, por preconceito, que nenhum judeu poderia ter olhos azuis; isso era fonte de certa irritação para Trotski.[3]) Seus pais reconheceram prontamente sua inteligência superior. Não o mimaram, como também não fizeram com os outros filhos. David era brusco, Aneta era exigente. Esperavam muito dos filhos de ambos os sexos e se aborreciam quando suas expectativas não se materializavam — e Leiba costumava receber seus elogios.

As lembranças de Trotski sobre as ocasiões em que foi repreendido ficaram guardadas em sua memória. Uma delas também foi importante por ter sido uma ocasião em que ele teve um dos desmaios que viriam a atormentá-lo pelo resto da vida. Quando tinha 2 ou 3 anos, ele acompanhou a mãe ao vilarejo vizinho de Bobrinets para visitar uma amiga dela que tinha uma filha da mesma idade que Leiba. Absortas na conversa, Aneta e a amiga deixaram as crianças por sua própria conta. Era piada corrente entre os adultos referirem-se ao pequeno par como a noiva e o

48   Parte I: 1879–1913

noivo. A menina saiu da sala por um instante. Leiba, parado perto de uma cômoda, teve uma espécie de desmaio. Ao voltar a si, descobriu que tinha deixado uma poça no piso encerado. Lá veio sua mãe: "Você não se envergonha do que fez?" A amiga foi mais condescendente: "Não faz mal, não faz mal. As crianças só estavam brincando."[4] A própria Aneta era afligida por desmaios, e era dela que Leiba tinha herdado essa propensão. Em geral, ele buscava a proteção de sua babá, Masha. Tempos depois, contou que um dia ela trepou numa ameixeira para colher frutas para fazer geleia. O garotinho teve medo de que caísse. Rindo, Masha descartou essa preocupação. A mãe de Leiba sorriu diante da cena, mas, assim mesmo, ordenou: "Desça, Masha!"[5] Todas as pessoas da fazenda sabiam que os pais não queriam que ele fizesse nada fisicamente perigoso, mas o menino adorava andar a cavalo. Os tombos não eram raros, porém o jovem Leiba guardou segredo deles por muito tempo na família, "para que não o proibissem de montar".[6]

Ele se metia em apuros com frequência:

Grisha [nome temporário que Trotski deu a si mesmo no primeiro manuscrito de sua autobiografia] tinha muito medo de cobras e tarântulas, como todos a seu redor na família. Embora fosse um menino completamente rural e brincasse com garotos camponeses, não sabia distinguir uma víbora de uma cobra-d'água e tinha medo de ambas.[7]

Ele havia topado com uma víbora ao passear no jardim com a babá, aos 3 ou 4 anos de idade. A moça pensou que fosse uma caixinha de rapé e a cutucou com um graveto. Deu um grito ao reconhecer seu erro, pegou Leiba no colo e saiu correndo. Ele nunca se livrou de seu nervosismo diante de cobras.[8] Saiu-se melhor com as tarântulas — e, passados alguns anos, circulou pela fazenda com o jovem Viktor Gertopanov para pegá-las com um barbante recoberto por uma grossa camada de cera, que o par mergulhava nos buracos onde elas se escondiam.[9]

Ao ficar mais velho, Leiba conheceu a maioria dos proprietários de terras da área em torno de Ianovka, e depois os recordou como tão excêntricos quanto os descritos nos contos e romances de Nikolai Gogol

Criação   49

(que também vinha da Ucrânia). Os Bronstein arrendaram terras perto de Elizavetgrado de uma aristocrata chamada Trilitskaya. Um dia, ela fez uma viagem a Ianovka para renegociar o contrato, chegando com seu acompanhante, e Leiba observou que ele sabia fazer anéis com a fumaça do cigarro. O menino aprendeu a tomar cuidado com o que dizia sobre essa dama da nobreza, por medo de que ela viesse a saber e reagisse mal.[10] Havia também Fedosya Dembovska, uma viúva polonesa que não permaneceu viúva por muito tempo. Casou-se com o administrador de sua propriedade, Casimir. Gordo e alegre, Casimir só conhecia uma piada, que contava repetidas vezes a Leiba; em suas visitas a Ianovka, levava presentes generosos, sob a forma de favos de mel de suas abelhas.[11] Outro senhor de terras que ele recordou foi Ivan Dorn, um alemão gordo que tinha uma carroça de cores vivas.[12] Os mais ricos de todos eram os irmãos Feldzer. Donos de milhares de acres, moravam numa casa suntuosa como um palácio; na província de Kherson, eram tão famosos por sua fortuna quanto os Rockefeller no resto do mundo. (Não conseguiram preservá-la em sua totalidade, pois seu administrador fraudulento sempre registrava prejuízos nos balanços anuais.) Um dia, Ivan Feldzer saiu a cavalo para caçar raposas com dois companheiros e um par de cães pelos campos de Ianovka. Os cães beberam água do poço dos Bronstein, enquanto os peões da fazenda objetavam que não havia raposa alguma na vizinhança. David Bronstein aborreceu-se ao ver suas lavras pisoteadas. Os caçadores foram postos num barco a remo e deixados por conta própria na margem oposta do rio.[13]

E havia ainda os Gertopanov, que tinham sido donos de um distrito inteiro, mas depois tiveram de hipotecar toda a sua propriedade. Embora lhes restassem mais de mil acres, eles eram péssimos lavradores e precisaram de um rendeiro para pagar sua dívida mensal com o banco. David Bronstein atendeu-os de bom grado. Timofei Gertopanov e sua mulher costumavam visitar Ianovka, levando tabaco e açúcar de presente. A sra. Gertopanov falava sem parar de sua juventude perdida e seus pianos. Numa inversão completa da situação das famílias, os Bronstein aceitaram um dos filhos deles, Viktor, como aprendiz.[14] É fácil imaginar os Bronstein abanando a cabeça diante das esquisitices e da ineficácia dos vizinhos. Trotski escreveu sobre isso como um Anton Tchekhov socialista: "A marca da maldição imprimiu-se nessas famílias de senhores de terras da província de Kherson."[15]

David Bronstein não foi o único judeu a se sair bem na região. A 5 quilômetros de Ianovka ficava a propriedade de Moisei Morgunovski (como ele se denominava, à maneira dos russos). Os Morgunovski tinham aprendido francês e o velho Morgunovski tocava piano, se bem que melhor com a mão direita que com a esquerda. Infelizmente, seu neto David, quando recrutado pelo Exército imperial, tentara suicidar-se com um tiro na cabeça — os judeus passavam por maus pedaços nas forças armadas. O jovem David teve de passar o resto da vida com a cabeça enfaixada, mas seus problemas não terminaram aí. As autoridades o acusaram de insubordinação militar, acusação que só foi retirada quando seu pai pagou um grande suborno.[16] Leiba e Alexander, seu irmão mais velho, passaram alguns dias com essa família. Os Morgunovski, ao contrário dos Bronstein, não deixavam o gado entrar no jardim, onde criavam pavões. Levavam uma vida luxuosa. Tempos depois, a família enfrentou dificuldades financeiras e a fazenda passou a ser mal conservada. Morreu o último pavão, as cercas caíram e o gado pisoteou as flores e até algumas árvores. Moisei Morgunovski teve de trocar seu belo faeton por uma carroça de camponês, puxada por cavalos, a qual ele mesmo conduzia nas visitas a Ianovka. Seus filhos homens viviam menos como senhores que como camponeses. Os Bronstein tornaram-se os judeus mais ricos da região.[17]

Na colônia alemã havia um meio social diferente. Os meninos eram mandados para as cidades, as meninas trabalhavam nos campos. Tipicamente, as casas de fazenda dos alemães eram construções de tijolos, com telhado de ferro vermelho e verde. Eles gostavam de cavalos de bom pedigree.[18] Uma das famílias, os Falts-Fein, era famosa por desenvolver raças locais de carneiros merinos, e Trotski nunca se esqueceu do balido de seus imensos rebanhos.[19] De modo geral, os colonos alemães eram os mais ricos da província de Kherson.

Trotski gostava que os outros pensassem que a família Bronstein era de camponeses. Alguns aspectos da casa apontavam nessa direção. Durante muitos anos, David e Aneta moraram na cabana de barro construída pelo coronel Ianovski. Analfabeto, David não tinha capacidade para manter registros escritos. Recorria à ajuda dos filhos, como quando chamou o jovem Leiba:

> "Ande logo, venha escrever isto! Recebi 1,3 mil rublos do agente comercial. Mandei 660 para a viúva do coronel e entreguei 400 ao Dembovski. Anote também que dei cem rublos a Feodosya Antonovna, quando fui a Elizavetgrado na primavera." Era dessa maneira que as contas eram escrituradas. Mesmo assim, lentamente, mas com persistência, meu pai continuou a subir.[20]

Ao enriquecer, David substituiu a cabana original de Ianovski por uma casa de tijolos e mandou fazer o jardim em grande estilo, inclusive com um campo de *croquet*. Mandou construir seu próprio moinho, a fim de poder moer o trigo e reduzir os pagamentos feitos a intermediários. Viajava a Elizavetgrado e Nikolaev para vender sua colheita e comprar equipamento e materiais. Parou de usar carroças, a não ser para tarefas executadas na fazenda, e comprou um faeton caro e dois garanhões excelentes. Arrendou vários milhares de acres de diversos proprietários, que ficavam contentes em pernoitar com os Bronstein quando vinham de locais distantes.

Ianovka marcava as fronteiras do universo de Leiba, antes de ele ser matriculado na escola, aos 6 anos. A colônia de Gromokleia não dispunha de uma das muitas escolas subsidiadas pelo governo que ensinavam russo.[21] Em vez disso, havia um *cheder* judaico tradicional, onde a língua de ensino era o iídiche. O único professor era o sr. Shuler, que foi conversar com a mãe de Leiba sobre os arranjos:

> O professor me cumprimentou com a brandura com que todo professor cumprimenta seu futuro aluno na presença dos pais dele. Mamãe concluiu a negociação comercial bem diante de mim: por tantos rublos e tantas sacas de farinha, o professor comprometeu-se a me ensinar, em sua escola da colônia, russo, aritmética e o Velho Testamento, no original hebraico.[22]

Os receios de Leiba sobre o ingresso na escola acalmaram-se à visão desse homem inofensivo, que tentava cair nas boas graças dos Bronstein. Aliás, Shuler era tão tímido que sua esposa não hesitava em lhe jogar saquinhos de farinha no rosto enquanto ele dava aulas.

Os pais de Leiba decidiram que 3 quilômetros era uma distância muito longa para o menino percorrer diariamente; em vez disso, ele deveria ficar morando com sua tia Rakhil no vilarejo. O arranjo foi concluído sem que houvesse necessidade de qualquer dinheiro trocar de mãos. David abasteceria sua cunhada Rakhil com sacos de farinha de trigo, farinha de cevada, trigo-sarraceno e painço. Os Bronstein faziam seus pagamentos com uma mescla de rublos e farinha, que era como se faziam as coisas no interior. Shuler havia concordado em apresentar Leiba à língua russa,[23] mas, se servem de indicação as dificuldades vocabulares do menino, uns dois anos depois, o próprio Shuler talvez não tivesse um domínio muito firme desse idioma.[24] O hebraico era outra história. Shuler jamais teria alunos sem ser fluente nessa língua. Por sua vez, Leiba teria de aprender melhor o iídiche, se quisesse compreender as aulas ou se relacionar com os outros meninos. No caso, passou apenas alguns meses na escola, e mais tarde declarou que sua falta de facilidade linguística o impediu de fazer amigos íntimos.[25] Seja como for, sentiu uma gratidão permanente em relação a Shuler, porque o pouco tempo que passou nas mãos dele proporcionou-lhe o domínio de habilidades rudimentares de leitura e escrita.

Trotski tinha nítida preferência pelo pai, comparado à mãe. Foi o que enunciou, com típica despreocupação: "Meu pai era sem dúvida superior a minha mãe, no intelecto e no caráter. Era mais profundo, mais reservado e mais provido de tato. Tinha um olho excepcionalmente bom não só para as coisas, mas também para as pessoas."[26] Era também decididamente econômico. Leiba o relembrou declinando de consertar os furos do sofá:

O buraco menor ficava perto da cadeira onde se sentava Ivan Vasilevich [Greben], e o maior, onde eu me sentava, perto do meu pai. "Esse sofá deveria ser forrado por um tecido novo", costumava dizer Ivan Vasilevich. "Deveria ter recebido uma nova forração há muito tempo", retrucava minha mãe. "Não o forramos desde o ano em que o tsar foi morto [1881]." "Mas, sabem", justificava-se meu pai, "quando o indivíduo chega àquela maldita cidade, ele fica correndo por todos os lados, e os fiacres devoram o dinheiro; o tempo todo, a pessoa só pensa em voltar depressa para a fazenda, e se esquece de tudo que pretendia comprar."[27]

Todo o negócio agrícola funcionava na base de se evitar o desperdício:

Meus pais geralmente faziam muito poucas compras, sobretudo nos velhos tempos — e papai e mamãe sabiam economizar seus copeques —, porém meu pai jamais cometia erros naquilo que comprava. Em tudo mostrava seu tino para a qualidade, quer se tratasse de tecidos, chapéus e sapatos, quer de cavalos ou máquinas. "Não gosto de dinheiro", disse-me ele, tempos depois, para justificar sua avareza, "mas não gosto de não dispor dele. É ruim precisar de dinheiro e não ter nenhum."[28]

Leiba detestava o modo como David disciplinava seus empregados. Um dia, voltou de um jogo de *croquet* e encontrou um camponês baixinho, descalço, implorando a devolução de sua vaca, que se desgarrara nos campos de Bronstein. David estava furioso com o que havia acontecido; confiscou o animal, aos gritos: "Pode ser que a sua vaca só coma 10 copeques de grãos, mas faz 10 rublos de estragos!" Leiba ficou chocado:

O camponês ficou repetindo as mesmas palavras, e era possível sentir o ódio em suas súplicas. A cena me abalou até as fibras mais íntimas do meu corpo. O estado de espírito em que eu voltara do jogo de *croquet* no campo, entre as pereiras, onde tinha derrotado fragorosamente minhas irmãs, cedeu lugar na mesma hora a um agudo desespero. Passei por meu pai, corri para o quarto, desabei na cama e chorei até conseguir esquecer. Meu pai atravessou o corredor e entrou na sala de jantar, com o camponês miúdo arrastando os pés atrás dele até a porta. Ouvi suas vozes. O camponês foi embora. Mamãe voltou do moinho; reconheci prontamente sua voz e ouvi os pratos sendo preparados para o almoço, e minha mãe me chamando. Mas não respondi e continuei a chorar.[29]

Aneta o consolou e tentou descobrir qual era o problema. Leiba se recusou a falar. Os pais cochicharam entre si e a mãe disse: "Você está aborrecido por causa do camponês? Olhe, nós lhe devolvemos a vaca e não cobramos multa nenhuma."[30] Leiba fingiu que não era por causa dos problemas do camponês que estava chorando, mas todos em casa perceberam a verdade.

Seu primo mais velho, Moshe Shpentser, sobrinho de Aneta, solidarizava-se com o menino. Ao vir de Odessa numa de suas visitas, Shpentser objetou quando um capataz deu uma chibatada num pastor por ele ter deixado os cavalos até tarde do lado de fora: "Que coisa repulsiva!"[31] Shpentser incentivava Leiba a pensar criticamente sobre o seu meio. Por sua vez, Leiba ficava sensibilizado com a pobreza de alguns trabalhadores de seu pai. Os Bronstein empregavam um garoto simplório, Ignatka, como ajudante de pastor. A mãe de Ignatka era paupérrima e tinha um rublo — apenas um rublo — a receber da fazenda Ianovka. Caminhou 5 quilômetros, maltrapilha, para receber essa soma ínfima, porém, ao chegar, não havia ninguém para lhe entregar o dinheiro. Assim, ela se encostou numa parede, tímida demais para se sentar no degrau da entrada. Teve de esperar até anoitecer para que o rublo fosse posto em suas mãos.[32]

Trotski também descreveu o modo como a justiça era ministrada na Ianovka de sua infância. Certa vez em que um cocheiro furtou uma égua baia, David Bronstein não hesitou em mandar Alexander, o irmão mais velho de Leiba, procurá-lo e dar um jeito nele. Dois dias de busca não trouxeram nenhum resultado. Alexander voltou sem encontrar o culpado nem se vingar dele,[33] e a aprovação popular seria geral, se ele fosse além de meramente entregar o ladrão às autoridades: muitas pessoas faziam cumprir as leis de propriedade sem recorrer à polícia nem aos tribunais. As ideias de justiça do vilarejo eram toscas, mas eficazes. Em Gromokleia, em plena colônia agrícola, morava um indivíduo alto que tinha a reputação de ser ladrão de cavalos. (Isso parecia acontecer muito naquela área.) Sua filha não tinha melhor fama e, quando a mulher do chapeleiro desconfiou que ela estava tendo um caso com seu marido, pediu ajuda a seus amigos locais. Trotski rememorou: "Um dia, ao voltar da escola, vi uma aglomeração que gritava, guinchava e cuspia, enquanto arrastava a moça [...] pela rua." Casualmente, havia um inspetor do governo visitando a colônia nessa ocasião. Mas ele se recusou a interferir. Coube aos aldeões impor a justiça tradicional.[34]

Ao ficar um pouco maior, Leiba teve mais liberdade em Ianovka, e adorava circular pela oficina da fazenda. Esse era o domínio do notável Ivan Greben, o mecânico de seu pai, que era um homem dos sete instrumentos e mestre em quase todos:

> Era um homem de grande talento e bela aparência, com um bigode ruivo escuro e barba em estilo francês. Seus conhecimentos técnicos eram universais. Sabia consertar máquinas a vapor, trabalhar com caldeiras, tornear bolas de metal ou madeira, fundir rolamentos de bronze, fazer molas para carruagens, consertar relógios, afinar pianos, estofar móveis ou construir uma bicicleta inteira, menos os pneus. Foi numa dessas engenhocas que aprendi a andar de bicicleta, quando estava entre a série preparatória e o primeiro ano. Os colonos alemães da vizinhança levavam-lhe suas máquinas de semear e suas enfardadeiras, para serem consertadas na oficina, e pediam que ele os acompanhasse quando iam comprar uma debulhadora ou uma máquina a vapor. As pessoas consultavam meu pai sobre agricultura e Ivan Vasilevich sobre tecnologia.[35]

Greben era o empregado mais valioso da fazenda e, quando foi convocado para o serviço militar, David Bronstein pagou um suborno para garantir sua isenção.[36] O moinho precisava de sua perícia com regularidade. Greben tinha um mecânico assistente, chamado Foma. Havia também um segundo moleiro, um ex-soldado de cavalaria chamado Filipp. E havia os dois aprendizes, Senya Gertopanov e David Chernukhovski. (Greben acabou se desentendendo com o jovem Gertopanov e o mandou embora.[37])

Ao contrário da maioria dos jovens da colônia, Leiba não tinha uma vida predominantemente associada a colegas judeus. Os Bronstein adaptaram-se cada vez mais ao calendário cristão. Seus empregados eram cristãos e Aneta preparava *kut'ya*, um prato tradicional à base de grãos de trigo, para oferecer-lhes no Natal; na Páscoa, fazia ovos pintados e assava *kulichi* — bolinhos de amêndoa e açafrão — para os trabalhadores.[38] E é claro que a amizade de Leiba com o incrível Ivan Greben, o mecânico da fazenda, reforçou sua fluência no dialeto russo-ucraniano. Leiba gostava de visitar a oficina e aprender algumas habilidades técnicas. Greben e os jovens trabalhadores o tomavam sob sua proteção: "Em muitas coisas, eu era aprendiz desses aprendizes."[39]

Greben era severo com Leiba.[40] Trotski o recordou como a encarnação das virtudes do trabalhador. A conduta e a honradez do mecânico lhe eram importantes, e ele rememorou sua presença física:

[...] ele fumava e contemplava a distância, talvez ponderando sobre alguma coisa, talvez recordando algo, ou simplesmente relaxando, sem pensar em nada. Nesses momentos, eu chegava para perto e, afetuosamente, enroscava em meus dedos o seu farto bigode castanho-avermelhado, ou lhe examinava as mãos — aquelas mãos notáveis, absolutamente especiais, de mestre artesão. Toda a pele das mãos era coberta de pontinhos pretos: as lascas minúsculas que penetravam em seu corpo, irremovíveis, quando ele cortava mós. Os dedos eram tenazes como raízes, mas não completa- mente duros; alargavam-se nas pontas e eram muito flexíveis, e ele conseguia dobrar o polegar direito para trás até formar um arco. Cada dedo seu era consciente, vivo e independente na ação; juntos, eles formavam uma coletividade inusitada de trabalho. Por mais garoto que eu fosse, já percebia e intuía que aquela mão não se parecia com outras, ao segurar um martelo ou uma pinça. Havia uma cicatriz profunda em volta do polegar esquerdo. Ivan Vasilevich tinha acertado uma machadada na mão no dia em que eu nasci, e o polegar ficara pendurado quase que somente pela pele. Por coincidência, meu pai vira o jovem mecânico pôr a mão numa tábua e se preparar para decepar totalmente o dedo. "Pare!", havia gritado. "O seu dedo vai voltar para o lugar!" "Vai voltar para o lugar, o senhor acha?", perguntara o mecânico, e deixara o machado para lá. O polegar tinha realmente voltado para o lugar e funcionava bem, exceto por não virar tanto para trás quanto o da mão direita.[41]

Criação 57

Isso foi não apenas um texto excelente, mas mostrou também que o respeito pelos trabalhadores figurou entre as primeiras atitudes sociais desenvolvidas por Trotski.

A lembrança da criatividade de Greben permaneceu com ele, e talvez explique sua valorização dos especialistas técnicos durante a vida inteira:

Certa vez, Ivan Vasilevich fez uma espingarda com um velho rifle Berdan e resolveu experimentar sua habilidade como atirador: todos se alternaram na tentativa de apagar uma vela, disparando o cartucho a uma distância de vários passos. Nem todos o conseguiram. Por acaso, meu pai apareceu. Quando levantou a arma para fazer mira, suas mãos tremiam e faltava certa confiança em sua maneira de segurar a espingarda. No entanto, ele apagou a vela na primeira tentativa. Tinha um bom olho para tudo, e Ivan Vasilevich sabia disso. Nunca houve qualquer altercação entre os dois, embora meu pai falasse em tom autoritário com os outros trabalhadores e muitas vezes os repreendesse e visse defeitos neles.[42]

Trotski também recordou que Greben construiu um pombal sofisticado sob o telhado do galpão das máquinas, e dezenas de aves foram trazidas da propriedade de Dembovski para completar a empreitada. Leiba ficou muito animado com o pombal e subia uma escada dez vezes por dia para alimentar os pássaros com sementes e água. Muito cedo, infelizmente, todos os pombos tinham partido, com exceção de três pares.[43] Foi uma das poucas ocasiões da infância de Leiba em que algo deu irremediavelmente errado para ele. Seus primeiros anos foram tranquilos, protegidos e muito satisfatórios.

3. Escolarização

David Bronstein estava decidido a fazer os filhos crescerem sem as suas deficiências educacionais. Nunca tinha sido um judeu devoto e não se importava em mandar as crianças para escolas cristãs, se isso os ajudasse a seguir carreiras profissionais quando adultos. Assim, quando chegou a hora de Leiba entrar na escola secundária, David escolheu a Deutsche Realschule St. Pauli, a escola secundária alemã da Rua Uspenski, em Odessa. Teria preferido o ginásio (*gimnazia*), que era a melhor instituição de ensino da cidade, mas Leiba foi vítima do sistema de quotas aplicado aos judeus desde 1887. As autoridades se inquietavam com a ideia de um grande número de rapazes judeus altamente instruídos. Os ministros não agiam assim apenas por preconceito religioso. Temiam também que os russos e as pessoas em geral se ressentissem de perder vagas nas instituições preferidas. A Escola São Paulo era a segunda melhor opção, e uma opção sensata, aliás. Tomaram-se providências para que Leiba fosse morar com seu primo Moshe Shpentser e a mulher dele, Fanni, como hóspede pagante.[1]

O dia da partida foi momentoso em Ianovka. Para Leiba, a viagem de mais de 320 quilômetros até Odessa, aos 9 anos de idade, era como a travessia de um oceano desconhecido. David Bronstein mandou aprontarem a sege. Houve abraços e lágrimas quando Leiba se despediu da mãe e das irmãs. As malas foram carregadas e, por fim, ele partiu com o pai. O alfaiate da colônia o suprira de roupas elegantes para a Realschule. Grandes barras de manteiga e potes de geleia tinham sido empilhados num baú a ser entregue aos Shpentser. Leiba ainda estava chorando ao

Escolarização

partir com o pai. Viajaram quilômetros pelo terreno irregular da estepe, até chegarem à estrada que os levaria à estação ferroviária mais próxima, em Novy Bug. De lá, seguiram de trem para Nikolaev, às margens do rio Bug, onde embarcaram no SS *Potëmkin*.[2] Leiba absorveu os novos e estranhos sons e cenários: o apito agudo do navio, a azáfama dos marinheiros no convés e, por último, a vastidão plana do mar Negro, quando a embarcação tomou o rumo oeste e começou a se aproximar de Odessa. Ao desembarcarem, eles pegaram um fiacre para a Alameda Pokrovski, onde ficava o apartamento dos Shpentser. Moshe e Fanni seriam os guardiães informais de Leiba na cidade pelos cinco anos seguintes, enquanto ele frequentava a Realschule.

A escola era uma fundação da comunidade alemã da cidade, adjacente a uma igreja luterana. Quando Leiba se matriculou, os meninos alemães de Odessa e da região circundante representavam apenas 30 a 50% dos alunos — tamanha era a crescente reputação do corpo docente que meninos de diversas origens nacionais e religiosas se candidatavam à admissão.[3] Leiba estava satisfeito por se juntar a eles, mas apreensivo. Cidade grande, escola grande e grandes ambições parentais. Tudo nessa situação lhe era desconhecido. Ele precisaria adaptar-se a costumes estranhos, a uma disciplina severa e a professores e estudantes que nem sempre o tratariam com gentileza. Teria de melhorar seu domínio do russo. Também teria de aprender depressa uma nova língua: embora Trotski não fosse fluente em iídiche, a semelhança linguística entre este e o alemão deve ter-lhe facilitado mais o processo. Aos poucos, ele aprendeu a falar russo quase sem sotaque local. Em gravações de sua voz feitas após a Revolução de Outubro, foram detectáveis alguns sinais da pronúncia de Odessa, e é de se presumir que a herança da Nova Rússia tenha sido mais marcante em anos anteriores. Seria estranho se não houvesse também um toque especificamente judaico em sua dicção, já que ele morava com Moshe e Fanni e vinha de uma família de judeus. Mas sua gramática sempre foi a do russo imperial padrão dos livros didáticos da época.[4]

Logo cedo, Leiba obteve ajuda. Como novato, foi designado para a turma preparatória, na qual um menino alemão — lembrado apenas como Karlson — que havia repetido o ano tomou-o sob sua proteção e lhe ensinou as normas de sobrevivência.[5] (Leiba não tivera permissão de ingressar na primeira série, por ter tirado apenas três de cinco pontos em língua russa e quatro em aritmética no exame preliminar. Sua escolarização na aldeia o deixara com muita coisa a pôr em dia.) Karlson não era um astro acadêmico, mas era um sujeito animado, ao passo que Leiba estava longe de se sentir feliz. Na primeira vez que andou com outros meninos pela Rua Uspenski, a caminho da Realschule, vestindo seu esplêndido uniforme escolar, um estudante ordinário inclinou-se e cuspiu em seu paletó. Chocado, Leiba tirou a mancha às pressas, mas os colegas começaram a lhe dirigir gritos quando cruzou o portão da escola. É que ele já havia violado uma das regras. Os Shpentser não sabiam que o uniforme completo não podia ser usado pelos alunos da turma preparatória. O inspetor escolar mandou-o providenciar a retirada da insígnia, do galão e da fivela do cinto; e os botões, nos quais havia uma águia estampada, teriam de ser substituídos por botões comuns de osso.[6] Não foi a introdução mais fácil à carreira acadêmica. Leiba sentiu-se humilhado. Somente a solicitude de Karlson tornou suportável uma situação ruim.

Não houve aulas nessa manhã e Leiba juntou-se a todos numa cerimônia de apresentação na igreja. Ouviu música de órgão pela primeira vez e ficou encantado com o som, apesar de não conseguir entender uma palavra do que era dito. O pregador foi o pastor Binneman, que, ao contrário dos padres da Igreja ortodoxa russa, não usava barba. Karlson disse a Leiba que Binneman era "um homem de inteligência notável, o homem mais inteligente de Odessa", e o menino aceitou a afirmação em confiança. Karlson, por sua vez, era preguiçoso e ineficiente nos estudos, enquanto Leiba ganhou elogios na aula de matemática do dia seguinte, por ter copiado a matéria do quadro-negro, e recebeu duas notas cinco (a nota máxima que se podia tirar). Repetiu o feito na aula de alemão e novamente tirou cinco.[7] Quando lhe ensinavam algo, ele raramente o esquecia. Suas inclinações eram sobretudo para o lado científico, e ele adorava matemática. Na verdade, nenhuma disciplina do currículo lhe causava dificuldade. Raro era o dia na Alameda Pokrovski em que ele voltava da escola sem ter tirado nota máxima em todos os testes.

A vida doméstica de Leiba em Odessa era feliz. Moshe era um homem jovial, interessado em ideias e bom no trato com crianças. Muito

Escolarização

jovem, tivera problemas com as autoridades, o que resultara em ter seu ingresso barrado nos estudos universitários. Seu suposto delito continua a ser um mistério, mas os judeus de mentalidade independente estavam longe de agradar à elite governamental. Moshe levara um tempo para se recuperar desse revés e passara os dias traduzindo tragédias gregas. Também havia estudado o passado, e seu autor favorito era o erudito alemão Friedrich Christoph Schlosser.[8] Sem dúvida, era a história mundial de Schlosser, traduzida para o russo, que Moshe usava para compilar suas próprias estatísticas e gráficos do desenvolvimento da humanidade, desde as origens até sua época.[9] Mais recentemente, ele se casara com Fanni, que era diretora da escola estadual de meninas judias em Odessa, e o salário dela é que havia sustentado o casal nos primeiros anos do matrimônio.[10] O pendor de Moshe para desenhar tabelas e gráficos o tornara útil para os esforços de sua mulher de introduzir um sistema racional de manutenção de registros. Mas ele precisava construir sua própria carreira e tinha conseguido ganhar algum dinheiro mexendo com jornalismo. Como isso não lhe trouxesse renda suficiente, havia experimentado produzir artigos de papelaria.[11] Enfim obtivera êxito, e sua atividade comercial estava começando a crescer na época da chegada de Leiba.

Shpentser viria a se tornar um dos maiores editores do sul do Império Russo. Mas tudo isso ainda estava no futuro. Durante os anos de Leiba na Alameda Pokrovski, o primo Moshe ainda estava buscando seu caminho. Tinha sua prensa no apartamento e por isso passava muito tempo em casa. Leiba raramente ficava sozinho, ao voltar da escola.

O apartamento era modesto. A mãe de Moshe, uma senhora idosa, morava com eles, e havia uma cortina atravessada na sala de jantar para lhe dar alguma privacidade.[12] Era ali que ficava sua cama. O normal seria Leiba chamá-la de "vovó", mas o menino tinha um senso do que era apropriado em termos genealógicos. Como Moshe era seu primo em primeiro grau, ele insistia em se referir à velha senhora como titia.[13] Essa era também sua maneira de se identificar como membro pleno da família Shpentser. Os laços que o uniam a seus próprios pais estavam-se afrouxando de forma imperceptível. Um segundo espaço foi reservado para ele com uma cortina na mesma sala de jantar, e ali Leiba recebeu uma

62 Parte I: 1879–1913

cama e um par de prateleiras para livros. Moshe o ajudava nos trabalhos escolares e, como recordaria Trotski, "adorava [...] bancar o professor".[14] Era exatamente do que precisava Leiba para atingir seu potencial.

Moshe e Fanni trataram de lhe retirar os hábitos rurais. Leiba tinha que pôr a roupa de dormir às 21 horas e já não podia ir para a cama quando bem entendesse. (Essa norma foi relaxada quando ele ficou mais velho e teve permissão para ficar acordado até as 23 horas.) Os Shpentser também burilaram suas maneiras:

Assinalavam-me a todo momento que eu não podia deixar de dizer bom-dia, devia manter as mãos e as unhas limpas e bem cuidadas, não comer com a faca, nunca me atrasar para nada, sempre agradecer à criada por seu trabalho e não falar mal das pessoas pelas costas.[15]

À insistência de Bronstein no trabalho árduo e na confiabilidade foram somadas as exigências de civilidade e refinamento dos Shpentser. Essa combinação nunca deixou Trotski, que, em 1923, viria a escrever todo um livreto — *Problemas da vida cotidiana* — para explicitar, como um catecismo, a urgente necessidade de modificar a cultura popular russa.[16]

Fanni e Moshe, é óbvio, mais pareciam tios do que primos para Leiba. Tinham uma filha pequena, Vera, que estava com 3 semanas de idade quando ele chegou a Odessa. (Ela veio a se tornar a famosa poetisa soviética Vera Inber.) O menino foi encarregado de ajudar a cuidar dela, o que os Shpentser acharam que lhe faria bem, por impedi-lo de estudar demais. Leiba adorava a pequena Vera, embora às vezes a balançasse com muita força.[17] Era um sobrinho exemplar, sobre quem Fanni recordou:

Nunca o vi fazer uma grosseria e nunca o vi com raiva, em toda a minha vida. O pior problema que tivemos foi por ele ser tão terrivelmente arrumado. Lembro-me de que, certa vez, estava usando um terno novo e saímos para passear, e ele passou o tempo todo tirando fiapos imaginários da roupa. Eu lhe disse: "Se você fizer isso, todos vão saber que está de terno novo." Mas não fez diferença. Tudo para ele tinha que ser perfeito.[18]

Escolarização

Apenas um incidente maculou esse cenário, quando Leiba furtou vários livros valiosos da coleção de Moshe e os vendeu para comprar doces. Não gostou da experiência, nem mesmo antes de ser apanhado — e nunca soube explicar por que tinha cometido essa infração. Os Shpentser o perdoaram e o ato foi esquecido por todos.[19]

Moshe e seu equipamento de impressão desencadearam o fascínio de Leiba, durante a vida inteira, pelo mundo editorial: "Familiarizei-me muito com tipos, composição, diagramação, impressão, paginação e encadernação. A leitura de provas tornou-se meu passatempo favorito. Meu amor pela página recém-impressa originou-se naqueles anos distantes de colegial."[20] Leiba era amante dos livros. Muitas vezes, avançava laboriosamente por livros que seus professores não conheciam — e Fanni e Moshe apreciavam sua ânsia de aprender. Como todos os melhores pedagogos, percebiam estar educando alguém com um potencial maior que o deles mesmos.

Leiba tornou-se confidente da empregada dos Shpentser, Dasha. Conversavam à noite, depois do jantar, e Dasha lhe falava de sua vida amorosa. O lugar dessa mulher não tardou a ser ocupado por Sonya, de Jitomir. Leiba usava as horas vagas para ensinar-lhe a ler e a escrever. Contratou-se uma ama de leite para Verinha. Ela também era de Jitomir e chegou por recomendação de Sonya. Ambas eram divorciadas, e Leiba redigia cartas para seus ex-maridos em nome delas, pedindo ajuda financeira. A ama de leite havia ficado em tal situação de penúria que tivera de dar o próprio filho. Leiba, que já redigia prosa com mais que um pequeno talento artístico, escreveu sobre esse bebê perdido: "Nosso menininho é a única estrela brilhante no firmamento escuro da minha vida." Leu orgulhosamente a frase em voz alta. As mulheres apreciaram seu esforço, mas acharam que ele não tinha entendido muito bem a dura situação emocional em que se encontravam:

E tive a oportunidade de contemplar a complexidade das relações humanas. No jantar, Fanni Solomonovna [Shpentser] me disse, com um sorriso estranho:

— Não quer mais sopa, escritor?

— O quê? — perguntei, alarmado.

— Ah, nada. Mas você escreveu uma carta para a ama de leite, logo, isso significa que é escritor. Como foi mesmo que disse: uma estrela no firmamento escuro? Pois então, um escritor!

E, não conseguindo mais refrear seu tom, caiu na gargalhada.

O tio Moshe o consolou e recomendou que, no futuro, ele deixasse as mulheres escreverem por si.[21]

Foi uma lição sobre o poder das palavras que Leiba nunca esqueceu. Tinha escrito algo que sabia ser um exagero, mas que havia impressionado outras pessoas e despertado uma atenção que o favorecia. Embora sentisse mais atração pela matemática e pela ciência do que pela literatura, ele não precisaria de muita coisa para alterar sua predileção — e o fato de ter passado seus dias de estudante na casa de um editor reforçou essa tendência. Moshe o levava para passear depois das aulas. Os dois discutiram a trama da ópera *Fausto*, de Gounod. Isso causou certo constrangimento a Moshe, por ter tido de explicar que Gretchen tivera um filho sem ser casada. Ele também conversou com Leiba sobre outros compositores. O menino ficou encantado, e perguntou se as melodias tinham que ser simplesmente achadas ou se era preciso inventá-las. Fanni e Moshe compravam e liam a literatura russa mais recente, e Leiba os ouvia conversar sobre ela. Quando foi proibida a encenação da peça *O poder das trevas*, de Tolstoi, eles compraram um exemplar do texto. Acharam que a cena em que uma criança é estrangulada era imprópria para Leiba, mas o menino pegou o livro e o leu na ausência deles. Com a aprovação dos dois, também se entusiasmou com Charles Dickens. Os Shpentser deram-lhe uma abertura para a cultura superior, e Trotski sempre seria grato pela maneira sensível com que o trataram. Recordou-se de Fanni com mais carinho que de seus próprios pais.[22] "Era uma boa família intelectual", rememorou. "Devo muito a ela."[23]

O pastor Binneman era a influência dominante na Escola São Paulo e, quando faleceu, os meninos foram levados a passar por seu caixão aberto para lhe manifestar seu respeito. A experiência deixou Leiba assustado. Podemos presumir que tenha sido a primeira vez que a viveu, já que os judeus, ao contrário dos cristãos do Império Russo, não expunham cadáveres à visão pública antes dos enterros. Leiba

Escolarização 65

estava aprendendo os hábitos dos gentios, e se acostumou com a ideia de que povos diferentes tinham seus próprios costumes e práticas. A língua russa vinha se tornando seu meio instintivo de expressão. Ao mesmo tempo, ele estava aprendendo princípios universais de análise em geometria e física. A perspectiva estreita de Ianovka ia ficando para trás e, ao voltar lá nas férias, Leiba começou a ver a fazenda com olhos estranhos.

O cunhado de Binneman, Shvannebakh, foi demitido do cargo de diretor da escola, logo depois do funeral, e substituído por Nikolai Kaminski, o inspetor que havia repreendido Leiba em seu primeiro dia de aula. A nomeação de Kaminski ocorreu numa época em que o governo estava introduzindo uma política de russificação em suas escolas. Shvannebakh, de ascendência alemã, deu lugar a um eslavo. Kaminski era um físico com uma voz aguda de falsete, que apavorava os alunos. Sua aparência calma parecia disfarçar um estado de constante irritação, na opinião de Leiba, e, conforme o relato posterior deste, o homem tratava todos a quem encontrava com uma atitude de "neutralidade armada". No entanto, Kaminski não deixava de ter seus entusiasmos. Com laivos de inventor, comprazia-se em demonstrar a lei de Boyle com um aparelho que havia desenvolvido. Essa exibição sempre provocava certa dose de hilaridade e discreta insubordinação entre os alunos.[24]

Havia também Yurchenko e Zlochanski, que ensinavam matemática. Yurchenko era um odessano rude, fácil de subornar para dar notas mais altas. Zlochanski tinha a mesma falta de refinamento e era dado a tossir e escarrar — e, fora do horário de aulas, bebia muito. Leiba se dava bem com ambos. As aulas de história vinham de um certo Lyubimov. Não chegavam a impressionar, e Leiba voltou sua preferência para os volumes das estantes do tio Moshe, na busca de esclarecimento sobre o passado imperial. Lyubimov, como se veio a constatar, tinha um desequilíbrio mental e se enforcou, pendurando-se numa janela. Se esse mestre havia parecido instável e excêntrico, o professor de geografia, Jukovski, inspirava um medo mortal nos alunos de todas as idades. Leiba o assemelharia, tempos depois, a um "moedor de carne automático". A língua alemã, ainda um aspecto fundamental do currículo, ficava a cargo do sr. Struve. Bondoso e bem-intencionado, ele se afligia toda vez que alguém se saía mal nas provas acadêmicas; nenhum outro professor despertou tanta afeição em Trotski ao escrever suas memórias.[25]

O novo inspetor, depois de Kaminski, foi Anton Krjijanovski, que lecionava literatura russa; ele reconheceu prontamente o talento literário de Leiba e lia em voz alta as composições do menino para a turma. Leiba criou uma revista escolar, chamada *O Realista*.[26] (Seria fantasioso demais sugerir que estava irritado com as opiniões aceitas da autoridade irracional?) As revistas desse tipo costumavam ser proibidas nas escolas imperiais, mas Krjijanovski foi benevolente com o projeto. Leiba gostava das tarefas editoriais. Também escreveu alguns versos para o primeiro número. Seu tema foi uma gota d'água pingando no mar, o que serviu de alegoria para o fato de a revista ser uma parte minúscula do "mar de esclarecimento". Krjijanovski gostou do poema, porém criticou sua inexatidão métrica, e Trotski admitiu, em sua autobiografia, nunca ter conseguido muita coisa como poeta. Desde que fosse ele próprio a fazer a crítica, não se importava em parecer menos que brilhante.[27] De qualquer modo, fica claro que a atmosfera pedagógica da Realschule não era inteiramente autoritária e desestimuladora da imaginação.

Trotski não se dispôs a admitir isso. Não recordou nada negativo sobre os alunos — e, ao final de sua época, já era um líder, e não apenas um simples membro do conjunto. Retratou toda a sua turma como vítima coletiva da maldade e da estupidez dos que lecionavam para ela. Se os meninos eram o proletariado, os professores eram a burguesia. No entanto, é duvidoso que seus colegas não lhe criassem problemas. Odessa era uma cidade multinacional de diversos credos, com maior tolerância recíproca do que a existente na maioria dos outros centros importantes do Império Russo. Mas os judeus podiam esperar uma boa dose de dissabores pessoais. Os estabelecimentos de ensino não estavam livres de zombarias antissemitas. Trotski minimizou aquilo com que deparou na Realschule por causa de seu judaísmo, porém não se pode tomar seu silêncio como prova de que tudo corresse bem.

Ele gostava de dar a impressão de estar integrado a todos os aspectos comuns das atividades escolares. Não era o caso. A Deutsche Realschule St. Pauli, como todas as escolas imperiais, tinha que ensinar religião. Leiba Bronstein matriculou-se nela como judeu e não se converteu ao cristianismo. Teve de dar seguimento a suas práticas espirituais sob a orientação de um rabino que lecionava para os estudantes judeus, e David Bronstein pagava por seus serviços. O rabino em questão não deixava claro se a Torá era uma esplêndida obra literária ou um texto sagrado — e Leiba concluiria, tempos depois, que o homem era, na verdade, uma espécie de agnóstico.[28] Os meninos judeus da Escola São Paulo distinguiam-se nitidamente dos cristãos. Judeus que passaram pelo sistema geral de ensino de Odessa nessa época deixaram registrado o modo como os professores os atormentavam nas aulas. De hábito, isso assumia a forma de implicância. Por exemplo, Yuli Martov — então chamado Tsederbaum, e que depois viria a ser um colega marxista de Trotski no jornal *Iskra* — foi solicitado, numa aula de geografia, a dar o nome da capital da Rússia antes de São Petersburgo. Sua resposta foi Moscou. Em seguida, o professor indagou qual fora a capital antes de Moscou, e Martov respondeu, corretamente, que tinha sido Kiev. Seguiu-se um dilúvio de sarcasmo, com o professor fingindo haver esperado que Martov respondesse Berdichev. Ninguém na sala precisava ser lembrado que Berdichev era uma pequena cidade de maioria judaica na Zona de Assentamento. Só os judeus que frequentavam escolas religiosas judaicas escapavam por completo desse tratamento.

Isto não significa, necessariamente, que Trotski tenha guardado ressentimento da maneira como foi tratado. Mesmo na Realschule, ele já tinha a autoconfiança que o acompanharia até o fim da vida. Associava-se ao racionalismo e ao progresso. É provável que desprezasse valentões e apoquentadores como pessoas impregnadas de ignorância. E mais, nunca foi de guardar ressentimentos. Como político, viria a se mostrar extremamente lento nas manifestações de rancor.[29] O desprezo era outra história. Trotski desenvolveria uma capacidade magistral de indicar, com displicência ou com sofisticada premeditação, o quanto desprezava certos indivíduos.

Na segunda série, porém, seu progresso na escola sofreu uma pausa repentina, por força de um incidente com um dos professores. Eis como ele se deu. O professor de francês era um suíço chamado Gustave Burnand. Os meninos tinham a convicção de que ele os odiava. Era tido como havendo travado duelos em épocas anteriores da vida, o que explicaria a cicatriz profunda que exibia na testa. Burnand tinha problemas no aparelho digestivo e vivia tomando comprimidos antidispépticos para acalmar o estômago. Antipatizava com os estudantes alemães, em especial com um aluno chamado Vakker, a quem deu uma nota baixíssima, que a turma julgou particularmente injusta. Os garotos resolveram "oferecer-lhe um concerto" e soltaram uivos quando ele se retirou da sala. Burnand voltou à sala com o diretor, acompanhado pelo inspetor de turma, e reuniu os que eram tidos como os principais responsáveis. Esse grupo não incluiu Trotski, que pôde ir para casa no dia do insulto. No dia seguinte, porém, ele descobriu que seus colegas o haviam dedurado injustamente às autoridades, dizendo ter sido ele o instigador da rebelião. Na verdade, seu destacado envolvimento no distúrbio tinha começado ao final do processo.

Convocou-se uma reunião de representantes de turma. Kaminski queria ser visto como um homem decidido. Convocou Leiba a seu gabinete e exigiu a presença de seus pais. Leiba explicou que eles moravam muito longe. Kaminski exigiu que seus dois guardiães comparecessem no lugar deles. A decisão lhes foi anunciada: Leiba Bronstein seria suspenso da escola por um breve período.

O adolescente temeu que o pior acontecesse em seu retorno a Ianovka. O pai mantinha em exposição os seus elogiosos boletins escolares. Reconhecia que Leiba era uma espécie de prodígio. Seu filho mais velho, Alexander, saíra-se suficientemente bem no curso médio para ingressar na faculdade de medicina, mas nunca se havia destacado na escola. Leiba era diferente. Não só era um adolescente talentoso, como também tinha a ambição de tirar o máximo de seu talento. Os Shpentser o consolaram da melhor maneira possível. Para eles, era óbvio que fora cometida uma injustiça. Moshe disse, com certa solenidade: "Bem, rapaz, o que acha agora da vida?" Leiba compreendeu que aquele era seu jeito normal de brincar e começou a ficar mais calmo.[30] Fanni teve a ideia prática de escrever à irmã de Leiba, para que David pudesse ser preparado para a notícia.[31] Na verdade, David Bronstein suportou-a estoicamente. Talvez tenha até admirado a recusa do filho a vir a ser o favorito de um professor. Ele próprio não se tornara um fazendeiro rico por deixar de se defender. Leiba calculou que o pai se orgulhava dele, por ter sido uma espécie de

Escolarização

"líder da cavalaria" (*konovod*).[32] Como quer que fosse, ele voltou para a terceira série, depois da suspensão, e continuou os estudos até o fim da sexta. Normalmente, era nesse ponto que a Escola São Paulo liberava seus alunos, e os Bronstein, decerto aliviados por Leiba ter evitado outros problemas, matricularam-no na Realschule de Nikolaev, para que ele concluísse sua educação secundária.

4. O jovem revolucionário

A assertividade de Leiba Bronstein só teve dimensões políticas depois que ele se mudou para Nikolaev, no outono de 1895, semanas antes de completar 16 anos. Construída na confluência dos rios Bug e Ingul, a cidade assemelhava-se a Odessa na característica de ser de fundação recente. O príncipe Potëmkin, o favorito de Catarina, a Grande, havia estabelecido seu primeiro governo e traçado os projetos das construções originais. Nikolaev não era uma das cidades grandes e famosas do império, mas sua posição estratégica na defesa contra os turcos significava que as autoridades nunca se esqueciam dela e de sua poderosa guarnição militar. Oitenta quilômetros ao sul ficava o mar Negro. No fim do século XIX, o comércio de cereais estava em franca expansão. Fazendeiros e camponeses levavam sua produção de todas as partes, a fim de lucrar com os preços crescentes. Comerciantes despachavam navios carregados de trigo pelo mar Negro para o consumo europeu. Quase todos os habitantes de Nikolaev eram russos ou ucranianos, mas a cidade também abrigava outras comunidades étnicas, como atestava a existência de uma sinagoga e uma igreja luterana. Havia dois grandes estaleiros, além de uma estação e uma oficina ferroviárias. A cidade tinha um número suficiente de moradores ricos para contar com um bairro de dachas (ou casas de veraneio) no seu litoral oeste. Possuía um observatório, uma biblioteca e um grande bulevar central. Mas nunca pôde aspirar ao glamour e à agitação de Odessa, e as autoridades a consideravam suficientemente calma e fora de mão para nela depositar os agitadores políticos, depois de um período de exílio na Sibéria. Esta

O jovem revolucionário

última característica estava prestes a ter um impacto decisivo no desenvolvimento pessoal do jovem Leiba.

Encontrou-se acomodação para ele antes de seu ingresso na sétima série da Realschule de Nikolaev. Leiba tinha uma conduta discreta, decidido a concluir sua formação secundária e a realizar sua promessa acadêmica. Porém confiava, sobretudo, nos conhecimentos já adquiridos:

> Eu matava aulas com frequência cada vez maior. Um dia, o inspetor foi me visitar no apartamento, para averiguar a razão do meu não comparecimento. Senti-me extremamente humilhado. Mas o inspetor foi cortês e se convenceu de que prevalecia a ordem apropriada na família com que eu morava e no interior do meu quarto; retirou-se pacificamente. Embaixo do meu colchão havia diversos panfletos políticos ilegais.[1]

Ainda assim, ele era o primeiro da classe.

Leiba colhia os panfletos em suas atividades fora da escola. Não mais contando com a tutela afetuosa mas firme dos Shpentser, seguia seu próprio caminho. Não tardou a conhecer um intelectual tcheco de 20 e tantos anos, chamado Franz Shvigovski. Conhecera o irmão mais novo de Franz, Vyacheslav, na Realschule de Nikolaev. Franz e Vyacheslav eram adeptos de ideias revolucionárias; tinham uma atitude tolerante para com o marxismo, ainda que o criticassem como uma doutrina estreita demais. Um grupo se reunia para debates no jardim da pequenina casa de Franz, onde ele também tinha seu negócio de horticultura. Entre os amigos havia ex-exilados, como Osipovich e Shargorodski. Os grandes temas do debate político da época prendiam sua atenção. Os membros do círculo compartilhavam livros e periódicos.[2] Leiba, com 18 anos ao se juntar ao grupo, era o mais jovem. Seu trabalho escolar sempre fora uma rotina fácil para ele, que agora reservava tempo para se informar sobre as questões públicas. Devorou a literatura do círculo com sua intensidade habitual. O amplo foco cultural dos Shpentser foi-se estreitando, para se concentrar em preocupações com o futuro político e econômico da Rússia e seu império.

As explorações intelectuais formavam um contraste agradável com a atmosfera opressiva que Leiba vivenciava na família Bronstein. Seu

72 Parte I: 1879–1913

pai queria que ele cursasse engenharia e o pressionava com essa ideia em suas visitas à cidade. David não era conhecido por sua diplomacia, nem Leiba, por sua humildade. Tal pai, tal filho. O próprio rapaz, antes de sair de Odessa, havia pensado em se matricular na faculdade de matemática da Universidade da Nova Rússia que lá existia. David não via futuro nessa matéria e queria que o filho optasse por uma formação mais prática. As discussões dos dois eram barulhentas e ríspidas, e a filha mais velha, Elisheba, ficava nervosa sempre que elas ocorriam ao alcance de seus ouvidos.[3]

Pior ainda era a possibilidade de que o jovem Leiba não escolhesse nenhuma das duas opções e dedicasse a vida à causa revolucionária. David intuiu isso pelo que testemunhou em suas idas a Nikolaev. A tentação estaria sempre presente, enquanto seu filho pertencesse ao grupo da casa de Shvigovski. A atração das ideias radicais era intensa entre os jovens russos nas três décadas que antecederam a Primeira Guerra Mundial. Eles atribuíam pouco mérito ao imperador e a seu governo pelas mudanças econômicas e sociais do país. Viam a ordem política imperial como um freio do progresso desejado. Milhares deles ligavam-se a grupos como o do jardim de Shvigovski e faziam experiências com a política radical. Como judeu, Leiba tinha uma razão a mais para detestar a situação política vigente. De qualquer modo, era um homem que tomava decisões sozinho e tratava os pais como um recurso financeiro para atingir seus objetivos. As ideias de levar adiante sua educação formal começaram a enfraquecer. David o visitava com frequência, tentando afastá-lo do que via como um caminho perigoso. Leiba estava fazendo um experimento arriscado com seu próprio futuro. Mas tinha opiniões firmes. Seu pai era um homem de classe média e muitas posses. Shvigovski e seus jovens amigos não tinham muito dinheiro, mas eram instruídos e inquietos, e Leiba sentia afinidade com eles. Não tinha pejo de viver à custa do pai e, ao mesmo tempo, desprezar suas esperanças e valores. Além disso, era tão teimoso quanto o pai. Já não admitia que lhe dissessem o que fazer e, em vez de se submeter à vontade paterna, fugiu de seu apartamento confortável e fixou residência na casa de Shvigovski.

Pela primeira vez na experiência de Leiba, David Bronstein causou-lhe a impressão de uma figura lamentável. Golda, a filha caçula, acom-

O jovem revolucionário

panhou o irmão e entrou na órbita dos simpatizantes revolucionários, depois que ele a apresentou como uma pessoa "promissora".[4] O filho mais velho, Alexander, podia ter sido uma decepção nos estudos, porém ao menos fora cursar medicina. A filha mais velha, Elisheba, casara-se com um médico. A dupla mais nova vinha se transformando num problema constante. David os tinha educado para que ficassem livres do trabalho estafante que tivera de suportar. E estava descobrindo que a escolarização urbana da época podia expor as pessoas a ideias inquietantes, de um tipo que ele nunca soubera existir, e não gostou dessas ideias quando elas lhe foram descritas.

O novo estilo de vida induziu Leiba a uma escolha de sua identidade pessoal. Ao mandá-lo para uma Realschule, seus pais haviam assegurado que ele aprendesse corretamente a língua russa. Isso não equivalia a querer que deixasse de se ver como judeu, ideia que é improvável que algum dia lhes tivesse ocorrido. David Bronstein continuara a ser judeu, mesmo não tendo nada de devoto. Mas Leiba estivera em contato com uma cultura que havia corroído o impulso de se demonstrar até mesmo um respeito pró-forma pela religião e os costumes dos antepassados. Seus textos acadêmicos tinham sido escritos em russo. Suas influências literárias e políticas eram russas. É verdade que vários de seus amigos de Nikolaev — Ilya Sokolovski, Alexandra Sokolovskaia e Grigori Ziv — eram judeus, porém não falavam, não liam nem escreviam em iídiche. Além disso, tinham prenomes russos e gostavam de ser tratados por diminutivos tipicamente russos: Ilya como Ilyusha, Alexandra como Sasha, Shura ou Shurochka, e Grigori como Grisha. Querendo ser como eles, Leiba decidiu que queria ser conhecido como Lëva.[5] Pronunciado "Liova", esse era o diminutivo russo de Lev. Em termos semânticos, nada tinha a ver com o prenome iídiche Leiba, mas era um nome comum e, o que era útil, soava meio parecido. O horizonte mental do rapaz era delimitado por todo o Império Russo.

A comuna levava uma vida muito apertada. Franz Shvigovski, embora empregasse um trabalhador e um aprendiz, tinha de continuar a fazer o trabalho braçal na horta. Os Sokolovski, Ilya e Alexandra, vinham de uma família de situação mediana e renda moderada. Grigori Ziv era estudante de medicina em Kiev e se mudava para lá nos períodos letivos da universidade. As condições comunitárias nunca foram luxuosas, mas era assim que eles queriam viver.

Lëva tinha paixão pelo estudo dos livros que havia perdido durante sua época de escola. Entre eles estava o *Sistema de lógica* de John Stuart Mill. Ele também lia livros didáticos, como a *Psicologia* de Tefling, a *História da cultura* de Lippert e a *História da filosofia* de Kareev. Esses eram títulos-padrão nas estantes dos intelectuais russos,[6] e os membros do pequeno círculo de Shvigovski eram típicos na sua familiarização com ideias dentro de uma vasta gama de assuntos gerais. Almejavam unir a política, a economia, a filosofia e a sociologia. Só depois de haverem digerido esses compêndios, sentiam-se competentes para se pronunciar sobre as especificidades da situação da Rússia imperial. Não se restringiam a obras teóricas. Como todos os seus contemporâneos, extraíam sustento intelectual da literatura de ficção. Lëva sentia-se atraído por autores de motivação nitidamente popular; seus favoritos eram Nikolai Nekrasov e Mikhail Saltykov-Shchedrin.[7] Nekrasov escrevia uma poesia que denunciava vigorosamente as injustiças da Rússia de sua época e celebrava os que enfrentavam seus opressores. Saltykov-Shchedrin, apesar de ser súdito leal dos Romanov, expunha a corrupção e a ignorância das cidades provinciais russas. Nenhum deles tinha muito interesse pelos ricos e poderosos da sociedade, e a escolha de leituras de Lëva indicava a que ponto ele estava se afastando das aspirações dos pais a seu respeito.

Apenas uma pessoa desse grupo de amigos, Alexandra Sokolovskaia, tinha lido *O capital*, de Marx. Ela voltou de seu curso de enfermagem em Odessa no verão de 1896, quase um ano depois de Lëva ingressar na Realschule. O grupo tinha somente um exemplar manuscrito e quase ilegível do *Manifesto comunista* de Marx e Engels.[8] Grigori Ziv começou a se considerar marxista.[9] Mas Lëva resistia ao marxismo como visão de mundo. Sua inclinação, como a de muitos radicais da época, era selecionar as partes de Marx e Engels de que gostava e descartar as outras. Ele ainda era um espírito livre. Mais tarde, viria a afirmar que seu antimarxismo tivera "raízes mais psicológicas do que lógicas", e que ele sentira uma "inclinação a proteger minha personalidade, em certa medida".[10] Lëva não se dava o trabalho de estudar os textos marxistas, extraindo o conhecimento que tinha deles de artigos de periódicos mensais. Ao

O jovem revolucionário

que parece, antipatizava com o cansativo determinismo econômico do marxismo russo da época. Preferia Nikolai Mikhailovski, que escrevia artigos antimarxistas para o *Russkoe bogatstvo* ("Riqueza russa").[11]

Na década de 1890, o marxismo tornou-se a tendência dominante na intelectualidade revolucionária do Império Russo, e cidades como Nikolaev estavam atrasadas em relação a sua época. Fazia muito que circulavam livros de Karl Marx e Friedrich Engels na Rússia. O Volume 1 de *O capital* de Marx fora traduzido para o russo pela primeira vez em 1872, tendo sido permitido por censores que o tomaram por um tratado econômico sobre o desenvolvimento industrial, com pouca probabilidade de ser nocivo num país pré-industrial. Muitos socialistas russos o apreciavam porque o livro alertava para a inevitável degradação social, caso não se tomassem providências para impedir a disseminação do capitalismo. Eram conhecidos como *narodniki*, denominação extraída da palavra correspondente a povo (*narod*). Seu movimento era diversificado, unido unicamente pela ideia de que a futura sociedade socialista deveria basear-se nas tradições igualitárias e autônomas do campesinato russo. Eles viam na comuna territorial das aldeias um modelo de como organizar a sociedade em todo o país. As tradições camponesas pareciam encarnar um espírito de justiça, bem-estar social e cooperação. Para os *narodniki* [populistas], a prática disseminada de redistribuir a posse da terra de acordo com as necessidades materiais das famílias era o socialismo em forma embrionária.

O desenvolvimento capitalista, diziam, não era inevitável. A Rússia poderia "pular" do feudalismo para o socialismo. Os horrores da exploração humana nas fábricas que degradavam o trabalhador em Londres, Paris, Berlim e Milão não precisariam repetir-se na Rússia. Os populistas divergiam quanto à maneira de instigar sua revolução. Alguns queriam ir para o campo e aprender com os camponeses, promovendo a insurreição contra a ordem política e social. Outros formavam partidos clandestinos, dentre os quais havia diversos que procuravam derrubar a monarquia por meio de atos de terrorismo. A polícia política — a Okhrana — caçava os militantes, fossem quais fossem suas prioridades estratégicas. No entanto, assim que uma organização era esmagada, outra tomava seu lugar. O terrorismo firmou-se cada vez mais. Em 1881, um grupo conseguiu matar Alexandre II. Em vez de detonar uma revolta do povo, o assassinato causou indignação, e Alexandre III, o imperador seguinte, tomou medidas severas contra todas as atividades revolucionárias. Os próprios *narodniki* se detiveram para repensar sua estratégia. A atividade terrorista não foi inteiramente abandonada; em 1887, houve um grande julgamento de integrantes de uma conspiração abortada, que envolvera um irmão mais velho de Lenin, Alexander. Outros defensores de ideias populistas dedicavam-se a investigar e a escrever sobre as condições econômicas russas e suas consequências sociais. A maioria dos militantes se perguntava mais e mais se não seria mais prático fazer o trabalho de propaganda junto ao proletariado, e não entre os camponeses.[12]

Os primeiros marxistas do Império Russo foram ex-*narodniki*. O principal deles foi Gueorgi Plekhanov. Desde o começo da década de 1880, Plekhanov e seu grupo, o Emancipação do Trabalho, viviam como refugiados políticos na Suíça. Seu pensamento baseava-se numa tese simples: o capitalismo havia penetrado de maneira decisiva na economia imperial nos anos anteriores. A Rússia estava seguindo a via de transformação em que tinham sido pioneiras a Inglaterra, a França e a Alemanha. Construíam-se ferrovias para interligar o império. Criou-se uma rede telegráfica eficiente. Fábricas enormes, com tecnologia avançada, estabeleceram-se em São Petersburgo e Moscou. A produção das minas ucranianas teve uma enorme expansão. O trigo da Rússia meridional e da Ucrânia era embarcado para mercados mundiais. A indústria de laticínios da Sibéria ocidental produzia manteiga e iogurte a serem exportados para a Europa central. Essas mudanças, segundo Plekhanov, eram uma transformação econômica incipiente. Ele e o grupo Emancipação do Trabalho afirmavam que todas as estratégias populistas eram perda de tempo. Já não era possível pular por cima do capitalismo, que se vinha transformando na modalidade dominante da economia no Império Russo. Aliás, um dos simpatizantes de Plekhanov, Vladimir Ulianov (que mais tarde despertaria a atenção popular como Lenin), foi mais longe. Numa série de artigos que culminaram em seu livro *O desenvolvimento do capitalismo na Rússia*, em 1889, ele afirmou que as condições econômicas russas já quase não diferiam das que prevaleciam na Grã-Bretanha e na Alemanha.

O jovem revolucionário   77

O círculo de Shvigovski em Nikolaev debatia esses temas. Surgiu uma disputa crônica entre Lëva e Alexandra, que ele via como marxista "obstinada". Certa feita, quando ela usava um vestido azul-marinho e ficou alisando a cintura enquanto falava, numa das frequentes altercações dos dois — Lëva nunca esqueceu esse detalhe —, ele declarou: "O marxismo é um ensinamento tacanho, que cinde a personalidade." Tratava-se de uma afirmação convencional entre os *narodniki*. Nikolai Mikhailovski, um dos mais influentes entre os autores populistas, havia afirmado que Marx, ao enfatizar o aspecto econômico do comportamento em toda a sociedade, desenvolvera uma teoria que separava os diversos aspectos uns dos outros. Os *narodniki* frisavam que os revolucionários deviam ser figuras completas e equilibradas, que se opusessem ao esmagamento dos indivíduos sob as rodas de um trator histórico desenfreado. Alexandra o enfrentou: "Não, a questão não é essa!"[13] A discordância fugiu de controle e os dois perderam as estribeiras. Os outros achavam que Lëva estava decidido a aborrecer a moça de todas as maneiras possíveis. Se era essa a sua intenção, ele obteve êxito. Alexandra disse a Grisha Ziv: "Nunca, nunca mais vou estender a mão para esse fedelho!" Mas a química sexual era explosiva. Os dois sentiam uma atração mútua que se expressava na rivalidade. Tão intratável era a conduta de Lëva que alguém comentou: "Ele vai virar um grande herói ou um grande patife; vai ser uma coisa ou outra, mas, decididamente, ele ascenderá à grandeza."[14]

Outra de suas características era o desejo de dominar. Como outros rapazes de sua geração, ele não gostava de dar razão às mulheres. As revolucionárias sem papas na língua não eram desconhecidas e, tempos depois, Lëva viria a prezar muito algumas delas — Vera Zasulich, Rosa Luxemburgo, Angélica Balabanova e Larisa Reissner. Alexandra não se dispunha a sucumbir à convenção de dar ouvidos à sabedoria masculina. Quando Lëva atacava, ela retaliava.

Lëva preparava-se como que para uma campanha militar. Examinou com minúcia *A arte da controvérsia*, de Schopenhauer, no intuito de aprimorar suas habilidades no debate.[15] Schopenhauer era franco quanto a querer vencer por meios lícitos ou ilícitos. Citava Maquiavel como uma autoridade. Para esse filósofo, toda discussão era uma "esgrima política". Ele recomendava forçar a tese do adversário até e além dos limites desejados e, em seguida, destroçá-la. A ridicularização pessoal era sumamente eficaz. Se fosse possível alfinetar as pessoas até levá-las à raiva, talvez elas perdessem o fio de sua argumentação. Confundir a terminologia era outro artifício eficaz. Havendo uma plateia, a meta seria atraí-la para o próprio lado, fazendo-a rir. As digressões enfáticas e a falsa modéstia também poderiam ser úteis. Ferir suscetibilidades seria inevitável, mas o bom debatedor sabia manter a cabeça fria. A vitória esmagadora era o único objetivo que valia a pena. Nada havia de constrangedor em ter um temperamento "despótico", e Schopenhauer recomendava que "o homem de grandes talentos, em sua interação com os outros, deve sempre refletir que sua melhor parte está nas nuvens, fora da visão". Declarava ainda que as ideias das "pessoas comuns" não serviam para nada. Clamava pelo reconhecimento da genialidade individual e não via nada de errado na misantropia.[16]

Schopenhauer não fazia parte do arsenal regular do pensamento revolucionário russo, e Lëva Bronstein não admitia abertamente a influência do filósofo em suas técnicas de argumentação. No entanto, é provável que tenha encontrado muito do que necessitava para sua política e sua personalidade na *Arte da controvérsia*. Ziv notou o quanto lhe agradava ferir os adversários:

> Assim que ele abria a boca, não apenas A. Sokolovskaia, mas todos os presentes ficavam petrificados [...]. Toda a situação e o caráter do discurso deixavam claro que o único objetivo de sua explosão era cuspir em A. Sokolovskaia e alfinetá-la da maneira mais dolorosa possível, a ela cujo único defeito era ser marxista.[17]

Lëva era um tirânico provocador intelectual, um rapaz inteligente e cônscio de sua inteligência. Essa consciência nunca o deixaria, embora ele tenha aprendido a não se exibir.

Outra de suas peculiaridades já era identificável: a aversão ao sentimentalismo, algo que ele levava ao extremo. Isso ficou gravado nos outros membros do grupo quando Alexandra Sokolovskaia recebeu a notícia de que um de seus melhores amigos fora preso em São Petersburgo. Ela caiu em depressão e levou muito tempo para se recuperar. Lëva não conseguia

O jovem revolucionário

entender essa sensibilidade e disse a Grisha Ziv que, pessoalmente, jamais "experimentaria um sentimento de tristeza" se Ziv viesse a sofrer uma detenção — apesar de os dois serem amigos na época.[18] Ziv concluiu:

> Não há dúvida de que ele estimava os amigos e sua estima era sincera, mas seu amor era do tipo que o camponês nutre por seu cavalo, que o auxilia na confirmação de sua individualidade campesina. Ele afaga sinceramente o animal, cuida dele e por ele passa de bom grado por privações e perigos; sua mente chega a ser capaz de penetrar amorosamente na própria individualidade do cavalo. Mas, assim que este fica impróprio para o trabalho, sem hesitação e sem um pingo de consciência, ele o manda para o pátio do abatedor de cavalos.[19]

Lëva via seus camaradas revolucionários como o camponês via seu cavalo, e ninguém desejava mais do que ele que o grupo tivesse um impacto prático.

Das conversas entre eles veio a decisão de buscar seguidores potenciais. Os membros resolveram criar uma associação e chamá-la de Rassadnik.[20] Numa tradução literal, o termo significava "sementeira", e era um lembrete de que eles se haviam reunido pela primeira vez no terreno da Realschule ou na horta da casinha de Franz Shvigovski. Todos fizeram contribuições financeiras para pôr as coisas em andamento — o próprio Lëva não era desprovido de fundos. Também trataram de coletar dinheiro dos simpatizantes: esse era um procedimento normal na época, pois não eram poucos os cidadãos ricos que não gostavam da ordem imperial, ou queriam precaver-se contra estar associados a ela numa futura situação revolucionária.[21] Lëva escreveu um artigo para um jornal populista de Odessa e foi até lá falar com o editor. O conteúdo não recomendou o texto para publicação,[22] mas Lëva continuou tentando escrever e publicar. Também participou da campanha contra a decisão da Biblioteca Pública de Nikolaev de elevar sua taxa de 5 para 6 rublos anuais. Isso resultou na vitória dos "democratas", que foram eleitos para a diretoria da biblioteca, em lugar das antigas figuras endinheiradas e poderosas.[23] O que eles não sabiam é que estavam sendo vigiados. A Okhrana mantinha como

80 Parte I: 1879–1913

informante um dos empregados de Shvigovski, um certo Tkhorjevski. A Rassadnik vivia com os dias contados praticamente desde o momento em que havia começado a criar nome na cidade.[24]

O grupo entusiasmou-se com os ventos de insatisfação e protesto surgidos entre os trabalhadores dos estaleiros da cidade, que objetavam a seus salários e a suas condições de trabalho. Mas, embora Lëva fosse capaz de vencer discussões sem dificuldade, começou a questionar suas próprias ideias. Aos poucos, o ponto de vista de Alexandra foi sendo favorecido por ele e pelos demais. Lëva começou a admitir que o movimento vigoroso da classe trabalhadora era irreprimível. Os marxistas afirmavam que o liberalismo jamais sairia vitorioso na Rússia. Lëva concordou. E viria a resumir suas ideias, retrospectivamente, em 1898: "Nós nos arranjaremos até sem revoluções liberais; não precisamos delas; seguiremos nosso próprio caminho [...]."[25]

Lëva já havia feito contato com grupos que operavam em Odessa e Ecaterinoslav. Adotou o pseudônimo de Lvov e incentivou os colegas a se imiscuírem no movimento dos trabalhadores sob o nome de "Sindicato dos Trabalhadores da Rússia Meridional".[26] A força de trabalho das docas tinha um grande contingente qualificado, e muitos trabalhadores eram alfabetizados e bem pagos. Suas condições de trabalho não eram as piores da Europa — já haviam conquistado uma jornada de oito horas. Mas havia insatisfação com as condições gerais de opressão e injustiça entre os trabalhadores, e Lëva notou que isso era uma extensão de suas crenças religiosas. Muitos deles eram batistas ou cristãos evangélicos de outros tipos; as tradições da Igreja ortodoxa não os seduziam. O círculo de Shvigovski almejava transformar essa orientação num compromisso revolucionário. Criou um grupo de estudos de vinte trabalhadores, chamando-o de universidade, e Lëva lhe deu aulas de sociologia durante um curto período.[27] Os amigos do círculo de Shvigovski não tinham muita ideia de como evitar a detecção. Orgulhavam-se tanto de sua atividade que mandaram tirar sua própria foto em grupo — imagem da qual a polícia viria a se servir para prendê-los. Durante algum tempo, entretanto, Lëva e os outros ficaram contentes com o progresso que vinham obtendo em sua atividade proselitista.[28]

Tamanha era a dedicação de Lëva que ele repreendeu Grisha Ziv por voltar à universidade por um breve período para concluir sua formação médica.[29] As ambições do grupo aumentavam continuamente. No Dia do Trabalho, Lëva aproveitou a oportunidade para fazer seu primeiríssimo discurso. Proferiu-o no bosque dos arredores da cidade. Disse ter-se sentido embaraçado nessa ocasião; Grisha Ziv recordou de outra maneira a atitude dele, dizendo que seu camarada gabou-se de que os trabalhadores o haviam confundido com o grande orador socialista alemão Ferdinand Lassalle.[30] Atualmente, é impossível sabermos quem se aproximou mais da verdade. O que fica claro é que a ênfase do grupo recaía sobre a publicação de textos:

> Assim, nós mesmos começamos a produzir nossa literatura. Foi esse, na realidade, o início do meu trabalho literário. Eu redigia proclamações e artigos, depois manuscrevia cada letra, separadamente, para o hectógrafo [um pequeno mimeógrafo rudimentar, operado com um preparado gelatinoso]. Nessa época, não fazíamos ideia das máquinas datilográficas. Eu imprimia as letras com o mais extremo cuidado, considerando um ponto de honra possibilitar até ao menos alfabetizado dos trabalhadores compreender as proclamações de nosso hectógrafo sem qualquer problema. Cada página consumia cerca de 2 horas de trabalho.[31]

Em todo o império havia extensões similares do ativismo marxista. O círculo de Nikolaev estava aprendendo na prática a disseminar a palavra política.

E o fazia com assistência externa. Reforçou-se a ligação com os companheiros marxistas de Odessa. Compararam-se experiências e houve um intercâmbio de textos. Odessa era um grande ponto de entrada de literatura revolucionária contrabandeada. Os militantes de Nikolaev ansiavam por compartilhá-la. Plekhanov e seu grupo, em Genebra, eram valorizados como fundadores do marxismo na Rússia, e suas ideias mais recentes eram avidamente requisitadas. Vez por outra, Lëva ia a Odessa buscar malas cheias de panfletos e jornais publicados no exterior. O círculo de Nikolaev parecia fazer progressos irrefreáveis em sua atividade clandestina.

O fim, quando veio, em janeiro de 1898, foi súbito. Ao chegar à nova casa de Shvigovski no campo, Lëva supôs haver encontrado asilo. Desembrulhou seu maço de papéis e começou a trabalhar, preparando-os para distribuição. Maria Sokolovskaia, irmã mais nova de Alexandra, apareceu no meio desse processo. Um de seus irmãos homens tinha sido preso em Nikolaev. Era evidente que a Okhrana havia colhido informações sobre toda a organização, e Maria tinha certeza de que um agente a havia seguido até a casa de Shvigovski. Nem Lëva nem o próprio Shvigovski a levaram a sério. Maria insistiu. Os três acabaram levando os papéis para o lado de fora e os enterraram num poço fundo, em meio a alguns repolhos. Passado algum tempo, Shvigovski resolveu que o agente era uma fantasia da imaginação de Maria Sokolovskaia. Retirou os papéis do poço e os deixou numa pipa de água, na entrada da casa.[32] No dia seguinte, revelou-se a insensatez dos três amigos. O agente estivera lá o tempo todo, apenas aguardando a chegada de reforços para invadir a casa. Ao ser preso, Shvigovski instruiu sua caseira, num cochicho, a destruir os papéis (que não tinham sido notados pela polícia) depois que todos partissem. O grupo inteiro de revolucionários foi capturado e mandado para a prisão de Nikolaev.

5. Amor e prisão

Conduzido pelas portas de ferro até sua cela em Nikolaev, Bronstein gostou de ver como era espaçosa: havia esperado coisa pior das autoridades imperiais. Em seguida, seu pessimismo anterior foi confirmado quando notou que não havia móveis no cômodo, nem ao menos uma cama. Além disso, ele não estava sozinho. Havia alguém de sobretudo e chapéu sentado a um canto. Bronstein presumiu que o homem não fosse um revolucionário, já que estava muito malvestido — ele ainda acreditava que as pessoas que se tornavam marxistas cuidavam da aparência. No entanto, Misha Yavich era "político", além de trabalhador. Os detidos passaram três semanas juntos. A estufa nunca era adequadamente alimentada, e a portinhola de vigilância da porta deixava entrar uma corrente do ar gélido que vinha de fora. O frio era intenso demais para eles tirarem os casacos para se lavar. Os detidos só tinham permissão de receber colchões à noite, e os colocavam perto do fogo para tentar dormir. Seguindo o exemplo de Misha, Bronstein entrou em contato com os detentos não políticos, a quem pagou por uma chaleira e comida extra. O que não conseguiu obter foi um lápis, já que assassinos e ladrões nunca pediam nem precisavam de material para escrever. Para Bronstein, a vida sem comunicação nem chegava a ser vida.[1]

Ele sentiu alívio ao ser transferido na diligência postal, acompanhado por dois policiais, para a prisão de Kherson, situada a quase 100 quilômetros de distância. Viajou esperançoso, mas a experiência foi uma decepção terrível, porque ele foi levado para o confinamento solitário e permaneceu por dois meses e meio nessa situação. Embora o novo presídio fosse mais

84 Parte I: 1879–1913

quente, o ar era fétido. Não havia sabão nem mudas de roupa de baixo para trocar. Os piolhos rastejavam por toda parte. Bronstein não tinha consigo um único livro e continuava sem material para escrever. A bem da sanidade, compôs mentalmente poemas revolucionários, ainda que, como admitiu tempos depois, eles fossem medíocres.[2] O isolamento baixou fortemente seu moral.[3]

Em maio de 1898 veio a ordem de transportar os revolucionários de Nikolaev de Kherson para Odessa. A essa altura, todos, inclusive Alexandra, tinham sido detidos. Bronstein e um certo Gurevich foram levados juntos; Ilyusha partiu no dia seguinte.[4] O grupo inteiro foi reunido em Odessa para que se tomasse uma decisão a seu respeito. Tratava-se de um novo tipo de presídio, que Trotski viria a recordar, quase com admiração, como tendo sido projetado de acordo com os mais elevados padrões vigentes da tecnologia norte-americana. O prédio tinha quatro andares. Os corredores e escadas eram de metal. Havia quatro blocos principais, cada um com uma centena de celas separadas, e ele rememoraria:

Tijolos e metal, metal e tijolos. Os passos, batidas e movimentos são agudamente sentidos em todo o prédio. Os beliches são presos às paredes, levantados durante o dia e baixados à noite. Pode-se ouvir com exatidão o momento em que o beliche da cela vizinha é suspenso ou arriado. Os carcereiros fazem sinais uns para os outros batendo com uma chave de metal no gradil dos corredores. Ouve-se esse som praticamente o dia inteiro. Ouvem-se passos nas escadas de metal com a mesma exatidão com que se ouvem passos ao lado, abaixo ou acima da cela. Em toda a volta há ruídos e sons de tijolos, cimento e metal.[5]

"E, ao mesmo tempo", acrescentaria Trotski, "fica-se completamente isolado." A prisão de Odessa não era nenhuma colônia de férias. Cada um dos revolucionários de Nikolaev era mantido numa cela separada, no bloco reservado aos prisioneiros políticos. Eram guardados por policiais, não por carcereiros comuns.[6]

Os detentos alfabetizados comunicavam-se por meio de batidas laboriosas com os dedos nas paredes, no alfabeto dos prisioneiros.[7] As janelas

Amor e prisão

eram abertas para deixar entrar o ar puro nos dias de tempo clemente. Quando isso acontecia, os camaradas podiam subir em suas banquetas e conversar através das grades. Na verdade, isso era rigorosamente proibido, mas a administração impunha suas regras de forma irregular. Por segurança, cada prisioneiro adotou um pseudônimo. Bronstein chamou-se Mai, por ter sido maio o mês em que chegou à prisão. Teve sorte de ser destinado à cela 179, pois esta tinha uma vez e meia o tamanho da média. Em pouco tempo, ele desistiu quase inteiramente de tamborilar em código, por achar que isso lhe trazia pouco conforto e o deixava com os nervos tensos.[8] Também teve dificuldade com os policiais, que não eram propositalmente ríspidos, mas conversavam a noite inteira, como se estivessem sentados numa boate. Bronstein escreveu para Alexandra em novembro de 1898 sobre sua insônia. Depois, deteve-se bruscamente:[9] "É estupidez eu me queixar com você de tudo isto, como se a sua situação fosse melhor, mas estou tão mal-humorado que sinto vontade de continuar reclamando com você, para fazê-la sentir pena."

Estava-se exibindo para uma revolucionária jovem e atraente. Lev Bronstein era um sujeito bem-apessoado, com o brilhantismo ambicioso que atrai muitas mulheres. O sentimento era retribuído. Depois de havê-la provocado e de ter implicado com ela, Lev se apaixonara. Alexandra enquadrava-se no estereótipo da revolucionária russa: dedicada, decidida, altruísta. Ele sabia que a jovem apreciava seu talento. Escrevia-lhe sem nenhum acanhamento. Chamava-a de Shura ou Sasha e lhe revelava todas as suas emoções confusas. Mandou-lhe uma longa mensagem, redigida num fluxo de consciência. "Shura", escreveu, "estou me sentindo mal [...]. Há muito não me sentia num estado tão desagradável quanto hoje."[10] Também confessou sua tristeza a um revolucionário chamado Grinshtein, porém ia mais longe com Alexandra: "Sabe, Sasha, sou extraordinariamente apegado à vida. Tive minutos — até horas, dias, meses — em que o suicídio me pareceu que seria o desfecho mais digno, porém, de algum modo, nunca tive coragem para isso. Se é covardia, não sei, mas falta alguma coisa."[11] Talvez tenha reconhecido estar caindo em lugares-comuns. Tentando usar um tom altivo, comentou: "Sem dúvida, o amor à vida e o medo da morte nada mais são que o resultado da [...] seleção natural."[12]

Havia exibicionismo e imaturidade nesses sentimentos. Lev era um rapaz egocêntrico. Tentava inconscientemente induzir Alexandra a fazer mais do que amá-lo: queria que ela o compreendesse e cuidasse dele, e talvez fosse possível conseguir isso por meio de admissões de fraqueza. Nunca foi sinceramente suicida; seu comentário destinou-se a inspirar em Alexandra o desejo de protegê-lo. Lev percebeu que tinha sido arrogante e insensível com ela. Assim, o que poderia ser melhor do que admitir que possuía uma aparência externa de pedra e dizer que "derramava lágrimas" por isso?[13]

Não estava tentando enganá-la. Simplesmente não conhecia outra maneira de se expressar. Era egocêntrico demais para lhe perguntar o que ela estava sentindo. Alexandra era uma caixa de ressonância para ele. Seria mais fácil, é claro, se pudessem conversar diretamente. Escreveu Bronstein:

Sabe, vem à minha cabeça uma ideia particular que não vou transmitir-lhe neste momento. Diz Mikhailovski, num artigo sobre Lassalle, que o sujeito pode ser mais franco com a mulher amada que consigo mesmo; é verdade, até certo ponto, mas essa franqueza só é possível numa conversa pessoal, e nem sempre, mas apenas em momentos especiais e excepcionais.[14]

Mikhailovski era um *narodnik* revolucionário russo; Lassalle, um revolucionário e marxista alemão. Bronstein os estava levando em conta em relação a seu desenvolvimento pessoal. Relegou a política a uma posição secundária em sua discussão. A revolução estava presente em seu pensamento, mas ele precisava — como estava dizendo à sua amada e confidente — encontrar um modo de ser revolucionário e continuar fiel a si mesmo.

As ideias suicidas não lhe eram novas, mas, como no verão de 1897, mal declarou seu propósito, ele o tirou da cabeça.[15] Tinha lido grandes poetas russos do início do século XIX, como Pushkin e Lermontov, e sem dúvida gostava de sua melancolia romântica — tal como, por sua vez, eles haviam gostado de Byron e Goethe[16] —, mas nem Pushkin nem Lermontov eram dados a autoagressões físicas. Lëva era jovem e psicologicamente tenso, apesar da aparência autoconfiante. Até ser preso, vivera constantemente num meio que lhe dava apoio. Em Odessa, fora cuidado pelos Shpentser; em Nikolaev, ao se voltar para a militância revolucionária, pertencera a uma comuna de camaradas amistosos e prestativos. A prisão era diferente. Sua rotina diária roubava-lhe as escoras psicológicas de que precisava. Os efeitos o surpreenderam. Ele não estava imaginando um estado fictício de aflição, apenas o exagerava. Nessa época e posteriormente, dava preferência a imagens extremadas e a expressões verbais de impacto. Isso não era uma invenção artificial. Decorria da personalidade de alguém que só se sentia vivo quando podia comunicar-se com os outros. O confinamento solitário era para ele um dos piores castigos concebíveis.

Escrever para Alexandra foi um dos meios que encontrou para lidar com isso. Estava passando a depender dela.[17] Sua oscilação entre aproximação e distanciamento era própria de quem não havia aprendido a disfarçar nem a examinar seus sentimentos de maneira adequada. Ele era um rapaz que julgava sua vida interior — seus pensamentos, seus medos, suas aspirações — algo singular e especial, e, como se tomava por uma pessoa extraordinária, não se importava em abrir seu mundo mental para a mulher em quem confiava.

Apesar das dificuldades, estava começando a escrever seu primeiro trabalho de peso, o que, por si só, elevou seu moral. Seria um estudo sobre os maçons. Disse ele a Alexandra: "Você será minha primeira leitora e minha primeira crítica." Não planejava nada que se equiparasse ao alcance filosófico do *Ensaio sobre o desenvolvimento da concepção monista da história*, de Plekhanov, nem ao *Desenvolvimento do capitalismo na Rússia*, de Lenin, em sua exposição do presente e futuro econômicos do país. Também, esses autores eram ávidos polemistas. Bronstein não tinha a pretensão de fazer pesquisas "científicas".[18] Escrevia em busca do efeito político imediato e tinha paixão por fazê-lo com elegância. O esforço de perfeição literária o destacava, já nessa etapa inicial, entre os marxistas russos. Ele era um estilista. Não suportava escrever uma frase feia. Esse era seu talento e seu trunfo, e viria também a se revelar um ponto fraco prejudicial, quando sua propensão para a ridicularização exagerada o levou a fazer inimigos desnecessariamente.

Continuou a gostar desse estudo em anos posteriores. Ao que parece, o texto comparava os maçons da história aos *narodniki* contemporâneos.[19] Talvez Bronstein tenha querido expor as facetas místicas e cerimoniais dos maçons, os quais retratou como um círculo de intelectuais que tentavam subverter o *status quo* político, e sugerir que os populistas eram igualmente iludidos em suas intenções últimas. Bronstein concluiu o texto de forma satisfatória, mas nunca o entregou a um editor. O material foi perdido na Suíça, ao que parece, quando sua senhoria o usou para acender o fogo da estufa.[20]

A estada no presídio de Odessa confirmou a adesão do jovem Lev ao marxismo, como ele recordaria num primeiro esboço autobiográfico: "[A] influência decisiva em mim foram dois estudos de Antonio Labriola sobre a concepção materialista da história. Só depois desse livro procedi à leitura de Beltov e de *O capital*."[21] Labriola foi um marxista italiano da primeira hora que procurou desenvolver um arcabouço filosófico para a compreensão das sociedades em processo de industrialização. Beltov era o pseudônimo autoral de Gueorgi Plekhanov, que foi o pai fundador do marxismo na Rússia e escreveu sobre filosofia e economia. Labriola e Plekhanov seguiam Marx, insistindo na necessidade de fundamentar qualquer análise da política de um país em sua situação econômica. *O capital*, nem é preciso enfatizar, estava no cerne das doutrinas marxistas sobre o desenvolvimento de uma economia capitalista. Todos os detentos de Nikolaev usaram seu tempo na prisão para se transformar em marxistas mais informados. A preparação intelectual era essencial, se quisessem ser vistos como seguidores sérios de Marx e Engels no Império Russo.

Foi em novembro de 1898 que a mãe de Lev saiu de Ianovka para visitá-lo. Seu horror ante o aprisionamento do filho é fácil de entender. Tratava-se de seu filho adorado e de um aluno brilhante. Ela estava decidida: Leiba teria de abandonar os compromissos revolucionários antes que fosse tarde demais. De que ia viver? A resposta dele nem de longe foi reconfortante: pessoas generosas o ajudariam. Aneta retrucou: "E isso significa que você espera viver de esmolas?" Irrompeu entre eles uma discussão acalorada. Na verdade, houve duas dessas discussões, uma vez que a mãe fez um intervalo entre as tentativas de salvar o filho de sua loucura.[22] Por si só, isso foi inusitado. Até então, o pai é que havia ditado a lei. Talvez David Bronstein houvesse reconhecido que sua mulher poderia ser melhor nas artes da persuasão. Como quer que fosse, seguiu-se "uma cena muito desagradável", como a descreveu Lev na ocasião; e ela terminou com o rapaz dizendo à mãe que não queria mais nenhuma ajuda dos pais.[23]

David e Aneta Bronstein finalmente compreenderam que Lev — o seu Leiba — havia tomado uma decisão e que, se o enfrentassem, iriam perdê-lo para sempre. Mas houve um assunto em que se recusaram a transigir. O filho lhes falara de seu desejo de se casar com Alexandra, e era moço demais para fazê-lo sem o consentimento parental. Entre as razões por que seu pai e sua mãe recusaram essa permissão estava a discrepância entre a riqueza das duas famílias. Os Bronstein não queriam ver seus bens caírem nas mãos de alguém menos próspero que eles. É provável que tenham suspeitado que Alexandra tramava alguma coisa nesse sentido. Resolveram não correr riscos. Seu filho vinha se portando de toda sorte de maneiras indesejáveis. Ao menos eles impediriam um casamento prematuro.

Lev contrastou essa reação com a carta de cumprimentos que recebeu do pai de Alexandra. As palavras o comoveram. Ele disse à jovem revolucionária que o pai dela era "uma ótima pessoa", que lhe havia assegurado não ter se ofendido, em absoluto, com a intransigência dos Bronstein. O sr. Sokolovski viu até um aspecto positivo no rompimento entre Lev e seus pais: os noivos autodeclarados já não seriam perturbados pela delicada questão da "desigualdade material".[24] O completo desprezo pelas atitudes sociais alimentadas em Ianovka cresceu dentro de Lev e permaneceu com ele pelo resto da vida. No diário que escreveu na França em 1935, ele afirmou: "Não há criatura mais repulsiva que o pequeno-burguês empenhado na acumulação primária."[25] Ninguém se enquadrava melhor na descrição desse acumulador do que David Bronstein, que havia construído uma bela fazenda com o suor do rosto e a argúcia nos negócios. Lev estava abrindo mão dos confortos proporcionados pela riqueza arduamente conquistada de seus pais, e se sentiu melhor por isso. Ainda assim, não pôde realizar o casamento que queria. Nessa medida, David e Aneta Bronstein puderam sentir uma pequena satisfação.

Entretanto, Lev e Alexandra definhavam no mesmo presídio. Se não podia casar-se, a segunda melhor opção para ele, ainda que estivesse longe do ideal, seria ser posto numa cela próxima à dela. Seu pedido foi recusado. A única lógica possível para essa proximidade era permitir a comunicação, e as autoridades queriam exatamente o inverso — e, de qualquer modo, homens e mulheres eram mantidos estritamente separados no presídio. Por conseguinte, a única esperança de Lev era que, de algum modo, Alexandra passasse perto de sua cela: "Se você descesse a escada para sua caminhada e dissesse alguma coisa, definitivamente eu ouviria."[26] De outro modo, os dois teriam de enfrentar a situação tal como estava. Ainda não haviam descoberto a natureza de sua punição, mas sabiam ser quase certo que envolvesse o banimento para a Sibéria. Mas, por quanto tempo? Ele e Alexandra, afirmou Lev, mereciam sua "hora de felicidade". Um dia viveriam como "deuses do Olimpo". Ele se convenceu de que ambos tinham sofrido muito na vida. Tentou animar--se: "Não lhe ocorre a ideia de que, quando voltarmos do exílio, teremos a possibilidade de uma atividade legal?"[27]

Na verdade, passou-se mais um ano até eles descobrirem seu destino. Em novembro de 1898, o grupo de Nikolaev soube que deveria cumprir um período de exílio administrativo; Trotski foi sentenciado a quatro anos.[28] Todos foram rapidamente deslocados de trem de Odessa para a Prisão de Detentos em Trânsito de Moscou e mantidos na Torre Pugachev. As associações históricas não escaparam aos revolucionários de Nikolaev. Pugachev tinha liderado uma imensa revolta popular contra Catarina, a Grande, em 1773-1774, deslocando-se rapidamente do sul do império, com suas forças mal treinadas, mas poderosas. Derrotado nos arredores de Moscou, fora trancafiado na torre que mais tarde levaria seu nome, antes de ser executado na Praça Vermelha. O destino que esperava o grupo de Nikolaev jamais seria tão severo. O diretor do presídio era um certo Metsger, um russo de ascendência alemã que esperava respeito absoluto de todos os detentos e mandava que tirassem o chapéu em sua presença. Quando Trotski se recusou a obedecer, Metsger perdeu a paciência e gritou com ele. Trotski se manteve firme: "Não sou seu soldado. Tenha a bondade de parar de gritar comigo." Seus companheiros de prisão manifestaram solidariedade. Soou um apito e

Amor e prisão 91

todos foram conduzidos a celas de punição sem janelas, onde as camas não tinham colchão. Um dia depois, no entanto, foram devolvidos à Torre Pugachev.[29]

Tal como aconteceu com vários desses episódios de desafio em sua vida, Trotski não incluiu essa informação em suas memórias publicadas. Ela teve que ser arrancada dele por autores que o admiravam. Embora lhe agradasse causar boa impressão em público, o homem não gostava de se gabar: preferia que outros o fizessem por ele. Era barulhento e cheio de si, e as pessoas não tinham de esperar muito para descobrir que, na realidade, era vaidoso e egocêntrico.

A cooperação pacífica com Metsger foi retomada nos meses em que o grupo de Nikolaev aguardou para ser enviado à Sibéria. Eles passavam o tempo lendo e escrevendo, além de conversarem em seus períodos diários de exercício físico. Bronstein retomou a tentativa de se casar com Alexandra. Estavam apaixonados. Tinham a bênção do pai da noiva, e David Bronstein estava longe demais para fazer qualquer objeção. O incentivo para apressar as coisas foi que as autoridades imperiais não separavam os casais no exílio siberiano.[30] Concedeu-se permissão para que o casamento se realizasse na Prisão de Detentos em Trânsito de Moscou. Como Lev e Alexandra eram de famílias judias e não havia casamento civil nessa época, um rabino foi procurado para oficiar a cerimônia.[31] Não deve ter havido dificuldade para encontrar dez revolucionários judeus que servissem de testemunhas, a fim de que o procedimento tivesse validade religiosa e jurídica.[32] Ergueu-se sobre a cabeça dos noivos a tradicional chupá. Disseram-se as preces obrigatórias. Trocaram-se alianças. A submissão formal à religião dos ancestrais foi um pequeno preço a pagar para que Lev e Alexandra se tornassem marido e mulher. Era a última concessão dessa natureza que qualquer dos dois viria a fazer.

Eles eram revolucionários que ainda precisavam elaborar o que fazer a seguir. Mal tinham ideia das condições reservadas para eles, e seu grupo de Nikolaev não mantivera contato com organizações marxistas de outros pontos do Império Russo. Apesar de lerem material contrabandeado pela "emigração", ainda estavam por anunciar sua existência aos líderes marxistas do exterior. Já em Moscou, aproximaram-se muito de militantes que tinham mais conhecimento das doutrinas e atividades marxistas em cidades maiores que Nikolaev. Conversavam sem parar com todos os companheiros revolucionários que encontravam. Estavam deixando de ser provincianos e se preparando para desempenhar seu papel nos assuntos do Partido Operário Social-Democrata Russo.

6. Exílio siberiano

O grupo de detentos de Nikolaev ainda estava por ser informado sobre exatamente onde deveria cumprir seu período de exílio, mas antes disso, no verão de 1900, os judeus desse círculo foram levados para o leste da Sibéria. Na época, os russos estavam sendo despachados para a Rússia setentrional, a fim de serem mantidos separados de prisioneiros de nacionalidades que se julgava exercerem uma "influência nociva".[1] Saindo de Moscou, os Bronstein viajaram quase 2.250 quilômetros de trem até chegarem à ferrovia Transiberiana em Cheliabinsk. Teriam pela frente mais 3,2 mil quilômetros e cinco dias e meio de viagem para chegar a Irkutsk. Na estação de Telma, 60 quilômetros antes da grande cidade siberiana, os prisioneiros foram retirados do vagão e levados por 8 quilômetros na direção norte, cruzando o grande rio Angara, até a aldeia de Alexandrovskoe.[2]

Ali se encontrava o maior presídio da região; o Ministério do Interior havia escolhido essa localidade rural justo por ela ser distante de Irkutsk o suficiente para dificultar a fuga de algum prisioneiro e seu embarque num trem para a região central da Rússia.[3] (Telma, por sua vez, era pequena e maciçamente patrulhada por policiais.) A Prisão Central de Trabalho de Alexandrovskoe abrigava 1,3 mil detentos e tinha dormitórios abarrotados. Mas o diretor vinha fazendo o possível para melhorar as condições locais — e um visitante inglês comentou que ele mais parecia um maestro alemão que um carcereiro. A dieta incluía carne e sopa e, ao que se dizia, os arranjos sanitários eram adequados. Os homens que cumpriam toda a sua sentença na prisão recebiam formação compulsória em carpintaria, alfaiataria ou relojoaria. O objetivo era eliminar a tentação do retorno ao crime depois da libertação. Os prisioneiros recebiam um pequeno salário pelo trabalho, podendo gastá-lo na loja interna ou remetê-lo a suas famílias. Ainda assim, tratava-se de um lugar com suas indignidades e durezas próprias. As roupas eram de tamanho único, o que significava que os detentos mais baixos arrastavam as calças pelo chão. Os homicidas, que usavam correntes, costumavam ser mandados para trabalhos braçais na ilha Sacalina — e tinham de percorrer centenas de quilômetros sob escolta até a costa do Pacífico.[4]

Bronstein e seus camaradas, como prisioneiros políticos, eram mantidos separados dos criminosos comuns. Haviam chegado bem antes do inverno e suas nevascas. Enquanto aguardavam, tiveram o mesmo acesso a livros e jornais que lhes fora concedido na Prisão de Detentos em Trânsito de Moscou.[5] Como casal, Lev e Alexandra tiveram o direito de ficar juntos e ela engravidou, esperando a primeira filha. Veio então a notícia de que todo o grupo de Nikolaev seria despachado para um local mais ao norte. Diversos vilarejos isolados tinham sido designados, e os Bronstein souberam que seguiriam para Ust-Kut. O nome não significava nada para eles. Todo o nordeste da Sibéria ainda era um mistério, e o pouco que eles descobriram sobre o clima e o regime do exílio veio de conversas com outros prisioneiros.

Ust-Kut era uma aldeola minúscula do distrito de Kirensk, na província de Irkutsk, situada na latitude 57°N. Outros detentos da prisão de Alexandrovskoe tiveram ainda menos sorte e foram despachados para locais no interior do Círculo Ártico. Toda a região era de um frio rigoroso no inverno e um calor insuportável no verão. Os Bronstein souberam disso antes que seu pequeno grupo e os guardas que o acompanhavam partissem para seu destino, 640 quilômetros rio acima, até o norte de Irkutsk. Eis como Trotski recordou a viagem:

Descemos o rio Lena. A correnteza levava lentamente diversas balsas de prisioneiros, com seu comboio de soldados. À noite fazia frio, e os casacos grossos com que nos cobríamos exibiam uma camada espessa de gelo pela manhã. No caminho, em vilarejos predeterminados, um ou dois condenados desembarcavam. Levamos três semanas, se não me falha a memória, para chegar ao povoado de Ust-Kut. Ali desembarquei com uma das exiladas, uma íntima companheira minha de Nikolaev.[6]

Esta última frase referiu-se à sua mulher grávida, Alexandra. É bem possível que Trotski estivesse tentando poupar os sentimentos dela na ocasião em que escreveu. Mesmo assim, que preciosismo enganoso!

Uma pequena "colônia" de revolucionários recebeu os recém-casados em Ust-Kut. Entre eles estava um sapateiro polonês chamado Miksha, com quem os Bronstein encontraram acomodação. Miksha era um cozinheiro competente e bebia muito. Lev e Alexandra deram-se bem com ele, apesar de seu gosto pela garrafa. (Tinham um ao outro, é claro, enquanto ele não tinha ninguém.) Fiel a seus princípios igualitários, Lev fazia sua parte do trabalho doméstico. Suas tarefas incluíam cortar lenha para o fogo, varrer o chão e lavar a louça. Só depois ele pegava seus livros: levara consigo uma pilha de textos de Marx e outros tratados socialistas, além de clássicos literários estrangeiros.

As regras do exílio permitiam visitas a locais vizinhos, desde que se obtivesse autorização prévia. Assim, Bronstein podia viajar para Ilimsk, a 97 quilômetros de distância, onde as mercadorias e facilidades eram mais abundantes. Visitava essa cidade com frequência e lá conheceu Vasili Ulrikh, que passava o tempo traduzindo documentos do alemão e enaltecia Marx como um brilhante registrador das agruras do capitalismo, e não como um defensor do socialismo revolucionário. Mesmo assim, Bronstein, que ainda estava tentando se achar em sua vida e suas ideias, gostava dos encontros com ele. Estava sedento de conversas francas e inteligentes. E Ulrikh, de qualquer modo, não era o único personagem local interessante. Lev também estabeleceu contato com Alexander Vinokurov, na Baixa Ilimsk. Vinokurov era auxiliar médico e tinha grande experiência com as condições da população do império. Outro interlocutor frequente era Dmitri Kalinnikov, um médico que procurava ajudar revolucionários exilados, tanto velhos quanto novos.[7] Bronstein ainda estava aprimorando o que chamava de sua visão de mundo, e seu conhecimento de Marx e Engels continuava muito necessitado de

trabalho.[8] Era útil discutir suas ideias com residentes locais bem informados, e ele nunca se esqueceu de Ulrikh e dos outros camaradas que conheceu na Sibéria (embora não tenha escrito nada sobre eles em sua autobiografia publicada).

As condições de vida dos revolucionários exilados nem de longe eram tão duras quanto viriam a se tornar no regime soviético da década de 1930. Grisha Ziv, um dos colegas detentos, rememorou:

> [Bronstein] dispunha de muito tempo livre e de uma energia que buscava uma saída, mas não tinha absolutamente nada em que gastá-la. E participava ativamente de todos os jogos e recreações que os exilados usavam como meio de abreviar a passagem do tempo. Tinha incrível paixão pelo *croquet*, em parte, talvez, porque a natureza do jogo — mais que qualquer outro — dava especial latitude à expressão de sua astúcia, imaginação e engenhosidade. E era nele, como em qualquer outro lugar e em qualquer assunto em que surgisse a oportunidade de mostrar sua individualidade, que Bronstein era organicamente incapaz de tolerar a presença de rivais; e vencê-lo no *croquet* era a maneira mais certeira de transformá-lo no pior dos inimigos.[9]

Infelizmente, nenhuma fonte existente nos diz quem aplainava o terreno e plantava a grama na Sibéria para que Bronstein se entregasse a sua desconcertante competitividade.

Seja como for, fica claro que os detentos não eram abandonados numa situação de miséria. Muitas vezes, eram as únicas pessoas instruídas da vizinhança e tinham habilidades das quais havia grande escassez. O Estado lhes dava um estipêndio mensal de 35 rublos, que bastava para a subsistência; eles também tinham permissão de procurar empregos remunerados. Alguns davam aulas particulares. Outros trabalhavam em bibliotecas, enfermarias e até repartições do governo local; e era comum os empresários siberianos ansiarem por contratá-los. Uma proporção crescente de exilados não vinha de famílias de classe média, de modo que militantes proletários como Miksha, o polonês, podiam retomar seus ofícios na Sibéria, ou, pelo menos, adaptar seus conhecimentos às neces-

Exílio siberiano

sidades econômicas locais. Também podiam ganhar dinheiro sublocando quartos nas casas onde moravam. E Ust-Kut não ficava completamente isolada dos visitantes. Todos os condenados que subiam ou desciam o Lena davam uma parada lá, nem que fosse para uma pausa em sua longa viagem.[10] Lev e Alexandra aproveitavam a oportunidade para conversar com as pessoas em trânsito. Trocavam-se notícias e conselhos, e o moral era fortalecido. A política era um tema constante de conversa, e os revolucionários levavam consigo suas disputas para os locais de detenção.

Mesmo assim, prevalecia o espírito comunitário nas questões da vida cotidiana. Os prisioneiros contavam com a ajuda uns dos outros nos episódios de doença, preocupação ou dificuldades materiais. O pior de todos os delitos era prestar qualquer ajuda à polícia. Não era raro os informantes serem levados perante um tribunal de camaradas e executados com qualquer arma de que se pudesse dispor. Lev Bronstein adaptou-se bem a esse meio. Até sua presunção parece haver-se abrandado, mesmo que apenas temporariamente; uma de suas adversárias políticas posteriores, Eva Broido, disse em suas memórias que ele lhe pareceu "um homem ainda modesto".[11]

Como outros exilados, Lev buscava oportunidades de trabalho remunerado. Tirando o máximo proveito de sua instrução em matemática, obteve emprego com um comerciante que precisava de um contador. Bronstein ganhava 30 rublos por mês por seus serviços, o que dobrava sua receita regular.[12] Mas a coisa acabou em lágrimas quando o patrão o despediu. Bronstein não defendeu sua própria conduta:

Era relativamente fácil obter permissão do governador de Irkutsk para a transferência de um local para outro. Alexandra Lvovna e eu nos mudamos [264 quilômetros] para o leste, às margens do rio Ilim, onde tínhamos amigos. Ali trabalhei por um breve período como escriturário de um comerciante milionário. Seus depósitos de peles, armazéns e tabernas espalhavam-se por um território do tamanho da Bélgica e da Holanda juntas. Ele era um poderoso magnata do comércio. Referia-se aos muitos milhares de tungues sob seu comando como "meus tunguesinhos". Não sabia nem mesmo escrever seu nome, tendo que marcá-lo com um xis.

Passava o ano inteiro levando uma vida mesquinha e miserável, depois desperdiçava dezenas de milhares de rublos na feira de Níjni Novgorod. Trabalhei um mês e meio a seu serviço. Então, um dia, anotei uma libra de zarcão como "um *pud*" [40 libras] e mandei uma conta enorme para um armazém distante. Isso destruiu minha reputação e fui dispensado.[13]

Bronstein tinha servido de contador para seu pai, e sua falta de concentração foi estranhamente atípica.

Talvez não estivesse cumprindo seus deveres com a devida dedicação. O comerciante pertencia à classe burguesa. Era inimigo do socialismo. Por que haveria Bronstein de se importar em manter em ordem os livros de um milionário? Também é possível que a rotina da escrituração ocupasse um tempo que ele queria dedicar a escrever. Ele deixou registrado que esse trabalho o "deprimia" e que seus artigos para o *Vostochnoe obozrenie* ("Panorama oriental"), de Irkutsk, ofereciam uma fonte preferível de renda. (Ele apagou esse comentário antes da publicação.[14]) Seu contato com pessoas da cidade havia crescido desde a chegada à Sibéria, e seus primeiros esforços literários foram prontamente reconhecidos como impressionantes. Ele não tardou a escrever regularmente sob o pseudônimo de Antid Oto. Sua rotina implicava concluir seus textos à noite, depois de fazer as tarefas domésticas, que se tornaram indispensáveis após a chegada do primeiro rebento dos Bronstein — sua filha Zinaida (ou Zina) — em 14 de março de 1901.

O *Vostochnoe obozrenie* era um jornal editado por M. Popov, um liberal político de Irkutsk que buscava recém-chegados promissores. Popov sabia até que ponto podia abusar dos censores sem ter as portas fechadas. De qualquer modo, as autoridades vigiavam mais de perto a imprensa de São Petersburgo e Moscou que a das regiões mais remotas do império. Na Geórgia, a censura era notoriamente receptiva aos escritos revolucionários e, embora a Sibéria oriental fosse um território habitado por milhares de inimigos convictos da ordem imperial, Irkutsk também tinha a fama de ser um local onde era possível arejar o pensamento crítico com alguma impunidade. Além disso, o Ministério do Interior não objetava a que os exilados escrevessem para a imprensa local. Poucos tinham talento para ganhar a vida no jornalismo em geral — preferiam publicar em veículos políticos clandestinos e usar o léxico enigmático de seus camaradas. Trotski era diferente. Gostava de atrair leitores de fora do meio revolucionário. Comprazia-se em criar uma prosa refinada. Apesar de jovem, era mestre na ridicularização e no sarcasmo. Produzia imagens que faziam as pessoas verem de uma nova maneira o seu mundo do dia a dia. Popov o agarrou prontamente e "Antid Oto" obteve um sucesso instantâneo nas páginas do *Vostochnoe obozrenie*.

O engenheiro Moshe Novomeiski não era admirador de Trotski como homem nem como político, mas atestou a excelência de seu jornalismo: "Esses artigos despertaram imediatamente a atenção. Na verdade, transformaram a aparência do jornal. Lembro-me da ansiedade com que todos costumávamos esperar cada nova edição do *Obozrenie* e virar a página para ver se havia algo de 'Antid Oto', o pseudônimo de Bronstein [...]."[15] Cresceu a aclamação a seus esboços sobre os vilarejos, muitas vezes intitulados "Vida rural cotidiana" ("Obyknovennoe derevenskoe"). Ele criticava o consumo excessivo de bebidas alcoólicas e a ineficiência administrativa nessa região, e reivindicava um aprimoramento cultural e material das condições do campesinato. Defendia a ampliação da rede de escolas populares. Exigia uma estrutura jurídica adequada. Criticava severamente o caos do sistema postal do império (que era um assunto importante para um revolucionário a milhares de quilômetros da família e dos companheiros). Um dos remédios propostos por ele era o aumento salarial dos carteiros.[16] Ao ganhar prática como colunista, chegou até a escrever sobre o sistema prisional siberiano. Nem é preciso dizer que era favorável a sua reforma.[17]

Popov lhe enviava toda sorte de livros para serem criticados, e Bronstein desenvolveu um toque leve e irônico, à medida que aumentou sua confiança. Embora desaprovasse John Ruskin por "suas confusões reacionário-românticas", admitiu que as máquinas da sociedade industrial tinham seu lado obscuro. Os marxistas não admitiam prontamente esse tipo de coisa, mas Bronstein acrescentou que preferia o prazer de montar um "cavalo de verdade".[18] Como filho de um rico proprietário de terras, não disfarçava, nessa etapa de sua carreira, seus sentimentos e recordações.

Para ele, a independência do pensamento era uma questão de orgulho. A hostilidade ao "individualismo" era outra. Quando Popov lhe mandou uma coleção dos dramas de Henrik Ibsen, ele surpreendeu o editor ao lhe entregar um texto mal-humorado. Na opinião de Bronstein, a preocupação de Ibsen com o destino de indivíduos era uma falha evidente.[19] O crítico estava insinuando — apenas insinuando — seu compromisso marxista com as soluções coletivas para os males da sociedade. Mas reconheceu o dramaturgo norueguês como um gigante cultural. Não conferiu a mesma posição a diversos escritores russos da época. Não gostava do filósofo e ex-marxista Nikolai Berdyaev por sua postulação de critérios absolutos de verdade. Não suportava Konstantin Balmont e sua escola de literatura "decadente".[20] Gastou mais tempo com Gleb Uspenski, que era quem havia denunciado os aspectos desagradáveis da vida no campo. (Mas Trotski usou de sarcasmo ao falar de como os editores puseram um material frívolo em seu calendário ilustrado de uma página diária ao lado da matéria sobre Uspenski.[21]) Num ensaio sobre a vida rural siberiana, Trotski detalhou os hábitos grosseiros dos camponeses locais. Havia uma necessidade urgente de aperfeiçoamento cultural e, para que isso acontecesse, tinha de haver uma transformação das condições materiais e era preciso introduzir uma estrutura jurídica adequada.[22]

Discretamente, ele introduziu comentários político-partidários em suas matérias. Zombou de Piotr Struve, mais um ex-marxista, por ele ter afirmado que os aumentos salariais da classe trabalhadora deveriam ser a prioridade pública máxima. Para quem estava sintonizado nos debates internos do marxismo contemporâneo, a implicação era fácil de detectar. Embora defendesse mais rublos para os carteiros, Bronstein nunca havia achado que tal desfecho pudesse resolver os problemas realmente básicos da sociedade. Em última instância, a transformação política — uma revolução socialista — era essencial.[23] Não é que ele deixasse de enaltecer figuras eminentes de outras partes do movimento revolucionário. Citou com entusiasmo Nikolai Mikhailovski, um colosso intelectual para os narodniki, ao frisar que a "classe no comando" sempre teria opiniões diferentes das do "proletariado".[24] Também elogiou Alexander Herzen, que havia iniciado o gosto pelas tradições coletivistas do campesinato que fora retomado por Mikhailovski. Mas rejeitou qualquer reverência irre-

Exílio siberiano   101

fletida. Não deveria haver um "culto do indivíduo" em relação a Herzen: Bronstein insistiu em que tudo e todos deveriam ser submetidos a um reexame constante.[25] Seus leitores não tiveram dúvida de que a ordem existente da sociedade não poderia durar muito. Estavam vivendo numa época "nitidamente transicional".[26]

Esse artigo foi fácil de decifrar como uma convocação à ação revolucionária contra a ordem imperial. Nem é preciso dizer que havia oportunidades muito mais francas de debate dentro das colônias. As discussões entre socialistas agrários veteranos e neófitos marxistas eram comuns. Cada lado tinha suas divisões internas. Alguns marxistas inclinavam-se para um conjunto de ideias moderado e não violento, proposto naqueles anos por Eduard Bernstein, na Alemanha, e por Piotr Struve, na Rússia, até ele abandonar o socialismo pelo liberalismo. Outros preferiam a revolução. Somente um dos exilados da época era renomado fora da Sibéria. Tratava-se do escritor polonês Jan Machajski, que afirmava que a intelectualidade radical, se tivesse meia chance, procuraria dominar os trabalhadores em cujo nome fazia a revolução. Os terroristas populistas continuaram a manter relações amistosas com ele e optaram por interpretar suas ideias como aplicáveis exclusivamente aos marxistas, e não a eles próprios. Os marxistas, em contraste, ficaram profundamente ofendidos.[27]

Bronstein era receptivo o bastante para querer conhecer Machajski, que fora exilado em Vilyuisk, situada no noroeste, a mais de 1,6 mil quilômetros de distância. Por coincidência, os dois viajaram a Irkutsk na mesma ocasião. Bronstein compareceu a uma reunião em que esse pensador estava criticando duramente um dos simpatizantes de Struve. Os argumentos ricocheteavam em Machajski como "ervilhas quicando na parede". Trotski interveio, mas de forma branda. Nunca registrou o que tinha dito, exceto para observar que num instante os dois debatedores combinaram-se para atacá-lo.[28] Outros conhecidos de Bronstein só se tornaram famosos muitos anos depois. Entre eles estava outro polonês, Felix Dzerjinski, que uma noite sentou-se ao redor da fogueira com seus camaradas e recitou um poema que tinha escrito. Dzerjinski tinha sido sentenciado a trabalhos forçados em Nolinsk e Kaigorodsk; em dezembro de 1917, viria a se tornar o fundador da polícia de segurança de Lenin,

102 Parte I: 1879-1913

após a Revolução de Outubro. Outra figura destacada foi Nikolai Sukhanov. No exílio siberiano, Sukhanov defendeu a colocação dos camponeses no centro da estratégia revolucionária; mais tarde, tornou-se socialista revolucionário e, em seguida, menchevique. Enquanto Dzerjinski e Trotski tornaram-se bolcheviques em 1917, Sukhanov apostou seu talento político contra o partido bolchevique — e, em anos posteriores, tornou-se o maior concorrente de Trotski como analista da Rússia em revolução.[29]

As próprias colônias do exílio abarcavam uma ampla mistura étnica e social. Os poloneses e judeus compunham um número desproporcional dos revolucionários. Além disso, com a intensificação do movimento da classe trabalhadora, as pessoas do proletariado que chegavam ao leste da Sibéria eram sobretudo polonesas ou judias, já que as autoridades preferiam despachar os trabalhadores russos para o norte da Rússia (tido como menos severo).[30]

Bronstein e seu grupo não podiam chegar nem perto das fábricas — de qualquer modo, na Sibéria havia apenas um punhado delas. Não tinham acesso a equipamento próprio de impressão; sua comunicação com a Rússia tinha de ser circunspecta ou conspiratória — e as entregas postais levavam semanas para chegar. Mesmo assim, Bronstein não achou que seu tempo fosse inteiramente desperdiçado, pois se instruiu nos clássicos marxistas. Eis como viria a descrever essa experiência para Lenin, em 1902:

Contei-lhe que, na Prisão de Detentos em Trânsito em Moscou, havíamos estudado coletivamente seu livro *O desenvolvimento do capitalismo na Rússia*, e que, no exílio, trabalhamos no *Capital* de Marx, mas paramos no segundo volume. Havíamos estudado atentamente a controvérsia entre Bernstein e Kautsky, usando as fontes originais. Não havia seguidores de Bernstein entre nós. No campo da filosofia, ficamos impressionados com o livro de Bogdanov, que combinava o marxismo com a teoria do conhecimento proposta por Mach e Avenarius. Na época, Lenin também achava corretas as teorias de Bogdanov. "Não sou filósofo", disse, com apreensão, "mas Plekhanov acusa claramente a filosofia de Bogdanov de ser uma variante disfarçada do idealismo."[31]

Exílio siberiano

Não há razão para duvidarmos desse relato, já que Trotski estava reconhecendo sua necessidade de continuar a aprender. Também dava uma indicação da seriedade com que lidava com o marxismo, lendo textos em alemão e em russo. E estava asseverando que os membros do grupo abarcavam toda a gama dos textos marxistas: econômicos, políticos e filosóficos. Para Trotski, a Sibéria foi uma espécie de universidade revolucionária livre da taiga, aquela zona inóspita de coníferas que cobria a faixa mais setentrional do Império Russo.

Em pouco tempo, ele já produzia proclamações e panfletos para as "organizações democráticas" surgidas em cidades ao longo da ferrovia Transiberiana, como viria a recordar: "Após um intervalo de três anos, eu estava retornando às fileiras da luta militante."[32] Foi um período de mudanças frenéticas para os Bronstein, em todos os sentidos. Em 1902, Alexandra deu à luz a segunda filha do casal: uma menina a quem deram o nome de Nina. As encomendas do *Vostochnoe obozrenie* eram abundantes. O contato com grupos marxistas se intensificava. Parecia que Lev e Alexandra levariam a termo sua sentença compartilhada.

E então aconteceu algo que modificou o curso da vida e da carreira de Lev:

No verão de 1902, recebi via Irkutsk alguns livros em cuja encadernação estavam escondidas as publicações estrangeiras mais recentes, impressas em papel finíssimo. Soubemos que fora criado no exterior um jornal marxista, o *Iskra* ["Centelha"], que tinha por objetivo a criação de uma organização centralizada de revolucionários profissionais, que seriam unidos pela disciplina férrea da ação. Chegou também o livro de Lenin, *Que fazer?*, publicado em Genebra e inteiramente dedicado à mesma questão. Meus ensaios, artigos de jornais e proclamações para a União Siberiana, manuscritos, pareceram-me imediatamente pequenos e provincianos, diante da nova e gigantesca tarefa que nos confrontava. Eu tinha que procurar outro campo de atividade. Tinha que fugir do exílio.[33]

Num impulso, ele viu a chance de se juntar à liderança de uma organização marxista. Se queria ação no maior palco disponível, precisaria mudar-se para o exterior por uns tempos. Sabia ter talento como escritor: era o que todos lhe diziam. Nunca lhe haviam faltado confiança ou motivação. O que faltara tinha sido um foco estratégico. O livro de Lenin preencheu esse vazio.

O Partido Operário Social-Democrata Russo estava finalmente se firmando de maneira eficaz. Seu I Congresso, realizado em Minsk em março de 1898, produzira poucos resultados, afora a detenção de quase todos os participantes. As doutrinas de Marx e Engels, bem como a estratégia do marxismo na Rússia, continuavam a ser debatidas pelos adeptos. Prevalecia uma enorme diversidade de opiniões. A maioria dos militantes queria uma revolução imediata e via o engajamento político como prioridade. Quando um pequeno grupo de "revisionistas" intelectuais divergiu dessa opinião, provocou a raiva dos revolucionários. Lenin e o *Iskra* estavam decididos a extirpar o revisionismo. Bronstein queria juntar-se a eles.

Tempos depois, ele declarou que Alexandra abençoou sua partida de todo o coração. É difícil aceitar isso ao pé da letra. Bronstein planejava abandoná-la nos ermos da Sibéria. Ela não tinha ninguém que a defendesse e precisava cuidar sozinha de duas filhas pequenas com o inverno chegando. Mal se tornara pai de duas crianças, ele decidiu fugir. Poucos revolucionários deixaram tamanha trapalhada para trás. Ainda assim, estava agindo dentro do código de conduta revolucionário. A "causa" era tudo para eles. As responsabilidades conjugais e parentais tinham importância, mas nunca a ponto de impedir os jovens militantes de fazer o que lhes ditava sua consciência política. Em tese, todos eram favoráveis à igualdade entre os sexos. Mas as mulheres tinham que evitar filhos se quisessem preservar sua liberdade como militantes. Quando os maridos enfrentavam dificuldades com as autoridades, em geral era das esposas que se esperava que arcassem com os destroços emocionais. De qualquer modo, ficou claro para Alexandra nesse momento, se é que já não o fora antes, que seu marido era um homem excepcionalmente promissor. O *Vostochnoe obozrenie* reconhecera isso ao fazer dele seu colunista. Todos que o conheciam compartilhavam uma opinião elevada sobre ele.

Mesmo que Alexandra tenha de fato dado seu consentimento, Lev demonstrou pouca valorização do sacrifício que lhe pediu. "A vida", disse, como se fosse uma simples questão de fato, "nos separou."[34] Na realidade, ele optou por se separar de suas responsabilidades de marido e pai. Qualquer mulher que vivesse com Bronstein teria de aceitar que ele faria o que quisesse. Ele deve ter cortado o coração de Alexandra, mesmo que ela não tivesse motivo para suspeitar que a família nunca mais se reuniria. Ao escrever para o marido, ela continuou a encerrar suas cartas com termos carinhosos, dizendo: "Um beijo muito, muito caloroso."[35] O relacionamento amoroso, pelo menos por parte dela, não havia terminado; mas a atitude de Lev estava prestes a mudar.

7. *Iskra*

Houve uma "epidemia de fugas" da Sibéria na virada do século, e os revolucionários tiveram de introduzir um sistema de filas para lidar com o número de voluntários.[1] Foi assim que Trotski rememorou o cenário. Havia técnicas bem estabelecidas para a fuga bem-sucedida. Era preciso dar dinheiro aos camponeses em troca de sua ajuda, ou, pelo menos, para mantê-los calados. Depois se iniciava a longa jornada em etapas, de barco, carroça e — se a neve ainda não tivesse derretido — trenó. Barqueiros e carroceiros passavam os fugitivos "de mão em mão", e a cada passagem era preciso pagar uma taxa. Talvez fosse preciso subornar policiais; isso podia ser arriscado, mas, em geral, eles eram fáceis de corromper, já que recebiam salários muito baixos. Uma identidade falsa era essencial, e os grupos revolucionários tornaram-se especialistas em obter ou produzir passaportes internos em branco. Bronstein adquiriu prontamente um deles, anotando seu sobrenome como Trotski.[2] Cresceram as especulações em torno disso. Alguns sugeriram que o nome se referia a uma cidade polonesa onde teriam vivido os ancestrais dele, antes de irem para a Ucrânia, no sul. Outra sugestão foi que Bronstein se lembrara do supervisor principal da prisão de Nikolaev e se apropriara de seu sobrenome. Foi o que presumiu Grisha Ziv. No entanto, quando mencionou a ideia a Ilya Sokolovski, que estivera com Bronstein na ocasião, Ilya fez troça dela e disse que o amigo havia simplesmente comprado um passaporte de um morador de Irkutsk que se chamava Trotski.[3]

Na época, ele e a família estavam morando, com autorização, em Verkholensk, que tinha uma colônia revolucionária maior que a de

Iskra

Ust-Kut. A polícia datou seu desaparecimento de 21 de agosto de 1902.[4] Trotski e uma mulher marxista, que ele relembrou apenas como "E.G.", deixaram Verkholensk numa carroça de feno dirigida por um camponês amigo. Sem dúvida, tiveram de pagar a tarifa em vigor. O terreno era irregular e o ritmo era lento, nunca ultrapassando 15 quilômetros por hora. A companheira de Trotski achou a viagem muito incômoda e teve de procurar abafar seus gemidos, por medo de ser descoberta. Ao chegar a Irkutsk, Trotski separou-se dela. Amigos na cidade tomaram outras providências, arranjando-lhe um bilhete para a ferrovia Transiberiana. Ele também comprou uma mala com "camisas engomadas, uma gravata e outros atributos da civilização", e embarcou no vagão sem interferência dos policiais. Levava consigo um exemplar da *Ilíada* de Homero, nos hexâmetros russos de Nikolai Gnedich. A longa viagem de retorno da Sibéria transcorreu sem incidentes. Em todas as paradas do caminho havia mulheres vendendo galinha assada, carne de porco, leite e pão, o que era muito distante das condições miseráveis de Ust-Kut. Os trens passavam levando prosperidade econômica às cidades à margem da ferrovia recém-construída e à zona rural delas, onde a agricultura se expandia rapidamente. Trotski observou isso e ficou impressionado. A Rússia e seu império estavam em meio a uma notável transformação.

Se ele sentiu falta da mulher e das filhas, não o mencionou em suas memórias. Gostava da família quando estava com ela, mas a causa revolucionária e suas emoções significavam mais para ele. A viagem da Sibéria deixou-o mais livre, em termos afetivos, do que em qualquer época desde Nikolaev.

Esses dias de relaxamento terminaram quando ele desembarcou em Samara. O grupo do *Iskra* havia escolhido essa cidade como um de seus centros de organização e distribuição na Rússia. Trotski entrou em contato com seu líder, Gleb Krjijanovski, que o chamou de "Pero" ("a Pena"), num tributo a seu sucesso como jornalista na Sibéria. Krjijanovski pediu-lhe para visitar contatos em Poltava, Kharkov e Kiev, antes de seguir para o exterior para entrar em contato com a direção editorial. Trotski não teve uma opinião muito favorável dos esforços dos iskraístas da província. Ao chegar o momento de sua viagem para o exterior, constatou que eles haviam encarregado um garoto ginasiano de planejar a travessia da fronteira. A idade não era seu único senão; outro era que sua lealdade não estava com os marxistas russos, mas com os socialistas revolucionários. Sob a liderança de Viktor Chernov, os membros da organização socialista revolucionária estavam retomando a ideia populista de que a melhor probabilidade de transformar a Rússia estava no trabalho com os camponeses. O humor de Trotski não melhorou na fronteira austríaca, onde ele foi posto sob a escolta de contrabandistas profissionais, que inventaram "tarifas e normas" não previstas por seus serviços.[5] Mas, embora seus recursos financeiros estivessem desaparecendo em ritmo constante, sua confiança continuou elevada. Ao chegar a Viena, num domingo, ele não viu nenhum problema em pedir que seus contatos socialistas o levassem para ver Victor Adler. Eles lhe explicaram que Adler, líder do Partido Social-Democrata da Áustria, não gostava de ser incomodado em seu dia de descanso. Trotski armou tamanha confusão que eles concordaram em levá-lo à casa de Adler, que ficou suficientemente impressionado para manter uma longa conversa com ele.

Viena foi apenas uma parada. Trotski logo embarcou num trem na Westbanhof com destino à Suíça. Ao descer em Genebra, chamou um fiacre para levá-lo à casa de um membro da direção editorial do *Iskra*, Pavel Axelrod. Seus recursos haviam acabado por completo e era tarde da noite quando ele chegou ao bairro da "colônia" russa. As luzes estavam apagadas no apartamento de Axelrod, e por isso Trotski deu batidas fortes na porta, despertou-o do sono e perguntou: "Você é Pavel Borisovich Axelrod?" Ao receber uma resposta afirmativa, anunciou: "Vim direto da estação. Por favor, pague ao cocheiro do fiacre. Não tenho dinheiro. Vou passar a noite com você." Axelrod perguntou timidamente quem era ele e, depois de determinar a identidade de Trotski, entregou-lhe o dinheiro e o deixou entrar.[6]

Não demorou muito para Trotski entender que o dinamismo do *Iskra* não estava em Genebra, com Georgi Plekhanov e Pavel Axelrod, mas em Londres, com seus colegas editoriais mais jovens, Vladimir Lenin e Yuli Martov. E, de qualquer modo, intuiu que Plekhanov, o pai fundador do marxismo russo, não simpatizou com ele. Lenin era um confiante ativista de Simbirsk que havia começado a fazer seu nome por meio de seus escritos econômicos e políticos; Martov, um militante judeu criado em Odessa, era seu parceiro brilhante e enérgico. A providência lógica seria mudar-se para a Inglaterra, aonde Trotski chegou em outubro de 1902. Levava no bolso o endereço de Lenin em Bloomsbury, ao descer do trem de manhã cedo na Victoria Station. Os Lenin ainda estavam dormindo quando chegou à sua porta. (Dessa vez, Trotski tinha dinheiro na carteira para o fiacre.) Os iskraístas da Suíça tinham-lhe dito para bater três vezes na porta: era o código para evitar estranhos indesejáveis. Lenin não gostou de ter seu sono interrompido. Sua mulher foi ver que barulho era aquele, como rememorou Trotski:

A porta foi aberta por Nadejda Konstantinovna, provavelmente acordada por minhas batidas. Ainda era cedo e qualquer pessoa mais acostumada com as formas civilizadas de conduta teria passado 1 ou 2 horas na estação, em vez de bater à porta de um estranho numa hora tão imprópria. Mas eu ainda estava agitado com minha fuga de Verkholensk.[7]

Quase três décadas depois, Trotski continuava a se orgulhar de seu atrevimento.

Lenin sabia de Trotski pela carta de Gleb Krjijanovski e o saudou com as palavras "Ah, a Pena chegou!"[8] Trotski lançou-se numa descrição de suas experiências e não foi elogioso a respeito dos iskraístas da Rússia.[9] Entregou uma lista de endereços e locais de contato, explicando quais deles já não estavam em funcionamento; o sistema de comunicações do *Iskra*, comentou, achava-se "em situação extremamente precária".[10] Era o relatório de um homem que sabia de seu valor para o partido e não temia dizer verdades impalatáveis aos superiores. Lenin gostou dessa franqueza. O *Iskra* estava ganhando não apenas um autor animado e fluente, mas também um organizador pragmático. Trotski instalou-se numa colônia de companheiros afáveis, entre os quais Yuli Martov e Vera Zasulich eram os mais próximos.[11] Lenin funcionou como seu guia na região central de Londres e comentou, ao passarem pelas câmaras do parlamento: "Ali é o famoso Westminster deles." Também providenciou o acesso de Trotski ao Museu Britânico, a fim de que ele pudesse aprofundar seus estudos marxistas.[12] É presumível que essa fosse uma manobra ilícita: aliás, o próprio Lenin havia adquirido um cartão de leitor com um nome falso.

Para Trotski, o grande evento foi um discurso que ele proferiu em Whitechapel, no qual seus adversários foram os anarquistas Nikolai Tchaikovski e Varlaam Cherkezov. Estava testando suas habilidades no cotejo com atraentes opositores mais velhos. A plateia era formada por emigrantes do Império Russo, judeus em sua maioria, e a língua era o russo.[13] Foi uma vitória para Trotski, que se sentiu como que andando nas nuvens ao voltar do local.

Seu desempenho convenceu o grupo londrino do *Iskra* a lhe atribuir a tarefa de fazer um discurso contra os revolucionários socialistas em Paris. Ele chegou à capital francesa em novembro de 1902 e se apresentou na casa de uma integrante mais antiga do grupo do *Iskra* — uma certa Ecaterina Alexandrova. Ela pediu a uma jovem militante, chamada Natalia Sedova, que encontrasse um lugar para Trotski morar. Natalia informou que havia um quarto disponível em sua casa, embora fosse pouco mais que uma cela de presídio. Isso não importou para Alexandrova, que esperava que Trotski se concentrasse em seu próximo discurso.[14] Estava inquieta quanto à seriedade do rapaz em seus preparativos. Quando Sedova mencionou tê-lo ouvido assobiando em seu quarto, a veterana ordenou que ela lhe dissesse para trabalhar com afinco e parar de fazer barulho. Alexandrova preocupava-se à toa — Trotski fazia tudo com facilidade e era capaz de escrever qualquer texto com invejável rapidez. Mais que isso, o discurso foi um sucesso brilhante: mais uma vez, Trotski mostrou sua capacidade de encantar as plateias.[15] Ao deixar o tablado, foi sentar-se com Sedova. Quando ela lhe perguntou seu nome verdadeiro, ele objetou a dizê-lo, por considerações de segurança.[16] Em todos os outros aspectos, porém, a comunicação entre os dois foi instantânea. Saíram juntos nos dias seguintes, quando Natalia lhe mostrou os pontos turísticos de Paris.[17] Juntos foram ouvir líderes socialistas franceses, como Jean Jaurès e Jules Guesde. Nos assuntos artísticos, ela apreciou o bom gosto de Trotski. Ele adorava os quadros de Murillo — dos quais Natalia trouxera consigo de Munique um álbum de fotografias. Ambos liam os romances de Octave Mirbeau e discutiram o escritor russo Leonid Andreev.[18]

Trotski havia encontrado a mulher que viria a ser sua parceira pelo resto da vida. Natalia ficava desconcertada com o fato de a primeira pergunta de Trotski sobre as pessoas ser sempre: "E qual é a atitude dele(a)

Iskra 111

a respeito da revolução?" Ela ainda não havia aceitado essa intensidade política como normal. Mas estava enamorada. Admirava "sua solicitude, sua amabilidade e sua singularidade".[19] Trotski supôs que a jovem também fosse intensamente confiante, como ele, e propôs seu nome para um papel numa produção de *Ralé*, de Máximo Gorki.* Embora a receita devesse ir para o *Iskra*, ela recusou terminantemente a ideia. Sem a autoconfiança de Trotski, também detestava "encenar papéis".[20] Ele logo apreciou essa característica, extasiando-se com uma personalidade muito diferente da sua e, ainda assim, muito culta e engajada. Fisicamente, Natalia era uma mulher miúda, de apenas 1,52m de altura, rosto pálido e roupas simples — mas, como admitiu até mesmo um observador pouco simpático, "de bom gosto"; e uma amiga mostrou-se impressionada com seu corpo "primorosamente proporcional".[21] Tinha movimentos graciosos — Trotski nunca se esqueceu da beleza com que caminhou até um pilar que se projetava na lateral de uma ponte: embora estivesse de salto alto, ela foi até lá conversar com dois meninos encarapitados na extremidade do pilar.[22]

A mulher e as filhas na Sibéria tornavam-se cada vez menos importantes para Trotski, mas Natalia também teve de aceitar as prioridades políticas dele, que não tardou a viajar a Londres para uma conversa com Lenin. Os dois concordaram que Trotski deveria retornar à Rússia e obter apoio para o *Iskra*, com o objetivo de dominar o congresso seguinte do partido. Escrevendo de Paris, Martov confidenciou a Lenin, em 29 de novembro de 1902:

> Não sei se convém insistir na partida imediata dele. Por um lado, ele nos seria muito útil aqui; por outro, realmente precisa permanecer aqui por um mínimo de três a quatro meses para concluir sua formação, sobretudo na compreensão da teoria, na qual tem inúmeras lacunas; e, em terceiro lugar, receio que, quanto mais ele ficar, mais se sentirá atraído pelos esforços literários e menos lhe agradará ir para a Rússia.[23]

---

* Máximo Gorki, *Ralé (No fundo)*, trad. Gabor Aranyi, São Paulo: Ed. Veredas, 2007. [*N. da T.*]

Embora todos reconhecessem seu talento, Trotski ainda não era um produto acabado como revolucionário, e persistia o risco de que não viesse a se desenvolver como o tipo de líder que os iskraístas estabelecidos queriam. Era muito independente. Os editores do *Iskra* agiram com cautela para tomar uma decisão a seu respeito.

Concluiu-se que Trotski era valioso demais para ser despachado para a Rússia. Em vez disso, pediu-se que fosse visitar as colônias marxistas russas pela Europa, a fim de fazer campanha pelas ideias do *Iskra* antes do II Congresso Partidário. Ele visitou Bruxelas, Liège, Heidelberg e várias outras cidades alemãs e suíças.[24] Recebendo um salário e o custeio das despesas da direção editorial, também recebia ordens de pagamento ocasionais enviadas pelo pai, que havia aceitado o fato de que seu filho tinha a mente fixada numa carreira política.[25]

Em toda parte, Trotski foi um sucesso. Escreveu muito em suas viagens, atendo-se a temas políticos e deixando de lado seu pendor para a crítica literária ou as discussões filosóficas. Zombou de Piotr Struve, Nikolai Berdyaev e outros ex-marxistas em seus artigos no *Iskra*. Criticou a inspetoria das fábricas e os sindicatos legais da Rússia; apontou as dificuldades com os setores oficiais russos encontradas por estudantes, finlandeses e vários grupos sociais. Em discursos e escritos, passou descomposturas nos socialistas revolucionários, que haviam despontado como os principais rivais revolucionários do Partido Operário Social-Democrata Russo. Embora tivesse pouca participação nas disputas partidárias internas, Trotski defendeu o dogma do *Iskra* de que não adiantaria seguir as opiniões da classe operária. O dever dos marxistas, frisou, era elaborar o que precisava ser feito e conquistar o "proletariado" para a sua causa.[26]

Uma aliança política começou a tomar forma. Numa visita a Paris, Lenin comprou um par de sapatos que lhe apertavam os pés, e por isso os deu a Trotski, em quem eles pareceram servir. Mas, quando este e Natalia Sedova foram com Lenin à Opéra Comique, Trotski descobriu que os sapatos o incomodavam. Lenin, que tinha um senso de humor sádico, riu ao vê-lo voltar para casa mancando de dor;[27] mas isso não perturbou a cooperação dos dois na política. Fazendo eco a *Que fazer?*,

Iskra   113

de Lenin, Trotski defendeu um partido clandestino centralizado e disciplinado para a Rússia. Também conclamou o uso do terrorismo em momentos de escalada revolucionária; Lenin o questionou a esse respeito e constatou que ambos tinham a mesma ideia básica. Ele era o líder, mas Trotski tinha talentos superiores em certas áreas, e Lenin ansiava por usá-los.

Trotski também queria que outros admirassem seus esforços. Em 13 de fevereiro de 1903, enviou uma carta a sua esposa, Alexandra, em Verkholensk, a propósito de sua vida atarefada:

> Por que nem você nem Ilyusha [Ilya Sokolovski] me escrevem? Que edições do *Iskra* vocês têm? Eu gostaria que lessem todos os números. Mandei o n.º 32 (o último) para o endereço do Ilyusha há uma semana. Vou tentar enviar uma encadernação dos artigos principais. Não há nenhum artigo meu no n.º 32: eu estava fora, fazendo discursos.[28]

O *Iskra* e sua causa, e não o bem-estar da própria família, enchiam-lhe os pensamentos. Trotski escreveu a carta com tinta invisível, mas a Okhrana o havia marcado como um homem a ser vigiado com atenção, e a natureza amadorística das precauções dele facilitava as coisas para a polícia. Trotski não era incomum entre os principais emigrados políticos: a maioria subestimava a profundidade da penetração e manipulação policiais de suas atividades. Ele também alertou Alexandra contra a União Judaica Trabalhista (Bund). Essa era uma grande organização marxista baseada na Zona de Assentamento de onde seus ancestrais haviam fugido. Os unionistas queriam ingressar no Partido Operário Social-Democrata Russo em condições especiais, que garantissem seu direito de recrutar judeus, sem referência às outras organizações do partido na região, e de falar e escrever livremente em iídiche. Trotski encarava isso como um nacionalismo desprezível, que só daria prazer aos sionistas; exortou sua mulher a conduzir uma "agitação enérgica" contra os unionistas judeus em exílio na Sibéria, para fazê-los abandonar suas exigências.[29]

Esse não foi o único ponto em que insistiu com ela. Alexandra havia questionado a importância que o marido atribuía à oratória na situação política russa. Trotski respondeu:

Não concordo inteiramente com suas ideias sobre a arte do orador. Você acha que ela não tem mesmo grande serventia. É óbvio que está pensando na eloquência parlamentar. Mas os acontecimentos de Rostov, onde Bragin discursou perante uma multidão de 20 a 30 mil pessoas, bem como outros eventos similares, vão tornar-se cada vez mais frequentes. É justamente neste período revolucionário que hoje precisamos de oradores de rua, de "demagogos".[30]

Trotski ansiava por empregar suas aptidões recém-descobertas de orador emigrante na ação política direta na Rússia. Não tinha intenção de deixar de escrever: simplesmente se comprazia com a ideia de ter a oportunidade de se testar como agitador marxista, o mais depressa possível. Sabia que tinha um talento especial e queria desenvolvê-lo.

Sua insistência em encontrar sua própria maneira de ser um líder revolucionário contribuiu para as dúvidas de Plekhanov a respeito dele. Lenin tomou o partido de seu protegido, o que deu início a uma disputa. Plekhanov disse que os artigos de Trotski tinham muito espalhafato e pouco conteúdo.[31] Mas Lenin o queria como o sétimo membro da direção editorial. Reconheceu suas deficiências, em especial seu estilo rebuscado, mas disse estar trabalhando para eliminá-las.[32] Plekhanov continuou a se opor: realmente não gostava de Trotski, como este sabia perfeitamente. A velha prima-dona não gostava de outra prima-dona ainda em estágio inicial de desenvolvimento. (Circulou a história de que Zasulich dissera: "Aquele rapaz é um gênio", ao que Plekhanov tinha retrucado: "Isso é algo pelo qual não posso perdoar Trotski."[33]) Mais ainda, Plekhanov via Trotski como um títere de Lenin. Se fosse admitido na direção editorial como membro votante, seria como dar dois votos a Lenin — e este garantiria uma maioria permanente e confiável nas disputas. Apesar de sua amizade com Lenin, Zasulich tomou o partido de Plekhanov; Axelrod, por seu turno, se absteve de contestar Plekhanov. Não apenas Lenin, mas também Martov mal puderam acreditar que Trotski estivesse enfrentando obstáculos por motivos tão banais.[34]

Iskra

O próprio Lenin foi levado à loucura por Plekhanov. Vingou-se quando este apresentou seu rascunho do programa partidário para exame da direção editorial. Zombou dele por não haver mencionado a necessidade de uma "ditadura do proletariado", uma vez derrubado o capitalismo. Encontrou falhas na lógica e no estilo e solicitou sua correção.[35]

O II Congresso Partidário, inaugurado em Bruxelas em 17 de julho de 1903, foi basicamente a assembleia de fundação do Partido Operário Social-Democrata Russo. Todos os grupos marxistas percebiam a necessidade de uma organização política conjunta, e a diretoria do *Iskra* e seus agentes em campo reuniram delegações para estabelecer um aparelho central apropriado e concordar quanto a um programa partidário. Lenin foi o líder espiritual nos bastidores e ficou longe de ser imparcial na maneira de fazer os preparativos. Onde e sempre que possível, deu instruções aos que apoiavam o *Iskra*. Lotou o congresso com indivíduos que pudessem dar a maioria a ele e seus amigos — e entre esses amigos estava Trotski, que visitou as "colônias" marxistas russas, granjeando apoio para os iskraístas. Ele viajava com um passaporte falso, em nome de um búlgaro chamado Samokliev, e sua última parada antes de partir para o congresso foi Genebra. Ele e seu companheiro, Dmitri Ulianov (irmão de Lenin), tiveram uma aventura a caminho de Bruxelas. Para embarcar no trem, partiram de Nion, um pequeno vilarejo nos arredores da cidade, a fim de despistar qualquer agente policial. Como precaução extra, ficaram do lado errado dos trilhos, mas não conseguiram chegar à porta do vagão a tempo e fizeram o guarda parar o trem. O guarda considerou que "era a primeira vez que via dois sujeitos tão burros" e exigiu 50 francos suíços para deter o trem. Os russos, que não tinham 50 francos, fingiram não falar francês, e acabaram obtendo permissão para embarcar.

O Ministério do Interior da Rússia havia alertado o governo belga sobre a realização do congresso. Bruxelas fervilhava de delegados clandestinos e agentes secretos. O desenrolar do congresso foi acerbo desde o começo. Perderam-se dias em questionamentos e contraquestionamentos das incumbências de determinados delegados. Depois, a polícia belga interveio. Tomou-se a decisão de transferir o congresso para Londres, onde fora encontrado um local no English Club, na Rua Charlotte, em Bloomsbury.

No topo da agenda estava a discussão do programa partidário. Plekhanov e Lenin assumiram a liderança na defesa da aceitação da proposta programática do *Iskra*, e lograram êxito. Trotski apareceu entre as forças auxiliares e o *Iskra* obteve o apoio de todos. Quando o debate se voltou para as questões organizacionais, foi que irrompeu o problema. Uma das maiores delegações no congresso era a União Judaica Trabalhista, com cinco membros. Seus integrantes ansiavam por garantir condições especiais de ingresso no partido. Concentrada na Zona de Assentamento, a União Judaica tinha mais membros que qualquer outra organização marxista no Império Russo. Exigia uma autonomia excepcional em seu território. Para os iskraístas, isso parecia nacionalismo, e eles formularam vigorosas objeções. Quando a União foi derrotada por uma pequena maioria, todos os seus integrantes se retiraram. O efeito disso foi fortalecer a dominação do *Iskra* durante o resto do congresso. Plekhanov, Lenin e Martov ficaram extremamente satisfeitos. Seu rascunho do programa partidário foi aprovado. Sua estrutura proposta para o partido recebeu aprovação. O Partido Operário Social-Democrata Russo pareceu emergir unido e reforçado de seu congresso.

De repente, os iskraístas se desentenderam quando Lenin e Martov questionaram a definição de membro do partido nas normas constantes do rascunho. Ambos defendiam os princípios do centralismo, disciplina e clandestinidade. Mas Lenin estipulou que ninguém deveria ingressar no partido sem assumir o compromisso de trabalhar ativamente por ele. Martov pressentiu que isso era perigoso. A formulação de Lenin, declarou, criaria um partido de revolucionários em tempo integral, quando o que se fazia necessário era uma organização que atraísse milhares de membros da classe trabalhadora. Martov achou que Lenin estava recomendando uma abordagem autoritária, imprópria para um partido marxista. Os seguidores de Lenin denominaram-se "duros" e se referiram aos martovistas como "moles".

Plekhanov dispôs-se a apoiar Lenin, apesar de dizer, em particular, que havia nele um quê de Robespierre.[36] A votação viria a ser uma disputa acirrada. Trotski sentiu-se inclinado para Martov. Lenin foi procurá-lo com Piotr Krasikov, para persuadi-lo a fazer o inverso. Krasikov não mediu palavras em sua crítica pessoal aos outros editores do *Iskra*. Até

Iskra

Lenin retraiu-se diante de seus comentários. Trotski se recusou a ceder. As tensões entre os iskraístas foram ficando intoleráveis, e se realizou uma reunião separada fora do congresso. Um amigo de Trotski, Lev Deich, sugeriu que ele assumisse a presidência: "Proponho que elejamos o nosso benjamim." A seu ver, os dois lados confiariam em Trotski. O clima era explosivo, o que levou Lenin a se retirar num rompante, batendo a porta. Mas ele não desistiu de tentar convencer Trotski a ficar do lado dos "duros". Dessa vez, mandou seu irmão mais novo, Dmitri, acompanhado por Rosália Zemliachka. De nada adiantou. Trotski havia concluído que Lenin estava errado e era preciso opor-se a ele.[37] Tinha escolhido o lado vencedor: a votação foi de 28 a 23 votos a favor de Martov. O problema dele foi que a eleição para os órgãos centrais do partido — o Comitê Central e a direção editorial do *Iskra* — teve o resultado inverso, e Plekhanov e Lenin assumiram neles uma posição dominante.

Pior que isso, nem Lenin nem Martov acharam que o congresso havia encerrado sua disputa. Lenin saiu chamando seu grupo de Majoritários (ou *bol'sheviki*), e o de Martov, de Minoritários (ou *men'sheviki*), numa referência à eleição recente. Portou-se como se tivesse o direito exclusivo de falar em nome do Partido Operário Social-Democrata Russo. Tal comportamento poderia levar a uma cisão completa, e Trotski ficou deprimido.[38] Escreveu para Natalia Sedova sobre o congresso. Ela não estivera presente porque, apesar de sua inexperiência, fora incumbida de ir a São Petersburgo com a missão de disseminar as ideias do *Iskra* entre os operários da indústria. Gostou de adquirir as técnicas de disfarce para tal missão,[39] mas compreendeu o quanto seu companheiro devia sentir-se mal sobre o ocorrido em Londres. Para Trotski, assim como para todos os marxistas da Rússia, só havia uma classe trabalhadora, e deveria haver um partido unificado dos trabalhadores. Ele responsabilizou seu ex-protetor por tentar destroçar o sonho comum.

8. Solto das amarras

Os meses posteriores ao II Congresso Partidário foram inquietantes para seus protagonistas. Plekhanov arrependeu-se prontamente de ter apoiado Lenin e passou para o lado de Martov, fazendo pender a balança da liderança partidária para o lado dos mencheviques. Enquanto isso, Trotski trabalhava com empenho em seu *Relatório da delegação siberiana*.[1] Não foi um texto que mais tarde ele quisesse alardear, pois continha invectivas contra os bolcheviques. Lenin e seus seguidores reagiram ferozmente, mas Trotski rejeitou as acusações de injustiça feitas por eles, assinalando que seu comentário se baseara em citações da doutrina e da política dos bolcheviques.[2] Martov considerou-o para inclusão na direção editorial do *Iskra*.[3] Foi um período em que Trotski, desligado de Lenin, aproximou-se de Axelrod. Mas Plekhanov criou dificuldades, estipulando que só continuaria com os mencheviques se eles mantivessem Trotski fora da diretoria do *Iskra*. Martov acedeu a essa demanda, embora continuasse a acolher de bom grado os artigos de Trotski para publicação.[4] A esperança era que ele ficasse satisfeito com essa solução de compromisso. Os mencheviques queriam continuar a se beneficiar do brilhantismo dos ataques dele aos bolcheviques — um menchevique, M. S. Makadzyub, opinou que ninguém sabia "falar com mais agudeza sobre Lenin".[5]

Depois, Makadzyub notou o "orgulho e felicidade no rosto [de Trotski]" e achou que ele merecia estar satisfeito assim.[6] Por algum tempo, Trotski pareceu haver aceitado a situação entre os mencheviques, apesar de ter sido preparada uma petição em Paris solicitando a Martov que enfrentasse Plekhanov e incorporasse Trotski à direção editorial.[7]

Este não tentou obter a solidariedade dos outros por causa do tratamento que vinha recebendo de Plekhanov. Piotr Garvi recordou:

[...] de algum modo, Trotski sempre sabia transmitir "o *páthos* de distância" que líderes de muito mais alto quilate, como Axelrod, Zasulich ou Martov, não estabeleciam em suas relações com os companheiros. O brilho frio de seus olhos atrás do pincenê, o timbre frio da voz, a fria correção e agudeza da fala — já que "ele escreve como fala", não à maneira comum de quem conversa, mas em fórmulas e pronunciamentos — e, por último, o cuidado exagerado com a aparência, a indumentária e os gestos, tudo isso surtia o efeito de alienar as pessoas e até empurrá-las para longe dele.[8]

Trotski sabia ter-se tornado um dos líderes reconhecidos do partido.[9]

A guerra entre a Rússia e o Japão eclodiu em fevereiro de 1904, e ele logo se tornou um parceiro incômodo para Martov, ao provocar uma controvérsia a respeito do conflito entre os marxistas. Nicolau II acreditava que suas forças eram invencíveis na terra e no mar. A frota do mar Negro foi despachada para o outro lado do mundo, a fim de impor uma derrota fragorosa a uma nação de "orientais", enquanto a ferrovia Transiberiana transportava tropas para o Extremo Oriente. Trotski declarou que a guerra japonesa causava prejuízos ao interesse geral da nação — e não se perturbou quando os companheiros marxistas disseram que ele deveria concentrar-se no prejuízo específico causado à classe trabalhadora. Deixando muitos mencheviques indignados, ele conclamou uma "autocrítica marxista, em vez de uma presunção 'ortodoxa'".[10] Estava longe de nutrir um respeito automático pelas devoções do Partido Operário Social-Democrata Russo. Também desancou os que emitiam "convocações à insurreição" e almejavam a "ditadura revolucionária" — nesse ponto, tinha os bolcheviques na mira. Despejou sarcasmo sobre as duas facções internas do partido, ao mesmo tempo que incentivou a reunificação partidária.[11]

A guerra japonesa, avaliou, tinha chamado a atenção para as perspectivas da revolução na Rússia. A primeira ideia de Trotski foi voltar para lá e conduzir agitações clandestinas. Inicialmente, ele deixou a Suíça e se mudou para Karlsruhe, onde voltou a operar sob o pseudônimo de Lvov. Fiodor Dan escreveu de Genebra para Axelrod, implorando que ele escrevesse a Trotski para "esfriar suas fantasias". Os mencheviques queriam vê-lo cumprindo seu acordo de escrever matérias para eles.[12] Na verdade, o próprio Trotski havia mudado de ideia quanto a voltar correndo para a Rússia — nunca foi de deixar outras pessoas pensarem por ele. Em vez disso, permaneceu na Europa central, onde continuou a provocar controvérsias na liderança partidária. Sempre escrevia o que lhe vinha à cabeça. Plekhanov não fez o menor esforço para superar a antipatia por ele e exigiu que Trotski fosse mantido fora da direção editorial do *Iskra*; ameaçou renunciar, se os outros diretores se recusassem a fazê-lo.[13] Martov e Axelrod tinham esperança de que Trotski reconhecesse o problema que enfrentavam e evitasse criar confusões. Mal havia confirmado sua importância no partido, ele viu seu *status* ameaçado. De qualquer modo, estava farto dos mencheviques, querendo uma estratégia revolucionária mais ativa que a defendida por eles, e escreveu uma carta aberta para expressar suas preocupações.[14] A relutância dos mencheviques em prescindir do útil talento de Trotski fez a disputa efetivamente estancar.[15]

Trotski mudou-se para Munique no verão de 1904.[16] Detestava toda aquela brigalhada de facções e fez amizade com um emigrado marxista jovial, sediado na capital da Baviera. Tratava-se de Alexander Helphand, geralmente conhecido por seu pseudônimo, Parvus. Doze anos mais velho que Trotski, havia passado alguns anos no exílio na província de Arcangel, antes de buscar refúgio na Alemanha e fazer doutorado em filosofia. Ligara-se rapidamente ao Partido Social-Democrata alemão e havia ajudado a montar o ataque às tentativas de Eduard Bernstein de afastar o marxismo das doutrinas da revolução, levando-o para as da mudança política pacífica. Parvus tornou-se um famoso "antirrevisionista". Embora não tivesse perdido o interesse pela Rússia, desprezou a ideia de se ligar aos bolcheviques ou aos mencheviques. Sua estratégia revolucionária era singular no marxismo russo. Ele não dava importância à classe média: sua ideia era que só se podia confiar nos trabalhadores para liderar a luta revolucionária contra a monarquia dos Romanov.[17] Na verdade, Parvus reivindicava a criação de um "governo dos trabalhadores", assim que Nicolau II fosse derrubado. Trotski achou tudo isso atraente e Parvus se tornou seu mentor intelectual, como observou a Okhrana, com certo alarme.[18] Enquanto Trotski ficava imerso nas disputas internas do menchevismo, ele ajudava a dividir o partido e, sem querer, fazia o trabalho da polícia. A Okhrana tinha interesse em estimular as disputas entre facções. Ao se ligar a Parvus, Trotski estava se concentrando em questões sobre como realizar uma revolução violenta contra a ordem imperial.

Querendo sua independência política do *Iskra*, ele resolveu fundar sua própria editora. Decidiu procurar o pai para lhe pedir ajuda com o financiamento. Lidar com esse assunto exigia delicadeza, e Trotski falou em convidá-lo a viajar ao exterior, "para iniciá-lo no projeto". Seria preciso reconstruir a confiança entre os dois. Trotski pensou em pedir 4 ou 5 mil dólares das terras que esperava herdar no futuro. Isso estava bem longe de seis anos antes, quando rompera com o pai e pensara ter afastado o apoio parental para sempre. Ele enviou uma carta de sondagem, para testar o clima em Ianovka; infelizmente, ainda não há nenhuma prova que indique a reação de David Bronstein, mas, como vimos, é certo que seu filho vinha recebendo dinheiro dele, de tempos em tempos, desde que saíra da Sibéria.[19]

Trotski lidou com o tema da organização partidária numa brochura intitulada *Nossas tarefas políticas*, publicada em russo pela imprensa do partido em Genebra. Assinando-se "N. Trotski", dedicou o livro a seu "dileto mestre Pavel Borisovich Axelrod". Foi seu único sinal de modéstia: os escritos de Axelrod exerceram pouca influência no conteúdo. Trotski referiu-se a si mesmo e a seus amigos como "representantes da 'minoria'". Portanto, identificou-se como uma espécie de menchevique (o que logo se tornaria um embaraço).[20] Não se deu o trabalho de discutir os companheiros mencheviques; Martov não recebeu qualquer referência. Também praticamente nenhum bolchevique foi considerado. A grande exceção foi Lenin: Trotski tencionava provar que a influência do líder bolchevique estava em declínio e que sua posição se tornara "inviável". O prefácio foi datado de 24 de agosto de 1904.[21] A data foi importante, porque Trotski estava tentando indicar que a "atmosfera de pesadelo" de um ano inteiro no partido havia enfim acabado. A social-democracia russa ia ressurgindo, à medida que os camaradas deixavam de lado suas rixas. Mas Trotski desmentiu sua própria confiança, ao sugerir que as ideias e a atividade de Lenin continuavam a ser uma distração perigosa. A autocracia dos Romanov estava buscando uma saída para seus problemas através da guerra com o Japão. A situação política russa era instável. Em vez de debater questões organizacionais internas, o partido deveria estar estudando "a ciência das insurreições".[22]

Lenin, de acordo com Trotski, havia esquecido a necessidade de os marxistas promoverem "a atividade independente do proletariado". A concentração excessiva no centralismo e na disciplina era um traço perigoso. Abandonando sua admiração anterior por *Que fazer?*, Trotski sugeriu que Lenin estava preocupado demais com o papel do jornal. Era ilusório crer que uma estrutura hierárquica perfeita pudesse ser atingida. Alexander Parvus tinha argumentado, com acerto, que os objetivos socialistas nunca se realizariam se os marxistas dedicassem toda a sua atenção à eliminação de elementos subversivos. O leninismo era simplesmente inviável. A verdadeira ênfase tinha de recair sobre amplas iniciativas revolucionárias. As greves e manifestações deveriam ser incentivadas sem qualquer padrão de atividade predeterminado.[23]

Trotski expôs uma tese enérgica: "O regime da caserna não pode ser o regime do nosso partido, assim como a fábrica não pode ser seu modelo."[24] Lenin tinha agido como se todo o partido fosse uma mera "agência técnica ligada a um jornal".[25] Isso simplesmente não funcionaria. Ele havia entrado em toda essa confusão por sua preocupação com os intelectuais revolucionários. Sua afirmação de ser uma nova espécie de jacobino mostrava uma compreensão equivocada da história da Revolução Francesa. Maximilien de Robespierre tivera todas as atitudes erradas para uma visão política saudável, como se evidenciava por sua declaração: "Só conheço dois partidos: o dos bons cidadãos e o dos maus cidadãos." Para Trotski, isso era uma intolerância absurda, e ele via o mesmo traço em "Maximilien Lenin". Sugeriu que, se Karl Marx tivesse vivido na França no governo de Robespierre, sua cabeça teria rolado dos ombros na guilhotina.[26] O Partido Operário Social-Democrata Russo precisava evitar a desconfiança dos jacobinos. Certamente não devia engajar-se em "aterrorizar teoricamente" a intelectualidade.[27] Em síntese, deveria dedicar-se a ajudar a preparar os trabalhadores para que eles pudessem estabelecer sua própria ditadura. Era essa, com efeito, a tarefa do marxismo em todo o mundo.

O que Lenin vinha propondo era um "substitucionismo político". Com os bolcheviques, não haveria ditadura do proletariado, mas uma "ditadura sobre o proletariado". O partido substituiria os trabalhadores, a liderança central substituiria o partido, e o líder substituiria a liderança central. Em vez do "socialismo proletário", os seguidores de Lenin instalariam o mero jacobinismo. Trotski aduziu panfletos de grupos bolcheviques das cidades de Ufa e Perm e da região central dos Urais como prova de sua argumentação, e assinalou a reação de Lenin: "Ele permanece calado."[28] Com seu "fetichismo organizacional", Lenin levaria a uma falta de confiança na classe trabalhadora. Os marxistas procurariam realizar suas aspirações em outras esferas. Alguns se tornariam meros reformistas, outros se voltariam para o anarquismo.[29]

Essa brilhante exposição foi profética, em muitos aspectos fundamentais. A Revolução de Outubro poria os bolcheviques no poder e, logo após formarem um governo, eles desistiriam de dar ouvidos à opinião pública, depois de milhões de trabalhadores se voltarem contra suas posturas. O "proletariado" nunca teve a oportunidade de ditar nem mesmo o tamanho de suas rações de alimentos, muito menos de escolher quem devia governar. Mas a "profecia" de 1904 não foi um ato intencional de seu autor. Na ocasião, Trotski não estava escrevendo sobre um futuro distante, mas sobre acontecimentos da época. Superestimou a capacidade do partido de erradicar o faccionalismo. Ao ridicularizar o líder bolchevique como um ditador em potencial, ele pôs a palavra entre aspas para expressar que essa não era uma possibilidade realista. Durante os doze anos seguintes, os bolcheviques frustraram repetidamente os esforços de unificação do partido, exceto quando isso serviu, em caráter temporário, a seus objetivos faccionais. Aos poucos, Trotski percebeu que as doutrinas e práticas bolcheviques tinham força própria. Mesmo sem a liderança de Lenin, havia entre eles um grande número de irreconciliáveis capazes de causar um cisma, e, com efeito, houve ocasiões em que os distúrbios teriam sido maiores se Lenin não houvesse insistido que havia vantagens na cooperação com os mencheviques por razões táticas. Mas Trotski manteve seu otimismo: continuou a acreditar que os cismas do partido seriam eliminados pela pressão dos acontecimentos revolucionários.

Ao se voltar contra Lenin, de qualquer modo, Trotski ganhou a admiração dos antagonistas do bolchevismo. Martov ofereceu-lhe um papel maior no *Iskra* como escritor e editor, além de lhe prometer um posto encarregado dos panfletos partidários; também propôs criar um "jornal popular" sob a chefia editorial de Trotski.[30] Este foi cauteloso em sua resposta, concordando apenas com um nível modesto de colaboração com a liderança menchevique. Sabia não poder assumir um fardo tão pesado. Detestava ser impontual na conclusão de suas tarefas e, ao contrário de Martov, era implacável com o caos.

Ademais, enquanto passava uma séria descompostura no bolchevismo, ele não deixou o menchevismo intacto. Para Trotski, era um artigo de fé que o "proletariado" deveria dirigir a luta revolucionária e que a "burguesia" nunca poderia merecer confiança como aliada. Os mencheviques não queriam ofender a classe média: tinham esperança de que os liberais da Rússia participassem ativamente de uma campanha conjunta contra a autocracia. Trotski desprezava os industriais, os banqueiros e os grandes fazendeiros como pessoas que respaldavam a situação política vigente. Confrontados com a escolha entre uma revolução popular e seus próprios interesses financeiros, eles acabariam por ficar ao lado da dinastia Romanov. Os liberais engajaram-se na retórica de oposição aos Romanov e, no ano seguinte, viriam a formar o Partido Constitucional-Democrata (os K.D., ou Cadetes). Trotski previu que eles sempre cederiam às pressões do governo. O "proletariado" deveria lutar sozinho. Tinha que liderar todos os grupos sociais, com uma dedicação autêntica à transformação da sociedade. Nenhuma outra classe poderia fazê-lo. Os trabalhadores seriam a salvação da Rússia e, mais tarde, do resto do mundo. Trotski fez seu nome denegrindo os liberais russos. Enquanto os mencheviques se empenhavam em conquistá-los, ele os provocava. Repudiou qualquer aliança tática com os Cadetes. A seu ver, eles eram a escória da vida pública. O Partido Operário Social-Democrata Russo faria um favor a si mesmo ao repudiar as composições com eles.

Trotski emergiu como porta-voz dos marxistas, colocando-se entre as duas facções, tal como estas haviam existido no II Congresso Partidário.[31]

Mas, embora as pessoas aceitassem o direito de ele falar em defesa de suas convicções, frequentemente objetavam a sua postura pessoal. Ele se afigurava arrogante e insensível. Alexander Bogdanov, que coliderava a facção bolchevique de emigrados, assim escreveu a Nadejda Krupskaia, esposa de Lenin, sobre um encontro que tivera com ele: "Trotski veio me procurar. Não me agrada nem um pouco — é totalmente antipático."[32] O que conferiu peso ao juízo formulado por Bogdanov foi o fato de ele estar entre os camaradas menos dados a críticas rigorosas. Martov alfinetou Trotski com o comentário de que ele era um diletante. Trotski respondeu que Martov mudava constantemente de opinião, amiúde sob a pressão de seu cunhado Fiodor Dan, que era conhecido como o "Leninzinho" dos mencheviques. A disputa acirrou-se quando Martov suspendeu a publicação dos artigos de Trotski. Pareceu evidente que esse era o preço (ou "tributo", no dizer de Trotski) cobrado por Plekhanov por sua própria cooperação com o *Iskra*. Trotski acusou Martov de ser covarde e falso como editor.[33] A essa altura, ficou com toda a sua carreira na balança. Tinha se desentendido com Lenin. Depois, fizera o mesmo com Martov e Dan. E, embora fosse encorajado por sua amizade com Parvus, seu novo mentor não era alguém que promovesse uma vida sossegada.

Natalia Sedova, regressando da Rússia em outubro de 1904, ajudou a acalmar Trotski, que combinara recebê-la em sua chegada de trem a Berlim. Entre suas primeiras palavras, ele disse que os dois "nunca mais deveriam separar-se". Estavam apaixonados. Passaram um mês na capital alemã, onde ele a apresentou aos principais social-democratas alemães que havia conhecido, como Karl Kautsky, Clara Zetkin, Rosa Luxemburgo e August Bebel. Mudaram-se para Genebra, como parceiros pela vida afora.[34]

O casamento com Alexandra Bronstein estava terminado. Em suas memórias, Trotski alegou que "mal podia corresponder-se com ela do exterior".[35] Estava inventando desculpas. A verdade é que tinha trocado cartas com Alexandra, mas a havia abandonado por outra mulher. Desse momento em diante, Natalia foi sua mulher — a segunda — em tudo, menos legalmente. Alexandra lidou com isso da melhor maneira que pôde. Admitiu que ele havia encontrado uma parceira permanente com quem queria viver. As filhas tinham sido responsabilidade dela desde que o marido partira da Sibéria. Ao ser libertada do exílio, Alexandra hesitou em cuidar de ambas sozinha. Ela e Trotski chegaram a um acordo, mediante o qual a caçula, Nina, ficaria com ela, ao passo que Zina iria para a província de Kherson e seria criada pela irmã de Trotski, Elizaveta. Zina faria parte de um meio "intelectual burguês-provinciano", na descrição não muito feliz de Natalia. É que Elizaveta era casada com Naum Meilman, médico e músico amador. O casal não deixava de ser hostil à ordem tsarista, mas não exercia nenhuma militância a esse respeito[36] (o que não impediu que a polícia revistasse sua casa em Kherson, em 1906).[37]

Natalia também vinha da Ucrânia — sempre conservou mais do seu "sotaque sulista", como diziam as pessoas da capital russa, do que Trotski.[38] Sua família tinha sido proprietária de uma fazenda em Iasinovka, na província de Poltava, e seu pai, de ascendência cossaca, dirigia uma fábrica pertencente à família. Natalia tinha três irmãos e duas irmãs.[39] Morara na fazenda apenas durante a primeira infância, mas a zona rural de Iasinovka nunca perdera seu encanto para ela: seus altos choupos piramidais, dos quais ela se lembrou ao ver as torres de perfuração de petróleo em Baku; seus salgueiros à beira do rio, cobertos por um pó amarelo-esverdeado e pelo zumbir de milhões de abelhas; suas rosas delicadas e seus lilases flamejantes.[40] Natalia havia nascido na aristocracia rural hereditária. Mantinha laços de amizade com a família do renomado poeta antitsarista ucraniano Taras Shevchenko.[41] Os Sedov acabaram vendendo sua propriedade, como fizeram muitos depois do Édito de Emancipação de 1861, que libertara os camponeses da servidão pessoal aos senhores de terras, e se mudaram para a cidade mais próxima. Esta era Romny, onde nascera Natalia, em 5 de abril de 1882. Os Sedov levavam uma vida confortável. Mas o pai morreu de um ataque cardíaco quando ela contava apenas 7 anos, e sua mãe, traumatizada, havia falecido meses depois. Natalia tinha sido criada pela avó e por uma tia.

Os parentes a mandaram para Kharkov para estudar como interna num ginásio particular. As professoras eram progressistas, pelos padrões da época, e uma delas discutiu o movimento revolucionário com Natalia.[42] Em pouco tempo, a adolescente fazia coletas para prisioneiros políticos e lia literatura proibida. Uma de suas tias foi revolucionária e condenada a um período de exílio na Sibéria. (Foi por meio dela que Natalia ouviu

Solto das amarras

falar de Lev Deich, o famoso fugitivo e revolucionário que, tempos depois, se tornou amigo da família dela e de Trotski.)[43] Natalia saiu-se bem nos estudos, embora as autoridades escolares a considerassem frívola. Aos 16 anos, ficou feliz por abandonar o uniforme e se matricular nos "cursos superiores femininos" em Moscou. Gostava de frequentar teatros, museus e salões de concerto.[44] Depois, fez uma viagem à Suíça, onde se ligou a grupos marxistas em Genebra e recebeu material para levar clandestinamente a Poltava. Não se adaptou à vida na Suíça, que a fazia lembrar muito do colégio interno. Agradou-se mais de Paris, onde se alinhou com o grupo do *Iskra*. Ainda sustentada por dinheiro da avó, frequentou a Sorbonne e a Escola Superior Russa. E foi em Paris que conheceu Trotski e viu sua vida ser arrastada para o rodamoinho da carreira dele.[45]

Ao se aproximar o inverno de 1904-1905, as notícias que ela trouxe de sua viagem à Rússia foram politicamente animadoras para ambos. A militância nas fábricas estava crescendo. Havia inquietação no campesinato de várias províncias. Os liberais vinham se mexendo para mover uma campanha contra o governo. Nas terras polonesas, fizera-se um desafio a São Petersburgo. A guerra com o Japão estava correndo mal para os russos, havendo surgido questões de competência política e militar. A guarnição russa de Porto Arthur fora sitiada. O trono e a dinastia de Nicolau II começavam a parecer seriamente ameaçados.

Em dezembro de 1904, saiu um artigo de Trotski no *Sotsial-demokrat* ("Social-democrata") de Genebra. Ele escreveu sobre as manifestações de rua em Varsóvia e Radom e sobre uma greve geral em Baku. Previu uma campanha de "vingança brutal" do governo do império e suspeitou que os judeus seriam destacados como bodes expiatórios. Podia-se esperar uma retomada do "remédio de Kishinev". (Kishinev era o local onde havia ocorrido uma das piores atrocidades contra os judeus, em abril de 1903.) As notícias militares do Extremo Oriente eram continuamente sombrias, e Trotski intuiu que a situação poderia fugir do controle das autoridades. Temeu que os revolucionários se sentissem tentados a entrar num acordo com o governo. Isso "poria uma corda no pescoço do povo russo, que já havia fornecido tantas vítimas na luta pela liberdade".[46] Ao mesmo tempo, ele alertou contra frases abstratas "que incitavam à insurreição"; implicitamente, criticou até a preocupação de Lenin com a "ditadura revolucionária". Seu artigo foi uma sinopse de reportagens de jornais. Passou despercebido a Trotski o fenômeno mais perigoso para o *status quo* na Rússia: o sindicato industrial chefiado por um religioso da Igreja ortodoxa, o padre Georgi Gapon, e sediado em São Petersburgo. Seus membros eram pacíficos e o sindicato era legalizado. No entanto, estava prestes a organizar algo sem precedentes: uma passeata até o Palácio de Inverno, em 9 de janeiro de 1905, para apresentar a Nicolau II uma petição, pedindo-lhe que promulgasse os direitos civis universais. Gapon estava em vias de desencadear uma explosão revolucionária.

Apesar de haver subestimado a importância de Gapon, Trotski mostrou-se mais disposto que seus colegas do quadro dirigente do partido a tirar proveito dos acontecimentos subsequentes. Suas intuições o adequavam a papéis que estavam prestes a ganhar importância. Ele sabia escrever e falar com brilhante fluência; era sumamente ousado e confiante, e planejava tornar-se um orador da revolução. Ao mesmo tempo, era um colega cansativo. Gostava de romper os limites da disciplina partidária. Comprazia-se na companhia dos que apreciavam sua vivacidade intelectual. Valorizava sua independência pessoal; era imprevisível. Trotski já era Trotski.

9. O ano de 1905

Os distúrbios convulsionaram o Império Russo em 9 de janeiro de 1905, depois que os soldados do lado de fora do Palácio de Inverno, em São Petersburgo, dispararam contra uma passeata de trabalhadores desarmados e suas famílias, vestidos com seus melhores trajes de domingo. O massacre de dezenas de inocentes causou indignação popular. Eclodiram greves na capital, logo seguidas pela suspensão do trabalho nas fábricas e minas de todo o país. Surgiram preocupações com a obediência dos soldados de quem se esperava a manutenção da ordem. A vulnerabilidade da ordem política imperial foi acentuada pelos reveses da guerra contra o Japão, que era travada desde o ano anterior. Tradicionalmente, liberais e conservadores desconfiavam de trabalhadores revoltosos. Mas o Domingo Sangrento alterou tudo isso, e foram feitas exigências a Nicolau II para conceder reformas fundamentais.

Em 9-10 de janeiro, Trotski passou uma noite irrequieta num trem para Genebra, após uma viagem a outras cidades suíças para uma série de discursos. Chegou tão cedo, na manhã seguinte, que o menino que entregava o jornal tinha apenas a edição da véspera, e, por isso, a reportagem sobre a Rússia referia-se à manifestação de São Petersburgo com os verbos no futuro. Trotski julgou-se apto a presumir que ela não havia ocorrido. Descobriu a verdade ao chegar ao escritório do *Iskra*, no centro da cidade. A essa altura, a colônia de revolucionários russos já tivera conhecimento do Domingo Sangrento e da reação popular. Eles mal conseguiram acreditar que aquilo por que tinham ansiado e que haviam previsto durante tantos anos parecia estar finalmente acontecendo: a monarquia e seus defensores encontravam-se em plena retirada política. Os emigrantes sempre se lembraram do que estavam fazendo quando a notícia chegou à Suíça. A reação de Trotski foi a mais dramática. O anúncio foi feito durante uma reunião da direção editorial do *Iskra* e o efeito sobre ele foi instantâneo: o homem sofreu um de seus desmaios.[1] Esse distúrbio hereditário, acreditava ele, tinha mais probabilidade de criar problemas quando ele já estava doente ou cansado. Trotski vivia com os nervos tensos enquanto atacava violentamente o tsarismo, o bolchevismo e o capitalismo mundial. Talvez também tivesse andado exigindo demais de si mesmo.

Uma nova era despontava na Rússia. Revolucionários de todos os matizes — socialistas revolucionários, mencheviques e bolcheviques — reuniram-se no bairro da Rue Carouge, em Genebra. Indagaram-se se logo teriam de voltar para casa. Ainda eram poucos os que o tinham feito. Seus nomes encontravam-se nas listas da polícia. As autoridades haviam mais ou menos controlado o tumulto em São Petersburgo, mas sabiam que a desordem logo poderia recomeçar. As brasas do Domingo Sangrento não tinham sido apagadas.

Nicolau II reconheceu a força da indignação popular. O governo imperial estava ameaçado. A guerra contra o Japão seguia um curso desastroso. Fazia pouco que as forças armadas russas tinham sido obrigadas a recuar para Mukden, e Porto Arthur fora sitiado pelo exército e marinha japoneses, uma semana antes do Domingo Sangrento. O sucesso militar era crucial para o prestígio dos Romanov. Todos os setores da sociedade continuavam furiosos com o tratamento brutal dado à manifestação de 9 de janeiro. Houve esforços oficiais para consultar os trabalhadores da capital sobre suas queixas e reivindicações, porém o massacre fora gravado a fundo na consciência de todos. As áreas urbanas estavam num tumulto. As greves proliferavam. Os sindicatos, inclusive os ilegais, tornaram-se ainda mais ousados. Em maio de 1905, elegeu-se um soviete (ou conselho) de trabalhadores em Ivanovo-Voznesensk; ele não tardou a fazer exigências aos proprietários locais da indústria têxtil e a afirmar sua influência em toda a vizinhança. Até então, os camponeses ainda permaneciam quietos, mas os senhores de terras temiam que os distúrbios pudessem transferir-se para o interior. Intensificou-se a ativi-

O ano de 1905

dade antigovernamental na Finlândia, na Geórgia e nas terras polonesas governadas por São Petersburgo. Grupos políticos clandestinos de todos os tipos vinham arrebanhando recrutas, publicando jornais e panfletos e explicando seus planos para a mudança política. Até os liberais moderados faziam convocação à ação.[2]

Fazia muito tempo que Trotski intuíra ter o potencial pessoal para a franca política "de massas" (como havia indicado à sua ex-mulher, Alexandra, dois anos antes). Não estava preocupado com os riscos de retornar incógnito a seu país. Constava das listas policiais para detenção imediata, e sua proeminência na política dos emigrados só fazia aumentar esse perigo, mas ele não se importava. Enquanto quase todos os líderes do Partido Operário Social-Democrata Russo agiam com lentidão, Trotski tomou providências rápidas para viajar. Não comentou esse contraste: nunca seria esse o seu feitio. Mas decerto se perguntou por que tão poucas figuras de destaque seguiram seu exemplo. O sacrifício pessoal fazia parte da tradição revolucionária russa. A segurança pessoal do indivíduo devia ficar subordinada à causa. A Rússia Imperial se despedaçava, e Trotski sentiu que era absolutamente imperativo unir-se aos esforços dos trabalhadores em greve para enfrentar a monarquia, os generais, a polícia e os patrões. O fato de ele ser um líder partidário não fazia diferença. Era inevitável que o compromisso revolucionário com seu modo de pensar envolvesse perigo. Isolar-se na Suíça, na França ou na Inglaterra já não era uma opção tolerável. O dever revolucionário o conclamava à ação.

Ele e Natalia partiram para Viena, onde Victor Adler, o principal marxista austríaco, vinha ajudando os emigrados a obterem dinheiro e passaportes. A figura marcante de Trotski era um problema, e por isso Adler providenciou a visita de um cabeleireiro para mudar sua aparência. Natalia foi na frente para a Ucrânia, a fim de encontrar acomodação para os dois. Era a maneira mais fácil de cruzar a fronteira, sem um medo excessivo da detenção. Depois que ela encontrou um local em Kiev, Trotski a seguiu, adotando a identidade de um cabo da reserva, Arbuzov. Ainda era apenas fevereiro. Trotski e sua parceira pretendiam desempenhar um papel pleno na política revolucionária.[3]

Cerca de um mês depois, mudaram-se para São Petersburgo, onde Natalia atuava como propagandista em círculos de operários empregados na imensa fábrica de tubulações da ilha de Vasilevski.[4] Ela precisava ter ainda mais cautela do que quando estava sozinha. Como ambos haviam concordado, a segurança de Trotski era de suprema importância: ele era um dos líderes do partido, e ela, apenas uma militante comum. Já então, Trotski vinha atuando com seu novo pseudônimo, Piotr Petrovich. Qualquer erro de Natalia poderia levar a polícia até ele, e a Okhrana não teria dificuldade de descobrir sua verdadeira identidade. Natalia era escrupulosa com as técnicas de "conspiração" e tudo correu bem até maio. Ela estava num encontro de defensores da revolução, num bosque nos arredores da cidade, quando as autoridades chegaram, seguindo uma pista dada por um informante. Natalia e outros foram presos, mas, para sorte de Trotski, sua ligação com ela não foi descoberta. Ela foi condenada a seis meses na Casa de Detenção Preliminar.[5] Segundo seu próprio relato, foi bastante bem tratada, tendo até permissão para tomar banho todos os dias. Tratou de limpar sua cela, com a ajuda de uma criminosa comum; sempre fizera questão de limpeza em seu ambiente.[6] Foi libertada do presídio antes do fim da sentença, sob a condição de permanecer em Tver, 160 quilômetros a noroeste da capital, em linha reta, em vigilância regular da polícia.

Por razões ligadas a sua segurança pessoal, Trotski não pôde vê-la. Muitos de seus camaradas vinham sendo detidos, à medida que a Okhrana intensificava suas atividades. Temendo a pressão, ele partiu em meados do verão e ficou morando incógnito na cidade finlandesa de Rauha. A Finlândia tinha certa autonomia em relação a São Petersburgo, e a polícia local era famosa por seu horror a procurar revolucionários foragidos.[7]

Trotski foi um dos primeiros a propor uma estratégia clara. Em 3 de março de 1905, o *Iskra* publicou uma "carta política" sua, conclamando "uma revolta de todo o povo", que formaria um governo provisório e, em seguida, uma assembleia constituinte.[8] Quinze dias depois, ele esclareceu o que queria dizer. A revolução não poderia ser simplesmente desencadeada, mas exigia organização e planejamento. Os mencheviques, disse ele, estavam errados em rejeitar as ideias de Parvus sobre um "governo dos trabalhadores". Parvus negava que o sufrágio universal fosse um fim em si, pois a classe média sempre encontraria meios de manipular o sistema eleitoral. A liberdade não era algo que se pudesse

O ano de 1905

implorar: tinha de ser conquistada. Era preciso eliminar a burocracia e o corpo de oficiais.[9] O que se fazia necessário, na verdade, não era apenas um levante, tal como pleiteado pelos bolcheviques, mas o compromisso com a luta para "tornar permanente a revolução".[10] Trotski retomou a última versão da estratégia de Parvus, frisando que o Comitê Central deveria ordenar que cada um de seus comitês locais criasse um "órgão militar". Acontecimentos tempestuosos estavam empurrando o proletariado para uma posição de "hegemonia", e o partido tinha que estar pronto para explorar essa situação.

Trotski admitiu que ao projetado "governo dos trabalhadores" faltaria a "base social para uma democracia jacobina independente". Com isso, parece ter querido dizer que os jacobinos da Revolução Francesa tinham podido convocar o apoio de amplas camadas das classes subalternas em todo o país. A classe operária na Rússia ainda era pequena demais para esse fim. Pois bem, concluiu Trotski, os marxistas na Rússia deveriam lutar pela criação de uma ditadura de uma elite revolucionária — e seria uma ditadura liderada pelo Partido Operário Social-Democrata Russo.[11]

Ele falou pouco sobre o terror, em termos diretos. O que teria acontecido se seu governo "dos trabalhadores" houvesse passado a existir? Décadas depois, Trotski relembrou sua atitude básica: "Também defendíamos o terrorismo, porém o terrorismo das massas, realizado pela classe revolucionária."[12] Ao defender sua tese, ele não se deu o trabalho de fazer uma exegese de Marx e Engels. Enquanto Lenin apelava com espalhafato para os fundadores do marxismo como suas autoridades, Trotski concentrou-se em seus próprios argumentos intrínsecos. Insistiu em que os marxistas poderiam extrair lições do passado, principalmente da Revolução Francesa. Ofendeu-se com a sugestão de que ele e Parvus propunham ideias que nada tinham em comum com a social-democracia europeia. Assinalou que o Partido Social-Democrata alemão almejava "a conquista do poder estatal pelo proletariado" e uma "ditadura de classe". A seu ver, não deveria haver "fetichismo" quanto ao uso de métodos legais. E o povo não deveria esperar que o período de transformação revolucionária fosse curto. Toda uma era de construção do socialismo estendia-se diante do partido. Os marxistas da Rússia deveriam comprometer-se com o "caráter ininterrupto da revolução".[13]

Os bolcheviques realizaram seu congresso separado entre abril e maio, em Londres, para tomar decisões sobre a estratégia; a liderança menchevique manteve conversas infindáveis sobre medidas políticas. Na verdade, a facção bolchevique, instigada por Lenin, movia-se para uma escolha estratégica que se aproximava da posição de Parvus-Trotski. Lenin pleiteava um processo revolucionário em duas etapas. A primeira deveria introduzir a democracia eleitoral e o desenvolvimento econômico capitalista, como Plekhanov sempre havia projetado. Mas Lenin afirmava que isso só poderia acontecer se fosse estabelecida uma "ditadura democrática revolucionária provisória do proletariado e do campesinato". Não confiava na classe média para ter qualquer participação na liderança política da Rússia. Muitos observaram, na época, o quanto isso se aproximava do trotskismo. Com efeito, as diferenças só eram detectáveis com um microscópio ideológico. Enquanto Trotski clamava por uma única etapa de transformação revolucionária, Lenin pedia duas — e, nessa medida, podia alegar que se atinha à ortodoxia marxista russa. Outra questão divisiva era o papel do campesinato. Trotski mencionava que a reforma agrária seria essencial para a eficácia desse "governo dos trabalhadores"; Lenin queria uma influência maior dos camponeses e propunha que o governo fosse uma coalizão que incluísse os partidos com apoio eleitoral deles.

Durante o longo verão de 1905, acumularam-se dificuldades para a monarquia dos Romanov. Os conflitos na indústria foram frequentes. Os distúrbios nas forças armadas não foram incomuns. Algumas províncias da Polônia, da Geórgia e do norte do Cáucaso estavam ficando quase ingovernáveis. Uma greve geral teve início no começo de outubro. Operários fabris e intelectuais radicais de São Petersburgo elegeram um órgão que se tornaria conhecido como Conselho (ou Soviete) de Delegados dos Trabalhadores; suas funções estenderam-se rapidamente, muito além das reivindicações salariais, para as aspirações básicas à autonomia do povo. Em 17 de outubro, orientado pelo conde Witte — que, como ministro das Finanças na década de 1890, havia instigado o rápido crescimento industrial do império —, Nicolau II cedeu terreno e expediu seu Manifesto, no qual concedeu um leque de liberdades civis e prometeu realizar eleições parlamentares numa Duma estatal.

O ano de 1905

Essa concessão tanto animou quanto horrorizou os revolucionários. Houve sinais de que amplos setores da opinião pública se dispunham a dar ao imperador o benefício da dúvida. Trotski estava entre os que acreditavam que a derrubada da monarquia e a revolução deviam continuar a ser o objetivo:

Em 18 de outubro, no dia seguinte à publicação do manifesto, muitas dezenas de milhares de pessoas postaram-se diante da Universidade de São Petersburgo, instigadas pela luta e embriagadas de alegria por sua primeira vitória. Gritei-lhes do balcão que uma meia vitória não era digna de confiança, que o inimigo era irreconciliável e que haveria ciladas pela frente; rasguei o manifesto imperial e lancei os pedaços ao vento.[14]

A pior coisa que poderia acontecer, do ponto de vista de Trotski, era os trabalhadores desistirem de suas exigências políticas de retirada da dinastia. Durante algum tempo, ele ficou sediado na Finlândia. Mas Natalia obteve permissão legal de retornar a São Petersburgo e entrou em contato com Trotski. Viajou para o norte, a fim de passar uns dois dias com ele em Vyborg — a apenas 122 quilômetros da capital russa.[15] Entrementes, o clima revolucionário intensificou-se. Trotski decidiu correr o risco e se engajar na franca atividade política, regressando a São Petersburgo. Natalia gostaria de fazer o mesmo, porém não estava bem de saúde na ocasião.[16] Trotski optou por concentrar seus esforços no Soviete de São Petersburgo, onde atuou sob o pseudônimo de Ianovski.

O presidente eleito desse soviete era o advogado Georgi Nosar-Khrustalev. Ele não pertencia a nenhum partido e ficou satisfeito com o título; nem de longe parecia um subversivo perigoso, com seu cabelo penteado no cabeleireiro e seu colarinho levantado.[17] Permaneceu no cargo até ser detido, no dia 26 de outubro. Os críticos de Trotski o observavam de perto e o acharam muito ansioso por ocupar a posição que Khrustalev deixara vaga.[18] Ele próprio viria a exagerar a dimensão da influência que exercia. Os mencheviques e os bolcheviques cooperaram melhor no soviete do que ele alegou e, ao que parece, apenas um punhado de decisões foi pessoalmente atribuível a ele.[19] Mesmo assim, os críticos

em geral — a maioria pertencente a facções do Partido Operário Social-
-Democrata Russo — admitiram que ele ficou à altura das exigências
da situação. Enquanto eles discutiam sem parar a "política das massas",
apenas Trotski tinha agido. Havia se encontrado como orador. Sem o
menor esforço, era capaz de agitar uma plateia. Não tinha dificuldade
para inspirar as pessoas. Era valente. Em vez de se esconder, desafiou
as autoridades a fecharem o soviete. Nenhuma figura eminente de seu
partido lançou-se ao perigo como Trotski. Ele ficou justificadamente
aborrecido quando o acusaram de ter um mero desejo de popularidade.
Como achavam que revoluções poderiam ser feitas?

Outros emigrados revolucionários sentiram-se animados a regressar
à Rússia ao lerem o Manifesto de Outubro. Seu conteúdo significava que
tinham finalmente a garantia de sua segurança pessoal. E assim eles
voltaram: Lenin, Martov e Chernov. Algumas das antigas precauções
ainda eram necessárias. Os emigrantes viajaram com passaportes falsos.
Foram cautelosos com os locais onde pernoitavam e com as pessoas que
poderiam saber. O destino comum foi São Petersburgo. A contragosto,
Lenin reconheceu que seu colega merecia estar dirigindo o soviete: "Bem,
Trotski conquistou isso, com seu trabalho ininterrupto e brilhante."[20]
Praticamente todos os que compareceram às grandes reuniões na capital
sentiram o mesmo a respeito dele. Ficou óbvio para todos que o destino
da política do império estava na capital. Ali havia jornais sendo fundados.
As prensas eram abertamente usadas por todos os grupos revolucionários.
Os partidos montavam estandes em público. As livrarias estocavam literatura subversiva. Realizavam-se reuniões populares nas quais ocorriam
ataques violentos à dinastia e a seus defensores. Havia entre os marxistas
e outros rebeldes o sentimento intensificado de que estava próximo o
momento da luta definitiva com a monarquia dos Romanov.

Uma exceção foi Roman Gul, membro do Soviete de São Petersburgo:

Na maneira de falar, Trotski era o oposto diametral de Lenin. Lenin
movimentava-se pela plataforma. Trotski ficava parado. Lenin não
oferecia nenhuma das flores da eloquência. Trotski as derramava
com abundância sobre o público. Lenin não se escutava. Trotski
não apenas se escutava, como também certamente se admirava.[21]

O ano de 1905

Gul também notou o cuidado que Trotski tomava com a aparência, inclusive na escolha meticulosa das gravatas. A seu ver, ele era o epítome da vaidade. Mas Gul não podia negar que, como político público, ele ofuscava Lenin.

Agora que Trotski e Natalia estavam de volta a São Petersburgo, a vida dele foi estabilizada pela companhia dela. Os dois alugaram um quarto na capital, usando os nomes de sr. e sra. Vikentiev. O senhorio era um especulador de títulos e ações cujos negócios haviam se deteriorado, no tumulto causado à bolsa de valores de São Petersburgo nos meses anteriores. Ficou furioso ao descobrir que os revolucionários, indo além dos operários das fábricas, estavam tentando seduzir porteiros e zeladores. O fim da civilização, tal como ele a entendia, afigurava-se iminente. Sucedeu-lhe bater os olhos num artigo de Trotski. Sem saber que nesse exato momento falava com o próprio autor, gritou: "Se eu topasse com esse condenado, daria um tiro nele com isto!" — e sacou um revólver do bolso, agitando-o no ar.[22] Por motivos óbvios, os "Vikentiev" silenciaram sobre suas opiniões políticas, pois não tinham tempo para tentar encontrar novas acomodações. Mesmo fora do apartamento, tinham pouca vida social. Enquanto existisse o Soviete de São Petersburgo, a política seria a atividade que dominaria tudo. Sempre havia também artigos a escrever para os jornais diários e reuniões de trabalhadores em que discursar. O quarto alugado era apenas um lugar onde comer e dormir.

Trotski ia diariamente aos escritórios editoriais dos jornais em que estivesse escrevendo no momento:

No soviete, eu atuava com o nome de Ianovski, inspirado no vilarejo onde nasci. Na imprensa, escrevia como Trotski. Tinha que trabalhar para três jornais. Com Parvus, dirigia a pequenina *Russkaya gazeta* ["Gazeta Russa"], transformando-a num órgão de luta para as massas. Em poucos dias, a tiragem subiu de 30 mil para 100 mil exemplares. Um mês depois, havia atingido meio milhão. Mas nossos recursos técnicos não tinham como acompanhar o crescimento do jornal. Só fomos finalmente salvos dessa contradição por um ataque do governo. Em 13 de novembro, em bloco com os mencheviques, fundamos um grande órgão político, o *Nachalo* ["O Começo"]. A circulação do jornal cresceu não dia a dia, mas hora a hora. Sem Lenin, o *Novaia jizn* ["Vida Nova"] dos bolcheviques era muito sem graça. O *Nachalo*, ao contrário, obteve um sucesso gigantesco.[23]

Foi Trotski quem escreveu o editorial do primeiro número do *Nachalo*,[24] e, ainda que possa ter exagerado a tiragem da *Russkaya gazeta*, ele certamente teve razão ao afirmar que suas ideias estavam atingindo um círculo cada vez maior de leitores na capital.

As facções bolchevique e menchevique estavam internamente divididas. Alguns mencheviques sentiam-se atraídos pelas ideias estratégicas de Parvus e Trotski.[25] Isso horrorizava Martov, que insistia em que alguma forma de cooperação com os constitucional-democratas [cadetes] era a melhor maneira de seguir adiante. Os bolcheviques também andavam confusos. A maioria não queria ter nada a ver com o movimento trabalhista existente, chegando até a evitar o Soviete de São Petersburgo. Eles se viam como verdadeiros leninistas e davam primazia ao partido, e não a qualquer organização formada pelos trabalhadores para representar seus interesses. Por sua vez, Lenin tinha outra opinião. Queria que os bolcheviques aproveitassem todas as oportunidades disponíveis. Para ele, era evidente que isso significava um envolvimento com os sovietes e os sindicatos — e levou algumas semanas para convencer seus companheiros a mudarem de postura.[26] Mas até Lenin fez pouco mais que conceber estratégias e escrever artigos. Não deixou sua marca nas atividades do Soviete de São Petersburgo. Compareceu a uma ou duas sessões, observou e foi embora. Isso deixou o campo livre para Trotski. Ele foi o único líder do Partido Operário Social-Democrata Russo que ajudou a formar o núcleo do soviete.

A situação revolucionária o livrou de qualquer tensão remanescente da polêmica em torno da "questão organizacional". A militância política na Rússia convocou sua participação e a de seus companheiros. Trotski reagiu mais depressa que qualquer outro. De repente, pôde pôr a teoria em prática, o que foi uma experiência libertária. Os acontecimentos estavam levando trabalhadores e intelectuais às dezenas de milhares para os sovietes e outras associações políticas. Era um verdadeiro fenômeno de massa. Ao contrário do restante da liderança do Partido Operário Social-Democrata Russo, ele não tinha qualquer obrigação de submeter seus atos a um grupo maior. Não era menchevique nem bolchevique. Como agente livre, podia fazer e dizer o que quisesse.

Não tinha inibições ideológicas quanto a mergulhar no trabalho nos sovietes. Os bolcheviques eram impedidos por seu axioma de que, se deixados por conta própria, os trabalhadores desenvolveriam apenas uma "consciência sindical". Mantinham-se afastados do envolvimento com o soviete local, a menos e até que seus militantes aceitassem formalmente o programa do bolchevismo. Os mencheviques eram mais adaptáveis; contudo, embora participassem das atividades dos sovietes, afligiam-se com a possibilidade de que a classe trabalhadora se expusesse a perigos indesejáveis. A política menchevique era deixar que a burguesia agisse como a vanguarda contra a monarquia imperial. Trotski estava encantado com a ideia de membros das duas facções cooperarem com ele no Soviete de São Petersburgo. A desconfiança entre bolcheviques e mencheviques persistia e era frequente eles fazerem reuniões separadas. Tendo a estratégia mais abrangente entre os marxistas, Trotski ficava contente pelo fato de o "proletariado" de São Petersburgo recusar-se a se deixar tapear por promessas de reforma constitucional. Os trabalhadores não precisavam ser doutrinados para sair às ruas contra Nicolau II, o que confundiu a análise dos bolcheviques. Ao mesmo tempo, não davam atenção aos gritos de cautela, e as advertências dos mencheviques sobre o isolamento da classe trabalhadora pareciam uma fantasia. Trotski acreditou que a "revolução permanente" estava no ar.

Subestimou os recursos coercitivos de que o governo ainda dispunha. O acerto de contas não poderia demorar muito. Veio no último mês desse ano turbulento, como Trotski viria a narrar:

Na noite de 3 de dezembro, o Soviete de São Petersburgo foi cercado por tropas. As entradas e saídas foram bloqueadas. Do balcão em que o Comitê Executivo estava reunido, gritei para o salão embaixo, onde centenas de delegados se aglomeravam: "Não ofereçam resistência! Não entreguem as armas ao inimigo!" As armas eram apenas portáteis: revólveres. E assim, no salão de reuniões, cercados por todos os lados por destacamentos de guardas de infantaria, cavalaria e artilharia, os trabalhadores começaram a inutilizar suas armas. Com mãos habilidosas, golpearam os Mauser com os Browning e os Browning com os Mauser.[27]

A direção do soviete foi presa. Para Trotski, a revolução estava encerrada — ainda que apenas temporariamente.

10. Julgamento e punição

O desafio revolucionário arrefeceu na capital com a prisão de Trotski e seus camaradas. De início, Alexander Parvus escapou à detenção e, supostamente, chefiou o Soviete de São Petersburgo até ser capturado, em dezembro de 1905;[1] na verdade, porém, esse órgão havia deixado de existir e as autoridades estavam voltando a atenção para outros locais. O Soviete de Moscou organizou uma revolta no fim do ano, mas ela foi prontamente esmagada. Utilizaram-se as forças armadas para conter os distúrbios no campo. A campanha de pacificação continuou no ano seguinte. Foi um processo prolongado. Irromperam motins nas tropas que retornavam pela ferrovia Transiberiana da guerra desastrosa contra o Japão. Camponeses se uniram contra seus arrendadores e houve violência nas áreas rurais. Quando a Duma estatal se reuniu em São Petersburgo, em abril de 1906, seu maior grupo — os Trudoviki — exigiu a reforma agrária. Os cadetes bateram em retirada para a Finlândia, conclamando o povo a resistir ao recrutamento e a recusar o pagamento de tributos ao governo. O imperador Nicolau II dispôs-se a pagar para ver. A guerra com o Japão havia terminado no Tratado de Portsmouth, em setembro de 1905. Os empréstimos financeiros recebidos da França salvaram a economia. A velha ordem foi se reimpondo em ritmo constante.

Os dirigentes e militantes do Soviete de São Petersburgo foram mantidos na Prisão Kresty, antes de serem transferidos para a Fortaleza de Pedro e Paulo. Esse era o local onde Pedro, o Grande, havia confinado e torturado seu filho Alexei — e alguns dos mais famosos prisioneiros políticos do império foram ali mantidos, em anos posteriores. Por fim,

142 Parte I: 1879–1913

Trotski e seu grupo foram entregues à Casa de Detenção Preliminar, onde ele foi destinado à cela n.º 462.[2] Ao todo, passou 15 meses no presídio. Os detentos receberam roupas da prisão e foram informados de que seriam submetidos a um julgamento aberto ao público.[3] Ninguém os revistou: isso nunca aconteceu com Trotski, até ele ser detido no Canadá em 1917.[4] Eles faziam exercícios diários no pátio, onde podiam conversar entre si. Tinham permissão para receber filas de visitantes. Podiam ler mais ou menos o que quisessem e encontravam meios de fazer chegar o que escreviam a jornais revolucionários clandestinos: as maletas dos advogados de Trotski eram convenientes para esse fim.[5]

Na prisão, ele visitava a biblioteca e pegou emprestadas as peças de Shakespeare. Quanto a brochuras revolucionárias, tinha de procurá-las noutro lugar. Mas isso não era problema, pois enviou uma solicitação a S. N. Saltykov, pedindo-lhe para obter *A guerra civil na França* e outros textos de Marx sobre a Comuna de Paris de 1871. Também pediu material sobre a "questão agrária" na Rússia e no restante da Europa. Isso incluía livros controvertidos de Karl Kautsky, Piotr Maslov e Vladimir Lenin.[6] Os marxistas russos viam uma necessidade de adaptar as doutrinas de Marx e Engels às condições específicas da Rússia — e Trotski demorou mais que outros grandes pensadores a se voltar para essa tarefa. Não era seu campo intelectual de praxe, e ele nunca concluiu sua investigação sobre o arrendamento da terra;[7] seus manuscritos desapareceram em algum momento após a Revolução de Outubro e ele não os recuperou. De qualquer modo, estava decidido a usar esse período no confinamento de maneira produtiva, e estudou com afinco tudo que pôde para elaborar seu programa revolucionário para o partido. O resultado foi um de seus livros mais influentes: *Resultados e perspectivas*. Ele o considerou sua exposição mais completa da teoria da revolução permanente, até retornar ao assunto depois de 1917.

Trotski continuou a ser um jornalista atuante e se orgulhou de sua matéria sobre "Piotr Struve na política", na qual denunciou violentamente a disposição de liberais ilustres a transigir com o governo.[8] Ele ainda era uma figura de importância pública, e vários de seus artigos chegaram à imprensa metropolitana. Não foi esse o único sentido em que se mostrou fértil. Natalia o visitava com regularidade e os dois tinham direito

Julgamento e punição

à privacidade conjugal, apesar de não serem legalmente casados. O resultado foi que ela engravidou. Seria seu primeiro filho; Trotski estava iniciando uma segunda família.

O Partido Operário Social-Democrata Russo havia passado meses decidindo como lidar com o julgamento do Soviete de São Petersburgo. Influenciado por Martov, o Comitê Central disse aos réus que declarassem que o soviete tinha sido criado com a única finalidade de atingir as metas posteriormente promulgadas no Manifesto de Outubro. Se o Estado os punisse, estaria agindo meramente por espírito de vingança. Martov achava que os líderes do soviete tinham sofrido o bastante e deveriam tentar obter a sentença mais leve que pudessem receber. A realidade era que um sério desafio fora feito à ordem imperial em 1905. A punição jurídica poderia ser muito severa. Martov queria preservar a vida e a saúde dos réus, para garantir que eles pudessem reemergir do confinamento como militantes úteis. Não queria nenhum melodrama atrapalhando esse objetivo. Trotski, porém, tinha ideias próprias sobre como se portar. Havendo descoberto seus poderes de orador, recusou-se a ser manietado pelas instruções do Comitê Central do partido. Visava prosseguir na tradição dos revolucionários russos que tratavam os julgamentos públicos como oportunidades de propaganda. Nem Martov nem o Comitê Central o desviariam disso. Ele discursaria contra a monarquia, o governo e toda a ordem imperial, e que se danassem as consequências.

Repetiu suas preocupações com o menchevismo a Martov. Os mencheviques não estavam dizendo nada sobre a polícia e não tinham nenhum plano para "a organização de governos revolucionários autônomos". O menchevismo vinha recaindo na estratégia e na tática dos cadetes, e as publicações do próprio Martov caracterizavam-se pela "conversa afetada". Quanto a Plekhanov, por que ele achava que era suficiente continuar a escrever artigos críticos sobre ineficazes autores marxistas alemães, como Eduard Bernstein? Embora não gostasse da crueza das táticas polêmicas bolcheviques, Trotski achou que Lenin estava certo ao apoiar a exigência do otimismo revolucionário. Admitiu a Martov que, "como político social-democrata, eu me sinto mais perto dos [bolcheviques]". Implorou ao líder menchevique que não se zangasse com ele, mas respeitasse sua sinceridade.[9] As palavras de Trotski, expressas de maneira tateante, indicaram sua determinação de continuar a escolher seu caminho pessoal para promover a causa revolucionária — e não houve nada que Martov pudesse fazer para impedi-lo.

Os preparativos de Trotski na Casa de Detenção sofreram uma perturbação inesperada, oriunda de outra fonte. A publicidade sobre o julgamento vindouro induziu seus pais, a quem não via desde as visitas deles à prisão de Nikolaev, a viajarem da província de Kherson para assistir aos procedimentos. Ambos estavam compreensivelmente apreensivos com o possível desfecho, e Trotski os avisou de que o juiz poderia sentenciá-lo a trabalhos forçados. Sua mãe enfrentou o problema convencendo-se de que o tribunal poderia ser benevolente e, quem sabe, até proferir um elogio público pelas atividades de seu filho no soviete.[10] O pai foi mais realista e estoico, porém, ao mesmo tempo, mostrou-se curiosamente feliz pelo filho. Tudo isso inquietou Trotski. Ele também ficou desconcertado com Alexander Parvus, que muitas vezes era seu parceiro no período diário de exercícios. Parvus pretendia fugir do presídio antes do início do julgamento. Trotski recusou-se a participar da conspiração: ia aderir a seu objetivo de conquistar uma atenção positiva para o Partido Operário Social-Democrata Russo — e para si mesmo — ao discursar no tribunal. A trama de Parvus foi descoberta quando os guardas encontraram algumas ferramentas na biblioteca da prisão. O episódio foi abafado em surdina, porque o diretor do presídio suspeitou, equivocadamente, que a Okhrana havia plantado as provas, no intuito de promover um endurecimento do regime prisional.[11]

A polícia foi mobilizada em toda a capital para o primeiro dia do julgamento, em 19 de setembro de 1906. Os 54 réus portaram-se com dignidade. Os advogados de Trotski foram A. S. Zarudni e P. N. Malyantovich. Apesar de não serem uma escolha pessoal dele, eram profissionais competentes, que compartilhavam a hostilidade para com a monarquia dos Romanov. Estavam destinados a se ligar ao governo provisório em 1917.[12]

Mediante um acordo prévio, Trotski e os demais não fizeram um pleito formal. Ele falou com menos estridência do que havia ameaçado fazer. Também sofreu um de seus desmaios.[13] Mostrando domínio da retórica forense, declarou ter sido o massacre do Domingo Sangrento que impelira os trabalhadores à ação: "Dispomo-nos a demonstrar que a agressão foi cometida pelo governo, que estávamos nos defendendo." O imperador e seus ministros tinham alimentado a esperança de que o julgamento separasse os trabalhadores dos revolucionários "como Pedro negou a Cristo".[14] Não o conseguiram. A verdade deixou de ser segredo. Somente uma revolução socialista poderia proteger os interesses do povo trabalhador:

De um lado existe luta, coragem, verdade, liberdade...
Do outro, falsidade, vileza, calúnia, escravidão...
Cidadãos, façam sua escolha.[15]

Isso caiu bem nos círculos revolucionários. Trotski havia aprendido que as pessoas gostam de acreditar que não são elas as agressoras em nenhum conflito. São receptivas às denúncias morais contra o inimigo; e Trotski, leitor da *Arte da controvérsia*, de Schopenhauer, refinou sua perícia nos recursos retóricos da evasão. De qualquer modo, não queria provocar o juiz a silenciá-lo nem a proferir a mais pesada das sentenças — ao menos nessa medida, concordava com Martov. A franqueza não deveria tornar-se suicida.

O tribunal permitiu que Trotski fizesse suas contra-acusações às autoridades imperiais. Ele declarou que o governo tinha sido conivente com *pogroms* recentes contra comunidades judaicas da Zona de Assentamento. Chegou até a admitir que o Soviete se havia armado contra essa "forma de governo". Ao contra-arguir as testemunhas de acusação, soltou seu arsenal de sarcasmo, sobretudo contra o general dos policiais.[16] A imprensa reproduziu suas invectivas e Trotski voltou a ter seus dias na ribalta política.

A 2 de novembro, anunciou-se o veredicto. À luz de todas as provas, os réus foram julgados inocentes da acusação de insurreição. Mas sua culpa foi afirmada em acusações menores de subversão, e eles foram sentenciados ao exílio perpétuo e à perda de todos os direitos civis. Para seu evidente alívio, não seriam condenados a trabalhos forçados. Ao serem retirados do tribunal, foram depositados num único salão na Prisão de Detentos em Trânsito de Moscou, para aguardarem a decisão sobre seu destino permanente. Trotski não ficou satisfeito. O barulho constante de seus camaradas tornava impossível escrever, e não lhe era fácil atravessar um só dia sem essa atividade.[17] Ele ansiava por uma rotina mais tranquila. Não se deixou perturbar por outra grande mudança em sua vida, ocorrida nessas semanas. A gravidez de Natalia chegou a termo em 24 de novembro de 1906, quando ela deu à luz um filho. O menino recebeu o nome de Lev; na família, logo adquiriu o diminutivo Lëva, seguindo o modelo do pai.[18] Mas Trotski manteve a concentração no trabalho literário. Nem mesmo em suas memórias tratou a chegada do filho, o primeiro que teve com Natalia, como digna de mais que algumas palavras.

A *História do Soviete de delegados de trabalhadores* foi rapidamente lançada, escrita sobretudo pelos membros da organização enquanto aguardavam a leitura da sentença. Como os outros colaboradores, Trotski foi cauteloso no que escreveu, por medo de corroborar os argumentos da promotoria. Repudiou a acusação de haver tentado organizar uma insurreição. Não se produzira nenhuma prova de que a liderança do soviete houvesse entregado armas aos trabalhadores da capital. Ele descartou o julgamento como uma caricatura judicial.[19] Isso foi um sofisma. No tribunal, todos sabiam que Trotski tinha passado o ano de 1906 exortando seus camaradas a prepararem um levante contra o governo.

Ele rejeitou as sugestões de que o Soviete de São Petersburgo havia falhado por ter restringido seu apelo aos trabalhadores. A própria força do soviete, na opinião dele, residia em sua orientação estratégica. Os "liberais burgueses" nunca seriam de nenhuma ajuda para derrubar a monarquia. A falha do soviete consistira em ele não ter convocado um congresso de todos os trabalhadores da Rússia antes que o governo efetuasse sua prisão em massa. Tal congresso teria criado um Soviete dos Trabalhadores de Toda a Rússia:

> É escusado dizer que a essência do assunto não está nos nomes nem nos detalhes das relações organizacionais; a tarefa consiste na liderança democraticamente centralizada da luta do proletariado pela transição do poder para as mãos do povo.[20]

Julgamento e punição

Isso não era Trotski no auge de sua elegância. Foi como se ele se houvesse distraído com a empolgação por causa do conceito. Segundo ele, os revolucionários tinham que se preparar para mais um choque com o governo imperial. Trotski tinha objetivos claros. O antigo exército seria dissolvido. O "aparelho policial-burocrático" seria aniquilado. Os sovietes se transformariam em "órgãos do autogoverno revolucionário urbano". Esse modelo se espalharia pelo interior, onde seriam formados sovietes de delegados dos camponeses.[21]

Em poucos parágrafos, Trotski esboçou a estratégia que viria a perseguir em 1917. Admitiu que suas propostas eram esquemáticas:

Este plano é mais fácil de imaginar que de executar. Mas, se a vitória é o destino da revolução, o proletariado não pode deixar de seguir o curso deste programa. Ele inaugurará um trabalho revolucionário como o mundo jamais viu. A história dos cinquenta dias [do soviete] parecerá uma página pálida no grande livro da luta e da vitória do proletariado.[22]

Era axiomático, para ele, que os trabalhadores liderariam a campanha. Soldados, camponeses e a classe baixa urbana seriam atraídos para a luta: não poderia haver sucesso sem eles. Se algum dia Trotski foi profético, foi na pequena introdução que redigiu para a história coletivamente escrita do Soviete de São Petersburgo.

Na passagem do ano, veio a ordem de que os detentos fossem despachados para seu destino. Eles ainda não sabiam para onde estavam sendo mandados; o oficial no comando do comboio afirmou que nem mesmo ele havia recebido essa informação.[23] Quatorze exilados, inclusive Trotski, foram retirados da Casa de Detenção em 10 de janeiro de 1907 e colocados num vagão ferroviário de terceira classe. Cada prisioneiro tinha seu próprio beliche e podia olhar pelas janelas gradeadas.[24] Em trânsito, passaram 24 horas na prisão de Tiumen, onde encomendaram artigos das lojas locais antes de serem levados para Tobolsk em trenós puxados por cavalos. Cinquenta e dois soldados faziam sua guarda. O progresso foi lento, à razão de uns 15 quilômetros por dia, já que, afinal, eles estavam em pleno inverno siberiano.[25] Pouco antes de chegarem a

Tobolsk, foram informados sobre as aldeias a que tinham sido destinados para cumprir suas sentenças. O grupo de Trotski recebeu a informação de que seria mandado para o distrito de Obdorsk, situado na latitude do círculo ártico.[26] O anúncio foi recebido com inquietação, especialmente depois de ser explicitado que a residência lhes seria oferecida não na cidadezinha de Obdorsk, que era o centro do distrito, mas quase 500 quilômetros mais ao norte, em Khe. Eles teriam apenas caçadores de peles "nativos" como companheiros de moradia. O assentamento inteiro contava com uma simples meia dúzia de iurtas (barracas locais). Seria uma árdua experiência: nada de cabanas, pouca comunicação regular, temperaturas extremas no inverno e no verão.

O único consolo foi que o tratamento recebido da escolta militar abrandou-se, à medida que o comboio se deslocou para o norte.[27] Mesmo assim, foi um trajeto difícil, e eles percorreram 1.120 quilômetros depois de Tobolsk até chegarem a Berezov, na noite de 11 de fevereiro, 33 dias depois de saírem de São Petersburgo. Haviam percorrido mais de 80 quilômetros por dia, seguindo os rios Irtich e Ob a partir de Tobolsk, e as autoridades lhes deram um período de trégua antes da etapa final da viagem, continuando ao longo do Ob em direção a Obdorsk.[28] O grupo se recuperou na prisão de Berezov, que tinha passado por uma faxina especialmente para acolher sua chegada. As autoridades puseram uma toalha na mesa para as refeições e ofereceram velas e castiçais. Trotski achou tudo isso "quase tocante".[29]

E concluiu que essa era a sua última chance de fugir. Não tinha a menor intenção de prosseguir para Obdorsk, se pudesse evitá-lo, e retardou propositalmente a partida, fazendo-se de doente. A conselho de um médico solidário, fingiu estar sofrendo de dor ciática. A medicina estava repleta de profissionais que detestavam o governo e se dispunham a ajudar seus inimigos. Trotski, sempre competente como ator, fez uma encenação tão boa que a polícia concordou que ele não teria condições de fugir. Após um exame clínico, foi transferido para o hospital, e o médico lhe receitou caminhadas regulares. Trotski teve a oportunidade de tramar com Dmitri Sverchkov, seu amigo e admirador do Soviete de São Petersburgo, um modo de fugir do cativeiro.[30] A rota mais simples seria na direção sul, rumo a Tobolsk. Mas isso seria igualmente óbvio para as

Julgamento e punição

autoridades e, assim, Trotski optou por seguir direto para o oeste, o que significava um terreno muito mais difícil, atravessando florestas e neve. Mas ele calculou que as forças da lei e da ordem dificilmente suspeitariam que alguém cometesse a temeridade de fazer essa tentativa.[31]

Roupas, mantimentos, um passaporte falso e um guia de confiança seriam essenciais, e Sverchkov recorreu a Faddei Roshkovski para obter ajuda. Roshkovski era um oficial veterano do exército que passara vários anos no exílio em Berezov e gostava de auxiliar a causa revolucionária. Encontrou um informante conhecido como Pé de Bode, que o levou a um guia de etnia komi disposto a aceitar o serviço. Por precaução, o guia não foi informado de que Trotski era prisioneiro político. A esposa de Sverchkov preparou um embrulho volumoso de comida para a viagem. Um casacão, luvas e botas altas, todos de pele, foram arranjados para garantir a sobrevivência física e servir de disfarce. A viagem seria feita num trenó puxado por renas. Trotski concordou com o komi em lhe entregar o casaco de pele e os animais ao término da longa viagem.[32]

Combinou-se um plano para eles darem início à tentativa de recuperar a liberdade em meio à encenação de uma peça teatral por um grupo amador no salão da guarnição, em 20 de fevereiro de 1907.[33] Trotski assistiu à apresentação, no começo. Ao ver que o chefe de polícia estava presente, disse-lhe que se havia recuperado e logo poderia seguir para Obdorsk. Escapuliu por volta da meia-noite e raspou o cavanhaque no alojamento de Sverchkov, antes de subir no trenó. Ele havia usado barba em 1905 e a polícia o conhecia por essa característica. A alteração física e o plano prático funcionaram quase à perfeição. O pequeno senão foi que o komi andara bebendo muito e mal conseguia achar o caminho. Trotski não deixou que isso atrapalhasse os planos: bêbado ou sóbrio, o komi teria de cumprir o combinado. A sorte estava do lado deles: ninguém notou o sumiço de Trotski por dois dias inteiros. A polícia presumiu que ele estivesse em repouso na casa dos Sverchkov e, prestativa, a senhora idosa que cozinhava para a família jurou que o rapaz vinha comendo tudo que ela lhe punha à frente.[34] O resultado foi desastroso para aqueles que Trotski deixou para trás. Sverchkov e seus amigos foram presos e imediatamente despachados para a sinistra Obdorsk; o chefe de polícia também foi detido e acusado de cumplicidade.[35] Num gesto desprendido, os camaradas de Trotski o haviam reconhecido como um dos principais trunfos partidários, alguém a quem era preciso ajudar a retomar a liderança em liberdade, no exterior. A causa significava tudo, mesmo que envolvesse incorrer num agravamento da pena.

As renas deslocaram-se com esplêndida velocidade.[36] Houve um enorme consumo de álcool pelos vários guias de Trotski na viagem. Abstêmio, ele ficou atônito ao ver que os homens eram capazes de tomar tragos de bebidas com 48% de teor alcoólico sem mover um músculo do rosto. Só ocasionalmente diluíam sua vodca no chá.[37] Uma iurta após outra. Floresta, floresta, floresta. Neve em todo o trajeto. Perto do final da viagem, Trotski começou a se sentir culpado por haver mentido para o komi sobre sua identidade. Mas as dores do remorso passaram e ele manteve a boca fechada.[38]

Quando atravessaram os Urais e entraram na província de Arcangel, Trotski enviou um telegrama a Natalia, para dizer que estava a caminho. Na ocasião, ela estava morando em Terijoki, logo do outro lado da fronteira finlandesa, apenas 50 quilômetros ao norte da capital russa. Trotski lhe pediu que o encontrasse em Samino, na ferrovia Viatka--Kotlas. Isso ainda ficava 1,1 mil quilômetro a leste de São Petersburgo e exigia que ela viajasse até Viatka antes de seguir para Samino; entrementes, Trotski partiria de trem da direção de Kotlas. Deixando Lëva com amigos, às pressas, Natalia fez a viagem. Na agitação, ficou meio confusa e chegou a esquecer o nome da estação, ou assim disse a versão dada por Trotski ao episódio. A de Natalia foi diferente e afirmou que ele não havia explicitado o local onde os dois deveriam se encontrar. Por acaso, ela entreouviu uma dupla de comerciantes mencionar que aqueles trens sempre se cruzavam em Samino, e tomou a decisão sensata de saltar lá.[39] Quando o trem de Trotski entrou na estação, ele a procurou na plataforma, porém não a viu correndo junto ao trem e olhando para dentro dos vagões pelas janelas. Por fim, Natalia avistou a bagagem dele e os dois se encontraram. Abraçaram-se, de novo inteiramente felizes e triunfantes. Depois, seguiram pela ferrovia para Viatka e São Petersburgo e pernoitaram na casa de amigos, antes de Natalia levá--lo para suas acomodações em Terijoki e Trotski travar propriamente conhecimento com o filho pequeno.

Julgamento e punição

Em 1906, Terijoki tinha sido um local favorito para os revolucionários se esconderem e se recuperarem, mas, para um fugitivo conhecido, era perigoso ficar ali, pois o governo estava reforçando sua campanha de repressão. Passados alguns dias, os Trotski se mudaram para Ogilbyu, um vilarejo finlandês perto de Helsinque. Como forma de relaxamento, ele escreveu um relato de suas aventuras recentes, *Ida e volta*. Esse livrinho continha algumas de suas mais gloriosas descrições da natureza — apenas *Minha vida* rivaliza com ele nesse aspecto. Trotski gostou de mostrar como tinha sido fácil ludibriar as autoridades. E houve também um objetivo prático. Os *royalties* recebidos como adiantamento por esse texto custeariam a pretendida fuga do casal para o exterior.[40] Juntos novamente, Lev e Natalia fizeram passeios por florestas de álamos e pinheiros. Atiraram bolas de neve. Respiraram o ar puro, com o aroma penetrante que vinha das árvores. Nunca haviam passado juntos um período apropriado de férias "russas", e sua temporada finlandesa foi o mais perto que chegaram disso, até depois da guerra civil. Natalia foi a Helsinque tomar providências domésticas e buscar jornais e livros. Na ocasião, Trotski estava fascinado com a revista satírica alemã *Simplicissimus*, da qual ela lhe trouxe alguns exemplares.[41]

E assim passaram suas semanas, antes de emigrarem novamente. Trotski partiu primeiro, seguido por Natalia, algumas semanas depois: viajaram separados, para evitar problemas com a polícia, e deixaram o filho Lëva aos cuidados de seu amigo dr. Litkens, na Finlândia.[42]

11. De novo emigrante

Trotski decidiu instalar-se em Viena. Sua escolha da capital austríaca foi um sinal de que estava ansioso por permanecer onde as facções emigradas do partido tinham suas bases. Seria um homem independente. Poderia conduzir melhor a sua atividade política se ficasse concentrado naquilo em que era bom. Escreveria e publicaria de forma intensiva. Longe das picuinhas do partido na Suíça, poderia fazer as coisas a seu modo. Era uma época de conflitos organizacionais acirrados. Bolcheviques e mencheviques brigavam entre si como se os passos para sua reunificação, em 1906-1907 em Estocolmo, nunca tivessem sido dados. As duas facções estavam internamente divididas. Trotski ficou estarrecido, desgostoso e alheio. Fizeram-se apelos para que cooperasse com um grupo faccional ou com o outro. Ele rejeitou ambos.

Os emigrantes políticos russos saídos do Império Russo podiam viver nos domínios dos Habsburgo sem ser incomodados. A rivalidade imperial entre São Petersburgo e Viena induzia o governo austríaco a tratar qualquer inimigo dos Romanov como amigo. Viena era um centro da magnificência europeia, ainda que o Império Austro-Húngaro estivesse muito longe de conquistar a modernização econômica. A Alemanha e a Rússia superavam seu império em poderio militar. O governo austríaco, vividamente retratado nos romances de Franz Kafka e nos ensaios de Karl Kraus, era notoriamente arbitrário e venal. O imperador Francisco José I ignorava as insinuações de fraqueza. Elevado ao trono em 1848, o velho monarca presumia que qualquer dificuldade presente fosse de natureza passageira. Ele e seus ministros ansiavam por anexar partes do Império

Otomano da Europa e por resistir a qualquer tentativa de expansão russa pelo leste. Francisco José não tinha ascendido ao trono de seus ancestrais para assistir à destruição dele. Para os marxistas europeus, no entanto, Viena era um baluarte do movimento dos trabalhadores. Nos subúrbios da cidade fervilhavam fábricas que soltavam fumaça e geravam produtos industriais. Sete estações ferroviárias ligavam-na às cidades do império e ao exterior. Trotski sentiu que estava de mudança para um dos grandes centros da luta revolucionária. Se um grave conflito político envolvesse a Áustria, ele estaria lá.

Enquanto esperava por Natalia, Trotski procurou acomodações e passou algum tempo concluindo o relato de sua fuga.[1] Era uma atividade compulsiva, que ele viria a repetir, dez anos depois, ao fazer a crônica de sua deportação da França e da Espanha em 1916.[2] Precisava do dinheiro, mas também tinha outros motivos. O drama de sua fuga da Sibéria adornava seu *status* na liderança do partido, e o texto também lhe facultava obter apoio para a causa, inserindo mensagens políticas em sua prosa.

A rota tomada por Natalia na Finlândia levou-a a Berlim, para onde Trotski viajou, no intuito de recebê-la à saída do trem. Juntos seguiram para Dresden, onde se hospedaram com Parvus e sua mulher. Apesar do corpo volumoso, Parvus era um entusiasta das caminhadas, e os Trotski aceitaram sua sugestão de uma viagem às montanhas da Boêmia, acima de Hirschberg, perto da fronteira com a monarquia austro-húngara. Todos os dias, mantinham longas conversas sobre política. Parvus gostava de se exibir. Filiado ao Partido Social-Democrata da Alemanha, discorria sobre suas impressões dos líderes partidários e os criticava bastante por haverem perdido o ímpeto revolucionário.[3] Trotski e Natalia também os conheciam, mas ainda não tinham deles a má opinião enunciada por seu companheiro. Ouviram Parvus com respeito, sem assimilar seu ceticismo. De qualquer modo, o ar puro e as paisagens revigorantes fizeram maravilhas pelos três — e Trotski, voltando a se aproximar de seu mentor, reforçou sua convicção de que um "governo dos trabalhadores" ainda era a melhor opção para a Rússia. Renovado pelas férias, partiu para um circuito pelos grupos marxistas russos do sul da Alemanha. Quando de seu retorno, Natalia voltou a São Petersburgo para buscar Lëva e levá-lo para a Áustria.[4]

A mudança para Viena os repôs em contato com velhos amigos. Entre estes estava Semyon Klyachko, um judeu de Vilna que se tornou um membro respeitado do Partido Social-Democrata da Áustria.[5] Outro residente era Adolf Ioffe, que chegou em 1908 e estudou medicina, especializando-se em psiquiatria, sob a orientação do mundialmente famoso Alfred Adler.[6] Ioffe era um militante destacado do Partido Operário Social-Democrata Russo — e Alfred Adler e sua mulher eram amigos da família Trotski. Além deles, Trotski restabeleceu o contato com líderes marxistas austríacos, como Victor Adler e seu filho, Friedrich Adler. Tornou-se uma espécie de personagem da vida mundana, tomando café com regularidade no Café Central. Se comia as famosas tortas de chocolate dessa confeitaria, não temos registro. Enquanto bebia o café e lia o jornal matutino, porém, podia encontrar-se com todos os luminares vienenses da época, inclusive os escritores Peter Altenberg, Hugo von Hoffmannsthal e Leo Perutz. Dizem que Karl Kraus, o eminente satirista e teórico literário, editava no local o seu jornal *Die Fackel*. Trotski preferia a Europa central ao restante do continente. Berlim, a seu ver, era infinitamente preferível a Londres,[7] e ele não se interessava muito por Paris; era de Viena que realmente gostava. Só Odessa exercia sobre ele um encanto semelhante.

Trotski foi a Londres para o V Congresso do Partido, no fim de abril de 1907, e discursou em Genebra e Paris. Tinha muito a dizer e escrever. Havendo começado por se opor à participação do partido nas eleições para a primeira Duma estatal, reconsiderou sua posição e defendeu a participação plena nas eleições seguintes. Não esperava grandes benefícios das assembleias legislativas, mas não viu sentido em boicotá-las.[8] *Em defesa do Partido*, texto que ele havia concluído no início do ano e lançado por mais de uma editora em São Petersburgo, explicitou suas recomendações práticas. Os marxistas, afirmou Trotski, tinham que aproveitar qualquer oportunidade que se oferecesse na situação de retraimento político. Ele também enfatizou cada vez mais a importância do campesinato para o futuro sucesso da revolução na Rússia. O partido precisava estabelecer contato com os camponeses e convencê-los de que sua salvação estava na aliança com a classe operária.[9] Tal como antes, ele repreendeu os bolcheviques por suas manobras simplistas e intolerantes,

De novo emigrante

e os mencheviques, por sua brandura com os liberais.[10] Negou que o Partido Operário Social-Democrata Russo estivesse inteiramente lotado de intelectuais, mas frisou que era preciso fazer mais para recuperar seu antigo dinamismo.[11]

Em Londres, só lhe foi concedida a condição de consultor. É que ele declarou não fazer parte de nenhuma facção e, portanto, não poderia representar nenhuma organização partidária reconhecida. De qualquer modo, devia ter feito poucos amigos, ao publicar *Em defesa do Partido*. Deleitou-se com sua situação solitária. Desde o início do congresso, lutou contra as tentativas de mencheviques e bolcheviques de sobrepujar uns aos outros.[12] Foi incômodo ouvir um menchevique referir-se a ele como tendo sido o "líder da facção menchevique" em São Petersburgo, nos últimos meses de 1905.[13] Ao lhe darem a palavra, ele censurou duramente as estratégias do menchevismo e do bolchevismo, e terminou com uma convocação para uma vigorosa união partidária.[14] Descobriu-se atacado pelos dois lados. Concluiu que era inútil propor uma solução de compromisso sobre a atividade do partido na Rússia. E por isso voltou a ser atacado.[15] Sem se curvar, tomou a palavra para anunciar sua concordância com Rosa Luxemburgo — uma judia da Polônia que era simultaneamente afiliada ao Partido Social-Democrata da Alemanha — no sentido de que o partido não deveria ser indulgente com os liberais e outros "partidos burgueses".[16] Isso só serviu para induzir os mencheviques e os integrantes da União Judaica Trabalhista a se unirem em bando contra ele. Por alguns momentos, Lenin mostrou-se animado com Trotski, anunciando-se disposto a desconsiderar a heresia dele sobre a "revolução permanente".[17]

Trotski recusou a mão estendida da liderança bolchevique. Observando que havia disputas entre os bolcheviques sobre a Duma e sobre a questão agrária, espicaçou Lenin por ter votado contra sua própria facção e o acusou de "hipocrisia". Foi repreendido por sua explosão.[18] Nem durante o debate sobre o Soviete de São Petersburgo ele conseguiu despertar admiração por sua façanha de 1905.[19] Trotski causou impacto no congresso sem conquistar amigos. Sua eloquência foi reconhecida, mas houve um intenso sentimento de que o defensor da unificação organizacional ficava mais feliz ao causar perturbação e controvérsia.

Não surpreendeu que não fosse eleito para o Comitê Central no congresso. Ao regressar a Viena, ele chegou à conclusão de que devia estabelecer-se como uma força independente no Partido Operário Social-Democrata Russo. Os Trotski passaram algum tempo saltando de apartamento em apartamento. Primeiro moraram no distrito de Hütteldorf. Com o aumento do aluguel, mudaram-se para Severing e, mais tarde, para o número 25 da Rodlergasse, apartamento n.º 2, num bairro proletário perto do distrito de Döbling. Esta última residência era um dois quartos com cozinha e banheiro.[20] Natalia engravidou no fim de junho de 1907 e teve um segundo filho em 20 de março de 1908. O casal deu-lhe o nome de Sergei. O bebê não conquistou rapidamente a preferência do irmão mais velho, Lëva, que reclamou de ser acordado por seu choro durante a noite. Trotski também ficou meio desconcertado. Havendo esperado conservar Natalia como parceira política, descobriu que ela dedicava as horas do dia aos meninos. Mas era muito determinada e fazia muitas leituras depois que os dois se deitavam. Os meninos cresceram acreditando que a mãe nunca dormia. O dinheiro não era propriamente escasso, mas Trotski e Natalia tinham que tomar cuidado com ele — ou, pelo menos, mais cuidado do que tinha sido seu hábito até então.[21]

Os pais de Trotski estiveram entre as primeiras visitas vindas do exterior. Em 1907, levaram consigo Zina Bronstein, então com 5 anos — a filha de Trotski com Alexandra —, para ver o pai. A família levava uma vida complicada. Na época, Zina morava com uma das irmãs de Trotski, Elizaveta, e com o marido dela, na residência do casal na Rua Gryaznaya, em Kherson. Alexandra lhes escrevia regularmente.[22] Trotski não via Zina desde que a deixara na Sibéria, ainda bebê. A menina tinha herdado a cor dos olhos e do cabelo e a estrutura do rosto do pai, despertando imediatamente sua "fervorosa devoção".[23]

Trotski publicou uma coletânea de seus artigos de 1905-1906, inclusive *Resultados e perspectivas*.[24] Para os leitores alemães, escreveu uma versão ampliada, com o título de *A Rússia em revolução*, que só viria a ser lançada em russo em 1922 e é conhecida em inglês como *1905*.[25] Extraiu um incentivo constante da Revolução Francesa e, embora não quisesse imitar os jacobinos e seu "utopismo", admirava-lhes o fervor.[26] Mas o que queria dizer com isso, exatamente? O que se fazia necessário

De novo emigrante

era uma ditadura do proletariado, liderada pelo Partido Operário Social-Democrata Russo. Deveria haver um "governo dos trabalhadores". Isso exigiria uma estratégia de "revolução ininterrupta" (ou "revolução permanente", como mais tarde veio a chamá-la).[27] Ele escrevia com grande verve literária: esse era seu forte. Recusou-se a se incomodar com as pesquisas sobre a maioria das questões que então inquietavam a elite intelectual do partido. Havia controvérsias acaloradas sobre a epistemologia, a mudança de rumo do desenvolvimento agrário russo e as maneiras desejáveis de usar a assembleia legislativa; elas se intensificaram à medida que os participantes reconheceram mais e mais que a Rússia nem tão cedo voltaria à turbulência revolucionária, visto que as autoridades imperiais tinham recuperado a coragem e conseguido estabilizar seu governo. Trotski era indiferente aos modismos. Seu interesse era sobretudo reafirmar e suplementar a defesa estratégica que ele havia esboçado quando atuava no Império Russo, em 1905.

Trotski enfatizou os aspectos negativos do desenvolvimento histórico russo. Em contraste com a Europa ocidental, "o povo russo não tinha recebido um legado cultural" do Império Romano. Tampouco vivenciara o Renascimento. A invasão dos mongóis, no século XIII, surtira o efeito de induzir a um crescimento hipertrofiado do poder estatal, crescimento este que havia persistido muito depois de a Rússia recuperar a soberania. A campanha de industrialização de Pedro, o Grande, exigira um aumento frenético da carga tributária e cerceara a ascensão de uma classe média russa. O comportamento social independente, que tinha sido crucial para o desenvolvimento capitalista e a resiliência civil no Ocidente, fora impedido de criar raízes na Rússia.[28]

Aclamado por seu público leitor de gerações posteriores como um analista original do passado russo, Trotski estava, na realidade, imitando ideias formuladas pelos historiadores liberais russos da tendência ocidentalizante observada desde meados do século XVII. Pessoalmente, ele não reivindicava originalidade intelectual: seria ridicularizado se o tentasse. O que efetivamente exibia era coerência, bem como clareza e verve. As classes dominantes eram atrasadas na Rússia. Os camponeses tinham sido imbecilizados. Os não russos eram mantidos numa ignorância degradante. Se havia alguma esperança, esta se encontrava na classe

operária, que estava predestinada a assumir a luta.[29] Trotski insistiu em
que o otimismo se justificava. Afirmou que o próprio "atraso" da Rússia
poderia ser transformado numa vantagem. Lembrou aos leitores que a
Comuna de Paris havia tomado o poder facilmente na capital "pequeno-
-burguesa" da França e iniciado reformas de natureza socialista. A comuna fora esmagada depois de poucas semanas de existência. Os marxistas
da Rússia seriam capazes de ir mais longe e construir toda uma sociedade
socialista — e o fato de a burguesia ainda não se haver consolidado no
poder, propriamente, tornaria mais fácil alcançar esse objetivo do que
seria na Grã-Bretanha ou nos Estados Unidos. Trotski citou Kautsky para
respaldar sua confiança.[30]

Não seguiu Lenin, Bogdanov nem Plekhanov, numa afirmação de
que seu marxismo coordenava coerentemente a política, a economia, a
sociologia, a cultura e a filosofia. No plano intelectual, voejava de um tema
para outro e não sentia a menor vontade de sistematizar seu pensamento.
Tempos depois, veio a ser reverenciado pelos trotskistas como alguém que
estava no mesmo nível teórico de Lenin antes da Grande Guerra. Mas
ninguém o via dessa maneira antes de 1914. Trotski era respeitado como
um articulista extraordinário. Não tinha rivais no partido, em matéria
de seu quadro de referência cultural e seu estilo elegante e sarcástico de
prosa. Além disso, ninguém tentou com mais empenho voltar a unir o
partido nos primeiros anos da segunda década do século XX. As recomendações estratégicas de Parvus e Trotski certamente eram únicas — e
Trotski ficou sozinho para oferecê-las a seus colegas marxistas russos,
depois que Parvus fugiu do exílio siberiano e foi cuidar de seus interesses
comerciais em Istambul e noutros lugares. Ninguém sabia muito bem
como interpretá-lo. Como líder partidário, Trotski tinha sido um unificador incansável, e só nos últimos anos antes da Grande Guerra é que
começou a ser exigente a respeito de quem podia pertencer ao Partido
Operário Social-Democrata Russo.

Recusou-se a se deixar abater pela frieza do resto da liderança a seu
respeito. Também admitiu que o tom de suas críticas aos camaradas havia
ofendido alguns.[31] Mas insistiu em que agira pelo bem do partido: "Mencheviques? Bolcheviques? Por mim, sou igualmente próximo de ambos,
trabalho em estreita colaboração com os dois e me orgulho igualmente

De novo emigrante

de todas as conquistas revolucionárias do partido, independentemente da facção que tenha desempenhado o papel principal."[32] A união do partido continuava a ser sua preocupação, e seu estado de humor era jovial e otimista.

Seu instrumento eletivo para reunificar o partido foi seu jornal *Pravda* ("Verdade"). A ideia original dessa iniciativa não foi dele. Marian Melenevski, um eminente social-democrata ucraniano da Spilka ("União" [União de Libertação da Ucrânia]), havia percorrido várias cidades ucranianas, recolhendo contribuições financeiras para uma publicação. A Spilka era uma organização marxista ucraniana e Melenevski sabia angariar fundos. Já de posse do dinheiro, entretanto, precisava de um editor talentoso. Trotski era uma escolha óbvia, e Melenevski foi ao encontro dele em Viena. Melenevski lutava por maiores direitos para os ucranianos e dava sinais de ser mais nacionalista que marxista; viu Trotski como alguém que se disporia a minar o Império Russo, e Trotski não se importava com quem lhe dava dinheiro, desde que pudesse preservar sua independência política. Ele e o ucraniano chegaram a um acordo. Os camaradas de Melenevski em Genebra não gostaram do que tinha acontecido, e ele teve de vencer suas objeções.[33] Trotski ficou radiante. Sem ter que se esforçar para pedir financiamentos nem desarraigar Natalia e a família, havia recebido o lugar de voz decisiva numa nova publicação partidária — e não era restringido por nenhuma necessidade de transigir com as exigências das facções influentes do partido.

Tinha três colaboradores principais: Adolf Ioffe, Semyon Semkovski e Matvei Skobelev. O próprio Melenevski exerceu um papel ativo durante algum tempo, e Parvus também ajudou no lado comercial das coisas.[34] Ioffe, um médico extremamente tenso, natural de Sinferopol, perto de Odessa, fazia psicanálise com Alfred Adler, enquanto estudava psiquiatria sob a orientação dele.[35] Era abnegado e organizado, pecando sempre pelo pedantismo.[36] Sua mulher ajudava com os livros contábeis do jornal.[37] O trabalho era intenso, pois eles tinham que fornecer material suficiente para uma publicação bimensal. As edições eram clandestinamente enviadas pela fronteira para o Império Russo, passando pela Galícia ucraniana e atravessando o mar Negro. O transporte de material e pessoas era a especialidade de Melenevski.[38] Trotski se concentrava em escrever e editar, e lidava sem problemas com a pressão. Estava se divertindo, e chegou até a arranjar tempo para ajudar um sindicato clandestino de pescadores do mar Negro a publicar seu boletim informativo.[39]

Correu riscos em sua correspondência. A Okhrana continuava de olho nele, embora seus agentes errassem frequentemente a grafia do nome do observado, chamando-o de "Troitski". Mas ele e seus companheiros não eram os únicos a deixar de tomar várias precauções elementares. Natalia Sedova, numa viagem posterior a São Petersburgo, mandou uma carta para o marido diretamente para seu endereço familiar em Viena; seu único subterfúgio foi endereçar o envelope para "Simon Bronstein", e não era preciso um policial genial para adivinhar que esse poderia ser o líder revolucionário Bronstein-Trotski.[40] Talvez a situação fosse menos perigosa para ele que para outros marxistas de destaque. Em contraste com Lenin e Martov, Trotski não estava supervisionando uma rede de organizações clandestinas no Império Russo. Não fazia parte do Comitê Central. Sua principal responsabilidade era pensar, escrever e entregar o material em tempo hábil. Trotski estava ciente de que a Okhrana sabia onde ele morava; tinha como premissa que ele e sua família deviam cuidar de sua vida e suas questões, sem uma preocupação exagerada com as autoridades imperiais. Nunca abandonou completamente essa atitude, numa época posterior de sua carreira, quando o inimigo não era a Okhrana, porém o mortífero NKVD.*

As finanças iniciais do *Pravda* não eram suficientes para sustentar sua existência permanente, e Trotski escreveu a Máximo Gorki para lhe pedir um subsídio. Gorki era um dos mais famosos escritores russos da época e se dispunha a subsidiar publicações marxistas com seus imensos *royalties*. Trotski manifestou orgulho por seu jornal. Afirmou que a liderança do partido fingia aprová-lo, ao mesmo tempo que obstruía seu trabalho. Disse a Gorki que os leitores do Império Russo reagiam "magnificamente" a cada número.[41] Procurou todas as fontes possíveis de dinheiro, escrevendo ao grupo do partido em Nova York e explicando que as dívidas do *Pravda* dificultavam o lançamento de tiragens de

---

* Sigla de Narodniy Kommissariat Vnutrennikh Del, o Comissariado do Povo para Assuntos Internos. [*N. da T.*]

De novo emigrante

8 mil exemplares.[42] Seus editoriais faziam apelos reiterados de apoio financeiro.[43] Ele enviava pessoalmente lembretes aos devedores e tomou um empréstimo de trezentas coroas dos social-democratas austríacos.[44]

A ligação através do *Pravda* não foi a única que Trotski retomou com a Ucrânia. A partir de 1908, ele passou a escrever longas matérias para o *Odesskie novosti* ("Noticiário de Odessa").[45] Fez o mesmo para o *Kievskaia mysl* ("Pensamento de Kiev").[46] Seu recurso aos jornais ucranianos foi puramente prático, e não um sinal de saudade. Trotski não era sentimentalista, embora sempre tenha amado Odessa. Mas tinha deixado o sul da Ucrânia para ser preso e exilado, no início da juventude, e nunca manifestou o desejo de regressar. Havia abandonado a família e o conforto material sem remorsos, e tinha também abandonado sua primeira mulher, por quem se apaixonara em Nikolaev. Mas a razão de escrever para grandes jornais da Ucrânia, e não da Rússia, foi o fato de eles lhe haverem solicitado que fosse seu colaborador. Além disso, tinham sede nos dois maiores e mais influentes centros urbanos do Império Russo, e seu público leitor era de importância crescente. Odessa e Kiev estavam ligadas a Viena por comunicações eficientes. Trotski conseguia enviar material rapidamente para os jornais. Também podia receber o pagamento depressa, o que era crucial para suas finanças. E, embora ele tivesse que ser comedido em seus artigos, os leitores compreendiam suas insinuações. Escrevendo para o *Odesskie novosti*, Trotski declamou: "Amo meu país no tempo — este é o século XX, iniciado em meio a chuvas e tempestades. Ele esconde em si possibilidades infinitas. Seu território é o mundo inteiro."[47] Essa era uma forma discreta de indicar que ele era socialista e internacionalista.

Como órgão ilegal, o *Pravda* atraiu aplausos de militantes do partido na Rússia, na Ucrânia e nas "colônias" de emigrados na Europa. Uma das fãs assinou-se "sua Sasha", e seu estilo familiar torna provável que não fosse ninguém menos que a primeira mulher de Trotski, Alexandra Bronstein. Fosse quem fosse, ela informou que o jornal estava indo bem em Odessa. Outros relataram uma grande procura em São Petersburgo.[48] Trotski conseguia fazer com que os exemplares fossem distribuídos. Tinha muitos voluntários dispostos a contrabandeá-lo para o Império Russo. Era praticamente a vida perfeita para ele, embora as lutas intermináveis do Partido Operário Social-Democrata Russo continuassem a exasperá-lo.

Sua distância geográfica das principais "colônias" de emigrantes revolucionários reduzia a pressão para que ele respondesse a perguntas sobre sua estratégia para um "governo dos trabalhadores". Muitos achavam que um regime dessa natureza precisaria valer-se de uma violência enorme. Será que Trotski defendia o terror? Ele declinou da resposta. É verdade que se manifestou contra o "terror individual" em 1909, quando os revolucionários socialistas assassinaram Evno Azev, um informante da polícia que se infiltrara no Comitê Central. Mas depois, mudou de assunto, detendo-se no sucesso dos revolucionários socialistas no recrutamento de trabalhadores, e convocou o Partido Operário Social-Democrata Russo a conquistá-los para sua causa.[49] Trotski frisou repetidas vezes que qualquer revolução digna exigia solidariedade e cooperação da classe trabalhadora. Isso não dava nenhum indício de como ele faria para consolidar uma ditadura do proletariado. Assim que tivesse poder, na Revolução de Outubro, Trotski viria a defender abertamente a aplicação do terrorismo em massa contra os "inimigos do povo", mas, nos anos que antecederam a Primeira Guerra, não sentiu obrigação alguma de se explicar antecipadamente. Optou por não revelar que, quando brandia uma palavra como "ditadura", usava-a em seu sentido mais literal e implacável.

De qualquer modo, ao perseverar em sua perspectiva estratégica, Trotski ficou irremediavelmente perdido para os mencheviques, e seu pendor para um governo de "trabalhadores" manteve-o longe dos bolcheviques. Mesmo assim, não se distanciou do partido como um todo. Continuou a fazer campanha pela união organizacional. Para muita gente no partido, porém, Trotski parecia não ter princípios.[50] Os bolcheviques simplesmente não entendiam como ele podia defender um "governo dos trabalhadores" e, ao mesmo tempo, não atacar uma facção que advogava uma aliança com os partidos da burguesia. Só uma resposta a essas perguntas parecia plausível para os bolcheviques: Trotski certamente estava mais interessado em dirigir um Partido Operário Social-Democrata Russo reunificado do que em fazer uma revolução. Os mencheviques concordaram, desconsiderando a recusa dele a se envolver em intrigas organizacionais. De qualquer modo, as duas facções antipatizavam com ele por sua vaidade. Até a elegância refinada de suas roupas era incômoda. Trotski adquiriu a fama de ser um aventureiro sem compromissos ideológicos. Num movimento marxista dominado por facções, a receptividade dele a todos os lados de qualquer disputa granjeou-lhe muitos inimigos. Ele não era confiável. Nesse ponto, bolcheviques e mencheviques estavam de acordo.

12. Unificador

A impopularidade de Trotski entre os bolcheviques e os mencheviques reduziu seu *status* de líder do Partido Operário Social-Democrata Russo, mas não o extinguiu. O bolchevique Anatoli Lunacharski, que organizava uma escola do partido na ilha de Capri, do outro lado do golfo de Nápoles, escreveu-lhe pedindo que desse o benefício da dúvida a esse projeto.[1] Os bons professores eram muito valorizados e Trotski estava entre os melhores. Não foi a Capri porque, como disse a Máximo Gorki, achou que o programa pedagógico da escola era muito mal concebido.[2] Preferiu outra organização, montada por um grupo do partido em Nice, onde deu aulas sobre a situação da Áustria-Hungria.[3] Depois, os avanteístas* bolcheviques lhe pediram para lecionar uma cadeira sobre a social-democracia alemã e austríaca na escola que estavam fundando, em Bolonha, para jovens recrutas russos. Trotski passou um mês com eles. Os avanteístas eram a extrema esquerda do partido e denunciavam o incentivo de Lenin aos bolcheviques para que eles buscassem eleger-se para a Duma e as chefias dos sindicatos. Trotski procurou causar um impacto profundo nos alunos, afirmando que, se realmente queriam uma política de esquerda, deveriam defender a estratégia revolucionária que ele propunha. Os organizadores da escola intervieram prontamente e alertaram os alunos contra a heterodoxia de Trotski. Só o desculparam por ser tão bom professor.[4]

---

* Integrantes da facção e seu respectivo jornal "Avante" (*Vperyod*); também conhecidos como vperiodistas. [*N. da T.*]

Unificador 165

Tamanha era a sua reputação entre os marxistas europeus, que ele foi solicitado a falar sobre a questão russa no congresso do Partido Social--Democrata da Alemanha, a se realizar em Jena em setembro de 1911. Karl Liebknecht estava introduzindo uma resolução para denunciar as medidas coercitivas de Nicolau II na Finlândia. Havia material sendo colhido para esse fim, e a ideia era que Trotski descrevesse a situação do ponto de vista local. De repente, chegou a notícia de que Piotr Stolypin, o primeiro-ministro de Nicolau II que havia presidido reformas agrárias significativas, tinha sido assassinado em Kiev. O telegrama abalou a disposição do partido de levar adiante um debate sobre a Rússia. Um revolucionário russo tinha matado Stolypin. Que impressão haveria se outro revolucionário da Rússia tomasse a palavra em Jena e desancasse as autoridades imperiais do país? Talvez o *Kaiser* Guilherme II, que tinha relações amistosas com Nicolau II, tratasse qualquer discurso dessa natureza como prova de que a liderança social-democrata alemã fechava os olhos para o assassinato. August Bebel e outros recordaram que seu partido fora posto na ilegalidade entre 1878 e 1890. Não queriam dar qualquer pretexto para que o governo os proscrevesse outra vez. Bebel aproximou-se de Trotski e pediu sua opinião sobre quem poderia ter cometido o assassinato. Durante algum tempo, houve certa preocupação de que pudesse ter sido um social-democrata. Bebel também se perguntou se a polícia alemã dificultaria as coisas para Trotski.

Trotski desistiu de sua participação na pauta do congresso.[5] Isso aborreceu Liebknecht, que queria que ele se pronunciasse numa condenação do tsarismo. Foi um dilema para o russo. Liebknecht dava uma ajuda incansável aos imigrantes do Império Russo, toda vez que eles enfrentavam problemas na Alemanha. Também se situava à esquerda do espectro de opiniões no Partido Social-Democrata da Alemanha, tal como Trotski no seu. Mas Trotski achava que devia respeitar as convenções políticas no exterior. De qualquer modo, nutria respeito e afeição por líderes social-democratas alemães que achavam Liebknecht um incômodo. Correspondia-se com Karl Kautsky. Recusava-se a se associar com os que afirmavam que os social-democratas alemães haviam abandonado o compromisso genuíno com a política revolucionária. Havia refugiados do Império Russo entre os críticos mais ferozes de Kautsky. Entre estes se incluíam Rosa Luxemburgo, Karl Radek e Alexander Parvus. Sustentavam eles que a liderança do partido tinha apenas uma adesão formal ao marxismo e à revolução, enquanto pouco fazia para abalar a ordem imperial. Trotski ouviu o que seus amigos vinham dizendo. Como a maioria dos outros líderes do Partido Operário Social-Democrata Russo, achou que eles faziam uma crítica exagerada e injusta.

Luxemburgo entendeu-se bem com Trotski durante parte do tempo e aprovou medidas para reunificar o Partido Operário Social-Democrata Russo. Mas achou que ele não era propriamente sincero como promotor da harmonia. Numa carta a Luise Kautsky, ela se empenhou em dar esclarecimentos ao Partido Social-Democrata da Alemanha sobre os excessos polêmicos de Trotski na imprensa partidária de língua russa:

> Nosso caro Trotski é cada vez mais denunciado como um sujeito execrável. Antes mesmo que o Comitê Técnico [da liderança do Partido Operário Social-Democrata Russo] obtivesse uma independência financeira de Lenin que lhe permitisse dar dinheiro ao *Pravda*, Trotski atacou violentamente essa comissão e toda a conferência de Paris no *Pravda*, de uma forma inédita. Acusa diretamente os bolcheviques e os poloneses de serem "divisores do partido", mas não diz uma palavra contra o panfleto de Martov em oposição a Lenin, que ultrapassa tudo que há em matéria de vileza e tem a óbvia intenção de cindir o partido. Numa palavra, é uma beleza.[6]

Não que Trotski evitasse inteiramente intervir no Partido Social-Democrata da Áustria. Ficou indignado com a decisão da liderança de montar uma padaria em Viena: "Foi a mais grosseira das aventuras, perigosa em princípio e inviável na prática." Victor Adler e seus companheiros o receberam com "um sorriso condescendente de superioridade"; rejeitaram sua tese de estarem traduzindo "a posição do partido do proletariado numa sociedade capitalista".[7] Trotski também objetou às insinuações nacionalistas dos marxistas austríacos ao escreverem sobre a rivalidade da Áustria com a Sérvia. Soube diretamente por socialistas dos Bálcãs, especialmente sérvios, que a imprensa conservadora e liberal de Belgrado citava o *Arbeiter-Zeitung* vienense como prova de que o internacionalismo do movimento trabalhista europeu era mera ficção. Isso despertou sua ira e o fez despachar um artigo crítico sobre o assunto para Kautsky, a ser publicado no *Neue Zeit* em Berlim. Depois de alguma hesitação, Kautsky o atendeu, e a liderança do partido austríaco ficou indignada com as vituperações de seu hóspede. Embora admitisse a exatidão factual do artigo, afirmou que ninguém levava a sério os editoriais do *Arbeiter-Zeitung* sobre política externa. Não houve entendimento. Trotski assinalou que o que se publicava em Viena tinha impacto em Belgrado; exortou a liderança a mostrar maior rigor intelectual em matérias de debate público.[8]

De modo geral, porém, ele se manteve longe dos debates do marxismo austríaco. Ateve-se resolutamente a suas próprias preocupações intelectuais e ignorou o modo como Otto Bauer, Karl Renner e Victor Adler vinham explorando imaginativamente a doutrina e a política partidárias. Vivendo num vasto Estado multinacional como a Áustria-Hungria, eles alegavam que os marxistas não poderiam planejar adequadamente o futuro socialista, se não levassem a sério a "questão nacional". Sua conclusão foi original. Propuseram que, uma vez ocorrida a revolução, cada nação tivesse o direito de eleger representantes para sua própria assembleia. O lema foi "autonomia nacional-cultural". Bauer e seus companheiros da liderança esperavam que as assembleias nacionais equilibrassem o poder de um parlamento eleito unitário. Esperava-se que as tensões entre os dois lados da constituição fossem atenuadas pelo reconhecimento popular de que o governo socialista visava sinceramente tratar com justiça e dignidade todas as nações.

Enquanto continuava a desfrutar de encontros com os luminares políticos e culturais de Viena no Café Central, Trotski levava os filhos a um parque próximo para jogarem futebol e handebol, e a família gostava de visitar os Skobelev, os Ioffe e seus filhos pequenos. Lëva, aos 3 anos, tomou-se de uma afeição especial por Nadya, a filhinha dos Ioffe.[9] Trotski decorou o pinheiro da família no Natal, mas ele e Natalia antipatizaram com "a orgia da troca de presentes".[10] O ateísmo era um tema básico das conversas em casa. Só ao ingressarem na escola cristã local, foi que os meninos descobriram quem era a Virgem Maria.[11] Sua criação doméstica podia causar embaraços fora do apartamento. Certa vez, Sergei soltou: "Não existe Deus nem Papai Noel!"[12] Lëva e Sergei cresceram com opiniões firmes, porém o pai e a mãe não os dotaram da habilidade de não insultar as pessoas. No mais, os meninos se adaptaram a Viena como patinhos na água — um pouco demais, para o gosto de Trotski. Ele queria que os filhos continuassem a falar russo. Também esperava inculcar-lhes um alemão clássico, mas, frequentando uma escola local, era natural que eles aprendessem o dialeto vienense. Trotski não gostou disso, mas seu amigo Alfred Adler admirava a facilidade linguística dos meninos e brincava, dizendo que Lëva e Sergei falavam como "dois velhos cocheiros de fiacres".[13]

Natalia ficava ansiosa por se juntar a Trotski em sua atividade política e, quando os meninos iam dormir, saía com ele. Isso inquietava o pequeno Sergei: "Por que você vai ao café?" Natalia respondia em tom firme: "Escute, Seryojenka, fiz tudo que era preciso para você, e, agora, tudo que você tem de fazer é ir dormir, bonitinho." A réplica era imediata: "Mas, quando você está em casa, você pensa em mim." Natalia então abria o jogo: "Vou sair para relaxar um pouquinho... Vou conversar com amigos e descobrir o que está acontecendo no mundo... e aí, amanhã eu lhe conto tudo." Lëva, o mais velho, solidarizava-se com o irmão, mas já compreendia que os pais tinham outros deveres além dos domésticos.[14] Os meninos eram bem-comportados e os amigos não se lembravam de jamais ter ouvido Trotski elevar a voz para eles.[15]

Ele continuou a trabalhar para a imprensa legalizada do Império Russo, voltando-se para o jornalismo, como sempre, quando uma disputa política o desanimava. Tinha uma intuição aguda para as boas matérias. Depois de comparecer a uma palestra de Roberto Michels sobre a "falta de caráter" da burguesia alemã, teceu suas próprias comparações entre a Alemanha e a Rússia. Citou com aprovação Piotr Struve, por ele haver declarado que a burguesia russa era "uma nulidade". (Lenin nunca teria dado publicidade positiva a nada escrito por Struve. Trotski compensou sua própria generosidade ao dizer, num artigo posterior: "O maior talento de Struve — ou, se quiserem, a maldição de sua natureza — é sempre ter agido 'cumprindo ordens'.")[16] Trotski afirmou que a burguesia alemã dera a seu país cidades, Martinho Lutero e Thomas Münzer, a Reforma e a revolução de 1848. Não conseguia ver nada comparável em séculos de

Unificador   169

história russa. No momento da redação de seu texto, disse, a classe média urbana russa era representada pelo líder outubrista Alexander Guchkov. Os outubristas eram um partido conservador com o compromisso de fazer o sistema da Duma funcionar da melhor maneira possível; eram leais à monarquia. Trotski nunca pôde resistir a uma oportunidade de atacar as elites políticas e comerciais da Rússia e pilheriou, dizendo que a única distinção de Guchkov era ter deixado crescer sua "barba de comerciante hereditário".[17]

Enquanto tocava seu tema favorito das peculiaridades do desenvolvimento histórico russo, ele se distraía das questões urgentes enfrentadas pelo partido. Mas não se esquecera delas nem deixara de se importar. De Viena, atormentava seus correspondentes na Suíça e na França sobre a necessidade de uma completa reunificação organizacional. Como nunca deixava de insistir, o proletariado monolítico exigia um partido único, e não uma arena de facções turbulentas. Os acontecimentos começaram a lhe facilitar as coisas em 1909, quando um grupo conhecido como os liquidadores ganhou destaque em São Petersburgo. A tese principal destes era que as organizações partidárias clandestinas já não vinham obtendo nenhum avanço. Por isso, os camaradas deveriam priorizar a atividade política e social legal. Deveriam candidatar-se às eleições para a Duma estatal. Deveriam discursar em encontros de massa abertos e escrever para a imprensa de São Petersburgo. O grupo não conclamava o abandono permanente do partido mas queria concentrar as energias noutros lugares. Inspirados em Alexander Potresov, um dos fundadores do *Iskra*, seus membros trataram de criar um jornal — o *Luch* ("O Raio") — em São Petersburgo, em setembro de 1912. Isso deixou indignados os líderes do partido, que consideravam sacrossanto o aparelho partidário ilegal. Mesmo que Potresov e seus amigos não estivessem procurando acabar com ele, sua política teria o mesmo resultado. Todas as facções existentes ergueram-se contra os liquidadores, com maior ou menor grau de ferocidade.

Os bolcheviques leninistas e os mencheviques martovistas uniram-se na plenária do Comitê Central em janeiro de 1910. Ao mesmo tempo, Trotski obteve um subsídio para suas atividades de edição e publicação no *Pravda*. Mas isso custou um preço. Ele teve de aceitar Lev Kamenev

Parte I: 1879–1913

no corpo editorial.[18] Isso envolveu uma complicação familiar. Nessa ocasião, Kamenev era marido da irmã caçula de Trotski, Olga, e, ao se mudar para Viena, para funcionar como cão de guarda de Lenin, ela o acompanhou, naturalmente. O bolchevique Anatoli Lunacharski, hostil a Lenin e Kamenev na época, assim recordou o desfecho:

> Mas houve uma desavença tão violenta entre Kamenev e Trotski, que o primeiro voltou prontamente para Paris. Devo dizer, aqui e agora, que Trotski era péssimo na organização não só do partido, mas até de um pequeno grupo dele. Praticamente não tinha nenhum defensor ardoroso; se logrou impor-se ao partido, foi exclusivamente por sua personalidade.[19]

Trotski viu as coisas de outra maneira. Havia detestado a interferência de Kamenev no conteúdo de seus escritos — e Kamenev veio a perceber que estava desperdiçando seu tempo.[20] Mas a avaliação básica de Lunacharski estava certa. Trotski, então com 30 anos, não tinha temperamento para reunir uma grande equipe à sua volta. O unificador por excelência possuía um talento nato para repelir os que se dispunham a apoiá-lo — e nunca pareceu compreender que isso constituía um problema. Lunacharski atribuiu a questão à sua "arrogância colossal".

Trotski era igualmente impopular entre mencheviques e bolcheviques. Persistiu durante todo o ano de 1910 em sua campanha pela reunificação, clamando por uma conferência geral do partido para resolver os arranjos de cooperação. Complicou-se por seus esforços. O Comitê Central, liderado por mencheviques, tratou o apelo trotskista como uma tentativa de passá-lo para trás. Trotski ficou sob suspeita de ambição pessoal, e de novo houve medidas para retirar do *Pravda* seu subsídio oficial.[21]

Mas Trotski reagiu. Declarou ser loucura as facções conspirarem umas contra as outras. Tratava-se de um só partido, uma só classe trabalhadora, uma só revolução! A causa comum exigia que o partido se unisse, para poder proporcionar a liderança necessária ao movimento grevista que se espalhava pelas fábricas e minas do império. Isso tinha que ser feito com a devida consideração. Trotski alertou contra o tipo de partido que pretende dominar os trabalhadores em atos e pensamentos. Ele almejava liberar a iniciativa dos proletários e sua "atividade independente". O partido era "concebível unicamente como a organização da camada avançada" da classe operária.[22] Trotski continuou a defender essa tese até a Grande Guerra. A meta deveria consistir em induzir a "independência" dos trabalhadores militantes em relação à supervisão externa. Essa era a única maneira de fazer a revolução acontecer.[23] O grande motivo de animação, achava ele, era que uma pesquisa feita entre os membros do partido no Império Russo havia revelado que a maioria deles não professava qualquer fidelidade faccional.[24] O sectarismo não precisa ser um fenômeno permanente. Trotski notou que nenhuma facção, nem mesmo os bolcheviques, tinha estabilidade interna. As facções eram quase tão beligerantes quanto o partido em geral, e ele tinha a esperança de tirar proveito dessa circunstância, arquitetando as condições de reunificação.[25]

O contraste com os bolcheviques leninistas, se não com os outros bolcheviques, estava no papel atribuído à classe operária. Os jornais do partido, segundo Trotski, não deveriam conduzir o movimento dos trabalhadores, mas servir a ele. Esse era o tema editorial reiterado do seu *Pravda*. Ele zombava dos socialistas revolucionários por lhes faltar a base proletária de que desfrutava o Partido Operário Social-Democrata Russo. Fazia questão de acolher os recrutas do Partido dos Socialistas Revolucionários. Considerava líquido e certo que seu próprio partido fosse o refúgio natural e inevitável dos revolucionários da classe trabalhadora.[26] Compartilhava o velho pressuposto marxista de que os trabalhadores eram uma só classe social, com interesses uniformes. Para eles, não fazia sentido ter uma multiplicidade de organizações para representá-los. E, num sentido mais pertinente: ele havia notado a volatilidade da política em 1905-1906.

A dificuldade era que o partido estava muito fraco depois da repressão da revolução de 1905-1906. Trotski admitia isso. Já não havia comitês na maioria dos locais e os intelectuais tinham se afastado da social-democracia. Seria pueril dizer que as perspectivas de revolução eram boas em algum lugar. Mas Trotski se recusava a se deixar abater. A prioridade do partido devia ser o recrutamento entre trabalhadores.[27] O estado de ânimo da classe operária acabaria por se modificar e a monarquia seria derrubada. Era essa convicção que sustentava seu moral. Ele viria

172   Parte I: 1879–1913

a descrever o bolchevismo e o menchevismo como "criações puramente baseadas na intelectualidade". Tal situação era um anátema para a classe trabalhadora. O Partido Operário Social-Democrata Russo deveria levar isso em conta e pôr fim a sua polêmica interna. Os trabalhadores jamais levariam os marxistas a sério enquanto eles não parassem com as brigas. O caminho para adiante não estava apenas em acordos de transigência. A revolução, quando viesse, resultaria da luta de classes. Os trabalhadores não precisavam ser conduzidos: tinham que ser incentivados a avançar por seus próprios meios. Encontrariam o caminho a seguir sem uma orientação rígida do partido. A autonomia da ação era crucial para a classe trabalhadora.[28] Nesse período, Trotski distanciou-se repetidamente do bolchevismo com esses comentários.

Por algum tempo, ele parou de responder a artigos polêmicos dos jornais de Lenin. A paz exigia trabalho, e Trotski procurou dar o exemplo.[29] Não foi universalmente admirado por seus esforços. Até camaradas solidários, como Dmitri Sverchkov, notaram que muitos membros do partido riram dele. Como era possível unir duas facções irreconciliáveis?[30] Mas Trotski se recusava a desistir desse objetivo, o que deixou muita gente intrigada. Por que dedicava tanto tempo e energia a uma causa perdida? Alguns responderam que o verdadeiro propósito dele era colocar-se acima e além do aparelho central do partido e se transformar no líder supremo. Os bolcheviques o odiavam; os mencheviques, no mínimo, viam-no com intensa desconfiança e buscavam medidas para retirar o subsídio oficial do *Pravda*. Trotski fez uma defesa corajosa — e, a rigor, as acusações eram decididamente exageradas. A hostilidade manifestada contra ele demonstrou a validade de sua afirmação de que os "mandachuvas" emigrantes haviam perdido o contato com o verdadeiro partido na Rússia. Era mais uma razão para ele continuar a insistir na urgência da convocação de uma conferência partidária.[31]

O Partido Operário Social-Democrata Russo era tão difícil de manter unido quanto mercúrio num prato. As alianças e antagonismos viviam mudando. Uma estranha combinação de duas forças rivais emergiu em janeiro de 1911, e veteranos baseados na Rússia, como Josef Stalin, então figura em ascensão na facção bolchevique e que, mais tarde, viria

Unificador

a se tornar o inimigo mais mortal de Trotski, olharam intrigados para a energia gasta pelo "bloco Lenin-Plekhanov" contra o "bloco Trotski--Martov-Bogdanov". Para Stalin, era uma "tempestade em copo d'água", enquanto prosseguiam as disputas inflamadas em torno da epistemologia.[32] Os mencheviques, no entanto, estavam dispostos a tolerar Trotski nessa ocasião. O mesmo se deu com Alexander Bogdanov e muitos outros bolcheviques antileninistas. Lenin opôs-se com veemência. Ressentido do sucesso de Trotski com o *Pravda*, ele e seus seguidores bolcheviques fundaram seu próprio jornal popular, a *Rabochaya gazeta* ("Gazeta dos Trabalhadores").[33]

Trotski expôs suas frustrações no jornal menchevique *Nasha zarya* ("Nosso Alvorecer") em 1911, pois queria ter um alcance maior que seu pequeno grupo de simpatizantes. (Teria feito o mesmo num jornal bolchevique, se Lenin lhe tivesse dado a oportunidade.) O Partido Operário Social-Democrata Russo estava envenenado pelo sectarismo. Uma facção entrava em conflito com outra. A polêmica fervilhava. Velhas amizades e associações tinham-se desfeito, a cooperação havia desaparecido. E isso acontecia exatamente no momento em que o movimento trabalhista na Rússia, após um período de torpor, começava a se agitar. O declínio da indústria fora revertido. Choviam investimentos estrangeiros no país. Novas e vastas metalúrgicas estavam sendo construídas em São Petersburgo; a indústria têxtil vinha ressurgindo na região de Moscou. Os salários recomeçavam a subir. Com a diminuição do medo do desemprego, os trabalhadores tornavam-se mais militantes. Os sindicatos lhes davam apoio nos choques com os patrões. Trotski, como outros companheiros de liderança do partido, sentiu que o período de retraimento político estava chegando ao fim. Seus camaradas, com certeza, enterrariam as divergências. A situação revolucionária havia causado uma espécie de reaproximação entre bolcheviques e mencheviques. Trotski, eterno otimista, convenceu-se de que o aumento da militância entre os operários das fábricas e os mineiros de todo o Império Russo agiria como um poderoso estímulo à união partidária.

Longe de tirar proveito da turbulência social, os principais marxistas russos entregavam-se a sua inclinação para o faccionalismo interno. Continuou a proliferação de grupos, enquanto se intensificavam as disputas

174 Parte I: 1879–1913

entre os mencheviques de Martov, os bolcheviques de Lenin, os plekhanovistas, os avanteístas e os liquidadores. Ocorreram mal-entendidos e
divergências bizarras entre os emigrados — e as organizações partidárias clandestinas no Império Russo exasperaram-se com esse espírito
contencioso que se alastrava como um rastilho de pólvora. A política
menchevique oficial preferia sindicatos "neutros", o que os bolcheviques
criticavam como um abandono do compromisso preponderante do partido com a política. Na verdade, porém, os mencheviques, que atuavam
no movimento dos trabalhadores, em vez de elaborarem a política no
exterior, haviam transformado esses sindicatos num "substituto da organização política"; na prática, portanto, estavam ignorando a política
de sua própria facção. Entrementes, esperava-se que os bolcheviques na
Rússia estivessem politizando os sindicatos. Em vez disso, eles haviam
passado a se preocupar tanto com a pureza de suas especificações políticas
que introduziram uma cunha entre eles próprios e o partido. Ademais, os
chamados liquidadores estavam longe de praticar o que pregavam. Fun-
cionavam em estreita colaboração com comitês partidários, trabalhavam
de forma regular e produtiva pelas metas do partido. Os bolcheviques
recusavam-se a reconhecer isso e submetiam os liquidadores ao que
Trotski chamou de "terrorismo organizacional".[34]

Não é que Trotski fosse gentil com Alexander Potresov e os liquidadores, ou com os que se recusavam a romper com eles. Atacou Martov
por não haver confrontado Potresov. Os bolcheviques reproduziram a
argumentação de Trotski, como prova de que estavam certos.[35] Ao mesmo tempo, desancaram Trotski por se recusar a deixar que Kamenev, o
representante nomeado pelo Comitê Central, exercesse qualquer grau de
controle sobre o *Pravda* — e questionaram se Trotski era inteiramente
coerente em sua forma prática de lidar com Potresov. Seu comportamento,
disseram, era "coquete".[36] Trotski seguiu seu próprio caminho. Não fazia
ideia de como se livraria dos liquidadores, a não ser convencendo-os a
deixarem de existir. Tinha certeza de que os bolcheviques eram beligerantes demais; porém não oferecia nenhuma alternativa prática.

13. Correspondente especial

Trotski levava a vida em seus próprios termos; os períodos de prisão e exílio tinham sido excepcionais, e nem mesmo eles destruíram por completo suas oportunidades de atividade revolucionária. De repente, em janeiro de 1912, ele se viu afligido por tribulações pessoais. Sua boca inchou de uma forma tão dolorosa que ele caiu de cama. Foi também nesse momento que sua mãe morreu.[1] Embora já não mantivesse com ela um relacionamento estreito desde seus primeiros tempos de escola, a notícia o abalou. Seu problema dentário agravou-se tanto que ele não conseguia falar direito. Passaram-se semanas sem que os médicos conseguissem trazer qualquer melhora. Pavel Axelrod teve de ajudá-lo nas despesas crescentes com o tratamento.[2] E então, o dentista, um dos melhores de Viena, quebrou a ponta da broca e a deixou enterrada no maxilar de Trotski, ao extrair um dente do siso. Trotski não confiou em sua garantia de que isso não era nada com que se preocupar e foi consultar outro cirurgião.[3]

Mal a boca foi consertada, chegaram sua irmã, Elizaveta, e o filho dela, Alexander, para passar uma quinzena. Em seguida apareceu o pai de Trotski, após um intervalo de cinco anos, acompanhado por Zina Bronstein, então com 11 anos, e permaneceu durante todo o verão. Trotski queixou-se com pessoas de fora sobre a "cascata de parentes".[4] Sua rotina de trabalho foi perturbada. Ele teve dores de estômago e ficou sofrendo de estresse. David Bronstein assumiu os deveres de cuidar do revolucionário adulto:

Fui com meu pai consultar um professor [de medicina], que abriu minha hérnia e propôs fazer uma operação. Além disso, recomendou que eu fosse para as montanhas (a bem dos meus nervos), onde há uma estância hidromineral. Adiei a cirurgia para o inverno e a viagem à serra até depois da Conferência. De início, meu pai insistiu em que eu fizesse uma viagem de imediato, mas, depois de passar sua primeira semana conosco, ficou convencido de que não devo viajar neste momento.[5]

Talvez Trotski tenha ido com o pai ao médico por precisar que ele pagasse a consulta. Mas suas cartas sugerem um motivo adicional. Ele parece ter gostado de ser acompanhado por alguém dedicado a seus interesses. Voltou a ser o centro das atenções, e a visita conjunta ao professor vienense restabeleceu seu bom humor.

Na política, ele tinha muito com que se atualizar. As facções do Partido Operário Social-Democrata Russo haviam enfim concordado em realizar uma conferência. A exceção foram os bolcheviques, ou, pelo menos, o setor dos bolcheviques que seguia Lenin. Estes haviam conseguido antecipar-se a todo mundo em janeiro de 1912, realizando seu próprio encontro em Praga e elegendo seu próprio Comitê Central. Isso equivalia a uma declaração de independência e foi um modo de Lenin dizer que o dele era o único partido marxista legítimo da Rússia.

Os leninistas não davam a mínima importância ao resto do Partido Operário Social-Democrata Russo. A liderança bolchevique de São Petersburgo apanhou o próprio Lenin desprevenido, ao fundar um jornal legalizado na capital e lhe dar o nome de *Pravda*. Isso foi um insulto deliberado a Trotski, cujo *Pravda* era publicado desde 1908. Condenando esses arrivistas, ele afirmou que "o círculo faccional-cismático leninista" estava causando confusão de propósito no partido. Lamentou não poder levá-los aos tribunais — um sentimento curioso em alguém que desprezava a lei e a ordem burguesas. Em vez disso, ameaçou queixar-se à Segunda Internacional, a menos que os bolcheviques modificassem o nome de seu jornal.[6] Fundada em 1889 e sediada em Bruxelas, a Segunda Internacional (Socialista) era o órgão coordenador da maioria dos partidos socialistas, social-democratas e trabalhistas da Europa. Trotski tinha a esperança de envergonhar os leninistas e, com isso, fazê-los acabar com sua iniciativa diruptiva. Com o mesmo objetivo em mente, ele escreveu a deputados marxistas da Duma estatal, com a alegação de

Correspondente especial 177

que os bolcheviques vinham enganando os leitores de jornais do partido.[7] Lenin gostou da confusão. Instalado em Cracóvia desde o verão de 1912, ele almejava fazer os bolcheviques funcionarem separadamente de seus camaradas mencheviques na Duma. Via a divisão organizacional como um pré-requisito da preparação dos bolcheviques para as oportunidades revolucionárias iminentes. Trotski entrou em contato com fontes de apoio financeiro e lhes implorou que não tratassem a "conferência leninista" como uma expressão legítima da opinião do partido.[8] A única alternativa era pôr em prática seus planos para uma conferência maior em Viena.[9]

A insolência do bolchevismo irritou o restante do partido. Não se acreditava que Lenin pudesse sustentar seu separatismo em caráter permanente, e muitos o detestaram pelos danos que vinha causando. Havia uma dimensão financeira nessa hostilidade. A subfacção bolchevique de Lenin havia ganho dinheiro com assaltos a bancos, violando a política partidária, e também se apossara em caráter exclusivo de doações destinadas ao partido como um todo. Fizera o mesmo com a dupla herança obtida de duas jovens ingênuas, que tinham sido seduzidas e desposadas por um par de bolcheviques. Na ocasião, o Partido Operário Social-Democrata Russo estava formalmente unificado. Por isso, os mencheviques argumentaram que Lenin não tinha o direito de monopolizar a posse da receita. Fazia alguns anos que essa disputa vinha rolando, sem solução à vista. Criou-se um painel de arbitragem, formado por social-democratas alemães de destaque: Karl Kautsky, Clara Zetkin e Franz Mehring. Para que o caso dos mencheviques fosse levado a sério, seria vantajoso reunir as facções contrárias a Lenin numa conferência, mesmo que fosse pouco provável o comparecimento dos leninistas. Como defensor da causa da unificação organizacional, fazia muito tempo que Trotski pressionava por um encontro. Ficou muito contente quando Martov concordou em liberar uma verba para que as facções se reunissem em Viena em agosto de 1912.

A influência política de Trotski vinha aumentando porque os mencheviques podiam usá-lo para seus próprios fins. Ficaram mais do que satisfeitos por ele conversar com Zetkin e os outros sobre as finanças contestadas.[10] Isso não queria dizer que gostassem dele. Sabiam que muitos marxistas estrangeiros o viam como uma força da razão e da conciliação na luta contra o facciosismo.[11] Quando queria, Trotski dava a impressão de ser admiravelmente sereno e cortês. Depois que se colocou entre as figuras principais da Segunda Internacional, pareceu ser uma delas — o fato de não lhes ter enviado cartas mal-humoradas foi uma melhora em relação a muitos outros membros da liderança do Partido Operário Social-Democrata Russo.

Trotski ofereceu-se para tomar as providências de ordem prática para a conferência de Viena, oferta esta que foi aceita. Durante mais de um mês, atarefou-se na busca de locais para os delegados.[12] Era diversificado o grupo que se reuniu na capital austríaca em agosto. Afora os mencheviques, havia representantes da União Judaica Trabalhista (Bund), dos avanteístas, do Cáucaso meridional, da Letônia, da Polônia e até dos liquidadores. Os bolcheviques leninistas foram a única facção substancial ausente — e a defesa insolente que fizeram de seu próprio comitê central foi alvo do desprezo da conferência. Esta, porém, não respondeu na mesma moeda, elegendo um comitê central próprio. Em vez disso, criou modestamente um comitê organizacional. Os delegados da conferência começaram a se retirar antes do final dos trabalhos. Com a ida a Viena, puderam sentir por si sós como seria difícil conciliar os elementos conflitantes do Partido Operário Social-Democrata Russo, mesmo sem a presença de Lenin. As divergências nacionais eram nocivas para a atividade coordenada. Mais prejudiciais ainda eram as discordâncias políticas que se prolongavam entre os avanteístas, à esquerda, e os liquidadores, à direita.

Se Trotski esperava ser uma força dominante nos trabalhos, tinha se esquecido de sua recepção no V Congresso do Partido. Nenhum menchevique aceitaria instruções dele sobre o que pensar ou fazer. Nenhum integrante da Bund tinha motivos para gostar dele. Marian Melenevski, que entregara nas mãos de Trotski o *Pravda* vienense, ofendeu-se com a oposição dele aos apelos à assertividade nacional ucraniana.[13] Trotski foi provocador. Sabendo que não havia marxistas alemães presentes, afirmou que suas ideias eram um antídoto vital contra o "oportunismo europeu".[14] Não era isso que ele desejaria que fosse ouvido por Karl Kautsky. Ademais, nada tendo a perder, censurou severamente todas as facções do partido: "Nosso antigo partido era uma ditadura da intelectualidade, fundamentada no ponto de vista do marxismo, acima do movimento dos trabalhadores."[15] Trotski nunca se importara com o quanto irritava seus aliados potenciais. Disse o que pensava, achando que era assim que deviam ser os debates do partido. A conferência aprovou resoluções sobre diversas políticas de linhas gerais. Concordou-se em adotar a ideia marxista austríaca da "autonomia cultural nacional", como solução para os problemas de governar um grande Estado multinacional. Cada nação deveria ter permissão de criar suas próprias instituições centrais para a promoção de seus interesses. Isso era um anátema para os bolcheviques, que queriam conservar um Estado multinacional unitário após a derrubada da monarquia, mas queriam conceder amplos poderes de autonomia regional a áreas onde a maioria dos habitantes pertencesse a outra nação que não a Rússia.

Ao se aproximar o encerramento da conferência, houve discursos corajosos sobre a união que ela havia produzido. Fizeram-se promessas de manter a fidelidade ao espírito do "bloco de agosto", e Trotski externou sua esperança de que o resultado disso fosse a reunificação do Partido Operário Social-Democrata Russo. Pouca gente, porém, achou que se houvesse conseguido grande coisa. As tensões faccionais dentro do chamado "bloco" persistiram. Trotski, de qualquer modo, pouco havia contribuído para os debates da conferência. Sua postura semialheia prosseguiu depois de os delegados deixarem Viena. Durante anos, ele havia ignorado os marxistas austríacos em seu compromisso com a questão nacional, e não viu razão para alterar essa atitude depois da conferência. Ao contrário, resistiu a se deixar arrastar para a maioria das discussões de caráter geral que envolviam o Partido Operário Social-Democrata Russo. Os bolcheviques e os mencheviques tiveram discussões acaloradas sobre a questão agrária e a questão nacional; também debateram a natureza do imperialismo, do militarismo e do desenvolvimento capitalista da época. *Grosso modo*, Trotski se manteve longe dessas controvérsias. Mesmo no tocante aos problemas organizacionais do partido, seus artigos apenas repetiram o que ele já vinha escrevendo fazia muito tempo.

As pessoas presumiram que Trotski voltaria a suas obrigações editoriais normais no *Pravda* assim que terminasse a conferência. Era o que ele mesmo pensava, na época. Viena era sua zona de cômoda quarentena. Ele tinha dito o que queria na conferência. Não havia chegado a parte alguma. Essa vinha se tornando uma experiência típica para ele, que certamente encontraria consolo em seu jornalismo em jornais marxistas. Foi uma surpresa para todos quando ele anunciou que viajaria aos Bálcãs como correspondente especial do *Kievskaia*. A guerra havia eclodido naquele mês entre as autoridades centrais otomanas e a Liga Balcânica, formada por Grécia, Sérvia, Montenegro e Bulgária. Os turcos estavam numa imensa desvantagem estratégica. Em maio de 1913, tinham sido fragorosamente derrotados e obrigados a ceder muito território na Europa, através do Tratado de Londres; tiveram também de reconhecer a independência da Albânia. A retirada turca não tardou a se revelar um prelúdio de hostilidades militares dentro da Liga. Assim se iniciou a Segunda Guerra Balcânica, quando a Bulgária atacou as posições gregas e sérvias em junho. A Romênia também se envolveu. Nenhuma nação saiu ilesa, porém os búlgaros foram os que mais sofreram. O término da luta veio em julho de 1913.

Ao partir para a guerra, Trotski não era uma das pessoas de fora que se haviam tornado entusiastas dos sérvios, croatas ou montenegrinos. Foi para lá com inquietações profundas, pois escreveu:

> Mas, ao parar na ponte de Belgrado, vi as longas filas de reservistas e de civis com braçadeiras da Cruz Vermelha, tendo ouvido da boca de deputados parlamentares, jornalistas, camponeses e operários que não podia haver retorno e que a guerra aconteceria em dias. Foi então que reconheci que diversas pessoas que me eram muito conhecidas — políticos, editores e professores — já estavam em armas na fronteira, na linha de frente, e teriam que matar e morrer. Naquela época, a guerra, uma abstração sobre a qual eu especulava com tanta facilidade em meus pensamentos e meus artigos, parecia improvável e impossível.[16]

Tempos depois, ele se referiria a esse período de sua vida como sendo o que lhe oferecera a oportunidade de estudar a arte da guerra, e convenceria seus seguidores de que essa experiência o havia adequado para sua nomeação como comissário do povo para Assuntos Militares, em março de 1918. Foi um exagero poético. Como correspondente, ele demonstrou pouco interesse pela tática ou pela estratégia empregadas pelas forças beligerantes.

Correspondente especial

O *Kievskaia mysl* não estava pedindo que ele se colocasse na linha de fogo e, com muita sensatez, Trotski não chegou nem perto de qualquer combate. (O contraste com sua assunção de riscos na guerra civil russa foi marcante.) Ele não leu livros sobre a região nem aprendeu qualquer das línguas locais. Achou que lhe bastaria ir aos Bálcãs com um par de olhos abertos e uma ideologia pronta. Os *fronts* eram instáveis e as batalhas ocorriam de maneira imprevisível; os combatentes revelaram-se capazes de atrocidades horripilantes contra tudo e contra todos. Trotski escreveu sobre a atmosfera vigente e explicou os motivos das revoltas contra os otomanos. Seus artigos foram tão bons quanto os de qualquer pessoa da época. Ele viajou a diversas das principais cidades balcânicas e enviou vários despachos de Sófia e Belgrado. Falou com todos os líderes públicos que se dispuseram a encontrá-lo — entrevistava-os, em geral, sobre o que esperavam extrair da guerra em termos políticos ou territoriais. Buscou deixas de jornalistas locais e também se deu o trabalho de conversar com soldados. Embora permanecesse sempre na retaguarda dos combates, testemunhou muitas de suas consequências. Ao contrário da maioria dos outros repórteres, visitou hospitais e falou com os feridos. Suas descrições resistem à prova do tempo; ninguém que tivesse lido seus artigos em 1912-1913 ficaria surpreso com a ferocidade da violência interétnica na mesma região, em décadas posteriores.

Num de seus despachos, Trotski escreveu:

Depois que eles separaram os feridos dos mortos, houve uma triagem entre os que tinham ferimentos graves e leves. Os feridos graves foram deixados não muito longe dos locais das batalhas, em Kirkilios, Yambol e Filipopol, enquanto os feridos leves estão sendo transportados para nós, aqui em Sófia. Aqui, temos quase exclusivamente os que trazem ferimentos "leves" nas pernas, braços e ombros.

Mas esses [soldados] não se consideram levemente feridos. Ainda cobertos pelo estrondo e a fumaça de uma batalha que os incapacitou, parecem pessoas vindas de outro mundo, misterioso e terrível. Perderam os pensamentos e sentimentos que os levariam para além dos limites da batalha que acabaram de experimentar. Falam dela e sonham com ela durante o sono.[17]

Foi uma formulação eufemística, usada com um efeito poderoso.

Em janeiro de 1913, Trotski regressou abatido a Viena, após três meses de licença do *Pravda*. Se houve um tema que se imprimiu em quase todos os seus artigos, foi o perigo do nacionalismo no sudeste da Europa. Toda essa região lhe pareceu um hospício, e ele afirmou que as aspirações nacionalistas punham em risco a paz de todas as partes do continente. Até sua ida aos Bálcãs, ele não escrevera praticamente nada sobre a questão nacional. Suas observações o convenceram de que a guerra entre a Áustria e a Sérvia era apenas uma questão de tempo. Sua prioridade máxima foi providenciar uma plataforma europeia para seu pensamento, e ele buscou um convite para discursar no congresso seguinte do Partido Social-Democrata da Alemanha.[18] Conhecia os perigos do sudeste europeu melhor do que qualquer socialista do continente, afora os naturais da região. Tinha um compromisso com a oposição da Internacional Socialista ao militarismo e ao imperialismo, que era uma questão de princípio. Concordava com a política de que nenhum partido socialista deveria apoiar seu governo em qualquer guerra futura. Mas compreendia instintivamente a necessidade de amarrar acordos entre as muitas partes. Os social-democratas alemães eram a força principal da Internacional Socialista. A tarefa urgente de Trotski era pôr de lado as disputas internas da social-democracia russa e alertar os camaradas da Alemanha para a necessidade de uma ação preventiva urgente.

Durante a viagem aos Bálcãs, ele deixara o *Pravda* aos cuidados de Semyon Semkovski. Ao regressar, lançou-se de novo no jornalismo partidário. A unidade organizacional era sua grande preocupação. O episódio de jornalismo militar o tinha revigorado. Como sucedeu muitas vezes em sua carreira posterior, um período de afastamento do tumulto interno do partido o fez acumular energia para a campanha política subsequente. Essa foi sua glória, assim como seu ponto fraco, durante toda a sua carreira, pois ele nunca pôde concentrar-se em ser um político em regime de dedicação plena.

Trotski denunciou os leninistas por suas atividades divisionistas, mas conservou seu otimismo, mesmo ao esbravejar contra o mal que eles causavam. Foi o que deixou claro numa carta a Nikolai Chkheidze, um

Correspondente especial

deputado menchevique da Duma estatal que ele queria persuadir de suas ideias e cuja oratória admirava:

> Os "sucessos" de Lenin não inspiram maiores preocupações em minha mente. Não estamos em 1903 nem em 1908 [...]. Em suma, *todo o edifício do leninismo, na atualidade, ergue-se sobre mentiras e deturpações, e carrega em si o germe venenoso de sua própria dissolução.* Não há como duvidar que, se o outro lado se portar com inteligência, *uma cruel dissolução terá início entre os leninistas, num futuro muito próximo*, exatamente por causa da questão da união ou do cisma.[19]

Trotski estava reafirmando o que dissera em 1904, ao descartar as perspectivas duradouras de Lenin e os bolcheviques.[20] Em seguida, em 1905, ele vira com que presteza a força trabalhadora industrial de São Petersburgo tinha se unido sob a liderança do soviete. E continuou a esperar que os acontecimentos forçassem os marxistas a se combinarem de maneira ainda mais eficaz, na próxima crise política da aristocracia dos Romanov.

Planejava ajudar as coisas a seguirem seu curso, fazendo o bloco de agosto tornar-se mais resoluto na coordenação de suas atividades, enquanto os leninistas se desarticulavam, de acordo com sua expectativa. Os trabalhadores responderiam com entusiasmo a um desfecho dessa natureza.[21] Mas Trotski superestimou a vivacidade do bloco e o interesse da classe trabalhadora pela política.[22] Ademais, os bolcheviques não se desintegraram; longe disso: como era característico, Lenin vinha explorando a existência dos liquidadores como razão para descartar todo o menchevismo. Martov lhe deu armas contra si mesmo, ao se recusar a romper com os liquidadores, pois queria defender o espírito da conferência de agosto e combinar todas as facções dispostas a se unir. Trotski mostrou-se crítico. Escreveu para o *Luch*, o jornal dos liquidadores em São Petersburgo, explicitando seus termos para suspender a campanha contra o grupo — que teria de concordar em "não difamar o movimento de resistência, não abolir o programa [do partido], manter-se fiel à antiga bandeira" — e afirmando que a conferência de agosto havia "declarado uma guerra implacável" contra qualquer um que rejeitasse esse ponto de vista.[23] Os mencheviques acharam que ele queria meramente subir ao "pico do poder e da fama".[24] Martov achou que lhe faltou senso de proporção em seus ataques ao *Luch*; até Axelrod perdeu a paciência com ele.[25] Os marxistas lhe escreveram da Rússia, perguntando por que ele conclamava a união do partido, mas era tão estridentemente polêmico. Isso lhe era assinalado com frequência nas reclamações provenientes da Rússia.[26]

Os editores do *Nasha zarya*, o jornal de São Petersburgo produzido em nome dos deputados mencheviques da quarta Duma estatal, disseram-lhe: "Nem todos os seus artigos mais recentes funcionam; são malsucedidos. 'Informante e caçador de informantes' não funciona. Responder a Izgoev [o escritor dos cadetes] também não funciona. Na polêmica com os liberais, é sempre necessário lembrar quem lê o *Luch* e para quem ele é escrito." A equipe do *Nasha zarya* não lhe deu um fora completo. Reconheceu que Trotski escrevia de modo vívido e sensato a respeito da Duma, porém quis que ele evitasse sua rispidez habitual.[27]

Num gesto inusitado, Natalia repreendeu Trotski severamente por suas manobras em prol da união do partido e lhe disse que ele estava desperdiçando suas energias numa causa perdida. Deveria, na opinião dela, adotar uma abordagem mais prática. Ao lhe escrever de São Petersburgo, numa viagem que fez à cidade em dezembro de 1913, ela viu coisas que seu companheiro não conseguira ver, e lhe contou que todos os seus planos estavam estourando "como bolhas de sabão".[28] Uma clara cisão entre mencheviques e bolcheviques prevalecia na Duma estatal, na imprensa marxista de São Petersburgo e nas redes clandestinas do partido. Natalia não descreveu isso em detalhe e, de qualquer modo, não obteve nenhum progresso com Trotski. Depois que ele assumia uma posição, não havia como demovê-lo — o que sua mulher sabia melhor do que quase todos. Ele continuou a escrever sobre a necessidade de união e da rejeição dos bolcheviques e dos liquidadores. Continuou a criticar os mencheviques. Apesar de ter leitores na Rússia, não liderava um grupo faccional próprio nem queria tê-lo. Nunca fora menos influente no partido — e sua Natalia percebia a razão melhor do que ele.

Três coisas o salvaram do desânimo. Duas se destacaram: sua arrogância pessoal e a necessidade que Martov tinha de que ele reforçasse

Correspondente especial

a argumentação contra os leninistas em petições dirigidas à Segunda Internacional, para que os bolcheviques fossem compelidos a entregar as verbas partidárias, ou corressem o risco de ser condenados como divisionistas indesejáveis.[29] A terceira fonte de incentivo para Trotski foi a situação do Império Russo. Os operários da indústria vinham causando problemas para o governo e os patrões desde abril de 1912, quando soldados haviam disparado contra grevistas nos campos auríferos de Lena, na Sibéria. Os anos de declínio econômico tinham ficado para trás, e a força de trabalho russa, agora menos preocupada com a possibilidade de desemprego, dispunha-se cada vez mais a correr o risco de enfrentar os donos das fábricas. As greves subiram de 2.404 para 3.534 entre 1913 e o primeiro semestre do ano seguinte.[30] Quando as passeatas encheram as ruas de São Petersburgo, houve muitos lemas clamando pela derrubada da monarquia. O radicalismo voltou a ser popular. À distância, Trotski fundou na capital russa o seu próprio jornal legalizado, o *Borba* ("Luta"), procurando ampliar o apoio a suas ideias. Embora essa publicação tenha sofrido com intervenções da polícia e com a desconfiança das facções estabelecidas (e até de alguns de seus próprios adeptos, como Semkovski), ela atraiu textos marcantes de vários marxistas ilustres — e Trotski também contribuiu com seus próprios longos artigos sobre a Duma, sobre a dependência que tinha o orçamento estatal das vendas de vodca e sobre as peculiaridades do desenvolvimento histórico russo.[31]

Assim como Lenin, Trotski sentia-se confiante em que a situação estava mudando em prol de suas estratégias para a revolução. A história parecia mover-se a favor deles, como tinha feito em 1905. O primeiro editorial de Trotski para o *Borba* indicou o desejo de apelar para os trabalhadores e para os intelectuais. Ele insistiu em que o progresso do partido só ocorreria quando a classe trabalhadora formasse opiniões próprias e começasse a lutar pela "felicidade humana geral".[32] Mais uma vez, conclamou o término do facciosismo. Alegou que a união organizacional era um objetivo realista, já que nenhuma facção deixava de ter profundas fissuras internas.[33] Por isso, ele achava entediante ter que se incomodar com a investigação da Segunda Internacional sobre a disputa entre bolcheviques e mencheviques. As acusações e contra-acusações voavam pelo ar. O painel de arbitragem formado por Kautsky, Zetkin e

Mehring queria levar o caso a uma conclusão. Ficou decidido que os dois lados do imbróglio russo se reuniriam em Bruxelas, sob a supervisão dos alemães, em julho de 1914. Esperava-se que o veredicto se voltasse pesadamente contra Lenin. Se Trotski quisesse fornecer sua munição pesada aos mencheviques, teria que suspender seus planos para o verão e fazer uma viagem a partir de Viena. A reunião não se realizou e a viagem não aconteceu. Em vez disso, veio a guerra, não apenas nos Bálcãs, mas em quase toda a Europa.

Parte II

1914-1919

14. Guerra à guerra

Os Trotski levavam uma vida sossegada em Viena, no verão de 1914, enquanto irrompia em toda a Europa uma tempestade política, que teve um fim repentino na eclosão da Grande Guerra. O arquiduque Francisco Ferdinando, herdeiro do trono dos Habsburgo, foi assassinado em Sarajevo no dia 28 de junho. O governo austríaco responsabilizou a Sérvia e expediu um ultimato, com exigências que estavam fadadas a ser rejeitadas. Até aí, ainda não parecia haver motivo para alarme. Parecia tratar-se de mais uma disputa na península balcânica e, nos anos anteriores, todas as disputas desse tipo haviam terminado em acordos.

Dessa vez foi diferente, pois as nações europeias passaram o mês de julho em condições de tensão crescente. A Rússia advertiu os austríacos contra uma ação militar. O clima piorou quando a Alemanha encorajou a Áustria a pôr em prática suas ameaças à Sérvia. O imperador Francisco José não precisava de muito incentivo, pois julgava que os interesses do Estado e sua honra pessoal estavam sendo questionados. Os russos intuíram que talvez fosse iminente uma guerra continental, e Nicolau II ordenou a mobilização preliminar de suas forças, o que só fez agitar ainda mais os austríacos e os alemães. Os russos foram advertidos a desmobilizar seus soldados ou enfrentar a guerra. Quando Nicolau II ignorou essa exigência, os alemães declararam guerra à Rússia. Os austríacos, que já estavam lutando contra a Sérvia, juntaram-se a eles. Nem Londres nem Paris se dispuseram a ver a Rússia derrotada e a Alemanha apta a dominar a Europa central e oriental. Formaram-se duas grandes coalizões: as Potências Centrais, lideradas pela Alemanha e pela Áustria-Hungria, e os

Aliados, pela França, Rússia e Reino Unido. A Europa ouviu o estrépito de pés em marcha e trens em movimento. Mas poucos ministros e diplomatas esperavam que esse conflito produzisse um cataclismo político e social em toda a Europa. A maioria achava que ele seria de curta duração e intensa mobilidade.

Trotski não se deixou perturbar por coisa alguma, até que a declaração de guerra alemã à Rússia o tornou vulnerável, como súdito russo residente numa nação aliada à Alemanha imperial. No dia seguinte, 3 de agosto, ele foi aos escritórios do *Arbeiter-Zeitung*, o diário social-democrata localizado na Rua Wienzeile, e procurou seu amigo Friedrich Adler. Victor, o pai de Friedrich, juntou-se a eles e sugeriu que Trotski obtivesse uma orientação adequada sobre como as autoridades vienenses pretendiam agir com imigrantes russos como ele. Psiquiatra e principal socialista do país, Victor Adler anteviu a "insanidade" em massa, à medida que a guerra liberasse tendências nacionalistas na sociedade. O fato de Trotski ser um crítico de Nicolau II talvez não o salvasse da prisão. Não se podia descartar a hipótese de que ele e sua família viessem a sofrer nas mãos de turbas vingativas. Toda a situação era imprevisível. Victor Adler não tinha dúvida de que a segurança pessoal de Trotski estava ameaçada. Tendo contatos nos mais altos escalões do governo do Estado, ele chamou um táxi no meio da tarde e levou Trotski ao encontro do chefe da polícia política, chamado Geier. Este confirmou o pessimismo de Friedrich Adler e indicou estar prestes a ocorrer uma detenção temporária em massa dos residentes que tivessem cidadania russa.

Trotski recebeu a notícia com calma:

— Então, o senhor me recomendaria deixar o país?

— Com certeza. E quanto mais depressa, melhor.

— Muito bem. Irei amanhã para a Suíça com minha família.

— Hmm... Eu preferiria que os senhores partissem hoje.[1]

O refinado Geier não tinha o menor desejo de encher de estrangeiros as prisões de Viena. Trotski, conhecido como inimigo de Nicolau II, nunca havia figurado na lista oficial austríaca de forasteiros indesejáveis. Seria conveniente para todos que fugisse antes de se tomarem providências contra ele. Trotski apressou-se a voltar para casa e dar a notícia à família. As malas foram retiradas dos armários e rapidamente enchidas

Guerra à guerra

de roupas e arquivos políticos. Não houve pânico: ele e Natalia eram pessoas práticas e ordeiras, que levavam a vida presumindo ter que estar prontos para qualquer emergência repentina. Às 18h40, estavam sentados num trem que partiu da Áustria para a neutra Suíça.[2]

Seu primeiro destino foi Zurique, onde existia uma grande comunidade de marxistas russos e Trotski poderia reunir-se com outros camaradas veteranos. Ele havia perdido o centro fixo de sua atividade revolucionária prática. Seu *Pravda* já não existia, sua equipe de auxiliares tinha se desarticulado e sua situação financeira era tudo, menos confiável. E o pior para ele foi a reação da maioria dos partidos membros da Segunda Internacional à guerra. Eles tinham jurado prevenir a eclosão das hostilidades e recusar apoio a seus governos nacionais, se estes entrassem em guerra. Para tristeza de Trotski, esse compromisso foi abandonado. Na Alemanha, França e Grã-Bretanha, a liderança ascendente do principal partido socialista votou a favor do esforço militar. A Rússia e a Bulgária figuraram entre as exceções; mesmo nesses países, porém, houve muitos socialistas que abraçaram a causa patriótica. O mais famoso deles foi Georgi Plekhanov. Até bolcheviques como Grigori Alexinski declararam que a Alemanha era inimiga do povo russo e tinha que ser derrotada. Muitos emigrantes socialistas do Império Russo, que odiavam Nicolau II, fizeram fila para se oferecer como voluntários e servir nas forças armadas francesas. A Segunda Internacional estava morta. O Partido Social--Democrata da Alemanha viu-se adiando a ação revolucionária até o momento em que o país estivesse seguro contra a derrota por franceses, britânicos e russos; o Partido Socialista Francês afirmou estar ladeando com um governo que lutava para impedir a conquista pelos alemães.

Os socialistas antibelicistas, como Trotski, aborreceram-se com os partidos que haviam desonrado os compromissos acertados na Segunda Internacional. Pessoalmente, ele encontrou apenas uma migalha de consolo na eclosão de uma guerra na Europa. Nada tinha a dizer sobre estratégia militar; tinha pouco ou nenhum interesse em governantes, gabinetes ministeriais ou altos comandos específicos. Mas confiava em que a luta ampliaria as perspectivas da revolução. Tinha certeza de que a "guerra imperialista" era o último suspiro do capitalismo global. A vasta conflagração militar na Europa estava prestes a transtornar o *status quo*

192 Parte II: 1914-1919

político de todas as nações beligerantes. O socialismo se ergueria das cinzas da guerra como o salvador da humanidade.

Foi nesse estado de espírito que Trotski topou com Hermann Molkenbuhr numa rua de Zurique. Molkenbuhr estava fazendo uma visita em nome do Partido Social-Democrata da Alemanha e buscando apoio para a política do país em relação à guerra. Trotski perguntou-lhe como achava que correriam as coisas. E veio a resposta: "Vamos acabar com a França nos próximos dois meses, depois nos viraremos para o leste e acabaremos com os exércitos do tsar; e, daqui a três meses, quatro, no máximo, entregaremos à Europa uma paz sólida." Molkenbuhr encarou o prognóstico apocalíptico de Trotski como uma ladainha de "utopista".[3] Trotski não se deixou intimidar. Lembrou que, em 1905, num dia ele estivera escondido numa pensão em Rauha e, no dia seguinte, vira-se no Instituto de Tecnologia de São Petersburgo, chefiando o trabalho do soviete. Essa mudança repentina da situação, pensava ele, decerto voltaria a acontecer. A Suíça, é claro, conservou-se como um país neutro. Suas forças armadas eram mantidas unicamente para proteger suas fronteiras e treinavam com regularidade o manejo de canhões, mas era esperança do governo manter o país fora do conflito militar. O grande debate público dizia respeito à produção superavitária de batatas e à crescente escassez de queijo.[4]

Como outros da extrema esquerda política, Trotski não descartava a perspectiva de uma revolução socialista na Suíça, mas, depois de fazer uma avaliação criteriosa do movimento antibelicista, decidiu que a França seria um país melhor para ele — e, de qualquer modo, o *Kievskaia mysl* vinha lhe pedindo para ser seu correspondente de guerra naquela nação. Ele viajou para Paris em 19 de novembro de 1914. Lá funcionava um vigoroso grupo marxista russo, que incluía Anatoli Lunacharski e Yuli Martov.[5] Trotski almejava contribuir para o jornal deles, o *Golos* ("Voz"), e foi listado entre os colaboradores, ao lado de outros marxistas contrários à guerra, entre eles Yuli Martov, Alexandra Kollontai e Angélica Balabanova. Seu velho amigo Axelrod, que mandava artigos da Suíça, também figurava no expediente do jornal.[6] Trotski deixou Natalia tomando as providências da família. Quando ela escreveu, dizendo estar sem dinheiro, Trotski entrou em contato com Axelrod e lhe pediu que a ajudasse a obter um empréstimo a curto prazo. Também telegrafou ao *Kievskaia mysl* para que o jornal enviasse um cheque a sua mulher.[7] Não era que faltasse dinheiro na conta bancária dos Trotski, e sim que ele vinha enfrentando dificuldades para fazer transferências de Paris para Natalia.[8]

O *Golos* não tardou a trocar seu nome por *Nashe slovo* ("Nossa Palavra") e Trotski deixou claro o seu desejo de participar do corpo editorial. Sua indicação não se deu sem controvérsias. Os editores conheciam sua personalidade dominadora, e havia uma preocupação de que ele viesse a perturbar o ambiente de trabalho. Reconheceu-se, porém, que ele possuía um talento literário ímpar e tinha o compromisso de trabalhar com todos os marxistas que se opunham à guerra, de Martov a Lenin. Dificilmente se poderia rejeitá-lo.[9] Não que Martov ficasse satisfeito com o resultado. Assim que ingressou no corpo editorial, Trotski insistiu em debater a relutância dele em romper definitivamente com Plekhanov e todos os outros defensores do esforço de guerra russo. As reuniões do conselho do *Nashe slovo* tornaram-se ocasiões de explosões acaloradas.[10] Por temperamento, Martov tinha aversão ao divisionismo e, de qualquer modo, vinha trilhando o caminho da ampla tolerância organizacional recomendado pelo próprio Trotski antes de 1914. Mas este já não aceitava a tese da inclusão grandiosa. A Grande Guerra era a nova questão fundamental para todo o partido. Enquanto Martov aderia à antiga política marxista, Trotski conclamava uma nova abordagem. A seu ver, qualquer um que advogasse a defesa patriótica do Império Russo deveria ser tratado como um franco inimigo da causa proletária.

Pela primeira vez em sua carreira, ele entrou numa polêmica com Plekhanov, a quem passou a ver com extremo desprezo.[11] Como suposto grande unificador partidário, Trotski tinha evitado a troca de afrontas com esse fundador do partido, sempre que possível. Detestava as lutas faccionais, e suas disputas reiteradas com Lenin desde 1903 constituíam uma exceção. Similarmente, sua denúncia dos liquidadores antes da guerra não tinha sido sua maneira usual de lidar com as discordâncias internas no partido. Ele se voltou contra Plekhanov no fim de 1914 por causa da política referente à guerra. Sem apoiar a monarquia imperial, Plekhanov queria que a Rússia derrotasse a Alemanha. Previa uma Europa subjugada ao tacão dos alemães, se as Potências Centrais saíssem vencedoras. Assim, concordava com a aprovação de créditos militares para o governo russo. Trotski o acusou de traidor. A seu ver, Plekhanov havia mergulhado num nadir de chauvinismo e já não merecia ser visto como um camarada. Fazia muito tempo que Trotski detestava Alexander Potresov e os liquidadores. Não lhe causou surpresa que quase todos se houvessem transformado em "social-patriotas", e ele os denunciava sistematicamente. Também teve grandes divergências com Marian Melenevski, que o havia ajudado a se tornar editor do *Pravda* vienense. Em 1915, Melenevski encabeçava a União de Libertação da Ucrânia e havia passado de marxista a nacionalista. Trotski o denunciou; Melenevski respondeu na mesma moeda.[12]

A política de guerra destroçou a suposição de Trotski de que valia a pena manter unido o Partido Operário Social-Democrata Russo. Ele censurou violentamente qualquer líder partidário que sancionasse a aprovação de créditos financeiros para o governo de Nicolau II. Esse era seu critério primordial de julgamento estratégico. Tipicamente, os bolcheviques transformados em patriotas abandonavam sua fidelidade faccional, mas outros grupos do partido foram divididos por discordâncias políticas. Muito mais grave do que os textos de Plekhanov, do ponto de vista de Trotski, foi a linha editorial adotada pelo *Nasha zarya*. Tratava-se de um jornal menchevique que, abandonando toda a neutralidade, adotou a orientação de que a vitória dos Aliados democratas sobre as Potências Centrais autocráticas era desejável. Trotski enfureceu-se. Como era possível os editores não compreenderem que a guerra não era "um conflito de formas políticas"? Ela nada tinha a ver com a democracia. Na verdade, as duas coligações beligerantes estavam lutando por mercados, território e dominação global. Segundo Trotski, isso tornava absurdo o *Nasha zarya* atribuir a culpa de tudo aos *Junkers* alemães.[13] Ao mesmo tempo, ele não podia tolerar a proposta de Lenin de uma campanha política em prol da derrota militar russa. Até muitos bolcheviques que se opunham à guerra julgavam essa postura fanática e disparatada. Como Trotski, conclamavam uma crítica a todas as nações beligerantes ao mesmo tempo. Trotski se orgulhava de ser internacionalista. Para ele, as manobras de Lenin cheiravam a um nacionalismo às avessas. Ele escreveu uma carta aberta sobre o assunto, mas o *Nashe slovo* não a publicou — ou talvez o próprio Trotski tenha reconsiderado a publicação, por alguma razão não revelada.[14]

Seja como for, Natalia e os meninos chegaram a Paris em maio de 1915. Guerra ou não, pretendiam gozar suas férias normais, e a família se apressou a aceitar a oferta do pintor italiano René Paress e sua esposa russa, Ela Klyachko, de tomarem emprestada a casa de veraneio do casal em Sèvres, no lado sudoeste de Paris. Paress e Klyachko tinham ido para a Suíça, no intuito de fugir da guerra;[15] já Trotski queria ficar o mais próximo possível dela, uma vez que esperava a revolução a qualquer momento — e considerava axiomático que as dificuldades militares dos Aliados trouxessem a hora da explosão política. Os meninos ficaram frequentando a escola próxima da casa de veraneio até o início das férias escolares. Criados falando russo e o alemão de Viena, tiveram de aprender o francês a partir do zero.[16] Simpatizantes políticos na França esforçaram-se por ajudar os Trotski a se sentirem em casa. Um trabalhador conhecido do casal levou-lhes uma fêmea de pastor-alemão chamada Kiki. Sergei, de 8 anos, ficou fascinado pela cadela, a quem tratava como se fosse um ser humano. Pediu à mãe que lhe arranjasse uma escova de dentes e um lenço extras, para que Kiki pudesse manter-se limpa; o menino não conseguia entender por que ela não falava.[17] Os Trotski não haviam criado animais de estimação na Áustria nem na Suíça, o que talvez explique a ingenuidade de Sergei. Mas talvez o menino houvesse recebido tão pouca atenção dos pais, altamente politizados, que inventou uma "pessoa" para lhe fazer companhia.

Com o verão chegando ao fim, a família mudou-se para Paris e se instalou num apartamento na Rue de l'Amirale-Mouchez, perto do Parc Monsouris.[18] Para os Trotski, era uma questão de honra que Lëva e Sergei preservassem a língua russa, e por isso eles passaram a frequentar uma escola russa no Boulevard Blanqui. Como de praxe, Natalia cuidava da casa, enquanto Trotski se esfalfava no trabalho. Escrevia sem parar. Editava muitos textos; fazia discursos e reunia simpatizantes. Deu continuidade a seu trabalho de crítico. Sempre em atividade, sucumbiu a uma febre que intrigou os médicos, e foi Natalia quem teve de cuidar dele.[19] Sadio ou doente, ele seguia uma rotina rigorosa. Nada das horas passadas por Martov em conversas no Café Rotonde. Toda manhã, às 11 horas, Trotski ia para os escritórios do jornal, onde discutia a edição seguinte.[20] Adorava o cheiro de tinta da sala de impressão. Adorava folhear os primeiros exemplares do jornal, ainda quentes e úmidos ao saírem do prelo.[21] Seus dois meninos estavam finalmente chegando a uma idade em que podiam fazer pequenos serviços externos para o pai, e gostavam de entregar os artigos dele no escritório do *Nashe slovo*. Sergei fez um donativo ao jornal ao achar 20 francos na rua.[22] A osmose da vida familiar estava politizando os garotos (o que surtiu um efeito duradouro em Lëva, mas não em Sergei).[23]

Um dos operadores do prelo, um certo Imber, tentou fazer amizade com Sergei, mas espantou-se com a rispidez que o menino era capaz de exibir ao achar que alguém estava dizendo uma bobagem. Natalia conversou com o filho sobre a necessidade de ele agir com mais tato, no futuro.[24] Sergei, é claro, havia testemunhado um outro membro da família demonstrar sua impaciência com a estupidez.

Trotski e sua mulher viriam a afirmar que levaram uma vida frugal em Paris. Não há provas disso. Em 1914, ele despachou seis artigos substanciais para o *Kievskaia mysl*. O sucesso foi tamanho, que o jornal continuou a empregá-lo durante todo o período de 1915-1916; e, como franceses e russos eram aliados na guerra, ele pôde contar com transferências rápidas de dinheiro para sua conta bancária em Paris. Embora o *Kievskaia mysl*, uma publicação liberal, trouxesse uma renda valiosa, ele preferia escrever para a imprensa socialista. Na verdade, tinha sempre a esperança de publicar matérias em jornais que adotassem o ponto de vista do socialismo antibelicista. Mas também se dispunha a entregar textos a jornais da esquerda política que não tivessem uma postura fixa em relação à guerra. Entre estes figurava o *Novy mir* ("Novo Mundo") de Nova York, muito lido pelos emigrantes russos. Trotski continuou a lhe remeter material, que atravessava o Atlântico durante o período da guerra, e não economizou nas advertências contra o imperialismo russo, francês e britânico.[25] Ziv, um velho companheiro seu de Nikolaev, que havia emigrado e se estabelecido na clínica médica em Nova York, apoiou a campanha contra a guerra e contra a participação norte-americana nela, e enviou seus cumprimentos a Trotski.[26]

Os governos e os comandantes aliados censuravam as notícias que ficavam disponíveis sobre a luta, e estava fora de cogitação Trotski se aproximar de qualquer *front* durante a Grande Guerra. Apesar disso, ele escrevia textos de aguda sensibilidade sobre os inválidos e as viúvas que via nas ruas de Paris. Bastava-lhe um vislumbre de tragédia para ele ser capaz de tecer uma tapeçaria de acusações contra os "imperialistas" e "capitalistas" que haviam iniciado o conflito militar, em busca de lucro financeiro. Trotski sentia intensa necessidade de visualizar a realidade que tentava descrever e analisar: entendia que seus leitores simpatizariam mais com suas recomendações políticas se ele desse vida aos horrores da Grande Guerra diante deles. Mas precisava tomar cuidado com a formulação de suas matérias para os jornais de Paris e Kiev. De nada adiantava escrever sobre assuntos que ele sabia que nunca seriam permitidos pela censura francesa ou russa dos tempos de guerra. Seus artigos para a imprensa legalizada beiravam os limites do publicável.

Plekhanov o acusou de divulgar mensagens contraditórias no *Nashe slovo* e no *Kievskaia mysl*. Trotski retrucou, justificadamente, que nunca havia permitido que seu pensamento básico fosse emasculado.[27] Em alguns momentos, foi longe demais para os censores, e foi preciso aparecerem tarjas pretas no *Nashe slovo*. Em geral, porém, ele sabia moderar a linguagem ou torná-la mais indireta, para fazer com que seus artigos fossem publicados.[28] Era um jogo de gato e rato. Como era presumível, o embaixador russo em Paris queixou-se de que Trotski e outros revolucionários antibelicistas da Rússia estavam solapando o patriotismo nos países aliados.

Os internacionalistas socialistas contrários à guerra, tanto da França quanto do Império Russo, reuniam-se para suas discussões no Quai de Jemmapes, na capital francesa. Trotski era um frequentador assíduo. Vladimir Antonov-Ovseenko, um de seus auxiliares no *Nashe slovo*, comparecia aos encontros com menos frequência, já que costumava ficar preso em suas obrigações editoriais. Natalia permanecia em casa para cuidar dos filhos.[29] Até a chegada de Trotski, Martov tinha sido a alma dos debates. Todos concordavam que ele possuía uma inteligência e um compromisso profundos — e era brilhante na conversa. Trotski o obscureceu. Persuasivo e sagaz, nunca se via incapacitado pelas dúvidas intelectuais e inibições de coleguismo vivenciadas por Martov. Trotski gostava desse camarada, mas fazia muito tempo que chegara à conclusão de que lhe faltava a vivacidade necessária para a construção de um partido revolucionário e o cumprimento das tarefas da revolução. No entanto, havia muitos pontos de concordância entre os dois. A guerra, afirmavam eles, era resultado de rivalidades capitalistas e imperialistas que só poderiam ser encerradas pelo estabelecimento de governos socialistas na Europa. A maior parte da Segunda Internacional tinha se desacreditado de forma irreversível. Para pessoas como os militantes russos e franceses que se reuniam no Quai de Jemmapes, a tarefa consistia em construir uma aliança internacional de grupos socialistas hostis à guerra. Era preciso reunir grupos e organizações, independentemente de sua origem nacional. A Grande Guerra tinha que ser encerrada. A Europa precisava muito que a era do socialismo começasse.

15. Projetos de revolução

Não surgiu grupo algum de trotskistas durante a Grande Guerra, nem Trotski procurou cultivar nenhum. O contraste com outros grandes luminares do Partido Operário Social-Democrata Russo não deve ser exagerado. O número de leninistas havia caído, especialmente depois de Lenin conclamar a derrota militar da Rússia. Ninguém mais falava dos martovistas e, embora ainda existissem plekhanovistas, eles eram poucos e mal organizados. No entanto, nenhum expoente partidário era tão solista quanto Trotski.

Ao mesmo tempo, ele estava empenhado em unir os socialistas europeus que se opunham à guerra. Para a maioria dos países da Europa, o conflito armado dificultava a realização de um encontro preparatório. As principais possibilidades eram a Suíça, a Escandinávia e a Holanda, que haviam conservado sua neutralidade. Robert Grimm, líder do Partido Social-Democrata da Suíça e pacifista, considerou que era seu dever político e moral organizar uma conferência. Trotski ouviu boatos a esse respeito em dezembro de 1914 e escreveu a Axelrod para indagar se eram verdadeiros.[1] Ao receber a resposta afirmativa, buscou prontamente a possibilidade de comparecer. A condição imposta por Grimm foi que todos evitassem causar embaraços às autoridades de Berna em suas relações com as Potências Centrais ou os Aliados. Ele enviou convites simultâneos à Grã-Bretanha, França, Rússia, Áustria e Alemanha. Surgiram dificuldades quando os governos beligerantes souberam do plano e impediram o comparecimento de seus cidadãos — e os que chegaram não sabiam ao certo se teriam permissão para cruzar de volta as suas

Parte II: 1914-1919

fronteiras. Alguns não puderam comparecer por terem sido presos. Foi o caso de Rosa Luxemburgo e Karl Liebknecht, na Alemanha; e entre os dez alemães que apareceram na Suíça, havia apenas uma pessoa — Julian Borchardt — que tinha votado contra os créditos financeiros solicitados pelo governo de Guilherme II. Sem esses créditos, teria sido impossível travar a guerra.

Grimm levou outro susto quando os convidados se reuniram no vilarejo serrano de Zimmerwald, no cantão de Berna. Ele havia esperado um clima de camaradagem, mas, em vez disso, deparou com a belicosidade dos radicais socialistas da Europa. Os russos foram os que mais lhe criaram problemas. Lenin entregou-se a suas artimanhas costumeiras, questionando a autoridade de seus adversários faccionais. Em pouco tempo, Grimm já não sabia para onde se virar.[2] Se havia alguém capaz de frear as maquinações leninistas, era Trotski. Como coeditor do *Nashe slovo*, ele gozava de prestígio. Lenin teve a mesma ideia e o assinalou como um inimigo capaz de congregar uma oposição aos projetos bolcheviques. Disse a Grigori Zinoviev, seu companheiro bolchevique mais íntimo na época, para minimizar qualquer concessão feita a ele nas negociações.[3] Lenin e Zinoviev tencionavam tornar a conferência tão exclusiva quanto fosse possível, dando preferência a negociar apenas com os militantes antibelicistas que almejavam de forma inequívoca uma tomada revolucionária do poder. Trotski compartilhava com os bolcheviques a meta da revolução violenta, mas não queria ver a conferência destruída antes mesmo de começar. De algum modo, era preciso formar uma coalizão dos socialistas europeus contrários à guerra, e era necessário coibir a postura desagregadora de Lenin.

Trotski viria a oferecer um retrato memorável do primeiro dia da conferência, 5 de setembro de 1915:

Os delegados se espremeram em quatro diligências e partiram montanha acima. Os transeuntes olhavam com curiosidade para aquela procissão inusitada. Os próprios participantes brincaram, dizendo que, meio século após a fundação da Primeira Internacional, ainda era possível acomodar todos os internacionalistas em quatro bondes de turismo. Mas não havia ceticismo nessas piadas. O fio histórico se rompe com frequência. Nesses casos, é preciso atar um novo nó. É também isso que estamos fazendo em Zimmerwald.[4]

Foi assim que ele afirmou que uma pequena reunião na Suíça estava restabelecendo a confiança e as práticas fundadas por Marx e Engels.

Embora, mais tarde, Trotski viesse a desprezar Robert Grimm por sua hostilidade à Revolução de Outubro, na ocasião sentiu-se grato e foi respeitoso para com ele. Sem Grimm, não teria havido conferência — e tampouco uma conferência com a presença de socialistas de países que estavam lutando nos dois lados da Grande Guerra. O Partido Operário Social-Democrata Russo não poderia tê-la organizado, pela simples razão de que dificilmente seus líderes antibelicistas suportariam estar juntos na mesma sala, muito menos atrair para negociações as lideranças dos grupos socialistas radicais da Europa. Os participantes da Conferência de Zimmerwald eram um conjunto variegado. A maioria era fiel às tradições da Segunda Internacional e a sua condenação do militarismo. Alguns eram rematados pacifistas, enquanto outros simplesmente recusariam o apoio a qualquer guerra imaginável, sem serem contra a guerra por princípio. Nunca se poderia dizer isso de Trotski e seus compatriotas marxistas. Eles se recusavam a descartar a difusão do socialismo pela força das armas. Não o declararam em 1915, principalmente porque seu objetivo imediato era destruir a capacidade de as Potências Centrais e os Aliados continuarem a lutar.

Iniciada a conferência, Lenin formou uma cabala com Karl Radek. Junto com seus adeptos, os dois constituíram o núcleo do que ficou conhecido como a Esquerda de Zimmerwald. Pela intimidação, tentaram levar a conferência a endurecer a postura sobre a luta de classe, a tomada violenta do poder e a revolução socialista. Chegou uma carta de Karl Liebknecht, então na prisão, insistindo na necessidade da guerra civil nos países beligerantes, o que elevou o ânimo de Lenin e Radek. Mesmo que não viessem a dominar a conferência, eles podiam ter a esperança realista de empurrá-la na direção do radicalismo. A Esquerda produziu seu próprio manifesto para se opor ao esforço de Grimm de juntar todos os grupos na conferência.[5]

Trotski apoiou o conteúdo na maioria dos aspectos e manteve conversas regulares com Radek, que figurou entre seus correspondentes frequentes dos tempos de guerra.[6] (Eram quase amigos, na medida em que qualquer dos dois tinha algum.) Nunca se fingiu de pacifista, embora muitas pessoas, impressionadas com suas invectivas contra a guerra, presumissem que ele o era. Tal como Lenin e Radek, Trotski pregava que a revolução socialista era a única via para uma paz duradoura, mas eram seus argumentos em defesa da paz que tendiam a captar a atenção.

Radek não conseguiu convencê-lo a assinar o manifesto da Esquerda e outros documentos. Trotski não estava disposto a se aproximar mais de Lenin, e falou com outros participantes da conferência sobre produzirem seu próprio manifesto esquerdista. Nesse momento, Zinoviev praticou um raro ato de desafio a Lenin, buscando uma aproximação pessoal com Trotski e se dizendo encantado por ele estar dando "um pequeno passo" para a Esquerda.[7] Tudo isso deu em nada, e Lenin foi liberado da necessidade de se sentar acolhedoramente ao lado de seu velho adversário. Os dois retomaram seu pugilato. Lenin criticou o namoro de Trotski com o movimento pacifista europeu. Trotski, por seu lado, insistiu em que a Esquerda de Zimmerwald agia com estupidez ao deixar de atrair pessoas que faziam campanha contra a guerra, mas não eram marxistas, e também criticou os bolcheviques por falarem mal de Kautsky, que estava ausente. Achou que Lenin estava sendo obcecado. Já era hora de esquecer o fato de, inicialmente, Kautsky não haver censurado seu próprio partido por aprovar créditos de guerra para o governo alemão. As coisas haviam mudado. Agora, Kautsky era um crítico veemente da guerra e da liderança de seu partido (e, em 1917, viria a fundar o Partido Social-Democrata Independente da Alemanha). Trotski e a socialista radical holandesa Henrietta Roland-Holst acabaram redigindo seu próprio manifesto.[8]

De qualquer modo, Grimm e seus aliados obtiveram facilmente a aprovação da maioria para seu manifesto. Mas Lenin, Radek e Trotski uniram-se para fazê-los aprimorar a formulação do texto, a fim de conseguirem a aceitação geral. O resultado foi que o manifesto convocou, sem maiores rodeios, a uma "inflexível luta de classe do proletariado".[9]

A Conferência de Zimmerwald encerrou-se em 8 de setembro, e Trotski regressou a Paris com uma reputação maior na extrema esquerda

Projetos de revolução

política, apesar de poucas pessoas se haverem entusiasmado com ele no nível pessoal. Não havia passado o tempo todo conspirando em bando contra o resto da conferência. Tentara reunir o máximo possível de simpatizantes em torno de objetivos básicos. Tinha evitado o rancor. Qualquer comparação com Lenin, nessa ocasião, seria favorável a Trotski. Se eclodisse uma revolução na Europa, certamente haveria necessidade de que os socialistas radicais antibelicistas se unissem — e a compulsividade de Lenin só causaria prejuízos. Trotski tinha provado seu potencial prático para a liderança em 1905. Poderia repetir esse desempenho na Rússia e, em certa medida, até mesmo na França. Esperaria o momento propício. Desvinculado de compromissos faccionais de lealdade, estava livre para buscar suas oportunidades com calma e confiança incomuns. Não deu a mínima importância para o fato de não ter sido eleito para a Comissão Socialista Internacional. Na verdade, nenhum líder do Partido Operário Social-Democrata Russo ingressou nela. Haveria picuinhas intermináveis se uma facção russa tivesse prioridade em relação às demais, e se julgou que seria melhor deixar todas fora desse arranjo. De qualquer modo, a Comissão Socialista Internacional não tinha autoridade para dar ordens.

Proibiu-se que a Conferência de Zimmerwald fosse divulgada na França. Mas o serviço de censura concentrou-se na imprensa de língua francesa. Para tristeza da Okhrana, as reportagens de Trotski no *Nashe slovo* sobre os trâmites do encontro escaparam pelas malhas da rede, e os agentes da polícia russa informaram a Petrogrado que Trotski estava dirigindo uma "campanha germanófila" — na visão deles, qualquer pessoa que criticasse Nicolau II e seus exércitos estava fazendo um favor às Potências Centrais.[10] (Petrogrado era o novo nome adotado para a capital russa, por se julgar que São Petersburgo soava teutônico demais durante uma guerra com a Alemanha.) Na comunidade de revolucionários emigrantes circularam notícias sobre o que havia acontecido na Suíça. Os zimmerwaldistas, como se denominaram os que haviam comparecido à conferência, partiram com a confiança renovada em que logo surgiriam brechas na popularidade do conflito nas nações em guerra.

Para a maioria dos socialistas, era inconcebível que o Velho Mundo saísse inalterado da Grande Guerra. O caos e a miséria eram claramente esperáveis. O que havia de incomum era a escala da ambição das nações beligerantes. As Potências Centrais eram duramente criticadas pelos Aliados por usarem métodos colonialistas nos países que dominavam. Cometeram-se atrocidades na Bélgica. Os próprios Aliados, por sua vez, foram criticados na Alemanha e na Áustria. Tamanho era o ódio das pretensões alemãs e austríacas, que Londres e Paris se dispuseram a aumentar a autoridade do Império Russo — aquele baluarte do reacionarismo político — na metade leste do continente. Os objetivos da guerra foram sendo sistematicamente revistos, à medida que a luta prosseguia. O mundo inteiro seria afetado por seu desfecho. Se a Alemanha perdesse, pagaria um preço elevado. Guilherme II e seus ministros, "bárbaros como os hunos", eram constantemente demonizados na imprensa aliada. Era quase certo que a nação alemã viesse a perder possessões em casa e em seu império no exterior. A Áustria-Hungria também não era benquista e vinham sendo elaborados planos para o desmantelamento dos domínios dos Habsburgo em Estados nacionais separados. Mas, e se os Aliados fossem vencidos pelas Potências Centrais? Era difícil imaginar que as colônias britânicas, francesas ou holandesas permanecessem intactas. Os socialistas contrários à guerra presumiam que uma reorganização maciça seria imposta pelas nações vitoriosas. Haveria anexações e seriam exigidas indenizações.

Era improvável que tais resultados fossem permanentes. Lenin falou da inevitabilidade de outras guerras mundiais, mas estava longe de ser a figura mais popular entre os socialistas radicais que ansiavam pela paz, o que não chegava a surpreender, já que seu lema era que uma "guerra civil europeia" deveria seguir-se à "guerra imperialista" então em curso.[11] Para homens como Trotski e Martov, assim como para muitos leninistas, Lenin parecia haver perdido o contato com a realidade política. Eles não viam esperança para o zimmerwaldismo, a menos que se oferecesse à classe trabalhadora de cada país beligerante uma perspectiva menos cataclísmica. Acreditavam ser mais do que hora de planejar seriamente o tipo de tratado de paz que teria uma chance razoável de durar mais de um ou dois anos.

Trotski elaborou suas ideias com rapidez e, como era característico, pouco mexeu nelas posteriormente. Detestava perder tempo com reconsiderações; tinha de haver grandes mudanças numa situação para que ele repensasse algo. No começo de 1905, havia proposto sua ideia de um governo dos trabalhadores. Havendo formulado e defendido essa tese, presumia ter feito o suficiente. Isso contrastava com os outros grandes líderes marxistas russos, que aprimoravam e ajustavam perpetuamente suas recomendações de políticas. O mesmo sucedeu na Grande Guerra. Trotski anunciou sem demora os seus objetivos. Seu novo lema era "os Estados Unidos da Europa". Ele se concentrou nos novos traços da situação pelo mundo afora. Ficara impressionado com a constituição federal dos Estados Unidos e com a da Suíça. Os socialistas, escreveu, precisavam aprender com as realizações dos capitalistas. A Hungria era outra fonte de problemas ainda subestimada. A Itália e a Bulgária, tal como a Sérvia e a Hungria, tinham ambições de expansão territorial. A solução estava numa mescla de socialismo, paz e união federativa. Cada país pertencente a esse Estado gozaria de "autonomia federativa, pautada por princípios democráticos".[12]

Em particular, Trotski propunha uma união federal em toda a região balcânica; declarou que a Sérvia continuaria a perturbar o resto da Europa, caso conservasse sua independência, ao passo que uma federação permitiria que a região inteira se dedicasse a uma industrialização rápida.[13] Não havia solução possível, afirmou ele, sem revoltas socialistas — e os Estados Unidos da Europa precisariam ser uma ditadura do proletariado. A princípio, Lenin defendeu a mesma ideia, mas depois a abandonou, provavelmente por querer distinguir-se de Trotski, Luxemburgo e outros componentes da esquerda. Para Trotski, esse foi mais um sinal de que Lenin era um oportunista sectário e egomaníaco, a quem faltava a visão essencial para o sucesso de um líder revolucionário.

Os textos foram fluindo da pena de Trotski, à medida que ele se empenhava em provar que o capitalismo estava podre até a raiz e era intrinsecamente militarista. Enquanto houvesse Estados nacionais cobrindo o mapa da Europa, nunca poderia haver paz. As guerras se repetiriam de uma ponta à outra do continente.[14] Os exércitos estavam lutando para que suas nações adquirissem o controle capitalista de impérios. O discurso oficial sobre a honra e a liberdade era mera retórica. O capitalismo havia atingido um estágio de desenvolvimento em que nenhum grande território do mundo estava imune à dominação imperialista. A guerra tinha a ver com a conservação ou a conquista de possessões coloniais e a ampliação dos mercados. Trotski não elaborou uma argumentação econômica detalhada, com base em informações empíricas; esse tipo de coisa ele deixava para Lenin, Radek, Luxemburgo e Piotr Maslov. Depois de montar sua estrutura analítica, ele tratou de redigir comentários diários. Continuou a escrever para o *Kievskaia mysl*. Tinha que ser sutil em seu modo de relatar os efeitos sinistros da guerra nos aliados ocidentais. Uma de suas matérias versou sobre o número de francesas que tinham enviuvado desde 1914. Trotski sugeriu que as cores escuras do luto tinham se tornado moda em Paris, substituindo a pitoresca alta-costura.[15] Descreveu também um cassino de Mônaco. Tinha dinheiro para viajar pelo país e não poupou o sarcasmo ao retratar a decadência e o oportunismo especulativo das classes média e alta francesas.[16]

Ele também introduzia de forma sub-reptícia um material francamente político em seus textos publicados. Certa vez, por exemplo, traçou uma comparação entre o Partido Socialista Francês e o Partido Social-Democrata da Alemanha, observando que ambos haviam oferecido apoio a seus governos desde o início da guerra. Num dado aspecto, suas posturas diferiam: nenhum social-democrata alemão participava do gabinete ministerial de guerra, ao passo que os socialistas franceses haviam fornecido as figuras eminentes de Jules Guesde, Marcel Sembat e Albert Thomas como ministros. Trotski enfatizou que o Partido Operário Social-Democrata Russo não era autenticamente independente das classes dominantes alemãs, tendo se aliado à ordem estabelecida "imperialista". Mas se recusou a ser pessimista. Sem exagerar a influência do então aprisionado Karl Liebknecht, chamou atenção para a simpatia crescente que ele despertava.[17] Essa foi sua maneira de levar aos leitores a notícia de que os socialistas da Europa ocidental e da Europa central eram capazes de questionar o consenso favorável à guerra dentro dos governos e entre os povos. Trotski também ofereceu um hino de louvor à memória dos líderes da Segunda Internacional que se haviam oposto ao militarismo: Wilhelm Liebknecht (pai de Karl), August Bebel, Jean Jaurès e Édouard Vaillant. Sua mensagem antibelicista implícita foi inconfundível.[18]

Ele achou que não podia arriscar-se a comparecer à segunda conferência internacional dos socialistas europeus que se opunham à guerra, no

Projetos de revolução

fim de abril de 1916. Como a primeira, ela se realizou em Zimmerwald, nas montanhas acima de Berna. Dessa vez, o local foi a aldeia de Kienthal. A crítica popular a jornais como o *Nashe slovo* vinha crescendo em Paris, e era possível que Trotski fosse impedido de regressar à França depois da conferência.

Na ocasião, ele se sentiu intensamente frustrado, mas sua decisão de permanecer na França viria a se revelar útil em sua carreira posterior. Os debates de Kienthal foram ainda mais rancorosos que os de Zimmerwald. Mais uma vez, Lenin foi o instigador da desagregação. Se Trotski houvesse comparecido, seria certo um choque entre os dois — o que se provaria difícil de empurrar para baixo do tapete nas memórias de Trotski. Em vez disso, mais tarde ele pôde escrever: "As discordâncias que ainda me separavam de Lenin em Zimmerwald, de importância essencialmente secundária, reduziram-se a nada nos meses seguintes."[19] Àquela altura, havia ocorrido uma clara cisão no Partido Social-Democrata da Alemanha. Karl Kautsky e Hugo Haase faziam campanha contra a política oficial do partido, que era de apoio ao esforço de guerra nacional. Mas Lenin continuou a censurar Kautsky por não haver atacado a guerra em seu início. Exigiu uma adesão inequívoca aos objetivos revolucionários, e Kautsky e Haase não satisfizeram esse requisito. Lenin e os bolcheviques estavam procurando briga. Zinoviev deu a partida, atacando Martov e Axelrod por afirmarem representar os mencheviques de Petrogrado que apoiavam o esforço de guerra russo. Seguiram-se diálogos ríspidos. Lenin censurou as maquinações "pacifistas burguesas" para pôr fim à guerra, e todos sabiam que Martov estava incluído entre seus alvos. A Conferência de Kienthal foi uma tortura para Robert Grimm, do começo até o final, e somente o fato de Lenin e seu aliado, Karl Radek, terem permanecido na minoria salvou os trabalhos de serem destruídos pela Esquerda agressiva.[20]

Na verdade, Trotski, ausente, tinha tão pouca disposição quanto Lenin de perdoar o comportamento de Martov. Os mencheviques de Petrogrado certamente não tinham o direito de se fazer representar em Kienthal, e a relação de trabalho entre Trotski e Martov no *Nashe slovo* continuou a deteriorar. Os piores temores de Martov em 1914 vinham sendo confirmados. Trotski podia não ser um separatista à moda de Lenin, mas o efeito de sua presença era carregar todas as reuniões do corpo editorial de acusações belicosas.

Enquanto isso, Trotski não tinha vínculos organizacionais com o partido na Rússia — o que sabia da situação russa derivava inteiramente da imprensa europeia. Seus artigos continuavam a ser publicados no *Kievskaia mysl* e os cheques administrativos lhe chegavam de bancos da Ucrânia. Ele acompanhava os aspectos militares da Grande Guerra com uma atenção que não chegava a ser completa. No *Nashe slovo*, sempre se concentrava no prognóstico revolucionário. Seu jornalismo mencionava a deterioração das condições de vida e de trabalho na França, e cobria a situação dos feridos. Zombava das pretensões dos governos aliados e não deixava de ridicularizar os ministros de Nicolau II. Sem nunca dizê-lo, Trotski presumia que, se a situação piorasse muito, seria fatal haver uma revolução. O sofrimento dos operários das fábricas e dos recrutas do exército decerto se tornaria insuportável. O proletariado se levantaria contra a burguesia. Trotski manteve a confiança, sempre enfatizando seu sentimento de que a situação estava tomando um rumo favorável ao avanço do socialismo europeu. Outros integrantes da esquerda radical estavam desanimados ou perturbados. Até Lenin manifestou uma redução da confiança, à medida que a guerra continuou a se arrastar.[21] Trotski manteve-se firme como uma rocha. Havia enunciado sua profecia sobre as mudanças revolucionárias iminentes; agora, cabia aos acontecimentos torná-la realidade — e ele tinha a expectativa de desempenhar um papel nessa transformação.

Contudo, ninguém sabia muito bem como entendê-lo. Na condição de líder partidário, ele tinha sido um unificador incansável, e só pouco antes da Grande Guerra havia começado a ser exigente quanto a quem poderia pertencer ao Partido Operário Social-Democrata Russo. Suas realizações em tempos de guerra estavam longe de ser gargantuescas e se limitavam a suas atividades como jornalista. Ninguém previa que esse revolucionário solitário estava prestes a fazer seu nome como uma das figuras mais influentes da história mundial do século XX.

16. Travessias do Atlântico

Trotski tinha uma confiança surpreendente na tolerância "burguesa" e presumia estar seguro na França, desde que se mantivesse dentro da lei. Ficaria mais preocupado se soubesse com que frequência o governo russo reclamava com os franceses sobre ele e seus amigos do *Nashe slovo*. A embaixada russa em Paris pedia o fechamento do jornal e a extradição de Trotski. A Rússia era um dos Aliados na guerra contra as Potências Centrais. A França não poderia ignorar com facilidade os pedidos de Petrogrado, se quisesse preservar o esforço militar conjunto. O prolongamento das hostilidades foi reduzindo a disposição do governo francês de abrigar revolucionários que solapassem ativamente o esforço de guerra da Rússia.

A troco de nada, no dia 15 de setembro de 1916, veio de Louis Malvy, do Ministério do Interior francês, a ordem de que o *Nashe slovo* fosse fechado. No dia seguinte, Trotski soube que seria deportado do país.[1] Até esse momento, Malvy, membro do Partido Radical, havia rejeitado a ideia de prender aqueles que faziam campanha contra a guerra. A mudança de política ficou gravada na memória de Trotski. Ele viria a acompanhar o destino de seus algozes em anos posteriores, notando com satisfação que o primeiro-ministro Georges Clemenceau não tardaria a se livrar de Malvy. Em 1917, descobriu-se que Malvy andara subsidiando um jornal que recebia verbas secretas do governo alemão. Ele foi levado a julgamento e banido da França em 1918, pelo prazo de cinco anos; o homem que havia deportado Trotski foi expulso, ele próprio. Havia também o comissário de polícia que fornecera a Malvy os relatórios sobre os revolucionários russos residentes em Paris. Tratava-se de um homem de sobrenome maravilhoso, Charles Adolphe Faux-Pas Bidet.* Ele viria a entrar em contato com Trotski em 1918, com os papéis invertidos. Já então, Trotski era comissário do povo para Assuntos Militares, no governo soviético, e Faux-Pas Bidet encontrava-se na Rússia em missão secreta. Capturado pelas forças de segurança soviéticas, foi levado à presença de Trotski para se explicar e disse: "É a marcha dos acontecimentos!"[2]

Petições de influentes socialistas franceses adiaram o cumprimento da ordem de deportação. Trotski protestou com Malvy, mas não chegou a parte alguma. O militante antibelicista Alphonse Merrheim ajudou, concedendo a palavra a Trotski no Comitê para a Retomada das Relações Internacionais. Trotski fez um discurso inflamado. Censurou a iniciativa recente de Camille Huysmans, secretário do Bureau Socialista Internacional da Segunda Internacional, de organizar uma conferência de socialistas dos países neutros na guerra. Pleiteou a coordenação de todos os partidos e grupos socialistas contrários ao conflito. As bajulações do "pacifismo burguês" deviam ser evitadas. A luta de classes era essencial. As resoluções das conferências de Zimmerwald e Kienthal deviam ser seguidas. Era imperativo criar uma Terceira Internacional.[3]

Trotski nunca recebeu qualquer explicação sobre o motivo de estar sendo expulso, mas havia diversas acusações no ar. Diziam que ele era germanófilo, e era verdade que rebeldes russos em Marselha tinham sido apanhados com exemplares do *Nashe slovo*.[4] Trotski começou a ficar desesperado. Como último recurso, pediu permissão para voltar a residir na Suíça, onde permaneceria entre os marxistas russos que haviam optado por passar a guerra lá. As autoridades de Berna não ficaram propriamente satisfeitas com a complicação potencial de suas relações com a Rússia e rejeitaram a solicitação. Malvy perdeu a paciência e tomou a decisão de deportá-lo para a Espanha. Um par de detetives apareceu no apartamento mais recente de Trotski, na Rue Oudry, com ordens de que ele os acompanhasse até a fronteira francesa. Ele deveria partir de trem, sem a mulher e os filhos. Os dois detetives evitaram indelicadezas pessoais

---

* O nome completo seria traduzido por Carlos Afonso Mau Passo-Bidê, ou Mau Passo--Garrano. [N. da T.]

e conversaram com Trotski durante o trajeto. Agiram em surdina e evitaram alertar a polícia espanhola; sua missão era fazê-lo entrar em território espanhol antes de regressarem a Paris.

Esses companheiros temporários cumpriram sua tarefa. Atravessaram a fronteira setentrional entre Irún e San Sebastián e deixaram Trotski entregue à própria sorte. Ele tinha esperança de escapar à vigilância, prosseguindo para Madri, mas a polícia descobriu sua presença e lhe deu ordem de deixar imediatamente o país. Ele viria a relembrar esse episódio em linguagem floreada: "O governo liberal espanhol do cidadão Romanones não me deu tempo para estudar o idioma de Cervantes."[5] Trotski escreveu freneticamente a seus amigos em Paris. Apelou para as autoridades espanholas. Buscou ajuda da Suíça. Nada funcionou: a Espanha, tal como a França, também não o queria. As autoridades pensaram em embarcá-lo num navio com destino a Cuba. Ele não gostou da ideia, porque residir numa ilha caribenha tornaria lentas as suas comunicações. Se não fosse possível encontrar um lugar na Europa, sua preferência seguinte seria ir para os Estados Unidos, e sua sorte mudou para melhor quando ele descobriu que não haveria nenhuma objeção a seu desembarque em Nova York. Natalia e os meninos, entretanto, continuavam em Paris, assim como o dinheiro dele, e a polícia espanhola insistia em deslocá-lo para Cádiz, no sul, longe da capital. Trotski descreveu a situação a seus camaradas em Paris e um plano foi preparado para que ele se reunisse com o resto da família em Barcelona, onde todos embarcariam num navio de passageiros para o Novo Mundo.

O navio espanhol *Montserrat* partiu de Barcelona no dia de Natal (de acordo com o calendário das igrejas ocidentais) de 1916.[6] Trotski afirmou que eles viajaram na segunda classe.[7] Essa foi uma de suas mentirinhas bobas, já que ele constava no registro como ocupante de uma cabine da primeira classe. A família tinha pago 1,7 mil pesetas por passagens na segunda classe, mas, ao subir a bordo, descobriu que todas essas acomodações estavam tomadas, e por isso recebeu uma cabine na primeira, sem qualquer custo adicional.[8]

Trotski achou o navio antiquado,[9] porém ao menos ele e seus familiares tinham acomodações decentes e não se misturavam com os passageiros dos conveses inferiores. Apesar de ser um socialista revolucionário e defensor da ditadura do proletariado, ele não sentia nenhum impulso de passar o tempo conversando com trabalhadores. As pessoas com que a família travou conhecimento em seu próprio convés formavam um grupo heterogêneo. Muitas simplesmente queriam deixar a Europa dilacerada pela guerra e tinham histórias interessantes para contar. Várias delas, inclusive um "enxadrista medíocre" que dizia ser o melhor jogador de bilhar da França, demonstraram interesse por Zimmerwald. Trotski fez uma suposição fundamentada sobre a razão disso: ele teria embarcado numa "nau de desertores". Não simpatizou propriamente com eles, zombando do fato de que "adoravam viver pela pátria, mas não morrer por ela". Outro viajante era um belga que estava escrevendo um livro sobre a produção de açúcar e achava que o conflito poderia ser encerrado, caso se fizesse um acordo de divisão da Bélgica. Trotski conheceu apenas uma pessoa que lhe despertou interesse. Era uma criada de Luxemburgo sobre quem ele não escreveu nada, talvez por ela não ter dado margem a piadas satíricas.[10] Apesar de notar que alguns de seus companheiros de viagem estavam interessados no movimento socialista antibelicista, ele não se rebaixou a convencê-los de sua política. Manteve-se como um observador olímpico.

Sem acesso às notícias cotidianas, dedicou algum tempo à redação de um diário. À medida que costeava lentamente o litoral sul da Espanha, rumo ao Atlântico, o navio aportou em Valência e Málaga. Passou pelo rochedo de Gibraltar antes de fazer uma escala em Cádiz, e Trotski obteve autorização para desembarcar e revisitar a cidade de que fora recentemente retirado. Veio então a viagem pelo oceano. Durante a primeira semana, o tempo foi atipicamente ameno para a estação, com o sol brilhando forte. Trotski fez novas anotações no diário, enquanto Sergei e Lëva faziam amizade com os marinheiros espanhóis, que lhes disseram que logo se livrariam da monarquia de Madri. Natalia viria a recordar que os homens superaram a barreira linguística correndo os dedos pelo pescoço, num gesto que os meninos entenderam.[11]

Na chegada a Nova York, ele teve uma recepção de herói, por parte de simpatizantes socialistas emigrantes do Império Russo. Havia mantido o contato com Lev Deich durante a guerra, e os anos que passara escrevendo para o *Novy mir* significaram que ele era uma figura conhecida na extrema esquerda política.[12] Primeiro, entretanto, a família tinha que desembarcar. Os passageiros passaram pelo exame sanitário ainda a bordo. Natalia estava usando um véu e o médico militar lhe pediu que o levantasse, fazendo então um movimento de erguer suas pálpebras para ver se ela estava com tracoma. A firme dignidade dela o dissuadiu e a família pôde desembarcar sem maiores delongas.[13] Trotski foi cercado por jornalistas que queriam entrevistá-lo: "Nunca, nem mesmo sob os mais rigorosos interrogatórios policiais, eu havia passado um aperto como nesse momento, sob o fogo cruzado desses especialistas profissionais."[14] Os esquerdistas políticos de Nova York o festejaram por toda parte. A única exceção foi um encontro na universidade Cooper Union, onde apenas metade do salão estava ocupada. Os oradores discursaram em diversas línguas e os organizadores não conheciam em detalhe a postura de Trotski em relação à guerra. Entretanto, quando ele iniciou sua contribuição, ninguém teve dúvida de que havia um orador de grande talento no tablado. Os ouvintes que não compartilhavam suas opiniões admiraram o brilhantismo de seu desempenho.[15]

Trotski não havia experimentado nada semelhante a essa aclamação crescente desde 1905, em São Petersburgo. O *Forverts* ("Avante"), um jornal socialista de língua iídiche, entrevistou-o e informou que "o camarada Trotski passará algum tempo aqui entre nós", pelo menos até o fim da guerra.[16] Esse jornal tinha uma tiragem diária de 200 mil exemplares, de modo que Trotski tornou-se uma figura maior do que tinha sido em qualquer país, exceto o seu, pelo menos entre os imigrantes do Império Russo. Escreveu quatro artigos para seu editor. Ao se defender das alegações de que seria agente do governo alemão, ele negou ser pró-germânico. Conclamou os trabalhadores da América do Norte — embora, é claro, apenas os trabalhadores judeus lessem o *Forverts* — a se erguerem em prol das metas internacionalistas.

Tudo correu bem até o Departamento de Estado norte-americano anunciar um complô dos alemães, que visava induzir o México a lutar contra os Estados Unidos. Em troca da colaboração mexicana, Berlim prometera a devolução do Novo México e de grandes áreas da Califórnia, na eventualidade de uma derrota dos Aliados. O *Forverts* e seu editor, Abraham Cahan, adotaram uma postura patriótica norte-americana, manifestando seu horror às maquinações das autoridades alemãs. Trotski objetou a que Cahan tomasse algum partido numa "guerra imperialista". Declarou ser tão pouco aceitável os socialistas judeus russo-americanos ladearem com o governo do presidente Woodrow Wilson quanto fora os social-democratas alemães votarem a favor de créditos de guerra em 1914. O socialismo não era socialismo sem a dimensão internacionalista; o amor à pátria era um sentimento detestável. A meta dos socialistas devia ser a luta por revoluções que relegassem todas as guerras ao ostracismo. Cahan, que era quase trinta anos mais velho que Trotski e já fora revolucionário no Império Russo, não se dispôs a aceitar sermões dele. Seguiu-se uma discussão inflamada. Trotski nunca mais escreveu para o *Forverts*.[17] No plano pessoal, ele teve problemas com seu velho amigo de Nikolaev, Grisha Ziv, que trabalhava como médico em Nova York. Ao se encontrar com ele, desafiou-o para uma partida de xadrez. Ziv venceu. Trotski detestava perder e se recusou a tornar a jogar com ele; tinha que vencer sempre, fosse qual fosse o tipo de disputa.[18]

A história foi diferente no *Novy mir*, onde ele havia cultivado contatos desde a criação do jornal, em 1911.[19] Em certa ocasião, seu amigo Lev Deich tinha sido o editor-chefe[20], e seu ex-associado em Paris, Grigori Chudnovski, ainda trabalhava lá. O bolchevique Nikolai Bukharin era outro colaborador frequente. O *Novy mir* era menos sectário que várias publicações antibelicistas em idioma russo na Suíça ou na França. Era um diário sediado no número 77 do St. Mark's Place. Suas páginas eram dominadas por notícias da Rússia. Anunciavam acontecimentos da Rússia em Nova York, desde planos de depósitos bancários até um "baile de máscaras dos prisioneiros", organizado por refugiados anarquistas da monarquia dos Romanov. Apesar de sua orientação socialista, parecia-se mais com um jornal popular normal do que qualquer outro para o qual Trotski já houvesse escrito, exceto o *Kievskaia mysl*; a diferença era que ele podia visitar livremente as instalações do *Novy mir*, ao passo que seria detido no momento em que fosse avistado em Kiev. Ele voltou a se sentir no seu ambiente. Não lhe importava ser pouco conhecido nos círculos mais amplos do socialismo norte-americano. De qualquer modo, mal chegava a ter fluência em inglês. O *Novy mir* ofereceu-lhe uma plataforma para esbravejar contra a Grande Guerra em meio a emigrantes russos, judeus e alemães, sem ser censurado. Ele podia enfim ser tão polêmico quanto lhe aprouvesse.

O título de seu primeiro artigo depois da chegada indicou sua militância: "Viva a Luta!"[21] Naturalmente, não demorou a surgir uma polêmica. A nova-iorquina Anna Ingerman havia sugerido que os médicos da Cruz Vermelha fossem liberados da proibição de socialistas participarem da guerra. Isso enfureceu Trotski, que declarou que a Cruz Vermelha era uma "organização militarista governamental".[22] Ele havia perdido qualquer senso de proporção. A Cruz Vermelha salvava da desgraça incontáveis centenas de milhares de soldados e prisioneiros de guerra feridos. Esses eram os recrutas que Trotski tinha a esperança de conquistar. As guarnições russas de 1917, se houvessem sabido de sua desumanidade, o teriam achado menos atraente.

A família Trotski aproveitou sua temporada norte-americana. Chudnovski arranjou-lhes um apartamento no Bronx.[23] Enquanto Trotski trabalhava no *Novy mir*, Natalia e os filhos dispunham de tempo livre. Depois das recentes perturbações familiares, eles trataram de se divertir. Os meninos se extasiaram com o perfil de Manhattan na linha do horizonte e deram para contar o número de andares dos arranha-céus. Às vezes, Natalia tinha que insistir em que desistissem de novas "verificações" e voltassem para casa com ela. Em certos dias, os três saíam para dar voltas de carro. Um certo dr. Mikhailovski, supostamente um dos admiradores de Trotski, ou talvez um parente, fornecia o veículo e o motorista. Mas Lëva e Sergei, criados para tratar as pessoas como iguais, não conseguiam entender por que o chofer de Mikhailovski nunca entrava com eles nos restaurantes.[24] Não foi a última ocasião em que Sergei se intrigou com o gosto dos pais pelo estilo de vida da classe média.[25] O apartamento, que custava 18 dólares por mês, era confortável. Tinha os equipamentos norte-americanos mais modernos, como geladeira, fogão a gás e telefone. Foi uma melhora em relação a Paris e Viena, onde a família não tivera a possibilidade de telefonar para os amigos.[26]

Trotski fazia muitos discursos públicos, que o ajudavam a bancar seu sustento. A anarquista Emma Goldman o viu num encontro e ficou impressionada: "Após vários oradores bem maçantes, Trotski foi apresentado. Um homem de estatura mediana, faces macilentas, cabelo avermelhado e barba ruiva meio rala avançou com passos rápidos. Seu discurso, primeiro em russo, depois em alemão, foi poderoso e eletrizante."[27] Trotski não se restringia a Nova York, mas viajava até Filadélfia e outras cidades do nordeste norte-americano.

Sua mensagem aos socialistas dos Estados Unidos reproduziu o que ele já tivera ocasião de dizer e escrever na Europa. A extrema esquerda política estadunidense estava sedenta de informações atualizadas, e Trotski admitiu livremente que os "internacionalistas" eram minoria nos partidos europeus. Mas insistiu em que Karl Liebknecht não era o único e em que o movimento antibelicista da Europa vinha ganhando força. Mostrou acolher de bom grado o modo como Karl Kautsky, Hugo Haase e até o arquirrevisionista Eduard Bernstein tinham se voltado contra a opinião majoritária em seus partidos. Previu que essa tendência se intensificaria. Disse a seu público ter visto "a quadrilha de ladrões" que havia chefiado os exércitos nas guerras balcânicas de 1912-1913. Ele havia entrado na guerra em curso com as mesmas opiniões e "não vira motivo para alterá-las". Mas algo de bom sairia daquela carnificina: "O futuro será uma época de revolução social." Era tolice, afirmou ele, achar que haveria reformas sérias, se um lado ou outro vencesse a Grande Guerra. A única solução genuína estava na transformação revolucionária. Trotski manifestou total confiança em que era exatamente isso que estava prestes a acontecer.[28]

Ele falou mais da guerra que da Rússia e, como todos os demais, ficou surpreso com a notícia de greves e passeatas de protesto em Petrogrado na última semana de fevereiro de 1917. Nicolau II soube que sua autoridade havia desaparecido quando soldados das guarnições se uniram aos trabalhadores rebelados. Abdicou no dia 2 de março. Sua intenção era entregar o poder a seu filho hemofílico, Alexei. Quando ninguém mais se dispôs a ouvir falar disso, Nicolau tentou transferir a monarquia para seu irmão Mikhail. Trotski e Natalia ficaram tão contentes quanto se haviam sentido em janeiro de 1905. Os meninos também ficaram alegres.[29] Mais uma vez, a Rússia entrava numa fase revolucionária, e Trotski achou que suas previsões estavam sendo confirmadas.

Já então os partidos socialistas haviam recuperado a confiança. Respondendo à pressão popular, organizaram eleições para um Soviete [ou Conselho] de Representantes dos Trabalhadores e Soldados de Petrogrado. Os liberais trabalharam ativamente na mesma época; seus líderes na Duma e em outros órgãos públicos uniram-se para formar um governo provisório. Escolheram como novo *premier* o príncipe Georgi Lvov, que chefiava a União dos Zemstvos [assembleias rurais], mas a influência dominante era exercida pelos cadetes, liderados por Pavel Milyukov (que depois se tornou ministro das Relações Exteriores). O gabinete ministerial promulgou liberdades civis universais. Concedeu-se aos cidadãos o direito irrestrito de pensamento, expressão e organização, com completa liberdade. Lvov e seus ministros declararam que era preciso ter paciência no tocante a outras reformas básicas, especialmente na questão agrária, até que fosse possível eleger uma assembleia constituinte. Também se comprometeram com uma política de defesa nacional, repudiando qualquer ambição expansionista do país. Enviaram-se a Londres, Paris e Washington mensagens tranquilizadoras, afirmando que finalmente o esforço de guerra da Rússia seria empreendido com o respaldo de toda a população. O gabinete de Lvov funcionava sujeito a restrições. O governo provisório só pudera emergir com permissão do Soviete de Petrogrado.

No escritório do *Novy mir*, Trotski examinava diariamente os despachos vindos da Rússia. Começou a se agitar à medida que ficou claro que os mencheviques e os socialistas revolucionários se dispunham a dar ao governo provisório um "apoio condicional". Não era nada disso que ele queria. O dever dos socialistas era se opor à guerra e lutar por uma revolução socialista. Ao mesmo tempo, ele fez campanha contra o movimento crescente em prol da união dos Estados Unidos aos Aliados contra as Potências Centrais, depois que os alemães decidiram voltar seus submarinos contra a navegação norte-americana. O plano alemão era impedir que chegassem suprimentos à França e à Grã-Bretanha. No início de abril, o presidente Woodrow Wilson obteve aprovação para entrar na guerra. Trotski foi tomado por um paroxismo de raiva. Já era suficientemente ruim que o governo provisório russo se comprometesse a lutar contra as Potências Centrais. Agora, os norte-americanos juntavam-se aos Aliados. O único ponto brilhante num céu tenebroso, na visão de Trotski, foi o anúncio do governo provisório de um plano para facilitar o regresso de todas as pessoas perseguidas pelas autoridades antes de 1917. Não se impuseram condições a essas solicitações de retorno, e Trotski ficou ansioso por aproveitar a oportunidade.[30]

Num artigo inflamado, no dia 20 de março, Trotski rejeitou a ideia de que o governo provisório pudesse salvar a Rússia da catástrofe. Apontou para o histórico dos novos ministros. Alexander Guchkov, o líder outubrista, sempre fora a favor da expansão imperialista e não mudaria de ideia na condição de ministro. O Soviete de Petrogrado, sob a orientação dos mencheviques e dos socialistas revolucionários, estava errado em apoiar o governo — e líderes soviéticos como Nikolai Chkheidze, que em épocas anteriores Trotski havia cortejado na Duma estatal, representavam apenas "os elementos oportunistas da social-democracia". As guerras só seriam eliminadas quando as revoluções socialistas acontecessem. Se o governo provisório fosse suplantado na Rússia, o proletariado alemão seguiria esse exemplo. Os Hohenzollern, a dinastia imperial alemã, tinham razão de temer o efeito contagioso dos tumultos revolucionários de Petrogrado. Os trabalhadores russos indicariam o caminho. Não lograriam êxito se não conseguissem conquistar a simpatia atuante das "massas camponesas". Trotski cunhou um novo lema: "Terras de latifundiários, não Constantinopla!" Foi uma tentativa de denunciar o fato de que o governo imperial russo tinha objetivos bélicos expansionistas e queria se apossar de territórios à custa dos otomanos. Essa não foi sua melhor propaganda, e ele logo a abandonou. Mas se manteve fiel à ideia fundamental de que os camponeses se uniriam à extrema esquerda política caso lhes fossem prometidos o fim dos combates na frente oriental (como a chamavam as Potências Centrais e os Aliados do Ocidente) e a desapropriação das terras da aristocracia rural.[31]

Trotski não precisava de tempo para elaborar sua política, uma vez que a mantivera intacta desde 1905. O que se fazia necessário, em sua opinião, era uma "República dos Trabalhadores Revolucionários". Ele tinha grandes esperanças: "O proletariado russo, neste momento, está lançando uma tocha acesa no paiol [da revolução social]. Supor que essa tocha não causará uma explosão é desdenhar das leis da lógica e da psicologia históricas."[32]

Ele estava aflito para regressar a Petrogrado e obteve os documentos necessários no consulado russo. Vieram então as reuniões de despedida. Até esse momento, Trotski observara certa cautela no que dizia em público, mas, na noite anterior à partida, teria dito a um grupo reunido no Harlem River Park Casino: "Quero que vocês se organizem e continuem a se organizar, até poderem derrubar o maldito governo capitalista podre deste país."[33] (Isso mais parece uma paráfrase escrita por um jornalista anglófono que a tradução de palavras originais de Trotski.) Fazia menos de três meses que Trotski e a família estavam nos Estados Unidos. Eles embarcaram no *Kristianiafjord*, da empresa de navegação Norwegian-America, no dia 27 de março, ansiosos por fazer a viagem de sua vida. Dizem que Trotski teria descartado um aviso do colunista norte-americano Frank Harris, no sentido de que ele poderia cair nas mãos dos militares britânicos quando o navio pegasse outros passageiros em Halifax, na província canadense da Nova Escócia.[34] Apesar da chuva torrencial, trezentos simpatizantes foram despedir-se deles no embarque. Agitaram-se bandeiras e flores enquanto Trotski era levantado nos ombros de amigos para subir a bordo.[35] Com certeza, Petrogrado seria a culminação de tudo por que eles tinham vivido. Um punhado de revolucionários providenciou cabines para a mesma viagem. Entre eles estava um colaborador de Trotski, Grigori Chudnovski. Outro passageiro foi Andrei Kalpashnikov, que pode muito bem ter sido mandado por órgãos dos Aliados para ficar de olho no famoso passageiro.[36]

Tudo correu bem, até o navio ancorar em Halifax para o embarque de outros passageiros. Como Trotski fora alertado, fazia muito tempo que as autoridades canadenses, ao contrário das norte-americanas, estavam avisadas do perigo representado por socialistas contrários à guerra. Trocaram-se telegramas entre Ottawa e Londres. Uma vez estabelecido que o notório Trotski encontrava-se no porto, foi expedida uma ordem para sua prisão. Ele protestou com veemência e recusou qualquer cooperação, afora a confirmação de sua identidade. Mas dificilmente poderia negar que tinha pregado a maldição eterna contra a causa dos Aliados. E não foi a única pessoa retirada do *Kristianiafjord*. As autoridades fizeram o mesmo com outros sete passageiros suspeitos de fanatismo antibelicista. Todos objetaram com veemência e tiveram de ser retirados à força por "marujos grandes e musculosos". Trotski gritou e chutou os marinheiros, em sua fúria impotente.[37] Em seguida, foi submetido a uma revista para a qual teve de tirar toda a roupa, pela primeira vez em sua carreira de detenções. Detestou ser tocado dessa maneira e guardou ressentimento disso pelo resto da vida. Ele e um grupinho de pessoas foram levados para um campo de prisioneiros de guerra a quase 150 quilômetros de distância, em Amherst, enquanto Natalia e os meninos eram hospedados no hotel Prince George.[38] Trotski foi um incômodo para seus captores e para os oficiais alemães detidos, ao fazer propaganda contra a guerra entre os soldados das Potências Centrais.

Após protestos do governo provisório russo, sob pressão do Soviete de Petrogrado, Trotski foi libertado e teve permissão para embarcar em outro navio, o *Helig Olaf*, e retomar a viagem com a família. Andrei Kalpashnikov, que servira de intérprete para os britânicos, assim recordou a cena: "Quando o navio se afastou, Trotski agitou o punho para os oficiais ingleses e xingou a Inglaterra."[39] Enquanto se lamentava pelo tempo e o navio a vapor perdidos, ele não tinha como saber que o *Kristianiafjord* não era a embarcação mais afortunada na travessia do Atlântico: em junho de 1917, em sua partida seguinte de Nova York, ele naufragou no cabo Race, na província de Terranova, em decorrência de um erro de navegação.[40]

O atraso canadense significou o regresso de Trotski para uma situação política que havia passado por mudanças profundas desde a queda da monarquia dos Romanov. A autoridade do governo provisório estava enfraquecida. A polícia fugira. Os soldados da guarnição recusavam-se a obedecer aos decretos do gabinete ministerial, a menos que tivessem a aprovação dos sovietes de Petrogrado e do resto do país. Os mencheviques e os socialistas revolucionários não estavam interessados na formação de um gabinete; suas doutrinas sugeriam que a Rússia continuava num estágio muito rudimentar de desenvolvimento industrial e cultural para que fosse sensato tentar introduzir o socialismo. Eles também hesitavam em assumir a responsabilidade pelas dificuldades do país em tempos de guerra. Com certa relutância, permitiram que o advogado socialista revolucionário Alexander Kerenski aceitasse uma pasta ministerial. Mas sua estratégia favorita era exercer influência, e não assumir o poder — e eles insistiam nas políticas das liberdades civis e da defesa nacional como preço de seu apoio ao governo provisório. Até os bolcheviques estavam confusos. Enquanto alguns incitavam uma insurreição socialista, as principais figuras de seu Comitê Central, especialmente Lev Kamenev e Josef Stalin, compartilhavam em linhas gerais a ideia de que convinha oferecer um "apoio condicional" ao gabinete.

A política mundial também se modificara desde que Trotski havia partido de Nova York. Submarinos alemães atacaram navios norte--americanos, num esforço desesperado de bloquear a Grã-Bretanha e reduzi-la à impotência militar. Os generais Ludendorff e Hindenburg, na frente ocidental, queriam isolar a Grã-Bretanha e a França dos suprimentos enviados do outro lado do Atlântico. Os Estados Unidos declararam guerra à Alemanha no dia 6 de abril, transformando-se numa "potência associada" ao lado dos Aliados. Trotski não tivera qualquer participação na política da nova Rússia, mas era dono de uma autoconfiança inextinguível.

17. Quase bolchevique

A última etapa da viagem interrompida de Nova York levou Trotski pela mesma ferrovia que os emigrantes da Europa central haviam tomado. Os oficiais britânicos em patrulha conjunta na fronteira sueco-finlandesa não criaram dificuldades. Com entrada livre no trem em Tornio, ele viajou para o sul num estado de espírito exultante. Agora, nada poderia impedi-lo de chegar à Rússia. Ao cruzar a fronteira russo-finlandesa interna em Beloostrov, ele recebeu as boas-vindas dos companheiros marxistas Moisei Uritski e G. F. Fiodorov.[1] Uritski fazia parte dos unionistas judeus interdistritais, que não gostavam do facciosismo dos mencheviques e bolcheviques e queriam unificar o Partido Operário Social-Democrata Russo na base da formação de um governo de coalizão socialista e do término da guerra; Fiodorov era membro do Comitê Central bolchevique. Não apareceu nenhum representante dos mencheviques, o que foi um sinal precoce da guinada que vinha sendo dada pela política na capital. Trotski chegou à Estação Finlândia em 4 de maio, dois meses depois da abdicação de Nicolau II e um mês depois de Lenin. Os líderes bolcheviques e socialistas revolucionários do Soviete de Petrogrado montaram a cerimônia costumeira de boas-vindas. Houve aplausos quando Trotski foi carregado da plataforma nos ombros. Ele era um herói revolucionário. Havia chefiado o primeiro soviete da capital, doze anos antes. Cumprira pena em presídios e na Sibéria. Seus escritos políticos lhe haviam angariado fama. Ninguém, qualquer que fosse o partido, era capaz de se equiparar a seu brilhantismo como orador.

Os bolcheviques tinham modificado sua estratégia na quinzena anterior, pressionados por Lenin. As *Teses de abril*, formuladas por ele

Quase bolchevique

e aceitas numa conferência faccional, conclamavam a substituição do governo provisório por um governo socialista revolucionário. Essencialmente, Lenin havia abandonado o "antigo bolchevismo", que esperava que uma etapa de desenvolvimento capitalista se seguisse à derrubada da monarquia dos Romanov. Agora, tal como Trotski, os bolcheviques defendiam a revolução socialista imediata. Fiodorov fora enviado para receber Trotski em Beloostrov no intuito de averiguar se ele seria receptivo a alguma espécie de colaboração política.

A cordialidade da recepção na Estação Finlândia escondeu as apreensões contínuas a respeito de Trotski. Os mencheviques e os socialistas revolucionários detestavam sua perspectiva revolucionária, e os bolcheviques ainda não se haviam convencido de que ele era um aliado de confiança.[2] Em geral, Trotski não se importava com a atitude das pessoas a seu respeito, mas, nesse momento, estava meio sensível. Encontrava-se sozinho em Petrogrado. Sua experiência como líder do soviete em 1905 tinha pouca importância; ele tinha de construir uma nova reputação, numa situação inteiramente diferente. Os mencheviques e os bolcheviques estavam em plena atividade e nada exibiam da falta de autoconfiança que haviam demonstrado doze anos antes. A política havia entrado numa fase de extraordinária complexidade, e Trotski ainda precisava demonstrar que havia compreendido o que estava acontecendo. Isso não o desanimou. Apesar de continuar nervoso com as facções de mencheviques e bolcheviques, encarou a situação com uma postura positiva. Suas explosões de emoção em Halifax tinham brotado da intensa frustração de ser impedido de entrar no vendaval revolucionário em Petrogrado. Ele estava com 38 anos, transbordando de energia e autoconfiança. Sentia estar regressando para cumprir o seu destino.

Uma de suas providências, nos primeiros dias depois de chegar a Petrogrado, foi entrar em contato com o cunhado, Lev Kamenev, e com sua irmã Olga. Entre seus objetivos estava o de descobrir o que andavam fazendo os bolcheviques. Por intermédio de Kamenev, ele arranjou uma visita aos escritórios do jornal *Pravda*.[3] Na verdade, não se restringiu aos bolcheviques, mas falou com todos os grupos do Partido Operário Social-Democrata Russo que se opunham incondicionalmente à Grande Guerra. Mais ainda, persistiam algumas

224 Parte II: 1914-1919

animosidades entre ele e os bolcheviques, e estava longe de ser óbvio que Trotski iria se aliar a eles.[4]

O governo provisório vinha sendo reformulado, depois do tumulto causado no fim de abril pela revelação de que Pavel Milyukov, o ministro das Relações Exteriores, tinha garantido aos Aliados que a Rússia apoiava os objetivos bélicos expansionistas de Nicolau II. As manifestações de rua organizadas pelo Soviete de Petrogrado forçaram a renúncia de Milyukov e Guchkov. O príncipe Lvov não via como os problemas pudessem terminar, a menos que os mencheviques e os socialistas revolucionários concordassem em se ligar a seu gabinete. Com muitos receios, a liderança do soviete acedeu. Trotski sempre havia antipatizado com qualquer negociação com os liberais e continuou a defender um "governo dos trabalhadores". Mas, como se haveria de alcançar isso, depois que a revolta contra a monarquia dos Romanov deixara de instalar esse governo no poder? Com que facções e grupos valeria a pena trabalhar? E quais eram os melhores lemas para uma campanha contra o gabinete de Lvov?[5] Estas eram perguntas que os bolcheviques tinham respondido na conferência que realizaram e que havia terminado, uma semana antes, com uma estrondosa vitória para as *Teses de abril* de Lenin. Os bolcheviques, apesar de serem minoria nos sovietes, estavam decididos a ampliar sua influência junto aos operários, camponeses e soldados, à medida que crescessem as dificuldades do governo provisório. Declararam que o capitalismo condenava a Rússia à catástrofe econômica e social, bem como a um prolongado banho de sangue militar. O país precisava de um governo dos trabalhadores.

Trotski tinha sido dessa opinião muito antes de Lenin executar suas contorções ideológicas para justificar a conclamação a uma revolução socialista. Lenin fingiu que uma revolução democrático-burguesa já havia ocorrido em março. Era um estratagema para sustentar que ele continuava a aderir a uma estratégia revolucionária em duas etapas.[6] Ele evitou mencionar que havia afirmado, em ocasiões anteriores, que uma revolução democrático-burguesa só seria possível se uma ditadura socialista de todos os partidos assumisse o poder e uma reforma agrária fundamental fosse implementada. O mais próximo que chegou de admitir uma mudança de ideia veio com sua conclamação para que o

Quase bolchevique

"velho bolchevismo" fosse abandonado. A alternativa seria admitir que ele estivera errado — coisa que Lenin jamais gostou de fazer. Trotski não se vangloriou, apesar de haver passado anos sendo ridicularizado por defender um "governo dos trabalhadores" — os bolcheviques estiveram entre os que o haviam descrito como um destrambelhado que não compreendia o marxismo. Agora, depois de redesenhado o bolchevismo, Lenin e seus camaradas clamavam pelo estabelecimento imediato de uma "ditadura do proletariado". Enquanto a liderança bolchevique tinha de gastar tempo para explicar sua mudança de postura, Trotski pôde saltar do trem na Estação Finlândia e repetir ideias que havia promulgado doze anos antes.

Chegou a tempo de assistir ao debate do Soviete de Petrogrado sobre o pacto governamental entre liberais e socialistas. Foi uma cena bizarra. O soviete se instalara peremptoriamente no Instituto Smolny, que tinha sido uma escola secundária feminina até a Revolução de Fevereiro. Trotski viu seu ex-protegido Matvei Skobelev defender a tese oficial da coalizão.[7] A liderança do soviete ignorou Trotski: muito bem que se demonstrasse respeito a ele na Estação Finlândia, mas outra coisa era lhe oferecer um palanque para suas opiniões políticas diruptivas no soviete. Ao se espalhar na plateia a notícia de que ele estava presente, ouviu-se o clamor para que tivesse a oportunidade de falar. Seguiu-se um estardalhaço de aprovação quando ele subiu à tribuna. Como era previsível, o orador opôs-se ao plano de uma parceria com os liberais, mas não se entregou a sua costumeira contundência expressiva. Ainda tateava pelos rumos da política de Petrogrado. Também estava nervoso — situação que não costumava afligi-lo em plataformas públicas. Ao agitar as mãos, fez os punhos da camisa se projetarem demais para fora das mangas do paletó e, sempre meticuloso com a elegância, pareceu pouco à vontade consigo mesmo e com sua aparência.[8]

Durante várias semanas, manteve suas opções em aberto, conversando com todos os que pudessem ajudá-lo a construir uma base da qual pudesse fazer campanha sem comprometer suas ideias. Em Petrogrado, ligou-se aos interdistritais, tão ansiosos quanto ele por uma rápida revolução socialista. Essa corrente acolhia de bom grado os marxistas que temiam perder sua autonomia de pensamento e ação pela fusão com os bolcheviques. Não se tratava de uma facção rigidamente coordenada — e ela pouco se importava em estender sua rede para fora de Petrogrado. Em anos posteriores, Trotski foi retratado como seu líder.[9] Na verdade, foi apenas a mais destacada entre várias figuras influentes, e a liderança era de natureza coletiva. Ninguém sonhava oferecer a Trotski a autoridade suprema.

Outros ilustres ex-emigrantes marxistas contrários à guerra uniram-se aos interdistritais, ou agiram de forma independente de qualquer facção. Entre eles estavam vários colaboradores do *Nashe slovo* em Paris: Moisei Uritski, Solomon Lozovski, Vladimir Antonov-Ovseenko, Dmitri Manuilski, Miron Vladimirov, Khristian Rakovski, Angélica Balabanova, Grigori Chudnovski, Anatoli Lunacharski, David Ryazanov e Mikhail Pokrovski. Havia também um velho amigo de Trotski, Adolf Ioffe, libertado da Sibéria depois da Revolução de Fevereiro.[10] Todos esses veteranos dinâmicos logo viriam a ser incorporados aos mais altos escalões do bolchevismo.[11] Ao se ligar aos interdistritais, Trotski estava se reservando uma liberdade substancial de expressão e ação. Ao mesmo tempo, procurou cooperar com os bolcheviques, e Lenin esperava o mesmo dos interdistritais. O desejo de Lenin não era unanimemente compartilhado pelo Comitê Central bolchevique, mas ele insistiu, e um apelo foi feito "em nome do camarada Lenin e de vários membros do Comitê Central".[12] Trotski fez-se um pouco de difícil. Ao discursar na conferência deles, em maio, insistiu em que Lenin deveria pagar o preço por qualquer concordância com a fusão organizacional: "Os bolcheviques se desbolchevizaram — e não posso chamar-me de bolchevique [...]. Não se pode exigir de nós o reconhecimento do bolchevismo [...]. A antiga nomenclatura faccional é indesejável."[13]

Trotski queria formar um partido com todos os grupos que almejassem a derrubada do governo provisório e o término imediato da guerra. Não queria ligar-se aos bolcheviques. Sua ideia era que estes, os interdistritais e várias organizações "nacionais" deviam unir-se para formar um novo partido em bases iguais — e ele ainda não era avesso a fazer com que os internacionalistas mencheviques se ligassem ao proposto Bureau Organizacional.[14] Lenin não estava em condições de aceitar esses termos, visto que o Comitê Central bolchevique era cioso de sua primazia na

Quase bolchevique

campanha contra o governo. Trotski e Lenin concordaram em discordar momentaneamente, ao mesmo tempo que cooperavam em bases práticas. Enquanto isso, Trotski continuou a buscar oportunidades de conquistar um papel editorial influente. Para ele, talvez o jornal óbvio fosse o diário *Novaia Jizn*, que criticava as concessões dos mencheviques e dos socialistas revolucionários sem abraçar o bolchevismo. Mas o conhecimento da idiossincrática estratégia revolucionária de Trotski o precedia. O mesmo se dava com a lembrança de seu temperamento imperioso. O *Novaia Jizn* resolveu não incluí-lo em sua direção.[15]

Entre os que regressaram, Trotski não era o único com esperança de obter um cargo no jornal. Lunacharski, ex-bolchevique e agora colega no partido dos interdistritais, providenciou uma reunião para resolver as coisas, no fim de maio. Trotski tentou seduzir pelo menos um dos editores de antemão.[16] O senão principal era de natureza política. Trotski e Lunacharski queriam que se formasse um governo exclusivamente com socialistas; os editores rejeitaram essa tese e não manifestaram qualquer intenção de lhes entregar seu jornal. Houve uma troca franca de opiniões. Trotski enfureceu-se com Martov por ele se recusar a romper com a maioria dos mencheviques. Sukhanov relembrou que Trotski havia concluído: "Agora vejo que já não me resta mais nada a fazer senão fundar um jornal com Lenin."[17] Durante algum tempo, Trotski se arranjou ajudando a editar o *Vperyod* ("Avante") para os interdistritais, em cooperação com Ioffe.[18] A fragilidade financeira significou que sua tiragem nunca pôde se igualar à do *Pravda* dos bolcheviques, e chegou até a solapar a regularidade das edições. Trotski precisava de um veículo confiável e de larga escala para seus artigos. O processo de fazer as pazes com os bolcheviques prosseguiu. No início de junho, ele disse a Sukhanov: "A pessoa deve ingressar em partidos e escrever em publicações em que possa ser ela mesma."[19]

Contra esse pano de fundo, era essencial instalar a família. Os Trotski estavam hospedados na casa de Yuri Larin e sua família.[20] Larin sempre estivera na esquerda do Partido Operário Social-Democrata Russo e tivera uma participação vigorosa em suas discussões antes da Grande Guerra. Como Trotski, aproximava-se aos poucos do bolchevismo. Capenga e terrivelmente míope, ganhara proeminência rapidamente como escritor bolchevique. Era melhor propagandista que pensador, e sua sonhadora falta de senso prático fazia dele a última pessoa propensa a ser nomeada para um cargo prático de responsabilidade. Tempos depois, Trotski viria a concordar com esse veredicto. Em meados de 1917, porém, recém-chegado do outro lado do Atlântico, ficou satisfeito com a oferta de um quarto no apartamento dos Larin. A situação estava longe de ser ideal, mas a família aprendeu a lidar com ela.

Entre as vantagens de morar em Petrogrado estava a oportunidade de Trotski restabelecer o contato com suas duas filhas com Alexandra Bronstein. Zina estava com 16 anos, Nina era um ano mais nova. Natalia conhecia Zina de Viena; nessa ocasião, encontrou-se com Nina pela primeira vez. Sergei e Lëva, de 11 e 12 anos, eram frequentemente abandonados pelos pais, que se atiravam à atividade política. Os meninos iam ao apartamento de Alexandra Bronstein encontrar-se com as meias-irmãs. Zina parecia menos tensa do que antes e Lëva e Sergei a adoravam.[21] Ao chegar o verão, os meninos de Trotski foram para Terijoki, no golfo da Finlândia, um velho reduto de Trotski e Natalia, para desfrutar do ar marinho.[22] Ali se misturaram com veranistas russos de classe média, que relaxavam como se estivessem nas cidades costeiras italianas ou na Riviera Francesa, e como se a revolucionária Petrogrado se encontrasse a milhares de quilômetros de distância. Os Trotski viam esse estilo de vida como uma faceta natural de sua existência. Terijoki tinha a vantagem adicional de se situar na Finlândia, que praticamente se governava, sem levar em conta o governo provisório russo. Os pais confiavam em que ali seus filhos ficariam livres de perigos, e Trotski podia dar seguimento a sua atividade política sem perturbações.

Seu impacto na política da extrema esquerda acentuou-se, à medida que ele discursou em dezenas de comícios. Sua reputação o precedia. As pessoas compareciam pelo prazer de escutá-lo. Às vezes, o entusiasmo por ele era tão grande que sua única maneira de sair do Cirque Moderne, o grande teatro onde se realizavam muitas assembleias populares, era ser carregado por cima das cabeças das pessoas na multidão.[23] Ele não preparava seus discursos com detalhes: não tinha tempo para isso e, de qualquer modo, entendia que seu talento florescia quando suas palavras não ficavam confinadas num roteiro rígido. A oratória sempre o havia

Quase bolchevique

fascinado, como indicou a carta escrita em 1903 à sua primeira mulher, Alexandra.[24] Em 1908, ele se referira a Jean Jaurès, o maior orador da esquerda política francesa, como um "titã". O que o impressionava era a capacidade de Jaurès, um homem de poucos atrativos físicos, de produzir uma exibição cativante de paixão. Trotski dizia que Jaurès era "orador pela graça de Deus".[25] Com isso, deixava implícito que os oradores realmente magistrais atingiam seu efeito sem necessariamente saber como o faziam. Talvez esse fosse realmente o caso de Jaurès e Trotski: eles não deixaram nenhum sinal de querer saber como praticavam o que os outros chamavam de sua mágica. Mas também aprendiam com a experiência. Como os melhores professores, sabiam o que surtia efeito e o que não surtia.

O hábito de Trotski era escrever um esquema dos pontos principais em sequência, assinalando aqueles que precisaria enfatizar.[26] Ele falava de forma gramaticalmente correta. Era de excepcional fluência, sarcástico, persuasivo e ebuliente. Sua cabeleira castanho-avermelhada ondulava na brisa. Ele nunca perdia a aparência elegante, com seu terno e colete.[27] De pincenê, era uma figura imediatamente reconhecível. Era mais alto que a maioria dos componentes da plateia e se movia com gestos desenvoltos, enquanto escolhia as palavras e temas com que inflamá-los. Gostava de gesticular — o que era útil, numa época em que os alto-falantes não chegavam a fornecer um som perfeito para as multidões reunidas ao ar livre; e, quando queria enfatizar um ponto, esticava o braço direito e apontava o indicador para o público.[28] Não tinha pejo de cumular os ouvintes de referências a Marx, aos políticos ocidentais do momento e às piadas privadas dos revolucionários russos. Sabia transmitir com facilidade sua ideia geral. Corria de uma grande reunião para outra como se sua vida dependesse disso — e, ainda que tivesse feito o mesmo discurso, minutos antes, sabia dar-lhe a aparência de um discurso improvisado. Seu cioso engajamento era inconfundível. Era evidente que ele estava gostando dessa nova política "de massas" da Rússia.

Eram suas ideias estratégicas sobre a política que Trotski mais fazia questão de transmitir a seus ouvintes e leitores. Já não exortava a unificação de todas as facções do Partido Operário Social-Democrata Russo. Para ele, assim como para Lenin, Martov e os outros esquerdistas mencheviques eram uma causa perdida. Ao mesmo tempo, entretanto, ele promovia orgulhosamente sua teoria da "revolução permanente". Esta nunca fora do agrado de Lenin, se desconsiderarmos alguns comentários rabiscados em 1905 e que ele guardou para si.[29] Mesmo depois da Revolução de Fevereiro, ele se recusou a afirmar que o projeto de Trotski estivera mais próximo do que se fazia necessário que o dele próprio. Trotski não questionou a decisão. Ao lado de seus amigos, alegrou-se pelo fato de um "Estado proletário" ser finalmente alcançável. Sentiu que sua hora havia chegado. O clima revolucionário adequava-se a um homem como Trotski, que correria qualquer risco, se achasse que havia oportunidades de promover a causa marxista. Moisei Uritski exclamou: "Eis que chega um grande revolucionário, e tem-se a impressão de que Lenin, por mais inteligente que seja, começa a perder o brilho ao lado da genialidade de Trotski."[30]

Lenin não temia ter rivais pessoais na extrema esquerda política. Queria e precisava de colaboradores ativos e talentosos, como Trotski. Os dois concordavam quanto a um plano geral para a revolução na Rússia. Era preciso acabar com o governo provisório e instituir um "governo dos trabalhadores". A era da revolução socialista europeia havia chegado. A Grande Guerra só terminaria quando os integrantes da extrema esquerda chegassem ao poder e repudiassem o capitalismo, o imperialismo, o nacionalismo e o militarismo. Tinha que haver uma reforma básica imediata na Rússia. Os camponeses deviam apossar-se das terras da família imperial, do Estado e da Igreja ortodoxa. Os trabalhadores deviam controlar as fábricas. Trotski compartilharia um partido com Martov se este concordasse em romper com os mencheviques que haviam apoiado o esforço de guerra. Manteve longas discussões dentro dessa linha, porém Martov recusou-se a se mexer e insistiu em sua opinião de que um cisma dentro do menchevismo seria desastroso para o movimento socialista da Rússia.[31] Trotski estava diferente: descobriu que gostava de conversar com os bolcheviques e de aparecer nas plataformas com eles. O resíduo das discordâncias passadas vinha sendo posto de lado. Lenin e Zinoviev demonstraram sua sinceridade ao comparecer à conferência dos interdistritais, no fim de maio. Trotski não precisou buscar a aproximação. Percebeu que os bolcheviques já não se portavam como sectaristas intolerantes e poderiam ser um instrumento decisivo

Quase bolchevique

para promover a "transição para o socialismo", prevista durante tanto tempo. Ele esperava ligar-se ao partido bolchevique e ingressar em seu quadro dirigente.

Toda a situação da esquerda política antibelicista foi se alterando rapidamente. Bolcheviques e mencheviques enfim chegaram a uma cisão completa, formando partidos separados. Fora da capital, continuou a haver um movimento pela unificação do Partido Operário Social-Democrata Russo, porém a maioria dos comitês locais já havia passado por um cisma no fim do verão. De qualquer modo, o partido bolchevique, em 1917, era um amálgama de bolchevismos. Alguns filiados rejeitaram categoricamente as tentativas de aproximação de Lenin — Alexander Bogdanov foi um exemplo destacado. Ele e o escritor Máximo Gorki viam Lenin como um demagogo e um misantropo. Mas outros veteranos puseram de lado as discordâncias passadas. Entre eles estava Lunacharski. Depois da Revolução de Fevereiro, o bolchevismo enfeixou suas análises e projeções num nó mais apertado que antes. Os militantes do partido visavam à derrubada do governo provisório e ao término da Grande Guerra. Todos falavam com aprovação do poder das massas. Havia um consenso de que os operários e camponeses deveriam ser incentivados a refazer sua vida como quisessem. As fábricas, escritórios e fazendas deveriam ser reorganizados. Persistiam diferenças entre os bolcheviques — e elas estavam prestes a vir à tona, no instante em que o partido tomasse o poder —, mas, entre fevereiro e outubro, as divergências puderam ser contidas.

Não é que faltassem pontos de discordância entre Lenin e Trotski. Lenin era receptivo à ideia de que os bolcheviques tomassem o poder sozinhos, ao passo que Trotski desejava ardorosamente que a revolução seguinte ocorresse por uma combinação de grupos da extrema esquerda política.[32] Havia outra diferença. Lenin não queria que o poder fosse transferido para os sovietes enquanto os mencheviques e os socialistas revolucionários continuassem a controlá-los; Trotski insistia em que o poder fosse retirado do governo provisório, independentemente de quem estivesse controlando os sovietes.[33]

Lenin usava diversos lemas. Em termos gerais, exigia uma "ditadura do proletariado", o que era compatível com a terminologia trotskista. Mas às vezes escrevia sobre uma ditadura do proletariado e dos camponeses pobres — e Trotski nunca usava tal formulação. Os dois não faziam questão de discutir o assunto: essas discrepâncias não tinham peso para eles, à luz de sua determinação comum de expulsar o governo provisório e instalar um governo revolucionário. Tempos depois, os seguidores de Trotski afirmaram que apenas Lenin teve de repensar sua perspectiva estratégica em 1917.[34] Isso foi um engano. Trotski havia profetizado uma revolução liderada pelos operários da indústria. O que encontrou na Rússia foi fazendo com que modificasse sua análise. O destino de qualquer governo em Petrogrado, em 1917, dependia de quanto apoio recebesse dos militares — e nenhum movimento em prol da tomada do poder seria realista sem um vigoroso respaldo das guarnições da capital. A maior proporção de homens armados compunha-se, de longe, de camponeses. Trotski percebeu isso e adaptou sua estratégia para incluir o campesinato como um fator mais decisivo em seu planejamento. Esse foi um processo que o aproximou de Lenin. Tal como este, ele declinou de dar explicações sobre suas novas ideias na época.[35]

A necessidade de uma mudança estratégica, afirmou ele alguns meses depois, em *From October to Brest-Litovsk* ["De outubro a Brest-Litovsk"], decorria da situação provocada pela guerra, ao passo que suas ideias anteriores haviam partido da premissa da situação em tempos de paz.[36] É possível que ele houvesse escrito mais sobre esse tema, se não estivesse tão atarefado; na época, porém, havia atingido seu objetivo principal, que era enfatizar o amplo apoio social que havia permitido a tomada do poder.[37] Trotski nunca estivera tão ocupado. Sua vida — assim como a de Natalia — ficava entregue a uma ronda incessante de discursos públicos, reuniões do comitê e negociações políticas. O que dominava sua mente era a ideia de que o governo provisório tinha que ser derrubado, a favor de um governo revolucionário. Com isso se implementaria a reforma social e econômica que era fundamental. A guerra europeia seria encerrada. A revolução na Rússia seria seguida pela derrubada das classes governantes em toda a Europa. Não agir seria um desastre. Os elementos contrarrevolucionários do antigo Império Russo estavam aguardando sua oportunidade de atacar.

18. Ameaças e promessas

As dificuldades do governo provisório não terminaram em maio de 1917, quando os mencheviques e os socialistas revolucionários ligaram-se a ele como ministros. Esses dois partidos tinham suas próprias facções de esquerda, que achavam que ainda se estava fazendo um excesso de concessões aos constitucional-democratas, e que faziam campanha nos sovietes pela demonstração de um radicalismo maior na política externa e interna. Os novos ministros socialistas ressentiram-se dessas críticas. Irakli Tsereteli, um menchevique, trabalhou com afinco para organizar, no território neutro da Suécia, uma conferência de socialistas de todos os países combatentes, como forma de pressionar os governos a porem fim à guerra. Matvei Skobelev, seu colega de partido, aprovou normas que aumentavam o bem-estar da força de trabalho industrial e ampliou a regulamentação estatal da indústria.[1] Viktor Chernov, o líder socialista revolucionário e ministro da Agricultura, conferiu poderes para que comitês localmente eleitos transferissem terras não cultivadas para os camponeses.[2] Os cadetes acharam tudo isso exasperante. Para eles, os mencheviques e os socialistas revolucionários pareciam ter jogado fora o espírito de conciliação necessário para uma verdadeira coalizão. A desintegração do gabinete acelerou-se.

Trotski esclareceu a Tsereteli seus motivos de otimismo: "Quando um general contrarrevolucionário tentar jogar o laço no pescoço da Revolução, os cadetes passarão sabão na corda para ele, enquanto os marinheiros de Kronstadt aparecerão para lutar e morrer [...]."[3] Kronstadt era a ilha costeira próxima de Petrogrado onde havia uma grande guarnição naval. Seus marinheiros eram famosos por desconfiarem do governo provisório. Trotski expressou admiração por eles, ao passo que acusou continuamente os líderes mencheviques e socialistas revolucionários de má-fé. Seus discursos afirmavam a sinceridade unicamente da extrema esquerda política, e sua imagem pessoal ao longo das décadas sugeria que, de fato, ele era um político franco. Isso é um exagero. Trotski sabia jogar duro e bancar o demagogo. Dispunha-se a dizer quase qualquer coisa para persuadir os trabalhadores e soldados de Petrogrado a ladearem com o partido. Fingiu-se indignado quando surgiu uma proposta de socorrer o orçamento da cidade mediante a solicitação aos soldados, que gozavam de gratuidade nos transportes públicos, que pagassem 5 copeques pela passagem de bonde. Até seu camarada Adolf Ioffe concordou com a cobrança proposta. Na época, os operários tinham que pagar 20 copeques. Não fazia muito sentido conceder aos soldados da guarnição, que não estavam em combate e queriam evitar ser mandados para a frente oriental, um privilégio negado aos outros habitantes da capital.[4]

Trotski nunca foi avesso ao uso de táticas demagógicas.[5] Nesse momento, ele e seus amigos da extrema esquerda tinham em mente o objetivo da revolução e acreditavam que qualquer método era justificável para persegui-lo. A seu ver, o governo provisório era culpado por enganar "as massas" em prol de seus senhores capitalistas. Comparados a isso, os subterfúgios do próprio Trotski eram pequenos — e se destinavam a criar um mundo de justiça e franqueza para a classe trabalhadora, depois que o gabinete de Lvov fosse afastado do poder e a "autonomia proletária" fosse estabelecida.

Em seus discursos e artigos, Trotski prestava pouca atenção a esses assuntos. Não é que houvesse deixado de ser um orador frequente ou um jornalista prolífico: nunca estivera mais atarefado nas duas atividades.[6] Também não era apenas por ele acreditar que os ministros socialistas vinham financiando paliativos, em vez de tentarem a cura geral necessária para os males do país. A razão do descaso de Trotski foi sua preocupação com outro aspecto da atividade do governo provisório. Em junho de 1917, Alexander Kerenski, um dos líderes socialistas revolucionários e ministro de Assuntos Militares, ordenou a retomada da ofensiva no *front* oriental. Para seus inimigos, como Trotski e Lenin, isso foi prova de que o desejo oficial de anexar territórios não se extinguira com a renúncia de Milyukov e Guchkov. Trotski preparou uma declaração denunciando os preparativos de Kerenski, a qual foi lida em voz alta pela liderança bolchevique no I Congresso de Sovietes.[7] A aproximação entre Trotski e Lenin consolidava-se dia a dia.

Aumentavam os sentimentos antigovernistas entre operários, soldados e marinheiros. Uma passeata foi convocada pelos bolcheviques para meados de junho, em Petrogrado, para protestar contra os "ministros capitalistas". Os mencheviques e os socialistas revolucionários do Comitê Executivo Central de Toda a Rússia passaram-nos para trás, proibindo a passeata e organizando sua própria manifestação. O Comitê Central bolchevique recuou, mas Lenin não perdeu a esperança de desestabilizar o governo provisório. Iniciaram-se discussões entre os bolcheviques para fazer outra passeata pelas ruas da capital. Trotski e os interdistritais realizaram um debate simultâneo. Manteve-se uma ligação estreita entre as duas organizações e foi tomada a decisão de levar adiante uma manifestação armada. Embora esse objetivo não tivesse sido explicitado, não seria uma surpresa desagradável para Trotski e Lenin se os manifestantes fossem além de simplesmente marchar pela Avenida Nevsky. O precedente da Revolução de Fevereiro estava no pensamento de todos. Se um número suficiente de trabalhadores e soldados simpatizasse com a manifestação, o governo provisório poderia cair. Os marinheiros de Kronstadt estavam dispostos a fazer a travessia para o território continental a fim de participar. Se ocorressem distúrbios, o partido bolchevique e seus aliados improvisariam um desafio adequado aos ministros. O lema seria "Todo o poder aos sovietes!"[8]

Trotski circulou por vários locais, instilando entusiasmo pela ação direta. Seus artigos impressos não explicitavam o que ele tinha em mente, porque ele não queria dar ao governo provisório um pretexto para mantê-lo sob custódia. Quando subia numa plataforma, porém, a história era diferente. Ao discursar para a guarnição naval de Kronstadt na Praça da Âncora, ele insistiu na necessidade de derrubar o gabinete de Lvov e os mencheviques e socialistas revolucionários que o apoiavam. O regime que ele procurava estabelecer seria ditatorial e violento: "Eu lhes digo que cabeças devem rolar e o sangue deve fluir [...]. A força da Revolução Francesa estava na máquina que fazia os inimigos do povo ficarem uma cabeça mais baixos. Aquele é um belo equipamento. Devemos tê-lo em todas as cidades."[9] Trotski apresentou-se como um jacobinista de sua época. O governo provisório percebeu o que poderia ocorrer e expediu uma proibição de qualquer manifestação dessa ordem. Diante disso, o Comitê Central bolchevique entrou em pânico, temendo que o partido pudesse ser proscrito por conduta subversiva. Lenin, esgotado pelos esforços recentes, foi para o interior com sua mulher, Nadejda, e com Maria, sua irmã, para se recuperar. O que ele não contava era com a impaciência dos manifestantes reunidos em Petrogrado. Militantes entre os trabalhadores e os marinheiros levaram adiante o plano da passeata. Chegaram ao Instituto Smolny pedindo algum tipo de aprovação do Comitê Central dos bolcheviques para uma manifestação armada.

Trotski manteve a calma enquanto outros se agitavam. Continuaram a chegar soldados às ruas, em grande número, pedindo que os bolcheviques os liderassem contra o governo provisório. O 1º Regimento de Metralhadoras tomou a dianteira entre as guarnições de Petrogrado. Marinheiros da base naval de Kronstadt juntaram-se a eles na cidade. A liderança das organizações militares do partido bolchevique demonstrou extremo entusiasmo pela tentativa de fomentar a desordem e explorá-la para tomar o poder. A explosão política parecia iminente. Notícias da retirada forçada dos regimentos russos da Galícia aumentaram a antipatia nutrida pelo gabinete de Lvov. Eram frequentes as conclamações para que se formasse um novo governo de coalizão, por parte de todos os partidos socialistas, inclusive os bolcheviques e os interdistritais. O próprio governo provisório tinha problemas internos. Seus ministros socialistas propuseram conceder ampla autonomia regional à Ucrânia. Os liberais viram nisso apenas o primeiro passo para a desintegração do antigo Império Soviético. No dia 2 de julho, demitiram-se coletivamente do governo provisório, e o príncipe Lvov renunciou como primeiro-ministro. O governo da Rússia estava despencando num abismo.[10] Em frente ao Palácio Tauride, onde os ministros tinham seus escritórios, a multidão de trabalhadores e soldados que protestavam aumentou. Nesse palácio também ficava sediado o Comitê Executivo Central do Congresso de Sovietes. Nenhuma pessoa da liderança soviética em ascensão mostrou-se capaz de conter os ânimos da manifestação política que se preparava.

Ameaças e promessas

Crescia a insatisfação popular. O abastecimento de víveres das cidades vinha escasseando. Os operários também tinham medo de que as empresas industriais tendessem a fechar as portas, deixando-os desempregados e na miséria. A inflação continuava a aumentar, e o incentivo para que os camponeses levassem seus cereais para o mercado diminuiu. A guerra vinha correndo mal para o governo. As tropas da guarnição temiam ser despachadas em breve para a carnificina da frente oriental. As inclinações de milhões de operários, soldados e camponeses voltaram-se para o favorecimento dos grupos socialistas — especialmente os bolcheviques — que insistiam na necessidade de "medidas radicais". O partido bolchevique visava à transferência das fábricas para o "controle dos trabalhadores". Planejava permitir que os camponeses dispusessem das terras da monarquia, da Igreja e da aristocracia rural. Afirmava ter maneiras de pôr um fim rápido à Grande Guerra, desmobilizando as forças armadas russas e dando início à "revolução socialista europeia". Prometia que, se chegasse ao poder, ofereceria o direito de secessão a todos os povos do Império Russo. Afirmava que os trabalhadores e soldados alemães logo estariam realizando sua revolução. Os bolcheviques exibiam uma confiança sumamente intensa. Tinham certeza de que uma era inteiramente nova na história da humanidade revelava-se iminente.

Os interdistritais reuniram-se numa conferência em 2 de julho, enquanto a situação fervia nas ruas da capital. Trotski apresentou um projeto semelhante às ideias que vinham sendo elaboradas por Lenin. Concentrou-se em como estabelecer uma ditadura do proletariado e obter amplo apoio da sociedade. Importava-se ainda menos que Lenin com projetos econômicos.[11] É o quanto basta dizer sobre sua afirmação de ser um revolucionário "científico". Na verdade, ele era um apostador. Isto não equivale a dizer que não levasse as ideias a sério. Sua cabeça estava repleta de ideias revolucionárias. O que havia de notável nele era sua convicção fervorosa de que elas deviam ser experimentadas. E, a seu ver, o momento da experimentação tinha chegado.

Trotski vinha trabalhando num ritmo febril, equilibrando-se cautelosamente entre agitar as massas, para instigá-las à ação revolucionária, e pedir comedimento, quando julgava que o momento era impróprio para essa ação. No dia 3 de julho, marinheiros de Kronstadt deram uns empurrões em Viktor Chernov, ministro da Agricultura e líder do Partido dos Socialistas Revolucionários, em frente ao Palácio Tauride, em Petrogrado. Cobriram-no de impropérios, por ter-se recusado a tomar o poder em nome do socialismo. Seus ânimos tendiam a fugir do controle e o homem corria o risco de ser linchado. Trotski ia passando nesse momento e interveio de imediato para salvar a vida de Chernov. Não agiu por camaradagem solidária. Seu raciocínio foi que o assassinato de Chernov serviria para acarretar uma onda de repressão contra as forças políticas hostis ao governo provisório. Trotski foi o herói do momento. E não se esqueceu de conservar a afeição dos marinheiros: "Vocês vieram para cá, homens vermelhos de Kronstadt, tão logo souberam que um perigo ameaçava a revolução! Mais uma vez, Kronstadt mostrou-se um combatente da vanguarda pela causa do proletariado! Viva a Kronstadt vermelha, orgulho e glória da revolução!"[12] Num dia próximo, ele necessitaria dos combatentes de Kronstadt. Mas eles teriam de esperar o momento que Trotski e seus camaradas indicassem.

Os bolcheviques e os interdistritais tinham elevado propositalmente as expectativas entre seus adeptos, e era por essa razão que os manifestantes tinham se reunido para protestar em Petrogrado. A princípio, Trotski, Lunacharski, Zinoviev e outros ficaram satisfeitos com o tumulto. Mas se aperceberam de que o governo provisório, apesar de suas dificuldades, conservava a capacidade de reprimir a projetada manifestação armada e dispunha de regimentos leais em número suficiente para realizar seus desejos. Para os bolcheviques e os interdistritais, seria suicídio fechar os olhos para novas ações nas ruas. Os dois grupos de líderes fizeram apelos para que a multidão se dispersasse. O objetivo foi atingido, mas não antes de muitos manifestantes deixarem clara a sua decepção pelo fato de o gabinete não ter sido derrubado. Posteriormente, os ministros acusaram Lenin e Trotski de conspirarem para tomar o poder, protegidos por uma marcha turbulenta até o Palácio Tauride. Os bolcheviques e os interdistritais estariam vilipendiando o governo provisório na linguagem mais inflamatória. Teriam declarado que Lvov e seus colegas estavam traindo a causa do povo e sua revolução. Que espécie de protesto pacífico era esse, se os organizadores pediam aos milhares de manifestantes que portassem suas armas?

Lenin e Trotski sempre negaram publicamente haver tramado a derrubada do gabinete por meios violentos,[13] e Lenin pôde frisar que estivera ausente de Petrogrado quando o tumulto fervilhara na capital russa. Trotski, Lunacharski e Zinoviev puderam acrescentar que tinham feito mais que qualquer menchevique ou socialista revolucionário para impedir que a marcha armada prosseguisse. Na época, fizeram-se acusações e contra-acusações. O gabinete insistiu em que tinha havido uma tentativa de golpe de Estado. O Ministério de Assuntos Internos também divulgou dados de suas investigações sobre o financiamento do partido bolchevique. A alegação foi que Lenin e seus camaradas tinham recebido dinheiro — "ouro alemão" — do governo de Berlim. Alexander Parvus foi mencionado como intermediário. As provas eram circunstanciais, mas convincentes — e isso permitiu ao gabinete asseverar que Lenin era não apenas subversivo, mas também traidor. Lenin havia interrompido suas férias e retornara a Petrogrado. Contudo, em 6 de julho, expediu-se um mandado de prisão contra ele e também contra Zinoviev. Durante alguns dias, eles permaneceram escondidos na capital, e depois fugiram para Razliv, um vilarejo situado a uns 30 quilômetros ao norte. Zinoviev decidiu entregar-se às autoridades; Lenin optou por continuar a fugir e arranjou para si um porto seguro na casa do chefe de polícia de Helsinque.

Entretanto, não havia provas de que se houvesse elaborado um plano para uma rebelião — e quando, depois de 1917, Lunacharski soltou a afirmação de que ele havia existido, foi obrigado por Trotski, furioso, a negar que tivesse feito tal declaração.[14] Não obstante, atrás das portas fechadas de uma reunião partidária em 1920, Trotski viria a admitir que os bolcheviques e os interdistritais haviam usado os distúrbios de Petrogrado como uma forma de "sondar" a possibilidade de tomar o poder. Somente passadas várias décadas, quando já fazia muito que ele havia morrido, é que se permitiu a divulgação impressa de suas palavras.[15] O provável é que a extrema esquerda política estivesse realmente preparando-se para explorar qualquer oportunidade que pudesse surgir. Lenin e Trotski não eram peritos em organizar insurreições, mas, desde a virada do século, haviam falado muito sobre a necessidade delas. E, nesse momento, confiaram em sua capacidade de improvisar um meio apropriado de canalizar as energias "das massas", à medida que se agravavam os dilemas do governo provisório. Uma passeata havia derrubado a monarquia dos Romanov. Teria igual facilidade de derrubar o gabinete de Lvov e descartar os mencheviques e os socialistas revolucionários. A liderança bolchevique e seus aliados, inclusive os interdistritais, resolveram testar se era chegada a hora de uma tentativa de derrubar o gabinete.

Esse período de emergência política ficou conhecido como os Dias de Julho. Ele destruiu, na mente de Trotski, qualquer esperança remanescente de que um governo soviético pudesse ser formado pelos mencheviques e pelos socialistas revolucionários. Ao mesmo tempo, Trotski ficou estarrecido com a recusa de Martov a romper com o partido menchevique. Concluiu que a extrema esquerda política teria de agir como uma força independente. Não chegou ainda a se filiar ao partido bolchevique, mas, no dia 10 de julho, escreveu uma carta aberta em que expressou sua solidariedade a Lenin. Sugeriu que, se tinham sido expedidos mandados para a detenção de Lenin, também ele deveria ser posto sob custódia, e exortou o governo a fazer exatamente isso, em nome da coerência.[16] Sua esperança era desviar o debate popular do "ouro alemão" para a questão de os bolcheviques de Petrogrado e seus parceiros haverem ou não planejado um golpe de Estado. Queria um julgamento público como aquele a que fora submetido em 1906. Sabia que poderia tornar a causar grande impacto, e calculou que podia assumir alguns riscos com respeito a sua segurança pessoal: o governo provisório e seus partidários na liderança do soviete estavam longe de ter a intenção de usar de brutalidade contra seus inimigos da esquerda. Trotski passou duas semanas zombando das autoridades. Alexander Kerenski procurou freneticamente montar um gabinete. Os líderes mencheviques e socialistas revolucionários recusaram-se terminantemente a ajudá-lo; os cadetes sustentaram sua decisão de abandonar a coalizão. Os bolcheviques de Petrogrado, se não do resto do país, voltaram a suas atividades clandestinas, por medo de novas represálias. Kerenski, depois de conversar com o alto-comando do exército, indicou sua disposição de usar a força contra os sovietes. Ao se tornar primeiro-ministro, em 8 de julho, entrou em ação.

Os "casacões cinzentos" — soldados leais ao governo provisório — chegaram ao apartamento de Larin no dia 23 de julho. Eram os meses das "noites brancas" no norte da Rússia, nos quais o céu só escurece por um breve intervalo. O ministro da Justiça, A. S. Zarudni, que tinha sido um dos advogados de Trotski onze anos antes, expediu a ordem para sua detenção. Natalia ouviu os homens à porta. Tocou no ombro de Trotski e exclamou, com a voz arfante: "Eles estão aí!" Larin foi falar com os soldados, que primeiro perguntaram por Lunacharski, depois por Trotski. Larin recusou-se a permitir que entrassem. Foi ao telefone e ligou para seus contatos entre os mencheviques e os socialistas revolucionários, na liderança do soviete. Ninguém atendeu. Seguiu-se a detenção de Trotski, que foi levado para a Prisão Kresty (onde estivera encarcerado pela última vez em 1905).[17] A acusação foi que ele teria encorajado o violento desafio ao governo provisório no início do mês.[18]

Traçou-se muitas vezes um contraste entre a coragem de Trotski e a timidez de Lenin. Para esses dois homens, o perigo persistia enquanto os investigadores continuavam a buscar provas de um subsídio financeiro alemão. No caso de Trotski, sua antiga associação com Parvus era bem conhecida, e havia uma tentativa de provar que teria ocorrido uma troca de dinheiro entre os dois. As consequências foram desagradáveis para os filhos de Trotski: "'Que tipo de revolução é essa', perguntaram à mãe, em tom de censura, 'se o papai é posto num campo de concentração e, depois, num presídio?' A mãe concordou com os filhos em que aquela ainda não era uma revolução de verdade. Porém gotas amargas de ceticismo infiltraram-se na alma deles."[19] Trotski escreveu como se o governo provisório houvesse tomado a iniciativa de encarcerá-lo. Buscava o *páthos* literário — e teve êxito, entre a maioria dos leitores de sua autobiografia, porque lhes omitiu a informação de que havia instigado as autoridades a prendê-lo. A ousadia de Trotski foi inquestionável, mas não o seu bom senso. É verdade que Kerenski não deixaria que ele sofresse ferimentos físicos e, sem dúvida, Trotski teria dado um passeio nos advogados em qualquer julgamento. Entretanto, uma vez dentro do presídio, ele ficava vulnerável a agressões físicas de grupos de pessoas com menos escrúpulos que os ministros e o governo provisório. Estava correndo um grande risco.

Em 26 de julho, três dias depois de sua detenção, o VI Congresso do Partido teve início em sigilo em Petrogrado. A rigor, tratava-se de um congresso de marxistas "internacionalistas". Mas, na época, ninguém esperava a sério que Martov e a ala esquerda do menchevismo vigente

242 Parte II: 1914-1919

rompessem com a facção menchevique e participassem dos trabalhos. Isso significou que os bolcheviques tiveram o predomínio numérico no congresso. Em essência, os interdistritais haviam concordado com a incorporação ao partido bolchevique porque, àquela altura, praticamente não havia organizações conjuntas de bolcheviques e mencheviques. As condições de admissão foram generosas para com os interdistritais. O ausente Trotski, Moisei Uritski e Grigori Sokolnikov foram eleitos para o novo Comitê Central por seu grupo — e Adolf Ioffe elegeu-se membro consultor. Trotski ficou satisfeito por ver a extrema esquerda política finalmente se unir. Seus escritos da prisão eram automaticamente publicados no *Pravda*. As condições carcerárias eram de uma frouxidão risível, dado que ele e seus companheiros de presídio moviam uma campanha virulenta na imprensa contra o governo provisório. Lëva e Sergei, ainda perplexos com os acontecimentos, iam com a mãe fazer-lhe visitas regulares. (Há um tom de superioridade moral ao longo das memórias de Trotski: ele se recusou a admitir que o regime de Kerenski tinha razão em tomar medidas contra pessoas que tramavam sua derrubada sob a força das armas.)

Foram tempos inquietantes para Natalia, que, naquele ano, já tivera de consolar os meninos quando o pai fora trancado num campo de prisioneiros de guerra em Halifax. Mas ela não precisava ter-se alarmado. Na companhia dos Ioffe, a família foi para Terijoki sem Trotski. Os dois grupos de crianças saíram juntos para passear e depararam com uma dupla de marinheiros de Kronstadt. Ao saberem de quem eram as crianças, eles deram tapinhas nos ombros dos filhos de Trotski e disseram: "Não se aborreçam, meninos; nós logo iremos soltar o seu pai com baionetas e música." As crianças ficaram empolgadas com a ideia de uma libertação ao som de uma banda marcial.[20]

O governo provisório não tinha pressa de levar os líderes bolcheviques a julgamento. O Ministério de Assuntos Internos também não se esforçou em demasia para descobrir o esconderijo de Lenin, o que não teria sido uma tarefa impossível, já que Nadejda Krupskaia e outros iam com frequência a Helsinque buscar cartas e artigos dele e levar-lhe notícias de Petrogrado. Kerenski mal havia assumido o cargo de primeiro-ministro quando foi atormentado por uma ameaça militar vinda da extrema direita política. Ele tivera o propósito de respaldar seu governo, fazendo as forças armadas que estavam na frente alemã enviarem um contingente para reprimir os distúrbios do Soviete de Petrogrado. Seu principal comandante, Lavr Kornilov, concordou prontamente e ordenou que os soldados se deslocassem de trem para a capital, no dia 27 de agosto. O acerto entre Kerenski e Kornilov rompeu-se antes que o plano pudesse ser executado. Kornilov tinha sido homenageado por inimigos direitistas do governo provisório, ao regressar da frente oriental; era visto por muitos como o "homem forte" necessário para restabelecer a ordem em todo o país. Kerenski, temendo que ele pudesse organizar um golpe de Estado, revogou a ordem de que os contingentes do exército fossem para Petrogrado. Nesse momento, decidindo que Kerenski não estava apto a governar, Kornilov rebelou-se abertamente. A situação de Kerenski ficou tão perigosa, que ele recorreu a agitadores socialistas, inclusive bolcheviques, para que eles dissuadissem os contingentes de obedecer a Kornilov. A missão deles logrou êxito. A rebelião foi um fracasso vergonhoso e Kornilov foi preso — e o partido bolchevique voltou desimpedido à política pública.

De repente, no dia 2 de setembro, Trotski foi posto em liberdade e saiu andando da Prisão Kresty. A partir desse dia, tornou-se a face pública do bolchevismo, até Lenin emergir de seus esconderijos. Toda vez que os líderes bolcheviques apareciam juntos em nome do partido, era Trotski que todos queriam ver e ouvir.[21] Dentre os bolcheviques, nem Kamenev nem Zinoviev chegavam perto dele em matéria de apelo popular. Lenin estava isolado em Helsinque e não podia causar qualquer impacto, a não ser por meio de artigos de jornal, que não eram lidos pela maioria das pessoas. (O *Pravda* tinha uma circulação que não ultrapassava 90 mil exemplares antes dos Dias de Julho.)[22]

A última rodada de eleições para o Soviete de Petrogrado, em 1º de setembro, dera a maioria aos bolcheviques pela primeira vez. Trotski foi um dos primeiros a se beneficiarem:

Após minha libertação do encarceramento da democracia revolucionária, instalamo-nos num pequeno apartamento, alugado da viúva de um jornalista liberal, numa ampla casa burguesa. Os preparativos para a tomada do poder em outubro avançavam a todo vapor. Tornei-me presidente do Soviete de Petrogrado. Meu nome era vilipendiado de todas as maneiras concebíveis. Um muro de crescente inimizade e ódio cercou-nos em casa. Nossa cozinheira, Anna Osipovna, era submetida a agressões das donas de casa quando aparecia no comitê domiciliar para buscar nosso pão. Meu filho sofria agressões verbais na escola e era chamado de "presidente", como seu pai. Quando minha mulher regressava do trabalho no Sindicato dos Marceneiros, o zelador-chefe observava a passagem dela com os olhos cheios de ódio. Subir a escada era uma tortura. Nossa senhoria perguntava repetidamente por telefone se seus móveis estavam seguros.[23]

Mas Trotski ignorou a pressão. Chefiava a mesma organização que o elevara a uma posição de destaque e influência em 1905. E esse ano era ainda mais propício: ele já havia cumprido sua pena na Prisão Kresty antes da pretendida revolução. Almejava levar o Soviete de Petrogrado a uma tomada do poder e ao início de uma ordem socialista.

19. Tomada do poder

O período passado por Trotski na Prisão Kresty lhe fizera bem, por lhe proporcionar um descanso da atividade política frenética em que estivera engajado. Mas ele usou rapidamente as reservas de energia acumuladas. Tornou a funcionar num ritmo febril. Nessa fase da vida, ainda se permitia um cigarro antes de fazer grandes discursos: precisava do efeito tranquilizador.[1] Em setembro e outubro, sua base foram os cômodos ocupados pelo partido bolchevique no Instituto Smolny. Essa antiga instituição feminina de ensino tinha agora um carro blindado estacionado à porta.[2] Era um simbolismo apropriado. Os bolcheviques esperavam problemas do governo provisório e tomaram providências para se defender. Havia soldados patrulhando o prédio inteiro.

O partido bolchevique pretendia que as "organizações de massa" — sovietes, comitês de fábricas e oficinas e os demais órgãos eleitos por operários, camponeses e soldados — constituíssem o cerne do poder estatal. Uma administração revolucionária governaria. Mas Lenin buscou outras organizações depois dos Dias de Julho, quando os sovietes dominados pela liderança de mencheviques e socialistas revolucionários haviam sancionado a repressão dos bolcheviques pelo governo provisório; recusou-se a esperar que os sovietes maiores obtivessem uma maioria bolchevique. Isso provocou objeções dos bolcheviques que entendiam o apelo do "poder soviético" como um lema. A opinião pública não se voltaria contra os sovietes. O Comitê Central bolchevique, depois de uma furiosa campanha movida por Lenin na Finlândia,[3] deixou em aberto a decisão referente a quando e como derrubar o governo provisório. Lenin continuava a ser a força impetuosa dentro do bolchevismo. Primeiro quis uma Revolução de Agosto, depois pressionou por uma Revolução de Setembro. Em momento algum se preocupou com o fato de Kerenski preservar a capacidade de reprimir qualquer insurreição de tal ordem nesses meses.

Trotski avaliava melhor a necessidade de flexibilidade e argúcia. A princípio, absteve-se de incomodar indevidamente os mencheviques e os socialistas revolucionários. Como presidente do Soviete de Petrogrado, proclamou: "Somos todos membros do partido e, em alguns momentos, tivemos de trocar tiros. Mas conduziremos o trabalho do Soviete de Petrogrado num espírito de completa liberdade para todas as lideranças partidárias, e a mão do Presidium [do soviete] jamais será a mão que reprime a minoria."[4] É difícil imaginar Lenin oferecendo palavras similarmente lisonjeiras aos inimigos do bolchevismo. Contudo, Trotski já não estava buscando uma negociação com os martovistas. Nikolai Sukhanov, um partidário de Martov, tentou descobrir por si, abordando Trotski no Instituto Smolny. Trotski foi polidamente evasivo. Sukhanov tirou a conclusão óbvia de que a liderança bolchevique se recusava a cortejar os outros partidos da extrema esquerda.[5]

Trotski atirou-se às atividades no Comitê Central bolchevique, que se reunia no mesmo prédio. Ligou-se ao conselho editorial do *Pravda* com seus companheiros interdistritais Lunacharski e Uritski.[6] Ao contrário da maioria dos bolcheviques veteranos, não havia suportado anos de pressão psicológica de Lenin. Ingressara no partido segundo seus próprios termos, e agia no Comitê Central como se sempre houvesse feito parte dele — e garantiu o recrutamento de Yuri Larin para o bolchevismo, obtendo para ele um cargo partidário de editor e encarregado de campanhas eleitorais.[7] Se Trotski notou as reservas que persistiam a seu respeito entre os bolcheviques mais ilustres, não o deixou transparecer. Seguiu apenas uma prática de abstinência, renunciando a esfregar na cara do Comitê Central o fato de que, em surdina, o bolchevismo havia adotado elementos básicos da estratégia revolucionária que ele advogava desde 1905. De qualquer modo, temporariamente, os bolcheviques estavam dispostos a lhe conceder o benefício da dúvida, por valorizarem seu talento multifacetado. Trotski era sumamente confiante e destemido. E

Tomada de poder

finalmente pertencia a um partido com possibilidade de tornar realidade os objetivos que ele havia estabelecido para a Revolução. Tinha encontrado um instrumento para sua ambição política e recebia o merecido reconhecimento como estrategista.

Era seu nome que tendia a aparecer no alto da lista das pessoas que frequentavam o Comitê Central.[8] Ele foi incluído num grupo de trabalho, que contava com Kamenev e Stalin, para redigir uma declaração a ser feita em nome do partido na Conferência Democrática que estava sendo preparada por Kerenski para meados de setembro.[9] O governo provisório, que nunca fora eleito, carecia de legitimidade política. O plano de Kerenski era unir todos os partidos e organizações, desde os bolcheviques da extrema esquerda até os mencheviques e socialistas revolucionários das alas à direita, no intuito de nomear um Conselho Provisório da República (ou Pré-Parlamento), com poderes para debater políticas oficiais e assessorar ministros. De algum modo, segundo sua esperança, surgiria um clima construtivo na vida pública, depois das perturbações dos Dias de Julho e da rebelião de Kornilov.

Trotski só queria estar presente na Conferência Democrática pelo tempo necessário para censurar Kerenski e proclamar a recusa do partido a participar do Pré-Parlamento; a preferência de Kamenev era que os bolcheviques ficassem e atuassem como a oposição crítica radical na conferência e no Pré-Parlamento. Kamenev convenceu os líderes bolcheviques, que até consideraram pedir ao governo a garantia da inviolabilidade pessoal de Lenin, para que ele pudesse chefiar a delegação bolchevique.[10] (Lenin, que não fora consultado, dificilmente teria concordado com isso.) Em 13 de setembro, o Comitê Central encarregou Trotski, Kamenev, Stalin, Milyutin e Alexei Rykov de concluir a declaração que o partido faria à Conferência Democrática. Lenin, ainda longe dos olhos, em Helsinque, advertiu contra qualquer conciliação: "A história não nos perdoará se não tomarmos o poder agora." O Comitê Central reuniu-se em 15 de setembro para examinar os argumentos de Lenin, os quais, afora a bizarra afirmação de que os alemães e os britânicos estavam em vias de assinar um armistício separado, pouco se haviam modificado desde agosto. Lenin exigia uma insurreição imediata. O Comitê Central discordou e Kamenev pleiteou a rejeição incondicional da proposta de

248   Parte II: 1914-1919

Lenin. Era ir longe demais para a maioria do Comitê Central; em vez disso, ela simplesmente resolveu impedir distúrbios repentinos nos quartéis e fábricas.[11]

Trotski foi auxiliado pela pressão exercida por Lenin. A declaração à Conferência Democrática, lida por ele, incluiu um apelo para que o poder fosse transferido do governo provisório para os sovietes.[12] Mas a preferência de Kamenev de que os bolcheviques participassem do Pré-Parlamento prevaleceu no Comitê Central, e foi confirmada pela facção bolchevique na Conferência Democrática, em 21 de setembro, embora apenas por 77 votos contra cinquenta. Era evidente que um corpo crescente da opinião partidária interna estava passando a apoiar a rebelião.[13] Trotski continuou a cooperar com a maioria do Comitê Central e concordou em representá-la no Pré-Parlamento.[14] Contudo, em 5 de outubro, já havia cutucado o Comitê Central para que ele se retirasse dos trabalhos desse órgão. Horrorizado, Kamenev pediu demissão do cargo de representante do partido no Comitê Executivo Central do Congresso de Sovietes.[15] Enquanto Kamenev queria evitar o rompimento com os outros partidos socialistas, Trotski achava que eles haviam traído o socialismo, ao entrarem em conluio com o governo provisório. Trotski tinha vencido a luta entre os cunhados.

Ele também tinha deveres a cumprir pelo Soviete de Petrogrado. Em 9 de outubro, cuidou de assuntos que afetavam os soldados da capital. Os mencheviques e os socialistas revolucionários queriam formar uma tropa capaz de auxiliar na defesa da capital contra os alemães. Trotski respondeu que somente a paz na frente oriental poderia resultar nessa defesa, e repetiu sua convocação a uma transferência do poder para os sovietes. Os dois lados da controvérsia concordaram que o Soviete de Petrogrado precisava de um novo meio de coordenar as atividades entre os soldados da guarnição.[16]

Lenin continuava escondido, mas se mudara de Helsinque para Petrogrado alguns dias antes, e estava decidido a defender sua tese no Comitê Central. Trotski havia derrubado a política de colaboração com o Pré-Parlamento. Lenin queria finalizar esse trabalho. Como havia uma tendência a que os sovietes das províncias chegassem a maiorias bolcheviques, ele perguntou à liderança partidária: se não for agora, quando será? O Comitê Central reuniu-se a 10 de outubro no número 32 da Rua Karpovka, e as discussões começaram no início da noite. Sukhanov, um menchevique de esquerda e inquilino do apartamento, não tinha sido informado; sua mulher, Galina Flaxerman, era bolchevique, e ela é que havia feito os arranjos.[17] Lenin chegou de peruca — não por vaidade, mas por medo de ser identificado pelos órgãos de segurança. Havia seis itens na pauta, mas todos estavam subordinados a um que não fora incluído: a derrubada do governo provisório. Lenin fez um sermão para os que vinham demonstrando "indiferença à questão da tomada do poder". O partido, disse, tomara uma decisão em princípio quanto a sua resposta. Portanto, apenas "o aspecto técnico" da questão requeria uma discussão apropriada. A oportunidade se perderia, a menos que se tomassem providências urgentes. Lenin declarou que a situação internacional favorecia os bolcheviques. Advertiu para a possibilidade de que tudo se destruísse, caso fosse levado a cabo o suposto plano do governo provisório de entregar Petrogrado aos alemães.[18]

A votação, feita nas primeiras horas de 11 de outubro, resultou em dez votos contra dois a favor de Lenin.[19] O momento e a tática do futuro levante foram deixados em aberto. A ata não registrou as contribuições de Trotski, que foi reticente a respeito delas em suas memórias. Esse não era o seu estilo habitual. É possível que ele tivesse reservas quanto a Lenin, que falava como se as sutilezas táticas fossem um desperdício de energia. Mas é óbvio que ele aprovou a decisão geral. Se assim não fosse, seus inimigos da década de 1920 sem dúvida lhe teriam recordado esse fato. Os dois membros do Comitê Central que se opuseram inequivocamente a Lenin foram Kamenev e Zinoviev, que escreveram aos principais órgãos do partido, negando enfaticamente que os bolcheviques tivessem que tomar o poder de imediato, ou perder qualquer esperança de derrubar a ordem capitalista. Eles assinalaram que, embora a maioria dos trabalhadores e muitos soldados da Rússia apoiassem os bolcheviques, isso não era o mesmo que contar com o endosso da maioria de toda a população. Também discordaram de que a revolução socialista na Europa fosse mesmo iminente. Não excluíram a possibilidade de uma ação violenta contra o governo provisório, mas apenas como retaliação a um ataque de Kerenski. De momento, eles propunham que se adotasse uma "postura

250 Parte II: 1914-1919

defensiva". Em síntese, acusaram Lenin e Trotski de um pessimismo estratégico desnecessário.[20]

Trotski, porém, era menos inflexível que Lenin e procurou construir uma rede regional de apoio dos sovietes para uma transferência do poder no II Congresso de Sovietes, prestes a se realizar e inicialmente marcado para 20 de outubro; ele ignorou a exigência de Lenin de uma insurreição imediata.[21] A 16 de outubro, o Soviete de Petrogrado criou um Comitê Militar-Revolucionário para coordenar as guarnições.[22] Aparentemente, não havia intenção de qualquer iniciativa revolucionária e esse órgão passou quatro dias sem se reunir. A essa altura, os bolcheviques tinham visto como explorar a existência dele e garantir três representantes na composição de sua diretoria; os outros dois membros eram da ala esquerda dos socialistas revolucionários, inclusive o presidente do *bureau*, Pavel Lazimir. Trotski ficou contente com esse resultado e estabeleceu uma estreita ligação com o Comitê Militar-Revolucionário, que ocupou algumas salas do segundo andar do Instituto Smolny.[23] Os bolcheviques e seus aliados visitaram quartéis, a pretexto de agir em nome do plano do Soviete de Petrogrado de salvar a capital dos alemães. Garantiram a lealdade da maioria dos soldados. Trotski correu de um regimento para outro, frisando que somente os bolcheviques e seus aliados impediriam que as tropas fossem mobilizadas para a frente oriental. Implorou a suas plateias que, assim como nos primeiros dias da Revolução de Fevereiro, dessem sua fidelidade ao Soviete de Petrogrado. Falou como presidente desse órgão — e insistiu em que, se os sovietes de todo o país detivessem o poder, todas as feridas supuradas da população poderiam ser curadas.

Realizou-se outra reunião do Comitê Central em 16 de outubro, para resolver assuntos polêmicos. Estavam presentes líderes partidários do Comitê de São Petersburgo, da organização militar, do Soviete de Petrogrado e de várias organizações de massa.[24] Lenin informou sobre a reunião anterior do Comitê Central e afirmou que a conciliação com os mencheviques e os socialistas revolucionários já não era possível; também proclamou que a revolução era iminente na Alemanha.[25] Os informes de outros participantes revelaram que as perspectivas de uma tomada exitosa do poder em Petrogrado estavam longe de ser boas. Milyutin, Zinoviev e Kamenev, membros do Comitê Central, manifestaram-se contra Lenin.[26]

Tomada de poder

Se Trotski ofereceu propostas, mais uma vez elas não foram mencionadas na ata, e o fato de ele não ter feito referência a esse encontro em suas memórias deve significar que estava ocupado em outro local, porque havia muitas tarefas que exigiam sua atenção no Soviete de Petrogrado e no Comitê Militar-Revolucionário. Era Lenin o especialista em lidar com o Comitê Central bolchevique. Sua força de persuasão foi crucial para aniquilar a oposição liderada por Zinoviev e Kamenev, enquanto Trotski trabalhava noutros locais para conquistar o apoio dos soldados da capital. Dessa vez, a votação foi uma vitória esmagadora para Lenin, com dezenove votos contra apenas dois, e quatro abstenções.[27]

A reclusão forçada de Lenin no apartamento da militante bolchevique Maria Fofanova, nos arredores de Petrogrado, significou que outros se encarregaram do planejamento. Yakov Sverdlov, um bolchevique recém-promovido, oriundo das províncias, dirigia a Secretaria do partido. Enquanto isso, Stalin editava o *Pravda*. Nessa situação, Trotski presumiu que tinha carta branca para fazer o que julgasse útil no Soviete de Petrogrado. A coordenação do Comitê Central era de natureza frouxa e seus principais membros faziam julgamentos pessoais sobre como agir. Kamenev sentiu-se tão destoante da política partidária que anunciou sua saída do Comitê Central.[28] Ele e Zinoviev revelaram, no jornal *Novaia jizn*, que os bolcheviques estavam decididos a promover uma insurreição armada. Lenin escreveu ao Comitê Central condenando-os como "fura-greves".[29]

Trotski contradisse Kamenev e Zinoviev num discurso insincero no Soviete de Petrogrado, em 18 de outubro:

> As decisões do Soviete de Petrogrado são públicas. O Soviete é uma instituição eleita, sendo cada representante responsável perante os trabalhadores e soldados que o elegeram. Este parlamento revolucionário [...] não pode ter decisões desconhecidas dos trabalhadores. Não estamos escondendo nada. Em nome do Soviete, declaro: não nos decidimos por nenhuma ação armada.[30]

Com isso, ele conseguiu esquivar-se de responder a perguntas sobre o que havia acontecido no Comitê Central bolchevique. Kamenev, assustado com a ideia de deixar os bolcheviques, levantou-se para confirmar a veracidade da afirmação de Trotski, e Zinoviev escreveu uma carta aberta no mesmo sentido.[31] Essa tríplice solidariedade desconcertou Lenin, quando tomou conhecimento dela. Porventura significava que a tomada do poder não aconteceria? Trotski providenciou uma visita clandestina a ele e lhe assegurou que o objetivo insurrecional continuava intacto. Ele próprio estava planejando o início da ação para horas antes do II Congresso de Sovietes, a se realizar em Petrogrado. Isso reduziria a aparência de um levante conduzido por e para um único partido. O ânimo de Lenin abrandou-se. Mesmo assim, ele exigiu que Zinoviev e Kamenev fossem expulsos do partido.

Os nervos estavam à flor da pele no Comitê Central no dia 20 de outubro. Zinoviev não compareceu, mas Trotski estava presente para assistir à aceitação da renúncia de Kamenev. Stalin achou que Kamenev e Zinoviev vinham sendo tratados com dureza e, quando sua atitude perante os dois na imprensa partidária foi criticada, também ele tentou renunciar. O fato de seu principal adversário ser o intrometido Trotski não havia contribuído. De qualquer modo, o pedido de Stalin foi rejeitado. Trotski, por sua vez, estava em esplêndida forma, e ele e Ioffe propuseram com sucesso que qualquer pessoa desejosa de participar das atividades do Comitê Militar-Revolucionário se sentisse livre para fazê-lo.[32]

Tempos depois, Trotski viria a descrever suas preferências táticas da seguinte maneira: "O lado que ataca está quase sempre interessado em parecer que se encontra na defensiva. Um partido revolucionário interessa-se por proteção legal."[33] Foi exatamente assim que ele se portou em outubro de 1917, ao liderar o levante contra o governo provisório. Como um general em visita a suas tropas antes da batalha, fez discursos por toda parte na capital:

Individualmente, Trotski, fazendo uma pausa no trabalho na sede revolucionária [no Instituto Smolny], voou da fábrica Obukhov para a fábrica de tubos, da usina de Putilov para os estaleiros do Báltico, da escola de equitação para os quartéis, e foi como se falasse simultaneamente em todos esses locais. Todo trabalhador e soldado de São Petersburgo o conhecia e já o ouvira pessoalmente. Sua influência, nessa ocasião, tanto entre as massas como na sede partidária, era predominante.[34]

Ele escrevia, discursava, debatia, organizava; era o maior e mais versátil ativista da Rússia revolucionária. Ao contrário da maioria dos outros líderes revolucionários, mais parecia um velocista que um levantador de peso. Havia nele um perpétuo vigor. Ao falar com as pessoas, dava a impressão de ter sensibilidade artística. As pessoas notavam como suas mãos eram finas, mas não havia nada de frouxo em seu aperto.[35] Trotski dominou os preparativos para a insurreição armada.

A paciência do governo provisório foi posta à prova até não mais poder pelos sinais das intenções dos bolcheviques. Em 23 de outubro, o governo ordenou o fechamento dos jornais do partido e enviou tropas para fazer cumprir a ordem. Trotski ordenou contramedidas, fingindo estar apenas tentando defender o Soviete de Petrogrado. Na verdade, suas instruções foram de caráter inteiramente ofensivo. Os arranjos foram impulsionados em 24 de outubro. Membros do Comitê Militar-Revolucionário foram aos quartéis em busca de cooperação, enquanto Trotski os coordenava do Instituto Smolny. Havia uma cabine telefônica na sala adjacente; vinham telefonemas de todos os pontos da cidade, após um intervalo anterior, nesse mesmo dia, durante o qual a linha fora cortada pelas autoridades. Kamenev surpreendeu Trotski, superando suas objeções políticas à insurreição e se juntando a ele.[36] Fazia uma semana inteira que Trotski trabalhava a pleno vapor. Estava claro que o momento da luta decisiva aproximava-se rapidamente. Vibrava na capital o ruído surdo da atividade armada. Kerenski deslocou suas tropas para locais de importância estratégica. Trotski e o Comitê Militar-Revolucionário reagiram despachando soldados para capturar os escritórios dos correios e telégrafos, os bancos centrais e as centrais telefônicas, bem como as estações ferroviárias. O Palácio Tauride caiu nas mãos dos insurgentes.

Na noite de 24-25 de outubro, Lenin mandou a cautela para o espaço e trocou o apartamento de Fofanova pelo Instituto Smolny, onde achou que encontraria provas de uma urgência insuficiente. Não precisava ter-se preocupado. A insurreição tinha avançado demais para ser contida, e os esforços do governo provisório foram totalmente insuficientes. Também ficou claro que os bolcheviques seriam o maior grupo na abertura do Congresso de Sovietes. Lenin e Trotski passaram o dia 25 de outubro

254 Parte II: 1914-1919

fazendo os últimos preparativos na capital. O Palácio de Inverno, que se tornara sede do governo provisório, foi tomado de assalto; Kerenski fugiu.

Trotski declarou à delegação bolchevique nomeada para o congresso: "Se vocês não se permitirem hesitar, não haverá guerra civil, nossos inimigos capitularão prontamente, e vocês tomarão o lugar que é seu por direito!"[37] Segundo a filha de Ioffe, ele "mal conseguia se manter em pé, de tanto cansaço".[38] Tinha os nervos em frangalhos. Deitou-se num sofá e, olhando para Kamenev, pediu: "Dê-me um cigarro." Depois de umas duas tragadas, resmungou alguma coisa consigo mesmo e, de repente, perdeu os sentidos. Foi mais um de seus blecautes. Quando voltou a si, Kamenev estava alvoroçado: "Será que não deveríamos dar-lhe um remédio?" Trotski objetou: "Seria muito melhor arranjar alguma coisa para eu comer." Lembrou-se de que fazia mais de 24 horas que não comia.[39] Depois de uma refeição apressada, voltou ao trabalho.

Os bolcheviques ocuparam a maioria das cadeiras do comitê executivo do Congresso. Trotski zombou dos mencheviques e dos socialistas revolucionários:

Uma rebelião das massas populares não necessita de justificativa. O que aconteceu foi um levante, não uma conspiração. Temperamos o aço da energia entre os trabalhadores e soldados de São Petersburgo. Martelamos a vontade das massas em direção ao levante, não à conspiração. [...] As massas populares moveram-se sob a nossa bandeira, e a nossa rebelião conquistou a vitória. E agora, fazem-nos esta sugestão: renunciem a sua vitória, façam concessões, fechem acordos [...]. Não, o acordo não tem serventia neste ponto. Aos que se retiraram daqui e aos que apresentaram propostas [de conciliação], temos isto a dizer: vocês são indivíduos patéticos, estão falidos, seu papel se esgotou; de agora em diante, vão para o seu lugar, que é a cesta de papéis da história![40]

Essa descompostura irritou Martov. Incapaz de continuar a conter a raiva, ele gritou: "Nesse caso, estamos indo embora!" Os mencheviques e os socialistas revolucionários seguiram seu exemplo e se juntaram ao êxodo. Trotski não conseguiu disfarçar seu deleite.[41]

Formou-se um governo com Lenin na presidência. Por sugestão de Trotski, ele foi chamado de Conselho de Comissários do Povo — ou, para usar sua sigla russa, Sovnarkom. Todo o sistema de poder deveria basear-se na hierarquia existente dos sovietes. Expediram-se prontamente decretos sobre a paz, a terra e a imprensa. A autoridade do Sovnarkom ainda não se estendia além das fronteiras de Petrogrado. Os decretos tiveram o propósito de obter apoio popular para os bolcheviques e encorajar "as massas" a subverterem o antigo sistema social. Começara a revolução socialista na Rússia. Lenin e Trotski esperavam que o resto da Europa seguisse o exemplo. Tinham feito a aposta política de sua vida e tinham suma confiança em que seriam confirmados como ganhadores.

20. Comissário do povo

A maioria das pessoas da Rússia e do resto do mundo via a liderança bolchevique como um bando de incompetentes desvairados, que jamais conseguiria manter-se no poder. Os governantes soviéticos eram indiferentes a isso, mas sabiam que teriam de se provar depressa no governo, e algumas das primeiras nomeações tiveram mais sucesso que outras. O talento de Trotski causava uma impressão imediata e profunda. Ele recorria às aptidões que havia adquirido editando jornais marxistas antes de 1917. Dominava as sinopses com excepcional desenvoltura e tinha facilidade para expô-las a terceiros. A outra face da moeda era sua relutância em buscar ou aceitar orientação, o que ele não fazia a menor tentativa de disfarçar. Trotski tomava suas decisões e esperava que os camaradas simplesmente se submetessem a suas ideias. Não era censurado por isso, desde que ele e Lenin concordassem. Lenin valorizava seu caráter decidido, qualidade que também apreciava em Stalin, Sverdlov e Zinoviev. Apesar de sua própria compulsão a meter o nariz nos assuntos alheios, Lenin reconhecia que não podia fazer tudo sozinho. Precisava ter a seu redor líderes capazes de se impor em situações difíceis. Estava claro que Trotski possuía uma carga explosiva de energia, que se adaptava perfeitamente às exigências de Lenin.

Após a tomada do poder, Lenin e Trotski não deixaram dúvidas sobre o tipo de governo que queriam. Só se relacionariam com socialistas que houvessem apoiado a derrubada do governo provisório. Portanto, não teriam nada a ver com os mencheviques. Martov, o principal expoente do menchevismo esquerdista, tinha se retirado do II Congresso de

Comissário do povo

Sovietes. De acordo com Lenin e Trotski, tinha se excluído da consideração como parceiro no governo. Os socialistas revolucionários haviam se comportado praticamente da mesma maneira, exceto pelo fato de que sua facção radical interna, conhecida como socialistas revolucionários de esquerda, havia permanecido no Congresso. Lenin e Trotski dispuseram-se a considerar a coalizão apenas com esses dissidentes esquerdistas, e foram iniciadas negociações para que eles ingressassem no Sovnarkom.

Lenin chegou ao Comitê do Partido de São Petersburgo em 1º de novembro e elogiou a campanha de Trotski contra qualquer aproximação com os mencheviques e os socialistas revolucionários: "Trotski compreendeu isso e, desde aquele momento, não houve bolchevique melhor que ele."[1] Por sua vez, Trotski defendeu Lenin contra a acusação de Lunacharski de que se estaria preparando para ser um ditador:

Não existe política intermediária. Não há como voltar atrás. Estamos introduzindo a ditadura do proletariado. Forçaremos as pessoas a trabalhar. Por que houve sabotagem no regime terrorista do passado? Pois bem, aqui temos não apenas o terror, mas a violência organizada dos trabalhadores, aplicada à burguesia [...]. É necessário dizer aos trabalhadores, de forma clara e sincera, que não somos a favor da coalizão com os mencheviques e outros; não é essa a essência da questão. O que importa é o programa. Temos uma coalizão com os camponeses, os operários e os soldados que estão lutando neste momento [...]. Não chegaremos a parte alguma, se simplesmente mantivermos alguns bolcheviques [no governo]. Tomamos o poder e, agora, devemos também assumir a responsabilidade.[2]

Ninguém, nem mesmo Lenin, descreveu tão cruamente o projeto comunista.

Lenin e Trotski tinham se tornado os gêmeos siameses da política russa, unidos feito unha e carne em sua determinação de empregar medidas implacáveis contra o inimigo, inclusive o terrorismo de Estado. Saíram vencedores no Comitê de São Petersburgo, onde não houve o menor vestígio da antiga disposição de Trotski de seduzir os mencheviques e barganhar com eles. O problema de Lenin e Trotski foi não conseguirem granjear apoio suficiente no Comitê Central bolchevique. A opinião dominante foi que os bolcheviques no poder deveriam formar um governo inteiramente socialista de coalizão. A volta de Kamenev e Zinoviev ao Comitê Central reforçou essa tendência. Houve negociações com os mencheviques e os socialistas revolucionários. Lenin e Trotski caíram em sua própria cilada: tinham cercado propositalmente de mistério as suas intenções, antes da derrubada do governo de Kerenski, e mal puderam objetar se a maioria do Comitê Central seguia a linha das aspirações populares, querendo instituir um gabinete que reunisse todos os tipos de socialismo da Rússia. O poder fora tomado sem uma séria discussão estratégica sobre quem seria chamado a exercê-lo.

Numa coisa, porém, todos do Comitê Central concordaram: Kerenski devia ser impedido de retomar o poder. À frente de uma tropa de cossacos, o ex-primeiro-ministro tinha retornado para a cordilheira de Pulkovo, nos arredores de Petrogrado, com a intenção de esmagar os bolcheviques. Voluntários da Guarda Vermelha marcharam para enfrentá-lo. Mobilizaram-se soldados da guarnição. Seguiu-se um breve combate militar, que terminou na derrota de Kerenski. Enquanto isso, a greve dos ferroviários convocada pelo Vikjel — o sindicato de ferroviários liderado por mencheviques — esvaziou-se quase antes de começar: a liderança sindical havia superestimado o antagonismo dos ferroviários ao governo soviético. A força dos cossacos foi desbaratada. O poder de barganha de mencheviques e socialistas revolucionários enfraqueceu-se. Quando eles pleitearam a exclusão de Lenin e Trotski de qualquer coalizão, não foi difícil para o Comitê Central bolchevique negar seu pedido.

O que abalou Lenin foi a recusa de Trotski a ocupar o cargo que ele pretendia destinar-lhe. Trotski queria cuidar da política referente à imprensa; talvez seus anos como jornalista o tivessem inclinado a funcionar nesse setor para o Sovnarkom. Era uma função de peso, sem sombra de dúvida, e Lenin expediu um decreto introduzindo a censura em 26 de outubro. Mas não queria desperdiçar seu companheiro mais valioso nesse

Comissário do povo

trabalho.[3] Sugeriu ao Comitê Central bolchevique que Trotski chefiasse todo o governo. Trotski não quis nem ouvir falar do assunto:

Levantei-me de um salto para protestar, tão inesperada e imprópria me pareceu essa proposta. "E por que não?", insistiu Lenin. "Era você que estava na chefia do Soviete de Petrogrado que tomou o poder." Submeti uma moção para rejeitar sua proposta sem debatê--la. E assim foi feito.[4]

Ele nunca viria a explicar seu raciocínio e, a julgar por seu relato, parece não tê-lo divulgado na ocasião. Talvez preferisse desempenhar um papel de destaque sem ser o líder solitário. Esse era um traço psicológico que se evidenciou em anos posteriores. Também é possível que estivesse fazendo um cálculo político, pois, quando Lenin lhe pediu, em seguida, que assumisse o Comissariado do Povo para Assuntos Internos, Trotski tornou a objetar, e explicou que seria impróprio um judeu encarregar-se da polícia numa sociedade permeada pelo antissemitismo. Se houvesse uma visão de que os judeus estavam reprimindo os russos, poderia provocar-se um clima de *pogrom*. Trotski insistiu em que estava frisando uma questão política, não de cunho pessoal.[5]

Em vez desse cargo, aceitou chefiar o Comissariado do Povo para Relações Exteriores. Lenin achava que isso seria um desperdício do talento de Trotski, mas enfrentou a oposição de Sverdlov:

"Lev Davidovich deve ser apontado contra a Europa. Deixe que ele se encarregue das relações exteriores." "Mas que relações exteriores teremos agora?", exclamou Lenin. Com grande relutância, entretanto, concordou. Com grande relutância, concordei, também eu. Assim, por iniciativa de Sverdlov, tornei-me o chefe da diplomacia soviética durante um quarto de ano.

O Comissariado do Povo para Relações Exteriores significou, para mim, ficar livre do trabalho ministerial. Aos camaradas que vinham oferecer ajuda, eu sugeria, quase invariavelmente, que buscassem um campo mais adequado para sua energia. Um deles, nas memórias que escreveu, tempos depois, deu uma descrição muito saborosa de uma conversa que teve comigo, logo depois de formado o governo soviético. "Que trabalho diplomático haverá conosco?", eu teria perguntado, segundo seu relato. "Olhe, vou apenas enviar umas proclamações revolucionárias aos povos [estrangeiros] e fechar as portas."[6]

Trotski cumpriu sua palavra, divulgando prontamente os tratados secretos assinados pelos Aliados em 1915 e convocando os trabalhadores do mundo inteiro a se rebelarem contra seus governos.

Os antissemitas russos haviam identificado os judeus como uma raça sem compromisso patriótico com a Rússia. Ao se tornar ministro das Relações Exteriores de um governo mais interessado em disseminar a revolução mundial do que em defender os interesses do país, Trotski conformou-se a um estereótipo muito difundido do "problema judaico". A verdade era que, inevitavelmente, ele se tornaria uma figura odiada entre os grupos políticos ultranacionalistas da Rússia e do exterior, se aceitasse qualquer cargo de destaque no governo revolucionário. No pé em que estavam as coisas, já se tornara o judeu mais famoso do planeta. O coronel Raymond Robins, chefe da missão da Cruz Vermelha norte--americana na Rússia, enunciou essa ideia com pungência característica. Em conversa com Robert Bruce Lockhart, chefe da missão diplomática britânica em Moscou, descreveu Trotski como "um filho da puta de quatro costados, mas o maior judeu desde Jesus Cristo".[7] Além disso, Trotski era apenas o judeu mais famoso do Sovnarkom, onde havia uma presença desproporcional de judeus. O mesmo se aplicava à liderança central do partido bolchevique. Se Lenin dispensasse os serviços de judeus talentosos, jamais teria conseguido formar um gabinete.

O Comissariado do Povo para Relações Exteriores diferia muito de outros ministérios desse tipo em sua visão de mundo. Trotski e outros bolcheviques concentravam mais o pensamento nas relações internacionais que na política externa. Para eles, a Rússia era apenas um país entre os outros, e eles não pretendiam priorizá-la acima das tarefas da revolução socialista europeia. A grande nova era havia começado por acaso em Petrogrado. Os velhos costumes do nacionalismo, do imperialismo e do militarismo foram declarados próximos do fim. Como que

Comissário do povo

para confirmar sua atitude indiferente para com o comissariado, Trotski raras vezes trabalhava no prédio. Para ele, era importante ter sua base no Instituto Smolny, onde Lenin mantinha seu escritório. O trabalho rotineiro do Comissariado do Povo para Relações Exteriores era feito pelo suplente de Trotski, o dr. Ivan Zalkind. Isso não quer dizer que o ambiente fosse sonolento. Na verdade, muitas inovações foram introduzidas. O comissariado criou um Serviço de Propaganda Revolucionária Internacional. Os bolcheviques também criaram um Departamento de Imprensa, bem como um Departamento de Prisioneiros de Guerra. Juntos, esses três órgãos produziam jornais em alemão, húngaro e romeno, com a intenção de conquistar o apoio dos soldados das forças armadas para a causa revolucionária.[8]

Providenciou-se um armistício na frente oriental. Cessaram os combates entre a Rússia e as Potências Centrais, e o Sovnarkom tratou de desmobilizar suas forças armadas. O contato entre Petrogrado e o resto do mundo reduziu-se, mas Trotski presumiu que a notícia da tomada do poder pelos bolcheviques seria inevitavelmente divulgada na imprensa europeia. Sua esperança era que o precedente russo — que ele não chamava de modelo — fosse seguido. Ele esperava que a Europa central derrubasse seus governos e que o proletariado alemão mostrasse seu valor. Dessas revoluções emergiria uma paz permanente, com certeza, no alvorecer de uma nova era. Sua frustração era não poder escrever para jornais alemães ou austríacos. O comissário do povo para Relações Exteriores não ficou parado. Fez seus funcionários prepararem material de propaganda adequado para distribuição nas regiões que cercavam o *front*. Os soldados russos foram incentivados a confraternizar com os soldados das Potências Centrais. Munidos de material nas línguas do Leste Europeu, eles poderiam difundir a mensagem comunista. Os motins contra os Hohenzollern e os Habsburgo deveriam ser fomentados. Esperava-se que os distúrbios nas forças armadas vazassem para a sociedade civil. O alto-comando alemão tolerou essa iniciativa durante algumas semanas. O Sovnarkom havia desistido do conflito militar, liberando os recursos alemães para se concentrarem na frente ocidental.

Trotski tornou-se ainda mais ruidoso, porém, gozando de sua parceria com Lenin, ficou surdo e cego para os ressentimentos que vinha provocando na liderança partidária. Kamenev, Stalin, Sverdlov e Zinoviev eram estimados por Lenin. Zinoviev se acostumara a ocupar o lugar de líder substituto não oficial da facção bolchevique emigrada, antes de 1917.[9] Agora, Lenin consultava Trotski sobre todos os assuntos prementes de governo. Decretos e pronunciamentos tinham de ser preparados a uma velocidade tremenda, e Lenin pedia a Trotski para corrigir textos que estava prestes a publicar. Ao se mudar para um conjunto maior de salas, a fim de acomodar as atividades do Sovnarkom, Lenin destinou um pequeno escritório a Trotski; mas essa sala ficava no extremo oposto de onde se localizava o conjunto de Lenin no prédio, de modo que era frequente ver Trotski cruzando o corredor para fazer consultas. A elite bolchevique ainda não reconhecia a necessidade de facilitar ao máximo as suas condições de trabalho; a princípio, nem sequer teve o bom senso de empregar datilógrafos profissionais.

Trotski descobriu-se com mais tempo para a família, apesar do cargo elevado no governo. Esse paradoxo se explica, em parte, pela topografia. Os membros da liderança política do soviete fizeram seus parentes próximos mudarem-se para o Instituto Smolny, cujos andares superiores foram transformados em apartamentos familiares, assim que os mencheviques e os socialistas revolucionários desocuparam seus escritórios. Seria menos difícil proteger os líderes bolcheviques se permanecessem no interior do prédio. De qualquer modo, todos tinham de manter um contato estreito e regular entre si, enquanto consolidavam sua tomada do poder. Depois de seu blecaute de 25 de outubro, Trotski teve ótimas razões para não se colocar sob tensão, perambulando pela cidade. Nos dias normais, almoçava em casa e tirava um cochilo. Suas filhas adolescentes, Zina e Nina, que moravam com a mãe, Alexandra, noutro ponto da cidade, tomaram conhecimento dessa rotina e passaram a invadir o apartamento antes que o almoço fosse servido. Tinham sentido falta da presença do pai durante a maior parte de sua vida. Agora, podiam enfim estar com ele, mesmo que isso significasse reduzir seu tempo para a sesta. Depois do almoço, ele descansava num sofá, fazendo as meninas se sentarem a seu lado e brincando com elas. Se porventura o pai não estava em casa, Zina e Nina brincavam com os meios-irmãos mais novos.[10]

Comissário do povo

Trotski tinha muito o que fazer, além dos seus deveres não muito pesados no Comissariado do Povo para Relações Exteriores. No Sovnarkom, introduziu medidas para a criação de tribunais revolucionários.[11] Era solicitado a revisar decretos.[12] Foi encarregado das providências para alinhar o calendário russo com o do resto do mundo.[13] Conclamou um "enérgico expurgo" de todo o antigo Ministério Militar e solicitou que os Fuzileiros da Letônia (que se haviam comprovado as forças mais eficientes a serviço da causa comunista) fossem transferidos para Petrogrado, a fim de aumentar a segurança; identificou outros surtos de resistência na capital e noutros lugares.[14] Relatou ocorrências contrarrevolucionárias em Orenburgo.[15] Exigiu medidas mais severas contra a "imprensa burguesa".[16] Em termos mais gerais, foi prolífico na sugestão de iniciativas a serem tomadas por outros Comissariados Populares.[17] Sua autoridade e *status* não foram afetados quando, entre meados de novembro e início de dezembro, os socialistas revolucionários de esquerda finalmente cederam aos convites dos bolcheviques para se unirem a eles num governo de coalizão. Os bolcheviques tinham feito e consolidado a Revolução de Outubro; não tinham a intenção de ceder um número igual de assentos no Sovnarkom aos recém-chegados. Mesmo assim, deram-lhes boas-vindas como camaradas. Trotski sempre havia tentado, com mais afinco que Lenin, garantir que a tomada do poder não se afigurasse uma questão unipartidária, e a formação de uma coalizão foi do seu agrado.

A fama popular subiu-lhe à cabeça. Trotski nunca fora um legalista institucional. Seu ardor sempre fora orientado para aprontar todos para a ação revolucionária. A derrubada do governo provisório significava infinitamente mais para ele do que qualquer alvoroço com suscetibilidades partidárias internas — e ele viria a pagar caro, poucos anos depois, por sua indiferença ao que outros bolcheviques eminentes pensavam a seu respeito. Sempre fora esse o seu estilo. Sua tendência era elaborar sua política e, em seguida, impô-la com a menor demora possível.

Além da pose e do comportamento afetado, Trotski tinha uma alarmante tendência a cultivar relações amistosas com estrangeiros que não tinham a menor simpatia pelo socialismo. Não podia evitar a companhia de diplomatas em Petrogrado ao cumprir seus deveres no Comissariado do Povo para Relações Exteriores. Apesar de seu objetivo a longo prazo de fomentar a revolução em toda a Europa, a curto prazo e por razões pragmáticas, os bolcheviques tinham que evitar ofender indevidamente os Aliados. A geopolítica da Europa estava na balança. Embora buscasse o fim da Grande Guerra, o Sovnarkom não queria dar mais motivos para que a Grã-Bretanha e a França fizessem uma intervenção militar na Rússia, até porque, no inverno de 1917-1918, não havia como saber quem venceria a guerra na frente ocidental. À medida que aumentou esse perigo, Trotski abandonou sua displicência em relação a seus deveres no Comissariado do Povo para Relações Exteriores. Também dialogou regularmente com a imprensa estrangeira em Petrogrado; nenhum líder bolchevique mostrou-se mais disposto a conceder entrevistas.[18] A maioria dos correspondentes não o havia conhecido antes da Revolução de Outubro. Todos se impressionaram com a diligência, a fluência verbal e a confiança do homem. Apresentando-se como representante do Sovnarkom, ele telegrafou às embaixadas do governo provisório derrubado e lhes disse que apoiassem a "política de paz" soviética, ou deixassem as dependências que ocupavam.[19]

Diplomatas e jornalistas das grandes potências faziam fila para entrevistá-lo em seu escritório do Instituto Smolny. Também recebiam com frequência o benefício da sapiência trotskista no apartamento da família, no último andar — Trotski nunca havia precisado de pretexto para se alongar sobre todo e qualquer assunto. Os visitantes se impressionaram com a modéstia de seu estilo de vida. Um deles foi a jornalista Louise Bryant:

> Durante os primeiros dias da revolução bolchevique, eu costumava ir ao Smolny buscar as últimas notícias. Trotski e sua mulher, bonita e miúda, que quase não falava nada senão francês, moravam num cômodo no último andar. A sala era dividida como um estúdio de pintor pobre num sótão. Numa extremidade havia dois catres e um roupeirinho barato, e na outra, uma escrivaninha e duas ou três cadeiras ordinárias. Não havia quadros, nenhum conforto em parte alguma. Trotski ocupou esse escritório durante todo o tempo em que foi ministro das Relações Exteriores [sic], e muitos dignitários tiveram necessidade de procurá-lo ali.[20]

Comissário do povo 265

Ao que parece, o grande tapete vermelho era o único vestígio da antiga dignidade do Instituto.[21]

Enquanto Trotski fazia suas preleções em Petrogrado, era seu amigo Adolf Ioffe quem negociava com a Alemanha e a Áustria-Hungria em Brest-Litovsk, perto da frente oriental. Se as Potências Centrais desconsiderassem o armistício e invadissem a Rússia, os bolcheviques queriam poder voltar-se para a Grã-Bretanha, a França e os Estados Unidos em busca de ajuda militar. Era uma situação bizarra. Os homens de Trotski negociavam com os inimigos mortais dos Aliados uma paz que favoreceria as chances das Potências Centrais na frente ocidental. Ao mesmo tempo, Trotski e Robert Bruce Lockhart encontravam-se com regularidade e se davam esplendidamente bem.[22] Trotski também fez tentativas de aproximação com os franceses e os norte-americanos em Petrogrado. Estabeleceu um relacionamento caloroso com o adido militar francês, Jacques Sadoul; chegou até a pedir ao chefe da missão norte-americana da Cruz Vermelha, coronel Raymond Robins, que usasse seus préstimos para fazer com que a missão da rede ferroviária dos Estados Unidos (que fora enviada para ajudar o governo provisório a restaurar a rede ferroviária da Rússia) desse assistência ao Sovnarkom.[23] Trotski e Lenin simplesmente não podiam fechar as portas da diplomacia russa naquelas circunstâncias.

Edward Allsworth Ross, um repórter do *Independent* de Nova York, registrou as ideias de Trotski sobre a recuperação econômica. O comissário do povo enfatizou que o governo soviético não tinha intenção imediata de tomar toda a indústria nas mãos do Estado. Os bolcheviques almejavam mais o controle do que a posse. Restringiriam a escala do lucro privado; também se certificariam de fazer as fábricas orientarem sua produção para as necessidades do bem-estar social. O capitalismo funcionaria dentro de uma estrutura rigidamente imposta. Como era razoável, Ross indagou se os empresários concordariam em funcionar nesses termos. Trotski retrucou que o governo impediria qualquer fuga de capital do país. Admitiu que surgiriam problemas se o capitalismo perdurasse noutros locais. Mas descartou essa hipótese como uma possibilidade real, depois do precedente estabelecido pela Revolução de Outubro.[24] Trotski não enfrentou plenamente o desafio feito por Ross, o que era típico de todos os bolcheviques, na época: eles simplesmente torciam pelo melhor. Porém um vislumbre da obstinação de Trotski apareceu num aparte casual nessa mesma entrevista. Os bolcheviques, sugeriu ele, empregariam as técnicas do "taylorismo" na organização da produção industrial; Trotski lera sobre os experimentos de F. W. Taylor nos estudos sobre tempo e movimento em fábricas norte-americanas, e queria aplicá-los na Rússia.[25]

Em dezembro, entretanto, as Potências Centrais foram deixando claro que sua paciência com o Sovnarkom não era inesgotável. O armistício na frente oriental não era suficiente para elas, que exigiam um tratado de paz separado e completo, a fim de poderem transferir forças para a França e derrotar os Aliados ocidentais. Ameaçaram retomar a guerra contra a Rússia, caso o Sovnarkom não cedesse.

Trotski teve de se envolver nas negociações de Brest-Litovsk. Os alemães constituíam a liderança das Potências Centrais. Seus interlocutores civis eram eloquentes, mas, por trás deles, sempre exercendo pressão, havia figuras militares que ampliavam constantemente as exigências alemãs. Os representantes austríacos eram sobretudo ouvintes, já que suas forças não tinham conseguido resistir à ofensiva de Kerenski em junho sem o reforço dos regimentos alemães. Todavia, os alemães tinham seus próprios problemas. A situação econômica da Alemanha tinha se agravado. Também estava ficando difícil recrutar uma quantidade suficiente de jovens aptos para o serviço militar. Havia rumores de insatisfação nas fábricas. Os Aliados vinham resistindo surpreendentemente bem e, com a entrada dos Estados Unidos na guerra, só poderiam ficar mais fortes. O alto-comando alemão, liderado por Hindenburg e Ludendorff, começava a se agitar. Acreditava que a única solução era eliminar a necessidade de combater no leste. Os exércitos russos estavam em processo de desmobilização, por ordem do Sovnarkom. A etapa desejável seguinte, para os alemães, seria assinar um tratado de paz. Com isso, Hindenburg e Ludendorff poderiam enfrentar os franceses e britânicos na frente ocidental com vigor redobrado.

Essas preocupações das Potências Centrais eram bem disfarçadas. Ao se dirigirem à mesa de conversações, alemães e austríacos esperavam ser tratados com deferência. Agiam como se a vitória já estivesse em suas mãos e compartilhavam os preconceitos de sua classe social. Para eles, qualquer tipo de socialista mal chegava a ser humano. Os comunistas da Rússia, que incluíam tantos judeus em sua liderança, eram pouco mais que vermes.

Assim, foi um choque para eles quando Trotski juntou-se à delegação russa em Brest-Litovsk, em dezembro. Ele não precisou de intérprete. Seu domínio do alemão era tão bom que lhe permitia compreender as nuances dos dialetos de Berlim e Viena. Seu leque de referências culturais era notável; ele temperava suas observações com ditos espirituosos. Recusou-se a se comportar como um mendigo. Os alemães e os austríacos intuíram, com acerto, que Trotski ria deles. Seu plano para as negociações foi caracteristicamente ardiloso. Ele obteve a concordância de todos de que as respectivas posições na negociação deveriam ser divulgadas, o que significava que os jornais alemães e austríacos publicariam suas próprias palavras, e aproveitou todas as oportunidades para proclamar os objetivos últimos do partido bolchevique. Toda vez que as Potências Centrais lhe atiravam exigências, como murros de um peso-pesado, ele se esquivava. Formulava suas próprias perguntas. Filosofava sobre a situação corrente do mundo. Lá estava ele, o ministro estrangeiro de uma nação desesperadamente vulnerável, falando como se não tivesse nenhuma preocupação premente. Trotski era o epítome da audácia revolucionária. Bem-vestido e elegante, não tinha nada do estereótipo do comunista desleixado. Os altos representantes dos tronos dos Hohenzollern e dos Habsburgo não estavam preparados para enfrentar aquele fenômeno humano.

21. Trotski e os judeus

Trotski detestava que as pessoas enfatizassem sua proveniência judaica. Havia passado toda a sua carreira revolucionária esforçando-se para escapar dos grilhões de suas origens. Mas não era ingênuo. Sabia que o interesse popular por ele como judeu era inescapável, e se resignava a lidar com as consequências.

O que significava ser judeu na Rússia do início do século XX? No regime dos tsares, descrever alguém como judeu era descrever sua afiliação religiosa, mais do que sua etnicidade. Os registros policiais e judiciais, assim como o recenseamento imperial de 1897, eram conduzidos com base nisso. Todavia, muitos judeus, especialmente nas últimas décadas do século XIX, abandonaram sua fé. Alguns se converteram ao cristianismo, e muitos mais tornaram-se agnósticos ou ateus. Quando aceitavam o evangelho cristão, deixavam de ser judeus, do ponto de vista da legislação imperial. Com efeito, ao ingressarem na Igreja ortodoxa russa, eles ganhavam reconhecimento como quem se naturalizasse russo. No regime dos sovietes, em contraste, o judaísmo tornou-se uma marca de origem nacional, e os indivíduos de ascendência judaica eram categorizados como judeus, independentemente de aceitarem o judaísmo como religião. Houvera 5,2 milhões de judeus no Império Russo na época do censo de 1897. Ao contrário de outros grandes grupos similares, eles não possuíam um território extenso em que constituíssem a maioria — e por isso, alguns marxistas relutavam em classificá-los como uma nação. Entre as polaridades religiosas e nacionais oficiais situava-se um grande número de pessoas que haviam renunciado à religião, mas ainda se afiguravam culturalmente judias aos olhos dos outros. Algumas seguiam a tradição dietética *kosher*; outras, apesar de se alimentarem da comida dos gentios, eram tidas como tipicamente judias, por causa de suas atitudes sociais, seu sotaque ou mesmo seu senso de humor e sua perspicácia. Não havia consenso quanto ao que constituía um judeu. Até os judeus discordavam quanto à resposta.

Trotski dedicava o mínimo de seu tempo à "questão judaica". Ao preencher os formulários oficiais do partido, indicou "judeu" como sua nacionalidade,[1] e em sua autobiografia completa, publicada em 1930, não fez segredo de que fora nascido e criado como judeu. A seus próprios olhos, porém, deixara de ser judeu em qualquer sentido significativo, porque o marxismo havia extinguido os resíduos acidentais de sua origem. Ele se via, antes e acima de tudo, como um marxista revolucionário; sua ascendência, insistia, era uma questão sem a menor importância para ele.

Trotski se denominava internacionalista. Era sua maneira de dizer que era um cidadão supranacional, sem nenhum desejo de adquirir uma nova identidade nacional. Apesar de ter-se tornado russófono e de falar as línguas europeias com um sotaque marcantemente russo, ele não era russo ou sequer ucraniano, a não ser por um acidente geográfico. Por sua orientação política e cultural, era cosmopolita. Sua cultura era impregnada dos valores da nova Rússia que se vinha desenvolvendo no fim do século XIX, e estes eram os valores do progresso, do esclarecimento e da ciência. Nascido no sul da Ucrânia, ele não sentia nenhum impulso de buscar a companhia dos habitantes de lá. Detestava a sociedade ucraniana que havia conhecido, com seus senhores de terras, seus capitalistas e seus administradores imperiais. Queria uma nova Ucrânia, assim como uma nova Rússia, uma nova Europa e um novo mundo. Toda a sua experiência nos Bálcãs o convencera de que as preocupações com a nacionalidade impunham à humanidade um perigo mortífero. O marxismo proporcionou o prisma ideológico que o ajudou a prever como seria o mundo no socialismo. Os antigos valores, hábitos e compromissos de lealdade desapareceriam. Trotski tinha tão pouca expectativa de viver como filho de um judeu quanto de viver como filho de um rico senhor de terras. Aspirava à cidadania de uma comunidade global perfeita, na qual todos os vestígios de preconceito e privilégio fossem eliminados por políticas de benefício universal.

Ele só veio a explicar sua posição em 1934, ao ser pressionado por camaradas da Liga Comunista dos Estados Unidos:

Não compreendo por que eu seria considerado "assimilacionista". *Grosso modo*, não sei que tipo de sentido tem essa palavra. É sabido que me oponho ao sionismo e a todas as formas similares de autoisolamento por parte dos trabalhadores judeus. Convoco os trabalhadores judeus da França a se familiarizarem mais com a vida francesa e com a classe trabalhadora francesa. Sem isso, é difícil eles participarem do movimento da classe trabalhadora do país onde são explorados. Visto que o proletariado judaico se espalha por diferentes países, é necessário que o trabalhador judeu, fora de sua língua, se esforce por conhecer a língua de outros países, como uma arma na luta de classes. O que tem isso a ver com "assimilação"?[2]

Essa atitude impregnou seu pensamento durante toda a sua vida pública. A tarefa dos marxistas, acreditava, era denunciar as iniquidades do nacionalismo e da religião. Trotski se apresentava como socialista, internacionalista e ateu.

Sua rejeição do judaísmo não significou, de modo algum, que ele evitasse os judeus como indivíduos. Inconscientemente ou não, sentiu-se atraído por vários deles como seus camaradas mais íntimos. Axelrod foi um amigo e confidente paternal; Deich era um veterano admirado e um fugitivo incansável; Parvus foi seu mentor durante vários anos; Martov foi seu parceiro por algum tempo, e Ioffe, um amigo da vida inteira. Todos repudiavam seu judaísmo. O mesmo se aplicou a seus amigos na Europa, onde sua associação com Kautsky e Luxemburgo no Partido Social-Democrata da Alemanha baseou-se em considerações políticas: a criação deles como judeus era irrelevante para todos. No Partido Social-Democrata da Áustria havia Victor e Friedrich Adler — e, é claro, Trotski também teve outros companheiros em Viena, como o psicanalista Alfred Adler e o emigrado Semyon Klyachko. Todos eram de origem judaica;

nenhum queria ser conhecido principalmente como judeu, ou sequer como apenas judeu. Eles pensavam e se portavam como cidadãos do mundo inteiro. Essa era uma tendência crescente, mais ou menos na virada do século, tanto na cultura e na ciência quanto na política, e os intelectuais judeus situavam-se em sua vanguarda.

Trotski também tinha companheiros que eram cosmopolitas sem serem judeus. O búlgaro Khristian Rakovski foi um exemplo. Trotski viria a prezá-lo como seu melhor amigo depois da morte de Ioffe, em 1927. E mais, ele teve muitos colegas no Partido Social-Democrata da Alemanha que nada tinham de judaico em sua origem. Foi amigo de Karl Liebknecht e conversava muito com August Bebel. Seus interesses intelectuais eram europeus. Natalia, com seu interesse pela arte francesa, havia incentivado isso, e Trotski mergulhou nos clássicos literários europeus enquanto viveu como emigrado na Suíça, na Alemanha e na Áustria. Ademais, não havia qualquer vestígio de judaísmo no estilo de sua vida adulta. Muitos judeus laicizados continuavam a respeitar as proibições alimentares religiosas e a celebrar as festas tradicionais. Não foi o que se deu com Trotski. É verdade que um rabino o havia unido a Alexandra Sokolovskaia pelos laços do matrimônio.[3] Mas não haveria alternativa para eles nesse assunto, se quisessem viver juntos no exílio siberiano. A legislação imperial não reconhecia o casamento civil e, visto que ele não se convertera ao cristianismo, teve que se casar em conformidade com o judaísmo.

Depois de se submeter a essa formalidade, ele voltou a seu código antirreligioso. Nas poucas ocasiões em que citou palavras da Bíblia, não raro usou frases tiradas do Novo Testamento (como quando escreveu: "Ide e não pequeis mais!").[4] De qualquer modo, sua segunda mulher, Natalia, não era judia, e suas duas filhas com Alexandra, assim como seus dois filhos com Natalia, receberam nomes não associados ao judaísmo. Em vez de darem a seu filho primogênito o nome do pai dele, Trotski e Natalia escolheram o nome de Sergei.

Havia no Império Russo muitos outros judeus que, como Trotski, se beneficiaram de uma educação mais ampla nas humanidades e ciências do que a disponível nas escolas religiosas judaicas. Como muitos jovens inteligentes, ele se deliciou com a libertação cultural que isso proporcionava. Era ousado em sua inteligência, franco em suas opiniões. Ninguém conseguia intimidá-lo. Trotski possuía essas características num grau maior que a maioria dos outros judeus emancipados das tradições de sua comunidade religiosa e das restrições da ordem imperial. Era, patentemente, um indivíduo de talento excepcional. Porém estava longe de ser o único judeu a desfrutar visivelmente das oportunidades de autopromoção pública. Anos depois, eles viriam a constituir um modelo a ser seguido pelos jovens judeus do movimento comunista mundial, quando, tal como os comunistas de todas as nacionalidades, eles falavam alto e escreviam com contundência, a despeito das suscetibilidades alheias. Trotski dificilmente poderia ser diagnosticado como alguém que sofresse da suposta síndrome do judeu que odeia a si mesmo. O ódio não entrava em questão. Ele se encantava demais consigo e com sua vida para se deixar perturbar por embaraços a respeito de sua origem.

Trotski foi um dentre as dezenas de milhares de judeus instruídos do Império Russo que, finalmente, puderam afirmar-se em situações em que seus pais tinham precisado curvar-se e se humilhar diante da burocracia dos gentios. Havia dois caminhos para a proeminência à disposição dos jovens e ambiciosos. Um era legal, o outro, ilegal. Como no resto da Europa, os judeus podiam estabelecer-se nas profissões liberais e nas artes. Um bom número dos principais médicos e advogados do Império Russo vinha da Zona de Assentamento. Além disso, as artes e ciências eram cada vez mais desenvolvidas pela contribuição judaica. O segundo caminho era a filiação aos partidos revolucionários, nos quais os judeus eram um componente desproporcionalmente numeroso. Rapazes e moças judeus, formados no rigor da Torá, encontravam uma ortodoxia secular afável nas complexidades do marxismo. As disputas acerca de minudências eram comuns ao marxismo e ao judaísmo (como também ao protestantismo). As rivalidades sectárias eram uma característica da vida no *shtetl*. A fé num futuro perfeito, que antes fora um fenômeno exclusivamente religioso, penetrou no movimento socialista radical.

Os camaradas judeus que Trotski evitava eram os que enfatizavam seu judaísmo, e disso os integrantes da Bund eram um excelente exemplo. Trotski manifestou-se contra eles no II Congresso do Partido, em 1903. Também atacou o sionismo, que vinha ganhando um número crescente de seguidores na Zona de Assentamento, à medida que aumentava o número de *pogroms*. Para Trotski, o sionista era irmão gêmeo do integrante da União Judaica Trabalhista. Em 1904, ele escreveu para o *Iskra* um artigo sobre "A dissolução do sionismo e seus possíveis sucessores". Foi sua crítica mais detalhada ao separatismo político judaico. Ele ridicularizou o líder sionista Theodore Herzl por sua campanha pela concessão de uma pátria na África para os judeus da Europa e de outros lugares. Tratava-se de um projeto mais sério do que Trotski admitia. O governo britânico tinha feito essa proposta a Herzl e, durante algum tempo, pareceu haver uma verdadeira possibilidade de que ela se consumasse. Como Trotski previra, a coisa não deu em nada.[5] Mas ele estava errado ao supor que o sionismo em si não tardaria a desaparecer. Como a maioria dos observadores daquela época, simplesmente não pôde imaginar um futuro em que as grandes potências do mundo sancionassem a fundação do Estado de Israel no Oriente Médio.

As complexidades das ideias da Bund não traziam interesse para Trotski. Ele desconsiderou por completo o fato de que até os unionistas — ou seus líderes, pelo menos — eram ateus confessos, ao contrário da vasta maioria dos judeus do Império Russo ou do exterior, naquela época. O que o preocupava na Bund era o desejo de que seus membros se conservassem conscientemente judeus. Trotski antipatizava com a identificação nacional em quaisquer socialistas; criticou essa tendência em seus camaradas austríacos e sérvios, e viria a censurar duramente os social-democratas alemães pela mesma razão, em 1914, quando eles aprovaram créditos de guerra para seu governo. Assim, quanto à questão judaica, ele preferia ser aquele que atacava os outros a ser o proponente de propostas positivas. Censurou o governo imperial por sua suposta cumplicidade nos *pogroms* e também se voltou contra Pyotr Struve por ele haver negado que os judeus tivessem direito a ser reconhecidos como um grupo nacional.[6] Entretanto, não deu continuidade ao assunto, examinando o que constituía a nacionalidade e de que modo a história, a fé e a tradição contribuíam para ela. Nunca deu suas respostas porque, na época, ninguém as solicitou. Também não se sentiu atraído pela proposta do bloco de agosto de oferecer uma "autonomia nacional e cultural" aos judeus. Não aprovava as ideias de autonomia nem se opunha a elas, mas ficou longe da discussão. Não antipatizava com os judeus como judeus, mas julgava que a assertividade nacional e étnica não poderia solucionar os problemas fundamentais do mundo.

Seja como for, ele profetizou que os adeptos esquerdistas do sionismo, desapontados, se voltariam para a União Judaica Trabalhista. Ao menos tais judeus estariam buscando a salvação na revolução, em vez da fuga; e ele torcia para que pudessem ser atraídos pelo Partido Operário Social-Democrata Russo. Contudo, embora a Bund combatesse o sionismo, suas ideias, na opinião de Trotski, eram deturpadas pelo nacionalismo, e essa não era, a seu ver, uma forma desejável de derrubar a monarquia e fundar uma sociedade melhor. Trotski achava que a Bund estava seguindo o mesmo rumo do Partido Socialista polonês de Jósef Pilsudski, ao julgar as pessoas primordialmente por sua origem nacional.[7] Por razões estratégicas, entretanto, ele tinha que manter relações com a União, se é que havia a pretensão de que algum dia o Partido Operário Social-Democrata Russo fosse unificado, e parou de expressar uma hostilidade franca. Todas as facções, inclusive os bolcheviques de Lenin, aceitaram os unionistas como um setor integrante do partido no IV Congresso, em 1906 (depois de eles se haverem retirado do II Congresso, em 1903). Trotski lidava com a Bund ignorando-a, desde que seus integrantes contassem com o reconhecimento oficial como camaradas do partido. Não havia mudado de ideia a respeito deles. A seu ver, eles sempre constituiriam uma ameaça à promessa do socialismo universal.

A Bund exerceu influência política entre as Revoluções de Fevereiro e Outubro de 1917. Seu líder, Mark Liber, tinha profundo envolvimento na coalizão de socialistas que havia dominado os sovietes até os bolcheviques tomarem o poder. Os judeus tinham enorme representação em todos os partidos revolucionários — Fiodor Dan e Yuli Martov eram líderes mencheviques, enquanto Abram Gots estava no primeiro escalão dos socialistas revolucionários. Durante algum tempo, a questão judaica pareceu ter deixado de constituir um problema na política russa.

Mas a judeidade religiosa preocupava-se com o número de judeus na liderança do movimento revolucionário. Percebia que isso poderia vir a se voltar contra os judeus em geral, quando as antigas tradições populares de antissemitismo se reafirmassem. Uma delegação foi enviada

Trotski e os judeus

a Trotski, em Petrogrado, para procurar persuadi-lo a não ter nada a ver com os bolcheviques. Ele ouviu atentamente e, de acordo com um relato posterior, retrucou com rispidez, nos seguintes termos: "Não é culpa minha se nasci dentro de uma pele judaica. Os trabalhadores me são mais caros que todos os judeus. E se, para o bem da humanidade, viesse a se revelar necessário uma parte dela perecer, eu não teria nada contra o fato de essa parte vir a ser a população judaica da Rússia."[8] Isso não soa como o tipo de declaração que Trotski faria. Em geral, ele era favorável a permitir que todo e qualquer grupo nacional seguisse suas tradições sem ser perseguido, desde que se submetesse à ordem política comunista — e concordou com os esforços do governo soviético de facultar às pessoas frequentar escolas e dispor de jornais em sua própria língua. Também apoiou medidas para recrutar rapazes e moças de todos os grupos nacionais, dar-lhes uma formação ideológica e promovê-los a cargos públicos. Nunca mencionou os judeus nesse contexto, mas eles se enquadravam no leque de medidas políticas oficiais destinadas a granjear as simpatias dos não russos.

O rabino Maze, de Moscou, fez piada: "Quem assina a hipoteca é Lev Davidovich, mas quem tem de pagar por ela é Leiba Bronstein."[9] Referia-se aos milhões de judeus praticantes que se atinham a sua religião e obedeciam fielmente às autoridades laicas. Assim tinha sido durante séculos. E então vieram os revolucionários, entre eles muitos de origem judaica, prometendo construir uma nova sociedade, sem oferecer os recursos materiais.

Trotski compreendia as apreensões de Maze, mesmo ignorando essa orientação geral. Sua recusa a assumir o Comissariado do Povo para Assuntos Internos não foi a última vez que ele mencionou a questão de sua origem judaica, ao responder a propostas de assunção de cargos. Em 1918, lutaria em vão contra sua nomeação como comissário do povo para Assuntos Militares. Também teria rejeitado a proposta de Lenin de se tornar seu substituto no governo soviético, em 1922. Em todas essas três ocasiões, Trotski citou sua origem judaica como um dado que o impossibilitava de aceitar a nomeação. Tentou repetidamente garantir que os judeus não gozassem de privilégios durante a guerra civil. Eles tinham um nível de letramento e competência matemática superior à média do resto da sociedade, e por isso tinham facilidade de obter empregos no governo soviético. Trotski julgava que isso não era salutar para a popularidade do Estado soviético e queria pôr mais judeus no Exército Vermelho, a fim de dissipar a queixa popular de que eles davam as ordens, enquanto os russos davam a vida. A liderança do partido era identificada por muitos como uma quadrilha judia. Trotski continuou a crer que seu próprio destaque no governo, no partido e nas forças armadas prejudicava, na prática, a causa revolucionária. Terminada a guerra civil, disse à liderança comunista: "Pois bem, camaradas, depois de todo o trabalho que fiz nessa área, posso dizer com total confiança que *eu tinha razão*."[10]

Os judeus, com efeito, eram amplamente tidos como a força dominante do partido bolchevique. Na verdade, várias minorias nacionais tinham representação maciça entre os bolcheviques. Stalin era georgiano, Felix Dzerjinski era polonês e Stepan Shaumyan era armênio. Também os povos bálticos — letões e lituanos, em particular — forneciam figuras de destaque. Esses líderes haviam crescido somando uma dimensão nacional ou étnica a seu ressentimento da ordem imperial, antes de 1917. Mas eram os judeus que atraíam os comentários mais ferinos, e é compreensível que Trotski concentrasse nisso as suas preocupações.

Os cartazes contrarrevolucionários eram sistematicamente antissemitas no tocante a Trotski. Uma imagem famosa retratou-o agachado, como uma fera prestes a saltar sobre sua vítima. Ao fundo viam-se russos comuns, sofrendo os efeitos de suas medidas políticas. O céu tinha um matiz berrante. As ruas eram fluxos vermelhos de sangue. Outra imagem retratava Trotski dirigindo um corpo de comissários com aspecto chinês. Tais imagens pretendiam demonstrar que a Revolução de Outubro era lesiva aos interesses da Rússia e de seu povo. O comandante antissoviético Alexei Kaledin incitou seus soldados, declarando que os líderes bolcheviques não eram russos, e sim judeus — e Lenin e Trotski encabeçavam a lista dos que deviam ser destruídos.[11] Os dois eram sinônimos da ordem comunista.[12] Uma carta anônima às autoridades soviéticas indagou:

Vocês ficaram cegos e não conseguem ver quem está mandando na Rússia? [...] Trotski, Sverdlov, Zinoviev e outros: todos são completos judeus, que se deram sobrenomes russos para tapear o povo russo. Trotski chama-se Bronstein, Zinoviev é de fato Liberman, e assim por diante. E são vocês que preferem o judeuzinho Bronstein — Trotski — ao tsar ortodoxo.

O autor proclamou que a hora do Anticristo havia chegado.[13]

Trotski nunca deu aos anticomunistas o prazer de verem sua irritação, mas agiu com firmeza em oposição a todas as formas de discriminação contra os judeus. Sua postura apareceu num artigo que ele escreveu para o *Izvestiya* ("Notícias") em outubro de 1919: "O antissemitismo é não apenas ódio à judeidade, mas também covardia diante da judeidade." O que pretendeu dizer com isso foi que os antissemitas vingativos tinham medo de competir com os judeus na vida pública. Trotski negou que os judeus fossem um povo de talentos especiais. Deu uma explicação mais prosaica para seu destaque na política. Os judeus eram, predominantemente, residentes urbanos. Era nas cidades que fora nutrido o antagonismo mais acirrado contra a monarquia dos Romanov. Por isso, era lógico que os judeus produzissem mais do que sua quota demográfica de revolucionários no Império Russo.[14]

Durante vários anos, isso foi tudo que Trotski se dispôs a dizer sobre a questão judaica. A situação começaria a mudar ao irromper a luta faccional entre ele e Stalin, em 1923. A disputa pública foi feroz, e as maquinações dos bastidores, piores ainda. O grupo em ascensão na liderança partidária era cada vez mais apoiado por militantes que chamavam atenção para a origem judaica de Trotski. Em março de 1926, este escreveu a Bukharin, a quem via como tendo um caráter mais digno que qualquer outra pessoa próxima de Stalin. (Ainda assim, sentiu-se pouco à vontade para tocar em assuntos judaicos e se absteve de ditar para uma taquígrafa.) Chegara a seu conhecimento que comentários antissemitas vinham sendo feitos com regularidade em reuniões de células partidárias. Alguém teria dito: "Os judeuzinhos estão armando uma briga no Politburo [um subcomitê interno do Comitê Central]." Esse clima vinha dificultando a possibilidade de os bolcheviques decentes se manifestarem contra o antissemitismo. Trotski apelou para Bukharin, seu inimigo faccional, pedindo-lhe que interviesse e insistisse em métodos limpos de disputa política.[15] Não parece ter visto serventia em escrever a Stalin sobre o mesmo assunto. Talvez tenha achado que seria perda de tempo. Na verdade, o próprio Stalin tinha um camarada judeu, na pessoa de Lazar Kaganovich, mas não achava que os judeus proletários como Kaganovich ameaçassem seus planos para a URSS (União das Repúblicas Socialistas Soviéticas, um sistema supostamente "federativo"). Os intelectuais judeus pouco acomodatícios eram outra história, sobretudo alguém como Trotski, que disputava o poder com ele. Stalin fechou os olhos para as explosões de antissemitismo que o ajudaram a derrotar seu antagonista.

De qualquer modo, Trotski continuou a insistir em que o socialismo, e não a nacionalidade, era a questão crucial da época. Não enaltecia os russos; mal se referia à Rússia como tal. Isso não era atípico nos bolcheviques mais destacados, inclusive nos que tinham crescido como judeus. A única figura do Comitê Central que se inclinava a destacar o povo russo para favorecê-lo era Stalin.[16] Na década de 1920, ele só o fez com muita cautela; foi sobretudo na década seguinte que colocou os russos num pedestal como principal nação da URSS. Em certa medida, como georgiano, estava tentando compensar politicamente o fato de não ser russo. Trotski se manteve como um vigoroso internacionalista. Escreveu textos incontáveis sobre a necessidade da revolução na Europa e na Ásia. Também esse estava longe de ser um ponto de vista inusitado nos primeiros anos que se seguiram à Revolução de Outubro, mas Trotski se ateve a ele com notável firmeza. Lenin tecia comentários frequentes sobre o alto nível da cultura alemã, dando às vezes a impressão de que a revolução bolchevique na Rússia fracassaria, a menos que fosse respaldada por um governo revolucionário fraterno na Alemanha.[17] Mal se via algum traço disso em Trotski. Ele continuou avesso à exaltação ou à depreciação das qualidades de povos específicos, e acreditava ser essa a abordagem apropriada a um marxista.

É verdade que identificava o atraso cultural russo, especialmente entre os camponeses, como um dado que freava a transformação socialista. Chamava constantemente a atenção para a necessidade de a Rússia modernizar toda a sua sociedade.[18] Ao mesmo tempo, adorava os clássicos literários russos. Mas também adorava romances franceses, era admirador de Ibsen e se impressionou com Nietzsche. Tratava todos como exemplos da cultura mundial contemporânea.

Aperfeiçoou suas atitudes ao longo dos anos, sem alterar seu ponto de vista fundamental. Queria o melhor para todas as nações da URSS, inclusive para os judeus, e achava que isso só poderia ser alcançado se eles fossem guiados para o socialismo, o internacionalismo e o ateísmo. Em momento algum destacou os judeus como um povo com necessidades especiais. Só depois de Hitler subir ao poder, na década de 1930, foi que concluiu que era preciso conceber um conjunto específico de medidas para evitar a extinção da judeidade mundial.

22. Brest-Litovsk

A partir de dezembro de 1917, Trotski moveu-se como uma lançadeira de tear entre Brest-Litovsk e a capital russa. Em Brest-Litovsk, continuou a desempenhar o papel do estadista confiante e imperturbável; no Comitê Central bolchevique, em Petrogrado, expôs às claras o perigo iminente que vinha das Potências Centrais. Introduziu ordem e disciplina nas conversações diplomáticas. Todos compreenderam quem exercia a autoridade entre os russos:

> Como chefe da delegação soviética, decidi dar um fim abrupto à familiaridade de relações que se desenvolvera de forma imperceptível durante o período inicial. Por meio de nosso pessoal militar, dei a entender que não tinha nenhuma intenção de ser apresentado ao príncipe da Baviera. Isso foi levado em conta. Solicitei almoços e jantares separados, alegando que tínhamos de consultar uns aos outros durante esses intervalos. Também isso foi aceito em silêncio.[1]

Trotski avaliou com rapidez a distribuição do poder entre os representantes das Potências Centrais. O ministro das Relações Exteriores da Áustria, conde Ottokar Czernin, recebia ordens do secretário de Estado das Relações Exteriores da Alemanha, Richard von Kühlmann. Mas o próprio Kühlmann era fraco ao lado do general Hoffmann, e Hoffmann, por sua vez, meramente falava em nome de seus superiores no alto-comando alemão da frente oriental, Paul von Hindenburg e Erich Ludendorff. Trotski riu disso, muito depois de 1918; gostava de denunciar as farsas formais — sabia que, por trás do anteparo da etiqueta, era o poder cru das forças armadas que determinava o que os ministros, diplomatas e até imperadores ordenavam.[2]

Na passagem de ano, as Potências Centrais apresentaram um ultimato. O tempo da eloquência de Trotski estava chegando ao fim, e os bolcheviques enfrentaram uma escolha: ou assinavam um tratado de paz separado, tirando a Rússia da Grande Guerra, ou as forças alemãs seriam enviadas para a linha do armistício. Não restou a Trotski a menor dúvida de que os alemães não parariam até tomar Moscou e Petrogrado. A Revolução de Outubro seria derrubada.

A autoridade do governo soviético na Rússia nunca estivera mais fraca. Em novembro de 1917, as eleições para a assembleia constituinte não deram a maioria a nenhum partido, porém o Partido dos Socialistas Revolucionários obteve o maior número de cadeiras. Foi uma dura rejeição para o Sovnarkom, porque os bolcheviques obtiveram apenas um quarto dos votos. Os socialistas revolucionários de esquerda haviam rompido com Chernov e com os socialistas revolucionários para se unir ao Sovnarkom, porém essa cisão em dois partidos antagônicos veio tarde demais para que houvesse candidatos separados nas eleições. O eleitorado não teve a oportunidade de distinguir entre as alas esquerda e direita do antigo Partido dos Socialistas Revolucionários. De qualquer modo, a coalizão dos bolcheviques e dos socialistas revolucionários de esquerda estava decidida a se manter no poder, e dissolveu à força a assembleia constituinte no dia 6 de janeiro de 1918. As autoridades soviéticas vinham sendo responsabilizadas por não lograrem a recuperação econômica. Os camponeses retiraram-se dos mercados urbanos. O abastecimento de alimentos desapareceu. Os operários das fábricas e os mineiros ressentiam-se do colapso da produção industrial e temiam o desemprego em massa. Os sovietes locais recorreram à requisição de cereais. Aumentaram os choques com os camponeses. Cada vez mais os trabalhadores davam ouvidos aos mencheviques. Os bolcheviques haviam feito a Revolução de Outubro, confiando em que o apoio recebido da classe trabalhadora e do campesinato continuaria a aumentar. Foi intensa a sua decepção no inverno de 1917-1918.

Trotski apresentou seu relatório sobre as conversações de Brest-Litovsk na expectativa de que Lenin concordasse que a coalizão de bolcheviques

282　　　　　　　　　　Parte II: 1914-1919

e socialistas revolucionários de esquerda devia recusar-se a ceder. Mas Lenin havia reconsiderado sua política. Reconheceu que o Exército da Rússia deixara de existir como força combatente. Os camponeses de uniforme tinham deixado as trincheiras e corrido para casa, a fim de receber uma parte das terras que vinham sendo redistribuídas — os bolcheviques haviam incentivado isso, ao criarem uma comissão de desmobilização. Não havia sinal de um desejo popular de que a guerra fosse reiniciada: os russos estavam cansados de lutar. Queriam paz, e achavam que o Decreto da Paz, promulgado por Lenin, a prometera a eles. Lenin compreendeu tudo isso. Suas investigações convenceram-no de que o conflito armado com a Alemanha era uma impossibilidade prática. Por algum tempo, não falou disso com ninguém, enquanto se formava em sua mente a ideia de que o Sovnarkom devia aceder aos termos das Potências Centrais. Seu problema era que os dois partidos da coalizão tinham o compromisso de travar uma "guerra revolucionária", caso a paz não viesse por meio do estabelecimento de governos socialistas na Europa. Somente alguns bolcheviques — Kamenev, Zinoviev e Stalin — tinham se mostrado céticos a respeito da iminência da "revolução socialista europeia".

A maioria dos líderes bolcheviques, inclusive Trotski, achava que um armistício separado com as Potências Centrais seria uma concessão insuportável ao imperialismo capitalista. Em seus pronunciamentos públicos, Trotski enunciou como uma questão de princípio que o governo não devia assinar um tratado de paz separado com essas nações. Disfarçou seu reconhecimento de que a segurança soviética, naquele momento, seria impossível de obter sem assistência externa. Antes de participar das negociações em Brest-Litovsk, ele mantivera contatos regulares com representantes dos Aliados ocidentais, no intuito de preservar as oportunidades de ajuda militar da Grã-Bretanha e da França, na eventualidade de uma invasão alemã, e se ateve a essa abordagem até o verão de 1918.[3] Durante anos, ele tinha dito que o imperialismo "anglo-francês" era tão ruim quanto as variedades alemã ou austríaca. No entanto, recusou-se a excluir a hipótese de algum tipo de acordo com Londres e Paris, mesmo que não envolvesse um tratado de paz. Lenin teve razão de sentir em Trotski um certo cheiro de falso radicalismo durante esses meses.

O Comitê Central bolchevique transformou-se numa arena de lutas sobre guerra e paz. Os socialistas revolucionários de esquerda não precisavam desse tipo de briga, já que seu partido era categórico em sua recusa a aceitar os termos das Potências Centrais. Só os bolcheviques achavam que havia sentido num debate, e isso sobretudo por conta da insistência de Lenin. Após a dissolução da assembleia constituinte, reconheceu-se que o Comitê Central devia ser reorganizado. Seus membros eram continuamente estorvados por suas funções públicas. Havia também um fator geográfico. A ameaça militar alemã tornava sensato mudar a capital de Petrogrado para Moscou, deixando na primeira um núcleo de líderes partidários, sob a direção de Zinoviev. Elegeu-se uma diretoria interna, composta por Lenin, Stalin, Sverdlov, Sokolnikov e Trotski. Ela funcionaria em Moscou. O único de seus membros que não estaria lá constantemente seria Trotski, que teria de fazer viagens regulares a Brest-Litovsk.[4] O fato de ele ter sido incluído na diretoria, mesmo assim, foi um sinal da sua importância para o partido. Foi também um reflexo da pauta do bolchevismo naquele momento. A questão da guerra e da paz dominava tudo. Como se veio a constatar, a diretoria não funcionou. Todos os membros do Comitê Central bolchevique queriam a oportunidade de participar do debate sobre a guerra e a paz.

Ao expor sua posição ao Comitê Central, em 11 de janeiro de 1918, Lenin argumentou que uma tentativa de "guerra revolucionária" seria a morte certa da Revolução de Outubro. A única consequência possível seria uma ocupação militar alemã. Nunca dado a fugir de decisões corajosas, Lenin disse a seus camaradas que pensassem no impensável e aceitassem os termos alemães, antes que estes piorassem. Ele se disporia a reconsiderar, caso a situação política da Europa central sofresse uma mudança súbita, pois ainda acreditava na iminência de rebeliões proletárias em Berlim e Viena. Portanto, se a Alemanha viesse a experimentar uma onda de revoluções, caberia aos bolcheviques oferecer todo o apoio militar que pudessem.[5] Trotski mal pôde acreditar no que ouvia. Seu parceiro na tomada do poder na Rússia estava tentando rasgar, unilateralmente, os planos de contingência do partido e do governo. Lenin, o adversário das concessões antes de outubro de 1917, estava propondo render-se a uma das grandes potências imperialistas da Europa. Ele e Trotski tinham sido inimigos durante anos, depois de 1903. Haviam se unido politicamente em meados de 1917. Tinham trabalhado em estreita cooperação durante três meses no Sovnarkom. E agora, de repente se desentendiam, e isso nada tinha a ver com métodos nem com personalidades. Lenin e Trotski estavam enredados numa disputa acerca da essência da política de governo.

Trotski vira as trincheiras vazias da frente oriental e sabia que a Rússia soviética não podia lutar com ninguém. Mas assinar um armistício com as Potências Centrais era dar um passo grande demais para ele, que defendeu a estratégia de declarar que o governo soviético não travaria guerra nem assinaria um tratado de paz. Queria usar essa posição em suas manobras para retardar uma ofensiva alemã. Entrementes, almejava disseminar a propaganda bolchevique na Alemanha. No fim, tinha a esperança de estimular os socialistas radicais a deflagrarem uma insurreição socialista em Berlim.[6]

A posição adotada por ele ficou num meio-termo entre Lenin e a esquerda bolchevique. Bukharin preferia a guerra franca contra a Alemanha imperial. Ele e os chamados comunistas de esquerda prefeririam morrer lutando a abandonar seu compromisso internacionalista — e ficaram insatisfeitos ao ver Lenin, o líder que os seduzira para a tomada do poder em Petrogrado, propor uma concessão intolerável. A tática trotskista de procurar ganhar tempo era sua segunda alternativa mais desejável, e a votação foi favorável a ela. Lenin teve poucos defensores. Um deles foi Stalin, que disse não haver nenhuma prova autêntica da iminência da revolução no Ocidente. Zinoviev acrescentou que Kühlmann nem tomaria conhecimento das sutilezas da estratégia de Trotski; mesmo assim, dispôs-se a submeter o assunto a um plebiscito. As contribuições de Stalin e Zinoviev trouxeram pouco consolo a Lenin. Ele se distanciava do ceticismo de Stalin quanto à revolução socialista europeia, e também não tinha paciência com nenhuma proposta de realizar um plebiscito. Trotski pediu uma decisão sobre a guerra revolucionária. Apenas dois votaram a favor; os outros onze, com uma abstenção, foram contra. Lenin pediu então uma decisão sobre o prolongamento das negociações. A discussão foi favorável, por doze votos a um. Assim, a política trotskista do "nem guerra nem paz" foi confirmada. Não era o resultado desejado por Lenin, porém ao menos era melhor para ele do que a decisão de ir à guerra.

Brest-Litovsk 285

Trotski teve dificuldade de proteger sua política enquanto se ausentava, indo a Brest-Litovsk. Lenin era um debatedor persuasivo e tinha acesso constante ao Comitê Central e à sua secretaria. O ultimato alemão causara tremores entre os líderes bolcheviques e socialistas revolucionários, que sempre haviam entendido que a Revolução de Outubro precisaria de muita sorte para sobreviver. Eles e suas famílias viviam de malas prontas, para o caso de terem que fugir. As questões da segurança soviética internacional adquiriram aguda seriedade. Georgi Chicherin foi designado substituto de Trotski, em 29 de janeiro de 1918, para permitir a condução normal dos trabalhos quando Trotski e Ioffe se ausentassem da capital: o Comissariado do Povo havia finalmente passado para o primeiro plano das atividades governamentais.[7] Lenin, auxiliado pela secretaria do Comitê Central, comunicou-se com o restante do partido, para defender a tese de um armistício separado. Quando os comunistas de esquerda tentaram buscar apoio para a "guerra revolucionária" nas organizações partidárias das províncias, encontraram pouco respaldo entre os operários das fábricas. A campanha de Lenin foi ganhando um apoio progressivamente maior no partido bolchevique. Entre os socialistas revolucionários de esquerda, a história foi diferente: nenhum de seus líderes ou militantes dispôs-se a pensar num acordo com as Potências Centrais. Mas o que importava eram os bolcheviques, e o seu Comitê Central é que tomaria a decisão final sobre a guerra e a paz.

Os bolcheviques haviam declarado, consistentemente, que iniciariam uma "guerra revolucionária" caso a classe trabalhadora alemã, por alguma razão inesperada, deixasse de se levantar contra seu governo. Essa tinha sido a ampla preferência pública de Lenin até quase o fim de 1917. E ele não disfarçava seu desagrado ante a assinatura de um acordo com as Potências Centrais: seria uma "paz obscena" com o imperialismo alemão. Lenin continuava certo de que, mais cedo ou mais tarde, o proletariado europeu derrubaria o capitalismo, e manifestou a disposição de abandonar as negociações diplomáticas, se ocorresse uma insurreição. Mas não estava disposto a levar a Revolução de Outubro ao desastre, provocando uma invasão dos alemães.

Trotski sabia tão bem quanto Lenin que o Sovnarkom seria destruído em qualquer guerra com as Potências Centrais. Viajando regularmente

286   Parte II: 1914-1919

entre Petrogrado e Brest-Litovsk, viu com os próprios olhos quão indefeso se tornara o país. Em termos realistas, os bolcheviques não poderiam reunir um exército contra as Potências Centrais e ter alguma expectativa de vitória no conflito resultante. Trotski não aceitava outra alternativa senão arrastar as negociações em Brest-Litovsk. Sentia-se cada vez mais à vontade no papel de estadista internacional. Acostumara-se a economizar o seu horário de trabalho. Durante anos, havia manuscrito suas cartas; agora as ditava para estenodatilógrafas.[8] Mas os alemães e austríacos em Brest-Litovsk viam-no como um indivíduo arrogante, que não fazia segredo da dedicação de seu partido à causa da revolução internacional. Se as Potências Centrais quisessem derrotar os britânicos e os franceses, seria essencial iniciar uma ofensiva na frente ocidental antes que os norte-americanos chegassem em massa à Europa. Como Trotski viu por si mesmo, os negociadores alemães estavam perdendo a paciência com sua recusa a declarar se a Rússia pretendia ir à guerra ou aceitar a paz. A pirotecnia verbal não adiaria para sempre os planos de invasão alemães.

Nem Bukharin achou que se poderia travar uma guerra revolucionária; assim, na primeira grande discussão no Comitê Central, apoiou a manobra diplomática de Trotski, até o momento em que os alemães resolvessem partir para a ofensiva.[9] Isso deixou Trotski ligeiramente embaraçado:

No momento, com certeza, toda a questão se concentra na correlação de forças. Não faz diferença se participaremos ativamente da guerra imperialista ou se nos absteremos da atividade: ainda assim, estaremos participando da guerra. Por isso, devemos considerar o que nos é mais vantajoso. É simplesmente utópico transformar todas as nossas forças em forças militares. Por conseguinte, a questão de uma guerra revolucionária é uma questão irreal. O Exército deve ser desmobilizado, porém desmobilizar o Exército não é o mesmo que assinar um tratado de paz.[10]

Para quem tem ouvidos para ouvir, isso não era tão hostil ao ponto de vista de Lenin quanto se presumiu largamente (e se continua a presumir). Trotski estava defendendo uma tese realista. Embora exigisse uma perspectiva "internacionalista", recusava-se a admitir que fosse errado, em princípio, lutar ou não lutar. Sua argumentação cuidadosa foi que, mesmo sem intenção, os bolcheviques ajudariam um lado ou outro da guerra europeia, qualquer que fosse a decisão tomada. O que se tratava de responder não era uma questão moral, e sim uma questão de ordem prática: o que facilitaria mais a causa revolucionária?

Foi atacado por Stalin, que achou que ele exagerava o potencial de uma revolução socialista europeia. "A posição de Trotski", declarou, "não é posição alguma." Se o partido seguisse os conselhos trotskistas, só faria piorar as possibilidades de uma negociação tolerável com as Potências Centrais.[11] Zinoviev concordou com Stalin. Lenin discordou, porque era sua opinião que o potencial de revolução na Europa continuava grande; no entanto, argumentou que os bolcheviques tinham de concordar sem demora com os termos das Potências Centrais, se quisessem evitar uma invasão da Rússia. Ele não conseguia imaginar por que Trotski, um mestre das manobras revolucionárias em 1917, não reconhecia isso.[12] Mas percebeu que "nem guerra nem paz" era um resultado tão bom quanto se poderia esperar, e por isso teve sucesso ao apresentar uma moção dentro dessa linha.[13]

Em 24 de janeiro de 1918, Trotski enviou um telegrama a Viena, pedindo permissão para visitar a capital austríaca, "a fim de conduzir negociações com representantes do proletariado austríaco". Não há dúvida de que adoraria discursar em manifestações de massa no exterior. Mas a formulação do telegrama era provocadora, e era impossível que ele não soubesse disso. Czernin enviou uma resposta à altura, explicando que Trotski não tinha poderes formais para representar ninguém em nenhuma negociação dessa natureza.[14] Trotski continuou a provocá-lo e zombou da sugestão de que considerações de ordem formal tivessem levado à recusa. O que estava claro era que as Potências Centrais temiam a disseminação do "contágio" bolchevique. Tinham visto os efeitos da agitação revolucionária na Rússia em 1917. Supostamente, os grandes comícios tinham virado a cabeça da classe trabalhadora russa. Algumas cidades da Alemanha e da Áustria-Hungria vinham experimentando sua própria turbulência. As greves tornavam-se mais numerosas. Aumentava a insatisfação com a insuficiência das rações de víveres. Houvera motins no Exército francês, e o mesmo poderia acontecer em Berlim ou Viena. A última coisa que as Potências Centrais queriam era um orador inflamado como Trotski criando distúrbios em suas ruas.

Elas também não tinham nenhum desejo de deixar que ele ditasse sua pauta em Brest-Litovsk. Ardilosamente, haviam aceitado os Quatorze Pontos do presidente norte-americano Woodrow Wilson para um acordo de paz que pusesse fim à Grande Guerra. Tais pontos abarcavam o princípio da autodeterminação nacional. As Potências Centrais professaram-se contentes em reconhecer a independência de todas as nações europeias, inclusive as do leste do continente. Berlim e Viena discerniram uma grande oportunidade de promover a discórdia.

Trotski esbravejou na reunião do Comitê Central que decidiu o assunto, em 23 de fevereiro. A campanha de Lenin aproximava-se da vitória. Não houve novas discussões. A única mudança foi o colapso da maioria pró-guerra, à luz dos sinais inequívocos de que os alemães não admitiriam novos adiamentos. A votação foi favorável a Lenin por sete votos a quatro. Trotski recusou-se a alterar sua opinião e apenas se absteve.[15] Insistiu obstinadamente em que assinar um armistício separado seria trair os princípios revolucionários. Retirou-se das negociações de Brest-Litovsk. No dia 24 de fevereiro, renunciou a novas lutas e ajudou nas discussões sobre a composição de uma nova equipe diplomática. A política partidária fora decidida e ele não queria fazer o papel do elemento diruptivo. Stalin acolheu de bom grado essa postura conciliadora e pediu a Trotski que permanecesse mais alguns dias no cargo. Trotski concordou, e resistiu à tentação de levar a luta adiante.[16] O que o terá contido? Ele afirmou que a guerra revolucionária só poderia ser travada com um partido unido. Claramente, essa opção não estava disponível. Assim, submeteu-se à autoridade do Comitê Central.[17] Houve mais do que um mero toque de hipocrisia em seu discurso final. Nunca tinha havido grande possibilidade de preservação da unidade interna, mesmo que o lado oposto ao tratado tivesse saído vencedor nas semanas anteriores. Trotski estava fazendo pose. Queria parecer limpo e puro, segundo suas próprias convicções, nos anais futuros da história. Havia lutado por aquilo em que acreditava. E tinha perdido a batalha.

O tratado foi ratificado pelo VII Congresso do Partido, em março de 1918. Foi nesse encontro que os bolcheviques se redenominaram Partido

Comunista Russo (bolchevique), para se distinguir dos partidos socialistas da Rússia e do exterior que divergiam das doutrinas leninistas da revolução proletária. O congresso também deu ensejo a que os líderes comunistas proclamassem seu compromisso imorredouro com a futura disseminação da revolução pelo Ocidente. Naquele momento, o poderio militar alemão impossibilitava isso. O perigo corrido pelo Estado soviético não tinha sido completamente eliminado. O tratado impedira as Potências Centrais de invadirem o país, mas, em março de 1918, ninguém podia confiar inteiramente em que os alemães o cumprissem — e, de fato, as forças germânicas viriam a invadir a Crimeia em abril.[18] Foi uma violação dos acordos de Brest-Litovsk. Até Stalin, arquiproponente do armistício separado, viria a reconsiderar sua hostilidade à guerra revolucionária.[19] Talvez os bolcheviques ainda viessem a ser obrigados a defender Petrogrado e Moscou de um ataque. Nessa eventualidade, não havia dúvida de onde se situariam as simpatias de Trotski. Ele adoraria enfrentar as Potências Centrais. Lenin deu a esse momento o nome de pausa para respirar.

Trotski tinha sofrido uma grande derrota. Apesar de haver despontado como um dos bolcheviques de mentalidade mais pragmática em outubro e novembro de 1917, assumira uma postura totalmente irrealista na disputa de Brest-Litovsk. Sempre soubera que, se chegasse o momento de uma decisão inevitável, a política do "nem guerra nem paz" não seria suficiente. Aos olhos de Lenin, portanto, ele fizera todos perderem seu tempo. Pior que isso, havia incentivado outras pessoas a acreditarem que a "guerra revolucionária" era possível, mesmo sabendo que a Rússia já não possuía forças armadas de peso. Fora tão irresponsável quanto aqueles rematados comunistas de esquerda que admitiam que a guerra com a Alemanha imperial traria a catástrofe para a Revolução de Outubro. Trotski era mau ouvinte. A rigor, seus ouvidos ficavam surdos para as colocações alheias. Em qualquer discussão particular, ele queria ter o monopólio da fala. Raras vezes convivia com outros membros do partido fora dos encontros políticos. Suas mudanças de ideia tendiam a ser abruptas — e ele não se dava o trabalho de alertar os companheiros de antemão. Repetidas vezes, preferia virar o partido de pernas para o ar a dar razão aos adversários. Esse era seu ponto forte, quando ele tinha

290   Parte II: 1914-1919

ideias que se revelavam úteis para respaldar a ordem revolucionária. Não raro, porém, sua verve causava mais prejuízos que benefícios a sua causa.

Robert Bruce Lockhart, chefe da missão diplomática britânica em Moscou até deixar a Rússia, em setembro de 1918, observou que Lenin tinha levado uma vantagem psicológica sobre Trotski na disputa de Brest-Litovsk.[20] Os dois principais governantes não tinham a mesma autoridade. Trotski sabia reunir forças para uma controvérsia, sabia conduzir uma luta contra Lenin — e viria a fazê-lo com desenvoltura em 1920-1921.[21] Mas faltava-lhe a firmeza de propósito que vem da autoconfiança profunda. Ele vociferava. Polemizava com ardor. Agia como se sua vida política e o governo soviético dependessem do sucesso de suas propostas. No entanto, havia intuído que não podia suplantar Lenin. Não se tratava apenas do reconhecimento de que seu companheiro de menos de um ano gozava da lealdade abundante de quase todos os bolcheviques. Trotski tinha visto Lenin de perto mais intensamente do que em qualquer época desde 1902-1903. Valorizava o talento intelectual e prático do homem. Sentia a força de sua vontade. Era atraído por sua falta de vaidade pessoal. Foi como se Trotski tivesse feito uma queda de braço com Lenin e perdido a prova de força. Lenin estava acostumado a ganhar e resistiu à tentação de parecer muito triunfal.

Ainda assim, Trotski não pôde concordar em permanecer na chefia do Comissariado do Povo para Relações Exteriores. Se continuasse no cargo, seria ele a pessoa obrigada a ir a Brest-Litovsk assinar o tratado. Trotski tinha um agudo senso do teatral. Por mais que gostasse de desfilar no palco político, não queria ser filmado ou fotografado assinando o seu nome no que até Lenin havia descrito como "uma paz obscena". Não mais se dispôs a assumir a responsabilidade por seu comissariado. E foi difícil encontrar um voluntário. No fim, o cargo foi entregue a Grigori Sokolnikov; até Lenin, o arquiteto da decisão soviética de assinar o tratado, esquivou-se ao dever de comparecer a Brest-Litovsk.

23. Kazan e depois

Lenin agiu depressa para trazer Trotski de volta às suas amarras comuns. Fez isso pedindo-lhe que assumisse o Comissariado do Povo para Assuntos Militares. Adolf Ioffe, o velho camarada de Trotski, tivera essa ideia e conseguira que ela fosse aprovada pelos membros do Comitê Central que tinham permanecido em Petrogrado. Escreveu a Lenin, defendendo a tese de que Trotski havia provado sua aptidão para o trabalho com as forças armadas durante a Revolução de Outubro.[1] Lenin concordou. Trotski, porém, sentiu-se dividido. Embora tivesse a intenção de permanecer no Sovnarkom, achava pouco político um judeu dirigir o Exército Vermelho. Era o mesmo argumento que havia usado para não se tornar comissário do povo para Assuntos Internos, e resistiu vigorosamente à nova proposta. Lenin o venceu pelo cansaço, e Trotski, após alguns dias desempregado, tornou a ingressar no Sovnarkom e foi confirmado no cargo em 14 de março de 1918.[2]

Ficou tão aliviado quanto Lenin. Ele havia desempenhado um papel preponderante no drama da Revolução de Outubro. Criara-se um Estado revolucionário. Se ele abandonasse o governo soviético, não teria para onde ir, caso pretendesse continuar a causar impacto; tinha de achar um modo de permanecer com os bolcheviques. Isso lhe foi mais fácil do que viria a parecer, tempos depois. Embora se houvesse assinado um tratado com as Potências Centrais, ninguém podia ter certeza de que os alemães não o rasgariam e não tomariam de assalto territórios pertencentes aos soviéticos. Nesse caso, querendo ou não, Lenin teria uma "guerra revolucionária" nas mãos. Por outro lado, talvez o poderio militar alemão desmoronasse no norte da França, e os russos ficariam livres para se rebelar contra o tratado. Nem mesmo Lenin e Stalin viam o armistício como outra coisa senão uma conveniência temporária. Trotski tinha razão para crer que ainda não havia perdido a disputa em torno da política externa e militar. O futuro imediato era imprevisível. Assumindo o Comissariado do Povo para Assuntos Militares, ficaria em condições de preparar uma força armada para explorar qualquer oportunidade de fomentar a "revolução socialista europeia".

Suas qualificações para o novo cargo não chegavam a impressionar. Ele fizera algumas reportagens sobre a guerra dos Bálcãs antes de 1914 e havia observado os efeitos da guerra em Paris, em 1915-1916. Tinha coordenado as guarnições de Petrogrado através do Comitê Militar-Revolucionário, antes da tomada do poder em outubro. Sabia disparar uma arma em expedições de caça.

Trotski não se deixou perturbar. Encontrou o Exército Vermelho em completa desordem e não se importou com quem ouvisse sua opinião sobre a situação. A criação dessa força soviética tinha sido anunciada em 23 de fevereiro de 1918. Seus primeiros líderes eram bons bolcheviques, mas mostraram-se um caso perdido como organizadores militares. O contato com os comandantes que se dispunham a servir sob a autoridade soviética era fragmentado. Traçavam-se planos intermináveis no papel. A realidade era que o antigo Exército russo havia desaparecido, por meio das deserções em massa e do processo de desmobilização promovido pelo Sovnarkom. Trotski introduziu uma urgência renovada nos preparativos. Essa era sua marca registrada. Ele sempre agia como se sua instituição tivesse que desempenhar o papel crucial na sobrevivência e prosperidade do Estado soviético. Após uma rápida avaliação do Exército Vermelho, ele modificou a política, a fim de atrair oficiais experientes. Ao mesmo tempo, ampliou a política de Kerenski de ligar comissários políticos às forças armadas, em todos os níveis de comando. Os oficiais e comissários deveriam trabalhar aos pares: o oficial forneceria o conhecimento militar especializado, enquanto o comissário supervisionaria sua lealdade e disseminaria a propaganda entre os soldados. Trotski aprendeu na prática a recrutar, treinar, abastecer e posicionar suas forças armadas.

Continuou a conversar com representantes dos Aliados ocidentais e, em 5 de março, apenas dias depois da assinatura do armistício separado,

Kazan e depois

perguntou aos norte-americanos se eles dariam assistência, na eventualidade de o Sovnarkom optar por ir à guerra contra a Alemanha.[3] Os bolcheviques sabiam que não poderiam lutar sem ajuda. Trotski ansiava por manter esse contato, visto que ainda acreditava que o Tratado de Brest-Litovsk tinha sido um erro. Estava disposto a retomar as ações contra os alemães. Os diplomatas e oficiais Aliados em Moscou compreenderam isso e se dispuseram prontamente a conversar com ele. O cálculo suplementar, para Trotski e o resto do Sovnarkom, era que os bolcheviques precisavam desestimular qualquer invasão pelos Aliados ocidentais. Tal cruzada tornou-se nitidamente viável depois de março de 1918. Os britânicos enviaram um contingente para Arcangel, com o propósito declarado de proteger seus suprimentos militares na Rússia. Uma flotilha francesa desembarcou soldados em Odessa. O Sovnarkom entrou em pânico com tais acontecimentos, e tanto Trotski, no Comissariado do Povo para Assuntos Militares, quanto Chicherin, no Comissariado do Povo para Relações Exteriores, fizeram o possível para assegurar aos Aliados que o acordo da Rússia com a Alemanha não era de natureza permanente. Deixaram de acrescentar que, se um dia o Sovnarkom se realinhasse com eles, isso não significaria que os bolcheviques teriam abandonado seu compromisso com a revolução socialista internacional.

Trotski usou suas relações com Robert Bruce Lockhart, da Grã-Bretanha, Jacques Sadoul, da França, e Raymond Robins, dos Estados Unidos, para buscar a ajuda dos Aliados na reorganização das forças armadas russas. (É óbvio que se comprazia em irritar os serviços diplomático e de informações da Alemanha.) Levou Lockhart a circular por toda parte em Moscou, em sua limusine oficial, e lhe explicou sua disposição de mobilizar o Exército Vermelho contra os alemães.[4] Também empregou os conhecimentos especializados do capitão G. A. Hill, membro do Serviço Especial de Informações da Grã-Bretanha (que logo se tornaria conhecido como Serviço Secreto de Informações), na preparação de uma força aérea dos Vermelhos.[5] Trotski não disse palavra sobre nada disso em suas memórias; na ocasião em que as escreveu, precisava silenciar sobre suas ligações com os Aliados em 1918, por medo de ser acusado de haver traído a Rússia soviética.

Não havia como duvidar de sua coragem física. Lockhart recordou um incidente quando uma multidão de marinheiros de Kronstadt

294 Parte II: 1914-1919

juntou-se na praça em frente ao Comissariado. O clima azedou à medida que os homens foram gritando suas queixas sobre a remuneração e as condições de vida. Os funcionários do Comissariado começaram a entrar em pânico. Tratava-se dos mesmos marinheiros que muito haviam contribuído para desestabilizar o governo provisório. Trotski exibiu uma firmeza resoluta ao enfrentar a multidão: "Seus olhos faiscaram de raiva. Ele se precipitou para o lado de fora, inteiramente só, passou um quarto de hora desancando verbalmente os marinheiros e os despachou feito vira-latas escorraçados."[6] Ali estava um verdadeiro líder de homens, sem medo de passar um sermão em militares enraivecidos que poderiam causar-lhe danos letais. Trotski não tolerava insubordinação. Desde a infância, tinha visto seu pai dar ordens aos peões da fazenda. Fora criado nesse mesmo molde. Além disso, agora era um revolucionário que esperava o máximo de cooperação do povo em cujo nome ajudara a tomar o poder. Toda vez que este o decepcionava, ele o informava disso. Agia com base na premissa de que as "massas" exigiam uma tutela rigorosa.

Reunir e treinar um Exército Vermelho tratava-se de tarefa árdua. E ainda não fora concluída, antes do verão, quando uma sucessão de emergências atormentou o Sovnarkom. Trotski teve um envolvimento destacado na primeira delas. Mediante um acordo com os Aliados, ele havia permitido que um contingente de prisioneiros de guerra tchecos deixasse o país e se juntasse aos exércitos que enfrentavam os alemães na França. A primeira longa etapa da viagem seria levá-los pela ferrovia Transiberiana até o Pacífico. No trajeto, veio a ordem de Trotski de que eles entregassem suas armas. Os tchecos suspeitaram de traição, erroneamente; na verdade, Trotski estava apenas tomando precauções para que suas instruções não fossem desrespeitadas por eles. Assim teve início a revolta tcheca de Cheliabinsk, no fim de maio de 1918. Bem armados e com experiência na batalha, os tchecos viraram seus trens para a Rússia. Ao chegarem a Samara, às margens do rio Volga, no sudeste da Rússia, colocaram-se à disposição do Comitê de Membros da Assembleia Constituinte (ou Komuch). Esse era o governo antibolchevique estabelecido em junho de 1918 pelos socialistas revolucionários; seu direito à autoridade baseava-se no sucesso do partido nas eleições para a assembleia constituinte. Eclodiu o conflito militar entre as forças do Komuch e as do Sovnarkom. Os Vermelhos foram facilmente derrotados e a força militar tcheca entregou toda a região do Volga aos socialistas revolucionários. Após vários começos hesitantes, a guerra civil eclodiu de forma explosiva.

As disputas referentes à política externa e militar haviam perdido todo o peso. Lenin e Trotski estavam novamente trabalhando juntos e, à medida que as políticas leninistas tornaram-se mais radicais, os comunistas de esquerda ganharam confiança em que o cerne da ideologia partidária tinha voltado à vida. Todos os bolcheviques estavam lutando uns pelos outros. A emergência às margens do Volga vinha isolando as regiões do centro e do norte da Rússia do fornecimento de cereais disponível nessa área. O Sovnarkom reagiu dando início a uma Ditadura do Abastecimento. Todo o comércio privado de víveres foi criminalizado, e se enviaram pelotões armados ao interior, em missão de requisição. O conflito com o campesinato agravou-se. Até então, os socialistas revolucionários de esquerda haviam continuado a servir ao Sovnarkom, mesmo depois de renunciarem a seus cargos diretivos nos comissariados do povo, por causa do tratado de paz com a Alemanha. Querendo deflagrar a guerra com as Potências Centrais, um grupo deles, chefiado por Yakov Blyumkin, organizou o assassinato do embaixador alemão, conde Wilhelm von Mirbach, no dia 9 de julho. Todo o Partido dos Socialistas Revolucionários de Esquerda rebelou-se contra o Sovnarkom, enquanto o V Congresso de Sovietes se reunia em Moscou, na mesma semana. Os bolcheviques reagiram com todas as suas forças, que incluíram um regimento de fuzileiros letões. Os socialistas revolucionários de esquerda foram derrotados.

Em 6 de junho, numa reunião aberta em Sokolniki, nos arredores de Moscou, Trotski havia censurado violentamente aqueles que clamavam pelo retorno ao livre mercado de cereais. Sim, admitiu, a situação do abastecimento de víveres estava ruim em Moscou e Petrogrado. Reconheceu que estava pior no resto da Rússia. Mas insistiu em que as circunstâncias eram ainda mais graves na Europa. Cumulando a plateia com os dados estatísticos oficiais mais recentes, declarou que o país tinha cereais em abundância. O problema era como transportá-los para as cidades.

296 Parte II: 1914-1919

Trotski frisou que não tinham sido os bolcheviques os introdutores do monopólio estatal dos cereais (embora não explicasse por que esse monopólio continuava a ser essencial). Opôs-se a elevar os preços pagos pelas safras. Os únicos beneficiários dessa medida, declarou, seriam os "especuladores" e os "cúlaques". Não definiu esses termos. Como todos os seus companheiros comunistas, ele presumia que comerciantes e especuladores eram uma coisa só; e cúlaque, no linguajar bolchevique, era qualquer camponês mais rico que a média do campesinato local. Trotski não disse por que o fim do monopólio estatal dos cereais seria um prejuízo econômico, se viesse a aumentar o fornecimento de víveres às áreas urbanas. Afirmou que os estoques de produtos têxteis do governo só deveriam ser distribuídos à população pobre das aldeias. Anunciou a necessidade de uma luta violenta contra os camponeses mais ricos que vinham estocando seus cereais, e conclamou que eles fossem condenados a dez anos de trabalhos forçados.[7]

Trotski voltou à sua visão dos supremos objetivos comunistas: "E afirmamos que é nosso desejo criar nesta terra um paraíso verdadeiro para o povo."[8] Lenin talvez visse tal afirmação como um sinal de indesejável brandura. Se tinha alguma dúvida a esse respeito, ela foi dissipada pelo comportamento de Trotski na campanha militar contra o Komuch. Ao chegar à região do Volga, ele reuniu seus comandantes e comissários. O Exército Vermelho estava numa situação aflitiva, mas ele declarou que a vitória seria possível, se os homens demonstrassem disciplina e determinação. Os Vermelhos tinham que exigir de si mesmos a mais extrema dedicação, se quisessem prevalecer. Até então, o moral e a coordenação tinham sido precários. Por sua presença, Trotski começou a efetuar uma melhora, sustentando a situação em Sviyajsk e planejando tomar Kazan.

Recebeu telegramas impacientes de Lenin, reclamando das operações dos Vermelhos e exigindo um bombardeio imediato pela artilharia, mesmo que isso implicasse a obliteração de Kazan. O inimigo deveria sofrer uma "destruição implacável".[9] Trotski respondeu que as forças do Komuch possuíam uma artilharia apenas um pouco mais fraca que a dos Vermelhos. E, o que era mais importante, a qualidade dos soldados de artilharia do Exército Vermelho era inferior. A demora era inevitável. Ainda assim, ele assegurou a Lenin que "a sugestão de que estou pou-

Kazan e depois

pando Kazan é injustificada".[10] A primeira ação militar que envolveu Trotski deu-se em Sviyajsk, do outro lado do Volga. Ele discursou para as tropas em reuniões de massa, indicando que a sobrevivência da Revolução de Outubro estava ameaçada. O poder dos operários e dos camponeses tinha de ser protegido. Ainda havia muita confusão entre os Vermelhos. Seu principal comandante era Mikhail Muraviev — um socialista revolucionário de esquerda —, que havia desertado e levado consigo um contingente de suas forças. Trotski recusou-se a deixar que os ânimos se abatessem. De pistola em punho, percorreu a frente de combate, conclamando um esforço redobrado contra o exército do Komuch. Os Vermelhos tomaram Sviyajsk no dia 28 de agosto. Kazan rendeu-se a eles em 10 de setembro. Foi a primeira vitória dos Vermelhos na campanha. O nome de Trotski foi celebrado em Moscou.

Todavia, um incidente ocorrido nessa ocasião causou-lhe prejuízos políticos permanentes. Centrou-se no destino de um certo Panteleev, que era comissário do 2º Regimento Numerny de Petrogrado. Quando a batalha em torno de Sviyajsk pareceu voltar-se contra os Vermelhos, Panteleev e seus homens confiscaram um barco a vapor, na tentativa de fugir rio acima para Níjni Novgorod. Outras unidades vermelhas abordaram a embarcação e os fugitivos foram presos. Trotski ordenou sua execução sumária.[11] Mal impôs esse castigo, porém, iniciou-se uma agitação contra ele entre os bolcheviques que serviam no Exército Vermelho. Panteleev tinha sido bolchevique. Pareceu a muitos membros do partido que Trotski, que se filiara aos bolcheviques apenas um ano antes, havia transposto um limite terrível. Os bolcheviques, disseram eles, tinham que se manter unidos. Os elementos realmente perniciosos no Exército Vermelho não eram os comissários bolcheviques, mas os oficiais do exército imperial que estavam servindo nele. Intensificou-se a suspeita de que Trotski gostava mais do corpo de oficiais que do partido. Mas Lenin não estava preocupado. Acreditava que o mero aparecimento do comissário do povo para Assuntos Militares era o bastante para acalmar os nervos. Disse a Trotski para tornar a visitar o *front*, aproximar-se diretamente dos soldados vermelhos e fazer um de seus discursos.[12] Instalado em Moscou, o presidente do Sovnarkom não se inibia em dar conselhos sobre questões operacionais que estavam além do seu conhecimento. Trotski não se importou. Os telegramas da capital expressavam um sentimento de urgência e impiedade que ele compartilhava, e também eram prova da estima em que era tido.

A parceria entre Lenin e Trotski quase foi destruída no dia 30 de agosto, quando uma assassina disparou contra o primeiro em frente à fábrica Mikhelson, em Moscou. Gravemente ferido, Lenin foi levado para o Kremlin para receber tratamento médico. Sverdlov assumiu a coordenação do governo soviético e do partido bolchevique, e escreveu para Trotski: "Volte imediatamente. Ilich está ferido; não se sabe ao certo quão perigosa é a situação. Calmaria completa."[13] Declarou-se o Terror Vermelho, a ser posto em prática pela polícia política criada por Lenin em dezembro de 1917. Tratava-se da Comissão Extraordinária, em geral conhecida por sua sigla russa, Cheka; seu líder era Dzerjinski, que adquiriu prontamente a reputação de uma crueldade fria na repressão das conspirações antissoviéticas. A Cheka fez milhares de prisioneiros das classes média e alta depois do atentado contra a vida de Lenin. Alguns foram imediatamente fuzilados, outros foram conservados como reféns, para a eventualidade de os inimigos do bolchevismo estarem planejando uma série de assassinatos. Trotski endossou plenamente o Terror Vermelho e foi visitar Lenin tão logo seus deveres o permitiram. Lenin recebeu o comissário do povo para Assuntos Militares no sanatório de Gorki, a sudeste de Moscou. Ronronou de prazer ao ouvir as histórias de Trotski: "Pareceu-me que ele me fitava com um olhar meio diferente. Tinha um jeito de se *apaixonar*, quando as pessoas lhe mostravam certa faceta sua. Havia em sua atenção empolgada esse toque de 'enamoramento'."[14] Se essa não é uma recordação exata, ela diz menos sobre Lenin que sobre Trotski, que raras vezes atentava em termos afetivos para seus companheiros revolucionários.

O que é inteiramente crível é a conclusão a que Lenin chegou: "O jogo está ganho. Se já conseguimos estabelecer a ordem no exército, isto significa que a estabeleceremos em todos os outros lugares. E a revolução — com ordem — será imbatível."[15] Lenin e Trotski haviam desejado uma guerra civil para ter a oportunidade de pôr em prática a repressão irreversível dos inimigos da Revolução de Outubro. Nenhum dos dois o disse diretamente, em público. Mas um telegrama secreto, enviado por Trotski a Lenin em 17 de agosto de 1918, resumiu a postura de ambos:

> Considero inaceitável deixar os vapores navegarem [no Volga] com a bandeira da Cruz Vermelha. O recebimento dos cereais será interpretado pelos charlatães e pelos tolos como uma demonstração da possibilidade de se chegar a um acordo, e de que a guerra civil é desnecessária. Os motivos militares me são desconhecidos. Pilotos da Força Aérea e soldados de artilharia receberam ordens de bombardear e incendiar os bairros burgueses de Kazan e, em seguida, de Simbirsk e Samara. Nessas condições, é imprópria uma caravana da Cruz Vermelha.[16]

Trotski não combatia com relutância; não se incomodava com considerações humanitárias e aprofundava avidamente a revolução política por meios violentos. Lenin tinha a mesma mentalidade. Enquanto convalescia, escreveu *A revolução proletária e o renegado Karl Kautsky*, onde postulou que as doutrinas de Marx estipulavam a necessidade da insurreição armada e da ditadura de classes.[17]

Para regularizar o controle político do Exército Vermelho, criou-se em 2 de setembro o Conselho Militar Revolucionário da República, o RVSR, e Trotski foi nomeado seu presidente, com Efraim Sklyanski como vice. O Conselho recebeu poderes para estabelecer a ligação entre os comandantes e os comissários, em todos os níveis, supervisionando os Conselhos Militares Revolucionários das diversas frentes. Não faria sentido escolher outra pessoa senão Trotski, se os líderes partidários quisessem evitar choques institucionais entre o Conselho e o Comissariado do Povo.[18] Não que houvesse uma demarcação criteriosa das funções. Mas Lenin não se incomodava com isso: admirava as realizações de Trotski e confiava em que ele cuidasse dos aspectos práticos.

A postura de Lenin não era compartilhada por toda a liderança. Stalin pediu que se pusessem "rédeas" em Trotski, antes que ele arruinasse a Revolução de Outubro. Trotski havia emitido a ordem original para Stalin se dirigir a Tsaritsyn, a quase mil quilômetros de Kazan, descendo o Volga, para se encarregar politicamente da frente meridional.[19] Logo se arrependeu de fazê-lo. Stalin portou-se como se fosse a própria lei. Trotski também alegou que as forças da frente meridional não eram tão pertinazes quanto as que ele havia treinado na região de Kazan.[20] Stalin agravou os problemas, assumindo a autoridade sobre decisões puramente militares. Criou um Conselho Militar Revolucionário que dirigia todas as operações no Volga a partir de Tsaritsyn. Não demorou muito para que as atividades de Stalin entrassem em choque com os planos centrais acertados por Trotski com o comandante em chefe, Ioakim Vatsetis. Trotski objetou a essa insubordinação. Stalin retrucou que, estando no local, precisava assumir a responsabilidade por resolver as dificuldades complexas da região em torno do *front*. Em 4 de outubro de 1918, Trotski chegou a seu limite e enviou um telegrama a Lenin: "Insisto categoricamente no afastamento de Stalin."[21]

A verdade era difícil de estabelecer em condições de guerra. Stalin e Trotski mergulharam num mar de trocas de vitupérios, sempre com cópia para o Comitê Central. A esperança de Lenin e Sverdlov era que os dois protagonistas se acalmassem e trabalhassem juntos de forma amigável. Mas chegaram a Moscou relatos sobre os efeitos do caos organizacional. A recusa de Stalin a cumprir ordens superiores vinha prejudicando o esforço de guerra; seu temperamento espinhoso evidenciou-se em sua linguagem, antes mesmo de Sverdlov ir a seu encontro em busca de uma solução conciliadora. Ademais, estava ficando claro que Stalin adotava práticas arriscadas, que vinham resultando em enormes perdas militares. Lenin pendeu para o lado de Trotski nessa refrega. A reação de Stalin foi apoiar em silêncio os críticos partidários da política oficial do partido. Nem Lenin se dava conta de quantos oficiais do antigo império vinham sendo empregados no Exército Vermelho. Assim como Stalin havia conduzido operações militares como se elas fossem um assunto particular seu, Trotski havia construído sistematicamente a equipe de comando com pessoal experiente saído das forças armadas de Nicolau II. Não estava fazendo nada que contrariasse a política de governo, mas o fez numa escala que não comunicou ao Comitê Central.

Explicou a Lenin que o Exército Vermelho se desestruturaria sem as qualificações dos antigos oficiais do império, e Lenin resolveu apoiar o comissário do povo para Assuntos Militares. Mas os problemas vinham aumentando para Trotski no partido. O caso Panteleev tornou-se uma chaga crônica. Trotski ficou com a fama de ser excessivamente fanático por execuções como maneira de dirigir as Forças Armadas. Stalin era igualmente implacável no uso de medidas repressivas para garantir a disciplina, mas, nessa fase, evitou intimidar os comissários políticos. A maioria destes compunha-se de militantes do partido bolchevique. Toda vez que Trotski os repreendia ou ameaçava no Exército Vermelho, reforçava as preocupações quanto a sua atitude para com o bolchevismo. Stalin não tinha que instigar nem coordenar as objeções feitas a ele. Já no mês de junho houvera duras críticas aos métodos de Trotski.[22] A Oposição Militar, como veio a ser conhecida, surgiu sem qualquer estímulo artificial e consistiu num corpo diversificado de bolcheviques. Alguns queriam que líderes partidários, e não comandantes, chefiassem o Exército Vermelho. Outros queriam que os comandantes fossem eleitos. Outros, ainda, acreditavam que o desejável era um sistema de organização militar não centralizado. Mas todos concordavam que Trotski era uma séria ameaça à sobrevivência dos valores do bolchevismo e da Revolução de Outubro.

As coisas poderiam ter chegado a um ponto decisivo nos últimos dois meses de 1918, se os bolcheviques não houvessem enfrentado uma ameaça militar ainda mais grave do que a representada pelo Komuch no verão. O almirante Kolchak andara reunindo ativamente oficiais antibolcheviques em Omsk, na parte ocidental da Sibéria. A princípio, ofereceu seus serviços aos socialistas revolucionários que tinham fugido para lá, após a derrota na região do Volga. Kolchak e seus colegas oficiais desprezavam todos os políticos e, em novembro de 1918, criaram seu próprio Diretório. Kolchak proclamou-se governante supremo de toda a Rússia e, com apoio material dos britânicos, começou a avançar para o oeste, em direção aos Urais. Abria-se uma nova frente da guerra civil. Kolchak comandou o primeiro dos Exércitos Brancos, que adotaram essa cor por ela representar a pureza e o patriotismo, em contraste com o internacionalismo dos Vermelhos.

Fazia alguns meses que Trotski se preocupava com a competência dos bolcheviques que teriam de repelir qualquer ataque desse tipo. Suas críticas tornaram-se motivo de queixas levadas a Lenin por Ivar Smilga e Mikhail Lashevich, dois líderes partidários do alto escalão. Nenhum

302 Parte II: 1914-1919

deles era amigo de Stalin. Na ocasião, Trotski descartou suas palavras como "coquetismo". Esse era um termo que fora aplicado a ele próprio, em algumas ocasiões anteriores à Grande Guerra, quando seus adversários sugeriram que ele se pavoneava como quem detestasse comprometer suas doutrinas revolucionárias. Agora, era Trotski que acusava seus críticos de não terem seriedade prática. I. N. Smirnov, que fora comunista de esquerda nos tempos de Brest-Litovsk e havia lutado contra Lenin, afirmou que as normas hierárquicas das Forças Armadas eram antagônicas às tradições de camaradagem do partido. Mais previsível em sua hostilidade a Lenin foi o "grupo de Tsaritsyn", que atacou Trotski como arquiautoritário. Trotski demorou a depreciá-los como stalinistas em formação, mas, na verdade, um deles — Sergei Minin — tinha sido comunista de esquerda, e até Kliment Voroshilov, que tinha sido colega de partido de Stalin, estava longe de apoiar este último em tudo que ele fazia. Trotski havia dissipado rapidamente a boa vontade que acumulara nas batalhas pelo Volga. Em vez de aplacar as inquietações internas do partido, tinha provocado ressentimentos em todos os que o contrariavam. Tinha-se provado um revolucionário corajoso e um líder militar adaptável. Mas seu histórico como político era deplorável: ele esmurrava quando deveria abraçar.

O que o salvou nessa ocasião foi a terrível emergência enfrentada pelo Sovnarkom. Uma notícia pavorosa chegou em dezembro de 1918. Perm, uma das maiores cidades dos Urais, fora tomada por Kolchak. Os Vermelhos haviam desmoronado como um bando de homens abatidos e confusos: o Exército batera em retirada e a máquina governamental e partidária se desarticulara. Estava aberto o caminho para os Brancos iniciarem sua campanha rumo à região central da Rússia. Ninguém, nem mesmo Stalin, pôde negar que Trotski era o homem capaz de congregar as forças para a defesa dos acessos a Moscou.

24. Quase comandante

Trotski parou de brigar com Stalin por algumas semanas, depois do desastre de Perm. A liderança central do partido despachou Stalin e Dzerjinski para investigar a situação dos Urais em janeiro de 1919. Trotski foi totalmente favorável, dizendo que houvera "brandura" demais na frente oriental. Exortou Stalin a expurgar os comissários responsáveis — desde que o georgiano ficasse fora das decisões militares, Trotski encontrava alguma utilidade para ele.[1] O relatório enviado por Stalin e Dzerjinski foi alarmante. O governo soviético tinha desmoronado. O Exército Vermelho estava caótico, com o moral abatido e a disciplina desintegrada. O partido comunista não tinha condição de ajudar. Stalin e Dzerjinski escreveram que era necessária uma reorganização completa, para evitar novas catástrofes. Era preciso reforçar a hierarquia. A confusão na ordem do Estado tinha que ser eliminada. Tinha que haver uma demarcação mais clara das responsabilidades no partido, no governo e no exército.[2] Toda a liderança do partido aceitou essas constatações. Tamanha era a confiança de Trotski em Stalin, que ele quis mantê-lo por lá, no lugar de Mikhail Lashevich, e lhe conferir poderes para consertar a situação. Propôs o nome de Stalin para o mesmo tipo de missão em Simbirsk, no fim de março de 1919, e deu sólido apoio à inclusão dele no Conselho Militar Revolucionário da frente sudoeste, na Ucrânia, em maio de 1920.[3]

Apesar disso, continuou a rejeitar a ideia stalinista de que os bolcheviques eram, necessariamente, melhores comandantes do que os oficiais de carreira, e se opôs com firmeza a deixar Stalin nomear o novo comando militar da frente oriental, nos Urais, em janeiro de 1919.[4] A Oposição

Militar ganhou força e afirmou que Trotski tinha se tornado arrogante demais. Ele relutava em fazer qualquer concessão. Procurava falhas nas acusações que lhe faziam. Assim, observou que seus adversários tinham lhe pedido que parasse de viajar pelas várias frentes e permanecesse em Moscou. Manifestou sua dúvida de que o Comitê Central realmente quisesse isso — e sabia qual seria a resposta, depois de seu desempenho impecável em Sviyajsk. Também perguntou quem dirigiria o Exército Vermelho, se a Oposição Militar fizesse as coisas à sua maneira e passasse a haver frequentes reuniões consultivas de comissários políticos. De acordo com Trotski, a guerra não permitia esse desperdício de tempo. Ele fez apenas uma concessão, ao concordar que mais alguns camaradas do partido fossem considerados para inserção no supremo comando. Sverdlov o convenceu a oferecer cargos a Ivar Smilga e Mikhail Lashevich (que, mais tarde, não se cobriram de glórias no *front*).[5]

Só aos poucos Trotski veio a compreender que as decisões fundamentais sobre como travar a guerra civil estavam nas mãos da liderança central do partido. Desde que se tornara comissário do povo para Assuntos Militares, ele havia agido por iniciativa própria ou, nas situações de aperto, recorrido a Lenin e Sverdlov para obter ajuda na implementação de suas ordens. Ao aprimorar e formalizar a hierarquia do Exército Vermelho, ele não gostava de submeter suas preferências militares ao controle institucional. Tinha tão pouca disposição quanto Stalin de receber ordens que contradissessem suas ideias. E não tinha a astúcia de Stalin; faltava-lhe talento para administrar seu próprio talento.

Durante o longo inverno de 1918-9, a estrutura da política soviética passou por uma renovação. Até então, existira uma multiplicidade de instituições que competiam entre si. O resultado era a desordem administrativa. Entre os líderes bolcheviques — Trotski era uma das exceções —, passou-se a admitir que apenas um órgão, o Partido Comunista Russo, tinha capacidade para instaurar a ordem. Houve um apelo comum para que o partido fosse centralizado, a fim de poder controlar as organizações estatais e dirigir o esforço de guerra. Desde a repressão dos socialistas revolucionários de esquerda, em julho de 1918, a república soviética era um Estado unipartidário em tudo, exceto no nome. Nesse momento, os bolcheviques procuraram transformar o partido no órgão supremo

Quase comandante 305

de governo. Até a liderança central do partido foi reformada. Poucos membros do Comitê Central podiam permanecer em Moscou durante a guerra. Criou-se dentro do comitê um Bureau Político (ou Politburo), para gerir a política entre as assembleias plenárias do Comitê Central — e a importância de Trotski foi reconhecida por sua inclusão no Politburo, apesar de sua necessidade de passar a maior parte do tempo fora de Moscou; acrescentou-se um Bureau Organizacional (ou Orgburo) para cuidar da administração interna do partido. Em março de 1919, a morte de Sverdlov, levado pela *influenza*, reforçou as providências em prol da regularização dos procedimentos.[6]

Isso tinha sido decidido antes que se realizasse o VIII Congresso do Partido, em março de 1919. Trotski havia pretendido estar presente, para discursar contra a Oposição Militar. A retomada do avanço de Kolchak o impediu de comparecer. Mas Trotski bombardeou o Kremlin com ideias intransigentes e rejeitou o apelo de conciliação de Zinoviev: "Mantenho o ponto de vista de que precisamos 'aumentar a pressão'."[7] Lenin vacilou, até Trotski lhe explicar quantos ex-oficiais do antigo império tinham sido recrutados pelo Exército Vermelho e como era importante a contribuição que vinham fazendo. A raiva da Oposição Militar era intensa, e foi preciso realizar uma sessão secreta no congresso. Foi um debate acalorado, e Lenin surpreendeu muita gente ao atacar o grupo de Tsaritsyn — e Stalin, implicitamente — pelo desperdício displicente de soldados vermelhos na frente meridional. Mas a argumentação de Trotski não foi totalmente incorporada. O congresso sublinhou a necessidade de um tratamento mais cuidadoso dos comunistas nas forças armadas. Também frisou a importância de controlar o corpo de comando. Destacou a supremacia da hierarquia partidária em todos os aspectos do esforço de guerra — o que representou uma advertência não muito velada a Trotski.[8]

De início, ele se ressentiu da solução de compromisso aprovada no congresso. Deveria ter ficado grato. O congresso acalmou seus críticos o bastante para que fosse instituído um conjunto de procedimentos que preservava sua autonomia do controle de comissários políticos no *front*. Aos poucos, ele se acalmou. Compreendeu que a complexidade das decisões sobre estratégia, abastecimento e pessoal aumentava à medida que crescia o número de frentes militares. As operações de Sviyajsk-Kazan tinham sido simples e de curta duração. Agora, a liderança política de Moscou, o alto-comando e as forças vermelhas dispersas exigiam uma coordenação sofisticada, e Trotski reconheceu que todos os assuntos de grande importância tinham que ser discutidos na liderança central do partido. Em geral, ele não tinha possibilidade de comparecer a reuniões em Moscou, e por isso recorria ao uso regular de telegramas ao Comitê Central. Quando irrompia uma crise e ele precisava tomar providências rápidas, propunha uma solução e buscava a aprovação dela. "Solicito instruções" tornou-se uma frase convencional, até para ele.[9] As iniciativas pessoais unilaterais diminuíram e uma rede confiável de comunicação e comando foi implementada no Exército Vermelho, nos Comissariados do Povo e na Cheka.

Trotski sentia-se e parecia à vontade com seu uniforme militar, composto por uma elegante túnica verde-escuro, quepe e sobretudo. Sempre se vestira com elegância, e a guerra, durante a qual completou 40 anos, permitiu-lhe satisfazer-se nesse aspecto. Ele também era conhecido por uma meticulosidade excepcional no trabalho, e levou essa qualidade para sua atividade nas forças armadas. As reuniões tinham de começar na hora certa. Era preciso preparar relatórios minuciosos. As roupas e armas tinham que se apresentar limpas, impecáveis e prontas para uso. Ele se aborrecia com qualquer um que aparecesse sem as botas polidas.

Trotski não ligava para conversas. Yuri Pyatakov, um membro associado do Comitê Central do partido em 1921, teria tremido ao receber um telefonema dele.[10] Um dos observadores mais agudos do panorama bolchevique durante a guerra foi Anatoli Lunacharski, do Comissariado do Povo para Instrução Pública. Ele duvidou que alguma outra pessoa, inclusive Lenin, "pudesse ter enfrentado a missão titânica que [ele] carregou nos ombros, com aqueles deslocamentos-relâmpago de um lugar para outro, aqueles discursos assombrosos, aquelas fanfarras de ordens dadas *in loco*, aquele papel de ser o incansável eletrizador de um exército enfraquecido, ora aqui, ora ali".[11] Lunacharski temperou o mel com uma gota de vinagre:

Ele tinha imensa imperiosidade e uma incapacidade ou má vontade de manifestar qualquer forma de gentileza ou atenção para com as pessoas; a ausência do encanto que sempre cercou Lenin

Quase comandante

condenou Trotski a certa solidão. Basta lembrar que até mesmo vários de seus amigos pessoais (refiro-me, é claro, à esfera política) se transformaram em inimigos declarados.[12]

Escrevendo em 1923, Lunacharski se referia aos anos anteriores a 1917, mas achava, evidentemente, que esses eram defeitos permanentes na personalidade de Trotski.

O comissário do povo viajava no que era chamado de Trem de Trotski. Atormentava sua equipe para que mantivesse o veículo em perfeita ordem e a repreendia quando ela não cumpria as especificações que ele dava.[13] A maioria das pessoas achava que havia apenas uma locomotiva e um conjunto de vagões. Na verdade, Trotski tinha a seu dispor quatro locomotivas e dois conjuntos completos de vagões.[14] Tinha sua própria cama, escrivaninha, cadeira e sofá. Seus assistentes e criados pessoais tinham seu espaço separado, e havia instalações decentes de cozinha. O vagão-restaurante funcionava como um clube para toda a equipe itinerante. Havia uma prensa tipográfica instalada num vagão. Trotski bombeava suas palavras num fluxo constante de arquivos, e sua sessão de imprensa, oficialmente conhecida como "Imprensa de Campanha de Trotski, Presidente do RVSR", expedia panfletos e jornais de sua equipe a cada estação onde eles paravam.[15] Quando o trem se detinha numa cidade, ou mesmo num pequeno vilarejo, era comum Trotski fazer um discurso. À medida que circulavam as notícias pelo país sobre o governo soviético, quase todos ouviam falar pelo menos de Lenin e Trotski. Enquanto o primeiro discursava exclusivamente em Moscou e Petrogrado, Trotski dava voz ao bolchevismo em centenas de locais da Rússia europeia e da Ucrânia. Era frequente os operários e camponeses que o ouviam ficarem encantados, e havia sempre uma ânsia de pôr os olhos no grande homem.

O Trem de Trotski tinha o seguinte pessoal, no fim de 1918:

5   assistentes pessoais
14 componentes da equipe técnica (inclusive fotógrafo, pintor, gravador e tesoureiro)
4   funcionários de escritório do comandante do trem
41 empregados do serviço de comunicações

12	funcionários do departamento financeiro
5	membros da equipe de comando
2	desenhistas
17	assistentes de tipografia
12	guarda-costas pessoais de Trotski
35	componentes da banda militar
6	cavalarianos do 1º Destacamento de Abastecimento de Víveres de Moscou
30	homens do 2º Regimento Soviético de Fuzileiros Letões
15	homens do 9º Regimento Soviético de Fuzileiros Letões
39	artilheiros do 3º Regimento de Tarefas Especiais
32	soldados do 38º Regimento Simonovski-Rogojskii de Infantaria
11	empregados do vagão blindado
14	empregados do vagão-restaurante
23	foguistas
16	condutores
8	graxeiros
38	guardas[16]

Esse não era um simples meio de transporte para o comissário do povo, mas uma organização político-militar completa.

Trotski elevou sua estatura militar. Sabia dominar uma exposição estratégica ou tática em segundos. Solicitava e recebia relatórios regulares do alto-comando; supervisionava à distância todas as frentes e as visitava com frequência. Aprendia por intuição e observação. Uma vez cumpridos os deveres militares e políticos, gostava de escrever sobre as políticas partidárias referentes a relações exteriores, economia, segurança e política.

Ele levantou a questão da composição nacional do efetivo das forças armadas. Os judeus e letões tinham uma representação maciça nos sovietes e na Cheka, mas não no Exército Vermelho, uma vez que sua competência gramatical e matemática tornava-os administradores de valor inestimável. No Exército Vermelho, indagava-se por que tão poucos deles dedicavam-se ao serviço militar ativo. Trotski temeu que isso levasse a uma "forte agitação chauvinista", e o Politburo o encarregou, junto com Ivar Smilga, de conceber medidas para consertar a situação.[17] Um

Quase comandante

judeu e um letão, portanto, foram solicitados a ampliar a base étnica das forças armadas vermelhas; não há provas de que tenham feito qualquer diferença, porém ao menos se dispuseram a tentar. Trotski contrariou Lenin em outro aspecto da questão nacional. Na Ucrânia, os bolcheviques enfrentavam rivais políticos nos borotbistas, que se aproximavam dos socialistas revolucionários de esquerda na maioria das questões, exceto pelo fato de buscarem os interesses nacionais dos ucranianos. Os borotbistas operavam legalmente nos sovietes. Aos olhos de Trotski, eles haviam pendido "para a direita" e se apoiavam em "elementos cúlaques", razão por que pleiteou que fossem postos na ilegalidade.[18] Mas Lenin queria incorporar todo o Partido Borotbista ao Partido Comunista Russo (bolchevique), como maneira de aumentar a proporção de ucranianos étnicos nos cargos deste último na Ucrânia, e foi Lenin quem venceu a discussão na liderança central do partido.[19] Trotski era mais atento que Lenin ao perigo de que as aspirações nacionalistas fugissem do controle na Ucrânia. Mas suas advertências não significavam que quisesse russificar a Ucrânia: ele acolhia de bom grado as escolas, universidades e jornais de língua ucraniana que vinham surgindo.[20]

Trotski adaptou o marxismo à sua experiência de guerra. Dirigindo-se aos alunos da Academia do Estado-Maior em 1918, discursou sobre o tema de que "somente um exército de classe pode ser forte". Não sentiu necessidade de explicitar o que pretendia dizer — talvez não tivesse uma ideia clara. Ele indicou que operários e camponeses deveriam ser promovidos aos postos mais altos do Exército Vermelho, se demonstrassem talento ou potencial. Mas não tolerava a promoção automática. As forças armadas tinham que ser eficientes. Acima de tudo, precisavam ser bem comandadas, e não havia substituto para as qualificações profissionais. Os "métodos partidários" eram de uma insuficiência irremediável.[21] De modo geral, Trotski achava que os "oficiais vermelhos" tinham pouca serventia; preferia promover oficiais subalternos de comprovada experiência militar[22] — e, no fim do outono de 1919, havia obtido acesso a quase 200 mil deles. Para Trotski, isso era tão importante quanto obter os serviços dos 60 mil oficiais do antigo exército imperial. Também lhe agradava o fato de os trabalhadores constituírem quase um quinto da força do Exército Vermelho.[23] Ele nunca esqueceu seu compromisso de apelar para o "proletariado" e habilitá-lo a provar seu valor em ação. Essas ideias em nada se assemelhavam às de um ditador militar em processo de formação.

Ademais, Trotski tratava os ex-oficiais imperiais com severidade, até o momento em que conquistassem o seu respeito. Fez reféns entre familiares deles. Ficou atento a sinais de traição, depois de episódios espetaculares em que líderes como Mikhail Muraviev levaram seus soldados para se unirem às forças antibolcheviques. Escreveu a Stalin para manifestar sua desconfiança de Alexander Verkhovski — e continuou a alertar para possíveis atos de deslealdade no alto-comando até 1920.[24] A fama de Trotski como amigo do corpo de oficiais tsaristas era muito difundida entre os bolcheviques — e Stalin ajudou a disseminá-la. Mas estava longe de ser verdadeira. Trotski era temido e admirado em iguais proporções pelos comandantes. As execuções sumárias eram uma de suas medidas favoritas. Certa vez, ele repreendeu subordinados que tinham deixado de levar os réus à corte marcial antes de ordenar uma execução; mas a reprimenda foi branda, visto que também ele queria submeter suas forças à obediência por meio do terror.[25] A ênfase de Trotski sempre recaiu nos resultados práticos, e ele continuou fanático pela disciplina rigorosa. Implementou uma política de dizimar os regimentos que desertavam ou demonstravam covardia sob fogo inimigo, e as vítimas incluíam os comandantes.[26]

Ele se saía mal ao explicar isso ao partido. Na verdade, nem sequer tentava. Desdenhando cair nas graças dos bolcheviques veteranos, escrevia como se eles pouco tivessem contribuído para a Revolução de Outubro. Seu livro *De outubro a Brest-Litovsk*, publicado em 1919, mal fez referência às organizações partidárias bolcheviques; e, quando ele se dignava a mencionar os bolcheviques, às vezes optava por chamá-los de maximalistas. Era como se quisesse desbolchevizar o passado revolucionário.[27]

Os bolcheviques eram sérios estudiosos da história das revoluções anteriores e sentiam especial atração por extrair lições do que acontecera na França nos anos subsequentes a 1789. A derrubada da monarquia absolutista fora seguida por uma sucessão de governos radicais. Maximilien de Robespierre tinha se apresentado como líder do ateísmo militante e

Quase comandante

da transformação social, e havia fortalecido uma campanha de terror contra os inimigos internos da Revolução Francesa. No entanto, sua autoridade fora minada pelo caos econômico, bem como pela intervenção externa; Robespierre tampouco havia conseguido extirpar todas as forças políticas reunidas contra ele — e, em 1794, ele próprio fora vítima de uma ordem para sua execução na guilhotina. Esse clima revolucionário febril havia permitido a emergência de um jovem e talentoso oficial da Córsega, Napoleão Bonaparte. Seu sucesso militar e sua popularidade nas forças armadas lhe haviam granjeado a nomeação como primeiro-cônsul em 1799. Coroando-se imperador em 1804, ele procurara reverter muitas das reformas radicais implementadas pelos regimes anteriores. Esse desfecho era temido pelos bolcheviques depois da Revolução de Outubro, e Trotski era visto como o mais provável candidato ao papel de Napoleão soviético.

O caso Panteleev continuou a persegui-lo. Entretanto, como assinalaram seus inimigos, suas ordens gerais mantiveram aberta a possibilidade de condenar à morte comunistas do serviço ativo, sem a devida consideração das circunstâncias específicas.[28] A linguagem violenta de Trotski não o ajudava. Quando se descobriu um caso de traição entre ex-oficiais imperiais na frente oriental, ele passou um telegrama, ameaçando fuzilar os comissários que deixassem os traidores escaparem. Dois eminentes bolcheviques da vizinhança, Piotr Zalutski e Ivan Bakaev, trataram isso como uma ameaça à sua vida. Circulou o boato de que somente a intervenção de Ivar Smilga tinha salvado Zalutski e Bakaev da execução. Até o *Pravda* publicou uma versão dessa história. Trotski queixou-se com veemência desse artigo e, em questões de detalhe, mostrou que a razão estava do seu lado.[29] Mas houve um caso em que ele realmente chegou perto de ordenar a execução de um comunista proeminente, Mikhail Kedrov, que chefiava o Conselho Militar Revolucionário da frente setentrional, ao norte de Petrogrado. Em setembro de 1918, Kedrov recusou-se a aceitar um remanejamento. Trotski ordenou que se instalasse um tribunal militar de campanha para lidar com "todos os que se atreverem a se esquivar de seus deveres e a funcionar como oposição". Queria dar uma lição clara: "Os sabotadores soviéticos devem ser punidos com a mesma severidade que os burgueses."[30]

312   Parte II: 1914-1919

Em abril de 1919, Trotski havia decidido que somente um inquérito do Politburo lhe permitiria limpar seu nome no caso Panteleev. Nikolai Krestinski, Leonid Serebryakov e Smilga conduziram as investigações.[31] Krestinski e Serebryakov tinham ficado do lado de Trotski na disputa de Brest-Litovsk e viriam a apoiá-lo nas controvérsias internas do partido na década de 1920; sua inclusão num inquérito sobre a morte de Panteleev era um sinal de que a liderança do partido não queria acossar Trotski num momento de agudo perigo militar para o Estado soviético. Trotski afirmou ter agido corretamente ao consentir na decisão do Tribunal Militar Revolucionário de executar o comissário político. Ele fora fuzilado não como comunista, porém como um desertor covarde.[32] Em maio de 1919, Trotski fez outra tentativa pessoal de lidar severamente com um bolchevique. Havia alertado contra a ideia de que um certo Panyushkin fosse designado para o Exército Vermelho. Panyushkin confirmou suas piores suspeitas, ao se recusar a entregar seiscentos desertores à justiça sumária.[33] Trotski exigiu que ele fosse entregue ao Tribunal da República; depois dos problemas decorrentes de Panteleev, propôs, primeiramente, que Panyushkin fosse despojado de sua filiação partidária — e tomou a precaução de fazer com que o Politburo decidisse. O Politburo rejeitou sua proposta e Panyushkin foi remanejado para a Cheka, permanecendo como membro do partido bolchevique.[34] Trotski enfureceu-se e continuou a reunir provas da "atividade criminosa" do acusado.[35]

Trotski escolhia seus auxiliares por critérios de capacidade, e não se importava se não tivessem uma longa adesão anterior ao bolchevismo. Escolheu Efraim Sklyanski como vice-presidente do Conselho Militar Revolucionário da República. Brilhante e enérgico, Sklyanski tinha sido um marxista militante, mas não bolchevique, antes da Grande Guerra. Chamara a atenção de Trotski em 1917 como médico do exército e militante político — e seu sucesso como comissário do alto-comando militar, imediatamente após a Revolução de Outubro, confirmou-o como pessoa de indubitável talento.[36] Trotski também selecionou assistentes pessoais como Mikhail Glazman, Georgi Butov e Igor Poznanski. Glazman era baixo, jovial e dinâmico. Iniciou como estenodatilógrafo itinerante de Trotski. Intrépido no combate físico, transformou-se num brilhante administrador.[37] Butov e Poznanski tinham qualidades similares. Infe-

Quase comandante

lizmente para Trotski, sua escolha de subordinados reforçou as desconfianças a seu respeito.

Ele continuou a demonstrar grande coragem. Sua conduta em Sviyajsk era conhecida por todos no Exército Vermelho. Houve perigo até mesmo no episódio em que seu trem atingiu acidentalmente um obstáculo na estação Gorki, ao sul de Moscou. Era alta madrugada e um solavanco terrível o despertou do sono:

Ainda semiadormecido, reuni forças para sair tateando pela lateral da cama. O barulho familiar havia cessado abruptamente; o vagão tinha virado de ponta e estava totalmente imóvel. No silêncio da noite ouvia-se o débil lamento de uma voz solitária. As portas pesadas do vagão haviam amassado de tal maneira que era impossível abri-las: impossível sair. Não apareceu ninguém, e isso me assustou. Seria o inimigo? De revólver em punho, pulei uma janela e esbarrei em alguém que segurava uma lanterna. Era o comandante do trem, que não tinha conseguido chegar até mim. O vagão estava empoleirado num aclive, com três rodas enterradas no talude e as outras três levantadas bem acima dos trilhos. As plataformas dianteira e traseira tinham ficado amassadas. A grade da frente havia imprensado um guarda em sua plataforma, e era dele a vozinha lamuriosa, como um choro de criança, audível na escuridão.[38]

Trotski não mencionava ocorrências desse tipo em seus relatórios a Lenin: presumia que a guerra estivesse cheia delas.

Havia começado a pensar em si mesmo como um militar. A seu ver, o conflito armado criava um vínculo entre os que o experimentavam. "Militarismo" sempre fora um dos termos mais pejorativos que havia entre os marxistas. Trotski opôs-se a essa convenção. Os métodos militares, concluiu, não eram tão maus, afinal. Induziam à exatidão mental, à concisão verbal e à precisão prática. A vida num exército envolvia estar preparado para a ação e assumir responsabilidades. Trotski concluiu que tais qualidades não se perderiam em tempos de paz, fora do Exército Vermelho.[39]

314 Parte II: 1914-1919

Ele não havia esquecido os objetivos supremos do marxismo e continuava fiel à criação de um mundo sem guerra. Escreveu um artigo emocionante sobre esse tema para o *Izvestiya*, em julho de 1919, no qual observou que havia pessoas dizendo que o conflito militar era uma característica eterna das sociedades humanas. Houvera época em que existira o canibalismo, porém ele havia cessado na maioria das comunidades. As guerras dos cavaleiros feudais tinham caído no esquecimento. Mais recentemente, existira o costume de os indivíduos resolverem suas divergências por meio de duelos. Também isso havia cessado. No momento, as "guerras nacionais" dominavam a pauta da política mundial, mas não havia razão para desespero. A história seguia adiante. O marxismo ensinava que "a guerra foi e continua a ser uma forma de exploração armada e uma luta armada contra a exploração".[40] A conclusão era óbvia: assim que o socialismo triunfasse em todo o mundo e o proletariado esmagasse a burguesia, desapareceriam as condições objetivas geradoras de qualquer tipo de guerra. Embora Trotski não dispusesse de um plano plausível para pôr fim ao conflito armado, ele acalentava a visão de uma sociedade global harmoniosa. Não tinha perdido sua capacidade de sonhar.

25. Vitória vermelha

A guerra entre os Vermelhos e os Brancos atingiu um pico de intensidade no início de 1919. Kolchak, recém-saído de seu sucesso nos Urais, posicionou-se para uma ofensiva em direção a Moscou. Os Brancos também puderam recorrer ao Exército Voluntário, então comandado pelo general Anton Denikin, após a morte de seus fundadores, os generais Mikhail Alexeev e Lavr Kornilov, força esta que se vinha preparando para destruir o bolchevismo. O governo da Ucrânia independente havia extirpado as organizações partidárias bolcheviques que tinham tentado implantar--se por lá, depois de encerrada a ocupação militar alemã. Os ingleses e franceses davam apoio político e material a Kolchak e Denikin. O Estado soviético abarcava uma área pouco maior que a da Moscóvia medieval.

Trotski estava maciçamente empenhado na coordenação das forças armadas soviéticas, e por isso não pôde comparecer ao VIII Congresso do Partido Comunista Russo, em março. Perdeu a oportunidade de defender sua política militar de seus críticos. Sua ausência significou também que ele não testemunhou o aumento da oposição à maneira pela qual o Estado soviético vinha sendo reconstruído. Um pequeno grupo, conhecido como os "centralistas democráticos" e liderado por Timofei Sapronov, aprovou a centralização organizacional, mas insistiu em que deveria haver um controle democrático de baixo para cima no partido e nos sovietes. Lamentou a redução do número de autoridades genuinamente eleitas para seus cargos e sugeriu que haviam surgido tendências ditatoriais que deveriam ser eliminadas. Outros dissidentes do partido queriam ir muito mais longe. Dentro de um ano, viriam a formar a Oposição Trabalhista. Liderado por Alexander Shlyapnikov e Alexandra Kollontai, esse grupo argumentava que os operários e camponeses deveriam ter o poder de tomar decisões sobre a economia. Os oposicionistas trabalhistas alegavam que suas ideias tinham estado, em certa época, no âmago das doutrinas partidárias. Insistiam num retorno à pauta de 1917. Os centralistas democráticos e a Oposição Trabalhista exigiram satisfações de toda a liderança central. Não perseguiram Trotski mais que a qualquer outra pessoa, porém ele foi um alvo primordial de sua raiva — e teria enfrentado dificuldades no congresso, se pudesse estar presente.

A guerra civil o manteve longe. A Rússia central situava-se diretamente no trajeto das forças de Kolchak. Lenin conclamou a defesa da Revolução, enquanto uma sensação de emergência se espalhava por Moscou. Kolchak manteve sua ofensiva até maio de 1919, quando o Exército Vermelho conseguiu empurrar os Brancos de volta pelos Urais e persegui-los ao longo da ferrovia Transiberiana. Os Brancos enfrentaram quase tantas dificuldades com as insurreições camponesas quanto com o Exército Vermelho. Kolchak foi criticado por assessores dos Aliados ocidentais, que ameaçaram cortar a ajuda externa, se ele não se comprometesse a realizar eleições, na eventualidade de sua vitória sobre o bolchevismo. Sua capacidade de liderança e coordenação ficou em frangalhos. Seu acesso a produtos industrializados desapareceu, à medida que ele se deslocou para áreas desprovidas de atividade fabril. Os Vermelhos tinham uma crescente vantagem numérica em matéria de tropas e equipamentos, e tinham também melhores recursos de transporte e comunicações. Mesmo assim, os Brancos não perderam toda a esperança. Em vários pontos ao longo da ferrovia, Kolchak ordenou uma parada e reagrupou seu exército, para impedir o avanço dos Vermelhos.[1]

Como supremo comandante em chefe, Vatsetis defendeu um período de recuperação e treinamento para o Exército Vermelho, mas Sergei Kamenev, que comandava as forças vermelhas na frente leste e não tinha qualquer parentesco com o membro de sobrenome homônimo no Politburo, discordou; seus telegramas exortaram Lenin e Trotski a retomarem o avanço. O ardor de Kamenev foi apreciado por Lenin; e o Politburo, com Smilga e Lashevich, do Conselho Militar Revolucionário

Vitória vermelha

da República, decidiram substituir Vatsetis por Kamenev. A decisão aborreceu Trotski, que concordava com Vatsetis quanto à necessidade de reconhecer o cansaço dos soldados e o perigo crescente representado pelas forças de Denikin, à medida que se deslocavam do sul num duplo avanço pela bacia do Donets e pela Ucrânia. Mas, como Trotski admitiu posteriormente, havia também o risco de que Kolchak recuperasse as forças, se lhe fosse dada uma trégua de várias semanas. Os argumentos dos dois lados foram bem ponderados. Stalin enviou mensagens a Lenin com pesadas sugestões de que Trotski, mais uma vez, estava bancando o importante demais. Na verdade, Trotski estava acabrunhado. Depois de perder a disputa pela manutenção de Vatsetis no cargo, sentia-se desvalorizado. Num acesso de ressentimento, apresentou sua renúncia ao cargo de comissário do povo para Assuntos Militares, alertando seus colegas de liderança partidária para o fato de que eles estariam negligenciando a frente meridional contra Denikin por sua própria conta e risco.

Para ele, a gota d'água foi o recrudescimento das objeções a toda a sua maneira de comandar o Exército Vermelho. Trotski estava doente e exausto; queria solidariedade e apoio. Outros integrantes do Comitê Central o desaprovavam, mas sabiam que seria difícil substituí-lo no Comissariado do Povo. No dia 5 de junho, a liderança partidária foi instigada a decidir:

O Orgburo e o Politburo do Comitê Central, depois de examinarem e debaterem a exposição do camarada Trotski em todos os seus aspectos, chegaram à conclusão unânime de que não estão em condições, de modo algum, de aceitar o pedido de renúncia do camarada Trotski e atender a sua solicitação.

O Orgburo e o Politburo do Comitê Central farão tudo que estiver a seu alcance para tornar o trabalho na frente meridional — trabalho que é hoje o mais difícil, perigoso e importante, e que o próprio camarada Trotski escolheu — o mais adequado para seus requisitos e o mais produtivo para a República. Em seu cargo de comissário do povo para Assuntos Militares e como presidente do Conselho Militar Revolucionário, o camarada Trotski está perfeitamente apto a agir também como membro do Conselho

Militar Revolucionário da frente meridional, em cooperação com o comandante da frente (Yegorov), que ele mesmo escolheu e que o Comitê Central confirmou consoantemente.

O Bureau Organizacional e o Bureau Político do Comitê Central oferecem ao camarada Trotski plena oportunidade de usar de todos os meios para obter o que ele julgar que corrigirá a linha na questão militar, e, se assim o desejar, para tentar antecipar o Congresso do Partido.[2]

Até Stalin assinou a resolução.[3]

Lenin escreveu a Sklyanski: "A doença de Trotski é uma verdadeira infelicidade no momento atual."[4] Também entregou uma carta branca de endosso ao próprio Trotski:

Camaradas!

Conhecendo o rigor das ordens do camarada Trotski, tenho tamanha confiança — num grau absoluto — em que essa ordem específica do camarada Trotski é correta, sensata e vital para o bem da causa, que apoio irrestritamente a ordem dada.

V. Ulianov (Lenin)[5]

A ideia era que Trotski pudesse sacudir tal ordem na cara dos bolcheviques ilustres que lhe criassem dificuldades. Nunca teve de usar a carta branca. Mas seu orgulho já fora resgatado e ele concordou em retomar seus deveres.

Na ocasião, ninguém podia ter a menor dúvida de que a ofensiva de Denikin tinha potencial para lograr êxito. Os Brancos tinham sido hábeis ao se deslocarem do sul, tomando Tsaritsyn e Kharkov na segunda quinzena de junho. Foi em Tsaritsyn que Denikin expediu a Diretriz de Moscou. Distribuindo suas forças, ele lhes ordenou que tomassem todas as ferrovias que conduziam à capital russa. Kiev capitulou diante dos Brancos no final de agosto. Trotski levou seu trem para o *front*. Embora ainda se ressentisse um pouco da recente disputa partidária interna, ficou satisfeito ao ver suas ideias militares serem bem recebidas pelos comissários políticos, em suas muitas reuniões com eles.[6] A sobrevivência da

Vitória vermelha

ordem soviética estava por um fio, e Trotski reuniu o Exército Vermelho. Vazou a notícia de que Denikin tinha espalhado suas forças por um excesso de frentes, enfraquecendo-as. Quando suas tropas avançaram de Tsaritsyn para o norte, ele não teve homens e suprimentos para acabar com os contingentes vermelhos que o enfrentaram, e foi detido por uma resistência feroz a mais de 300 quilômetros ao norte, nos arredores de Saratov.[7] Com isso, a principal ofensiva dos Brancos teria que atravessar a região central da Ucrânia. Trotski permaneceu nas imediações de Kiev, sentindo-se confiante quanto à operação na área do Volga.[8] A Ucrânia era outra história. Todas as províncias fervilhavam com revoltas de camponeses. Os bolcheviques tinham poucos ucranianos étnicos como membros do partido. O governo soviético havia irritado os camponeses, ao tentar forçá-los a se unirem em fazendas coletivas. Trotski deu prioridade aos esforços militares e políticos feitos para conquistar essa região para a Revolução de Outubro.

Vermelhos e Brancos tinham problemas com os camponeses, que se haviam organizado em bandos de guerrilheiros. Conhecidos como Verdes, eles lutavam em defesa dos direitos rurais. Rejeitaram as exigências de recrutamento e de fornecimento de cereais que lhes vinham sendo feitas. Os Verdes atuavam na maioria das províncias. Em alguns casos, eram liderados por anarquistas ou por socialistas revolucionários — e, em áreas como a Ucrânia, reuniam contingentes de dezenas de milhares de homens. Denikin tinha fama de antagonizar-se com os camponeses. Seu exército sofreu baixas pesadas quando ele tentou abrir caminho para o norte.

O desfecho da campanha ficou fora de dúvida no verão de 1919, em função de uma série de combates militares exaustivos. Não houve batalhas prolongadas, mas os Brancos foram derrotados em um embate após outro. Os comunistas tiraram o máximo proveito de sua superioridade em termos de pessoal, equipamento militar e comunicações. Além disso, a retomada do controle vermelho sobre os Urais e o oeste da Sibéria minorou um pouco a escassez do abastecimento de víveres nas grandes cidades russas. Denikin havia montado sua estratégia sobre a premissa de desferir um golpe certeiro e rápido. Quando isso não ocorreu, teve de fazer suas forças recuarem para o sul, em direção à Crimeia. Trotski e os Vermelhos os seguiram em perseguição cerrada. Ao fazê-lo, Trotski tornou a entrar nos lugares da sua infância. Não seria um retorno tranquilo, como ele indicou num telegrama a Moscou: "O primeiro requisito é um expurgo radical na retaguarda, especialmente nos grandes centros: Kiev, Odessa, Nikolaev, Kherson." Ele solicitou o despacho de até 2 mil novos militantes da capital. Defendeu a necessidade especial de "unidades absolutamente confiáveis da Cheka". Uma vez ressovietizada, a Ucrânia deveria ser permanentemente conquistada para o bolchevismo.[9] O Politburo concedeu-lhe quinhentos militantes e endossou seu plano geral.[10]

Prosseguiu em Kiev o planejamento de disposições estratégicas no sul da Ucrânia. Uma das possibilidades era retirar as forças vermelhas do litoral do mar Negro. Trotski enviou telegramas a Sklyanski, em Moscou, a respeito de suas conclusões; de algum modo, porém, seguiram-se mal-entendidos entre o Conselho Militar Revolucionário da República e o Politburo. Trotski repreendeu Sklyanski: "Mais uma vez, você se confundiu, como resultado de sua leitura desatenta dos telegramas." Chegou até a acusar Sklyanski de preguiça.[11] Mas o momento de tensão passou rapidamente. Trotski recebeu a munição que havia solicitado, para um ataque em larga escala às posições dos Brancos no sul. O Politburo, ao receber relatórios atualizados e precisos, "sugeriu" que ele desse prioridade à defesa de Odessa; os membros desse órgão lhe asseguraram que "nosso auxílio não está muito distante".[12] Trotski notou que a principal ameaça ao governo soviético na região de Odessa era um levante de "colonos"[13] (provavelmente alemães não judeus). Antes que pudesse utilizar mais o seu conhecimento da região, adquirido na meninice, ele soube que a outra metade das forças de Denikin estava ressurgindo no leste e havia começado a ameaçar Voronej, perto do rio Don. Denikin parecia disposto a isolar Trotski e os Vermelhos na Ucrânia. "Qual é o problema?", perguntou Trotski a Sklyanski. "Como é possível que isso nos tenha passado despercebido? Diga ao comandante em chefe que as coisas não podem ser feitas dessa maneira."[14]

Trotski era tão responsável quanto qualquer outra pessoa, já que ele é que havia optado por concentrar as forças vermelhas na Ucrânia.

Vitória vermelha   321

Era essencial que houvesse remanejamentos rápidos. Vinha-se obtendo um progresso sistemático contra as forças de Kolchak e a vitória final tornava-se mais e mais provável. Trotski, o Conselho Militar Revolucionário da República e o alto-comando do Exército Vermelho retomaram seu clima de calma determinação. Os Vermelhos derrotaram todas as forças brancas remanescentes. Também se voltaram contra as forças camponesas — os chamados Verdes — lideradas por Nestor Makhno e Nikifor Grigorev, que até então haviam cooperado no ataque aos contingentes de Denikin. Trotski ordenou a extirpação de qualquer vestígio de hostilidade armada ao bolchevismo, enquanto era restabelecida a República Soviética da Ucrânia. Uma última batalha foi travada com Denikin perto de Oriol, a meio caminho entre Moscou e Kharkov. Os Vermelhos obtiveram uma vitória esmagadora. Afora algumas tentativas de parar para enfrentá-los, Denikin concentrou seus esforços em manter unido o seu exército em retirada. O moral entre os Brancos estava baixo e continuava a cair, mas a esperança dele era reunir seus oficiais e soldados na Crimeia, com o intuito de iniciar uma segunda grande invasão da Ucrânia e da Rússia.

Foi nesse momento que um terceiro Exército Branco emergiu da Estônia independente, comandado pelo general Nikolai Yudenich. Embora seus preparativos houvessem demorado mais que os de Kolchak e Denikin, ele gastara o tempo com inteligência. Campos de prisioneiros de guerra tinham sido examinados na Alemanha, em busca de voluntários para combater os Vermelhos. Os Aliados ocidentais forneceram equipamento em abundância, inclusive tanques. Yudenich também recrutou estonianos que queriam garantir que nenhum regime soviético pudesse restabelecer-se em sua pátria. A Estônia era uma nação soberana desde fevereiro de 1918, e seus habitantes estavam decididos a manter essa situação. Os Brancos de Yudenich deslocaram-se para o leste em outubro de 1919 e apanharam os bolcheviques de surpresa. Na ocasião, Trotski e o alto-comando do Exército Vermelho estavam dirigindo operações ao sul de Moscou.

Petrogrado situava-se no caminho de Yudenich, e Zinoviev, que ali tinha sua sede, compreendeu o perigo para a cidade. Seus relatórios pessimistas para Lenin induziram a liderança central do partido a considerar

Parte II: 1914-1919

seriamente o abandono da cidade. Trotski ficou chocado, acompanhando à distância essa discussão:

> Os líderes de Petrogrado, sobretudo Zinoviev, vinham dizendo a Lenin o quanto o equipamento do inimigo era excelente em todos os aspectos — os fuzis automáticos, os tanques, os aeroplanos, os monitores britânicos nos flancos, e assim por diante. Lenin chegou à conclusão de que só conseguiríamos lograr êxito na luta contra o exército de oficiais de Yudenich, que estava armado com a mais moderna tecnologia, à custa do esvaziamento e enfraquecimento de outras frentes, especialmente a meridional. Mas isso era inimaginável. Na opinião dele, só havia uma coisa a fazer: abandonar Petrogrado e recuar a linha de frente. Depois de decidir pela necessidade dessa amputação, Lenin tratou de conquistar outros para seu lado.
>
> Quando cheguei a Moscou, partindo do sul, opus-me com firmeza a esse plano.[15]

Lenin e Trotski entraram numa disputa acerba. O Politburo dividiu-se. Somente após 24 horas foi que Trotski, com a ajuda de seu amigo político Krestinski e de seu inimigo Stalin, venceu as discussões, e Lenin admitiu a derrota: "Pois muito bem, vamos tentar!"[16]

O Politburo adotou o decreto de alistamento de Trotski para "transformar a Rússia soviética num acampamento militar". Os homens não recrutados deveriam registrar-se e ficar disponíveis para o serviço militar. Falar sobre a evacuação de Petrogrado deveria ser considerado traição. Trotski prometeu "defender Petrogrado até a última gota de sangue, recusar-se a ceder um só milímetro, e levar a luta para as ruas da cidade".[17] O perigo do avanço dos Brancos havia aumentado. Quando Trotski partiu para o norte, no dia 16 de outubro, Yudenich tinha avançado para o leste até Tsarskoe Selo e estava a 13 quilômetros de Petrogrado. Nenhum comandante dos Brancos chegara mais perto de uma das duas principais cidades da Rússia.

Ao chegar a Petrogrado, Trotski não se impressionou com os preparativos que vinham sendo feitos pelas autoridades municipais. Tratou

Vitória vermelha 323

Zinoviev com rispidez. Stalin também foi deslocado para Petrogrado pela liderança partidária, e se distinguiu por reunir um grupo de cidadãos de classe média numa linha à frente das forças vermelhas, para impedir Yudenich de atirar nos defensores da cidade. As execuções "exemplares" em massa foram outra das medidas de Stalin.[18] Trotski não fez objeções. Em certos momentos, ele e Stalin pareciam competir pelo *status* de comissário mais brutal. Ao mesmo tempo, entretanto, Trotski deu um jeito de levantar o moral de seus soldados. Encomendou a Demyan Bedny a composição de poemas inspiradores para a operação militar. (A mulher de Bedny ficou inquieta com o fato de ele acompanhar o exército, e Trotski teve de prometer que o devolveria inteiro a ela.[19]) A iniciativa de Trotski revelou-se bem-sucedida quando o poeta escreveu um poema sobre os tanques de Yudenich e a intrepidez dos artilheiros vermelhos Vanka contendo o seu avanço. Os soldados vermelhos reagiram bem.[20] Enquanto isso, Trotski instilou medo no coração dos integrantes do partido e do soviete no Instituto Smolny, em Petrogrado. Não aceitou nada menos que uma dedicação completa e abnegada. Ordenaram-se expurgos dos tímidos ou incompetentes. Onde se criaram lacunas, Trotski as preencheu com o contingente militar que viajava com ele em seu trem por toda parte.

Seu lema era: "Não desistiremos de Petrogrado!" Quando um regimento do Exército Vermelho se dispersou, atacado pelos Brancos, Trotski não se esquivou de assumir pessoalmente o comando. Pulou no cavalo mais próximo e perseguiu os soldados que batiam em retirada. Kozlov, seu ajudante, correu atrás dele, e os dois juntos reuniram a tropa, reforçaram a determinação de seu comandante e reorganizaram a frente de batalha para combater Yudenich.[21] Essa foi a única vez, durante a guerra civil, em que ele teve de superar seus "especialistas militares" na ação direta. Trotski recebeu a Ordem da Bandeira Vermelha por sua bravura e liderança;[22] não foi a primeira nem a última vez que se expôs ao perigo na guerra civil, mas esse episódio garantiu sua fama entre os comandantes profissionais — e ele mereceu os louvores crescentes como líder militar.

Yudenich, porém, ainda estava por ser vencido. Chegavam a Trotski notícias de que os finlandeses, comandados pelo general Mannerheim, estavam considerando a ideia de entrar no conflito do lado dos Brancos.

Parte II: 1914-1919

Mannerheim queria impedir que problemas futuros fossem espalhados por comunistas russos do outro lado de uma fronteira situada a meros 50 quilômetros ao norte de Petrogrado. A resposta de Trotski foi que, se as forças finlandesas tentassem unir-se a Yudenich, os Vermelhos as empurrariam de volta até Helsinque. A ameaça finlandesa não deu em nada. Yudenich teve de terminar a campanha com seu próprio exército. Quando os oficiais britânicos ligados a ele recomendaram uma ofensiva imediata, do tipo tudo ou nada, ele hesitou. Foi um erro. A fraca defesa militar vermelha vinha sendo reforçada dia após dia. Ao se iniciar a batalha nos arredores de Petrogrado, Trotski levava uma vantagem numérica de cinco homens para um. Yudenich foi perdendo suas unidades estonianas. Havendo expulsado os russos da Estônia, elas se opuseram a lutar por uma "Rússia Una e Indivisível". Kamenev, o supremo comandante em chefe, tomou a iniciativa em 21 de outubro. O exército de Yudenich foi continuamente empurrado para o oeste. Generalizaram-se as deserções entre os Brancos, até que os Vermelhos chegaram à fronteira estoniana. O terceiro — e último — grande exército dos Brancos fora derrotado nos campos de batalha, e os Vermelhos tinham vencido sua guerra contra os Brancos na Rússia e na maior parte da Ucrânia.[23]

Não houve tempo para comemorar. Os conflitos armados continuaram a cobrir o território russo e ucraniano, à medida que os camponeses foram se rebelando contra a ordem soviética, com suas expropriações e alistamentos. Mal havia derrotado Yudenich, o Exército Vermelho foi deslocado para sufocar as rebeliões. Os Verdes percorreram uma província após outra. Em guarnições do Exército Vermelho explodiram motins. Eclodiram greves industriais num número crescente de fábricas e minas. Os choques interétnicos e inter-religiosos também continuaram a ocorrer em regiões mais distantes. Os bashkires e os tártaros lutavam uns com os outros na região sul dos Urais. Havia comunidades muçulmanas em luta com os russos na província às margens do Volga.

Os remanescentes do Exército Branco não aceitaram a derrota. Quando o almirante Kolchak se deslocou para o leste pela Sibéria, alguns de seus oficiais se perguntaram qual seria a melhor maneira de se reagruparem e desafiarem os Vermelhos. Suas esperanças foram solapadas pela decisão do Reino Unido e da França de suspender a intervenção na guerra

Vitória vermelha

civil. Em dezembro de 1919, os britânicos se retiraram de Arcangel, e os franceses, de Odessa. Nem Trotski nem seus camaradas da liderança teceram grandes comentários, por desconfiarem da conclusão de que a ameaça de uma cruzada antibolchevique havia acabado — e, de qualquer modo, suas informações sobre o pensamento dos ministros em Londres e Paris eram escassas. O cansaço da guerra afetava todas as grandes potências. Os partidos socialistas, mesmo antipatizando com os aspectos ditatoriais do bolchevismo, eram contrários a tentativas armadas de derrubar Lenin e Trotski. A oposição política à intervenção militar na Rússia soviética era intensa e vinha se fortalecendo. O primeiro-ministro britânico, David Lloyd George, líder do Partido Liberal que vencera a primeira eleição do pós-guerra, numa coalizão com os conservadores no fim de 1918, argumentou com sucesso que a maneira inteligente de erradicar o bacilo da revolução era restabelecer os laços comerciais com a Rússia e provar, por meio do exemplo, que a economia de mercado funcionava melhor para o povo do que a propriedade estatal da indústria. A geopolítica tinha se colocado a favor do Politburo.

Um partido que parecera condenado ao fracasso em meados de 1918 havia triunfado, graças à determinação, à organização e à liderança. Trotski destacou com frequência essas características do esforço militar dos Vermelhos. Também viu o desfecho da guerra civil como uma confirmação da inevitável vitória global do socialismo na Europa e na América do Norte, e deu o devido peso à coragem dos comandantes e comissários vermelhos. Outros aspectos mal foram mencionados. Os Vermelhos se beneficiaram de seu apego obstinado a Moscou e Petrogrado. Isso lhes deu a vantagem logística do núcleo da rede ferroviária russa; também lhes proporcionou uma região com uma população densa em que recrutar seus soldados. A sorte também desempenhou um papel. Se os alemães ou os Aliados ocidentais houvessem tido condições de posicionar suas forças na Rússia central, há pouca razão para crer que tivessem deixado de derrubar o Sovnarkom. Os Vermelhos se aproximaram várias vezes da derrota durante a guerra civil. Mas Trotski, posteriormente, nunca se permitiu pensar que em algum momento os Brancos poderiam tê-los derrotado. Na época, ele foi mais franco. Seus apelos e proclamações tinham dito aos trabalhadores e soldados que o destino da Revolução de

326 Parte II: 1914-1919

Outubro estava inteiramente em suas mãos. Na verdade, porém, a guerra civil foi um conflito renhido entre Vermelhos e Brancos.

Somente um dos Exércitos Brancos continuou a ser uma força de combate. Denikin havia recuado para o sul da Ucrânia, após sua campanha desastrosa no verão. Acabrunhado pelos reveses sofridos, renunciou ao comando e seu lugar foi tomado pelo general Piotr Wrangel, em abril de 1920. Esse último Exército Branco foi empurrado para um ponto mais ao sul da Ucrânia e reagrupado na Crimeia. Wrangel finalmente curvou-se à orientação de que a estratégia de Kolchak, Denikin e Yudenich havia cometido um erro grave, por não evitar irritar os camponeses. Wrangel prometeu deixar que eles ficassem com as terras recebidas por meio da Revolução de Outubro; levou em conta os conselhos políticos de líderes liberais. Restabeleceu a disciplina em seu exército e reuniu as armas e a munição em que pôde pôr as mãos. Trotski não levou Wrangel a sério. A seu ver, os Brancos já estavam derrotados e a tarefa do partido era consolidar o regime soviético, promover a recuperação econômica e — se possível — espalhar a revolução por outros países da Europa.

26. Revolução mundial

Os líderes soviéticos mantinham-se atentos a qualquer oportunidade de romper seu isolamento na Europa. Nutriam a ambição da revolução mundial. A ideologia impregnava todos os passos de suas relações internacionais. Uma razão prática reforçava seu zelo: enquanto eles governassem o único Estado europeu da extrema esquerda, continuariam a ser um alvo provável de ataque por uma coalizão de potências capitalistas. Assim que o poderio militar alemão desmoronou no Ocidente — e até um pouco antes —, a liderança partidária comunista ressuscitou seus preparativos para disseminar a revolução na direção oeste. O plano era criar uma Terceira Internacional que suplantasse a Segunda. Os bolcheviques acreditavam que a Segunda Internacional, que combinava partidos socialistas e trabalhistas na Europa, ficara desacreditada de forma irreversível pelo apoio dado pela maioria daqueles partidos a seus esforços de guerra nacionais. Havia urgente necessidade de uma nova organização global, dedicada a derrubar o capitalismo e promover a revolução.

Uma vez esgotada a disputa de Brest-Litovsk, atenuaram-se as divergências quanto à política externa na liderança do partido, e Lenin, Trotski, Bukharin e até Zinoviev e Stalin se descobriram predominantemente de acordo. Não se tratou de uma mera exibição de união. Na liderança central do partido, a ênfase recaía em defender a Revolução de Outubro e evitar iniciativas militares arriscadas no exterior. A guerra civil tinha feito todos pararem. A fraqueza soviética fora brutalmente exposta, e os líderes do Kremlin à esquerda do partido abandonaram o hábito de convocar à ação armada imediata, a fim de exportar a revolução para o oeste. Lenin parou de ser acusado de ser um cata-vento político, quando se veio a reconhecer que ele queria sinceramente induzir ao levante revolucionário na Europa central, assim que surgisse uma oportunidade realista. Os Brancos ainda estavam por ser derrotados; Kolchak, Denikin e Yudenich achavam-se em franco alvoroço. O partido inteiro concordou que todos os recursos tinham que ser investidos em transformar os Exércitos Brancos em pó. Trotski partilhou desse consenso. Enquanto viajava pelas frentes de combate, era-lhe comum sonhar com propostas de medidas para romper os grilhões do imperialismo em todo o mundo, mas em momento algum ele pleiteou um curso de ação que pudesse piorar as possibilidades de os Vermelhos saírem vitoriosos da guerra civil.

As memórias de Trotski pouco viriam a dizer sobre sua cautela nas relações internacionais durante os dois anos posteriores ao Tratado de Brest-Litovsk, porque ele gostava de dar a impressão de que suas preferências na política externa foram constantes nas décadas subsequentes a 1917. Isso tinha certa veracidade quanto aos objetivos fundamentais que ele defendia, mas não era totalmente exato. Só a partir de 1923, aproximadamente, foi que ele defendeu apostas na ação revolucionária na Europa, sabendo que elas poderiam pôr em risco a segurança militar soviética. Durante a guerra civil, tinha assumido uma postura mais responsável.

Os preparativos para a Terceira Internacional tinham sido feitos antes mesmo da derrota da Alemanha, em novembro, e Trotski esteve envolvido neles. A expectativa era que os camaradas de Berlim solicitassem a assistência comunista russa, quando conseguissem realizar sua insurreição e anunciar a criação de um regime de estilo soviético. À testa do Comissariado do Povo para Assuntos Militares, uma das tarefas de Trotski era reforçar o recrutamento para o Exército Vermelho. As forças armadas soviéticas tornaram-se imensamente maiores, em termos numéricos, do que era necessário para a guerra civil. Trotski e os outros líderes bolcheviques estavam decididos a adquirir a capacidade adicional para intervir na Europa central a qualquer momento.[1] O Comissariado do Povo para Abastecimento de Víveres, chefiado por Alexander Tsyurupa, intensificou seus esforços, com o mesmo objetivo em mente. Os depósitos ficaram abarrotados de cereais, na suposição de que os trabalhadores alemães precisariam de ajuda para se alimentar, se a extrema esquerda política

Revolução mundial 329

tomasse o poder.² Sverdlov reuniu um pequeno grupo de bolcheviques veteranos para redigir um projeto detalhado para a criação da Terceira Internacional. Se algum dia Trotski se perguntara se Lenin e Sverdlov haviam abandonado o compromisso de exportar a Revolução de Outubro, soube a resposta nessa ocasião.³

As responsabilidades no Exército Vermelho o mantiveram longe das minúcias do planejamento internacional em Moscou, após o término das hostilidades na frente ocidental. A situação era complexa e fluida. Os Aliados ocidentais ainda não tinham finalizado suas decisões referentes ao acordo de paz. As Potências Centrais derrotadas estavam num tumulto. O *Kaiser* Guilherme II abdicou do trono alemão e fugiu para a Holanda. Um governo chefiado pelo social-democrata Friedrich Ebert assumiu o poder em Berlim, mas teve sua legitimidade questionada pela Liga Espártaco, na extrema esquerda política. Os espartacistas eram liderados por Karl Liebknecht, Leo Jogiches e Rosa Luxemburgo. Todos tinham sido amigos de Trotski antes da Grande Guerra e, muitas vezes, ele fizera parceria com Luxemburgo na objeção às obsessões divisionistas de Lenin. Libertada da prisão depois da vitória militar aliada, a liderança da Liga Espártaco fez campanha pela substituição de Ebert e seu governo. Trotski ficou encantado. Nada lhe causaria mais prazer do que lhes dar as boas-vindas como líderes de uma Alemanha soviética — e os espartacistas foram convidados a enviar uma delegação a uma reunião comunista internacional na Rússia, a qual, de acordo com os planos de Lenin e Trotski, criaria a Terceira Internacional.

Esses mesmos líderes trataram de derrubar o governo de Ebert — e não se deram o trabalho de alertar Lenin e Trotski em Moscou. Um levante em Berlim foi organizado às pressas em janeiro de 1919. A despeito de suas próprias reservas, Luxemburgo concordou com essa aventura. Seguiu-se o desastre. Os espartacistas, que almejavam repetir o sucesso da Revolução de Outubro em Petrogrado, não tinham nada semelhante ao apoio maciço de que haviam gozado os bolcheviques em 1917. Sua capacidade de mobilizar a classe operária alemã era reduzida; seus preparativos políticos e militares foram amadorísticos. Além disso, o governo social-democrata de Ebert foi resoluto ao enfrentar os espartacistas nas ruas e pôde contar com a lealdade das forças armadas. Os

330 Parte II: 1914-1919

Freikorps [milícias] não oficiais — organizações paramilitares de direita
que se ressentiam da rendição aos Aliados do Ocidente em novembro de
1918 — entraram em ação em grande número. Os espartacistas foram
abatidos a tiros. Liebknecht, Jogiches e Luxemburgo foram assassinados.
Seus cadáveres trucidados foram largados na rua. A Liga Espártaco foi
destruída. Em Moscou, a liderança comunista soviética recebeu a notícia
com choque e decepção, mas se recusou a deixar seu desapontamento
desviá-la de seu próprio rumo político.

O congresso que deu origem à Terceira Internacional começou em
2 de março de 1919. Apesar de seus compromissos como comissário do
povo para Assuntos Militares, Trotski não quis perder a história sendo
feita e assegurou sua possibilidade de comparecer aos trabalhos, na
antiga Corte de Justiça do Kremlin. Os delegados não foram avisados
de que a ocasião seria usada para a inauguração oficial de uma nova
Internacional. Lenin e Trotski tinham arquitetado um plano ardiloso.
Sabiam que vários estrangeiros, inclusive Hugo Eberlein, representante
dos espartacistas alemães, queriam mais tempo para dirimir questões
referentes ao *status* da reunião. Os líderes comunistas russos passaram
por cima das sutilezas protocolares. Tinham décadas de experiência em
manipular a composição e a nomenclatura de pequenas reuniões políticas.
Lenin fora um notório manipulador na Segunda Internacional; Trotski,
que um dia o criticara por isso, nesse momento ofereceu-lhe seu pleno
respaldo. Eles foram os progenitores gêmeos da Terceira Internacional.
Para acentuar sua distinção da Segunda, deram-lhe o nome de Internacional Comunista (ou Komintern).

Uma chuva de aplausos saudou o aparecimento de Lenin e Trotski
na sessão de abertura. Quase todos os membros do panteão bolchevique
sentaram-se com eles. Os bolcheviques haviam preparado os documentos
principais. O relatório preliminar foi de autoria de Lenin, que também
escreveu as "teses" do congresso sobre a democracia burguesa e a ditadura do proletariado — nenhuma assembleia desse tipo era considerada
completa sem tal análise, a qual, de qualquer modo, era muito desejável
como declaração de intenções para a nova Internacional. A "plataforma"
foi composta por Bukharin. Trotski apresentou um relatório instigante
sobre o Exército Vermelho; não mostrou arrependimento de sua política

Revolução mundial

militar interna e externou sua satisfação com a expansão do território pertencente aos soviéticos desde 1918:

> Ora, Kautsky até nos acusou de cultivarmos o militarismo! Parece-me, entretanto, que, se quisermos conservar o poder nas mãos dos trabalhadores, devemos mostrar-lhes como usar as armas que eles mesmos fabricam. Se a isso se chama militarismo, pois que seja. Criamos nosso próprio militarismo socialista e não renunciaremos a ele.[4]

Encerrou seu discurso com esta declaração: "Estamos prontos para lutar e morrer pela revolução mundial!"[5] Ninguém estava mais apto a fazer uma grande assembleia pôr-se de pé. A bravura de Trotski na guerra civil era famosa, e seus ouvintes entendiam que ele pretendia dizer exatamente o que dizia ao falar de abnegação.

O jornalista britânico Arthur Ransome, único não comunista que teve permissão para estar presente, assistiu ao discurso: "Trotski, de paletó de couro, calças militares, polainas e um chapéu de pele que trazia na frente o símbolo do Exército Vermelho, tinha boa aparência, mas era uma figura estranha para aqueles que o haviam conhecido como um dos maiores antimilitaristas da Europa."[6] Como muitos outros, Ransome não tinha lido com cuidado os panfletos marxistas russos de Trotski antes de 1917. Este nunca fora incondicionalmente favorável à paz, menos ainda à democracia e ao estado de direito. Afora isso, entretanto, a visão de Ransome mostrou-se aguçada. Encerrado o congresso, após quatro dias, ele informou:

> A conferência no Kremlin terminou com os hinos de praxe e uma fotografia. Um pouco antes do final, quando Trotski acabara de concluir seu discurso e saíra da tribuna, ouviu-se um grunhido de protesto do fotógrafo, que tinha acabado de ajustar seu equipamento. Alguém comentou sobre "a ditadura do fotógrafo" e, em meio às risadas gerais, Trotski teve de voltar à tribuna e ali ficar, em silêncio, enquanto o fotógrafo desinibido batia duas fotografias.[7]

Fazia uns dois anos que ninguém tratava Trotski com tanta rispidez, e ele levou tudo na esportiva.

Trotski escreveu o manifesto da Terceira Internacional e foi solicitado a lê-lo em voz alta no congresso antes do encerramento, em 6 de março. Era um dever incomum para um orador cuja grandiosidade residia em seus improvisos brilhantes. Mas ele atendeu ao pedido, por compreender que os eventos históricos precisavam de pompa e cerimônia. Se não estivesse no comando do Exército Vermelho, adoraria dedicar-se a dirigir a Terceira Internacional. Em vez disso, a tarefa foi entregue a Zinoviev. Trotski teve de assistir de longe aos acontecimentos, depois do congresso, limitando-se a examinar as mudanças de política e a intervir com ideias e conselhos.

A Europa continuava politicamente volátil. Em março de 1919, dois acontecimentos pareceram confirmar o otimismo comunista, quando simpatizantes da liderança soviética chegaram ao governo em Munique, capital da Baviera, e na Hungria. A revolução bávara foi rapidamente derrubada, mas a húngara revelou-se tenaz. O líder comunista Béla Kun instalou seu governo em Budapeste, na ocasião em que os Aliados vinham falando numa severa redução territorial da Hungria, como castigo por seu papel destacado na guerra contra eles, desde 1914. A revolta popular contra o governo posterior aos Habsburgo permitiu que Kun tomasse o poder. Em toda a Europa central havia ganhadores e perdedores nos tratados de paz projetados pelos vencedores militares. Para a liderança comunista de Moscou, isso foi um maná dos céus. O orgulho nacional ferido, em particular na Alemanha e na Hungria, poderia ser explorado para fins internacionalistas. Kun jogou a cartada patriótica, enquanto instituía medidas comunistas radicais. Os bancos e a indústria foram estatizados; as grandes propriedades rurais foram confiscadas e começaram a surgir fazendas coletivas. Kun deu início a um Terror Vermelho. As prisões ficaram abarrotadas de inimigos do regime. Kun apresentou-se como o Lenin da Hungria. Sua esperança era que os outros países da Europa central logo instaurassem governos comunistas.

A liderança do Kremlin considerou qual seria a melhor maneira de dar um apoio ativo à Hungria soviética. Houve uma discussão em abril

Revolução mundial

de 1919. Uma possibilidade seria enviar forças ucranianas pela fronteira, para auxiliarem Béla Kun.[8] Era exatamente o que Kun vinha pedindo, visto que metade da Hungria estava cercada por inimigos. Os romenos e os tchecos pressionavam suas fronteiras; os combates militares eram intensos. Havia a possibilidade de que os sérvios também fizessem uma investida. Kun rogou que Moscou enviasse forças armadas para salvar seu governo.[9] Ioakim Vatsetis, comandante supremo do Exército Vermelho, telegrafou para V. P. Antonov-Ovseenko, o principal comissário político da Ucrânia, indagando como fazê-lo. A ideia básica sugerida por Kun era simplesmente atravessar a Galícia e Bucóvina até chegar a Budapeste. O risco era que isso desencadeasse uma guerra total contra a Polônia. Assim, Vatsetis insistiu em que nenhum território fosse ocupado no caminho, caso essa opção fosse escolhida. (Obviamente, presumia que os poloneses seriam incapazes de impedir a passagem do Exército Vermelho por seu território.) O grande problema era que a guerra civil no antigo Império Russo não havia terminado. Vatsetis apontou a bacia do rio Don como a prioridade imediata e inequívoca.[10]

Lenin e Trotski compartilharam essa avaliação e excluíram qualquer campanha húngara: a exigência primordial e indispensável era acabar com os Brancos na Rússia. Quanto mais se informavam sobre o governo comunista de Kun, menos confiança eles tinham em suas habilidades, e esses temores revelaram-se bem fundamentados. Kun e seu camarada Tibor Szamuely eram fanáticos, decididos a ser mais bolcheviques que os bolcheviques. Detestavam qualquer contemporização. Apesar de precisarem do apoio dos camponeses húngaros, puseram em prática uma campanha de violência irrestrita no interior. Cereais e outros produtos vegetais foram confiscados sem qualquer recompensa. Padres católicos foram enforcados. Submeteram-se rapazes ao recrutamento compulsório.

O regime de Kun caiu em 4 de agosto, em decorrência de uma invasão romena. Ele havia acarretado seu próprio e grande infortúnio, mas, apesar disso, a destruição da Hungria soviética foi um golpe para os bolcheviques. Um dia depois, Trotski despachou suas conclusões para o Comitê Central do partido. A derrubada de Béla Kun, afirmou, indicara que "o militarismo anglo-francês" ainda tinha vida. Na verdade, o governo norte-americano tinha em vão tentado instigar os governos britânico e francês a eliminar o comunismo húngaro. Nem Londres nem Paris se dispuseram a mobilizar tropas para esse fim.[11] E, embora Lloyd George e Clemenceau ficassem satisfeitos com a derrota dos comunistas, puseram fim rapidamente à ocupação romena, com seus excessos bárbaros. Trotski estava vendo uma conspiração internacional onde não havia nenhuma. Contudo, seu erro foi compreensível. A Rússia soviética, a Ucrânia soviética e a Hungria soviética tinham se erguido sozinhas contra as grandes potências mundiais; haviam desafiado o capitalismo global e estavam fadadas a esperar uma cruzada contra elas. Trotski pediu ao Comitê Central que olhasse de frente para a realidade resultante. Comparado ao poderio dos Aliados ocidentais, o Exército Vermelho era apenas "uma força modesta". A Europa, naquele momento, era uma causa perdida; talvez levasse um ano inteiro, ou mesmo até cinco anos, para que voltassem a surgir condições adequadas. Trotski pediu a seus companheiros da liderança que voltassem sua atenção para a Ásia. Conviria construir uma base para o Exército Vermelho nos Urais, com o objetivo de iniciar uma ofensiva de guerra num futuro próximo.[12]

Ao conclamar uma "orientação asiática", Trotski insistiu na preparação de propaganda e na formação de especialistas em línguas, a fim de que os Vermelhos pudessem granjear apoio local ao desferirem um "golpe militar contra a Índia". Declarou que "a estrada para Paris e Londres passa pelas cidades do Afeganistão, de Punjab e de Bengala".[13] Isso põe fim às ideias de que Trotski tinha uma obsessão estratégica com a Europa. Não há dúvida de que, se tivesse essa escolha, preferiria uma revolução na Alemanha a qualquer outro lugar. Essa era a posição comum a todo o partido, e Trotski não diferia de seus colegas da liderança, ao se perguntar se não seria mais conveniente para os comunistas, ao menos no momento, fazer suas sondagens na direção leste.

O pensamento de Trotski no tocante às relações internacionais apoiava-se em alguns pressupostos básicos. Visto que ele nunca os explicitava, é preciso levantá-los em seus escritos da época. Ele nunca recuou de sua convicção de que a Revolução de Outubro era o primeiro grande vislumbre do alvorecer da era socialista global. Marx e Engels tinham provado estar certos em sua análise e seus prognósticos. Trotski conservou a confiança no potencial revolucionário das classes trabalhadoras

Revolução mundial

europeias e afirmava ser possível levá-las a buscarem ativamente seu destino, se os militantes da extrema esquerda se associassem à causa da Terceira Internacional. Esse processo seria facilitado pelo trauma que vinha sofrendo o capitalismo mundial. A economia estava em completa desordem. As grandes potências, tanto vitoriosas quanto derrotadas na Grande Guerra, não conseguiam reintroduzir a estabilidade — e os tratados de paz de Paris tornavam a situação irreversivelmente instável. Os movimentos anti-imperialistas vinham crescendo fora da Europa e da América do Norte. Os comunistas tinham ampla oportunidade de intervir e tirar proveito disso. A insurreição tinha que ser objetiva, especialmente na Alemanha. A Rússia tinha importância como pioneira de uma trilha que logo seria seguida por outros países.

Por conseguinte, o Exército Vermelho precisava estar preparado para se mobilizar numa "guerra revolucionária" em apoio aos levantes. Esse era o dever internacionalista dos bolcheviques. E também fazia sentido em termos pragmáticos. Se a Rússia soviética permanecesse como um Estado isolado, careceria do trunfo indispensável da integração econômica a sociedades mais avançadas. A segurança territorial e política ficaria igualmente em risco; os interesses "burgueses" mais poderosos instigariam a opinião pública a favorecer a invasão da Rússia e a destruição da ordem soviética.

Da mesma forma que Trotski e seus camaradas da liderança se empenhavam em organizar o comunismo numa ofensiva conjunta contra o capitalismo, ele tomava por certo que as grandes potências estavam trabalhando contra a Revolução de Outubro. Também essa era uma hipótese razoável. Britânicos, franceses, japoneses e norte-americanos tinham despachado forças para o antigo Império Russo em 1918-1919, e sua eventual retirada física não poderia ser entendida como uma aceitação permanente do fracasso. Trotski suspeitava continuamente do pior por parte dos Exércitos Brancos que enfrentavam os Vermelhos. A seu ver, era óbvio que estavam agindo a mando de uma ou várias grandes potências. Kolchak, por exemplo, era "um agente *norte-americano* direto".[14] Essa era uma suposição ridícula, porém era um erro fácil de cometer por um marxista. Kolchak, Denikin e Yudenich haviam servido no exército imperial, que tivera uma aliança com a França, a Grã-Bretanha e os Es-

336 Parte II: 1914-1919

tados Unidos. Suprimentos militares e financeiros tinham sido enviados aos Brancos. Os bolcheviques não podiam imaginar que se oferecessem doações sem condições pesadas. Daí parecia decorrer a ideia de que os comandantes brancos agiam sob ordens do exterior, e que os Aliados ocidentais cobrariam um preço econômico por sua ajuda, para que os Vermelhos fossem derrotados.

O Estado soviético ainda não dispunha de uma grande rede de espionagem para ajudá-lo. A Komintern ainda era inútil como órgão de espionagem no Ocidente; seus militantes estavam preocupados com a formação de partidos comunistas, e nenhum deles ocupava cargos que lhes permitissem informar sobre discussões nos governos estrangeiros. Os plenipotenciários enviados pelo Sovnarkom não tinham acesso às autoridades de Paris, Londres ou Washington. O Politburo era forçado a depender de jornais ocidentais (que estavam longe de transmitir notícias sem tendenciosidade) e de comunistas do Ocidente (que viam o mundo pelo mesmo prisma ideológico que os bolcheviques). De qualquer modo, a teoria marxista presumia que, na "era do imperialismo", os vencedores da Grande Guerra buscariam vantagens no pós-guerra num país como a Rússia, com todos os seus imensos recursos naturais. O fato de serem enviadas forças expedicionárias da França, Grã-Bretanha, Japão e Estados Unidos parecia confirmar essa análise. Era fatal que o Estado soviético provocasse tremores nesses países, pois, se a Rússia havia conseguido romper com o capitalismo, todos os demais países capitalistas eram vulneráveis ao contágio revolucionário.

No II Congresso da Komintern, cuja abertura se deu em 17 de julho de 1920, os bolcheviques pareceram respirar com um pouco mais de facilidade, agora que tinham vencido a guerra civil. Quando Trotski se levantou para discursar na assembleia de encerramento, os delegados deram-lhe uma ovação e cantaram o hino da Internacional.[15] Ele condenou os Estados Unidos por buscarem a hegemonia mundial e previu uma guerra entre norte-americanos e britânicos. Exultou com o desmantelamento dos impérios russo, austríaco e alemão. Zombou da Polônia como "um instrumento sujo e sanguinário nas mãos do capital francês"; ridicularizou a França por sua dependência da indulgência de Londres e Washington. Orgulhou-se das vitórias conquistadas pelo

Revolução mundial

Exército Vermelho e afirmou que os países europeus estavam prestes a descobrir que sua reconstrução econômica seria impossível sem o acesso aos recursos naturais russos.[16] Igualmente importante para a recuperação da Europa era o ressurgimento do dinamismo tecnológico na Alemanha, e Trotski fez a seguinte sugestão:

> Para se reconstruir, a Alemanha precisa ter a possibilidade de viver, alimentar-se e trabalhar. Mas se, crucificada e oprimida, ela não tiver permissão para viver, alimentar-se e trabalhar, a Alemanha se levantará contra o imperialismo francês. O imperialismo francês só conhece *uma* ordem: paguem! A Alemanha tem que pagar! A Rússia tem que pagar! Portanto, todos esses aproveitadores franceses estão dispostos a atear fogo aos quatro cantos da Terra, só para receber seus pagamentos de juros.[17]

A Europa estava à beira de situações revolucionárias em inúmeros países.

Trotski celebrou as realizações da Revolução de Outubro: a vitória militar fora obtida na guerra civil e os primórdios de uma economia socialista tinham sido experimentados e testados. Havia a perspectiva de um sistema centralizado de planejamento industrial estatal. (Trotski tinha esperanças vãs, nesse caso, e sofreria uma séria decepção ao longo do resto da década de 1920.) A Rússia soviética havia fornecido um modelo a ser copiado por todos os povos. O homem de ferro se revelou: "A guerra civil está na ordem do dia em todo o mundo." Até os camponeses de países estrangeiros vinham se voltando para o socialismo. Trotski declarou:

> Portanto, camaradas, ao olharmos para trás, para nosso ano e meio de trabalho na economia russa, familiarizados com todas as suas deficiências, todas as suas privações, não temos motivo para encobrir essas deficiências. Ao contrário, revelamos esta imagem do nosso trabalho a nossos irmãos ocidentais, aos norte-americanos e a outros representantes de todos os países, de todas as partes do globo. Creio que, se alguém chegou aqui com dúvidas, há de estar convencido de que escolheu o caminho certo. A única saída

possível para a miséria do mundo passa por uma mobilização planejada e uma socialização da economia, mediante as quais todos
os obstáculos e barreiras artificiais sejam eliminados e a política
necessária a uma economia integrada seja seguida.[18]

Em julho de 1920, ele estava no auge de um otimismo que havia sentido
pela última vez em novembro e dezembro de 1917. Dali a poucas semanas,
suas previsões confiantes seriam rudemente abaladas.

Parte III

1920-1928

27. As imagens e a vida

Os meios de comunicação soviéticos retratavam Trotski como um dedicado internacionalista comunista, ao passo que os inimigos mais acirrados do bolchevismo o estereotipavam como um fanático sanguinário.[1] Todos concordavam quanto a sua importância. Quando se espalhou pela Letônia, em janeiro de 1919, o boato de que ele fora feito prisioneiro, uma multidão aglomerou-se nas ruas de Riga para comemorar.[2] A Cheka foi alertada, em meados de 1920, sobre uma notícia de que Wrangel havia mandado dois de seus oficiais assassinarem Trotski.[3] O mundo conhecia Trotski e Lenin como figuras imponentes do regime soviético. Com certeza, se um dos dois fosse eliminado, a Revolução de Outubro implodiria, não é?

Lenin e Trotski continuavam a ser a caça mais visada pelos estrangeiros que queriam entrevistar políticos na Rússia soviética. Embora Trotski recebesse menos jornalistas em visita durante a guerra civil, continuou a ser procurado depois dela. Seus livros continuaram a ser traduzidos e distribuídos na Europa e na América do Norte, e ele escreveu alguns para leitores estrangeiros, em primeiro lugar.[4] Conversava com correspondentes, sempre que tinha um momento disponível, e eles valorizavam muito essas oportunidades. Tendiam a nutrir certa gratidão e lhe davam um tratamento favorável em seus jornais, e a maioria, de qualquer modo, tinha clara simpatia, em maior ou menor grau, pela experiência revolucionária soviética — uma exceção era William Reswick, da agência Associated Press.[5] Os repórteres chegavam em número crescente após a derrota dos Brancos, quando Trotski ia a Moscou com frequência. Entre

342 Parte III: 1920-1928

esses viajantes estavam Louise Bryant, Max Eastman, Lincoln Eyre e André Morizet.[6] Trotski abrilhantou seu próprio nome, escrevendo prefácios para livros da autoria deles que promoviam a causa da Rússia bolchevique.[7]

H. G. Wells e Bertrand Russell, como simpatizantes do socialismo, tinham a esperança de um encontro com ele. Sua fama lhes granjeou acesso à liderança comunista em Moscou, na missão que assumiram de compreender a natureza da teoria e da prática comunistas. Trotski, ao contrário de Lenin, foi arredio durante a estada dos dois, por causa do trabalho no Comissariado do Povo para Assuntos Militares. Russell finalmente o alcançou numa apresentação de *O príncipe Igor*, no teatro de ópera. Notou que Trotski tinha "a vaidade de um artista ou um ator", pela forma napoleônica com que agradeceu as ovações da plateia. Os dois tiveram apenas "uma conversa banal", antes de Trotski se retirar novamente.[8] Wells teve ainda menos sorte. Não se informara tão bem quanto Russell sobre os bolcheviques e continuava a crer que Trotski, em certa época, tinha sido pacifista. Confessou haver considerado Marx "um chato do tipo mais extremo".[9] Os dois escritores britânicos voltaram para casa estarrecidos com o caos, a opressão e o fanatismo que haviam encontrado na sociedade soviética, e a postura esquiva de Trotski resultou em que os relatos de ambos, que foram um sucesso de vendas, tiveram mais a dizer sobre Lenin que sobre ele.[10]

Todos aqueles que os conheciam procuravam comparar Lenin e Trotski. Robert Bruce Lockhart, chefe da missão diplomática britânica, não tinha dúvida de que Lenin detinha a autoridade superior, mas reconhecia o intelecto aguçado e a coragem física de Trotski.[11] A jornalista norte-americana Louise Bryant viu as coisas de outra maneira, descrevendo Lenin como a encarnação do pensamento revolucionário e Trotski como um homem de ação.[12] Max Hoschiller discordou. Para ele, Lenin era "um primitivo", e Trotski, um "sofisticado".[13]

Mas o aplauso, muitas vezes, é o limiar do insulto. Enquanto colhia aplausos populares na Revolução de Outubro e na guerra civil, Trotski induzia a muitos ressentimentos e desconfiança dentro do partido. Deu pouca atenção a isso. Sentindo-se com razão em todas as questões, presumia ser seu dever arrastar o partido para seus pontos de vista. Durante

As imagens e a vida 343

todo esse tempo, entretanto, recebeu nos congressos do partido demonstrações de respeito que só eram ultrapassadas pelo culto crescente de Lenin. Mesmo quando discordava da política oficial, ele tinha garantido um assento no Comitê Central e em seu Politburo. Aceitava sua eminência como um fato corriqueiro. Um discurso vibrante de Trotski era sempre uma ocasião saboreada até por seus detratores bolcheviques — e, em seguida, ele raras vezes deixava de corrigir suas anotações abreviadas, para permitir que os jornais publicassem exemplos coruscantes de prosa. Lenin e Trotski negavam qualquer interesse na celebridade, mas tinham consciência de que a imagem pessoal era útil para a transmissão de sua mensagem política. Nos primeiros dois anos, eles evitaram se promover. Preferiram erguer estátuas a seus heróis mortos. Estas incluíram Marx, Engels e até Espártaco, o líder da revolta de escravos na Antiguidade. Todavia, depois de Lenin quase morrer nas mãos de um assassino, em agosto de 1918, sancionou-se uma onda de devoção oficial a ele. Zinoviev, um companheiro da liderança, escreveu às pressas uma biografia concisa, que o enalteceu em termos que faziam lembrar a santidade cristã.[14]

Embora isso pusesse Lenin num pedestal acima de Trotski, pela primeira vez desde a Revolução de Outubro este não deixou de ser festejado na imprensa bolchevique. No primeiro aniversário da Revolução de Outubro, em 1918, ninguém menos que seu inimigo Stalin escreveu um artigo para o *Pravda*, enfatizando a contribuição trotskista para as conquistas do partido.[15] Fizeram-se apelos para que Trotski fornecesse detalhes para a redação de uma biografia. Uma foi redigida por Y. M. Lure, cujo manuscrito Trotski viu como um caso absolutamente perdido. Outra chegou de V. Nevski, que estava iniciando sua carreira como historiador do bolchevismo. Com um simples ensaio superficial de objeção, Trotski forneceu respostas às perguntas feitas por Nevski e outros.[16] Também concedeu tempo a estrangeiros como Bessie Beatty e Max Eastman, que ficaram intrigados com sua vida e sua carreira. Lenin não ofereceu qualquer ajuda pessoal aos biógrafos e se retirou do banquete oferecido em seu quinquagésimo aniversário. Trotski assumiu uma postura intermediária: deu-lhes as informações e o acesso de que eles precisavam, e depois os deixou por conta própria. Recusou os pedidos de verificação de erros nas provas tipográficas.[17] A razão dessa recusa a ir mais longe não

344 Parte III: 1920-1928

foi apenas o fato de ele estar muito atarefado no Comissariado do Povo: ele também partilhava da antipatia do resto do partido pelas tentativas diretas de chamar pessoalmente a atenção.

Alguns comunistas ainda achavam que Lenin e Trotski deviam fazer mais para impedir a tendência a serem cultuados como indivíduos. Angélica Balabanova, secretária do Comitê Executivo da Komintern, estava entre eles. Objetava a que se tirassem fotografias especiais dos membros do Politburo.[18] Suas expectativas eram irrealistas. Os cidadãos da Rússia e das outras repúblicas soviéticas precisavam saber quem eram seus líderes. Apenas uma pequena parcela da população chegava a ter um vislumbre dos integrantes do Politburo. Numa sociedade em que a maioria dos cidadãos continuava analfabeta, além disso, as imagens visuais da liderança e de suas políticas eram cruciais, caso a ordem comunista quisesse consolidar-se. Produziram-se cartazes. Gravaram-se cinejornais, embora o país ainda tivesse uma quantidade insuficiente de celuloide para exibir os filmes em todas as cidades. Esculpiram-se bustos e estátuas. O pintor Yuri Annenkov fez um desenho maravilhoso de Trotski — o original foi destruído num incêndio em 1931.[19] Vera Inber, filha dos Shpentser e prima de Trotski em segundo grau, publicou um poema que o mencionava em termos reverentes:

> À luz das lâmpadas —
> Uma verde, verde luz —,
> Em geral no fim do dia,
> Em teu escritório de seis colunas,
> Tu me recebes.[20]

Ao contrário de Lenin, Trotski viajava por quase todas as regiões europeias do país sob dominação comunista. Ainda assim, nem ele nem Lenin podiam ter certeza de serem reconhecidos. Ao ser assaltado na rua em 1919, Lenin não conseguiu convencer os ladrões de que era o chefe do governo soviético. Mas, com certeza, esses eram os governantes mais conhecidos da Rússia desde Nicolau II e Alexander Kerenski.

Ao mesmo tempo, Trotski mantinha seus parentes próximos longe dos olhos dos curiosos. Essa era uma prática partidária convencional:

As imagens e a vida 345

apenas Lenin tinha uma esposa, que ganhou destaque político.[21] Apesar disso, Natalia, como outras esposas da elite comunista soviética, aceitou um cargo oficial. Sendo notada por seu interesse na cultura russa, ela recebeu inicialmente a responsabilidade pela conservação de artefatos de importância histórica, o que a envolveu no planejamento da nacionalização das propriedades territoriais que cercavam Moscou.[22] Depois, usando o sobrenome Trotski, ela assumiu em 1919 a direção do Comitê de Assistência a Soldados Feridos e Doentes do Exército Vermelho.[23] Ela e Trotski resistiam à tentação de explorar exageradamente sua posição elevada. Outros casais portavam-se com menos moderação. Os Radek figuravam entre os piores, apoderando-se de um conjunto de aposentos grão-ducais no Kremlin e se deleitando com as oportunidades de usufruir do luxo. Natalia era de opinião que melhor seria transformar o apartamento num museu dos Romanov. As relações entre os Radek e os Trotski passaram por um período de tensão.[24] Natalia estava decidida a preservar certa modéstia no estilo de vida de sua família. Quando encontrava uma bela toalha de mesa, ela a cortava e fazia camisas para os meninos. Lenin notou e endossou sua determinação de evitar o desperdício e os excessos.[25]

Ela nunca acompanhou Trotski no trem, mas seus compromissos oficiais muitas vezes significavam que Lëva e Sergei tinham que se cuidar sozinhos. Os meninos Trotski fizeram amizade com outras crianças de sua faixa etária na elite comunista. A família se mudara para o Kremlin ao deixar Petrogrado. Depois do atentado contra a vida de Lenin, em agosto de 1918, os que tinham apartamentos noutros locais da capital mudaram-se para o recinto do palácio, por motivos de segurança, e o Kremlin tornou-se uma fortaleza social e política exclusiva. O jovem Sergei Trotski conquistou a estima de pelo menos uma visitante do exterior: "Ele [...] é um belo rapazinho de peito largo e costas eretas. Parece o herdeiro do trono, disfarçado de camponês." Ela notou que o menino adorava jogar futebol com seu primo Alexander Kamenev.[26] O fato de os pais de ambos se desentenderem com frequência no Politburo não tinha impacto sobre o prazer esportivo.

Lëva e Sergei estavam crescendo robustos e independentes, o que também pareceu aplicar-se, a princípio, a suas meias-irmãs, que a essa altura quase nunca viam o pai, havendo permanecido em Petrogrado com a mãe quando o governo soviético mudou-se para Moscou. As duas jovens apoiavam apaixonadamente a política de Trotski. Zina, a mais velha, partiu pouco depois para trabalhar no *front* dos Urais, enquanto Nina, a caçula, formava-se num instituto superior de pedagogia. Ambas sentiam-se emancipadas pelo estímulo do ambiente revolucionário. As tradições sociais vinham se desfazendo. De repente, Nina casou-se com Man Nevelson, e Zina, um ano depois, com o filósofo acadêmico Zakhar Moglin. Trotski só teve notícia disso depois das cerimônias. Não dispusera de tempo para gastar com as jovens durante a guerra civil, nem chegou a surpreender que elas tomassem sua vida nas próprias mãos. Nina, que fora criada pela mãe, lidou bem com isso. Zina, por sua vez, ansiava pelo pai, embora as consequências de sua infância perturbada ainda não se houvessem revelado na plenitude. Lëva era o único que viria a ingressar na idade adulta sem episódios de volatilidade, mas até ele teria de deixar para trás os destroços do tumulto afetivo. Trotski e Natalia, assim como Alexandra Bronstein, notaram alguns sintomas inquietantes, mas os guardaram em sigilo na família.

A etiqueta partidária e a civilidade social eram apenas duas das razões para Trotski preservar a privacidade de seus parentes e amigos. Uma terceira era sua experiência na guerra civil. Era rotineiro os Brancos fuzilarem os comunistas capturados; os Vermelhos executavam os oficiais contrarrevolucionários. Os dois lados faziam civis de reféns. Quando as forças de Denikin ocuparam Odessa, devastaram a cidade e as províncias vizinhas à procura de parentes de Trotski. Qualquer pessoa de sobrenome Bronstein corria perigo de vida. Em março de 1920, os homens de Denikin capturaram Gersh Bronstein e sua mulher, Rakhil, com a ideia de forçar uma troca de reféns.[27] Como Gersh era irmão do pai de Trotski, os prisioneiros teriam pouca chance, a menos que se negociasse um acordo. Trotski interveio pessoalmente em favor de Moshe e Fanni Shpentser, sem mencionar que eles tinham sido como um casal de tios amados para ele. Moshe foi preso pelas autoridades soviéticas ucranianas. Em julho de 1919, escrevendo para seu amigo Rakovski que Moshe era um "empregador capitalista", Trotski acrescentou que, ainda assim, ele era "uma pessoa culta e sumamente digna" e devia ser libertado.[28] Em setembro de 1921, ele pediu ao governo ucraniano que oferecesse

As imagens e a vida   347

auxílio material a Fanni, que vinha enfrentando um "inverno difícil"; deu garantias da honestidade e sinceridade dela, afirmando que tanto ela quanto o marido eram apolíticos e inofensivos.[29]

O pai de Trotski, já idoso, veio do sul em 1920. Havia corrido um perigo mortal até ser suspensa a ocupação pelos Brancos, mas a chegada dos Vermelhos levou ao confisco de sua fazenda, que foi entregue a camponeses da Ucrânia. Havendo perdido todas as suas economias, ele saiu a duras penas da província de Kherson para Odessa. De lá, viajou para Moscou e se encontrou com o filho pela primeira vez desde antes da Grande Guerra. Contava então 70 anos. Não conseguia entender a perturbação do mundo que havia conhecido e no qual tinha prosperado. "Os pais labutam e labutam para obter algum conforto para os dias da velhice, e aí os filhos fazem uma revolução."[30] Mesmo na velhice, porém, ele foi valente o bastante para refazer a vida. Trotski arranjou-lhe um cargo de gerente num moinho estatal perto da capital. Poucas pessoas eram mais qualificadas que ele para fazer esse trabalho, e Alexander Tsyurupa, comissário do povo para Abastecimento de Víveres, apreciou seus conhecimentos de agricultura e gostava de conversar com ele.

Segundo o que disse a Angélica Balabanova, secretária da Komintern, Trotski recusou-se a demonstrar qualquer favoritismo pelo pai e não requisitou nem mesmo um par de sapatos para ele.[31] Se assim foi, não sentiu a mesma inibição quanto a assegurar a manutenção de sua mulher e filhos num estilo burguês — e não se absteve de solicitar apoio para Fanni Shpentser. Talvez tenha procurado se exibir para Balabanova, que era conhecida por sua integridade pessoal. O velho David Bronstein contraiu tifo na primavera de 1922 e morreu no dia em que Trotski fazia um discurso no IV Congresso da Komintern.[32] O livro de memórias de Trotski foi avarento nos elogios feitos a ele. Construir uma fazenda como a que tiveram os Bronstein em Ianovka era uma conquista extraordinária. David Bronstein havia poupado e guardado com avareza. Havia introduzido inovações técnicas, bem como reunido e treinado uma força de trabalho talentosa. Trotski nunca revelou se soubera que o pai estava gravemente doente antes de comparecer ao Congresso.[33] Se sabia, seu egocentrismo foi extraordinário. Se não sabia, sua despreocupação foi igualmente notável.

348   Parte III: 1920–1928

Não é que ele e o resto do escalão mais alto da elite do Kremlin vivessem apenas de política. O cunhado de Trotski, Lev Kamenev, apreciava o conforto e os prazeres. Numa missão diplomática em Londres, em 1920, frequentou o Café Royal e o hotel Claridge's e fez viagens a Hampton Court e à ilha de Wight. Flertou com mulheres da alta sociedade, tendo dito a uma delas: "Não existe verdade no mundo, a única verdade está no coração da pessoa."[34] Sua esposa teve notícia disso e o recebeu com frieza em seu retorno a Moscou: "Não levamos uma vida chique assim em Moscou". Ela disse à escultora Clare Sheridan, que fora companheira de viagem de Kamenev na volta de Londres: "Leo Kamenev esqueceu-se completamente da Rússia; as pessoas daqui vão dizer que ele é burguês." No mesmo instante, Kamenev cuspiu na plataforma da estação ferroviária, "da maneira mais vulgar", como que para provar suas credenciais impecáveis.[35] Se seus companheiros soubessem como ele havia passado o tempo, provavelmente o teriam tratado com mais severidade. Se sua mulher tivesse sabido quantas vezes a Sra. Sheridan fora com ele a restaurantes caros, o clima no apartamento conjugal poderia ter ficado ainda mais gélido.

Embora Trotski não fosse dado às extravagâncias de Kamenev, também se sentia atraído pelas belas mulheres — e várias beldades sentiram atração por ele depois da Revolução de Outubro. Ele dedicou tempo à mesma Sra. Sheridan que havia despertado ciúme em sua irmã. Kamenev lhe encomendara a produção de bustos dos líderes bolcheviques — Lenin, Zinoviev, Trotski e Dzerjinski. (Sheridan foi evasiva quanto ao valor do pagamento que recebeu.)[36] A escultora era prima de Winston Churchill, que, nessa época, ainda conclamava uma cruzada contra o Estado soviético; só lhe informou aonde estava indo quando era tarde demais para que ele a impedisse. Em Moscou, um Trotski inicialmente relutante permitiu que ela trabalhasse com a argila em seu escritório durante vários dias. Houve rixas constantes entre os dois sobre os esforços de Sheridan, pois Trotski julgava ter tanto direito quanto a escultora a decidir sobre o tipo de obra de arte que deveria ser produzido. Sheridan não era comunista, ou sequer uma intelectual de esquerda, mas sentiu a força do magnetismo pessoal de Trotski. Quando tirou as medidas do rosto dele com seus calibres, Trotski murmurou: "Você está me afagando com instrumentos

As imagens e a vida 349

de aço."[37] Sobre o busto em que ela estava trabalhando, Trotski disse: "Ele parece um *bon bourgeois* francês que admira a mulher que o está esculpindo, mas que não tem a menor ligação com o comunismo."[38]

O flerte surtiu o efeito desejado:

Num momento em que me observava, ele disse: "Mesmo quando trinca os dentes e luta com seu trabalho, você continua a ser mulher (*vous êtes encore femme*)." Pedi-lhe que tirasse o pincenê, que estava me atrapalhando. [Trotski] detesta fazer isso, diz que se sente *desarmé* [desarmado] e totalmente perdido sem ele. Tirá-lo parecia uma dor física — o pincenê tornou-se parte dele, e sua perda lhe altera por completo a individualidade. É uma pena, porque os óculos estragam uma cabeça clássica.[39]

O desejo da escultora por Trotski era acentuado por seu tino profissional:

Ele abriu a boca e bateu os dentes uns nos outros, para me mostrar que sua mandíbula era torta. Ao fazê-lo, lembrou-me um lobo rosnando. Quando ele fala, seu rosto se ilumina e os olhos cintilam. Fala-se muito dos olhos de Trotski na Rússia e ele é chamado "o lobo". O nariz também é torto, dando a impressão de ter sido quebrado. Se fosse reto, ele teria uma linha belíssima descendo da testa. De frente, seu rosto é o de Mefistófeles. As sobrancelhas sobem verticalmente e a parte inferior do rosto afila-se numa barba pontuda e desafiadora.[40]

Era óbvio que a artista gostava de seu modelo, e ele decerto sabia o jogo que estava fazendo quando, já tarde da noite, em seu escritório mal iluminado, concordou em desabotoar o dólmã e a camisa por baixo, para expor "um pescoço e um peito esplêndidos".[41] Trotski também costumava sair de trás de sua escrivaninha e parar atrás de Sheridan, com as mãos nos ombros dela. Não era uma conduta inteiramente inocente.

Espalhou-se o boato de que os dois estavam tendo um romance. Embora ela não o tenha confirmado em suas memórias, forneceu uma porção de detalhes tácteis que, na Grã-Bretanha do entreguerras, beiravam os limites do decoro — e o caso amoroso seria trazido à baila por Natalia contra Trotski, tempos depois, quando eles tiveram uma séria briga conjugal no México. O resto do círculo de Trotski na década de 1930 compartilhou a suspeita sobre o relacionamento com Sheridan. Nunca se provou nada e, se houve uma aventura, ela foi breve. Em meados dos anos 1920, quando teve de reintegrar o Exército Vermelho em sua campanha polonesa, Trotski a convidou a acompanhá-lo no trem, mas a artista recusou o convite.[42] Em vez disso, partiu para a Inglaterra, publicou seu diário e embarcou numa turnê publicitária pelos Estados Unidos. Na época, tinha-se a impressão de que Trotski seguiria seu curso resplandecente pelo firmamento político soviético. Mas esse prognóstico estava prestes a ser desmentido. As falhas na persona pública de Trotski, já evidentes para seus inimigos no partido, estavam em vias de ser expostas às claras. Ele tinha sido um herói revolucionário em 1917 e na guerra civil. Possuía uma profusão de talentos. Mas nunca soube equilibrá-los com uma sólida intuição política nas disputas entre facções. O cometa iniciava sua longa trajetória de queda na Terra.

28. Paz e guerra

Trotski fora um espectador na disputa sobre ditadura e democracia entre Lenin e Kautsky em 1917-1919.[1] Não havia tentado seriamente acrescentar sua contribuição para a teoria marxista até o fim da guerra civil. Mas andara pensando num grande livro novo, antes mesmo da derrota de Yudenich. No começo de 1920, ao viajar pelo país, ditou notas que veio a elaborar em maio. O trabalho foi rapidamente publicado em Petrogrado sob o título de *Terrorismo e comunismo*.

Tal como o resto da liderança bolchevique, ele achava que as políticas do partido tinham sido validadas pela experiência. Desdenhara da discussão com Kautsky, à maneira obsessiva de Lenin. E seu livro não era uma exegese amarga das opiniões registradas de Marx e Engels. Trotski expôs sua visão com austeridade e em seus próprios termos:

> O homem que repudia por princípio o terrorismo — isto é, repudia as medidas de repressão e intimidação contra uma contrarrevolução decidida e armada — tem que rejeitar qualquer ideia da supremacia política da classe trabalhadora e sua ditadura revolucionária. O homem que repudia a ditadura do proletariado também está repudiando a revolução socialista e cavando a sepultura do socialismo.[2]

Tudo isso estaria muito bem, se Trotski pretendesse dizer que os revolucionários tinham que estar dispostos a usar a violência contra exércitos em campanha. Mas ele e seus companheiros bolcheviques tinham ido muito além disso durante a guerra civil. Haviam fuzilado reféns inocentes. Haviam privado grandes grupos sociais de seus direitos civis. Haviam enaltecido ideias terroristas e exultado com a aplicação delas. O partido bolchevique havia tratado até operários e camponeses com selvageria, sempre que eles se engajavam numa oposição militante. As ideias anteriores de Trotski sobre a autolibertação "proletária" pareciam moedas velhas caídas de seu bolso sem serem notadas.

Entrementes, uma viagem aos Urais, a partir de fevereiro de 1920, convenceu-o de que era essencial fazer mudanças urgentes nas políticas praticadas.[3] Os camponeses estavam revoltados com o confisco dos cereais e o recrutamento militar. Havia escassez de alimentos nas cidades. As fábricas e minas achavam-se em mau estado. Operários haviam partido para o campo, a fim de sobreviver à longa emergência dos tempos de guerra. O partido comunista encontrava-se em estado precário. Os sovietes e os sindicatos eram ineficientes, o transporte e as comunicações viviam um caos. As medidas do período da guerra haviam garantido os estoques industriais existentes para o governo soviético e confiscado colheitas, mas não tinham conseguido manter a produção econômica. Trotski dedicou sua mente fecunda a todos esses problemas.

Agora que o desfecho da guerra civil estava claro na Rússia e na Ucrânia, era hora de considerar medidas drásticas para a agricultura e a indústria. Um dos teóricos mais ilustres da Komintern era o comunista húngaro Georg Lukács. Em 1919, Lukács havia produzido um panfleto exaltando a realidade soviética e afirmando que a Rússia tinha dado um "salto do reino da necessidade para o reino da liberdade" e que as leis do materialismo histórico já não eram aplicáveis ao país em revolução. "Lembro-me", escreveu Trotski, alguns anos depois, "de como Lenin e eu rimos disso, e rimos com certa amargura, já que o reino da liberdade era governado pela fome e pelo tifo."[4] Trotski redigiu um conjunto de teses sobre a economia e as inseriu num relatório entregue à organização do partido em Ecaterimburgo, capital da região dos Urais, e posteriormente finalizado em 10 de março de 1920. Afirmou sem rodeios que o Comissariado do Povo para Abastecimento de Víveres era incapaz de obter cereais suficientes para as cidades. Havia um problema duplo. O Decreto da Terra, de outubro de 1917, havia transferido as terras para os camponeses sem um mecanismo que os obrigasse a cooperar com as solicitações do governo; depois disso, a Ditadura do Abastecimento, introduzida em meados de 1918, reduzira o incentivo para os camponeses manterem o cultivo de suas terras. Havia uma necessidade desesperadora de mudanças.[5]

A coletivização agrícola, aos olhos de Trotski e de todo o partido, era a solução, mas só poderia ser implementada aos poucos e no futuro. Os comunistas não tinham alternativa senão recompensar as famílias de lavradores que produzissem um excedente decente. Isso era um rompimento com o Comunismo de Guerra, como viriam a ficar conhecidas as medidas econômicas do partido durante a guerra civil. A partir de 1918, o partido havia tentado apelar para os camponeses mais pobres e os agricultores de médio porte, ao passo que o projeto de Trotski viria a preferir os mais ricos; ele advogava implicitamente uma linha pró-*kulaks*.[6] Mas como haveria de obter produtos das fábricas e minas para trocá-los por cereais? Trotski propôs uma reforma completa nos setores fabril e minerador da economia. Exigiu a reintrodução da disciplina nas empresas.[7] O princípio da concorrência teria de ser restabelecido. Distritos, fábricas e operários individuais precisariam esforçar-se para superar uns aos outros.[8] Seria preciso criar "fábricas-modelo".[9] E não foi só. O cérebro fértil de Trotski nunca fora mais produtivo, e ele conclamou a formação de "exércitos de trabalhadores". A desmobilização militar tinha que ser estancada. Os soldados do Exército Vermelho deveriam ser mantidos em suas unidades e incumbidos de deveres ligados à recuperação da indústria. As velhas ideias sobre os direitos sindicais teriam de ser abandonadas. A disciplina marcial era essencial nos locais de trabalho.[10]

A economia soviética, segundo Trotski, tinha sido excessivamente centralizada. Para que recuperasse seu dinamismo, seria necessário que o Estado restituísse poderes a centros regionais. Um deles deveria ser estabelecido em Ecaterimburgo, para as províncias dos Urais. Trotski queria que o primeiro exército de trabalhadores fosse comandado a partir dessa cidade. Também insistiu em que os distritos fossem levados a competir entre si, assim como as fábricas com outras fábricas e os trabalhadores individuais com outros trabalhadores. Os vencedores receberiam recompensas materiais. Trotski deu a isso o nome de "concorrência socialista".[11]

354 Parte III: 1920-1928

Os membros do Comitê Central ficaram horrorizados com as ideias dele sobre a questão agrária, e Lenin o acusou de defender um "livre-comercismo" e formular propostas extravagantes e "utópicas". Era uma linguagem forte entre comunistas, que anatematizavam o capitalismo do *laissez-faire*.[12] Trotski realmente deveria ter pensado melhor ao oferecer seu projeto ao Comitê Central. No mínimo, deveria ter buscado apoio antes da reunião. O Comunismo de Guerra tinha se tornado a base favorita da economia entre os comunistas. Buscavam-se soluções para todas as dificuldades na posse e no controle estatais, e as concessões ao lucro privado eram consideradas reacionárias. Os *kulaks* estavam entre os grupos sociais mais temidos e odiados pelos bolcheviques e, no entanto, Trotski havia sugerido usá-los como o motor da recuperação agrícola e comercial. Na verdade, ele não havia proposto nada semelhante a um retorno à economia de mercado, de modo que suas ideias não foram as verdadeiras precursoras da Nova Política Econômica [NPE] de 1921.[13] Na liderança, porém, ninguém se pôs a seu lado, e sua proposta caiu como um balão de chumbo — e até Trotski percebeu que de nada adiantaria persistir nela.

Suas outras sugestões, porém, tiveram uma recepção positiva. Ele superou as preocupações de Lenin com os exércitos de trabalhadores, usando o argumento de que a emergência econômica exigia uma resposta drástica. Lenin, apesar de se distanciar do uso a longo prazo do trabalho militarizado, admitiu a formação de um exército de trabalhadores dos Urais, desde que isso fosse feito em concordância com as autoridades civis do lugar.[14] Com o apoio de Stalin, Trotski obteve aprovação para que fossem criados outros exércitos similares.[15]

Também logrou convencer o Comitê Central de que os transportes do país precisavam do mesmo tipo de controle político instaurado no Exército Vermelho — e aceitou um papel ativo em sua implementação. A reforma foi iniciada em 1919. Mais uma vez, Lenin cedeu, e as linhas ferroviárias e vias navegáveis foram submetidas a uma disciplina de estilo militar; contudo, ele viu isso como uma medida temporária e não compartilhou a confiança de Trotski no novo órgão, a Glavpolitput, como uma seção permanente do edifício institucional soviético.[16] O que voltou a unir Lenin e Trotski foram os ataques que eles sofreram no IX Congresso do Partido, em abril de 1920. Os críticos os acusaram de inclinações indevidamente autoritárias. Trotski, fugindo à regra, viu que estava ficando politicamente isolado e abriu mão de algumas de suas próprias sugestões mais centralizadoras, a fim de consolidar uma aliança com Lenin.[17] Juntos, os dois defenderam a ideia da liderança de uma pessoa só nos órgãos de governo e da necessidade de redigir um "plano econômico geral do Estado". Isso levou a algumas provocações. Alguém perguntou o que aconteceria com Trotski se Lenin assumisse sozinho a liderança do Sovnarkom.[18] Trotski se absteve de reagir à piada: não se importava com o fato de ser ligeiramente autodepreciativo, mas não gostava de ser alvo de ridicularização por parte de outras pessoas — e ele mesmo fazia troça dos camaradas do Comitê Central que obstruíam a aprovação de suas ideias.[19]

Afora isso, o congresso do partido correu bastante bem para ele, que retornou satisfeito a seus deveres no Comissariado do Povo para Assuntos Militares. Os perigos para a segurança soviética ainda não tinham sido superados e, na primavera de 1920, era forte a possibilidade de uma guerra aberta com a Polônia.[20] Os tratados de Versalhes, Saint-Germain e Trianon versavam sobre a Europa central e do centro-leste, mas ainda não havia um acordo de paz mais para o leste. Brest-Litovsk tinha levado à formação de diversos Estados nas terras do antigo Império Russo. A Polônia, a Lituânia, a Letônia e a Estônia vinham se estabilizando aos poucos como Estados independentes, depois da retirada das forças alemãs do leste. No fim de 1919, havia repúblicas soviéticas na Rússia, Ucrânia e Bielo-Rússia. Elas gozavam formalmente de soberania estatal, mas na realidade o controle supremo era exercido em Moscou. Toda a região era agitada por demandas territoriais rivais e pela eclosão de conflitos. A grande questão era a demarcação da fronteira ocidental da "Sovdepia", como os estrangeiros costumavam chamar as terras governadas pelos comunistas russos. Varsóvia vivia num temor constante do que a Rússia tencionasse fazer, tão logo o Exército Vermelho se liberasse dos encargos da guerra civil.

As autoridades polonesas tinham suas próprias pretensões, além do território que governavam. Em abril de 1919, expulsaram os Vermelhos de Vilna, a capital da República Soviética da Lituânia e Bielo-Rússia.

356   Parte III: 1920–1928

Jósef Pilsudski, comandante do Exército, planejou então uma campanha militar para derrubar o governo soviético de Kiev e estabelecer uma união federativa entre a Polônia e a Ucrânia.[21] No passado distante, os poloneses tinham governado as províncias ucranianas, e uma minoria substancial da Ucrânia habitava a região sudeste do Estado polonês contemporâneo. Pilsudski calculou que a conquista da Ucrânia, cuja agricultura e indústria tinham sido prósperas antes de 1914, proporcionaria a Varsóvia um posto avançado de defesa contra a invasão pela Rússia soviética. Além disso, a Rússia seria novamente despojada de terras, habitantes e recursos econômicos no Ocidente, como nos termos do Tratado de Brest-Litovsk. Nem a opinião pública ucraniana nem o gabinete polonês deveriam ser consultados. Pilsudski almejava apresentar-lhes um fato consumado. Em poucos dias, chegou à região central da Ucrânia. Em 7 de maio, suas tropas tomaram Kiev. O avanço foi tão rápido que elas surpreenderam soldados soviéticos parados em pontos de ônibus.

O Exército Vermelho foi mobilizado para mais uma campanha no interior da Ucrânia. Trotski escrevera em tom cauteloso aos comitês partidários de Moscou e Petrogrado, prevendo que qualquer guerra com a Polônia seria "pesada e prolongada", e que ninguém deveria esperar uma vitória rápida.[22] Compartilhou suas ideias com o Comitê Executivo Central de Toda a Rússia do Congresso de Sovietes, em 5 de maio, afirmando que os bolcheviques sempre haviam tentado manter a paz entre a Rússia e a Polônia.[23] A invasão da Ucrânia por Pilsudski tinha sido uma reação brutal a isso. O Exército Vermelho contra-atacaria, mas não devia haver ilusões quanto às dificuldades que o futuro reservava. Trotski estava convencido de que os operários poloneses não aprovavam a agressão de Pilsudski, mas achava que a situação era diferente entre os camponeses da Polônia, cujos "preconceitos nacionalistas" lhe conferiam uma nítida vantagem. O ódio aos russos era profundo. Os fomentadores poloneses da guerra, presumiu Trotski, poderiam contar com o apoio prático da França e do Reino Unido.

Ele enfatizou que a própria Rússia soviética poderia contar com um apoio adicional. O veterano general antibolchevique Alexei Brusilov tinha oferecido seus serviços contra a Polônia. Os Vermelhos aceitaram avidamente a oferta de sua tarimba e competência. Trotski negou que isso significasse que o partido bolchevique havia adotado uma estratégia de "paz civil" na Rússia. Tsaristas veteranos, como Brusilov, continuavam a ser suspeitos e teriam que trabalhar em completa subordinação ao "proletariado". De qualquer modo, a situação de Pilsudski era mais fraca do que parecia. A situação polonesa fazia lembrar a da Rússia sob Kerenski. Trotski afirmou que as elites de Varsóvia achavam-se tão divididas em seus objetivos quanto as de Petrogrado antes de outubro de 1917.[24] Concluiu seu discurso com uma declaração inspiradora: "A luta será terrível. Mas, se vocês me perguntarem sobre as probabilidades nesta luta, eu lhes direi que nunca senti tanta confiança em que emergiremos vitoriosos, esmagando completamente o inimigo, como neste caso."[25] Trotski recusou-se a fingir que a campanha seria outra coisa senão árdua, mas, tal como Churchill em 1940, deixou sua plateia com uma mensagem animadora de otimismo. Ninguém mais no Politburo seria capaz de realizar essa proeza com tamanho brilhantismo.

Em 10 de maio de 1920, ele fez um discurso proclamando uma guerra de classes: "A Rússia soviética lhes mostrará um novo tipo de guerra: lutaremos para que o topete dos latifundiários poloneses estremeça por toda a Polônia, por toda a Europa, pelo mundo inteiro [aplausos ruidosos] [...] Declaramos aos operários e camponeses da Polônia: a luta que estamos travando não é contra vocês, amigos e irmãos, mas em prol da causa da nossa e da sua liberdade, contra os nossos e os seus inimigos, contra a opressão, contra os agressores magnatas."[26] Na preparação da campanha contra os Brancos, Trotski solicitou a impressão rápida de decretos destinados a apelar para o "povo trabalhador". A reforma agrária soviética deveria ser divulgada para toda a população que vivia no território a oeste da Rússia soviética.[27]

Ainda na primeira semana de junho de 1920, não havia sinal de que Trotski pensasse seriamente em levar a guerra para o oeste do antigo Império Russo. E também não era favorável à ação militar no leste. Percebia que uma tomada do poder em estilo soviético, em qualquer dos países asiáticos, complicaria a situação geopolítica da Rússia — os britânicos não ficariam assistindo a isso sentados. Até o Azerbaijão, recém-derrotado pelo Exército Vermelho, vinha criando problemas para Moscou. Seria preciso evitar novas expedições militares, exceto como

358 Parte III: 1920–1928

um ataque simulado, com o intuito de exercer pressão nas negociações com o Reino Unido.[28]

No dia 10 de junho, os Vermelhos conseguiram reocupar Kiev e as forças de Pilsudski foram obrigadas a bater em retirada. Surgiu a questão do que os bolcheviques deveriam fazer em seguida, e Trotski teria sido contrário à ideia de mover uma guerra ofensiva contra a Polônia.[29] Com certeza teve receios, que parecem ter sido de natureza mais militar que política. Sabia o quanto seu Exército Vermelho estava cansado; duvidava que ele dispusesse de energia e de recursos materiais para uma invasão. Stalin, temeroso de que Wrangel, na Crimeia, pudesse explorar a situação estratégica, adotou a mesma postura. Outros bolcheviques ilustres foram ainda mais diretos em sua oposição à invasão da Polônia. Radek foi marcantemente cético quanto à possibilidade de que os trabalhadores poloneses resistissem aos apelos patrióticos. Mas Lenin insistiu em pressionar a fronteira polonesa e tentar tomar Varsóvia, e, depois que ele chegou a essa decisão, Trotski mostrou-se igualmente determinado a levá-la a cabo. Os escritos e discursos dos líderes partidários pouco disseram, nessa época, sobre suas suposições quanto ao verdadeiro objetivo da campanha. Os bolcheviques não alardearam o projeto de abrir caminho por Varsóvia para chegar a Berlim. Nem uma única vez seus líderes admitiram publicamente a meta de "sovietização" da Europa central; compreenderam que essa notícia não seria propriamente atraente para milhões de poloneses.

O Ministério do Exterior britânico buscou fazer a mediação entre a Rússia e a Polônia. O ministro do Exterior, lorde Curzon, tinha a evidente expectativa de que o colapso polonês continuasse e queria deter o avanço do Exército Vermelho. Numa reunião em 17 de julho, o Comitê Central dos bolcheviques rejeitou as iniciativas de paz. Trotski foi solicitado a redigir uma proclamação para uma campanha demorada.[30] No II Congresso da Komintern, iniciado em 19 de julho em Petrogrado, o clima ficou exultante, quando Zinoviev e Lenin explicaram que os assuntos mundiais estavam girando em torno de um novo eixo. Pendurou-se um mapa na parede, com bandeiras indicando as linhas do avanço do Exército Vermelho. As responsabilidades militares de Trotski não o impediram de fazer uma breve aparição. Ele conclamou o estabelecimento de partidos comunistas em toda parte; anunciou que o governo polonês de Ignacy Paderewski estava pleiteando a paz.[31] O congresso introduziu regras que estipularam que todos os partidos membros deveriam conformar-se aos mesmos princípios organizacionais do Partido Comunista Russo. Já então, Trotski seguira célere de trem para estar perto dos combates. Em 23 de julho, a frente ocidental recebeu ordens de Mikhail Tukhachevski, seu comandante, para atravessar o rio Bug e buscar a derrota total das forças armadas polonesas. A liderança partidária bolchevique criou um Comitê Revolucionário Provisório da Polônia que redigiu decretos sobre a terra, a indústria e a segurança, com vistas a se estabelecer em Varsóvia. Entre seus integrantes estavam Felix Dzerjinski e Jósef Unszlicht, dirigentes da Cheka.

Lenin instigou comandantes e comissários a fomentarem uma insurreição dos operários e camponeses poloneses, letões e estonianos. Era isso que pretendia dizer com "guerra revolucionária". Rabiscou o seguinte bilhete para Sklyanski numa sessão de planejamento: "Tome providências militares, isto é, procure castigar a Letônia e a Estônia *militarmente*, por exemplo, [...] atravessando a fronteira em algum ponto, avançando por [cerca de 1 quilômetro] e enforcando uns cem a mil de seus burocratas e ricos."[32] Exortou o Comitê Revolucionário polonês a encorajar os camponeses da Polônia, ávidos de terras, a se apossarem das propriedades rurais ou de parte delas, pelo menos, à medida que os Vermelhos avançassem.[33] Os "latifundiários e *kulaks*" tinham de ser implacavelmente esmagados, e Lenin perguntou em tom peremptório a seus comissários por que não vinham levantando os camponeses contra eles.[34] Acossou constantemente o Exército Vermelho: "Se o ministério militar ou o comandante supremo *não se recusarem* a tomar Varsóvia, ela *deve ser* tomada." Não admitiu que se falasse em trégua, declarando que tais ideias eram mera "idiotice".[35]

Trotski e Stalin foram quase os únicos a não receber dele mensagens extremadas, pois Lenin sabia que os dois sempre arrancavam o máximo esforço do Exército Vermelho. Os grandes prêmios representados por Varsóvia e Berlim reluziam mais adiante, e o clima de otimismo na liderança central do partido era quase quiliástico. A Europa central estava prestes a se tornar comunista. O II Congresso da Komintern foi animado pelo

360 Parte III: 1920–1928

entusiasmo e mandou dezenas de representantes estrangeiros de volta a seus países para promoverem agitações políticas e criarem problemas para seus governos. A Itália e a Tchecoslováquia poderiam ser as nações seguintes a passar pela revolução.

Enquanto prosseguia o avanço do Exército Vermelho, Trotski deixou claro que queria buscar o tipo de "guerra revolucionária" que ele e outros bolcheviques haviam desejado travar em 1918, antes de assinarem o Tratado de Brest-Litovsk. As medidas convencionais de conquista territorial deveriam ser apenas parte de sua estratégia. Os Vermelhos também planejavam promover o apoio entre operários, soldados e camponeses. Esperavam fazê-lo primeiro na Polônia, depois na Alemanha. Ao contrário de invasores russos anteriores, tinham a expectativa de ser calorosamente recebidos em seu avanço. Os artigos e discursos de Trotski repisaram uma cantilena contra os padres e os senhores de terras poloneses. Ele conclamou "as massas" a se erguerem contra seus opressores nacionais. Passou uma descompostura no governo polonês e seu comando militar, como sendo nada mais que o obediente contingente avançado das grandes potências capitalistas do mundo. Viu as mãos de Paris e Londres por trás de todos os movimentos de Pilsudski. Ele julgava sinceramente que a Europa era um barril de pólvora de revoluções. Bastaria o Exército Vermelho jogar-lhe um fósforo aceso para que o continente inteiro ficasse em chamas. Esse continuou a ser o seu modo de pensar durante a vida inteira — ele chegou até a crer que os camponeses da Finlândia, em 1940, acolheriam de braços abertos as forças armadas de Stalin como seus libertadores.[36]

Os governos e meios de comunicação europeus reconheceram que, se a Polônia sucumbisse ao Exército Vermelho, os tratados assinados na Conferência de Paz de Paris nos doze meses anteriores ficariam em frangalhos. Essa não seria uma simples campanha de conquista. Lenin queria que os comunistas alemães, que continuavam a ser uma presença fraca nas questões públicas, se aliassem à extrema direita política. As unidades do Freikorps comandadas por Wolfgang Kapp haviam tentado tomar o poder em Berlim em março. A ideia de Lenin, agora, era reunir todos os grupos contrários a Versalhes numa coalizão irresistível, para libertar a Alemanha da subjugação. Posteriormente, ele supunha, as forças da ex-

Paz e guerra

trema esquerda e da extrema direita teriam que travar uma disputa entre si,[37] mas o Exército Vermelho, havendo atravessado as terras polonesas, se colocaria à disposição da liderança comunista alemã. A "sovietização" se implantaria em bases sistemáticas. A guerra entre a Rússia soviética e a Polônia, em 1920, seria uma luta a respeito do tipo de ordem e ideologia estatais que deveria prevalecer na Europa central e ocidental.

Os Vermelhos começaram como tencionavam prosseguir. Ao tomar Bialistok, o Comitê Revolucionário polonês nacionalizou oito fábricas. O rublo soviético foi introduzido como a moeda local. Os bancos foram inspecionados, com vistas a uma futura expropriação. Deu-se prioridade aos trabalhadores na distribuição de gêneros alimentícios.[38] Trotski estava atarefado demais para se envolver no governo civil e deixou essas tarefas por conta de Dzerjinski e Julian Marchlewski, do Comitê Revolucionário polonês. Continuou a afirmar que a campanha militar era "uma guerra que nos foi imposta à força".[39] Na melhor das hipóteses, isso era um quarto da verdade. Pilsudski certamente invadira a Ucrânia, mas, quando começara a recuar, os Vermelhos haviam ignorado os pedidos de armistício.

O Exército Vermelho entrou na Polônia com dois grupos simultâneos, e o supremo comandante em chefe, Sergei Kamenev, manteve-se em estreito contato com Trotski. No norte, apontando suas forças diretamente para Varsóvia, estava Mikhail Tukhachevski; no sul, Alexander Yegorov, que vinha fazendo uma investida em direção a Lvov. A estratégia foi sendo revista à medida que chegavam os relatórios de Tukhachevski e Yegorov sobre avanços céleres. A subitaneidade do sucesso militar dos Vermelhos significou que não existia nenhum plano geral. Trotski teve de se comunicar regularmente com Moscou para finalizar um conjunto de disposições sobre a derrota de Pilsudski. Yegorov recebeu ordem de interromper a marcha para o oeste e avançar em direção ao nordeste, para se unir a Tukhachevski. Mas Stalin estava à testa do Conselho Militar Revolucionário, no setor militar sul. Fazia muito que ele era conhecido por ignorar ordens vindas do Politburo e do comando supremo, e, à medida que os exércitos de Yegorov avançaram para Lvov, um panorama de glória militar descortinou-se diante dele e de Stalin. Depois de Lvov, eles bem poderiam conseguir continuar a campanha e invadir a Tchecoslováquia e a Hungria. De qualquer modo, era duvidoso que Yegorov pudesse chegar ao norte a tempo da projetada ofensiva de Tukhachevski.[40]

Trotski exigiu adesão à estratégia do comando supremo. Pilsudski havia reagrupado suas forças do outro lado do rio Vístula, em frente a Varsóvia. Os poloneses lutavam pela independência nacional e pela fé religiosa. Para quase todos eles, os Vermelhos eram simplesmente o inimigo tradicional, vestindo uniformes revolucionários. Pilsudski dispôs suas tropas de um modo que estava bem longe de ser brilhante. Mas os soldados vermelhos, esgotados pela campanha e enfrentando a escassez de suprimentos básicos, não puderam dar o melhor de si. A batalha iniciou--se em 13 de agosto. Passaram-se dias, enquanto os embates militares iam esgotando os recursos de ambos os lados. Em 25 de agosto, ficou claro que os Vermelhos tinham sido derrotados. Houve uma retirada em marcha forçada. Os poloneses exultaram: tinham conseguido salvar-se e salvar o resto da Europa central de Lenin, Trotski e a "sovietização".

29. Voltando da beira do abismo

A IX Conferência do Partido realizou-se em Moscou, menos de um mês depois do desastre na Polônia. Lenin e Trotski concordaram que outra pessoa deveria levar a culpa. A desobediência de Stalin proporcionou essa oportunidade. Em repetidas ocasiões, Lenin tinha protegido Stalin da ira de Trotski durante a guerra civil. Ele mesmo havia cometido um grave erro ao insistir na invasão da Polônia. Escolheu Stalin como um bode expiatório conveniente.

Lenin confessou que o Politburo cometera um erro de cálculo ao rejeitar a proposta de paz de lorde Curzon e ao presumir que a "sovietização" da Polônia e da Alemanha seria fácil de realizar. A onda de patriotismo polonesa tinha sido uma surpresa.[1] Trotski adotou uma linha um pouco diferente, sugerindo que o Politburo tivera o dever de verificar se a revolução socialista europeia poderia ser consumada:

Por que não entramos em Varsóvia? Porque a iniciativa, camaradas, não era tão simples. Agimos daquela maneira pela razão contida no relatório do camarada Lenin. Era uma razão bastante séria, e agora, olhando para trás e avaliando se foi um erro, é possível respondermos sob a forma de uma pergunta: porventura os Dias de Julho [de 1917] ou a Revolução de 1905 foram erros, ou será que não? O que estava em jogo era uma grande tentativa de sondar o inimigo. Ninguém seria capaz de indicar de antemão em que ponto essa tentativa deveria ser suspensa, e é possível dizer que esta experiência serve de base para uma experiência mais feliz.[2]

Trotski sustentou com firmeza a correção da decisão de invadir. Fervilhando de crônica irritação, desferiu um ataque pessoal: "O que tenho a dizer é que o camarada Stalin solapou a mim e ao Comitê Central."[3] Lenin tomou o partido de Trotski, e Stalin sentiu-se tão humilhado que exigiu o direito de resposta no dia seguinte, quando assinalou que havia manifestado dúvidas sobre a campanha antes mesmo de ela começar.[4]

O Politburo demonstrou cautela em relação aos poloneses, enquanto as forças armadas soviéticas avançavam na direção sul para a frente de Wrangel. Lenin julgou que o risco não seria exagerado; soubera por Adolf Ioffe, que havia conduzido conversações de paz com diplomatas poloneses em Riga, que Varsóvia temia a retomada das hostilidades mais ainda que Moscou. Sentiu-se à vontade para dizer a Trotski que se concentrasse em destruir o último Exército Branco da Crimeia.[5] Iniciaram-se negociações com os Estados bálticos. Assegurou-se à Estônia, à Letônia e à Lituânia que o Kremlin não tencionava ameaçar sua independência. Mas a chave da segurança internacional dos soviéticos estava em chegar a um acordo com o Reino Unido. Os líderes bolcheviques tinham certeza de que os britânicos e os franceses haviam instigado a invasão polonesa da Ucrânia, mas percebiam que a Rússia soviética precisava de ajuda em sua recuperação econômica. Lenin e Trotski promoveram as vantagens que haveria para os países ocidentais em recuperar o acesso aos recursos naturais da Rússia. O Politburo, por sua vez, esperava comprar equipamentos industriais e atualizar sua tecnologia. Kamenev foi enviado a Londres para buscar um tratado comercial. A batalha do Vístula tinha sido uma derrota fragorosa; o Politburo precisava encontrar um modo de garantir que o país tivesse espaço para respirar.

Havia uma hostilidade geral, embora as críticas a Trotski tivessem sido silenciadas na conferência. A Glavpolitput aborrecia os veteranos bolcheviques, por manter o partido e o governo fora das discussões sobre os meios de transporte. A defesa trotskiana de uma disciplina marcial na administração das ferrovias ressuscitou os resmungos de que ele estaria se preparando para ser um ditador militar. Enquanto contou com o apoio de Lenin, Trotski se dispôs a desconsiderar o que diziam. Mas, quando transpiraram comentários negativos no Comitê Central, ele perdeu a estribeira e, em 29 de setembro de 1920, entregou um pedido

Voltando da beira do abismo

de demissão de seus deveres na área de transportes. O Comitê Central rejeitou o pedido, prometendo garantir que aquela desaprovação não se repetisse.[6] Stalin, ofendido com as acusações feitas durante a Conferência do Partido, estava ausente, e seu pedido para deixar o Conselho Militar Revolucionário da República tinha sido sancionado pelo Politburo no começo do mês.[7] Agora, era Trotski que ameaçava se retirar.[8] Num momento em que já havia um membro do Politburo aborrecido, Lenin não podia se dar ao luxo de ver um segundo integrante retirar-se para o isolamento. Ninguém tinha dúvida de que Trotski estava sobrecarregado de cargos e deveres. Mais ainda, havia passado dois anos praticamente morando num trem, e entendia mais de transporte do que qualquer outra pessoa na Rússia. Era valioso demais para se permitir que se demitisse.[9]

Infelizmente para Lenin, Trotski não se havia esquecido de sua ideia de que todos os sindicatos fossem transformados em organizações estatais. Voltou ao assunto na reunião do Comitê Central de 8 de novembro, declarando que toda a Revolução permaneceria ameaçada enquanto os sindicatos não fossem despojados de seus direitos e funções vigentes. Sua colocação foi ridiculamente exagerada. Os operários vinham confrontando o regime, com ou sem sindicatos, e o movimento grevista vinha se espalhando de uma cidade para outra. A exigência trotskiana de militarizar o trabalho e estatizar os sindicatos era uma provocação desnecessária naquele momento.[10]

Lenin e Trotski entraram em choque no Comitê Central, quando falharam as tentativas de formular uma solução de compromisso. Trotski portou-se como Lenin na disputa de Brest-Litovsk. Em vez de aceitar uma decisão do Comitê Central, atacou-a abertamente. Como assinalou, esse era um direito seu como membro do partido. Diferentemente de Lenin, ele não demonstrou qualquer duplicidade ao se explicar. Sua exposição foi esquemática e ele jogou bruscamente de lado certos objetivos, como a "atividade proletária autônoma". Segundo Trotski, o dever dos trabalhadores era fazer o que lhes ordenavam. Enquanto Lenin tinha a esperança de controlar os sindicatos de forma sub-reptícia, Trotski queria fazê-lo ao som de sinos e apitos. A Revolução de Outubro havia instaurado um Estado dos trabalhadores. As políticas do Sovnarkom favoreciam os interesses do proletariado. Os sindicatos defendiam apenas algumas partes

366 Parte III: 1920-1928

da classe trabalhadora; era o governo, não os sindicatos, que protegia a classe como um todo. Nessas condições, fazia sentido implementar a "estatização" do movimento trabalhista. Caso contrário, os sindicatos continuariam a apoiar as queixas dos trabalhadores em condições de colapso econômico. A produção industrial sairia prejudicada. O conflito nos locais de trabalho aumentaria e a recuperação das fábricas e minas sofreria adiamentos infindáveis.[11]

Realizaram-se grandes reuniões de membros do partido bolchevique. O resultado foi o inevitável: Trotski o cindiu em facções. Certamente estava se comprazendo, mas a tentação da oratória e o raciocínio esquemático atrapalharam seu senso de tática política. No dia 9 de dezembro de 1920, ele pediu ao Comitê Central que o liberasse de seu cargo no Comissariado do Povo para Meios de Comunicação, o qual vinha ocupando desde março. O pedido foi pretensamente feito por ele estar sobrecarregado no Comissariado do Povo para Assuntos Militares. Mas a verdadeira razão foi que ele queria se engajar livremente na controvérsia sobre os sindicatos.[12] O Comitê Central convocou um congresso partidário para fevereiro de 1921. Quinze dias depois, com a controvérsia a envolvê-los, os membros adiaram o congresso para março. Anunciou-se uma discussão franca sobre os sindicatos.[13]

Trotski gostava demais de uma disputa para se preocupar com as consequências. Quando não estava num trem, fazia discursos inflamados. Bukharin formou um grupo neutro, na tentativa de moderar o desvario faccional. O único resultado disso foi irritar Lenin e Trotski. Alexander Shlyapnikov e a Oposição Trabalhista mergulharam na controvérsia; opuseram-se a Lenin e Bukharin, reservando suas críticas mais severas para Trotski. Os centralistas democráticos entraram na dança. Somente os trotskistas e os integrantes da Oposição Trabalhista achavam que a política sindical era a questão suprema na agenda partidária. Mas Trotski havia conseguido os debates que queria. Os bolcheviques mergulharam num poço de faccionalismo, justamente na época em que o Politburo era convocado a lidar com motins, greves e rebeliões rurais. Os membros do partido que rejeitaram o "debate" como uma distração, inclusive Lenin, ficaram pregando no deserto. Lenin havia criticado Stalin depois da guerra polonesa. Agora foi a vez de Trotski sentir a força de suas invectivas.

O único consolo de Lenin foi que Stalin voltou a ser cooperativo, e foi ele quem organizou a facção leninista ao longo da disputa sobre os sindicatos.

Embora Trotski contribuísse para a discussão de outros assuntos, não o fazia com assiduidade. O reexame da política agrária do partido estava em andamento e, em dezembro, no VIII Congresso de Sovietes, Lenin retomou a sugestão abortiva que Trotski tinha feito em fevereiro, e propôs oferecer recompensas materiais aos camponeses mais abastados que aumentassem sua produção — e os delegados o criticaram asperamente.[14] Trotski poderia ser perdoado por exultar com isso, mas estava imerso demais na controvérsia sobre os sindicatos. Entrementes, agravou-se a crise do abastecimento de gêneros alimentícios. Era preciso tomar alguma providência drástica para prevenir a fome nas cidades. Piores ainda, para o governo soviético, eram as revoltas rurais que se intensificavam. Camponeses da Ucrânia, dos Urais e da região do Volga rebelaram-se contra os bolcheviques e, no início de 1921, o Politburo soube que praticamente uma província inteira — Tambov, às margens do Volga — se inflamara numa insurreição.

No dia 2 de fevereiro, Lenin voltou à questão agrária no Politburo. Quatro dias antes, Trotski fora despachado para inspecionar as condições da indústria nos Urais; ele e seu companheiro Zinoviev foram rigorosamente proibidos de contribuir para a disputa dos sindicatos enquanto estivessem viajando.[15] A situação econômica exigia união e uma ação resoluta, e Lenin repreendeu o Comissariado do Povo para Abastecimento de Víveres por haver prejudicado as relações com os camponeses. Bukharin ficou do seu lado. Seus argumentos foram eficazes e a assistência aos camponeses tornou-se prioridade consensual, e Kamenev e Yevgeni Preobrajenski foram solicitados a preparar um projeto de novas medidas. Os membros ausentes, inclusive Trotski, deveriam ser consultados por telefone.[16] A liderança foi puxada de um lado para outro nos dias que se seguiram. Em 8 de fevereiro, quando o Politburo tornou a se reunir, Bukharin viu-se preso em outro lugar e Trotski e Zinoviev ainda não haviam regressado dos Urais.[17] Ouvindo um relatório do Comissariado do Povo para Agricultura, Lenin rabiscou um "projeto preliminar de teses referentes aos camponeses".[18] O sistema de requisição compulsória de cereais deveria ser substituído por um tributo pago em mercadorias. Os

368   Parte III: 1920-1928

camponeses deveriam ficar com um excedente que, se assim quisessem,
poderiam vender particularmente. Essa se tornou a base da Nova Política Econômica (ou NPE), e o Politburo formou um grupo de trabalho,
chefiado por Kamenev, para elaborar os detalhes.[19] Quanto à necessidade
dessa reforma, havia unanimidade entre os membros presentes e ausentes.

Trotski e Zinoviev voltaram a tempo de participar do exame do projeto de Kamenev pelo Politburo, em 18 de fevereiro.[20] Seria produzido
um manifesto sobre as mudanças profundas que estavam em vias de ser
feitas na política estatal. Trotski não foi exatamente marginalizado nesse
processo, mas não foi solicitado a usar seus talentos de redação ou de fala,
o que foi inusitado por si só. De modo geral, o Politburo vinha desrespei-
tando as medidas econômicas vigentes desde o início da guerra civil, ou
até antes. Seria preciso obter a sanção do X Congresso do Partido que se
aproximava. Depois, seria preciso concluir um programa legislativo, e a
imprensa teria de informar o país.

Uma semana depois, Trotski assinalou como era estranho que Lenin, o
arquiteto da NPE, o houvesse censurado como adepto do livre comércio e
como utopista em 1920.[21] Pisou em terreno mais instável ao dizer a outras
pessoas, em caráter particular, que o Politburo só estava fazendo aquilo
em que ele mesmo havia insistido, doze meses antes. A NPE ia muito além
da proposta anterior de Trotski, pondo fim ao Comunismo de Guerra, em
vez de tentar consertá-lo e aprimorá-lo. Talvez Trotski estivesse tentando
animar-se. No fim de fevereiro de 1921, ficou óbvio que suas ideias sobre
os sindicatos não conquistariam a maioria no congresso do partido. Ele
havia percorrido de fora a fora a Rússia europeia e partes da Ucrânia.
Preobrajenski, Serebryakov e Krestinski, seus adeptos, ocupavam a Secretaria. Ele havia exposto seus argumentos com desenvoltura e vigor.
Lenin permanecera em Moscou, contando com Zinoviev para pegar o
trem e expor a situação em seu nome. O *Pravda* reproduziu os diversos
argumentos das facções com imparcialidade suficiente para que o partido
tomasse sua decisão. Apesar das semanas de esforço intenso, Trotski perdeu. Havia passado todo esse tempo frisando que a situação econômica
estava péssima. Seu efeito foi retardar a concentração do partido numa
solução prática e, enquanto isso, o partido soviético passou a enfrentar
uma crescente ameaça política e social à sua existência.

Voltando da beira do abismo

A derrota de Trotski não garantiu momentos tranquilos para ninguém no X Congresso, que teve início em 8 de março. Nem de longe ficou claro como os bolcheviques reagiriam à NPE. O comércio internacional era outro tema difícil, pois Lenin queria que o congresso concordasse com concessões industriais a serem feitas a empresas privadas estrangeiras. Também haveria debates sobre a revolução internacional. A tarefa fundamental da Komintern era buscar oportunidades de converter a Europa e a América do Norte ao comunismo, e, depois da Guerra Polaco-Soviética, isso seria difícil, pois Lenin e Trotski queriam assinar tratados de comércio com o Reino Unido e outras grandes economias comerciais. Mais ainda, o partido precisava definir uma abordagem da questão nacional na situação do pós-guerra. Era necessária uma discussão sobre como lidar com os russos e os outros povos das repúblicas soviéticas. Apesar desse feixe de temas controvertidos, o congresso foi bastante calmo. A razão foi que os delegados haviam passado uma semana inteira enfrentando uma ameaça à ordem soviética. No dia 2 de março, após vários tremores preliminares, a guarnição naval de Kronstadt irrompera num motim aberto e prendera seus comissários políticos bolcheviques. Os marinheiros estavam exasperados com a recusa da liderança partidária a dar ouvidos a suas queixas. Detestavam o confisco de cereais e as unidades armadas que impediam as pessoas de levarem produtos agrícolas para as cidades, no intuito de praticarem um comércio ilegal. Objetavam a receber ordens de comissários nomeados. Estavam insatisfeitos com a pobreza e a doença que se espalhavam por toda a Rússia e Ucrânia. Detestavam ser dirigidos por um partido único e reivindicavam um sistema político eleitoral. Se a liderança central do partido atendesse a essas demandas, estaria efetivamente derrubando sua própria ditadura. Mas, quando algumas autoridades receberam ordens de fazer a travessia do golfo da Finlândia para acalmar os marinheiros, estes as prenderam e criaram um comitê revolucionário.

Trotski envolveu-se profundamente nas deliberações em Moscou. Na condição de comissário do povo para Assuntos Militares, também se mantinha em contato regular com o comando da Frota do Báltico. Com base na experiência prévia, tinha certeza de que o centro de qualquer complô se encontraria no exterior.[22] Não diferia de outros líderes bolcheviques ao fazer esse tipo de suposição.

No dia 5 de março, liberado da disputa sobre os sindicatos, Trotski disse à liderança do partido comunista que negligenciar Kronstadt poderia custar-lhe caro. Ainda não havia um plano para lidar com o motim nem uma infiltração séria de agentes. Tornava-se necessária uma ação urgente.[23] Trotski instruiu Sergei Kamenev, comandante supremo do Exército Vermelho, a encarregar Tukhachevski de sufocar a revolta.[24] Cinco dias depois, continuava apreensivo; informou ao Comitê Central sobre seu temor de que a liderança houvesse negligenciado o perigo que vinha de Kronstadt. Desconheceu seu próprio papel no desvio da atenção do partido das rebeliões que se vinham incubando. Quando chegasse o degelo da primavera, alertou, o gelo do mar derreteria e os amotinados poderiam comunicar-se com estrangeiros que lhes dessem apoio. Havia necessidade de "medidas excepcionais".[25] Esse era o tipo de linguagem que ele havia usado na guerra civil. Tempos depois, conseguiu ocultar o que tinha dito e feito a respeito de Kronstadt. Não foi o único a agir assim: a liderança inteira fez correr uma cortina sobre as deliberações e as decisões tomadas. Mas Trotski encobriu mais que os outros. Foi o arquiteto da eliminação do motim e, posteriormente, quando começou a defender a necessidade da democracia, isso se tornou um embaraço.[26]

Ao falar com a imprensa estrangeira na ocasião, ele mentiu sobre os amotinados. Disse que não se tratava do mesmo efetivo naval que havia ajudado os bolcheviques a chegarem ao poder em 1917. Alegou que os marinheiros amotinados de 1921 eram elementos fortuitos, recrutas de última hora e movidos por um ressentimento permanente do socialismo. Mostrou-se decidido a desacreditá-los numa linguagem extremada. Sua admiradora norte-americana Louise Bryant revelou-se plenamente disposta a reproduzir as afirmações dele como a verdade absoluta.[27]

O X Congresso começou com Lenin entoando a ladainha dos erros cometidos na guerra com a Polônia e na política econômica de guerra. Ao mesmo tempo, ele condenou o motim de Kronstadt como uma "contrarrevolução pequeno-burguesa" mais perigosa que as ofensivas dos Exércitos Brancos. Assegurou ao congresso que as revoltas rurais seriam reprimidas com severidade. Insistiu em que o apelo da Oposição Trabalhista para que houvesse uma consulta aos operários e camponeses era "um desvio sindicalista ou semianarquista" do bolchevismo. Fez uma

Voltando da beira do abismo

defesa veemente da NPE. Também afirmou que a recuperação econômica exigia a aceitação de concessionários estrangeiros na indústria soviética, mesmo que isso significasse entregar-lhes toda a indústria petrolífera. Tudo que ele disse sobre esses temas poderia ter sido igualmente dito por Trotski. A controvérsia referente aos sindicatos foi apenas brevemente abordada e o relatório de Lenin recebeu a aprovação da maioria esmagadora. A meio caminho desses procedimentos, veio a convocação de que voluntários deixassem Moscou e rumassem para o norte, a fim de reforçarem o contingente que se preparava em Petrogrado para enfrentar os rebeldes de Kronstadt. Trotski, talvez com uma sensação de alívio, esteve ausente da maioria dos trâmites do congresso. E lá se foram pelo gelo Tukhachevski e o 7º Exército. Os líderes dos rebeldes foram presos e mandados para campos de trabalhos forçados, enquanto os marinheiros comuns foram deslocados para outras unidades navais. A resistência foi reprimida sem piedade. Trotski ficou satisfeito com o desempenho de Tukhachevski.

Quando a questão sindical foi levantada no congresso, no dia 14 de março, houve apenas debates superficiais. Os membros da Oposição Trabalhista e os centralistas democráticos fizeram manifestações inflamadas. Mas a sua era uma causa perdida, e eles sabiam disso. O sucesso da política de Lenin foi garantido antes mesmo que Trotski voltasse ao congresso. Este repetiu sua afirmação de que havia tentado introduzir a reforma econômica um ano antes e fora duramente rejeitado, apesar de sua presciência. Também criticou a moção do Comitê Central sobre os sindicatos por sua falta de fluência e objetou com raiva à acusação de Lenin de que ele estaria violando a disciplina partidária. Mas a briga esvaziou-se rapidamente. Havendo passado quatro meses insistindo em que somente suas propostas poderiam salvar a situação, ele ficou longe de fazer delas uma defesa vigorosa; consolou-se com a afirmação de que a resolução do congresso sobre os sindicatos não sobreviveria por um ano na prática.

Quando se fez a votação para o novo Comitê Central, Trotski ficou apenas em décimo lugar.[28] Zinoviev, seu principal antagonista em suas viagens, saiu-se ainda pior. Mas, *grosso modo*, Lenin e seu grupo triunfaram e reduziram o número dos que apoiavam Trotski na liderança central do partido. Pessoalmente, ele era intocável, mas não seus amigos. Yevgeni Preobrajenski, Leonid Serebryakov e Nikolai Krestinski perderam suas cadeiras no Comitê Central, no Orgburo e na Secretaria. Krestinski também foi afastado do Politburo. A retaliação contra Trotski poderia ter sido ainda mais severa, porém Lenin recomendou moderação. Assim, Khristian Rakovski e Karl Radek foram mantidos no Comitê Central. Havendo ajudado a envergonhar Stalin no ano anterior, nesse momento Trotski teve que deixá-lo voltar a ser favorecido. Mas, se isso o desconcertou, ainda que minimamente, ele disfarçou bem. Uma vez eleito o Comitê Central, o congresso passou prontamente à ratificação da política aprovada pelo Politburo para o comércio exterior. Nos minutos de encerramento, coube a Lenin condenar os integrantes da Oposição Trabalhista. Karl Radek, aliado de Trotski, expressou sua preocupação de que um dia essa intolerância pudesse voltar-se contra outros integrantes do partido.

Foi uma observação perspicaz, mas Trotski não deu sinal de compreendê-la. Estava com a cabeça noutro lugar. Havendo se acostumado ao poder e aos aplausos, ele fizera papel de bobo na questão dos sindicatos. Somente Kronstadt o salvara. Cabia a ele tornar a provar seu valor para o partido e para a Revolução de Outubro.

30. Disputas sobre a reforma

O X Congresso do Partido pareceu um hospital de quarentena em que apenas um pequeno número de doenças era tratável. Lenin havia introduzido procedimentos para minorar os males da economia e impedir o contágio da Oposição Trabalhista, e havia cauterizado as feridas da "discussão sindical". O motim de Kronstadt havia unido o congresso, mas logo se evidenciou que o tratamento médico de Lenin produzira uma cura incompleta.

Toda a NPE foi questionada, assim que se esmagou a rebelião de Kronstadt. Os líderes bolcheviques em Moscou e nas províncias fizeram um balanço do que tinha sido ratificado, e muitos ficaram insatisfeitos. A NPE era apenas uma das fontes de problemas. Houve também objeções ao projeto de atrair concessionárias estrangeiras. Ventilada no congresso, essa crítica foi crescendo. Menos controvertida foi a série de providências para assinar tratados comerciais com países estrangeiros. Kamenev aludiu a eles nas últimas horas do congresso, mas depositou habilmente sua ênfase no compromisso revolucionário num mundo de nações capitalistas; conseguiu até não mencionar que o Tratado de Comércio Anglo-Soviético estava marcado para ser assinado no próprio dia do encerramento do congresso — uma indicação de que, mesmo nesse caso, o Politburo se inquietava com a possível reação do partido. E havia ainda o ressentimento contínuo, por parte da Oposição Trabalhista e dos centralistas democráticos, com as restrições a sua possibilidade de buscar apoio para suas ideias. Para Lenin, a preocupação era que ele só havia conseguido pôr um esparadrapo na ferida das discordâncias estratégicas do partido.

Na ocasião, um de seus poucos consolos foi que ele e Trotski tinham a mesma opinião sobre essas questões. Outro foi que Trotski havia abandonado sua obsessão com os sindicatos. Não mudou de ideia sobre a política; para ele, os sindicatos nunca tinham sido o xis da questão, mas agora seu pensamento estava focalizado em como reerguer economicamente o país. Trotski continuava a acreditar que os sindicatos eram "uma instituição morta", que só faria criar empecilhos à recuperação, mas acabou reconhecendo que Lenin tivera razão ao lhe dizer que "As massas não tolerarão isso!". Mesmo assim, Trotski também insistiu em que sua proposta de mesclar os sindicatos com as estruturas de governo tinha se tornado realidade, meses depois da discussão.[1] Mas julgou uma perda de tempo declarar isso, a não ser quando provocado na correspondência particular. Seu silêncio em público não constituiu um fenômeno novo. Uma vez derrotado na controvérsia de Brest-Litovsk, em março de 1918, ele havia parado imediatamente de defender sua política de "nem guerra nem paz" — e, naquele caso, nunca havia afirmado, mais tarde, que Lenin estivera errado. Obviamente, a tempestade de sua lógica e suas invectivas sabia extinguir-se sozinha.

Um outro assunto aproximou Lenin e Trotski no fim do mês. Fazia algumas semanas que a liderança da Komintern vinha tramando uma tomada do poder pelos comunistas em Berlim. Era um projeto ousado, mas irrealista, e que, de qualquer modo, foi prejudicado por um planejamento e implementação precários. Zinoviev e Radek foram os principais iniciadores. Não houve consulta preliminar ao Politburo em Moscou. Nem mesmo Lenin ou Trotski foram informados. Zinoviev e Radek foram em frente, despachando Béla Kun em nome da Komintern para estabelecer a ligação com o Partido Comunista da Alemanha. Com sua personalidade forte e as ordens de Moscou, Kun passou por cima das sensatas objeções de Paul Levi e procurou os camaradas da liderança que estavam ansiosos para tentar um *putsch*, quaisquer que fossem as chances de êxito. O governo alemão mobilizou o exército contra os grevistas. Os insurgentes comunistas foram numericamente superados. Em 31 de março, a liderança central alemã teve de admitir a derrota e suspender a revolta.

Disputas sobre a reforma 375

A chamada Ação de Março foi um desastre. Trotski e Lenin ficaram furiosos com a incompetência dos instigadores soviéticos e de seus cúmplices alemães. Houve trocas de palavras ásperas a portas fechadas. Trotski disse que a Ação envolvera um aventureirismo perigoso — e se aborreceu com Kun por espalhar a acusação de que ele havia discordado de Lenin quanto à insurreição de Berlim.[2] Zinoviev e Radek pioraram as coisas, ao procurarem uma solução de compromisso sobre medidas para lidar com as consequências para a Komintern. Segundo Trotski, isso só fez encorajar Kun em suas maquinações.[3] A verdade era que Zinoviev, Radek e Kun tinham organizado um desastre. Trotski afirmou que o "bloco" governante da Alemanha não estava em desordem na época e podia lidar facilmente com qualquer distúrbio. A economia alemã não vinha falhando. Muito pelo contrário, estava adquirindo "certo equilíbrio relativo". Os comunistas alemães tinham agido de forma inábil, formulando exigências desprovidas de clareza, que não chegavam a justificar uma tomada do poder, e ao mesmo tempo alertando "a contrarrevolução" para o que era iminente. O planejamento fora deplorável. Paul Levi e outras figuras proeminentes da ala direita do Partido Comunista da Alemanha haviam proferido uma crítica similar; seu único erro foi fazê-la em público. Tal como Lenin, Trotski era centralista e disciplinador, e aprovou que Levi fosse punido por insubordinação.

Trotski mostrou a Radek suas notas sobre a Ação, buscando comentários antes de fazer um discurso.[4] Esse não era seu procedimento habitual, mas Radek tinha sido seu aliado na maioria das controvérsias partidárias desde 1917, e Trotski ofereceu seu veredicto em palavras às quais tinha esperança de que o outro não objetasse. Queria evitar qualquer manifestação de cisão na liderança soviética. Também sabia que a segurança da Rússia soviética poderia ser prejudicada, se o papel dos comunistas russos em março de 1921 viesse ao conhecimento público. A culpa deveria ser exclusivamente imputada ao Partido Comunista da Alemanha. Lenin e Trotski trabalharam juntos para obrigar Zinoviev e Radek a cumprirem a orientação do Politburo.

Lenin também pôde contar com seu titular do Comissariado do Povo para Assuntos Militares para supervisionar o esmagamento da resistência ao comunismo na Rússia, na Ucrânia e na Sibéria. Os principais militantes do motim de Kronstadt foram fuzilados e o resto foi despachado para uma "colônia disciplinar" em Ukhta, no extremo norte da Rússia. Isso foi ordenado pelo Politburo, com a presença de Lenin e Trotski, em 27 de abril de 1921.[5] Em seguida, Trotski dedicou atenção pessoal à província de Tambov e seus camponeses rebeldes. Seu protegido militar, Mikhail Tukhachevski, foi destacado para lá no verão de 1921 — e se mostrou implacável nos métodos de terrorismo militar que usou contra os insurgentes.[6] A liderança central comunista pouco falou em público sobre a luta, e Trotski não levou seu famoso trem até o Volga para inspecionar as operações de Tukhachevski. Foi uma postura deliberada. Os líderes não queriam ser vistos tripudiando dos desejos do campesinato. O Politburo certamente queria obter a aquiescência popular para a NPE. Mas a prioridade era traumatizar as unidades familiares rurais para forçá-las à submissão. Enviaram-se destacamentos de cavalaria para impor um aumento das áreas cultivadas dos lavradores. A colaboração voluntária destes poderia vir depois.

Trotski concordava com Lenin quanto à necessidade de atrair capital do exterior, que era uma das preocupações deste último. Lenin queria abrir toda a bacia do Donets à exploração por concessionárias estrangeiras; sua ideia era que os empresários das potências econômicas avançadas restituíssem as minas e fazendas a seu pleno funcionamento. Trotski não hesitou em concordar. Achava "ridículas" as críticas a essas medidas e as atribuía ao "patriotismo" local.[7] Estava ansioso por obter a assistência alemã para reequipar e voltar a treinar o Exército Vermelho para qualquer guerra futura. O Tratado de Versalhes impunha restrições ao tamanho e à natureza das forças armadas alemãs. O governo alemão vinha procurando meios para contornar esse obstáculo, e a Rússia era uma parceira potencial óbvia. As discussões confidenciais entraram numa fase séria em abril de 1921. Viktor Kopp, o plenipotenciário soviético em Berlim, escreveu a Trotski para confirmar que grandes empresas, como a Krupp, a Albatrosswerk e a Blom & Voss, queriam envolver-se na recuperação da indústria russa de armamentos.[8] Trotski estava longe de achar que a única via para a recuperação e o desenvolvimento econômicos passava pela "revolução socialista europeia".

Disputas sobre a reforma

Muitos membros do partido, especialmente os de fora de Moscou, objetaram. A bacia do Donets sempre tivera uma grande produção de carvão, ferro e cereais; a outorga de concessões a empresas alemãs como a Krupp praticamente as transformaria em governantes conjuntos dos operários e de um grande número de camponeses da região (que não acolheriam de bom grado a perda das terras recebidas através do Decreto da Terra assinado por Lenin). Além disso, a indústria de extração e refino de petróleo era o único ramo industrial avançado do Azerbaijão. Se a Companhia de Petróleo dos Irmãos Nobel retornasse para Baku, retomaria um monopólio que havia mantido antes de 1917. Levantou-se a questão de saber se era para isso que os bolcheviques haviam travado a guerra civil.[9]

Lenin e Trotski se mantiveram firmes. Na tentativa de implementar a NPE, eles partilhavam a convicção de que a ajuda externa era um pré-requisito da regeneração econômica. Também concordavam quanto à necessidade de oferecer incentivos aos camponeses para comercializar seus excedentes agrícolas. Os produtos industrializados tinham que ser postos no mercado e, em 21 de março de 1921, Trotski escreveu a Alexander Tsyurupa, titular do Comissariado do Povo para Abastecimento de Víveres, dizendo que os camponeses tinham que ficar aptos a comprar equipamentos agrícolas. As fábricas soviéticas não podiam fornecê-los. Assim, as importações de tecnologia estrangeira eram cruciais.[10] Tsyurupa havia demorado a aceitar a ideia de abandonar a requisição forçada de cereais. Tecnicamente competente, ele seria um trunfo para o governo, desde que se pudesse desabituá-lo do Comunismo de Guerra. Muitos outros líderes, em Moscou e nas províncias, pensavam como ele. O fato de Trotski defender o fornecimento de ajuda aos mercados e aos camponeses não era de amplo conhecimento, pela simples razão de que seus artigos do *Pravda* diziam respeito a outros assuntos. Em geral, ele não era de fugir das controvérsias potenciais, mas deixou por conta de Lenin e Kamenev a defesa pública da nova política agrária; já havia muito que fazer no Comissariado do Povo para Assuntos Militares.

A outra razão da passividade foi seu estado precário de saúde. Todas as vezes que o dever militar ativo o chamara, ele se dispusera a escrever, discursar e viajar — e demorou alguns meses, depois da guerra da

378 Parte III: 1920-1928

Polônia, para adaptar seu estilo de vida aos tempos de paz. O tributo cobrado a sua saúde foi alto e vinha aumentando. Na primavera de 1921, ele estava esgotado. O professor Guetier, médico de várias famílias do Kremlin, ordenou-lhe repouso absoluto.

Trotski não foi o único a se licenciar para tratamento de saúde. Zinoviev sofreu dois infartos entre março e maio. Kamenev também teve um problema cardíaco, e uma apendicite derrubou Stalin. Fazia pouco que Bukharin havia retornado de sua convalescença.[11] Esses homens estavam no núcleo da liderança central do partido. Enquanto Lenin arcava com o ônus da supervisão estratégica geral, sua tarefa foi dificultada por eclosões de desunião. Mikhail Tomski, membro do Comitê Central, era responsável por coordenar a ligação do partido com os sindicatos. Estivera entre os principais associados de Lenin na disputa do inverno anterior. Seu problema era que Alexander Shlyapnikov e a Oposição Trabalhista tinham conservado seguidores no Sindicato dos Metalúrgicos. Tomski fizera pequenas concessões ao sindicato, a bem da colaboração. Havia agido sem consultar o Politburo, e Lenin tomou-se de uma raiva inflamada, a ponto de exigir que Tomski fosse expulso do Comitê Central como transgressor. Dzerjinski deu forte apoio a Lenin,[12] e o clima só desanuviou quando este se acalmou; mas ele tinha razão para achar que a liderança partidária tornara-se disfuncional. Era preciso restabelecer a disciplina e a coordenação, e as políticas gerais do partido tinham de ser confirmadas.

A oportunidade de lutar pela NPE e fazer um balanço da Ação de Março surgiu na X Conferência do Partido, em maio de 1921, mas Trotski ainda estava doente demais para comparecer. O acordo quanto à Ação de Março foi alcançado com facilidade; mais difícil foi obtê-lo para a reforma agrária. O constrangimento pelas concessões feitas aos camponeses foi amplamente sentido no partido. Muitos bolcheviques, livres para falar com franqueza a portas fechadas, deram vazão a suas frustrações. Expressaram seu ódio ao retorno do mercado aberto, das rendas da terra, das cooperativas e dos cúlaques.[13] Outros oradores fizeram uma crítica mais comedida. Entre eles estava Preobrajenski, que dera apoio a Trotski na recente "discussão sindical" e aceitou em linhas gerais a NPE, mas queria aumentar o componente do plane-

Disputas sobre a reforma

jamento econômico central.[14] Outro dos amigos políticos de Trotski, Yuri Larin, queixou-se da falta de atenção para com as necessidades da indústria pesada soviética.[15] A situação deu nos nervos de Lenin. Ele revelou como se tornara difícil dirigir o partido em Moscou, quando era deixado por conta própria e não podia confiar na fidelidade dos membros do Comitê Central às políticas oficiais.[16] Lenin nunca havia pedido piedade até então, mas tinha ficado desesperado. Seu apelo emocional foi sua última tentativa de fazer a conferência recobrar o bom senso. Ninguém mais, nem mesmo Trotski, teria conseguido isso. A conferência manifestou seu respeito por Lenin e seus instintos, ratificando tudo que ele pediu.

Foi ótimo para Lenin que Trotski não estivesse presente, pois as simpatias deste estavam do lado de Preobrajenski e Larin. Em princípio, Lenin e Trotski ansiavam por dirigir a economia de acordo com um plano estatal fixo. Mas o primeiro achava que ainda não haviam surgido condições para isso, enquanto o segundo não via razão para adiar a introdução de controles centrais de planejamento. Lenin resistia. No entanto, se Trotski estivesse bem de saúde, teria defendido suas ideias na conferência, e toda a esperança de conter as tensões no interior da liderança central do partido teria ficado em risco.

Depois de voltar da licença médica, Trotski apresentou um artigo ao Politburo no dia 8 de agosto. Acompanhou Lenin na defesa da extensão do setor privado da economia à indústria, além da agricultura e do comércio;[17] também pressionou pela ampliação do alcance da NPE. As empresas de pequeno porte poderiam atender mais depressa que as grandes fábricas às demandas dos camponeses. A maioria das empresas maiores havia suspendido a produção; nas fábricas e minas, a produção em 1921 foi apenas um sétimo do que tinha sido em 1913. Produtores individuais ativos eram vitais para tornar a pôr em movimento as engrenagens do intercâmbio econômico entre a cidade e o campo. Mas, por outro lado, Trotski divergia de Lenin. Em sua opinião, este havia abandonado depressa demais o compromisso com a criação de um "plano econômico" estatal. Trotski propôs reforçar os poderes do Conselho Supremo da Economia Popular. Também sugeriu que os especialistas da Comissão Estatal de Planejamento Econômico, em vez de fantasiarem projetos para um futuro distante, fornecessem ao Conselho Supremo uma estrutura detalhada para a regulação de toda a economia.[18] Via isso como a melhor maneira de acelerar a recuperação e o desenvolvimento adicional no pós-guerra.

Não estava pondo as necessidades sociais imediatas no topo de suas considerações, longe disso: em setembro, numa estada em Odessa, ele falou com rispidez sobre os alimentos e medicamentos oferecidos às crianças soviéticas da região do Volga por Herbert Hoover e pela Administração de Ajuda Humanitária Americana. Essa era uma instituição que tinha enviado suprimentos indispensáveis à Europa central a partir de 1919 e que, nesse momento, oferecia ajuda à Rússia soviética, num período de fome crescente na região do Volga. Embora concordasse com o Politburo em aceitar a oferta, Trotski denunciou Hoover como "nosso inimigo mais execrável" e frisou:

> Neste ponto, precisamos lembrar que nós não somos a Hungria. Não somos uma jovem república soviética. Fomos temperados na luta com a contrarrevolução. Temos nossos próprios órgãos especiais; temos a Cheka. A Cheka não é benquista, mas, afinal, não gostamos da contrarrevolução.[19]

Se algum membro da missão de Hoover resolvesse fazer qualquer outra coisa que não a distribuição de alimentos, as prisões da Rússia estariam prontas para acolhê-lo. Presumindo que os ocidentais não pudessem ouvi-lo, Trotski ofereceu a seguinte explicação da política econômica internacional soviética:

> Mas, do mesmo modo que [estamos lidando com a missão Hoover], na assinatura de acordos com governos burgueses sobre concessões destinadas a durar noventa anos, não oferecemos garantias de que a história não derrubará a burguesia antes dessa data. Não respondemos pela história: respondemos apenas por nós. Em tal contingência, é claro, teremos de rasgar os acordos de concessões, já que isso caracterizará um motivo de força maior.[20]

Disputas sobre a reforma

Trotski veio a reconhecer a necessidade de aplacar a opinião pública dos Estados Unidos, visto que o Sovnarkom tinha a esperança de fazer com que empresas estrangeiras, inclusive norte-americanas, procurassem obter concessões na Rússia e na Ucrânia. Estava entre os que não viam esperança de regeneração industrial sem a obtenção de capital e conhecimentos especializados no exterior. Seu discurso de Odessa revelou sua estratégia desejada, embora ele se mantivesse pragmaticamente calado. Apesar de não se incomodar com as censuras fulminantes de Trotski a Hoover, Lenin sentia-se perturbado pelo que ele continuava a dizer sobre o planejamento econômico estatal. Os dois líderes nunca haviam discutido em minúcias a NPE antes de introduzi-la. Havia falhas de argumentação dos dois lados. Lenin, ao falar da NPE como o veículo da "transição para o socialismo", não forneceu nenhuma explicação sistemática do mecanismo institucional que permitiria a ocorrência disso. Também faltava a Trotski uma lógica abrangente, visto que ele não esclareceu como os proprietários de pequenas oficinas, os quais era seu desejo incentivar, se beneficiariam da existência de uma Comissão Estatal de Planejamento. Lenin intuiu que, de repente, Trotski poderia dar início a mais uma controvérsia e rachar o partido. Ainda estava por se convencer de que podia confiar nele novamente.

Em surdina, ele assegurou a redução do apoio a Trotski no congresso seguinte do partido, marcado para ter início em 27 de março de 1922. Pediu a Stalin que enviasse leninistas a organizações partidárias regionais, antes que suas delegações fossem nomeadas. Stalin indagou se isso não era proibido como atividade faccional, o que Lenin encarou como piada, vindo de "um inveterado adepto das facções". Os leninistas puseram seus candidatos nos principais cargos de autoridade da liderança. Trotski conservou seus antigos postos, mas apenas dois de seus defensores na "discussão sobre os sindicatos" entraram no Comitê Central: Andrei Andreev e Khristian Rakovski; ele estava sendo posto à prova. E se portou com discrição, para variar. Foi Preobrajenski, na esquerda, quem criou tumulto, ao apresentar um conjunto de teses críticas sobre a questão agrária. Acreditava que a política estava sendo distorcida para favorecer os cúlaques. Lenin pediu ao Politburo para retirar o tema da agenda do congresso; Trotski não foi contra. Os debates do encontro confirmaram a linha adotada desde o ano anterior. Trotski chegou até a apoiar o relatório de Tomski sobre os sindicatos que permitiam greves dos trabalhadores nas empresas estatais. Em seguida, porém, causou um rebuliço, ao estipular que especialistas experientes, e não trabalhadores, deveriam decidir sobre a política industrial. A disputa se esgotou por si só, e Trotski não enfrentou dificuldades ao apresentar seu relatório sobre o Exército Vermelho.

Lenin manteve seu domínio, providenciando uma reorganização da liderança comunista. Vinha sofrendo com problemas de saúde, com o aparecimento de sintomas de sua arteriosclerose. Sentindo sua incapacidade crescente, resolveu reorganizar a liderança política central. Ainda não achava que estivesse com os dias contados. O que queria era uma equipe que fizesse um esforço conjunto, se e quando ele ficasse temporariamente indisposto. Para isso, apoiou a promoção de Stalin ao cargo de secretário-geral do partido. No ano anterior, a secretaria estivera nas mãos de Vyacheslav Molotov. Concordou-se que Molotov e sua equipe não haviam tido um bom desempenho em seus cargos, e Stalin, aliás, já os estivera ajudando — e sua parceria com Molotov viria a durar décadas.[21] O partido exigia mãos firmes no leme. Stalin foi escolhido como secretário-geral, por sugestão de Kamenev, no primeiro encontro do Comitê Central depois do congresso.

O Sovnarkom também precisava de atenção, já que era presidido por Lenin. Por achar provável que viesse a se ausentar muito, ele procurou Alexei Rykov e Alexander Tsyurupa para que fossem seus suplentes regulares. Os dois poderiam dividir entre si as responsabilidades e garantir a continuidade do governo, enquanto a NPE se consolidava. Lenin evitou os grandes nomes óbvios, como Trotski, Kamenev e Zinoviev. Trotski teria sido uma escolha ruim, por muitas razões. Como viria a admitir, ele tinha seu próprio jeito de fazer as coisas e era improvável que quisesse mudar; ficou contente por não ter sido convidado.[22] De qualquer modo, tinha sua visão pessoal da NPE. A débil autoridade da Comissão Estatal de Planejamento Econômico, conhecida como Gosplan, continuava a irritá-lo, e ele não se incomodou por dizer a Lenin que o Politburo deveria reconhecer a necessidade de regulação do investimento, da produção e da distribuição por um centro poderoso. Também criticou a Inspetoria dos

Operários e Camponeses (ou Rabkrin), que fora criada com a aprovação de Lenin, em 1920, para supervisionar o que acontecia nos Comissariados Populares. Seu chefe era Stalin. Trotski considerava a Rabkrin um desperdício de recursos, ou coisa pior: a instituição inteira era uma inutilidade.[23] Para Lenin, essa foi uma reação inquietante. Trotski não se corrigira de verdade; sua recente quietude era enganosa. Os problemas internos continuavam a ser uma clara possibilidade no partido.

31. A política da doença

No começo de 1922, seria difícil introduzir uma folha de papel fino entre Lenin e Trotski na política externa. Os ingleses e franceses vinham tentando estabilizar os acordos políticos do pós-guerra e restabelecer a prosperidade econômica dos países da Europa, e planejavam alcançar esse objetivo convidando todas as nações europeias para uma conferência em Gênova. A liderança soviética decidiu enviar representantes. De início, falou-se em Lenin ou Trotski viajarem à Itália, mas a segurança física de ambos era uma preocupação para a Cheka, visto que uma tentativa de assassinato era uma possibilidade realista. Lenin escreveu ao Politburo, propondo que nenhum dos líderes óbvios — ele próprio, Trotski ou Zinoviev — obtivesse permissão para viajar ao exterior.[1] Georgi Chicherin, sucessor de Trotski no Comissariado do Povo para Relações Exteriores desde 1918, foi despachado em seu lugar. A Conferência de Gênova teve início em 10 de abril. O Politburo ordenou que Chicherin descobrisse os termos necessários para o reconhecimento diplomático geral da Rússia soviética e sua reintegração na rede global de comércio. O governo francês frustrou qualquer aspiração dessa natureza. Sem a rejeição da anulação unilateral da dívida pública soviética pelo Sovnarkom, não havia nada que os comunistas pudessem fazer para abrandar os sentimentos dos investidores franceses. Lenin não esperava que viessem grandes benefícios de Gênova. Insistiu em que Chicherin evitasse acordos não aprovados e, do sanatório de Gorki, instigou o Politburo a manter a firmeza estratégica.[2]

A Rússia não era a única nação considerada pária na Europa. O governo democraticamente eleito da Alemanha também se sentiu destratado, e

A política da doença

os diplomatas dos dois países reuniram-se em sigilo em Santa Margherita, no litoral da Ligúria. O resultado foi o Tratado de Rapallo, assinado em 16 de abril de 1922 e concebido para facilitar o comércio. A Alemanha precisava dos recursos naturais russos, a Rússia queria beneficiar-se da tecnologia alemã. As negociações também levaram a um acordo para permitir que as forças armadas alemãs conduzissem seu treinamento em território soviético — e o Exército Vermelho esperava adquirir importantes conhecimentos especializados com esse arranjo. O Tratado de Rapallo foi um grande progresso em direção à regeneração econômica que Lenin e Trotski vinham buscando fazia mais de um ano.

Eles também concordaram quanto à maneira de lidar com a potencial resistência da Igreja ortodoxa russa. O instinto de Lenin era golpear o cristianismo enquanto ele estava fraco demais para se defender. No intuito de traumatizar o clero e seus fiéis por gerações, ele ordenou o confisco de tesouros eclesiásticos e pseudojulgamentos de bispos e padres.[3] Trotski concordou com isso, mas insistiu em que o partido também adotasse uma estratégia mais refinada a prazo mais longo. Surgira na Igreja uma facção conhecida como os renovacionistas. Seus líderes estavam empenhados em reformar a estrutura da autoridade interna e da liturgia; dispunham-se a aceitar o direito legítimo de governo da administração soviética em troca da liberdade de culto. Trotski viu nisso uma oportunidade de dividir e enfraquecer a Igreja ortodoxa, com a oferta de privilégios aos renovacionistas. Ele aderia ao princípio de que, quanto maior a dissidência no clero, mais forte o Estado soviético. Levaria anos, talvez décadas, para que a propaganda marxista desgastasse a confiança das massas nos evangelhos cristãos.[4] Lenin compreendeu a ideia, e as propostas de Trotski converteram-se na política oficial.

Havia também a questão da conduta em relação aos outros partidos políticos. Nessa esfera, foi Lenin quem assumiu a liderança, exigindo julgamentos de fachada e a execução de destacados mencheviques e socialistas revolucionários. Trotski o apoiou, mas Bukharin e Radek não ficaram convencidos. Numa viagem a Amsterdã para discussões com partidos socialistas estrangeiros, eles deram sua palavra de que qualquer julgamento dessa natureza se absteria de aplicar a pena de morte. Lenin e Trotski ficaram furiosos, uma vez que preferiam não ter nenhuma transação com os partidos da antiga Segunda Internacional a restringir a liberdade dos bolcheviques de pôr em prática a eliminação implacável dos mencheviques e dos socialistas revolucionários. A acusação contra esses partidos era que eles haviam conduzido uma luta ativa contra a Rússia soviética. É verdade que houvera uma guerra entre o Komuch liderado pelos socialistas revolucionários e o Sovnarkom, em meados de 1918. Houvera até alguns mencheviques que tinham lutado contra o Exército Vermelho. *Grosso modo*, porém, os dois partidos haviam ajudado os Vermelhos contra os Brancos. O que Lenin e Trotski realmente queriam, em 1922, era eliminar a mais ínfima possibilidade de distúrbios nos anos vindouros. Não deveria haver concorrentes políticos pela simpatia do operariado e do campesinato.

O pseudojulgamento dos socialistas revolucionários começou em junho de 1922. Com cinismo característico, Trotski insistiu em que ele tivesse "o caráter de uma produção política bem acabada".[5] Não estava preocupado com os procedimentos legais: queria que os socialistas revolucionários fossem punidos como um exemplo para todos os partidos hostis ao bolchevismo. Para esse fim, proferiu um discurso sanguinolento da sacada da Casa dos Sindicatos.[6] De fato, as sentenças ordenadas pelo Politburo não incluíram fuzilamentos. O Politburo também não atendeu ao pedido de Lenin de mover processos judiciais contra os mencheviques. Mas a campanha de perseguição preventiva foi mantida. No mesmo mês, a Cheka deteve dezenas de filósofos, escritores e acadêmicos e os deportou da Rússia nos vapores *Oberbürgmeister Haken* e *Preussen*.[7] No mesmo verão, toda a liderança partidária, inclusive Trotski, endossou a introdução de uma censura preventiva abrangente, conhecida como Glavlit. Transmitiu-se a mensagem de que os comunistas almejavam colocar o país em quarentena política, ideológica e cultural.

Lenin parecia ter-se recuperado de um inverno de doença, mas sofreu um derrame em 25 de maio e foi novamente mandado para o sanatório Gorki. Isso aumentou sua dependência dos serviços de Stalin. Foi este quem agiu como o principal canal de comunicação de suas ideias ao Politburo, e Lenin sentiu-se grato pela disposição que ele manifestou de visitá-lo com frequência. Os dois conversavam sobre assuntos políticos e Stalin punha Lenin a par das últimas notícias. Lenin mandou que se deixasse na mesa uma garrafa de vinho, pronta para essas ocasiões.[8]

A política da doença 387

Trotski nunca foi visitá-lo. Os dois eram mais camaradas que amigos, e Trotski nunca teve um impulso sentimental de visitar o enfermo. Afinal, não esperava que os membros do Politburo o visitassem quando ele próprio adoecia; na verdade, é bem possível que tratasse qualquer visita dessa ordem como uma invasão do tempo que dedicava a escrever. Sua conduta para com Lenin baseou-se na mesma suposição. Faltou a Trotski a compreensão rudimentar de que ele precisava atrair a confiança calorosa de seus colegas da liderança. Stalin era mais esperto em termos psicológicos. Tinha tão pouca amizade com Lenin quanto Trotski. Reservadamente, Lenin antipatizava com muitos traços da personalidade dele e o considerava grosseiro, deselegante e pouco inteligente. Mas percebia que podia utilizá-lo como um auxiliar político, e Stalin sabia que era do seu maior interesse manter o contato com ele.[9]

A sorte de Trotski mudou no fim do verão de 1922, quando Stalin parou de agir como executor obediente dos desejos de Lenin. Chegaram ao sanatório informações de que ele vinha se portando de forma imperiosa com os líderes comunistas georgianos que não gostavam do seu projeto para a nova constituição. O próprio Lenin não aprovava inteiramente os rascunhos de Stalin. Este queria incluir todas as repúblicas soviéticas existentes na República Socialista Federativa Soviética da Rússia (RSFSR), o que Lenin julgava cheirar a "chauvinismo grão-russo".

Lenin desentendeu-se com Stalin por várias semanas. Em 1918-1920, havia suposto que suas dificuldades esporádicas com ele eram atribuíveis a uma irritabilidade pessoal: raras vezes levara muito a sério as propostas políticas de Stalin. Foi um choque descobrir que o homem tinha opiniões firmes. Lenin também se agitava com as tendências burocráticas do partido e começou a questionar a eficácia da Rabkrin na redução dos procedimentos protocolares nas instituições governamentais. Stalin era a encarnação dessas preocupações, uma vez que dirigia a secretaria do partido e a Rabkrin. O que agravava as apreensões de Lenin era o fato de Stalin apoiar as novas propostas que vinham sendo feitas em relação ao comércio exterior soviético. Desde a Revolução de Outubro, havia um monopólio estatal das importações e exportações. Bukharin e Kamenev sugeriram que a NPE seria favorecida, caso fosse permitido que os comerciantes privados voltassem a operar. Seu argumento era que a atividade

388   Parte III: 1920–1928

comercial se expandiria, haveria um aumento da receita tributária, e o problema existente com o contrabando desapareceria. Lenin ficou horrorizado. Tendo sido o principal defensor do aprofundamento das medidas de reforma da NPE, nesse momento quis estipular limites definidos.

Exasperado, exigiu que todo o Comitê Central fosse demitido, com exceção de Vyacheslav Molotov, Alexei Rykov e Valeryan Kuibyshev. Em caso de absoluta necessidade, dispunha-se a conceder a posição de membros associados a Kamenev, Zinoviev e até Tomski (a quem tentara afastar em 1921). Lenin havia perdido todo o senso de proporção. Não deu qualquer explicação sobre por que a troica que estava propondo funcionaria melhor do que o conjunto maior de membros já existente. Além disso, Trotski, Stalin, Bukharin e outros não veriam com bons olhos sua própria eliminação, e Trotski teria todo o direito de perguntar o que tinha feito, nos últimos tempos, para merecer perder seu assento no Comitê Central. De qualquer modo, nos termos das normas partidárias, esse projeto era impossível, e Lenin não era ditador do partido. Os companheiros da liderança tinham motivo para questionar sua estabilidade mental. Mas reconheciam que, quando se acalmasse, ele continuaria decidido a impor sua vontade quanto à constituição e ao comércio exterior. A conselho de Kamenev, Stalin admitiu que a RSFSR ingressasse na União das Repúblicas Socialistas Soviéticas em pé de igualdade com a Ucrânia soviética. Isso trouxe de volta certa tranquilidade à liderança, embora os líderes comunistas georgianos continuassem desconfiados de Stalin e previssem que ele continuaria a tentar intimidá-los.

Lenin, porém, continuou a se opor ao projeto de abolição do monopólio estatal no comércio exterior. Quanto mais meditava sobre o assunto, mais achava atraente a ideia de uma reaproximação de Trotski, que compartilhava suas opiniões sobre as importações e exportações. Trotski não conseguira vencer a votação no Comitê Central em 8 de agosto. Lenin reclamou asperamente com o Politburo. Kamenev, Bukharin, Zinoviev e Stalin cederam terreno, adiando a decisão final por uns dois meses. Apesar de Lenin sentir uma recuperação física suficiente para voltar a um regime irregular de trabalho em Moscou, os médicos insistiram num período adicional de convalescença em Gorki. Em 12 de dezembro, ainda preso no sanatório, Lenin enviou uma mensagem a

A política da doença   389

Trotski, solicitando sua ajuda. Trotski mandou uma resposta positiva no mesmo dia, porém deixou claro que queria não apenas manter o *status quo*, mas também colocar todo o comércio exterior sob a autoridade da Comissão Estatal de Planejamento Econômico. O aumento da receita de impostos sobre importações e exportações, afirmou ele, permitiria um investimento adicional na indústria. No dia seguinte, fechou-se o acordo: Trotski recuou em sua exigência específica, enquanto Lenin prometeu um grau indefinido de aumento da autoridade da Comissão Estatal de Planejamento. Lenin ficou satisfeito e, em 15 de dezembro, escreveu: "Creio que chegamos a um acordo completo. Peço-lhe que anuncie nossa solidariedade na plenária." Diante da frente unida formada por Lenin e Trotski, o resto do Comitê Central já começou a recuar antes mesmo de se reunir. Em 21 de dezembro, Lenin escreveu do sanatório a Trotski: "Parece que logramos êxito com um simples movimento de manobra, sem termos que disparar um só tiro."[10]

Já então, estava tão fragilizado que contemplou a probabilidade de sua morte prematura. Perdeu a esperança de dirigir o Sovnarkom apenas com Rykov e Tsyurupa como seus suplentes, mesmo havendo acrescentado Kamenev a esse arranjo desde abril de 1922: "Você os conhece. Kamenev é um político inteligente, é claro, mas como é como administrador? Tsyurupa está doente. Sim, Rykov é administrador, mas tem que ser direcionado para o Conselho Supremo da Economia Popular. Você tem que se tornar [presidente] adjunto. A situação é de tal ordem que precisamos de um reagrupamento pessoal radical."[11] Trotski declinou do convite, embora, anos depois, tenha afirmado que ele equivalera a um pedido de que concordasse em ser o sucessor de Lenin no Sovnarkom.[12] Está longe de ser claro que fosse isso mesmo que Lenin tinha em mente: ele era um mestre do zigue-zague político. De qualquer modo, escreveu o que pôde sobre medidas políticas e instituições, ditando freneticamente para suas secretárias. Nas semanas seguintes, criticou as tendências burocráticas do partido e propôs introduzir trabalhadores na liderança central, à guisa de antídoto. Condenou a Rabkrin com veemência como um desperdício de recursos, e recolheu material sobre a situação política da Geórgia.

Como de hábito, Lenin se resguardou. Entre os textos ditados havia algo que ficaria conhecido como seu testamento político. Ele escolheu seis companheiros da liderança como seus possíveis sucessores: Trotski, Stalin, Kamenev, Zinoviev, Bukharin e Pyatakov. Nenhum deles se saiu muito bem em suas avaliações. Reconhecendo Trotski como "a pessoa mais capaz" do Comitê Central, julgou-o indevidamente atraído pelo "aspecto puramente administrativo das questões". Muito do que Lenin disse seria aplicável a ele mesmo. Ele e Trotski foram os arquitetos de uma espécie de ordem estatal que reduziu a maior parte do processo político à mera administração. Nenhum partido político teve permissão para funcionar. A Cheka e o Exército Vermelho eliminaram todas as tentativas de resistir ao governo comunista ou obstruí-lo. A imprensa ficou escravizada aos bolcheviques. O judiciário não tinha independência. Veteranos bolcheviques monopolizaram todas as grandes instituições públicas. Mas o que Lenin apontou foi a tendência de Trotski a sonhar com medidas sem tomar conhecimento dos problemas políticos previsíveis. A controvérsia referente aos sindicatos fora apenas um exemplo disso. Lenin havia cometido erros do mesmo tipo. Por exemplo, havia criado comitês de camponeses pobres em meados de 1918, apesar de todos os indícios de que o campesinato em geral se ressentiria disso; e se recusara a abandonar o Comunismo de Guerra em 1920. Todavia, enquanto Lenin não raro saía do caminho errado, Trotski costumava ter que ser arrastado para fora dele, aos gritos e se debatendo.

Lenin também lançou dúvidas sobre as credenciais de Bukharin como marxista. Julgou Pyatakov indigno de confiança "numa questão política séria". Embora continuasse a reprovar a conduta de Kamenev e Zinoviev na Revolução de Outubro, não quis que isso fosse levantado contra eles, assim como não queria que Trotski sofresse por não ter sido bolchevique antes de 1917. Stalin foi quem atraiu a acusação mais grave. Conforme a queixa de Lenin, ele "concentrou um poder ilimitado nas mãos desde que se tornou secretário-geral, e não estou convencido de que sempre consiga usar seu poder com suficiente critério". Muitos comunistas, se inteirados da opinião de Lenin, teriam ficado surpresos por ele haver sequer considerado Stalin um sucessor potencial. Mas Lenin havia aprendido muito com as brigas com ele em 1922. Considerou justificado fazer o prognóstico assustador de que Trotski e Stalin, como "os dois líderes mais destacados do atual Comitê Central", poderiam entrar violentamente em choque e

A política da doença 391

induzir a uma cisão do partido inteiro. Esse desfecho deveria ser evitado a qualquer preço. O propósito do testamento de Lenin foi indubitável: se e quando morresse, ele acreditava que a melhor opção para o partido seria garantir uma liderança coletiva.

Em 24 de janeiro de 1923, em seu leito de enfermo no sanatório, ele ditou um codicilo que perturbou o equilíbrio de suas caracterizações. Sergo Ordjonikidze, um amigo de Stalin, havia usado de violência física contra um dos camaradas comunistas georgianos em Tbilísi. Dzerjinski e Stalin haviam fechado os olhos ao episódio. Lenin não precisou pensar duas vezes: "Stalin é grosseiro demais, e essa inadequação, que é totalmente aceitável em nosso meio e no intercâmbio entre nós, comunistas, torna-se intolerável no cargo de secretário-geral." E propôs nada menos do que retirá-lo da secretaria.

Essa guinada no pensamento de Lenin fortaleceu os laços com Trotski. Em 27 de dezembro, ele sugeriu ampliar a competência da Comissão Estatal de Planejamento Econômico. Detendo-se pouco aquém de lhe outorgar autoridade legislativa, concordou que o órgão submetesse relatórios regulares ao Sovnarkom — e elogiou sua liderança em vigor. Dois dias depois, recomendou deixar a cargo dessa comissão, e não da Rabkrin, o exame da confiabilidade dos especialistas econômicos "burgueses". Também pediu a Krupskaia, sua mulher, para dizer a Trotski que seus sentimentos por ele não se haviam modificado desde o primeiro encontro dos dois em Londres, no outono de 1902. Stalin percebeu para onde o vento estava soprando e implorou à irmã de Lenin, Maria, que transmitisse um recado ao irmão: "Eu o estimo com toda a minha alma." Lenin ridicularizou essas palavras e concordou apenas em mandar uma resposta polida. Stalin tentou outra tática em 6 de janeiro de 1923. Se não podia agradar Lenin, talvez conseguisse uma reconciliação com Trotski. Com isso em mente, recomendou a promoção de Trotski ao cargo de suplente de Lenin no Sovnarkom, com responsabilidade especial pelo Conselho Supremo da Economia Popular; propôs também que Pyatakov, aliado de Trotski na política econômica, fosse elevado à presidência da Comissão Estatal de Planejamento Econômico. Trotski declinou da proposta. Em 17 de janeiro, Stalin fez outra tentativa e disse que Trotski deveria ser presidente adjunto do Sovnarkom e presidente da Comissão Estatal de Planejamento.

Trotski tornou a recusar. Também ele vinha sofrendo outro período de problemas de saúde e, aos cuidados do professor Guetier, escreveu a Zinoviev "na horizontal", explicando por que não podia ser mais atuante.[13] No entanto, suas faculdades mentais continuavam agudas. Ele simplesmente não via de que modo a proposta de Stalin poderia aumentar a eficiência do governo, e pediu a todos os demais que compreendessem sua lógica. Tinha dito o mesmo a Lenin e nada se modificara nesse ínterim para convencê-lo a se tornar presidente adjunto do Sovnarkom. Os argumentos de Trotski foram coerentes, mas refletiram uma rigidez tática. Ele rejeitou a oportunidade de dominar o governo soviético enquanto Lenin estava ausente. Embora tivesse razão de afirmar que a proposta não chegava a demarcar com precisão os poderes institucionais, ele certamente errou ao sugerir que tais problemas eram insuperáveis. Foi como se não se dispusesse a se dar o trabalho de ajudar, num momento de circunstâncias difíceis para o partido. Pareceu inequivocamente arrogante. Como seria previsível, os inimigos não o perdoaram nos comentários sobre a reação dele, e Trotski tentou em vão desfazer a impressão que havia criado.[14]

Na ocasião, porém, Stalin estava mais encrencado do que Trotski. Havendo concluído um artigo sobre a Rabkrin, Lenin buscou a ajuda deste último para providenciar sua publicação. O Politburo pensou em mandar imprimir uma edição falsa do *Pravda*, exclusivamente para Lenin. O conteúdo seria redigido de modo a fazer com que ele parasse de se preocupar com os debates políticos em curso e de intervir neles. Ao que parece, Trotski pôs termo a esse projeto de enganar Lenin. Em seguida, submeteu-se a exame o assunto georgiano. Embora o Politburo confirmasse o relatório acobertador de Dzerjinski sobre o uso da violência por Ordjonikidze, Lenin criou um pequeno grupo secretarial para examinar a matéria. Não estava disposto a livrar a responsabilidade de Stalin e Dzerjinski. O grupo reportou-se a ele em 3 de março. Dois dias depois, Lenin escreveu uma carta a Stalin, exigindo um pedido de desculpas por ele haver destratado Krupskaia verbalmente e dizendo que, de outro modo, romperia as relações pessoais com ele. Garantiu aos comunistas da Geórgia que estava trabalhando pela causa deles; ele também pediu a Trotski para se encarregar da questão georgiana em seu nome e para envolver Kamenev na campanha contra Stalin. Trotski concordou, sem

A política da doença 393

manifestar grande entusiasmo: sempre teve mais interesse em debater questões políticas do que personalidades. É provável que também tenha considerado indigno dele dar grande atenção ao secretário-geral: a seu ver, Stalin sempre seria uma mediocridade política e uma nulidade intelectual.

A aliança Lenin-Trotski foi perturbada pela súbita deterioração do estado de saúde do primeiro, na noite de 6-7 de março. Lenin nunca voltou a ser politicamente ativo. No dia 10 de março, sofreu outro derrame. Ficou com todo o lado direito paralisado e perdeu quase toda a capacidade de falar. Isso complicou imensamente a situação. Já não havia a perspectiva de que ele expusesse as ideias de seu testamento no XII Congresso do Partido, cuja data se aproximava. A recomendação de que Stalin fosse demitido não se faria ouvir.

Mas a Geórgia conservou o potencial de causar danos ao secretário-geral. Trotski recebeu uma cópia do artigo de Lenin sobre o assunto em 5 de março, mas não pôde fazer nada até Lidia Fotieva, uma das secretárias deste, revelar-lhe que ele quisera ver o texto publicado no *Pravda* — e mencionar que Lenin havia expressado o desejo de que Trotski defendesse seu conteúdo no congresso.[15] Isso impeliu Trotski à ação. Stalin havia preparado rascunhos de teses sobre a questão nacional para o XII Congresso. Trotski as modificou com entusiasmo, de acordo com os desejos de Lenin.[16] Stalin foi suficientemente astuto para aceitar as mudanças — caso contrário, poderia fortalecer a posição de Trotski. Mais do que isso, acusou Trotski de haver enganado o partido, por não ter falado do artigo oportunamente. Trotski retrucou que Lenin não lhe falara de seu desejo de publicá-lo, e sugeriu que, se necessário, caberia ao congresso decidir se ele havia agido corretamente.[17] Kamenev concordou que convinha publicar o artigo de Lenin. O conteúdo trazia críticas diretas a Stalin e ajudaria os que julgavam que o secretário-geral não era adequado ao cargo. Ciente disso, Stalin continuou a desferir ataques maliciosos contra Trotski, por ele não ter revelado a existência do artigo, e quase fez com que isso parecesse uma violação da disciplina partidária. Para alívio de todos, a disputa pareceu solucionar-se após uma conversa entre os dois, na qual Stalin disse que confirmaria por escrito que Trotski não se havia conduzido mal.

Na ocasião, isso satisfez Trotski, mas Stalin descumpriu a palavra e não enviou a retratação.[18] Trotski ficou furioso e, no Politburo, também se manifestou a favor de limpar o nome da liderança comunista georgiana da acusação de Stalin de que ela constituía um "desvio" do bolchevismo. Trotski desancou o "centralismo exagerado" da Federação Transcaucasiana, que governava a Geórgia, a Armênia e o Azerbaijão. Exigiu que Ordjonikidze fosse afastado de seu cargo na região.[19] Até então, Kamenev tinha compartilhado a insatisfação de Lenin com a maneira como a liderança bolchevique da Geórgia fora tratada, mas, no último momento, recusou-se a apoiar Trotski. Nunca explicou isso. Talvez tenha temido o tipo de cisão da liderança sobre a qual Lenin havia advertido em seu testamento. Também é possível que tenha temido que Trotski estivesse procurando tornar-se o sucessor de Lenin. Seja como for, Trotski perdeu a votação de todas as propostas. Em anos posteriores, viria a ser criticado por não haver apoiado a campanha sobre a questão nacional. Isso foi injusto. Ele lutou desde cedo, e lutou com empenho, mas foi derrotado pela maioria do Politburo.

Stalin pôde voltar a respirar, e sugeriu sonsamente que Trotski apresentasse o principal relatório político ao congresso. Este declinou da honra e Zinoviev tomou seu lugar. Foi como se Trotski ficasse aturdido com o fogo cruzado de muitas decisões de caráter pessoal. Havia recebido ao menos uma chance de manter certa pressão sobre Stalin, mas a jogou fora. O discurso de Stalin sobre a questão nacional foi aprovado sem grande controvérsia. Ele denunciou o chauvinismo "grão-russo", ao mesmo tempo que desancou com igual força o nacionalismo entre os não russos.[20] Com isso, deu a impressão de ser imparcial. Também adotou como suas as propostas de Lenin de reforma do partido; aceitou o projeto de reorganização da Rabkrin. Ele e o resto do Politburo compraram Trotski com algumas concessões, como confirmar a necessidade de uma ênfase maior no planejamento central do Estado na indústria. Lenin teria lidado com Stalin de maneira mais agressiva; sua invalidez foi uma catástrofe para Trotski. Stalin viveu para lutar mais um dia.

32. A Oposição de Esquerda

Em meados de 1923, praticamente ninguém, nem mesmo seus amigos, reconheceu que faltava a Trotski um desejo firme de ser o líder. Ao lado de Lenin, ele era rotineiramente citado como colíder da Revolução de Outubro, e gostava dessa descrição. Isso era diferente de aspirar à posição de líder supremo isolado. Seu comedimento não significava que ele não quisesse liderar. Se a escolha fosse sua, ele trataria desse processo como fizera Lenin. Não havia necessidade de um título especial: afinal, Lenin nunca tivera um. Trotski gostava de elaborar projetos e levá-los ao partido. Seu objetivo, que era sem dúvida inconsciente, era arrastar a Revolução adiante, junto com qualquer nova política que ele abraçasse num dado momento. Sempre que sentia vontade de se afastar da rotina política do dia a dia e escrever um pouco, ele o fazia. Detestava os dias em que todas as horas eram preenchidas com reuniões. Sua ideia de dirigir o Comissariado do Povo para Assuntos Militares era ler relatórios, dar ordens e levar adiante seus outros interesses. Não lhe faltavam seriedade nem empenho, mas ele só se dispunha a funcionar em seus próprios termos. Sempre fora esse o seu estilo, e ele nunca pensou em modificá-lo.

Não que isso impedisse o restante da liderança de encará-lo com suspeita. Na verdade, sua saúde voltara a se deteriorar em julho e dificilmente ele teria podido fazer campanha pelo poder supremo, mesmo que aspirasse a ele. Natalia estava em situação ainda pior; havia contraído malária e sua febre passava dos 40°C. Os médicos estavam preocupados com os dois, e Trotski — como havia acontecido com Lenin no ano anterior — foi proibido de participar de "conversações internas do par-

396 Parte III: 1920-1928

tido". Recebeu seu velho amigo Dmitri Sverchkov para um breve passeio pela cidade e uma conversa amistosa, justamente sob a condição de que eles não infringissem o regime médico: a liderança havia decretado que Trotski ficasse em "repouso absoluto".[1]

Continuou-se a exercer pressão política sobre Trotski. Circulou a notícia de que ele e Lenin haviam discordado quanto à Gosplan. Trotski retrucou que poderia exibir a carta de Lenin de dezembro de 1922, oferecendo uma solução conciliatória sobre o planejamento econômico estatal.[2] Enquanto isso, as rivalidades na liderança corriam soltas. As inclinações ditatoriais de Stalin, mais do que a ameaça proveniente de Trotski, tinham começado a assustar Zinoviev. Após vários incidentes incômodos, este escreveu a Kamenev pedindo medidas defensivas. Não estava simplesmente papagueando o testamento de Lenin. Objetava a que Stalin tomasse decisões sem consultar seus principais camaradas.[3] Quando os líderes se dispersaram para as férias, Zinoviev reuniu-se em Kislovodsk com Bukharin, Voroshilov, Lashevich e Grigori Yevdokimov, e defendeu a ideia de encurtar as rédeas de Stalin.[4] Lashevich e Yevdokimov apoiaram Zinoviev; Bukharin não se alinhou com ninguém, e Voroshilov foi consultado apesar de sua ligação estreita com Stalin. Era evidente que Zinoviev estava tentando dar um tiro de advertência no secretário-geral. Queixou-se de que ele e Trotski, que não era seu amigo político, tinham sido injustamente excluídos do processo decisório na liderança central.[5] A medida corretiva óbvia seria introduzir críticos de Stalin nos principais órgãos partidários. Montou-se um plano no qual o traço principal seria o recrutamento de Trotski e Zinoviev para o Orgburo. Stalin captou a indireta e aceitou a proposta, astuto demais para reagir com uma recusa. Sobreviveu mais uma vez.

A disputa na liderança foi subitamente posta de lado pela primeira emergência econômica da NPE, no verão de 1923. O abastecimento de víveres escasseou, à medida que os camponeses levaram menos produtos aos mercados. O pagamento que recebiam pela colheita havia caído em termos reais, em relação aos preços dos artigos das fábricas. As famílias rurais reagiram de maneira tradicional, parando de negociar seus cereais; passaram a consumi-los em maior quantidade, elas próprias, a alimentar suas criações ou a usá-los para produzir vodca. Estava claro que o Estado teria de reduzir os preços cobrados por suas fábricas por arados, arreios, ferro corrugado e pás. Era preciso fazer os lavradores sentirem-se novamente tentados a negociar nas cidades. O Comitê Central reuniu-se para examinar a situação em julho, a fim de procurar resolver as dificuldades. Persistia a insatisfação entre os líderes do partido. Embora eles concordassem quanto à necessidade de conservar a NPE, não gostavam de parecer indulgentes para com os camponeses. Mais do que tudo, não se sentiam receptivos às famílias mais abastadas de lavradores, que eram as que compravam produtos fabris. O ódio e o medo desses cúlaques eram axiomáticos na liderança partidária. Não obstante, a escassez dos depósitos urbanos de cereais obrigou o Politburo a baratear os implementos agrícolas e a importar uma quantidade maior deles do exterior.[6] A emergência foi prontamente superada. Recebeu de Trotski o seu nome: "crise da tesoura".[7] A ideia dele foi que o Estado soviético havia permitido que as "lâminas" dos preços industriais e agrícolas se abrissem em demasia.

Ainda em convalescença, Trotski não fez nenhuma contribuição para a resolução da crise, mas a supervisionou à distância. No entanto, não tardou a fazer críticas no sentido de que um volume maior de planejamento econômico estatal central teria prevenido todos os problemas. Se isso em si teria impedido a queda do abastecimento de víveres, em meados do verão de 1923, é duvidoso. O Estado soviético havia causado a crise. Se tivesse adquirido um poder maior, talvez houvesse causado danos ainda mais graves à recuperação econômica.

Yevgeni Preobrajenski e Trotski concordaram que os reajustes de preços tinham sido necessários para resolver a "crise da tesoura". Mas queriam uma estratégia mais duradoura de desenvolvimento econômico. A falha básica das medidas do Politburo, afirmaram, era amarrar a política à conservação da anuência dos camponeses. Novas emergências ocorreriam até que a liderança central do partido passasse para uma economia planejada. Era preciso aumentar o investimento de capital na indústria. A tributação progressiva tinha que ser intensificada, direcionando a pressão para os cúlaques e os comerciantes urbanos. Era preciso ordenar à Gosplan que formulasse um plano econômico geral de investimentos, produção e preços. Teriam que ser introduzidos incentivos para tornar as fazendas coletivas mais atraentes para os camponeses. A esquerda bolchevique acreditava que a "burocratização" vinha se instalando. Uma mudança na orientação econômica não seria suficiente por si só. Também era preciso que houvesse reformas políticas. Os representantes do partido que ocupavam cargos nesse momento tinham sido seduzidos pelas comodidades do poder e do privilégio; precisavam recordar os objetivos da Revolução de Outubro. Trotski e seus adeptos criticaram indiscriminadamente Kamenev, Zinoviev e Stalin. Houvera, de fato, uma reaproximação entre os líderes ascendentes. As deliberações de verão em Kislovodsk tinham obrigado Stalin a resgatar suas relações com Kamenev e Zinoviev, e a depreciação da chamada troica por Trotski destruiu qualquer possibilidade de isolar Stalin dos outros dois.

As discussões sobre política externa pioraram o clima na liderança central do partido. No fim do verão de 1923, surgiu uma proposta secreta de outra tentativa de tomada comunista do poder na Alemanha. Trotski apoiou-a avidamente. Sacudindo a poeira de todas as suas acalentadas ideias internacionalistas vindas da Grande Guerra, afirmou que o lema dos "Estados Unidos da Europa" não havia perdido sua aplicabilidade.[8] No Politburo, ninguém tinha muita confiança no Partido Comunista Alemão depois da Ação de Março de 1921. Mas os líderes concordavam que a "revolução socialista europeia" era desejável e que era preciso aproveitar todas as oportunidades de facilitar esse resultado.

Stalin foi o único a ficar em dúvida. Em agosto de 1923, numa carta a Bukharin e Zinoviev, traçou um contraste entre a Alemanha contemporânea e a Rússia de 1917. Os camaradas alemães não estavam em condições de explorar lemas como "paz" e "terra". Acima de tudo, não tinham a seu lado a maioria da classe operária. Era verdade que já existia um Estado socialista — a república soviética na Rússia —, ao passo que não houvera nenhum antes da tomada comunista do poder em outubro. Mas Stalin indagou que ajuda militar os bolcheviques poderiam realmente oferecer aos comunistas da Alemanha, num futuro imediato. Insistiu em que a consequência mais provável de uma revolta seria um contra-ataque esmagador pelos social-democratas direitistas, aliados à burguesia.[9] A república pós-imperial de Weimar era forte demais para os camaradas alemães. Mas Stalin encontrava-se numa situação difícil,

A Oposição de Esquerda 399

depois das discussões de Kislovodsk, de modo que recuou e apoiou a iniciativa. Emergiu no Politburo a concordância unânime em que o Partido Comunista Alemão deveria fazer uma tentativa de derrubar o governo no outono. O otimismo revolucionário predominou no Kremlin, enquanto essa política secreta era elaborada.

Trotski entrou no debate. Foi tão insensato quanto todos os outros, descartando em silêncio a análise cética das perspectivas comunistas alemãs que havia produzido dois anos antes. As discussões no Politburo restringiram-se a detalhes práticos, enquanto os representantes da liderança alemã em Moscou eram consultados. O caminho a seguir, acreditou-se, seria formar uma comissão da Komintern e evitar uma repetição do amadorismo de março de 1921. Seus membros foram Zinoviev, Bukharin e Radek, além de Trotski. Zinoviev queria que a revolução se baseasse estritamente no modelo histórico russo, usando os sovietes alemães como instrumento principal da tomada de poder. Trotski assinalou que os sovietes ainda teriam que ser criados, e conclamou que comissões fabris tomassem as providências necessárias — e Zinoviev convenceu-se de seu ponto de vista.[10]

O "plano" apoiava-se na suposição de que uma insurreição comunista bem-sucedida na Alemanha introduziria uma tocha ardente na acomodação internacional do pós-guerra na Europa. Os tratados de Versalhes, Trianon e Sèvres seriam transformados em cinzas. As grandes potências europeias não ficariam paradas, assistindo. Haveria guerra e o Exército Vermelho seria inevitavelmente envolvido, porque o Partido Comunista Alemão não poderia prevalecer sem ajuda armada externa.[11] Trotski e o resto do Politburo, ao clamarem por uma promoção mais ativa de revoluções no Ocidente, estavam expressando sua disposição de bancar essa aposta. Não pestanejaram ante a perspectiva de uma nova guerra europeia. Os ganhos revolucionários exigiam sacrifícios. Trotski nunca explicou por que julgou que a Alemanha de 1923 era um fruto maduro a ser colhido, ao passo que havia descartado a Ação de Março, empreendida apenas dois anos antes, como um fruto imaturo que nunca deveria ter sido tocado. A política soviética estava sendo pautada pela necessidade urgente de a Rússia romper seu isolamento, fomentando a criação de governos comunistas no Ocidente. Trotski expulsou a cautela do seu pensamento — e não foi o único dos líderes a fazê-lo.

Mas essa não foi uma fase agradável de sua carreira. O restante do Politburo continuava nervoso quanto às intenções dele, agora que Lenin estava fora de combate. Deixando de lado suas objeções anteriores às tendências dominadoras de Stalin, Kamenev e Zinoviev concordaram que Trotski constituía uma ameaça, por causa de seus cargos no Comissariado do Povo para Assuntos Militares e no Conselho Militar Revolucionário da República. Em sessão plenária, o Comitê Central discutiu o Conselho no dia 25 de setembro. O potencial de Trotski para se tornar o Napoleão soviético estava na mente de muitos dos presentes. Quando se fizeram críticas às suas atividades, ele se retirou impetuosamente do salão. Foi um gesto inábil, já que proporcionou a seus inimigos a oportunidade de introduzirem Stalin no Conselho, sem dúvida com a ideia de manter um controle mais rigoroso do comissário do povo para Assuntos Militares.[12]

Sentindo-se ofendido e afastado do processo decisório regular da liderança central, Trotski escreveu uma carta aberta para se queixar ao Politburo em 8 de outubro de 1923. Tinha boas razões para objetar ao modo como Zinoviev, Kamenev e Stalin reuniam-se fora das sessões formais para estabelecer a pauta. Reivindicou uma democratização dos procedimentos em todo o partido. Ele detestava o poder dos secretários de comissões. Argumentou que a mudança organizacional era vital, caso o partido quisesse cumprir seus deveres revolucionários com competência.[13] Uma semana depois, sua iniciativa foi retomada por 46 de seus principais adeptos em Moscou, que assinaram em conjunto uma "declaração" a ser circulada entre os integrantes do partido. Entre os signatários figuravam Yevgeni Preobrajenski e Leonid Serebryakov, e todos criticaram um leque de tendências vigentes. Queriam acabar com a burocratização do partido. Ridicularizaram o manejo da "crise da tesoura" pela liderança e exortaram-na a um compromisso maior com os investimentos e o planejamento na indústria. Exigiram liberdade de expressão para os camaradas dissidentes. Diversos signatários não se incomodavam demais em defender a democratização, mas todos queriam medidas econômicas mais radicais.[14] O resultado foi o pandemônio político — e Zinoviev, Kamenev e Stalin assustaram-se com a ameaça a suas posições, ao verem tantos camaradas da liderança alinharem-se com Trotski.

A Oposição de Esquerda 401

A carta dele, na verdade, não fora cuidadosamente coordenada com os que o apoiavam, mas Zinoviev, Kamenev e Stalin acreditaram que ele era o espírito guia de uma conspiração; também o viam como completamente irresponsável e interesseiro. Tinham feito o melhor possível para corrigir os erros econômicos, no verão de 1923, sem a ajuda dele. Em seguida, Trotski tinha voltado e criticado a liderança residente. Se era tão esperto, por que não tinha previsto a "crise da tesoura"? Além disso, ele vinha criando problemas justamente na ocasião em que o Politburo estava ordenando que os comunistas alemães organizassem uma revolução de estilo soviético. Acaso não percebia a necessidade de união, num momento tão crucial? De qualquer modo, Trotski tinha sido indiferente à "democracia interna do partido" desde a Revolução de Outubro. Defendera com regularidade métodos autoritários e estruturas centralizadoras. Como poderia alguém levá-lo a sério, agora que ele insistia na democratização? Ao mesmo tempo, ele ocupava um cargo sensível nas forças armadas. Lenin estava mortalmente enfermo e os camaradas do Politburo sabiam que suas probabilidades de recuperação eram escassas. E se perguntavam se Trotski estaria manobrando seriamente no intuito de suplantá-los com sua ditadura pessoal.

Trotski foi convidado a se explicar no dia 26 de outubro, numa sessão extraordinária conjunta do Comitê Central e da Comissão Central de Controle, à qual compareceram representantes das dez maiores organizações municipais do partido. A Comissão Central de Controle tinha sido criada em setembro de 1920 para promover a imparcialidade nos procedimentos internos do partido, mas, tal como o Comitê Central, seus integrantes eram selecionados, na prática, por sua lealdade à linha política oficial vigente. A maioria do Politburo não apenas organizara com eficiência seus próprios defensores, como também permitira que os centralistas democráticos e os integrantes da Oposição Trabalhista expusessem suas ideias sobre a situação interna do partido. Todavia, os grandes protagonistas foram Stalin e Trotski. Stalin tinha sido escolhido para liderar o ataque a um homem que estava sendo acusado de ser diruptivo e desleal.[15]

Trotski e seus adeptos vinham começando a se dar o nome de Oposição de Esquerda. Para eles, a palavra "esquerda" implicava sinceridade,

402 Parte III: 1920-1928

radicalismo e compromisso com os ideais da Revolução de Outubro. No plenário, o número deles sempre seria pequeno demais para que Trotski tivesse alguma chance. Ele usou seu discurso de encerramento para fazer uma declaração pessoal. Compreendia que qualquer coisa que dissesse em público chamaria atenção para as discordâncias internas do Politburo. Mesmo assim, sentia-se incapaz de ficar calado quando havia questões de princípio dividindo os líderes. Só depois de não chegar a lugar algum no Politburo é que ele se arriscara a enviar sua carta de 8 de outubro.[16] Estava disposto a uma briga. Zinoviev lhe fizera propostas de aproximação através de um partidário de Trotski, Serebryakov, a bem da paz interna do partido. Tinha sido ideia de Zinoviev reorganizar a liderança, acrescentando Trotski e Bukharin à *troica* dominante, composta por Zinoviev, Kamenev e Stalin. Trotski também havia repudiado a ideia de Bukharin de trabalhar no Conselho Supremo da Economia Popular, alegando que não poderia combinar essa posição com suas obrigações nas forças armadas. Nem Zinoviev nem Bukharin tinham conseguido convencê-lo. Trotski calculava que sempre perderia qualquer votação no Politburo, no Comitê Central ou na Comissão Central de Controle, e era um defensor apaixonado de suas ideias. Tal como via a situação, de nada adiantaria restringir-se a discussões na liderança central do partido, não lhe restando alternativa senão redigir sua carta aberta e correr o risco de um conflito diruptivo em todo o partido.[17]

Ele negou chefiar um grupo de "trotskistas" ou ser um aspirante a Bonaparte; estava disposto a entregar seu cargo no Exército Vermelho para provar essa afirmação e, de qualquer modo, o Politburo e o Orgburo sempre haviam exercido o controle sobre o seu Comissariado do Povo.[18] Ele negou qualquer aspiração a ser um ditador militar, ou sequer um trotskista.[19] Descreveu as diversas ocasiões, desde outubro de 1917, em que "[suas] origens judaicas" o haviam dissuadido de aceitar cargos importantes oferecidos por Lenin. Seria imprudente para o Estado soviético, frisou, ter um judeu como seu líder supremo.[20] Na verdade, não houvera muito pé nem cabeça em suas decisões de aceitar um cargo ou rejeitar outro, e nem sempre a sua judeidade teria sido o fator decisivo em sua mente. Mas o discurso atormentado que ele fez à assembleia plenária mostrou ao menos um vislumbre de autoconhecimento. Quando seus inimigos diziam que ele não era o homem que um dia poderia substituir Lenin, estavam repetindo o que ele próprio já havia concluído.

O Comitê Central e a Comissão Central de Controle repreenderam Trotski e os 46 signatários da declaração. Usando de tato, ele se absteve de votar,[21] mas não havia desistido da luta. A assembleia, observou, havia reconhecido a necessidade de maior democracia interna no partido. Ele explorou isso como algo que constituía o reconhecimento oficial de que era essencial um "novo rumo".[22] E produziu febrilmente uma sucessão de artigos para o *Pravda*. Declarou que "o papel do aparelho" não deveria ser exagerado. Era preciso incentivar a discussão e a iniciativa em todos os níveis do partido. O perigo da "degeneração" revolucionária era real. A "velha guarda" tinha uma probabilidade especial de ser vulnerável a ela — e Trotski observou que havia muitos precedentes na história mundial. Admitiu que a democracia nunca poderia ser perfeita. Mas era preciso introduzir mudanças. Caso contrário, a tendência vigente no "burocratismo do aparelho" induziria a um aumento do faccionalismo. De maneira quase expressa, ele atribuiu a culpa pelas disputas recentes à maioria do Politburo.[23] Tamanha era a sua autoridade pessoal, que a liderança não se atreveu a proibir a publicação do texto. Trotski negou um desejo pessoal de demitir toda a velha geração de bolcheviques como ignorante e incompetente. Mas as coisas não poderiam prosseguir como no passado recente: "É realmente ingênuo pensar que um secretário, por causa de seu título secretarial, encarna toda a soma dos conhecimentos."

Os resultados da iniciativa da Komintern na Alemanha se fizeram conhecer no início de novembro. A coisa foi pouco menos catastrófica do que a Ação de Março. O Partido Comunista Alemão, auxiliado e orientado pela Komintern, havia organizado greves e manifestações a partir de 24 de outubro. Trotski tinha abraçado e beijado Heinrich Brandler, o líder comunista alemão, nos Portões Troitski do Kremlin. Sua manifestação atípica de emoção indicara a grande esperança que depositava na insurreição vindoura. E ele ficou ainda mais decepcionado ao chegarem a Moscou as notícias da derrota. Podia e devia ter sido mais lúcido. Fora corresponsável por uma derrocada não menos previsível que a Ação de Março, à qual tinha feito críticas cáusticas. Também em 1923, o exército e a polícia mostraram-se preparados para os insurgentes. A classe operária

404 Parte III: 1920-1928

de Berlim ficou dividida em sua lealdade, e o governo alemão, com seus ministros social-democratas, uniu-se em sua determinação de esmagar a rebelião comunista. Brandler não tardou a perder o ânimo. As lutas de rua minguaram. Os comunistas de outras cidades alemãs foram ainda menos eficientes. No dia 31 de outubro, a liderança central suspendeu oficialmente sua ação, mal planejada e mal executada. Trotski censurou o Partido Comunista Alemão por sua incompetência. Tanto na intimidade quanto em público, nunca deixou de afirmar que tinha havido uma oportunidade genuína de uma revolta bem-sucedida.[24]

Ele reuniu seus artigos sobre reforma política publicados no *Pravda* num livreto intitulado *O novo rumo*. O clima belicoso intensificou-se na liderança partidária. Lenin fazia uma falta enorme. Os jornais disfarçavam a gravidade do seu estado e os próprios membros do Politburo continuavam a esperar por um desfecho médico favorável. Somente Stalin tinha motivo para temer a possibilidade da recuperação de Lenin. Trotski finalmente tomou a iniciativa de manifestar solidariedade humana, oferecendo a Nadejda Krupskaia uma ideia norte-americana para o tratamento do marido, embora confessasse sua dúvida de que aquele fosse um tratamento genuíno.[25] Ele próprio voltou a adoecer; não sentiu o menor impulso de adiar sua partida para o sul da URSS para seu próprio período de convalescença. Optou por Sukhum, no litoral abecásio do mar Negro. A OGPU (como a Cheka passou a ser conhecida a partir de novembro de 1923) escreveu ao líder partidário abecásio Nestor Lakoba, no dia 6 de janeiro de 1924, informando que os médicos haviam receitado uma pausa de dois meses para Trotski e o haviam proibido de fazer qualquer trabalho durante esse período.[26] Ele ainda teria que pagar o preço pelos problemas que causara desde outubro de 1923. Zinoviev, Kamenev e Stalin estavam decididos a cobrá-lo na sua ausência. Era preciso deter Trotski. Seus adversários intuíram que, se continuassem inativos, a comoção no partido prosseguiria.

Em outubro de 1917, Trotski havia superado habilmente a estratégia do governo provisório, fingindo que todas as suas medidas eram puramente defensivas. No poder, faltou-lhe malícia em luta após luta dentro do partido. Ao publicar *O novo rumo*, ele jogou fora os benefícios da atuação sub-reptícia. E, tendo iniciado uma ofensiva mal preparada, deixou de empenhar nela o melhor de si.

A Oposição de Esquerda

Trotski não estava presente quando o Comitê Central reuniu-se numa sessão de avaliação em 14 e 15 de janeiro de 1924. Stalin frisou que a liderança ascendente tinha feito o possível e o impossível para chegar a uma conciliação. Houvera conversas com ele sobre o planejamento econômico estatal depois da reunião do Comitê Central, em outubro, e uma solução de compromisso parecera surgir no horizonte. Mas Trotski havia destruído a subcomissão que cuidava da situação interna do partido, ao insistir no direito de criar "grupos" (os quais, na opinião de seus adversários, eram apenas outro nome para as facções — e as facções tinham sido proibidas, com a aprovação do próprio Trotski, em 1921). Depois disso, ele escrevera de forma independente para organizações partidárias, o que havia respondido por um clima intolerável na liderança.[27] Zinoviev prosseguiu na ofensiva. Negando haver marcado artificialmente uma data para a insurreição comunista na Alemanha, culpou Trotski por ter convocado um "programa de ação com data marcada".[28] Estava dado o tom para a Conferência do Partido, cuja abertura ocorreu no dia 16 de janeiro. Os secretários vindos das províncias estavam em maioria e a vitória da liderança partidária em ascensão foi assegurada.[29] Choveram críticas ridicularizadoras às credenciais democráticas de Trotski, e Preobrajenski não chegou a parte alguma na tentativa de eliminar as calúnias feitas à reputação da Oposição. Stalin recusou-se a pedir desculpas pelas restrições à democracia no partido. Argumentou que a URSS enfrentava graves obstáculos. Precisava expandir e aperfeiçoar sua produção industrial e suas conquistas na educação. Tinha que se preparar contra a intervenção militar externa. Tinha que fazer uma reforma no aparelho de Estado e eliminar do partido as atitudes militaristas do tempo de guerra. Tudo isso, disse Stalin, levaria tempo.[30]

Ele depreciou Trotski como um pretenso "super-homem" e conclamou que lhe recordassem a permissão secreta do X Congresso do Partido para a remoção de qualquer membro do Comitê Central que infringisse a disciplina.[31] Foi uma reviravolta estupenda no destino dos grandes rivais. Lenin havia ditado um testamento, exigindo que Stalin fosse demitido da secretaria geral. Agora, Stalin ameaçava expulsar Trotski do Comitê Central. Nadejda Krupskaia leu várias reportagens do *Pravda* para o marido doente.[32] Apesar de elas terem sido maciçamente editadas, Lenin

406 Parte III: 1920–1928

parece haver captado um pouco do que vinha acontecendo. Talvez tenha intuído que a cisão partidária que previra estava em andamento. Suas preocupações se aprofundaram. No dia 21 de janeiro, os médicos não puderam fazer mais nada por ele. À noite, Lenin sofreu uma violenta convulsão e morreu.

Trotski estava viajando pela Geórgia, a caminho da Abecásia, quando a notícia o alcançou. O trem estava parado naquele momento na estação ferroviária de Tblísi. Sermuks, seu ajudante de ordens, aproximou-se do vagão-escritório, levando uma mensagem de Stalin. Pelo rosto do rapaz, Trotski percebeu que havia acontecido uma "catástrofe". Entregou o pedaço de papel a Natalia, que já havia adivinhado seu conteúdo.[33] A princípio, o Comitê Central decidiu realizar o funeral no sábado da mesma semana — e a Cheka recebeu ordens de transmitir essa informação a Trotski.[34] A partida de Moscou tinha sido retardada por fortes nevadas, e seria difícil Trotski regressar a tempo. Ocorre que o funeral se realizou no domingo. Em algumas ocasiões posteriores, ele afirmou ter sido enganado, para que fossem prejudicadas as suas chances de substituir Lenin. Stalin era mesmo capaz dessas deslealdades, mas Trotski nunca teve realmente certeza do que acontecera e, menos de um ano antes de morrer, manifestou dúvidas quanto a ter sido tapeado.[35] Mas em Tblísi, de qualquer modo, estava longe de se sentir animado a regressar a Moscou e, em vez disso, prosseguiu para Sukhum. Ordjonikidze, aliado de Stalin, escreveu a Lakoba enfatizando a necessidade de prevenir a ocorrência de qualquer incidente com Trotski; e o presidente da OGPU, Felix Dzerjinski, reforçou a mensagem de que Trotski tinha que receber um cuidado e atenção excepcionais. Sua segurança física devia ser a prioridade máxima.[36]

Uma assembleia plenária do Comitê Central foi realizada em 29 de janeiro, dois dias depois do funeral, principalmente para discutir providências sobre maneiras de homenagear Lenin.[37] Outra plenária, realizada em 31 de janeiro, confirmou as resoluções da Conferência recente. A transcrição das atas da Conferência foi enviada a todas as comissões partidárias das províncias, para que se fizesse conhecer amplamente a natureza completa das objeções da liderança ascendente a Trotski e à Oposição de Esquerda.[38] Rykov foi eleito presidente do Sovnarkom.[39]

A Oposição de Esquerda

Uma terceira assembleia realizou-se em 3 de fevereiro, e Trotski foi indiretamente atacado por meio de uma discussão sobre as "graves deficiências [...] que ameaçam levar o exército a um colapso".[40] Stalin manifestou apreensão quanto à retirada de comandantes "Vermelhos" do alto-comando. Tais comandantes eram os que não tinham sido oficiais do exército imperial, e sim treinados e promovidos no Exército Vermelho. Sklyanski, vice-presidente do Conselho Militar Revolucionário da República, compareceu no lugar de Trotski. Stalin se recusou a ceder e chegou até a perguntar qual teria sido a serventia do Exército Vermelho, se o Partido Comunista Alemão houvesse realmente tomado o poder e precisado da ajuda militar soviética. Trotski, afirmou ele, andara dizendo "besteiras". Lenin havia sofrido a extinção física; agora começava o longo funeral político de Trotski.

33. Na frente cultural

Entre os temas que prendiam a atenção de Trotski no sul do Cáucaso estava a cultura soviética. Isso não significava que ele houvesse arrefecido em sua política. O que ainda lhe importava era a revolução mundial, e nenhum preço humano seria grande demais para pagar em prol dessa causa. Ele manifestou sua completa despreocupação moral ao dizer a seu admirador norte-americano Max Eastman, no princípio da década de 1920, que ele e os bolcheviques estavam dispostos "a transformar em cinzas vários milhares de russos para criar um verdadeiro movimento revolucionário norte-americano".[1] Os operários e camponeses da Rússia teriam gostado de saber do sacrifício em massa que ele contemplava. Se os fins eram desejados, era preciso querer os meios. Trotski sublinhava constantemente que a ordem soviética nunca poderia ter surgido sem uma tomada violenta do poder, a ditadura, o terror e a guerra civil. O Exército Vermelho tinha sido obrigado a esmagar os Brancos e a rechaçar a intervenção militar estrangeira. Posteriormente, o partido tivera que impor a prioridade do investimento de capital industrial na reconstrução econômica. Trotski não tinha paciência com as solicitações de atendimento às demandas populares.

Também insistia em que não haveria uma melhora fundamental enquanto não pudesse ocorrer uma transformação nas condições sociais. Era arrebatadora a sua visão de futuro:

O homem se tornará incomparavelmente mais forte, mais inteligente, mais sutil. Seu corpo será mais harmonioso, seus movimentos, mais rítmicos, sua voz, mais musical; as formas da existência

Na frente cultural

cotidiana adquirirão uma teatralidade dinâmica. O tipo humano médio se elevará ao nível de Aristóteles, Goethe, Marx. É acima dessa cordilheira que se erguerão novos píncaros.[2]

Ao escrever sobre a vida futura do povo no comunismo, Marx havia enfatizado que todos participariam da política e se dedicariam ao trabalho manual, mas também haveria ampla oportunidade para todos lerem livros e saírem para pescar. Trotski foi influenciado por isso. Nunca foi um mero pragmatista, oportunista ou faccionalista. Era um marxista devoto. Acreditava na possibilidade da conquista de uma ordem universal que libertaria totalmente o espírito humano. Para ele, o progresso não seria satisfatório enquanto as realizações artísticas e científicas do mundo não se tornassem acessíveis a todos os trabalhadores.

Trotski concordava com Lenin que o domínio das letras e dos números era um pré-requisito para a realização dessas ideias.[3] Nenhum dos dois via esperança para o progresso revolucionário enquanto as "massas" não soubessem ler, escrever, contar e se organizar. Trotski se enfurecia com o desleixo e a ineficiência — era quase famoso por suas explosões. Admirava a classe operária por seu potencial de se elevar acima de seus opressores, mas não podia apoiar sua frequente incapacidade de se portar de forma ordeira.

Ansioso por reformar as rotinas da vida russa, ele lançou, no verão de 1923, um livreto chamado *Problemas da vida cotidiana*:

Por mais importante e vital que seja a necessidade de nosso trabalho transformar a cultura, ele continua sob o signo da revolução europeia e global. Continuamos a ser soldados em campanha. Temos um dia de descanso. Cada um tem de lavar sua camisa, aparar e pentear o cabelo e, antes de mais nada, limpar e lubrificar seu fuzil.[4]

O homem, declarou ele, não deveria "viver apenas pela simples 'política'", e os revolucionários precisavam inculcar o desejo de atentar para os detalhes. Trotski escreveu que era vantajoso para todos que se atingissem padrões mais altos de higiene em toda a URSS. Ninguém deveria ficar impune ao jogar guimbas de cigarro no chão. O uso de palavrões

410 Parte III: 1920–1928

tinha que acabar. O consumo elevado de bebidas alcoólicas precisava ser desestimulado, e Trotski propôs a introdução de um completo "regime antialcoólico". Também estimulou o reforço da propaganda ateia. Acreditava que a Igreja ortodoxa russa exercia uma influência corruptora na classe operária — e conclamou o uso do cinema para fazer o povo se desabituar da religião. A vida familiar também precisava ser modificada. As mulheres deveriam ser tratadas como iguais e incentivadas a se filiar ao partido.[5]

Ao mesmo tempo, ele almejava estender os benefícios da cultura "superior" a todos na sociedade. A seu ver, "o desenvolvimento da arte é o teste supremo da vitalidade e da importância de cada época."[6] Ele mesmo fazia parte do meio artístico da Rússia e da Europa. Fizera crítica de livros, peças teatrais e exposições. Era um escritor ilustre. Seu dia não lhe parecia completo, a menos que ele encontrasse tempo para expressar elegantemente suas ideias nas páginas de seus cadernos de notas.

Lenin e o partido bolchevique pouco se importaram com as artes depois da Revolução de Outubro. Trotski e Zinoviev chamaram atenção para esse descaso em 1922, quando propuseram que o partido procurasse estabelecer uma relação produtiva com escritores e pintores. Perceberam que levaria pelo menos uma geração até conquistarem o compromisso de autores jovens e brilhantes. Os bolcheviques precisavam de aliados temporários. Nesse ínterim, teriam que se arranjar com os "simpatizantes". Foi a seguinte a argumentação de Trotski e Zinoviev: muitos intelectuais, sem serem membros do partido, compartilhavam os objetivos da modernização social e econômica e tinham uma postura positiva em relação ao socialismo. Se esses indivíduos desistissem de criticar a Revolução de Outubro, os censores deveriam deixá-los sossegados.[7] Trotski não era nenhum liberal em matéria de assuntos culturais. Achava que ninguém na Rússia que questionasse a ordem soviética, ainda que fosse apenas em romances ou quadros, merecia a tolerância oficial. Mas ele queria uma política flexível de gestão cultural dentro desse arcabouço de severidade. Visava conquistar a simpatia dos intelectuais que não fossem inimigos do partido e que ainda pudessem vir a ser seus amigos. Aproximou-se de Kamenev e Zinoviev em busca de ajuda para levar o partido a organizar uma campanha adequada.[8] Por si só, isso era inusitado nele. Sua

Na frente cultural

técnica de praxe era escrever um folheto, provocar uma controvérsia e
torcer pelo melhor. Talvez houvesse aprendido com sua derrota na disputa sindical de 1920-1921. (Se assim foi, tratou-se de uma lição que ele
esqueceu rapidamente.)[9]

Trotski admitiu que não se mantinha a par da literatura de ficção
desde 1914; recrutou o crítico literário A. K. Voronski como seu informante especializado e lhe pediu que compilasse uma lista de autores,
com suas respectivas obras. Em primeiro lugar, quis saber do poeta Osip
Mandelshtam e do romancista Boris Pilniak.[10] Também escreveu ao líder
comunista italiano Antonio Gramsci, pedindo informações sobre Filippo
Tommaso Marinetti e sobre o movimento futurista italiano, bem como
sobre Gabriele d'Annunzio.[11]

Entrou pessoalmente em contato com Vladimir Maiakovski e os
futuristas da Rússia, assim que soube de sua contribuição crescente
para a literatura contemporânea. Maiakovski era um poeta de técnica brilhante que havia apoiado os bolcheviques depois de 1917. O
futurismo era uma tendência anterior à tomada do poder ocorrida
em outubro, e Trotski reconheceu que precisava conhecer melhor o
movimento. (A postura de Lenin foi diferente: depois de folhear alguns
poemas de Maiakovski, ele decidiu que publicá-lo era um desperdício
de dinheiro.)[12] Maiakovski forneceu a Trotski exemplares de textos
futuristas, e ele os leu e pediu uma definição do futurismo. O escritor
o atendeu, e os dois tiveram o prazer de se corresponder durante algum tempo.[13] Trotski foi acertando o passo em sua tarefa de promotor
de uma campanha cultural. Com sua aguda sensibilidade a qualquer
tipo de inadequação estilística, escreveu à revista satírica *Krokodil*
("Crocodilo") queixando-se de que os artigos dela eram melancólicos
demais. Era preciso divertir os leitores, além de instruí-los.[14] Trotski
escreveu uma introdução a uma coletânea de caricaturas de Boris
Yefimov.[15] Nenhum outro membro do Politburo se interessava por
esse tipo de coisa. Trotski compreendia a importância das caricaturas
para a agitação e a propaganda — ou *agitprop*, como os bolcheviques
denominavam esse processo. Yefimov era um pintor de habilidade
excepcional — e foi um prazer para Trotski acrescentar o lustro de
sua própria fama à publicação do caricaturista.

412   Parte III: 1920-1928

A reputação de Trotski como crítico e estilista literário estimulava os
escritores a buscar sua ajuda. Fiodor Sologub, que ele havia conhecido
na Europa central antes da Grande Guerra, pediu-lhe que intercedesse
para ajudá-lo a obter permissão para viajar ao exterior. Sologub estava
na miséria e achou que poderia restabelecer-se viajando para a Estônia.
Trotski aquiesceu, sob a condição de que o escritor concordasse em
não se envolver em política,[16] porque, antes de mais nada, Trotski era
comunista e exigia a subordinação das aspirações artísticas às demandas da política.

Em 1923, depois de devorar a lista de obras recomendadas por
Voronski, ele publicou *Literatura e revolução*. Não fez referência no livro à reintrodução da censura estatal nem à deportação de intelectuais
antibolcheviques no ano anterior. Talvez se sentisse sem jeito. Mas isso
era improvável, num líder que habitualmente expressava suas ideias sem
rodeios. A razão mais provável é que não sentisse nenhum impulso de
comentar o assunto. O homem que insistia no aumento da regulação
econômica estatal não era nenhum defensor da completa liberdade artística. Concordava em dar às autoridades o poder de determinar o que
podia ser publicado, e essa viria a ser sua atitude em fases posteriores da
vida. *Literatura e revolução* deu-lhe a oportunidade de manifestar sua
apreensão sobre os tipos de literatura que vinham sendo produzidos na
Rússia soviética. Embora ele pudesse perceber que Vladimir Maiakovski
e a escola literária futurista estavam tentando servir à causa soviética, não
lhe agradavam a sua imagística extravagante e suas técnicas exageradamente elaboradas. Apesar de se sentir atraído pela linguagem e métrica
mais simples de Sergei Yesenin, ele o criticou por idealizar a "Rússia" e
negligenciar a política revolucionária. Maiakovski e Yesenin, afirmou
Trotski, eram típicos "simpatizantes", em sua recusa a incorporar os
objetivos do marxismo em sua poesia. Isso foi duro com Maiakovski, que
escrevia poemas de louvor à ordem soviética e que, quando da morte de
Lenin, em 1924, fez-lhe um hino como o herói gigantesco da humanidade
e por pouco não o endeusou: "Lenin viveu, Lenin vive, Lenin viverá!" Mas
o instinto de Trotski não estava inteiramente equivocado. Maiakovski
não tardou a se desiludir com a direção da política estatal. Não conseguiu
mais enfrentar a vida, à medida que seu entusiasmo político o deixou,

Na frente cultural

e, em 1930, cometeu suicídio. Yesenin, que nunca havia tentado cair nas graças do regime, tinha feito o mesmo, cinco anos antes.

O poeta Valeri Bryusov foi um dos que puderam ficar satisfeitos com o que Trotski escreveu a seu respeito. Havendo passado para o lado soviético, Bryusov fora atacado pelos que tinha deixado para trás. Escreveu a Trotski, agradecendo suas palavras gentis de apoio.[17] Yevgeni Trifonov, um escritor pouco conhecido, não ficou propriamente satisfeito com o ataque que Trotski desferiu contra ele no *Pravda*; escreveu-lhe para reclamar da recusa do jornal a lhe conceder espaço de resposta. Trifonov aborreceu-se com o fato de o comissário do povo para Assuntos Militares não ter se dignado referir-se a ele como "camarada", apesar de ele estar matriculado no curso de treinamento militar para comunistas.[18]

Trotski também deu atenção a Aleksandr Blok — ou sr. A. Blok, como o chamou em seu livro, em alguns momentos — e a seu poema de 1918 intitulado "Os doze". Escrito em estrofes curtas e incorporando a gíria de rua de Petrogrado, o poema foi um assombroso triunfo artístico. Seu tema era uma gangue de membros perversos e anárquicos da Guarda Vermelha que saíram praticando saques pela capital russa em 1917. Trotski se absteve de uma aprovação geral. Achou que Blok via apenas os aspectos desagradáveis da Revolução de Outubro. Esse tipo de poesia não promoveria os objetivos revolucionários oficiais. Trotski a descartou como sendo apenas "o canto do cisne da arte individualista", e nada mais.[19] Blok pelo menos acolhia de bom grado alguns aspectos da sublevação revolucionária, ao passo que o romancista Andrei Bely foi mais típico da *intelligentsia* pré-revolucionária, ao condenar a violência e o abuso de poder. Bely não disse uma só palavra positiva sobre os bolcheviques. Trotski comentou: "Não faz muito tempo, Bely escreveu algumas ideias muito acuradas a seu próprio respeito — está sempre ocupado consigo mesmo, andando em círculos em volta de si, dando-se uma cheiradinha e se lambendo."[20] Foi uma senhora desfaçatez tecer esse tipo de comentário. Se a preocupação literária consigo mesmo era sinal de decadência, o próprio Trotski era um expoente recidivista.

Apesar de toda a sua verve estilística, *Literatura e revolução* foi um levantamento malfeito da prosa e poesia contemporâneas. Anna Akhmatova, Osip Mandelshtam e Boris Pasternak estavam entre os maiores poetas do século XX, porém Trotski mal chegou a mencioná-los. Talvez não tivesse tido tempo de lê-los. Produziu o livreto às pressas — e teve de revisá-lo no estilo e no conteúdo, nas edições posteriores. O material incluído foi selecionado com o objetivo de ilustrar as ideias gerais que ele estava frisando. Como outros líderes comunistas, Trotski queria uma cultura superior subordinada aos objetivos partidários. Levaria muitos anos, ao que ele supunha, para que uma "cultura proletária" fosse largamente alcançada,[21] mas ele não quis despedir-se de seus leitores com uma nota pessimista. Sugeriu que Demian Bedny era quem melhor encarnava a ligação entre a realização cultural e o progresso político.[22] Era preciso ser meio surdo para imaginar que Bedny, um fornecedor de versos de pé quebrado, merecesse essa ovação. Mesmo em seus melhores textos, Bedny estava longe de ser digno de participar de uma antologia, e seus piores trabalhos eram realmente muito ruins. Só quando ele tomou o partido de Stalin contra Trotski foi que este o criticou duramente, por seu vazio "ideológico-poético".[23]

O fato de Trotski, em 1923, haver optado por promover os méritos de um versejador medíocre, em detrimento de Aleksandr Blok e sua poesia majestosa, mostra que o que mais lhe importava era promover a causa revolucionária. Os imperativos da governança soviética estavam embotando seu gosto. Ele admirou Bedny por enaltecer a classe operária e a Revolução de Outubro e por executar qualquer dever que lhe fosse atribuído. A crueza dos juízos de Trotski passou despercebida aos olhos das gerações posteriores, porque a política cultural de Stalin na URSS foi ainda mais crua, e o potencial sombrio do livreto foi mascarado pelas qualidades edificantes de seu sonho de comunismo. Trotski também ganhou aplausos por escrever algo que estava fora da trilha convencional do bolchevismo oficial — e a multiplicidade de reimpressões posteriores a 1923 indica que seus argumentos encontraram ressonância na sensibilidade popular. Ele foi sempre cortês, embrulhando suas considerações num invólucro que despertou a atenção de muitos leitores que, noutras circunstâncias, não levariam a sério nenhum membro do Politburo como colaborador no debate fundamental sobre o futuro da cultura e da sociedade. *Literatura e revolução* foi, essencialmente, uma obra de reducionismo político. No cômputo final, entretanto, foi Trotski quem lançou as bases filosóficas do stalinismo cultural.[24]

Na frente cultural

Os outros líderes não faziam nenhuma objeção fundamental ao que ele escrevia sobre a vida cotidiana ou a literatura, embora o círculo de Stalin se horrorizasse um pouco com sua austeridade puritana. Não era apenas o que Trotski escrevia, mas também o tempo que ele gastava escrevendo, que provocava críticas entre eles. No Politburo, ele foi solicitado a diminuir o ritmo de sua produção de livretos e a aumentar seu envolvimento nas discussões de ordem prática na liderança partidária. Sua reação foi pouco receptiva.[25]

É bem possível que ele não tenha compreendido essa crítica, já que, mesmo durante a guerra civil, havia continuado a escrever, enquanto se desincumbia com eficiência de suas obrigações militares. Natalia compreendia as necessidades dele e o ajudava na medida do possível. Em abril de 1918, foi ao Museu Rumyantsev, no centro de Moscou, pedir permissão para obter exemplares emprestados do jornal *Kievskaya mysl* do período de 1915-1916. Trotski precisava deles para escolher seus melhores artigos, a fim de publicá-los em *Guerra e revolução* (lançado em 1922).[26] Sua rotina militar o impedia de ir lá pessoalmente; porém a maioria dos líderes políticos nem sequer sonharia planejar um projeto desse tipo naquelas circunstâncias. O estabelecimento da paz deu-lhe a oportunidade de dedicar uma parte ainda maior de suas horas de vigília à sua vocação de escritor. Esse entusiasmo transformou-se numa obsessão. Em 1926, por exemplo, ele publicou *Aconteceu na Espanha*,[27] que foi uma vívida descrição das circunstâncias de sua deportação da França e da Espanha em 1916. Não há dúvida de que esse fora um episódio importante em sua vida. No entanto, justamente na época em que o editou, ele estava enfrentando um desafio drástico à sua sobrevivência na liderança do partido bolchevique. Sua alegação foi que A. K. Voronski havia insistido em que ele produzisse o livreto, e a promessa de belas ilustrações de K. Rotov, em preto e branco, tinha sido um incentivo irresistível.[28] Como se um dos senhores do Kremlin fosse cumprir ordens de uma dupla de artistas! Afinal, faria mais sentido ele se concentrar em derrotar Stalin e Bukharin.

Do mesmo modo, ele poderia ter encontrado coisas mais úteis para fazer do que conduzir um levantamento da carreira de Lenin. Seu livro *Sobre Lenin*, por mais vívido e interessante que tenha sido, exigiu semanas

416   Parte III: 1920-1928

de esforço. Trotski viu nele um modo de enfraquecer os ataques que lhe eram dirigidos, acusando-o de ser um perpétuo antileninista. Encheu as páginas de recordações agradáveis da época que havia passado com Lenin, desde seu primeiro encontro em Bloomsbury, em 1902.[29] Sua mente vasta resgatou suas experiências e as transformou em material para seus escritos. O livro mal chegou a justificar a quantidade de energia criativa que Trotski investiu nas pesquisas para o texto, em sua redação e na leitura das provas. Ele evitou dar nomes aos líderes bolcheviques "moderados" — Kamenev, Zinoviev e Stalin — que haviam obstruído a estratégia revolucionária de Lenin em março e outubro de 1917.[30] Mas qualquer um que tivesse um mínimo de conhecimento da história do partido sabia a quem ele se referia. Trotski não pareceu perceber que estava fechando as portas à possibilidade remanescente de separar a troica dominante.

Nele, de qualquer modo, escrever quase sempre tinha precedência sobre discursar e organizar; ele chegava até a reservar tempo para conceber prefácios longos e novos para segundas e terceiras edições de seus livretos, em meados da década de 1920.[31] Simplesmente adorava sentar-se a uma escrivaninha, com a caneta-tinteiro na mão, rabiscando sua obra mais recente. Ninguém se atrevia a perturbá-lo quando o fluxo de palavras se formava em sua cabeça. Ele acostumou familiares, empregados e assistentes pessoais a esses hábitos. A organização faccional nunca lhe era de suprema urgência, já que ele estava fazendo a coisa certa pelos critérios das doutrinas marxistas de que era devoto fiel. Toda a sua carreira parecia validar essa suposição. Ele havia florescido em situações em que tinha agarrado oportunidades imprevistas e as moldado às suas exigências. Tinha sido herói revolucionário em 1905 e, de novo, em outubro de 1917. E, de qualquer modo, não fazia questão de viver senão nesses termos. Vivia como julgava que devia viver um pensador e um líder revolucionário. Assim, continuou a funcionar dessa maneira altiva, enquanto ele próprio e seu grupo da Oposição de Esquerda iam sendo constantemente superados em matéria de estratégia pela liderança ascendente do partido. Preferiria sofrer uma derrota gloriosa a modificar seu estilo de vida e de trabalho.

Sobre Lenin, para sermos justos com Trotski, teve maior justificativa para ocupar seu tempo do que os outros projetos literários. Ele escreveu

Na frente cultural

o grosso do texto durante sua convalescença em Sukhum — o prefácio datou de 21 de abril de 1924, exatamente três meses depois da morte de Lenin. Foi um período em que seus inimigos estavam vasculhando em arquivos de jornais e nos registros partidários todos os momentos de seu passado antibolchevique para atirá-los em seu rosto. Da situação de ser festejado em público e temido no âmbito privado, ele passou à de principal alvo da vituperação oficial. Bukharin foi o arqueiro mais decidido, no nível político mais alto do texto impresso. *Sobre a questão do trotskismo*, que ele escreveu em 1925, resumiu as alegações contra Trotski. Tendo sido um dos líderes bolcheviques antes de 1917, Bukharin sabia tudo sobre as rusgas entre Lenin e Trotski. Também não deixou de chamar a atenção para os detalhes embaraçosos da biografia trotskiana que Trotski havia deixado de incluir em suas diversas obras completas. Como assinalou Bukharin, essas lacunas não eram acidentais: Trotski se entregara a uma distorção da verdade histórica, motivado pela busca de vantagens políticas — e era fácil desmascará-lo.[32] O passado bolchevique tornou-se um campo de batalha na política comunista da época. Os diálogos eram maçantes e os métodos eram sub-reptícios de ambos os lados. As apostas nos jogos ideológicos não poderiam ser mais altas. Quem ganhasse alcançaria a supremacia na liderança partidária.

Na edição em múltiplos volumes de suas *Obras completas*, publicadas em Moscou a partir de 1924, Trotski não apenas deixou de fora alguns artigos como até reescreveu vários deles.[33] Em 1932, viria a denunciar "a escola stalinista de falsificação", por ocultar ou alterar qualquer documento que levasse Stalin a ser visto sob um prisma ruim.[34] Essa acusação entrou nos cânones da historiografia ocidental e levou à crença largamente difundida em que o próprio Trotski seria incapaz de engodos semelhantes. É compreensível que ele tenha agido como agiu em meados da década de 1920. Ninguém poderia vencer a luta pela sucessão de Lenin sem se afirmar um admirador dele da vida inteira. Mas isso não torna tal conduta admirável nem insignificante. Trotski, o capturador de ladrões, também era meio meliante em matéria de história.

Seja como for, ele não apresentou *Sobre Lenin* como uma pesquisa rigorosa. O subtítulo, *Materiais para um biógrafo*, foi uma sugestão disso. Tratou-se de uma obra escrita às pressas e sem respaldo documental. As

418 Parte III: 1920–1928

lembranças que Trotski tinha de Lenin eram recentes, e sua motivação política, mais recente ainda. Os relatos anedóticos amontoaram-se nas páginas. Trotski deu a impressão de que, durante a maior parte da vida política de ambos, Lenin e ele haviam desfrutado de uma parceria íntima e vibrante.[35] Ele falou da recepção calorosa que Lenin lhe dera em Londres em 1902. Descreveu seu próprio trabalho na direção editorial do *Iskra*. Depois disso, num movimento de ginástica histórica, saltou para a Revolução de Fevereiro, fazendo um resumo de como Kamenev e Stalin haviam demorado a adotar uma política leninista em março de 1917. Ao discorrer sobre os últimos meses desse mesmo ano, ele relembrou que Lenin se perguntara em voz alta o que aconteceria com a ordem soviética se eles dois morressem de repente. Trotski apontou os episódios de 1917-1919 em que Kamenev, Zinoviev e Stalin haviam contrariado as preferências de Lenin na política. Manteve-se mais ou menos dentro dos parâmetros do decoro partidário e tomou o cuidado de não mencionar o testamento de Lenin. Mas manejou a pena com espírito combativo. Estava em campanha política.

Trotski escreveu com habilidade e, em vez de se dizer em permanente concordância com Lenin, admitiu alguns choques ocasionais. Queria aparecer como a única pessoa da intimidade política de Lenin que tinha as qualidades necessárias de visão, julgamento e liderança. Nenhum de seus adversários, nem mesmo Bukharin, podia equiparar-se ao brilhantismo artístico de seu estilo polêmico. Mas a vitória na disputa pelo título de melhor analista revolucionário do partido não o ajudou na competição para se tornar líder da Revolução, depois do falecimento de Lenin.

34. Sem sucesso

Somente em abril de 1924 é que Trotski foi considerado apto a regressar a Moscou. Permanecera fora por mais do que os dois meses projetados e havia descansado — e escrito — enquanto recuperava a saúde. Aproxima-va-se o XIII Congresso do Partido. Seria a primeira grande reunião desde o funeral de Lenin. Trotski manifestou seu pesar por deixar "o lindo sol e os belos camaradas" de Abecásia.[1] Mas de lá não poderia retomar um papel na liderança. O sistema telefônico e telegráfico era precário e todas as reuniões importantes aconteciam na capital soviética. Sua temporada no sul do Cáucaso havia chegado ao fim.

Ele não conseguiu resistir a parar por alguns dias na Geórgia, onde discursou no Soviete da cidade de Tblísi no dia 11 de abril. Sempre achou os discursos públicos um desafio menor do que participar de reuniões. Alcançou seu sucesso costumeiro, apesar do tema deprimente que havia escolhido: a derrota recente da revolução alemã. Começou por se declarar sem contato com os eventos mais recentes — ao que parece, havia descoberto mais coisas com os jornalistas a quem concedera entrevistas do que estes haviam aprendido sobre ele.[2] Os camaradas alemães, afirmou, não podiam culpar ninguém senão eles próprios. As condições tinham sido adequadas para que tomassem o poder. A maioria dos trabalhadores estava insatisfeita com a República de Weimar e a burguesia tinha uma fragmentação interna. Mas faltara aos comunistas de Berlim um partido tão firmemente organizado quanto o que os bolcheviques haviam possuído em 1917, supostamente. Eles também não tinham um líder da estatura de Lenin.[3] Trotski queria provar sua disposição de desempenhar

420 Parte III: 1920–1928

um papel leal na política soviética. Não revelou suas ideias particulares, pois continuava convencido de que *O novo rumo* tinha oferecido críticas justas à liderança ascendente. No entanto, reconhecendo que precisava portar-se com mais habilidade que antes, ele estava se preparando para ter um desempenho eficaz no Congresso do Partido.

Ao chegar a Moscou, dias antes do início da reunião, em 23 de maio, Trotski retomou o comparecimento ao Comitê Central e ao Politburo e voltou a ocupar seu escritório no Comissariado do Povo para Assuntos Militares. Sabia que as pessoas o estavam observando, à procura de qualquer sinal de atividade oposicionista — e compreendeu que qualquer gesto flagrante nessa direção sairia pela culatra, depois da censura que ele havia recebido da Conferência do Partido em janeiro. Os veteranos do partido ainda estavam com medo de que grupos antibolcheviques se aproveitassem da insegurança política do momento: queriam estabilidade na vida pública soviética e olhavam de esguelha para os indivíduos que punham sua ambição pessoal acima dos interesses da Revolução. Lenin passara a ser reverenciado como uma espécie de divindade laica. O nome de Petrogrado foi trocado por Leningrado, e os textos de Lenin eram tratados como a escritura sagrada. Trotski tinha de mostrar que não tencionava rachar a liderança mais uma vez.

Stalin também tinha de agir com cautela. Como confirmou Nadejda Krupskaia, era dever da liderança partidária atender ao pedido de Lenin de transmitir seu testamento ao Congresso do Partido — e era fatal que isso criasse problemas para Stalin. O Comitê Central tomou a decisão de lê-lo apenas para os líderes das delegações locais do Congresso. Eles se reuniram devidamente para um encontro especial e foram apresentados aos comentários depreciativos de Lenin sobre os mais destacados bolcheviques. Embora o "exagerado" zelo administrativo de Trotski fosse mencionado no testamento, era Stalin quem tinha mais motivo de preocupação — o que transpareceu na expressão deprimida de seu rosto, enquanto as críticas de Lenin eram transmitidas. As testemunhas nunca o tinham visto com ar menos truculento. À medida que os oradores se levantaram para debater o testamento, concordou-se quanto à necessidade de uma mudança no manejo dos assuntos centrais do partido. Alguns entregaram comentários assinados.[4] Stalin sobreviveu

Sem sucesso

a essa provação porque não houve um número suficiente de delegados dispostos a demiti-lo e porque, de qualquer modo, o Comitê Central manifestou sua confiança nele. Verdade seja dita, ninguém podia criticar seu comportamento desde a primavera de 1923, pois, enquanto Trotski levantara a bandeira do faccionalismo, Stalin havia trabalhado com solidez e lealdade em prol da liderança ascendente.[5]

Após a derrota da Oposição de Esquerda, Trotski nem sequer obteve o direito de voto no Congresso,[6] e foi Zinoviev quem apresentou o relatório político ao Comitê Central. Trotski participou do debate sobre o relatório organizacional de Stalin. Adotou um tom respeitoso ao repetir suas ideias sobre a nova geração, as facções e o planejamento econômico.[7] Esforçou-se para reformular suas críticas recentes na linguagem que era usada nas resoluções do Comitê Central. Em seguida, apresentou uma espécie de pedido de desculpas: "Camaradas, nenhum de nós deseja ou é capaz de ter razão contrariando o próprio partido. Em última análise, o partido sempre tem razão, porque é o único instrumento histórico oferecido ao proletariado para a solução de suas tarefas fundamentais."[8] É óbvio que ele intuiu que estava em livramento condicional por seus pecados do passado; e, desse momento em diante — a rigor, até 1933 —, converteu-se a um sentimento de consideração com o partido que estivera visivelmente ausente nele desde 1917.[9] Durante seus meses de reflexão no sul do Cáucaso, ele havia decidido tornar-se uma espécie de leninista. Em momento algum ofereceu uma palavra que explicasse sua disposição repentina de se curvar diante do partido. O interesse pessoal deve ter sido um dos fatores. O moral baixo talvez também lhe exigisse encontrar uma rocha adicional em que basear sua estratégia, e é possível que ele já não sentisse o impulso de se testar no cotejo com Lenin, agora que este havia morrido, e pudesse pela primeira vez aceitá-lo como uma espécie de autoridade.

Sua abnegação pública foi tão extrema quanto atípica, e, nos anos seguintes, ele viria a se revelar idiossincrático em seu leninismo.[10] De qualquer modo, vários de seus principais adeptos julgaram seu pedido de desculpas um erro tático de avaliação: queriam vê-lo erguer-se orgulhosamente contra seus adversários na liderança.[11] Trotski julgou que havia necessidade de cautela. Os líderes em ascensão ficaram satisfeitos

422 Parte III: 1920-1928

com sua postura contrita e permitiram que ele conservasse seus assentos no Politburo e no Comitê Central.

Trotski continuou a ganhar tempo, antes de fazer um novo ataque à liderança partidária em ascensão. Essa não lhe era uma situação simpática e ele se atirou à atividade literária. Quando foi a Kislovodsk, no norte do Cáucaso, passar suas férias de verão, estava pronto para redigir rapidamente um livreto intitulado *Lições de outubro* (que começou sob a forma de uma introdução a um volume de sua *Obra completa*).[12] Ele o concluiu em meados de setembro de 1924 e pretendeu fazer dele uma sequência política mais combativa de *Sobre Lenin*. No cerne das *Lições de outubro* estava o ano de 1917. Com certa razão, Trotski afirmou que o partido havia deixado de fazer um estudo adequado da Revolução de Outubro. Ofereceu as conclusões a que havia chegado, com a finalidade de contribuir para a causa comunista na URSS e em países como a Alemanha.[13] Enfatizou que a orientação de Lenin havia deparado repetidas vezes com a resistência de indivíduos e grupos a que se referiu como conciliadores. Stalin e Kamenev tinham desejado uma conciliação com o governo provisório em março.[14] Depois, à medida que a política partidária se voltara para a tomada do poder, Kamenev e Zinoviev tinham se empenhado em atrapalhar sua implementação. Eles e outros conciliadores haviam continuado a trabalhar por um acordo com os mencheviques e os socialistas revolucionários, em novembro de 1917.[15] Trotski concluiu tecendo o comentário provocador de que o partido possuía líderes que não haviam rompido com os instintos e doutrinas de partidos engajados na luta política contra os bolcheviques.[16]

Isso empurrou Kamenev e Zinoviev mais ainda para os braços de Stalin. O pouco bem que Trotski fizera a si mesmo no XIII Congresso do Partido foi jogado no lixo. O *Pravda* era um megafone das ordens do dia do Politburo. Imprimiram-se folhetos contra o trotskismo, e o histórico de Trotski como inimigo do bolchevismo voltou a ser narrado. Stalin sabia apertar os parafusos certos: especializou-se em fazer com que ex-simpatizantes de Trotski metessem o malho nele. Colocou-o sob vigilância rigorosa. Isso ficou óbvio quando a correspondência enviada a seu amigo norte-americano Max Eastman, que estava lotado no mar Negro, não chegou de Moscou.[17] Esse tipo de revelação fez Trotski recusar

Sem sucesso   423

uma oferta oficial de instalar um novo telefone em seu apartamento no
Kremlin. Exclamou no Politburo: "A escuta telefônica é uma realidade!"[18]
Ninguém o contradisse.

Já então Trotski e Stalin eram rivais mortais. Sempre que apenas um
dos dois comparecia ao Politburo, assumia o controle dos trabalhos. Em
geral, Kamenev exercia a presidência, orientando delicadamente o avanço
da discussão. Mas nem Kamenev nem Zinoviev eram candidatos sérios
à sucessão. Faltava-lhes o gosto pelo manejo da estratégia comunista em
todo o leque das políticas públicas. Trotski e Stalin eram uma categoria
à parte. Eram ávidos propositores de medidas e desvendavam qualquer
emaranhado de complicações; ficavam impacientes quando se colocavam
relatórios insatisfatórios diante deles. Interrogavam com ar imperioso os
especialistas que compareciam às reuniões da liderança. Em Moscou, só
se falava no fato de Trotski ser um possível substituto de Lenin. A capacidade de Stalin para esse papel não era largamente alardeada, uma vez
que as atas do Politburo tinham uma lista de distribuição restrita e ele
não possuía o talento de Trotski para a autopromoção; nem por isso seu
potencial era menor.[19] Ele e Bukharin trabalharam em estreita colaboração para solapar Trotski. Stalin havia começado a falar na possibilidade
de concluir a "construção do socialismo num único país". Trotski afirmou
que nenhuma conclusão era concebível enquanto houvesse revoluções
comunistas ocorrendo em outros países. Lenin havia concordado com ele
a esse respeito, mas Stalin distorceu os textos de Lenin, a fim de reivindicar a autenticidade marxista-leninista para suas próprias políticas — e
Bukharin afirmou que a teoria trotskista da "revolução permanente", com
sua suposta desconfiança do campesinato, era antileninista.

Zinoviev foi ainda mais beligerante, ao defender, dentro da liderança
partidária em ascensão, a expulsão de Trotski não só do Politburo e do
Comitê Central, mas até do próprio partido. Stalin considerou que essa
seria uma medida extrema demais; gostava de exercer o papel de moderado político e de sugerir que as medidas contra os que apoiavam Trotski se
limitassem à polêmica e às demissões. Trotski foi imprensado na parede.
No fim de 1924, mandou seu assistente, Mikhail Glazman, vasculhar a
imprensa pré-revolucionária bolchevique em busca de artigos que ex-
pressassem aprovação a ele.[20] Era uma retaliação contra uma campanha

424 Parte III: 1920-1928

difamatória no *Pravda*. Incidentes do passado foram levantados e atirados em seu rosto como lama. Houve um envolvimento permanente de ideólogos oficiais. Quando qualquer oposicionista ilustre tomava a palavra numa reunião aberta, ouvia vaias e apupos de uma claque organizada de defensores da liderança partidária ascendente. Negou-se a Trotski e seus adeptos a permissão automática para defender suas ideias na imprensa. Membros comuns do partido, que simpatizavam com a Oposição de Esquerda, foram expulsos ou submetidos a outras sanções punitivas.

A situação chegou a um ponto crítico em janeiro de 1925, quando o Comitê Central debateu o cargo de Trotski no Comissariado do Povo para Assuntos Militares. Em vez de dar aos inimigos o prazer de demiti-lo, Trotski renunciou:

> Esta decisão tinha sido cuidadosamente preparada pela luta anterior. Ao lado das tradições da Revolução de Outubro, os epígonos [ou seja, os líderes partidários em ascensão] temiam, mais do que qualquer outra coisa, as tradições da guerra civil e minha ligação com o exército. Desisti do cargo militar sem nenhuma luta, até com um sentimento interno de alívio, para arrancar das mãos de meus adversários sua arma de insinuações sobre minhas intenções militares. De início, os epígonos tinham inventado essas intenções fantasiosas para justificar seus atos, e depois, eles próprios como que começaram a lhes dar crédito.[21]

Por quase quatro anos momentosos, Trotski e o Exército Vermelho pareciam inseparáveis. Seus feitos na guerra civil tinham sido continuamente celebrados. Nesse momento, ele conservou seus assentos no Comitê Central e no Politburo, mas deixou de ser um homem do exército.

Poderia Trotski ter usado o Exército Vermelho para garantir sua volta à ascendência no partido? Até para fazer essa tentativa, seria preciso que ele fosse um tipo de político diferente. Já dissera a seus companheiros de liderança que não aspirava à supremacia pessoal;[22] e, ainda que não tivesse usado de franqueza com eles ou consigo mesmo, é duvidoso que possuísse a habilidade para montar uma coalizão armada que fizesse o serviço em seu lugar. O alto-comando do Exército Vermelho era repleto de

Trotski na juventude, já usando pincenê.

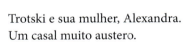

Trotski e sua mulher, Alexandra. Um casal muito austero.

Vladimir Lenin em 1895, enfrentando a câmera de um fotógrafo policial e se mostrando pouco cooperativo.

Yuli Martov quando jovem, antes da desavença com Lenin e, depois, com Trotski.

Georgi Plekhanov, que nunca foi admirador dos talentos de Trotski.

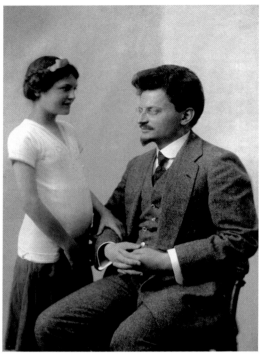

Trotski e sua filha Zina, antes da Primeira Guerra Mundial. Seu porte e a elegância de seus trajes são admiráveis. A fixação de Zina no pai é perceptível até nessa fotografia posada.

Lenin em janeiro de 1918: seu primeiro retrato oficial como líder soviético. Ele havia voltado a deixar crescer a barba que raspara para se disfarçar, antes da Revolução de Outubro.

Trotski na Praça Vermelha em 1919, sem deixar dúvida sobre quem ditava as ordens no grupo militar.

Trotski em seu trem durante a guerra civil. No trabalho com seus papéis, ele mantinha a escrivaninha arrumada.

Clare Sheridan em pose melodramática, contemplando seu busto de Trotski.

Caricatura antissemita de Trotski por Kurfell. Na verdade, seu nariz não era comprido nem adunco, e ele nunca permitiu que o cavanhaque ficasse em desalinho, nem o cabelo desgrenhado.

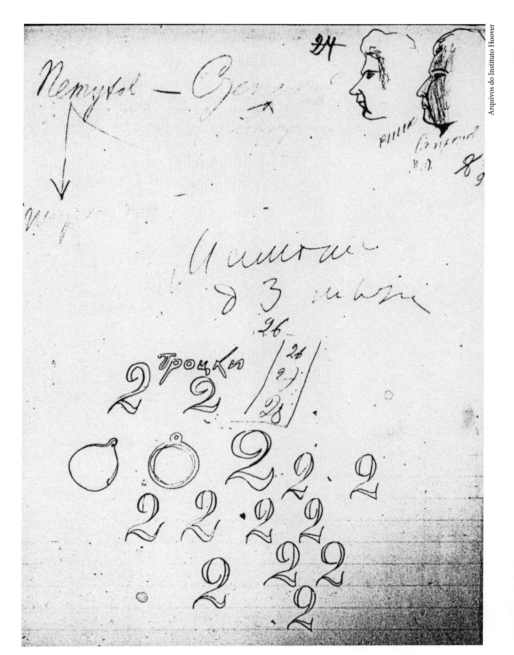

Provavelmente entediado em alguma reunião política, Trotski desenhou o próprio nome.

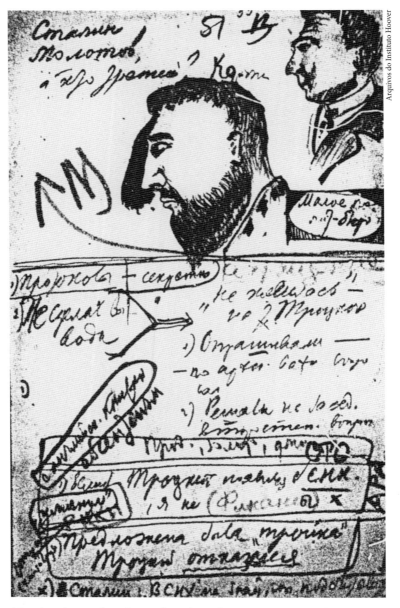

Trotski rabiscando sobre Stalin e fazendo garatujas em geral, em 1922, época em que Stalin causava dificuldades a Trotski e a Lenin.

АНКЕТНЫЙ ЛИСТ.

С решающим голосом. _____
С совещательными голосом. _____

1. Имя, отчество и фамилия _Лев Давидович Троцкий_
2. Возраст _45_
3. Национальность _Еврей_
4. Губерния, от которой делегирован _Чл. ВЦИК._
5. Социальное положение _трудовой интеллигент._
6. а) Ведет ли самостоятельное сельское хозяйство ___
   б) Сколько десятин
7. Партийная принадлежность _РКП_
8. С какого года в партии
9. Профессия _Литератор-журналист - ка..._
10. Указать главные занятия:
    а) до войны 1914 года _Эмигр. литерат. работ._

    б) до февральской революции ___

    в) до октябрьской революции _парт. раб._

    г) после октябрьской революции _НКИД, НКПС, НК..._

    д) какую должн. занимает теперь _Пред. Реввоенсов, НК..._
11. Кем делегирован на Съезд _Чл. ВЦИК_
12. Как происходили выборы
    а) на Съезде _Чл. ВЦИК_
    б) в Совете
    в) в Исполкоме
    г) в армии
13. Участвовал ли в прежних Съездах: 1, 2, 3, 4, 5, 6, 7, 8 и 9-м
14. Место постоянной работы _Москва_
15. Полученное образование: высшее, неокончив. студ., студент, среднее, низшее, военно-школьное, читает и пишет, только читает, неграмотный.

Подпись _____

_ декабря 1922 г._

Подпись лица, проверяющего анкету _____

Questionário pessoal de Trotski no X Congresso de Sovietes, em dezembro de 1922. Sem dúvida, ele omitiu de propósito a resposta referente a seu tempo como integrante do partido. Foi menos tímido quanto a sua nacionalidade ("judeu") e a sua profissão antes de 1914 ("*littérateur*"). Sua declaração de que tinha formação superior foi um exagero, já que não possuía nenhum diploma universitário.

Stalin em 1924: retrato oficial do secretário-geral, feito por M. S. Nappelbaum. É sua imagem mais branda, sem dúvida.

Um dos poucos amigos de Trotski, Khristian Rakovski, cuja foto era mantida na escrivaninha de Trotski em Buyukada.

Agenda de Trotski em 1928-1929 em Alma-Ata, onde ele anotou criteriosamente as datas de cartas enviadas e recebidas na correspondência com seus partidários. As duas páginas da foto incluem a entrada referente a Khristian Rakovski.

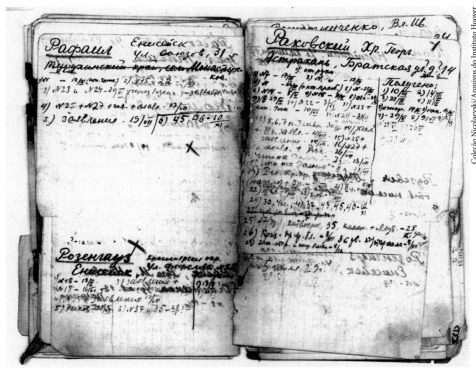

Trotski de suéter, lendo a imprensa comunista internacional da Turquia.

Trotski em trajes de trabalho na Turquia; registro do fotógrafo Jean Weinberg, de Istambul.

Natalia fotografada em Paris na década de 1930, elegante, bonita e despretensiosa como sempre.

Stalin em 1932, já líder da União Soviética.

A casa de Izzet Pasha em Buyukada, onde moraram Trotski e sua família depois de se mudarem do consulado soviético em Istambul, em 1929.

A casa de Kadikoy, onde os Trotski moraram depois do incêndio na casa de Izzet Pasha em 1931.

Trotski e seu filho Lev nos tempos de Turquia.

Zina Bronstein, a primogênita de Trotski.

Sergei Sedov, o caçula de Trotski.

Lev Sedov, o filho mais velho de Trotski.

Jeanne Martin des Pallières, companheira de Lev Sedov.

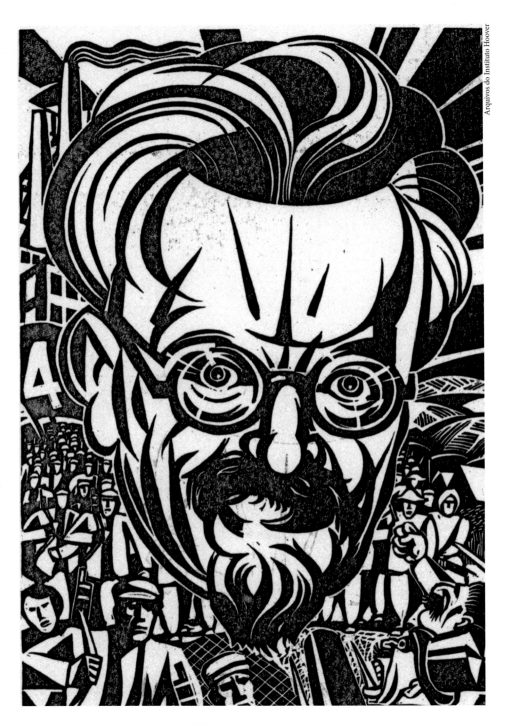
Caricatura de Trotski em uma publicação da Quarta Internacional.

A Casa Azul, em Coyoacán: mistura do tradicional com o moderno.

Trotski e Natalia no pátio da Casa Azul, em 1937.

Frida Kahlo, pintora, anfitriã e — durante algum tempo — amante de Trotski.

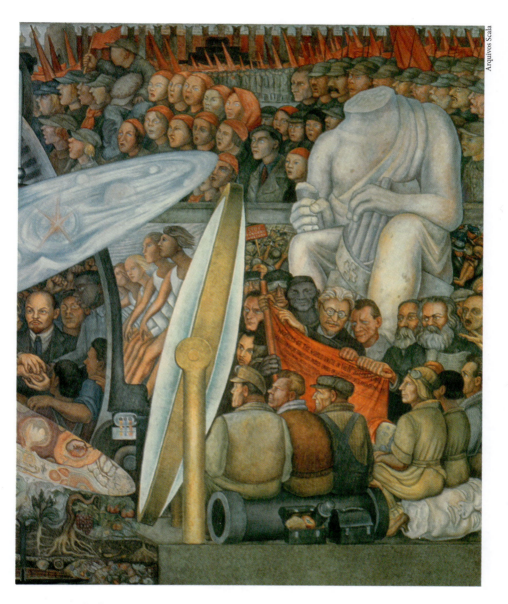

Fragmento de "A máquina do tempo", mural de Diego Rivera na Cidade do México. Trotski é retratado segurando a bandeira vermelha, no canto inferior direito; Lenin aparece à esquerda.

O escritório de Trotski na residência da Avenida Viena, em Coyoacán; sobre a estante de livros aparece o busto que Clare Sheridan fez dele.

Aparência atual da residência de Trotski, vista de fora, na Avenida Viena.

Ramón Mercader, agente secreto soviético e assassino de Trotski.

Fotografia tirada de Trotski logo após sua morte.

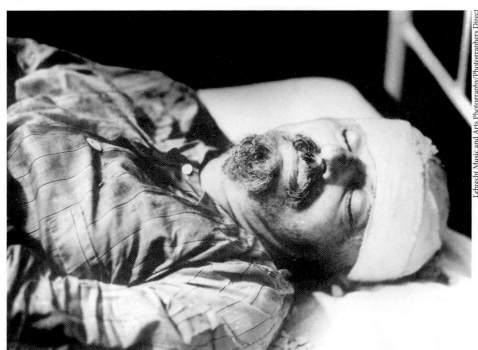

O monumento simples erigido em memória de Trotski no jardim da casa da Avenida Viena.

rivalidades ambiciosas, e não há indícios de que Trotski fosse o xodó de nenhum grupo de comandantes. É verdade que muitos comissários políticos eram admiradores seus. Mas vários destes, inclusive Efraim Sklyanski e Vladimir Antonov-Ovseenko, já tinham sido afastados das forças armadas. Além disso, Trotski podia contar muitos comissários entre seus inimigos, depois de sua gestão imperiosa do Comissariado do Povo durante a guerra civil. Enquanto Napoleão Bonaparte havia ascendido ao poder por força do caos gerado pela Revolução Francesa, o Politburo, em meados da década de 1920, possuía um firme controle do sistema político soviético. Qualquer tentativa de golpe seria impiedosamente enfrentada pelo partido e pela polícia. E, de qualquer modo, Trotski era um revolucionário e um patriota soviético; seria a última pessoa a correr o risco de desestabilizar a Revolução de Outubro com uma aventura militar.

A liderança partidária esperou quatro meses e, em maio, nomeou-o para três cargos, tornando-o presidente do Comitê de Concessões, diretor da Agência de Eletrotecnologia e presidente da Administração Tecnocientífica da Indústria. Não eram cargos de suprema importância política, porém um meio de mantê-lo longe de maquinações políticas, e, segundo seu próprio testemunho, ele se atirou a esse novo trabalho, fez viagens para inspecionar instalações no sul e reavivou um interesse pessoal que havia desenvolvido pela ciência na juventude, quando pensara em estudar matemática e física na Universidade da Nova Rússia, em Odessa.[23]

A liderança ascendente do partido, entretanto, estava repleta de tensões. Zinoviev tinha tentado reduzir o poder de Stalin em meados de 1923, porém, quase imediatamente, fora obrigado a recorrer a ele como aliado contra Trotski. A completa derrota de Trotski em 1924 fez Zinoviev e Kamenev voltarem de novo o pensamento para a questão de Stalin. A NPE envolveu concessões aos camponeses. O recuo diante das exigências rurais estendeu-se pelos anos afora, e Zinoviev e Kamenev vieram a acreditar que as advertências iniciais de Trotski tinham sido justificadas. Os dois compartilhavam a suspeita crescente de que Stalin e Bukharin estavam abandonando o compromisso tradicional do partido com a "revolução socialista europeia". Ressentiam-se dos métodos autoritários de Stalin e Bukharin. A partir de abril de 1925, atacaram-nos abertamente, depois de reunirem um grupo de simpatizantes que ficou conhecido como Oposição de Leningrado, por ser nessa cidade que Zinoviev tinha sua base de trabalho. A liderança ascendente foi se desintegrando. Com a anuência de Bukharin, Stalin adotou medidas organizacionais contra Zinoviev em Leningrado e contra Kamenev em Moscou. Por ocasião do XIV Congresso do Partido, em dezembro, o cisma estava claro. Zinoviev apresentou seu próprio relatório político separado e sofreu uma derrota esmagadora. Restaram Stalin e Bukharin no controle do Politburo e do Comitê Central. No fim do ano, eram os senhores da União Soviética.

A luta faccional intensificou-se em 1926. Embora houvesse animosidade entre os leningradenses e os trotskistas, deu-se uma crescente reaproximação das opiniões. Trotski, Zinoviev e Kamenev juntaram-se para formar a Oposição Unida, em abril de 1926. Foram ajudados pelos acontecimentos do mês seguinte. Contrariando a recomendação de Trotski, o Politburo incentivara o Partido Comunista da Grã-Bretanha a cooperar com outros grupos da esquerda política. A greve geral britânica de maio de 1926 foi um completo fracasso. Trotski, Zinoviev e Kamenev formularam seu diagnóstico de que Stalin e Bukharin eram incompetentes e dados a concessões no manejo da política externa soviética, e de que, nas mãos deles, a Komintern não estava segura.

Stalin e Bukharin foram implacáveis. Os últimos adeptos remanescentes de Zinoviev, inclusive Mikhail Lashevich, foram afastados dos cargos mais importantes. Stalin voltou-se pessoalmente contra Zinoviev e fez com que ele fosse afastado do Politburo. Até esse momento, Trotski mantinha-se intocado, conservando seus assentos no Politburo e no Comitê Central, apesar de suas objeções contínuas às políticas oficiais — e Zinoviev preservava sua participação no Comitê Central. Mas Stalin e Bukharin estavam decididos a obter a vitória. Trotski, Zinoviev e Kamenev foram acusados de faccionalismo, o que infringia a proibição aprovada no X Congresso do Partido. Sua deslealdade, durante meses de intensa dificuldade nas relações internacionais, foi duramente criticada. Em outra época todos eles haviam cantado louvores à causa da união interna do partido. Em vez disso, tinham exposto e agravado as tensões entre os líderes comunistas, e somente os inimigos da URSS poderiam beneficiar-se dessa situação. Intensificou-se a pressão exercida sobre

Trotski, Zinoviev e Kamenev. Em outubro de 1926, Trotski foi expulso do Politburo, tal como acontecera com Zinoviev no ano anterior. Embora os três dissidentes principais conservassem seus assentos no Comitê Central, ficou claro que tinham sido derrotados. Os defensores da liderança ascendente foram deslocados para os cargos que ficaram vagos com a demissão dos oposicionistas, e diversos simpatizantes da Oposição Unida desdisseram suas opiniões, para não romper com a linha partidária oficial. Stalin e Bukharin tinham triunfado.

Se a Oposição Unida tivesse sido criada mais cedo, Stalin teria ficado indefeso contra ela. Trotski, Kamenev e Zinoviev teriam dominado o Politburo, o Comitê Central e a Komintern, e o Sovnarkom teria ficado ao alcance de suas mãos. Agora, eles enfrentavam uma batalha árdua. Zinoviev era conhecido como crítico de Trotski: havia censurado duramente seu "aventureirismo" na política externa, sua inclinação exagerada para o centralismo na administração política e seus muitos desentendimentos com Lenin, antes e depois de 1917. Trotski havia respondido à altura, acusando Zinoviev de deserção de Lenin, antes da Revolução de Outubro, e de conluio com Stalin e Bukharin, ao retirar os militantes da NPE. Todas essas discordâncias tinham sido publicadas no *Pravda*. Agora, Trotski, Zinoviev e Kamenev pediam que todos acreditassem que eles concordavam quanto às mudanças necessárias na política do partido. Trotski podia afirmar algum tipo de coerência, desde a formação da Oposição de Esquerda. Alinhando-se com ele, Zinoviev e Kamenev conclamaram a democratização do partido e a introdução de restrições na economia de mercado. Não foi difícil, para Stalin e Bukharin, atribuir a alteração da postura deles à mera ânsia de poder.

A Komintern não ficou imune ao expurgo. As lideranças dos partidos comunistas no exterior eram sistematicamente trocadas, toda vez que havia uma falta de obediência firme à política do Politburo — e a demissão de Zinoviev facilitou essa tarefa. Exigiu-se um apoio inequívoco à gestão da NPE pela liderança ascendente na URSS. As críticas à política externa soviética foram proibidas. Enquanto isso, aplicaram-se sanções a outras figuras ilustres da Oposição Unida. Teria havido um escândalo internacional se qualquer deles, Trotski, Zinoviev ou Kamenev, fosse afastado de Moscou ou Leningrado. Mas outros dissidentes de peso eram mais vulneráveis, e a vanguarda da Oposição Unida foi depositada em cargos e locais onde sua capacidade de perturbar o desejo do Kremlin seria ínfima. Nos níveis inferiores do partido, houve um expurgo sistemático dos oposicionistas pela Comissão Central de Controle. Trotski, Zinoviev e Kamenev perderam o que tinha sido sua liberdade automática de escrever no *Pravda* e no resto da imprensa partidária. Foram regularmente vilipendiados por porta-vozes oficiais que não sofriam nenhuma dessas restrições. Entre estes achava-se um corpo crescente de ex-membros de facções oposicionistas, como Andrei Bubnov. Em 1926-1927, a posição de Trotski ficou mais fraca do que nunca.

Por sua vez, Zinoviev, Kamenev e Trotski eram panfletistas e oradores dispostos. Quando Bukharin atacou as inclinações burocráticas da organização partidária de Leningrado chefiada por Zinoviev, Trotski recusou-se a aceitar essa afirmação. Se os bolcheviques leningradenses eram dirigidos por seu aparelho, isso se aplicava ao partido inteiro. Logo, não era justo censurar Zinoviev por todos os males do partido. Trotski zombou da descrição que Bukharin fez da organização partidária de Moscou como um bastião da virtude. A verdade era que todas as organizações partidárias vinham sendo forçadas a fazer o que seus líderes mandavam.[24] Durante algum tempo, a Oposição Unida contou com o apoio de Nadejda Krupskaia, viúva de Lenin. Ela e Trotski davam-se bem desde 1917, apesar das reiteradas discussões deste com Lenin, e, em 1926, ela lhe confidenciou que, certa vez, falando de Stalin, Lenin dissera que lhe "faltava até a mais elementar decência humana".[25]

A prosa coruscante de Trotski tendeu a convencer as gerações posteriores de que suas descrições das políticas da liderança ascendente tinham fundamento. A realidade era diferente e mais complexa. Stalin e Bukharin estavam muito longe de basear sua estratégia econômica em concessões permanentes aos cúlaques. Bukharin havia confundido todo o mundo ao dizer que a melhor coisa para o desenvolvimento agrícola, sob a égide da NPE, seria os camponeses "enriquecerem". Os camponeses mais prósperos eram os que produziam um excedente comercializável de suas colheitas. Toda a economia dependia do seu sucesso nessa atividade. Bukharin tinha o hábito de exagerar suas afirmações em seus discursos e artigos. Quando o Politburo veio a elaborar suas diretrizes para o ano fiscal de 1925-1926, ele não teve dificuldade de apoiar um plano que fazia discriminações pesadas contra a camada mais abastada do campesinato. O que aconteceu foi isto: o regime tributário foi alterado para que as famílias dos cúlaques fossem carregadas de elevadas exigências fiscais. As famílias pobres, tal como definidas por categorias oficiais, foram simultaneamente agraciadas com algo próximo da isenção de impostos. Preobrajenski havia declarado que a liderança central do partido devia cobrar um "tributo" dos camponeses para financiar a industrialização. Sua proposta exortou a expropriação dos cereais que, de outra maneira, seriam comercializados pelas casas rurais mais abastadas. A reforma tributária de Bukharin-Stalin foi um grande passo em direção à política oposicionista.

A Oposição Unida havia reunido líderes que discordavam quanto a várias medidas políticas, e Trotski teve de fazer concessões, a bem da união faccional. De acordo com ele, a Oposição de Esquerda havia lutado constantemente contra a política de ordenar que o Partido Comunista Chinês entrasse no Kuomintang, que vinha lutando contra os esforços japoneses, norte-americanos e europeus de manter a China subjugada. O Kuomintang era uma coalizão que continha elementos socialistas. Mas Trotski assinalou que a Oposição de Esquerda sempre desconfiara dele e se opusera à admissão do Kuomintang na Komintern. Apenas Radek e alguns de seus amigos haviam adotado uma linha diferente. O Politburo, na época em que Kamenev e Zinoviev eram aliados de Stalin, havia julgado que o Kuomintang, liderado por Chiang Kai-shek, era a força nacional mais eficiente contra o imperialismo externo. O Partido Comunista Chinês fora diagnosticado como fraco demais para batalhar sozinho e tinha recebido ordens de buscar um acordo provisório com Chiang Kai-shek. Quando a Oposição de Esquerda uniu-se à Oposição de Leningrado, Zinoviev insistiu em seguir a linha adotada para a China pelo Politburo, e o voto de Minerva coube ao círculo de Radek. Preobrajenski e Pyatakov insistiram em que isso não deveria tornar-se um tema divisivo na Oposição Unida. Trotski foi obrigado a recuar. Foi uma concessão da qual viveria para se arrepender.[26]

O que sustentou unida a aliança de Trotski, Zinoviev e Kamenev foi sua antipatia pelo duunvirato Stalin-Bukharin e pela gestão que este fazia da NPE. Trotski trouxe à baila os recentes escândalos financeiros

430 Parte III: 1920–1928

do partido. Fraudes grosseiras tinham sido denunciadas em locais distantes, especialmente em Chita e Kherson. Trotski as denunciou sem sentimentalismo. Embora fosse natural da província de Kherson, seu interesse do momento era que se fizessem generalizações a partir dos fatos. Um relatório de A. G. Shlikhter mencionou que os funcionários tinham se mostrado temerosos de dar informações sobre seus chefes no partido, por medo de serem submetidos ao tipo de tratamento dado aos oposicionistas.[27] Para Trotski, isso foi mais uma prova de que o partido bolchevique havia degenerado depois da guerra civil. As práticas capitalistas e as medidas policialescas eram abundantes. Era necessário iniciar uma campanha contrária, antes que a situação vigente fugisse do controle.

Trotski sempre se mostrou pronto a se queixar — e, em geral, recebeu crédito — de que Stalin tinha se promovido por meios ilegítimos. Apontou as manipulações burocráticas que estavam ao alcance do secretário-geral. Stalin, declarou ele, não era um estadista revolucionário, mas um mero administrador. Stalin não saía para se dirigir às massas. Stalin não sabia debater. Stalin era um pigmeu intelectual. A única coisa que sabia fazer era ficar sentado num escritório, reunindo à sua volta um time de protegidos que faziam o que ele mandava. A lealdade pessoal ao chefe era recompensada pela elevação aos escalões mais altos da burocracia do partido e do governo; e ele fazia nomeações para os escalões inferiores seguindo o mesmo critério. Bolcheviques veteranos, que haviam feito a Revolução de Outubro e lutado na guerra civil, eram sistematicamente postos de lado. Stalin tinha clara preferência por administradores severos, jovens e desprovidos de dedicação ideológica, do tipo dotado da implacabilidade necessária para cumprir suas ordens sem pestanejar. Ele havia reduzido a política soviética a um processo administrativo. Trotski alegou que os que tinham feito a Revolução de Outubro e os combatentes vitoriosos da guerra civil estavam sendo tratados como uma categoria suspeita. Mas, ao acusar Stalin de se recusar a promover revolucionários experientes, errou completamente o alvo. A liderança ascendente do partido era resoluta na promoção de veteranos bolcheviques. Se havia alguém que manifestava predileção por não bolcheviques em seu círculo, esse indivíduo não era Stalin, mas Trotski.[28]

35. Círculo e facção

Fora das reuniões partidárias ou do trabalho em seu Comissariado, Trotski via poucas pessoas além da família e de seu círculo íntimo de assistentes técnicos. Havia reunido seus auxiliares em 1918-9: Georgi Butov, Mikhail Glazman, Igor Poznanski, N. Sermuks e Efraim Sklyanski. Esse grupinho não tinha grande popularidade. Compunha-se de novatos no partido, que se haviam filiado depois de se sentirem atraídos por Trotski e suas ideias. Ganharam fama como candidatos a se tornarem os ajudantes do Bonaparte Vermelho.

Formado por um processo de seleção natural darwiniana durante a guerra civil, esse círculo não continha ninguém que não cumprisse meticulosamente os seus deveres. Trotski exigia um regime rigoroso em seu escritório e era famoso em todo o partido por seus padrões exigentes. A maioria dos bolcheviques era capaz de conviver com um clima de caos à sua volta. Alguns até vicejavam nele, achando que a informalidade nos arranjos do trabalho refletia uma dedicação revolucionária. Havia pessoas entrando e saindo. Chegavam atrasadas às reuniões — e seus motoristas apareciam atrasados para buscá-las. As reuniões eram barulhentas e sem foco. Não era incomum os indivíduos fumarem no Sovnarkom, apesar da ordem permanente de Lenin contra essa prática. (Dzerjinski, o temido chefe da polícia política, vagava timidamente até a lareira mais próxima, quando estava desesperado por um cigarro.)[1] Era frequente Lenin se exasperar com a falta de escrúpulos administrativos rotineiros. Mas até ele era superado por Trotski, que era um defensor obstinado da paz e sossego, quando se sentava à sua escrivaninha. Não deixava as secretárias

432   Parte III: 1920–1928

entrarem em seu escritório sem sua permissão prévia. Dava preferência a uma das criadas — uma "camponesa amatronada, de lenço amarrado na cabeça" — precisamente porque ela andava com passos muito leves.[2]

Stalin empenhou-se em desmantelar a equipe de assistentes de Trotski. As autoridades centrais expulsaram Glazman do partido em agosto de 1924, com base em alegações flagrantemente espúrias. No dia seguinte, Glazman se matou.[3] Sklyanski foi afastado do Comitê Militar-Revolucionário da República, depois da disputa com Stalin, e designado para trabalhar na indústria algodoeira. Isso o manteve longe da vizinhança de Trotski. Numa viagem oficial de negócios aos Estados Unidos, em 1925, ele se afogou num lago, depois de um acidente de barco.[4]

Uma pessoa da borda externa do círculo íntimo de Trotski causou-lhe mais problemas do que os advindos de qualquer membro do partido bolchevique. Foi Max Eastman, o escritor norte-americano transformado em comunista. Trotski lhe dera boas-vindas à Rússia em 1922 e concordara que ele escrevesse sua biografia. Eastman fez amizade com os parentes de Trotski; também arranjou uma amante, Yelena Krylenko, que lhe ensinou russo. Trotski respondia a suas perguntas intermináveis por escrito e em conversas.[5] Nenhum dos dois teve tempo para cobrir a vida inteira de Trotski, e Eastman teve de se contentar com um livro sobre os primeiros anos: *Leon Trotsky: The Portrait of a Youth* ["Leon Trotski: Retrato de um jovem"].[6] Os dois conversavam sobre os acontecimentos políticos recentes. Trotski descreveu-lhe o conteúdo do testamento de Lenin, sem lhe entregar a cópia física do documento; por bem ou por mal, precisava tornar pública a informação, e endossou o projeto de Eastman de divulgá-la no exterior.[7] *Since Lenin Died* ["Desde que Lenin morreu"], lançado na Grã-Bretanha poucos meses depois que a biografia foi publicada nos Estados Unidos, tornou-se uma sensação editorial no mundo inteiro. Embora Trotski bancasse o inocente, todos na liderança do partido sabiam que Eastman era um acólito seu. Houve um banzé no Politburo. Trotski foi obrigado pela maioria a repudiar o livro de Eastman, acusá-lo de fraude e negar que Lenin houvesse escrito um testamento.[8]

Eastman, já então lotado no sul da França, ficou magoado com a conduta de Trotski. Longe de agir por impulso, ele se dera o trabalho de consultar Khristian Rakovski, o embaixador da URSS em Paris, sobre

Círculo e facção

como deveria proceder. Rakovski lera o manuscrito e o tinha incentivado a providenciar a publicação.[9] Mais tarde, Trotski disse a seus seguidores, confidencialmente, que o americano era um "revolucionário sincero", e o recado chegou a Eastman em Nova York, no inverno de 1928-1929, fazendo-o voltar a trabalhar com ele.[10] De qualquer modo, o resto do círculo sempre se manteve apegado a Trotski. Isso não era sinal de sua maravilhosa sociabilidade. Ele era mais parecido com um planeta impessoal que atraísse satélites para sua órbita gravitacional. Escreveu um obituário comovente para Sklyanski. Mas, de modo geral, não valorizava seus auxiliares, até estes lhe serem retirados.

Sua altivez não diminuía a estima que os ajudantes nutriam por ele: tinham se tornado seus admiradores da vida inteira, desde muito cedo. A história era diferente com os companheiros políticos oposicionistas. Trotski nunca foi de se empenhar em fazer amizade com as pessoas. A política era o seu meio de convívio: ele preferia camaradas a amigos. Seus amigos íntimos na vida pública podiam ser contados nos dedos de uma das mãos: Khristian Rakovski, Adolf Ioffe e Dmitri Sverchkov. (Alexander Helphand-Parvus tinha rompido os laços de amizade com Trotski muito antes de morrer em 1924: seus interesses comerciais e suas ligações com o governo alemão nos primeiros anos o haviam desacreditado completamente na Rússia soviética.) Nenhum deles era veterano bolchevique, e todos tinham feito oposição a Lenin, de um modo ou de outro, antes de 1917. Correspondiam-se em tom afetuoso e se juntavam toda vez que um deles adoecia. Mas Trotski nunca se entregou inteiramente às amizades. Anos depois, Max Eastman diria a Alfred Rosmer, em Paris, que havia nele uma carência básica de "sentimento pelos outros como indivíduos". Rosmer concordou: "É verdade. Ele não tem humanidade. Isso está inteiramente ausente dele."[11]

Trotski conhecia Rakovski — que provinha da aristocracia rural búlgara — desde 1903 e havia dedicado *Literatura e revolução* a ele, como "combatente, homem e amigo". Os dois tinham se ligado na política referente à Ucrânia durante a guerra civil, na época em que Rakovski chefiava o governo em Kiev. Concordaram sobre as linhas gerais da política na década de 1920. Rakovski pagou por seu apoio à Oposição de Esquerda com o "exílio" para cargos no exterior, e acabou servindo como plenipotenciário diplomático soviético na França entre 1925 e 1927. Tal como Rakovski, Ioffe era médico e homem de amplos interesses culturais. Havendo conduzido as primeiras negociações em Brest-Litovsk no fim de 1917, manteve-se em contato regular com Trotski durante a guerra civil, no tocante a assuntos relativos à política internacional — e, é claro, fora um facho de luz, ao lado de Trotski, na direção editorial do *Pravda* vienense, até ser preso em Odessa em 1912. Ioffe passava pouco tempo na Rússia soviética, por causa de seus deveres de diplomata em Berlim, Riga, Gênova, Xangai, Londres e Tóquio. De longe, oferecia todo o apoio possível à atividade de oposição de Trotski. Sverchkov também se solidarizava com seu velho amigo. Ele e Trotski se encontravam quando os deveres políticos o permitiam. Comiseravam-se nos períodos de doença. Foi um choque para Trotski quando, no fim da década de 1920, Sverchkov anunciou sua simpatia pela política oficial do partido e sua rejeição à Oposição Unida.

Raras vezes Rakovski, Ioffe e Sverchkov estiveram suficientemente próximos, em termos geográficos, para que Trotski testasse suas ideias com eles antes de anunciá-las. De qualquer modo, ele seguia sua orientação pessoal, mesmo nos tempos mais amenos. Parecia um eremita que só entrava na cidade grande quando, em sua solidão, tinha algo importante a dizer.

Entre os outros líderes da Oposição de Esquerda e da Oposição Unida incluíam-se Karl Radek, Yevgeni Preobrajenski, Leonid Serebryakov, Yuri Pyatakov, Ivar Smilga e Nikolai Krestinski. Radek e Trotski frequentemente concordavam nas questões políticas, antes e depois de 1917. Ambos eram de um sarcasmo espirituoso. Radek, uma fonte famosa de piadas sobre a elite do Kremlin, era o mais sociável. Livre de cargos regulares no partido ou no governo, escrevia com frequência no *Pravda*. Max Eastman recordou:

[Ele] tinha aquela atração de algo de que a princípio não gostamos. Deixava-nos a impressão de ter a vista fraca e os lábios abrutalhados, e de que nunca suportaríamos aquelas suíças que mais pareciam um par de meias velhas marrons, abaixo das orelhas e do queixo. E descobríamos que, por trás dos óculos grandes, seus olhos não lacrimejavam, mas eram estranhamente penetrantes. Descobríamos que os lábios grossos tinham entre eles uma linha delicada. E o que aprendíamos a apreciar neles era a expressão de serenidade. Radek embrulhava sua estrutura franzina num estranho traje quadrado, com abas e botões inusitados, de tecido elegante e aristocrático, mas de um feitio que mais sugeria um diácono da Nova Inglaterra que um agitador bolchevique.[12]

Preobrajenski, Serebryakov e Krestinski alinharam-se com Trotski desde os tempos da controvérsia sindical de 1920-1921. Isso os levou a serem demitidos como secretários do Comitê Central. Preobrajenski foi um dos grandes motores da formação da Oposição de Esquerda, e, mais do que Trotski, foi ele quem formulou a crítica oposicionista à política agrária do Politburo durante a NPE. Nunca foi amigo de Trotski; na verdade, o estilo peremptório deste o aborrecia.[13]

Pyatakov e Smilga também lhe faziam restrições pessoais — no caso de Smilga, foi incrível ele se dispor a aceitar a preeminência de Trotski na Oposição, depois dos contratempos havidos entre os dois no Exército Vermelho em 1918-1919.[14]

Radek, Preobrajenski, Serebryakov, Krestinski, Pyatakov e Smilga tratavam Trotski como o melhor líder disponível, mas um líder que estava longe de ser a escolha perfeita. Entretanto, Trotski não cultivava uma clientela política. Queria ter seguidores, mas não se dispunha a fazer esforços para criar esse grupo. Na verdade, *O novo rumo* havia manifestado desdém pelos veteranos bolcheviques. Trotski havia acumulado inimigos antes de 1917; muitos tornaram-se ainda mais hostis a ele nos anos posteriores. Não seria uma completa surpresa, no decorrer do primeiro plano quinquenal, introduzido por Stalin em 1928 para implementar a industrialização acelerada do país, que praticamente todos os principais associados políticos de Trotski o renegassem como líder. Até Rakovski fez as pazes com Stalin. Isso não os poupou do ardor punitivo de Stalin no fim da década de 1930. Radek, Preobrajenski, Serebryakov, Krestinski, Pyatakov, Smilga e Rakovski morreram executados pela bala do carrasco, ou em campos de trabalhos forçados. Trotski ficou mais triste que enfurecido. Conservara uma fotografia de Rakovski em sua escrivaninha durante a emigração, compreendendo que este só teria deposto no julgamento de fachada de março de 1938 depois de ser física ou mentalmente torturado.

Trotski não se esfalfava em tentativas de reconquistar esse pequeno grupo de amigos e aliados estreitos quando discordava deles politicamente. Raras vezes chegava sequer a se manifestar pesaroso. A seu ver, o erro era sempre deles. Tinha uma capacidade pequena de introspecção. Além disso, com Lenin morto, já não conhecia ninguém cujas opiniões exigissem respeito automático. Esse não era um fenômeno novo em sua vida. Sua admiração por Lenin havia passado por um longo período de espera, entre 1903 e 1917, época em que Trotski pensava e agia como se só ele tivesse a solução das grandes questões do momento. Assim como São Simão no deserto, presumia que sua ocupação solitária da plataforma mais alta fazia parte da ordem natural das coisas. Mas, ao contrário do santo egípcio, ele não suportou nenhuma tortura mental ou física na busca da virtude. Era profundamente convencido dos seus méritos. E dispensava calmamente as pessoas quando elas deixavam de ser úteis a ele ou sua causa. Isso chocava os que não o conheciam de longa data. Grigori Ziv, antes de 1917, havia testemunhado a falta de sentimentos convencionais de Trotski.[15] Não ficaria surpreso ao saber que o antigo amigo não conseguiu reunir, na década de 1920, uma facção que levasse seu nome. Trotski sabia inspirar pela fala, pelos artigos e pelos livros. Sabia esclarecer qualquer tema com seu brilhantismo. Sabia refutar a lógica dos adversários com lampejos de crítica ou de ridicularização. O que sempre lhe faltou, mesmo antes da Grande Guerra, foi a intuição para manter um grupo faccional sob sua liderança.

Ele se recusava a fazer concessões sociais. Parou de fumar depois de 1917; bebia pouco e somente em ocasiões especiais. (Lenin não fumava e tomava cerveja com moderação, mas, comparado a Trotski, era um boêmio.) Não tolerava que se contassem histórias indecentes e detestava qualquer um que dissesse palavrões na presença de mulheres e crianças — seus escritos sobre a "vida cotidiana" vinham de convicções profundas. Quase todos os seus companheiros bolcheviques fumavam, bebiam, diziam palavrões e trocavam mexericos profusamente. Um parceiro de Stalin, Anastas Mikoyan, queixou-se de que Trotski se portava como um cavaleiro andante, tentando "impedir as pessoas de falarem russo". Mikoyan se referia à aversão de Trotski à linguagem obscena.[16] Trotski nunca fez parte da rapaziada, e sempre deu a impressão de se julgar superior a ela. É provável que não o fizesse de propósito, mas o efeito era o mesmo: ele alienava os aliados em potencial. Sabia ser exasperante, mesmo quando se sentia simplesmente entediado. Se o Politburo demorava a examinar uma pauta cansativa, ele era capaz de tirar do bolso um romance francês e começar a ler. Com isso, transmitia a mensagem de que tinha coisas melhores a fazer com seu precioso tempo do que escutar pessoas menos inteligentes, argutas e competentes que ele próprio. Jan Rudzutak, vice-presidente do Sovnarkom a partir de 1926, tirou o assunto a limpo com ele: "Camarada Trotski, sei que você tem uma cabeça inteligente; é pena ela pertencer a um patife."[17]

Apenas seus familiares e amigos viam um lado diferente de Trotski, como registrou Max Eastman:

> Ele nunca se gaba; nunca fala de si ou de seus feitos; nunca monopoliza a conversa. Dá atenção, livre e inteiramente, a qualquer coisa que apareça [...]. [Quando trabalhamos juntos], se lhe faço um elogio, ele diz algo do tipo "fico satisfeito" e muda de assunto.[18]

Havia realmente uma cativante modéstia em Trotski.

Nem em particular nem em público, entretanto, ele suportava os tolos com facilidade: na verdade, não os suportava em absoluto. Não fazia nada para corrigir a impressão de ser um sabichão arrogante. Yuri Pyatakov tentou — tarde demais, em 1926 — convencê-lo a ser mais sociável, no intuito de conquistar os não convertidos. Vencendo anos de relutância, Trotski compareceu a uma reunião social noturna; mas ficou apenas por um breve período, abrindo o verbo com Natalia: "Não aguento isso: as bebidas, os vestidos longos, os mexericos; parece uma exposição."[19] Eram os Kamenev os anfitriões desse evento específico. Olga, irmã de Trotski, não era conhecida como adepta do luxo e dos prazeres, mas Trotski rejeitou sua hospitalidade como se fosse burguesa demais para ele.[20] Não aliviou nem mesmo os membros mais ilustres da esquerda bolchevique que estavam do seu lado. Comprazendo-se em explicitar suas opiniões pessoais, raras vezes se abstinha de atacar as ideias dos outros, mesmo quando eles pertenciam à sua própria facção. Lenin fora conhecido por escutar com atenção e evitar ofender indivíduos que pudessem querer apoiá-lo. Preobrajenski, um dos partidários mais brilhantes de Trotski, viria a lhe dizer isso com todas as letras, em 1928, depois de eles serem mandados para o exílio administrativo.[21] Trotski, cortês nas conversas face a face, era um demônio com a caneta na mão.

Seja como for, faltou-lhe firmeza para conduzir um avanço concertado para o poder. Adolf Ioffe foi a única pessoa a lhe recomendar que demonstrasse maior respeito por si mesmo. Ioffe lembrou que Lenin havia admitido, em caráter particular, que Trotski, e não ele, Lenin, tivera a estratégia correta em 1905. Trotski tinha sido o homem com as melhores ideias. Não havia realizado seu potencial por ter-lhe faltado a firmeza de Lenin na recusa a fazer concessões. Durante muitos anos, Ioffe guardara essas ideias para si. Mas, quando resolveu se matar, em 16 de novembro de 1927, decidiu insistir nesse assunto com Trotski, pela primeira e última vez. Já então, sua saúde física fora destruída pela tuberculose, pela miocardite, pelas úlceras estomacais e pela polineurite. Ioffe ficara abatido ao lhe ser negada permissão para exercer tarefas oficiais. A junta médica nomeada pelo Comitê Central foi uma perda de tempo, e os médicos acabaram por lhe explicar que não adiantaria buscar tratamento no exterior. Ioffe nunca tinha sido emocionalmente estável, mas seu último bilhete foi escrito de maneira equilibrada. Ele estava tentando dizer a seu velho amigo que era necessária uma abordagem diferente da política, se algum dia Trotski tivesse a pretensão de voltar a ascender à liderança.[22]

Ioffe tinha um último pedido. Pediu que Trotski fizesse todo o possível para ajudar a mulher e os dois filhos que ele estava abandonando. Sentia-se cético a respeito da assistência que a liderança partidária do momento se disporia a oferecer. Exortou Trotski a ser otimista, declarando "não ter dúvida de que não está longe o momento em que você voltará a ocupar o lugar que lhe é apropriado no partido".[23] Ao se matar, Ioffe perdeu a oportunidade de explicar quais eram as medidas práticas que tinha em mente. Na segunda metade da década de 1920, Trotski estava combatendo fogo com fogo. Àquela altura, havia desistido de qualquer conciliação. Será que a última carta de Ioffe foi realmente um julgamento sobre épocas

Círculo e facção   439

passadas? Ou terá sido, talvez, uma advertência para que Trotski não se
deixasse tentar de novo por meias medidas? Ou terá sido até um apelo
para que ele se concentrasse mais plenamente em ser político? No fim
da vida, Eastman certamente acreditou que havia faltado alguma coisa a
Trotski como concorrente à sucessão de Lenin. Notou a frequência com
que seu herói se retirava do campo quando ocorriam lutas faccionais. A
doença o afligiu nos piores momentos de 1923 e 1924. Eastman achou que
Trotski deveria ter aceitado o convite de Lenin para se tornar o substituto
dele no Sovnarkom. Censurou-o por não ter aberto um debate sobre o
testamento imediatamente após a morte de Lenin.[24]

O Politburo continuou a temer que Trotski reagisse mediante o recurso
ao Exército Vermelho, em busca de maior promoção pessoal. Persistia a
preocupação de que ele viesse a se tornar o Bonaparte da Revolução de
Outubro, e essa foi uma das razões de sua demissão do Comissariado do
Povo para Assuntos Militares em janeiro de 1925. No entanto, Trotski não
fez qualquer tentativa de reunir um corpo de apoio entre os comandantes
que haviam trabalhado com ele. Depois de perder o Comissariado, não
alterou seu modo de agir. Orgulhava-se de suas realizações na guerra civil.
Na verdade, passara a se considerar uma espécie de militar: ao ser deportado da URSS, em 1929, quis acreditar que Mustafá Kemal lhe dera asilo
político na Turquia por ele ser um companheiro de armas. No entanto,
de todas as maneiras, Trotski havia procurado consolidar o controle do
partido sobre as forças armadas durante a NPE. Havia supervisionado a
redução do efetivo militar. Embora lutasse para elevar seu nível tecnológico,
não fizera nenhum apelo especial em favor dos militares nas discussões
orçamentárias. Embora aprovasse as manobras conjuntas com o exército
alemão no território soviético, isso não fora uma iniciativa pessoal dele, e
sim a política oficial de toda a liderança comunista em Moscou.

De qualquer modo, Trotski não gostava de fazer jogo sujo. Não arredou
pé quando Max Eastman o repreendeu por isso:

— Ora, isso não é uma discussão, é um ataque pessoal! — afirmei.
— Não posso responder a uma coisa dessas — retrucou Trotski,
e espalmou as mãos como se essa afirmação fosse perfeitamente
óbvia.

Não parecia óbvia para mim, e continuei:

— Bem, você poderia pegar aquele discurso do Stalin sobre [a Oposição de Esquerda], por exemplo...

— O que vem a ser isso? — perguntou ele, e sorriu da minha expressão. — Não leio nenhuma dessas coisas — explicou.

Fiz um murmúrio de espanto, e ele tornou a espalmar as mãos, naquele gesto indicativo de que algo é muito óbvio.

— Por que eu deveria ler o que eles escrevem? — perguntou. — Eles não estão discutindo nada que eu tenha dito. Não há nenhum mal-entendido.[25]

Dois anos se passaram antes que Trotski aceitasse a colocação de East-man, e então já era tarde demais. Como líder da Oposição de Esquerda, ele formulava colocações que o satisfaziam intelectualmente, com fervor polêmico e num belo estilo literário. Depois, deixava que seus leitores tirassem suas próprias conclusões. De forma imprudente, presumiu que isso bastaria.

Em suas memórias, ele afirmou ter perdido toda a influência no Politburo ou no Comitê Central na década de 1920. Não foi verdade. Toda vez que se sentava no Politburo, especialmente quando Stalin se achava ausente, ele aproveitava a oportunidade para bancar o chefe. Fazia preleções, interrogava, protestava e dava vazão a seu humor sarcástico. Sua presença nunca poderia ser ignorada.[26]

Ele não conseguiu angariar apoio de forma apropriada na liderança, em sua facção ou no partido como um todo. É certo que escreveu uma porção de livretos, mas isso tinha seus inconvenientes para os outros. E não deixava de ter um lado aborrecido. Enquanto Trotski se ausentava para redigi-los, não ficava inteiramente disponível para consultas na liderança. Ele não compreendia as necessidades da política contemporânea. Andrei Andreev, ex-membro da Oposição Trabalhista que passou para o lado de Stalin e Bukharin, disse-lhe em 1926: "Sim, você diz que escreveu um livreto. Mas *agora*, quem lê *todos os livros que são publicados*?"[27] Andreev lhe disse que ele deveria parar de se fingir de anjo e começar a fazer propostas práticas úteis. Trotski não tomou conhecimento desse conselho. Não tinha a intenção de insultar ninguém pessoalmente, mas magoava repetidas vezes outras pessoas em qualquer discussão. Era profundamente egocêntrico. É verdade que tinha uma devoção sincera ao marxismo, à Revolução de Outubro e ao comunismo mundial. Ele mesmo poderia sacudir do paletó os ataques verbais sofridos, como se fossem poeira. Simplesmente não entendia que os outros bolcheviques não fossem iguais a ele e que, quando os ridicularizava ou quando censurava duramente suas políticas, eles presumissem que os desprezava como pessoas — e foi politicamente ingênuo de sua parte ignorar esses sentimentos.

36. O convívio com Trotski

A família Trotski ocupava um apartamento de quatro cômodos no Corpo de Cavalaria do Kremlin desde que se mudara de Petrogrado, em 1918. Vivia com conforto, mas sem extravagância. Trotski, como outros líderes bolcheviques, tinha um salário modesto. Natalia continuou a supervisionar as atividades nos museus do país; sua renda mensal ficava pouco abaixo de metade da do marido. Como um dos autores mais prolíficos e de maior volume de vendas no país, Trotski poderia ter ficado incomensuravelmente rico. Mas a acumulação de dinheiro não significava nada para ele, desde que houvesse o suficiente para a consecução de suas prioridades políticas. Ele não era de contar trocados e Eastman notou que entregava os *royalties* a seus secretários, para que os guardassem.[1]

Poucos visitantes estrangeiros compreendiam que os membros da elite comunista — a *nomenclatura* — não tinham necessidade de grandes contas bancárias para levar uma vida confortável. Se ocupavam cargos elevados na política, tinham acesso gratuito às melhores facilidades da URSS. Suas necessidades médicas eram automaticamente atendidas. Suas casas contavam com cozinheiros, criados e motoristas; sua comida era fornecida pelo Kremlin, onde Abel Enukidze dirigia o serviço de abastecimento de material de toda a região.[2] As famílias dos principais políticos vestiam-se bem — isso sempre foi importante para Trotski, e as fotografias de seus meninos os mostram bem arrumados. Como outros do grupo governante, ele podia ocupar uma *datcha* fora de Moscou ou solicitar férias nos locais mais encantadores do norte do Cáucaso e de Abecásia. Trotski saía para caçar, o que foi uma de suas principais formas

O convívio com Trotski   443

de relaxamento depois da guerra civil, sem ter que pagar um só copeque. Quando precisava de um livro, podia encomendá-lo de um sem-número de bibliotecas. Suas estantes eram abarrotadas de exemplares pessoais enviados pelas editoras. Jornais e publicações do mundo inteiro lhe eram entregues com regularidade. Isso ficava longe de ser um estilo espartano. Embora Trotski não ansiasse por luxo, não lhe faltava nada.

Como os outros líderes soviéticos, ele mantinha sua casa aberta. Os filhos de outras famílias entravam e saíam. Quando Lëva Trotski, aos 13 anos, em 1919, manifestou o desejo de se filiar ao Komsomol — a organização juvenil do partido —, ninguém menos que Bukharin, que logo se tornaria um acerbo opositor de seu pai, assinou a carta de recomendação necessária.[3]

Persistiam os rumores sobre Trotski e seus romances. Bem-apessoado e carismático, ele certamente despertava a atenção feminina. Mal se encerraram as especulações sobre Clare Sheridan, começaram outras sobre Larisa Reissner. Ela era uma das mais atraentes entre as mulheres bolcheviques. Casada com um seguidor de Trotski, Fiodor Raskolnikov, era de uma beleza excepcional. Sua ligação profissional com Trotski tivera início em meados de 1918, quando ela partira como agitadora para levantar o moral de tropas do Exército Vermelho, na campanha do Volga. Em seguida, ela havia acompanhado o marido quando ele viajou para Kabul como plenipotenciário soviético. A nomeação de Raskolnikov para esse cargo foi um modo de afastar um conhecido trotskista do cenário político de Moscou. Reissner divertiu-se no Afeganistão, tendo um caso com um príncipe local. Era uma mulher emancipada, do tipo aprovado por feministas bolcheviques como Alexandra Kollontai. Comprazia-se com o papel de *femme fatale* e gostava de penetrar nos escalões mais altos da *nomenklatura* soviética. Não apenas teorizava sobre o "amor livre": ela o praticava.[4] Ao retornar a Moscou, procurou seduzir Karl Radek: é óbvio que tinha uma inclinação pelos esquerdistas. Radek apaixonou-se por ela.

Mas Reissner almejava fisgar peixes maiores. Através de Radek, transmitiu a Trotski um recado com uma proposta extraordinária, até indecente: queria ter um filho dele. Sua ideia era produzir uma criança que "combinasse harmoniosamente a beleza e o talento da mãe (Reissner) com a genialidade do pai (Trotski)". O promíscuo Radek não estava acostumado a

444 Parte III: 1920–1928

ser preterido, mas concordou em levar o recado. Trotski resistiu à tentativa de sedução: "Acalme-se, Karl. Diga à sua amada que eu me recuso a me tornar pai do filho dela." Uma semana depois, Reissner compareceu a uma conferência de jornalistas e escritores, promovida por Trotski no Conselho Militar Revolucionário da República. Enrubesceu ante a aproximação de Trotski, que a rejeitou com amabilidade, restringindo-se a temas ligados à literatura e aos soldados do Exército Vermelho.[5]

Essa foi a versão dos acontecimentos em que acreditaram os oposicionistas em Moscou, inclusive pessoas próximas de Radek. As mulheres nunca foram a distração principal de Trotski. Eram seus episódios de doença que o desviavam com mais frequência dos deveres públicos. A incapacidade física tornou-se um problema repetitivo depois da guerra civil. Nem todos acreditavam que faltasse à causa dessa incapacidade uma dimensão psicológica. A coincidência da doença com períodos de crise política era digna de nota. Foi uma ocorrência famosa desde o verão de 1923 até a primavera de 1924, quando Trotski não conseguiu impor sua vontade nas deliberações do Politburo. Corria solta a especulação de que suas doenças eram psicossomáticas. Esse tipo de comentário funcionou ao máximo nas semanas posteriores à morte de Lenin, quando se manteve uma campanha oficial aberta contra Trotski e seu nome foi arrastado na lama no *Pravda*, em livretos e no Comitê Central, bem como na XIII Conferência do Partido. A tensão teria destruído a confiança de qualquer pessoa de temperamento menos robusto, e o discurso queixoso de Trotski perante o Comitê Central, em outubro de 1923, mostrou que ele se sentira realmente magoado com os ataques a suas motivações e integridade, ainda que tenha recuperado rapidamente certo equilíbrio mental.

De qualquer modo, seus problemas de saúde não se restringiram a episódios de crise política; ele esteve doente ao longo de toda essa década, e os sintomas não foram uma fantasia de sua imaginação. Isso não quer dizer que ele não agravasse seus sofrimentos. Nunca diminuiu o ritmo de sua agenda literária. Para completar até o livreto mais curto, ele precisava reunir material, consultar arquivos, entrar em contato com bibliotecas e organizar seus assistentes. Em seguida, tinha que redigir e revisar. Depois disso, tinha que estabelecer contato com a editora e examinar as provas. Havia sempre vários projetos literários em andamento, e os meses em que ele deixava de fornecer artigos ao *Pravda* eram uma exceção. Talvez não se sentisse indisposto com tanta constância quanto gostava que os outros acreditassem. Além disso, escrever era sua terapia: era um lenitivo para seus nervos e diminuía sua dor física — ficar 24 horas sem levar a pena ao papel era um tormento para ele.

Natalia nunca atribuiu os mal-estares de Trotski à hipocondria ou a algum outro tipo de autoengano psicológico. Acreditava em suas doenças toda vez que ele dizia estar mal. Os problemas de saúde o haviam atormentado durante anos e ele teve longos períodos de convalescença. Somente nos anos da guerra civil e da invasão da Polônia foi que ignorou a orientação médica. Não iria passar seu tempo na cama justamente quando a sobrevivência da ordem soviética estava em dúvida. A partir de 1921, seu estado de saúde tornou-se uma preocupação. Ele não foi o único da liderança a passar por doenças graves nesse período.[6] O que distinguiu Trotski dos outros membros do Comitê Central, excetuado Lenin, foi a persistência de seus problemas nos anos posteriores. O professor Guetier o atendeu durante todo esse período. Guetier era o médico favorito dos Trotski e dos Lenin. Apesar da riqueza de seus conhecimentos, as causas das aflições de Trotski o deixavam intrigado. O repouso era sua recomendação habitual.

A junta de especialistas médicos alemães que cuidara de Lenin em 1922 era solicitada a cuidar de Trotski quando visitava a Rússia. Os médicos não conseguiram encontrar nada errado em termos orgânicos, mas tiveram uma forte suspeita de que Trotski sofria de epilepsia. Um deles lhe assinalou que Júlio César tinha sido epiléptico. Rápido no gatilho, Trotski retrucou: "É, mas o problema é que eu não sou Júlio César."[7] O especialista alemão não foi o primeiro a fazer essa especulação. Grigori Ziv, quando fazia formação em medicina na década de 1890, esteve entre os primeiros a formular esse diagnóstico, depois de testemunhar os desmaios de Trotski. Ziv acrescentou que Lev Deich, outro amigo de Trotski na década anterior à Primeira Guerra Mundial, disse ser "fato sabido e comprovado que esses desmaios eram epilépticos".[8] Vale a pena citar a análise de Ziv:

Muitos traços de seu caráter também empurravam involuntariamente para essa sugestão: seu egoísmo, expressado com contundência, sua confiança exagerada, sua vaidade extrema e doentia, sua propensão à extravagância na fala, na escrita e na conduta, uma espécie de pedantismo implicante [...] exibido até em sua letra precisa e cuidadosa.[9]

(Os médicos são famosos por seus garranchos ilegíveis, e é interessante que Ziv pareça haver considerado a legibilidade uma falha.) Seja como for, na década de 1920, era amplamente difundida a suposição de que a epilepsia estava associada a um tipo específico de temperamento, e o dr. Ziv concordou com os especialistas alemães em seu diagnóstico geral.

Havia um estigma social ligado a ser chamado de epiléptico, e era comum os portadores da doença silenciarem sobre qualquer diagnóstico desse tipo. Trotski não confirmou nem negou o diagnóstico, mas preferiu discutir seu problema médico em termos vagos. Falou em desmaios em vez de epilepsia. Deixou Clare Sheridan desconcertada, em 1920, ao cambalear num momento em que deu as costas para o busto de argila que a escultora estava fazendo dele. Clare temeu que ele caísse para trás sobre seu trabalho. Trotski lhe garantiu que não havia por que se preocupar, explicando: "Eu sempre caio para a frente!"[10]

De qualquer modo, os médicos não foram categóricos em suas conclusões. Como seus colapsos não envolviam os sintomas clássicos das convulsões e da boca espumando, ele tinha motivo para deixar o assunto em aberto. As especulações sobre sua doença vazaram para países estrangeiros. A revista humorística londrina *Punch* publicou uma anedota: "Depois de discursar numa reunião durante duas horas, diz um contemporâneo, Trotski desmaiou. Um homem mais humano teria desmaiado antes."[11] Essa jocosidade pública sobre o estado pessoal de um líder bolchevique era inadmissível na Rússia soviética. Trotski fazia pouco de suas preocupações, o que era inusitado nele, em matéria de questões médicas, e talvez fosse uma indicação de que estava mais apreensivo do que deixava as pessoas suporem. Ele fora de uma bravura excepcional no serviço militar, divagava de maneira quase neurótica sobre a maioria de seus males — e Natalia tornou-se sua principal enfermeira e confidente durante os episódios em que ele se internou em sanatórios.

Se é provável que Trotski tivesse epilepsia, esse foi apenas um dentre seus problemas médicos crônicos. A colite continuou a afetá-lo. O estô-

O convívio com Trotski

mago lhe trazia problemas desde a infância e ele teve uma hérnia antes da Grande Guerra. A gota começou a infernizá-lo na década de 1920. Ele também começou a viver dias em que se sentia completamente sem energia. Culpou os períodos de exílio, de 1900-1902 e de 1906-1907, por sua saúde precária. Os dados da época ficam longe de corroborar isso. Trotski estava com a saúde perfeita na Sibéria e no norte da Rússia. Além disso, afora o período em que ficou em confinamento solitário no presídio de Kherson, em 1898, o tempo passado nas prisões esteve longe de ser árduo. A explicação mais provável para sua incapacitação múltipla é que ele se levou à exaustão com seu ritmo frenético de trabalho durante muitos anos.

Era fatal que essas circunstâncias exacerbassem sua vulnerabilidade à tensão nervosa. Quem não fazia parte da família não sabia nada a esse respeito, mas Natalia tinha que lidar com o problema como uma ocorrência habitual. Observando-o de perto por um período mais longo do que qualquer outra pessoa, ela achava que suas explosões de volatilidade mental eram causadas por problemas físicos. Assim escreveu sobre os "nervos" do marido em seu diário, em 1958: "De modo geral, L.T. era extraordinariamente sensível aos colapsos físicos do organismo; a mais ínfima doença destruía seu equilíbrio. Ele exigia do organismo uma ordem completa e um bem-estar completo."[12] Natalia o aceitava tal como era, e considerava ser tarefa sua atender às necessidades dele e deixar que ele definisse quais eram tais necessidades. Ela também era prudente. Conhecendo a mescla de força e fragilidade do marido, empenhava-se em garantir que ele aparecesse em boa forma em público. Quanto ao resto, deixava por conta dele. Na casa de Trotski, o foco tinha que ser sempre mantido em Leon. Os filhos, tanto os que ele tivera com Alexandra quanto os que tivera com Natalia, aprenderam a respeitar seu regime doméstico. Quer estivessem no Kremlin, quer numa *datcha* num fim de semana, eles não se atreviam a interromper o padrão de trabalho do pai — que escrevia tanto em casa quanto no escritório. Ele era obedecido sem ter que elevar a voz. Eram raras as brigas em família. À medida que foram crescendo, os filhos submeteram-se às opiniões políticas do pai. As filhas Zina e Nina apoiaram ardorosamente a Oposição de Esquerda e Trotski era seu herói. Ele incentivava a militância política de ambas.

448 Parte III: 1920–1928

Mesmo assim, houve vários problemas. O casamento de Zina com Zakhar Moglin foi curto e desastroso — ele a decepcionou por não demonstrar o menor interesse pelo comunismo. O casal ficou junto apenas o bastante para que ela gerasse uma filha, Alexandra, em 1923.[13] O segundo casamento de Zina, com Platon Volkov, durou mais e resultou num filho, Vsevolod (ou Seva), em 1925. Entretanto, foi um casamento tumultuado, e Volkov a deixava intermitentemente.[14] Todavia, pelo menos as questões políticas não os dividiam: Volkov ladeou resolutamente com Trotski nas disputas internas do partido na década de 1920.[15] Alexandra Bronstein, a mãe de Zina, tentou ajudá-la, mas era o pai quem ela mais queria; Natalia acreditava que Zina gostava mais do pai do que jamais tinha gostado de qualquer de seus maridos. O fato de Volkov ter feito campanha pela Oposição de Esquerda impediu que ele se tornasse um rival de Trotski nas afeições de Zina. A admiração dela pelo pai beirava à obsessão. Zina também tinha problemas pulmonares e precisava passar por períodos frequentes de convalescença. Nina era a mais estável das duas filhas e deu à luz um menino, Lev, em 1921, e uma menina, Volina, em 1926. Infelizmente, seu casamento com Man Nevelson não foi um sucesso;[16] ela também contraiu tuberculose e sua saúde se deteriorou drasticamente em meados da década de 1920.

Somente um dos filhos de Trotski, o caçula Sergei, deixou de lhe demonstrar devoção filial. Sergei compreendia melhor do que Max Eastman o quanto a elite do Kremlin cuidava bem de si em termos materiais. Criado com as ideias de igualdade socialistas, ele as levava a sério. Evitava qualquer privilégio. Recusava-se a furar fila para ir ao médico; rejeitava a oportunidade de usar roupas elegantes. Quando o Soviete de Moscou lhe mandou uma reluzente jaqueta nova, ele anunciou que continuaria a usar a velha, que tinha remendos nos cotovelos.[17] Sergei censurava Trotski e Natalia por seu estilo de vida "burguês" e desprezava suas preferências culturais. Em certa ocasião, repreendeu os pais por ouvirem uma transmissão radiofônica da ópera *Eugene Onegin*, de Tchaikovski.[18] Considerava os clássicos musicais russos decadentes e inaceitáveis. Aos 16 anos, saiu de casa: para ele, já bastava.[19]

Seus pais disseram a outras pessoas que Sergei rejeitava a vida da *nomenklatura* soviética e tinha aversão à política.[20] Trotski, Natalia e o filho mais velho, Lëva, eram militantes revolucionários, ao passo que Sergei estava em busca de algo diferente na vida. Após algum tempo, ele passou a procurar a família uma vez por semana, e Trotski e Natalia acolhiam de bom grado suas visitas. (Tentavam dar-lhe dinheiro para o transporte pela cidade, mas Sergei insistia em sua independência.) "Não fizemos nenhum protesto", disse Trotski, "mas é cedo demais — ele é muito jovem."[21] E então, Sergei fez algo realmente extraordinário. Fascinado pela ginástica, ingressou num circo.[22] Rodou de um lado para o outro até conhecer e se apaixonar por Olga Greber, uma bibliotecária que insistiu em que ele concluísse os estudos.[23] Sergei restabeleceu um contato intermitente com os pais, ao se instalar em Moscou com Olga, e se formou em engenharia. Sua gentileza o tornava amigo e favorito de todos, e ele convenceu os pais de que o rumo que havia escolhido na vida era o caminho certo para ele.

É possível que Trotski visse algo de seu em Sergei. Também ele havia renunciado às ambições mundanas que lhe tinham sido destinadas por um pai dominador. Tal como David Bronstein, ele teve o bom senso de deixar o filho encontrar sua própria carreira. Natalia valorizava o relacionamento com Sergei: tempos depois, confessou ter tido uma ligeira preferência por ele em relação a Lëva.[24] No entanto, nunca chegou propriamente a aceitar a antipatia do filho pelo compromisso revolucionário. Como era característico, ela optou por uma explicação social e política. Na sua opinião, Sergei fora negativamente afetado pela atmosfera pública do período da NPE, quando o ardor revolucionário estava se dissipando.[25] Trotski e Natalia eram filhos de sua época — e, na opinião dela, as coisas haviam mudado para pior na década de 1920. Aquilo em que nem ela nem o marido acreditavam, até então, era que a elite do partido bolchevique havia sofrido uma degeneração irreversível. Eles presumiam que o código de compromisso com os camaradas permanecia em vigor. Trotski ainda não tinha avaliado a dimensão de seus inimigos. Julgava-os cabeçudos, burros ou simplesmente inferiores, mas lhes dava o benefício da dúvida por sua honradez revolucionária. Absteve-se de críticas severas até mesmo a Stalin, como um degenerado moral, até depois de ser mandado para o exílio em 1928.

Apenas uma vez ou outra houve insinuações não detectadas dos horrores que estavam por vir. Um perigoso acidente ocorreu no fim do

450   Parte III: 1920–1928

verão de 1924, quando os Trotski passavam férias em Kislovodsk. Eles
saíram para um dia de caça com o gigantesco Nikolai Muralov e com o
guarda-costas pessoal de Trotski. Viajaram de trem num vagão aberto.
No trajeto de volta, o vagão descarrilou ao se aproximar da estação
e os passageiros foram ejetados, caindo no chão. Escaparam apenas
com ferimentos leves. Ao exigirem explicações, receberam desculpas
esfarrapadas.[26] Posteriormente, em 7 de novembro de 1927, um tiro foi
disparado contra a limusine de Trotski, quando ele compareceu a uma
manifestação da Oposição Unida. Não houve provas da cumplicidade de
Stalin, mas Natalia passou a acreditar que se tratara de uma tentativa de
assassinato com aprovação oficial.[27] Kamenev alertara Trotski, em 1926,
para o perigo que o cercava. O assassinato era uma clara possibilidade.
Depois de ajudar a criar a Oposição Unida, ele e Zinoviev redigiram
documentos secretos, responsabilizando Stalin pela eventualidade de sua
morte "acidental". Zinoviev perguntou diretamente a Trotski: "Você acha
que o Stalin não discutiu a questão da sua eliminação física?"[28] Stalin,
de acordo com Kamenev, dissera, certa vez: "O prazer mais requintado
que há é escolher o inimigo, fazer os preparativos, executar a vingança
apropriada e ir dormir."[29]

Mesmo enquanto causava tantos problemas à liderança em ascensão,
entretanto, Trotski foi tratado como integrante da elite partidária. Na
primavera de 1926, com permissão oficial, viajou a Berlim para fazer um
tratamento de saúde. Ele e Natalia compareceram a uma manifestação do
partido comunista na Alexanderplatz, no Dia do Trabalho; mantiveram-
-se incógnitos, e a visão das bandeiras, do entusiasmo e do grande número
de comunistas alemães os impressionou.[30] Teriam ficado mais satisfeitos
se a Komintern não houvesse, em sua opinião, desviado os comunistas
alemães do caminho do verdadeiro marxismo.

37. O que Trotski queria

Em toda parte, é convencional os políticos reivindicarem a coerência de
intenções. Trotski não foi diferente, embora se denominasse revolucionário, e não político. Em sua autobiografia, em 1930, viria a se representar
como um crítico constante das medidas oficiais básicas introduzidas na
década de 1920. Gostava de dar a impressão de haver sempre combatido
a economia de mercado.

Sua descrição foi enganosa, na melhor das hipóteses. Trotski nunca
pediu que a NPE fosse abandonada, mesmo quando pleiteou a modifica-
ção ou a eliminação de certas características. Concordou que a economia
soviética precisaria de um setor privado no futuro próximo.[1] Propôs sua
própria variação da NPE, e a maioria dos adeptos da Oposição aceitou
suas ideias básicas. As disputas faccionais da década de 1920 concerniram
à demarcação da estrutura da política existente, e não à sua destruição.
Pelo menos, isso era o que eles afirmavam na época. Trotski alertou que,
ao apoiar o setor "próspero" do campesinato, o Politburo estava aumentando o perigo proveniente dos cúlaques. Afirmou também que as estatísticas oficiais subestimavam a ascensão desses camponeses abastados.[2]
Mas se deteve muito aquém da exigência da coletivização abrangente e
imediata da produção. Insistiu em que o Estado incentivasse a criação
de cooperativas agrícolas. Segundo Trotski, isso permitiria que os camponeses escapassem ao domínio dos cúlaques locais. Ao mesmo tempo,
ele defendeu o aumento dos impostos das famílias de cúlaques — e não
aprovou a admissão delas nas cooperativas, a não ser que pudessem ser
impedidas de explorar seus vizinhos menos abastados.[3] Trotski também

452 Parte III: 1920-1928

afirmou que o isolamento dos cúlaques em cada aldeia contribuiria para impulsionar os camponeses médios a se unirem às cooperativas.[4] Ele não tinha ilusões quanto à necessidade de se oferecer esse incentivo. Além disso, as cooperativas só teriam êxito quando a produção fabril da URSS permitisse a "industrialização gradativa da agricultura".[5]

Tais comentários assumiam sua forma mais clara nos debates do Politburo ou do Comitê Central. Em geral, fora da turbulência das discussões cara a cara, Trotski se refugiava em generalidades vagas. Fez uma única tentativa de fornecer um prospecto econômico amplo para consumo público. Publicado em 1925 e reeditado no ano seguinte, *Rumo ao socialismo ou ao capitalismo?* defendeu o investimento acelerado de capital na indústria, o planejamento econômico central do Estado e as fazendas coletivas na zona rural. Evitou a discussão dos possíveis empecilhos. Não propôs o cronograma desejável. Sua ênfase recaiu sobre a necessidade de o partido optar entre os rumos socialista e capitalista para o futuro.[6]

A introdução de um sistema de lavoura coletiva, sempre afirmou Trotski, deveria ser conduzida em bases voluntárias. Ele evitou o discurso provocador de Preobrajenski sobre fazer o campesinato em geral pagar pelo crescimento da indústria.[7] Na verdade, evitou todo esse tema, embora ele estivesse no centro do debate partidário sobre a NPE. Mesmo assim, mal se deu o trabalho de disfarçar seu desprezo pela agricultura nas discussões internas da liderança — e censurou Kalinin no Politburo por defender os interesses dos agricultores.[8] Queria que o regime tributário tornasse incômoda para os camponeses a permanência na lavoura de base familiar. Isso se evidenciou em outro diálogo dentro da liderança:

Rykov: Todo camponês quer saber se, caso não se alie à fazenda coletiva, terá de pagar algum imposto, e se terá de arcar com toda sorte de ônus, caso não queira fazer isso; será um sistema coercitivo, na minha opinião.
Kalinin: Economicamente coercitivo.
Trotski: Não coercitivo, mas estimulante.[9]

O que Trotski queria 453

A réplica de Trotski foi ambígua, revelando sua impaciência e também sua má vontade em explicitar suas ideias sobre as contingências futuras. Claramente, ele queria que a coletivização ocorresse antes do que era contemplado pela maioria do Politburo. Não especificou sua data preferida, mas contentou-se em anunciar objetivos econômicos e sociais gerais.

Trotski manifestou uma reserva similar ao pleitear a aceleração da industrialização soviética. Tomou cuidado com as palavras e se ateve a formulações vagas. Mostrou a necessidade de aumento dos investimentos no planejamento industrial e ponderou que isso beneficiaria a economia inteira: "Para um Estado socialista que é pobre em capital, os métodos mais seguros para desenvolver a agricultura residem no máximo de investimento na indústria."[10] Ele não fez grandes críticas aos "NEPmen"* nem aos proprietários de pequenas oficinas. Reservou sua paixão para os argumentos em defesa de um plano econômico geral; expôs a ideia de que a Gosplan deveria dirigir os investimentos, a produção e a distribuição nos setores manufatureiro e de mineração pertencentes ao governo. Em momento algum clamou pela estatização. Em sua estimativa, haveria pouca dificuldade de promover o crescimento industrial. O entusiasmo popular seria abundante. Ele presumiu que a classe operária acolheria de bom grado os benefícios dos salários mais altos e da garantia de emprego. Se achou que isso divergia da NPE, não o disse a ninguém.

Sua crítica indicou sua divergência do Politburo quanto a aspectos práticos, mas não em questões de princípio estratégico (e ele se empenharia muito em disfarçar isso, ao redigir seu relato das lutas políticas que se seguiram à morte de Lenin). Examinando a estatística econômica oficial de 1926, ele observou que alguns setores da economia tiveram melhor desempenho do que fora projetado no ano anterior. A metalurgia e o transporte haviam atingido um nível originalmente previsto para 1931. No entanto, a URSS enfrentava uma "sede" de produtos industrializados dos quais se pudesse dispor para negociar com os camponeses. Trotski deu a isso o nome de "desproporção básica" entre a oferta e a procura.

---

* Termo criado pela união da sigla russa NEP (Nova Política Econômica) com o substantivo plural inglês *men* (homens), para designar os "capitalistas" surgidos durante a vigência da NPE, sob a forma de novos empresários, pequenos negociantes ou executivos de empresas privadas. [*N. da T.*]

O Politburo, segundo afirmou, era responsável pela má gestão. Trotski exortou uma acumulação mais rápida do investimento e da produção nas fábricas de propriedade do Estado. Os camponeses se beneficiariam, por poderem comprar mais produtos urbanos. O período de recuperação do pós-guerra estava chegando ao fim e era preciso implementar um plano quinquenal de desenvolvimento econômico. Como quer que fosse, ele declarou que qualquer plano necessitaria de uma correção anual, à luz das mudanças da situação. Estava oferecendo suas ideias não como um projeto acabado, mas como uma base geral para a perspectiva do partido sobre a política.[11]

Para Trotski, continuava a ser axiomático que a Rússia soviética tinha que interagir com a economia mundial para atingir a competitividade na indústria. Ao tomarem o poder em outubro de 1917, os bolcheviques haviam esperado obter a recuperação, negociando com uma Alemanha que tivesse passado por sua própria revolução comunista. Quando isso não aconteceu, Lenin convenceu o Sovnarkom a buscar laços comerciais fortes com a Alemanha de Guilherme II. Trotski concordou com ele. Os dois divergiram quanto à política referente aos sindicatos e ao planejamento econômico estatal em 1921-2, mas não devemos deixar que isso obscureça o fato de que concordaram ativamente que a economia soviética do pós-guerra tinha que atrair investimentos e tecnologia de empresários estrangeiros. Ambos reconheciam a necessidade imperativa de fazer concessões.[12]

Outro ponto de acordo foi sua hostilidade ao crescimento do que chamavam de "burocratismo". A ineficiência administrativa e a indolência e falta de cooperação dos administradores eram seus bichos-papões, e Lenin e Trotski criticaram a atividade da Inspetoria dos Operários e Camponeses (ou Rabkrin). Tinham razão. A Rabkrin era uma confusão institucional que agravava os problemas que fora criada para resolver. De fato, a vida interna do partido estava cada vez mais burocrática, segundo a maioria das definições, e Trotski tinha certa razão para ligar seus próprios pedidos de "democratização" aos últimos escritos de Lenin. Além disso, o partido tinha se tornado sumamente autoritário em sua maneira de se organizar. Lenin e Trotski estavam diagnosticando males da ordem comunista, sem terem um tratamento sério para oferecer. Esse era um Estado que não podia contar com a lealdade política ou a consciência profissional de seus próprios funcionários. Faltavam-lhe mecanismos de controle como a competição interpartidária, um judiciário autônomo, uma imprensa crítica e um eleitorado capaz de expulsar os patifes. A URSS não podia funcionar sem órgãos de supervisão: o "burocratismo" estava inscrito em sua estrutura genética.

Trotski passou por cima de outras falhas da ordem estatal soviética sem tecer comentários. Ignorou fenômenos como o clientelismo no partido e no governo. Não se referiu ao localismo. Não teve nada a dizer sobre a corrupção e as fraudes. Evitou o clima de desconfiança e apatia gerado pela ditadura, pelo terror e pelo niilismo jurídico. Trotski nunca tentou demarcar uma fronteira séria entre o centralismo desejável e a autoridade centralista indesejável. Rejeitou a moral como tema adequado de debates. Aceitou e propôs o marxismo, em sua variante bolchevique, como uma verdade incontestável. Achou que suas políticas eram corretas. Não se deteve para considerar a possibilidade de que estivesse errado e de que outras maneiras de organizar a sociedade devessem ser buscadas. Trotski era francamente bolchevique.

É verdade que ele propôs formas de discussão mais livres no partido. Também pleiteou o restabelecimento do princípio eleitoral para os cargos partidários e insistiu em que os trabalhadores — o "proletariado" — fossem chamados a externar sua opinião sobre os debates atuais referentes à política pública. Mas suas ideias não apontam para nada que se assemelhe a um estável "comunismo com uma face humana". Ele continuou orgulhoso da ditadura soviética, defendendo com empenho sua intolerância ideológica e sua repressão extrajudicial. Embora violasse regras do partido ao fomentar o faccionalismo, nunca sugeriu que a política deixasse de ser a atividade privilegiada de um partido único. Insistiu no Politburo, em junho de 1926: "Camarada Dzerjinski, não receio o terror, como você sabe, mas só podemos conduzir o terror como partido."[13] Seguiu-se uma discussão acalorada:

> *Dzerjinski:* O Trotski disse que um membro do partido tem medo de dizer a verdade a outro. Então nos diga: quem não está falando com quem? Os *apparatchiki** têm medo de Trotski e,

---

* Homens do aparelho de Estado. [*N. da T.*]

além dos *apparatchiki*, vou lhe dizer quem mais tem medo de falar. Às vezes, eu tenho medo de falar. E sabe por quê? Porque tenho medo de você.

Trotski: Bem, eu não tenho medo algum de você, camarada Dzerjinski.

Dzerjinski: Entendo. Nesse aspecto, você é uma pessoa sem temor nem mácula. É uma pessoa intrépida e corajosa, ao passo que eu tenho medo de você, em nome do partido.[14]

Os inimigos tinham certa razão ao acusar Trotski de explorar toda e qualquer falha do partido em benefício próprio.[15]

Ele afirmava a necessidade de democratização e de "atividade autônoma do proletariado". Se a guerra civil foi o esgoto que drenou suas ideias utópicas sobre a classe trabalhadora, a adversidade política de meados da década de 1920 induziu-o a reinjetá-las para lubrificar seu otimismo estratégico. Ao mesmo tempo, entretanto, ele declarou que ninguém poderia ter razão contra o partido. Seu pensamento era uma miscelânea confusa e geradora de confusão.

As considerações pragmáticas exerciam uma pressão constante sobre ele. Ninguém podia ascender à autoridade suprema na URSS sem declarar fidelidade à ordem estatal existente. Mas não há nada nos papéis pessoais de Trotski que indique que ele agiu meramente por calculismo. Ele acreditou sinceramente, até o fim da vida, que o que tinha sido criado pelos bolcheviques na meia década posterior à Revolução de Outubro era um modelo de realização comunista. Queria que este fosse conservado, imitado e desenvolvido. Sua crítica à liderança ascendente do partido não pretendia solapar os alicerces da ordem soviética — e ele nunca deu qualquer impressão diferente. Trotski tomou-se de uma ardorosa saudade do primeiro período revolucionário. As disputas entre os líderes partidários durante o período da NPE foram uma luta entre companheiros de armas. Trotski não reconhecia outra variante do socialismo senão o bolchevismo. Desprezava e detestava os socialistas revolucionários e os mencheviques como inimigos do progresso humano. Não objetou ao simulacro de julgamento dos socialistas revolucionários em 1922. Não exigiu que os mencheviques fossem libertados

O que Trotski queria 457

da prisão insular de Solovki. Não se deixou perturbar pela repressão brutal da revolta nacional georgiana em 1924.

Trotski não era indiferente aos interesses dos povos não russos. Defendeu sistematicamente que as escolas, a imprensa e o desenvolvimento cultural usassem a língua local; manteve-se empenhado em que o partido recrutasse rapazes e moças das várias populações para servirem à causa revolucionária. Em 1922-3, suas simpatias ficaram com Lenin e contra Stalin na disputa concernente à Geórgia. Basicamente, ele apoiava a política de "nacionalização". Não era esse o nome oficial das medidas do partido, mas essa era a sua essência: envolvia a concordância de que os povos tinham que se organizar segundo o princípio da nacionalidade. Em 1927, ele defendeu um plano de 15 anos sobre a questão nacional. Na Ucrânia, declarou, tinha que haver uma "ucranização". Os ucranianos deveriam ser promovidos a cargos de governo. A língua ucraniana deveria ser disseminada através da escolarização e dos jornais e livros. A única ressalva de Trotski — e essa era uma ressalva comum ao partido, na década de 1920 — era que os bolcheviques deveriam manter a "luta implacável contra os *kulaks*".[16]

Os indivíduos que eram fazendeiros ricos concentravam-se mais densamente na Ucrânia do que em qualquer outra região da União Soviética. De algum modo, presumiu Trotski, qualquer dilema seria passível de solução. Ele sempre foi melhor na formulação de objetivos que na de políticas coerentes. A mesma síndrome ficou óbvia em suas propostas para as medidas referentes à religião. Lenin dera início a uma repressão drástica à Igreja ortodoxa russa em 1922, envolvendo julgamentos de fachada e a execução de bispos, bem como o confisco de prédios e tesouros eclesiásticos. Ele planejava traumatizar a Igreja na Rússia durante muitas gerações futuras. Trotski, embora não objetasse a essa campanha, quis recolocar a ênfase da política no prazo mais longo. Insistiu em que se fomentasse um movimento de reforma eclesiástica. Já existia um, sob a forma dos renovacionistas, e Trotski quis usá-los como um modo de causar perturbação na maior denominação cristã do país. Achou que a infiltração policial deveria continuar a ser uma arma do arsenal do Estado soviético, mas que a religião não deveria ser extirpada unicamente pela repressão. Como outros integrantes da liderança na década de 1920, ele calculou ser provável que esse fosse um processo prolongado.

Até na política externa ele discordou menos de seus colegas do Politburo do que alegou em meados de 1920 ou em anos posteriores. Trotski afirmou que eles tinham abandonado o compromisso tradicional com a revolução mundial. Aliou isso à acusação de que o trabalho deles era malfeito. Escolheu dois episódios para ilustrar sua colocação. O Politburo, afirmou, fizera uma trapalhada em suas ordens ao Partido Comunista da Grã-Bretanha na greve geral de 1926 e subestimara a força do Partido Comunista Chinês em Xangai, em 1927, ao conclamar uma insurreição.

As trapalhadas não eram uma característica exclusiva de Stalin e Bukharin. Em 1923, Trotski havia apoiado ao máximo a política de tentativa de insurreição na Alemanha — e somente Stalin havia levantado objeções sensatas.[17] A culpa pelo fiasco subsequente coube tanto a ele quanto a qualquer outra pessoa, e foi por isso que ele declinou cada vez mais da discussão desse episódio. De qualquer modo, ateve-se a seu julgamento original de que houvera uma chance realista de uma revolução bem-sucedida.[18] Do mesmo modo, ele continuou a supor que as forças armadas soviéticas provavelmente teriam que ser posicionadas, caso eclodisse uma revolução na Europa, e que se seguiria uma guerra continental.[19] Por mais que fosse comumente dado a falar em linguagem direta sobre a política atual, ele não deu indicação alguma desses cálculos geopolíticos. Esperava um banho de sangue e julgava que esse era um preço justo a pagar pela realização de uma revolução comunista na Alemanha. Mas entendeu que seria impolítico expor às claras as suas ideias até mesmo ao resto da esquerda bolchevique; e seu silêncio quase completo sobre o fiasco alemão de 1923 permitiu que ele concentrasse seu espalhafato sobre o Reino Unido e a China em 1926-27, uma vez que já não exercia um sério impacto direto no curso da política externa soviética.

Praticamente não há dúvida de que Stalin e Bukharin cometeram um erro, ao enviarem instruções pela Komintern para que o Partido Comunista Chinês organizasse uma insurreição contra Chiang Kai-shek e a Kuomintang, em abril de 1927. Esse era exatamente o pretexto de que Chiang precisava para impor uma repressão sangrenta aos comunistas

O que Trotski queria   459

em Xangai e noutras regiões. Trotski foi profundamente sarcástico à custa da liderança do Politburo. Mas não faltou fraqueza à sua própria posição de crítico. As ordens de Moscou favorecendo a insurreição desmentiram a afirmação da Oposição de que Stalin e Bukharin haviam abandonado o apoio à revolução mundial. Além disso, Stalin e Bukharin não foram os únicos a superestimar o potencial imediato de comunização da China. Também Trotski avaliou mal a situação. Longe de concentrar sua estratégia revolucionária na Europa e na América do Norte, ele foi geralmente favorável à promoção de revoluções na Ásia. Em 1928, quando debateu sigilosamente a China com Yevgeni Preobrajenski, seu aliado na Oposição, ele frisou sua convicção de que o Partido Comunista Chinês poderia ter logrado a tomada do poder.[20] Trotski já havia evitado uma completa elaboração pública de suas ideias, em meados da década de 1920 — e seus comentários posteriores provieram do desejo de desancar Stalin e Bukharin. Por conseguinte, ele foi seletivo em sua descrição da controvérsia.

A questão chinesa, apesar de todas as discordâncias quanto aos detalhes, envolveu um amplo consenso entre os principais bolcheviques, a despeito da fidelidade às diferentes facções. Apesar do que Trotski escreveu posteriormente, a política externa do Politburo não era antirrevolucionária. A dissidência na liderança não girava em torno de questões de princípio ou de estratégia básica, mas do juízo prático contemporâneo. Além disso, Trotski disfarçou sua disposição de correr riscos em busca do graal da "revolução socialista europeia". Não tendo conseguido cobrir-se de glória em 1923, ele jogou lama na reputação dos companheiros da liderança partidária.

O mesmo se aplicou à política do interior da URSS. Embora Trotski não fosse o pai da NPE, ele foi um de seus tios. Em vez de acalentar a criança, portou-se como um padrasto que quisesse renegá-la. Nunca esbanjou elogios com ela. Comportou-se como se acreditasse que, quando uma coisa não é perfeitamente correta, deve estar inteiramente errada. Também pareceu pensar que era mais verdadeiro e persuasivo por ser mais briguento. Estando sempre em minoria no Politburo e no Comitê Central, ele não podia ser responsabilizado pela política oficial. Podia oferecer uma proposta atrás da outra, sem que elas fossem testadas na prática. Podia exagerar suas colocações. Podia manifestar desdém pelo raciocínio confuso de seus principais rivais. Podia traçar uma distinção nítida entre o que fazia a liderança ascendente e o que ele faria em seu lugar. Na verdade, a divergência entre o Politburo e a Oposição nunca foi tão profunda quanto ele pretendeu. Trotski fez um trabalho brilhante de convencer as pessoas do contrário, e até hoje sua versão da situação partidária interna, na década de 1920, é automaticamente merecedora de crédito: poucos observadores deram-se o trabalho de questioná-lo como memorialista ou historiador.

Isso não equivale a negar que Trotski acreditasse sinceramente nas políticas que advogava em público. Nem mesmo seus piores inimigos o julgavam um completo hipócrita. Todavia, embora ele possa ter enganado uma multidão de pessoas, isso só se deu depois de enganar a si mesmo. Ele sentia uma necessidade íntima de sustentar seu moral. Isso dependia de poder convencer-se de que existia um abismo entre suas ideias e a política do Politburo. Seu problema era antigo para ele. Trotski tornara-se obcecado com algumas ideias fundamentais. Deu a Bukharin o benefício da dúvida sobre sua sinceridade, mas simplesmente o descartou como mal orientado, e alegou que as políticas de Bukharin levariam o país de volta ao capitalismo. Foi menos generoso com respeito a Stalin, a quem julgou como movido apenas pela ânsia de poder.

Trotski ficou longe de mostrar que suas ideias solucionariam os problemas essenciais da ordem estatal soviética. Passou grande parte de seu tempo em disputas, e uma parte menor refletindo. O estilo prevaleceu sobre o conteúdo. Ele adorava uma discussão; vicejava com a onda de adrenalina que o invadia sempre que entrava no ringue contra seus críticos. Isso implicava, em última instância, uma falta de seriedade como intelectual. Como um advogado que levasse sua argumentação até os limites lógicos, ele pensava apenas no que era dito no tribunal. Recusava-se a observar um senso de proporção. Desrespeitava os adversários, os quais humilhava e de quem fazia troça. Sua tese central era que a Revolução de Outubro não teria enfrentado problemas, se sua liderança e suas políticas não tivessem sido derrotadas por seus inimigos internos no partido. Seus panfletos faziam sucesso com seus seguidores, porém a maioria destes era de militantes que queriam acreditar no que ele tinha

O que Trotski queria   461

a dizer. Mais surpreendente é o número de pessoas que não simpatizavam com o comunismo, mas aceitavam a ideia de que a URSS não teria sido um despotismo totalitário sob um governo trotskista. Há muitas razões para essa atração duradoura. Trotski foi lançado dos píncaros do poder antes que suas ideias posteriores pudessem ser testadas na prática. Como escritor e orador, era um advogado brilhante. Conquistou simpatia para a sua luta pessoal depois de ser deportado, em 1929. E teve a morte de um mártir.

Pessoalmente, sempre pediu para ser visto como um idealista revolucionário. Mas nunca assumiu os pontos fracos de sua posição. O Politburo expandiu a estrutura da NPE o máximo que pôde. Isso veio a resultar na situação de emergência de 1927-1928. Se implementadas, as políticas de Trotski teriam levado a estrutura da NPE ainda mais cedo à destruição. Seus silêncios e suas esquivas verbais de meados da década de 1920 não foram acidentais. Ele era mais experiente na arte das manobras políticas, pelo menos nesse aspecto, do que seus seguidores entendiam ou queriam entender.

As alternativas específicas de Trotski às políticas adotadas por Stalin a partir de 1928 viriam, na verdade, a compartilhar muitas das suposições stalinistas. Ele incentivou o planejamento econômico do Estado e não ofereceu nada de essencialmente diferente das práticas soviéticas, exceto pela garantia de que faria as coisas de maneira menos violenta e mais democrática. Esses sentimentos não vinham carregados de uma especificidade prática. Trotski não disse nada sobre o que faria se os resultados não viessem com a rapidez que ele previa. Seu pensamento tinha por premissa a obtenção do sucesso na primeira tentativa, sem necessidade de preparação para outros desfechos. De qualquer modo, ele não deu indicação alguma do que pretendia fazer a respeito dos cúlaques, dos padres, dos ex-mencheviques e dos milhões de "ex-pessoas" (como eram chamados, na linguagem oficial e chocante, aqueles que tinham sido privados de seus direitos civis nos termos da Constituição de 1918). É verdade que ele sugeriu que teria agido de maneira mais lenta e pacífica do que Stalin acabou fazendo, no tocante à coletivização da agricultura. Mas Trotski nunca disse o que faria se os camponeses se recusassem em massa a obedecer. Também prometeu democratizar o partido. Não explicou como reagiria se outros se engajassem no mesmo tipo de ruptura faccional que ele havia causado na década de 1920. Comprometeu-se com a arquitetura de uma revolução global. Não ofereceu nenhuma análise de até onde se dispunha a arriscar a existência do Estado soviético. Será que jogaria com a sobrevivência da Revolução de Outubro? Ele ofereceu um prospecto para a exploração revolucionária, sem qualquer garantia de que não desviaria o curso do navio da URSS para o fim do mundo.

38. Último confronto em Moscou

O ano de 1927 marcou o décimo aniversário da Revolução de Outubro. Foi também o período decisivo da luta entre o Politburo e a Oposição Unida. Trotski sentia-se animado. A seu ver, o Politburo se mostrara de uma incompetência acima de qualquer dúvida, agora que a política da Komintern no Reino Unido e na China estava em frangalhos — e Stalin e Bukharin andavam atrapalhados em busca de desculpas. A supervisão econômica do Kremlin mal chegava a ser mais impressionante. Havia um declínio preocupante do abastecimento de víveres e uma escassez de produtos industriais. O fracasso do Politburo estava ali, à vista de todos. A Oposição Unida vinha transmitindo sua mensagem ao partido, apesar das restrições ao franco ativismo; oferecia-se como uma liderança alternativa, mais sincera em seu compromisso com os ideais da Revolução de Outubro e mais apta para as tarefas da gestão política. A combinação de Trotski, Zinoviev e Kamenev certamente derrubaria a breve supremacia de Stalin e Bukharin.

O Politburo lançou uma contraofensiva na assembleia plenária do Comitê Central e da Comissão Central de Controle em julho-agosto de 1927. Trotski foi o principal alvo de Stalin. "E por quantos anos", perguntou ele, "o camarada Trotski perambulou entre os mencheviques?"[1] Molotov lembrou a todos que Trotski havia criticado as políticas de Lenin na Grande Guerra.[2] Trotski também foi acusado de ter matado membros do partido na guerra civil,[3] e a acusação geral foi que ele era um antileninista incorrigível, com um séquito de "simpatizantes" que subvertiam a política partidária.[4] Trotski e Zinoviev retaliaram com um ataque ao histórico de Stalin. Sua brandura para com o governo provisório, em março de 1917, foi relembrada. Seu incentivo à Oposição Militar em 1918-1919 despertou comentários, assim como suas medidas recentes e pouco impressionantes na política externa.[5] Os diálogos foram injuriosos, à medida que Stalin e Trotski foram interrompendo um ao outro. Trotski negou ter tido discordâncias graves com Lenin durante a Grande Guerra.[6] Voltou a relatar que o Politburo, sob a direção de Lenin, tinha lhe pedido que redigisse muitas resoluções iniciais da Internacional Comunista.[7] Quanto à execução de comunistas, declarou que os homens tinham sido mortos como covardes e não como membros do partido.[8] E acrescentou o aval incondicional que Lenin lhe dera depois da controvérsia sobre Panteleev.[9]

Trotski tornou-se curador de sua vida pregressa em tempo integral. Recebeu amplas oportunidades no Comitê Central e no Politburo para dizer o que quisesse, e foi exagerado e seletivo, a fim de reforçar sua posição. Sergo Ordjonikidze presidiu a assembleia. Quando Trotski objetou à tática de provocação usada por seus adversários, Ordjonikidze — homem que não era conhecido por um temperamento contido — assinalou que o próprio Trotski tinha sido ofensivo, ao se referir a eles como "termidorianos".[10] Ordjonikidze tinha razão. Termidor fora o nome revolucionário do mês de 1794 em que a Convenção governante tinha se voltado contra seus membros radicais e os defensores destes, na Revolução Francesa. Os marxistas acreditavam que esse tinha sido o ponto em que a burguesia havia triunfado sobre as classes sociais mais baixas, através de uma campanha de repressão selvagem, iniciada com a morte de Maximilien de Robespierre na guilhotina. Trotski estava sugerindo que havia uma contrarrevolução semelhante em andamento na URSS, e Ordjonikidze e Bukharin trocaram xingamentos e acusações com ele.[11] A acalorada polêmica partidária suplantou até a disputa de Brest-Litovsk. Os dois lados queimaram a última ponte que se erguia entre eles. Somente um milagre poderia reuni-los.

A preocupação inflexível com os anais do partido tinha uma base racional. Stalin precisava destruir o histórico de Trotski como grande parceiro de Lenin, se quisesse resolver questões políticas com ele. Isso exigia que mostrasse suas próprias credenciais à liderança revolucionária.

Ele tinha que ser visto como alguém capaz de desafiar e derrotar Trotski cara a cara. Trotski era um debatedor brilhante, de modo que Stalin usou os métodos mais grosseiros de argumentação para derrubá-lo, e transformou em virtude sua própria rudeza. Também teve a esperteza de pegar pequenos dados do passado e repô-los numa embalagem distorcida. Sua desfaçatez não teve limites. Os debates já tinham um resultado previsível e certeiro, uma vez que os defensores da Oposição Unida compunham uma pequena minoria. Não restaram dúvidas, ao término da assembleia, sobre quem estava mandando no Politburo. Anteriormente, tinha-se falado no duunvirato Stalin-Bukharin, mas as contribuições de Bukharin à plenária tiveram pouco peso, e Stalin foi de longe o promotor principal. Trotski já havia reconhecido isso e falou da "facção stalinista".[12] Declarou que "a Oposição acredita que a liderança de Stalin está tornando mais difícil a vitória [da Revolução]", e acrescentou: "Em resumo: [estamos a favor] da pátria socialista? Sim. Do rumo stalinista? Não. Queremos que o partido tenha a oportunidade de corrigir abertamente o rumo stalinista, por meio da correção dos erros aterradores que conduziram a grandes derrotas."[13] Uma voz da plateia interpôs: "É você que precisa de correção!"[14]

Trotski cunhou a expressão "centrismo stalinista" no decorrer dos trabalhos da assembleia.[15] Isso não foi apenas uma tentativa de análise, mas um insulto calculado, porque nenhum bolchevique gostava de ser visto como mero ocupante do campo intermediário. Trotski estava lutando por sua vida política. Por isso, absteve-se de suas intervenções habitualmente vigorosas quando a assembleia discutiu as "cifras de controle" a serem inseridas no plano econômico estatal.[16] Embora o planejamento industrial fosse um de seus temas favoritos, ele se ateve ao núcleo das discordâncias entre o Politburo e a Oposição Unida. Os ânimos esquentaram. Ordjonikidze, como presidente da Comissão Central de Controle, leu em voz alta uma lista de infrações da disciplina partidária cometidas por Trotski e Zinoviev, e rejeitou as queixas de injustiça formuladas por Trotski.[17] A Oposição Unida foi repreendida por sua atividade faccional. Trotski, Kamenev e Zinoviev foram intimados a obedecer à linha partidária oficial ou enfrentar medidas disciplinares.

Apesar de identificar Stalin como a figura dominante na liderança, entretanto, Trotski intuía que as ideias de Bukharin constituíam a maior ameaça aos bolcheviques e à sua Revolução. Se Stalin era "centrista", Bukharin era o líder da ala direita bolchevique — e Trotski frisou que o perigo fundamental vinha dessa direção. Suas contradições não terminaram aí. Conhecendo Bukharin no plano pessoal, ele apelou em caráter privado para seu lado íntegro, a fim de que ele ajudasse a eliminar o uso de métodos sujos contra a Oposição Unida. Trotski comentou as insinuações antissemitas da política partidária local. Também apontou as sanções disciplinares que vinham sendo aplicadas a trabalhadores que manifestavam simpatia pela Oposição. Trotski gostava de lutas limpas. Não podia acreditar que Bukharin aprovasse as maquinações de Stalin. Abstendo-se de ditar suas cartas a uma estenodatilógrafa, teve a esperança de resolver o assunto sem que nenhuma pessoa fora da liderança central tomasse conhecimento dele.[18] Bukharin recusou-se a ajudar. Stalin derramou sua bile no Politburo no dia 8 de setembro, quando gritou com Trotski: "Você é um indivíduo patético, inteiramente desprovido do senso mais elementar de verdade, um covarde e um fracassado, um patife e um bandido que se entregou a dizer coisas que absolutamente não correspondem à realidade. Esta é a minha resposta a você."[19]

Stalin estava acertando as contas. Numa sessão do Politburo, um ano antes, Trotski proclamara que Stalin havia "finalmente proposto sua candidatura ao papel de coveiro do partido e da revolução". Na ocasião, Stalin tinha se retirado, furioso. Alexei Rykov e Jan Rudzutak persuadiram o Politburo a emitir uma censura formal a Trotski. Pyatakov estivera presente nessa reunião e entendera que Trotski tinha ido além dos limites da sensatez. Trêmulo e transpirando, havia explodido: "Ele jamais o perdoará por isso, nem a você nem a seus filhos, ou mesmo a seus netos." Até Natalia, normalmente conciliadora, achou que o marido precisava receber aquela advertência.[20]

Constantemente vencido nas votações do Politburo e do Comitê Central, Trotski pediu que o partido inteiro tomasse conhecimento do testamento de Lenin, e acusou Stalin de escondê-lo.[21] Tinham se passado quatro anos até ele ter o bom senso de fazer essa exigência. Viu nela a oportunidade de provar que Lenin não tivera respeito por Stalin como líder potencial do partido. Na verdade, o estilo de liderança preferido por

Trotski, Kamenev e Zinoviev não agradava a todos na Oposição Unida. Ioffe assim escreveu a Trotski em 27 de agosto de 1927:

> Será que a Oposição não está começando a conter o mesmo regime estabelecido pela maioria do Comitê Central para o partido inteiro, e contra o qual nós (a Oposição) vimos conduzindo uma luta tão obstinada? O terço superior do aparelho decide e o resto todo simplesmente aceita as decisões. Será tolerável que os 13 membros oposicionistas do Comitê Central e da Comissão Central de Controle façam uma declaração em nome de toda a Oposição, sem uma discussão preliminar dentro da Oposição, quer sobre a entrega da declaração, quer sobre seu conteúdo?[22]

Ioffe levava a sério a defesa da "democracia interna do partido" e queria que Trotski, Kamenev e Zinoviev praticassem o que pregavam.

Mas Ioffe não representava toda a Oposição Unida. Vários de seus líderes haviam deixado claro que pouco se importavam com a democratização, desde que fosse possível garantir um deslocamento da política econômica para a esquerda. Eles não tinham um compromisso com a democracia. O Politburo sabia disso, e foi fácil para Stalin e Bukharin acusarem Trotski, Zinoviev e Kamenev de oportunismo.

De qualquer modo, os acontecimentos foram avançando mais depressa do que Trotski ou Ioffe haviam esperado. A disputa dentro da liderança central soviética deslocou-se para o Presidium do Comitê Executivo da Komintern em 27 de setembro de 1927. Já então, Trotski não estava em completo autocontrole. Desafiou o Presidium desde o início, declarando que, se também ele queria fazer-lhe uma reprimenda, que fosse em frente. Desdenhou da situação da Komintern: "Agora, todas as organizações só fazem implementar coisas; já não têm a capacidade de discutir ou decidir." Zombou da confusão feita por Moscou na China, nos meses anteriores. Ridicularizou a falta de uma estratégia adequada no Reino Unido; escarneceu do Politburo por ter permitido que a Kuomintang estabelecesse uma base de emigrados e instruísse seus quadros na URSS.[23] A Revolução de Outubro já não estava segura: "A desgraça pessoal de Stalin, que se vem transformando sistematicamente na desgraça do partido, reside na imensa discrepância entre os recursos intelectuais de Stalin e o poder que o aparelho partidário-estatal concentrou nas mãos dele."[24] Era típico de Trotski esnobar Stalin com base na cultura. Ele tomava por certo que somente alguém com sua própria cultura poderia chefiar o partido.

Intensificaram-se as medidas contra a Oposição Unida. Zinoviev e Kamenev tinham perdido seus lugares no Politburo em 1925, seguidos por Trotski, um ano depois. Em outubro de 1927, a participação deles no Comitê Central também foi encerrada. Trotski, Zinoviev e Kamenev deixaram de ocupar qualquer posto de grande autoridade política, mas continuaram a fazer campanha por suas políticas da melhor maneira que podiam. A OGPU minava sistematicamente os seus esforços. Numa reunião em que Trotski estava discursando, um funcionário zeloso apagou as luzes. Trotski declarou: "Lenin dizia que o socialismo eram os sovietes somados à eletricidade. Stalin já eliminou os sovietes, agora está desligando a eletricidade."[25] Sua inteligência era cortante como uma navalha; sua imparcialidade histórica não chegava a ser absoluta, pela simples razão de que ele tinha feito tanto quanto qualquer outro para eliminar a liberdade dos sovietes.

O Politburo pôs a OGPU em alerta, ao serem organizadas novas reuniões dos oposicionistas. Stalin e Bukharin estavam ansiosos por evitar greves e manifestações de rua. Os informantes mantinham a polícia em contato com os planos da Oposição e interrompiam suas assembleias em Moscou e noutros locais. Mas os oposicionistas se recusaram a desistir de suas atividades. Colaram cartazes denunciando a liderança ascendente do partido. Imprimiram panfletos em gráficas clandestinas e os distribuíram entre seus adeptos. Mantiveram-se em contato, através do boca a boca em cada cidade, e continuaram a escrever cartas e telegramas uns para os outros. Foram aos portões das fábricas para tentar agitar os operários contra o Politburo. Na verdade, não havia outra maneira de se salvarem politicamente, e eles se convenceram de que a classe operária se aliaria à sua causa, se eles simplesmente conseguissem explicar sua posição sem a interferência do Politburo e da OGPU. É improvável que os operários fossem mais receptivos a Trotski do que a Stalin. Mas era indubitável que havia muita insatisfação com a política oficial na indústria. Seria fácil haver distúrbios nos bairros fabris, e Trotski e seus amigos poderiam explorar

Último confronto em Moscou 469

essa situação. Stalin e Bukharin aumentaram a pressão sobre a OGPU, para que esta desarticulasse as atividades da Oposição.

Trotski, Kamenev e Zinoviev empenharam-se na luta. No dia 7 de novembro, exatamente dez anos depois de os bolcheviques tomarem o poder, a comemoração de praxe realizou-se em Leningrado com uma grande parada. Partidários de Trotski, Kamenev e Zinoviev reuniram-se em massa na antiga capital, na esperança de explorar essa oportunidade para fazer um protesto público contra os governantes do país. Isso havia acontecido com os Romanov em fevereiro de 1917. O Politburo instruiu a polícia de segurança a se fazer presente em massa. Também foram empregadas gangues de bandidos. De acordo com Trotski, a Oposição não tinha nenhum plano definido:

Essa manifestação, por uma confluência acidental de circunstâncias, tomou um rumo inteiramente inesperado. Zinoviev e eu,
acompanhados por várias outras pessoas, circulávamos de carro
pela cidade, para ver a escala e o clima da manifestação. Já ao final
do nosso circuito, íamos passando pelo Palácio Tauride, onde se
haviam instalado plataformas para os membros do Comitê Executivo Central. Nosso carro parou diante de uma fileira de policiais;
era impossível seguir adiante. Antes que pudéssemos elaborar um
modo de nos desvencilharmos, o comandante correu para nosso
carro e, sem qualquer malícia, ofereceu-se para nos escoltar até
uma das plataformas.[26]

Trotski e Zinoviev foram euforicamente recebidos por seus adeptos. Agentes da polícia infiltraram-se na massa de espectadores, tentando em vão insuflar a desaprovação da Oposição Unida. Zinoviev animou-se. Trotski fez uma avaliação mais comedida: sabia que a liderança ascen-dente os faria pagar por seu triunfo local temporário.

Stalin e Bukharin, exasperados com a truculência de seus adversários, organizaram uma votação para expulsar do partido os líderes e seguidores da Oposição Unida. A decisão crucial foi tomada pela Comissão Central de Controle sob a chefia de Ordjonikidze, no dia 14 de novembro de 1927; foi formalmente ratificada pelo XV Congresso do Partido, no mês seguinte. A expulsão foi um marco na história bolchevique. O partido fora ininterruptamente dado a disputas, desde a Revolução de Outubro. Houvera os comunistas de esquerda durante a controvérsia referente ao Tratado de Brest-Litovsk. Depois tinham vindo a Oposição Militar, os centralistas democráticos e a Oposição Trabalhista, na guerra civil, e as duas últimas dessas facções haviam continuado a funcionar durante a NPE. A princípio, o Politburo tinha feito o impossível para conservar os dissidentes no partido, ao mesmo tempo que os disciplinava. Os criadores de caso eram demovidos de seus cargos; às vezes, eram afastados do caminho, sendo mandados para a Ucrânia ou para cargos diplomáticos no exterior. O mesmo tratamento tinha sido dado à Oposição de Esquerda e à Oposição de Leningrado, em meados da década de 1920. A retórica da dissidência e da contradissidência sempre fora ríspida. Agora, Trotski, Kamenev e Zinoviev estavam perdendo suas carteiras do partido.

A notícia da decisão do Congresso foi transmitida a Trotski por telefone, e quem ligou foi ninguém menos que Bukharin. Na ocasião, Trotski estava recebendo alguns jovens simpatizantes franceses. Um deles, Gérard Rosenthal, relatou que Bukharin estava aborrecido com o que acontecera: "Lev Davidovich, eles o expulsaram. Estão loucos lá no Kremlin. Não conseguirão ir adiante sem você. As coisas não podem ficar assim. Você precisa voltar."[27] Faltou à expressão de solidariedade de Bukharin uma força completa de convicção. Ele se manifestara vigorosamente contrário a Trotski e havia apoiado medidas punitivas contra ele. Mesmo assim, talvez um vislumbre de compreensão sobre os perigos de sua parceria com Stalin estivesse começando a despontar na mente de Bukharin.

Kamenev e Zinoviev não tiveram mais estômago para brigar, e Kamenev logo anunciou: "Agora que não há chance de tomar o poder do atual grupo dominante, só resta uma coisa: voltar à labuta cotidiana geral." A seu ver, ele precisava tornar a se ligar à sua velha equipe de burros de carga. Zinoviev demorou mais para chegar à mesma conclusão. Pouco antes ou durante o XV Congresso do Partido, que se iniciou em 2 de dezembro, ele e Kamenev tiveram sua última conversa com Trotski. Os três compreendiam que estavam determinando o rumo de sua vida por muitos anos à frente. Kamenev e Zinoviev tiveram uma discussão terrível com Trotski. Segundo este, Zinoviev adotou um tom patético

Último confronto em Moscou

e protestou: "O Vladimir Ilich [Lenin], em seu testamento, avisou que as relações entre Trotski e Stalin poderiam rachar o partido. Pense na responsabilidade que você está assumindo!" Não é que Zinoviev tivesse mudado de opinião sobre as ideias básicas da Oposição Unida. Mas tinha se convencido de que "a própria contundência da luta do aparelho contra nós atestou que não se trata de discordâncias conjunturais, mas de contradições sociais".[28] Kamenev, Zinoviev e seus seguidores tinham chegado tarde à causa oposicionista, de qualquer modo, e não era totalmente de admirar que estivessem saindo cedo. Logo depois de sua expulsão do partido, havia circulado o boato de que eles capitulariam.[29]

A decisão da Comissão Central de Controle de expulsá-los do partido já os havia transformado em párias comunistas e os privara da maioria de seus privilégios como políticos soviéticos. A perda de *status* foi imediata. Abel Enukidze, a quem Trotski havia insultado em época recente,[30] escreveu-lhe ordenando o seu despejo do Kremlin. O apartamento tinha vindo com o cargo de membro do Politburo, e a única surpresa foi a demora na perda dos seus direitos de moradia. Trotski escreveu de volta no dia 15 de novembro, dizendo que já havia deixado o apartamento e estava hospedado com seu aliado político Alexander Beloborodov, na Rua Granovski.[31] O apartamento de Beloborodov ficara abarrotado desde que os Zinoviev haviam ocupado um quarto lá.[32] Trotski saiu do Kremlin sozinho. Seu filho Sergei estava doente e Natalia vinha cuidando dele, e Trotski indicou que por isso eles demorariam alguns dias para sair.[33]

Trotski manteve a calma. Parecia vicejar na adversidade, ganhando vida quando a maioria do Politburo o lançou no ostracismo político. Seu amigo Adolf Ioffe teve uma reação muito diferente. Sua instabilidade mental era crônica e sua saúde física sofrera uma deterioração drástica nos últimos anos; e os problemas da Oposição Unida foram como um peso de chumbo sobre seu estado de espírito. Foi nessa situação que ele resolveu tirar a própria vida, mas dizer umas verdades a Trotski antes de executar esse ato.[34] Durante algum tempo, a OGPU negou que Ioffe tivesse deixado um bilhete de suicídio. Mas a mentira foi denunciada quando uma cópia chegou a Khristian Rakovski, que a transmitiu a Trotski.[35] Ioffe tinha guardado seus conselhos até ser tarde demais, mesmo do ponto de vista político. Apesar disso, queria reforçar a determinação de Trotski na luta corrente. Informou-lhe ter confiança em que ele logo retornaria ao poder.[36] Trotski tinha grande necessidade de acreditar que havia uma chance de realizar esse objetivo. Na morte, Ioffe deu forças a seu espírito combativo. Se necessário, Trotski se ergueria sozinho, como Lenin fizera tantas vezes. Enquanto Kamenev e Zinoviev foram-se afastando aos poucos, ele se manteve firme em sua decisão. Preferia ser derrotado lutando a se render à maioria do Politburo.

Num sinal dos tempos, foi preciso obter permissão para que se realizasse um funeral público no cemitério de Novodevichi. O horário foi marcado para meio-dia, para que a maioria das pessoas estivesse trabalhando, porém uma vasta multidão compareceu. À frente do cortejo fúnebre vinha Trotski, acompanhado pela viúva de Ioffe e por Khristian Rakovski. A polícia montada tentou deter os integrantes menos destacados do cortejo, mas as pessoas deram-se os braços e forçaram a passagem. Rakovski proferiu o elogio fúnebre. Em seguida, com a cabeça descoberta, cheia de flocos de neve, Trotski fez soar uma nota de desafio em memória de seu camarada morto: "Como você, juramos continuar sem enfraquecer até o fim, sob as bandeiras de Marx e de Lenin."[37] Ele não tinha como saber que esse seria seu último discurso em solo soviético. Caía a noite política sobre Trotski e a Oposição.

39. Alma-Ata

O inverno de 1927-1928 foi uma época de emergência política na URSS. As origens estavam menos nas dificuldades da liderança ascendente com a Oposição do que no aprofundamento dos problemas econômicos. Os estoques de trigo e centeio ficaram perigosamente baixos nos armazéns urbanos. Foi como a "crise da tesoura" de 1923, só que pior. Os camponeses já não podiam comprar produtos industrializados pelo que consideravam um preço justo, e houve uma queda na produção fabril para o mercado rural. As medidas tomadas contra as famílias mais prósperas de lavradores, no ano fiscal de 1925-1926, aprofundaram a intransigência na zona rural.

O Politburo queria Trotski fora do caminho enquanto solucionava seus problemas. Foi-lhe oferecida a oportunidade de ser mandado para Astracã, na costa noroeste do mar Cáspio, para um "trabalho de planejamento" econômico. Esse não seria o tratamento mais duro. No entanto, Trotski escreveu ao Comitê Central, declarando preferir o exílio franco àquilo que via como hipocrisia política. Também objetou a Astracã por questões de saúde. Se pudesse escolher o lugar para onde ir, optaria por Gagra, na costa da Abecásia, ou Kislovodsk, no norte do Cáucaso.[1] Sua combatividade irritou os líderes do Politburo. Uma vez que Trotski havia rejeitado Astracã, eles quiseram ver se gostaria de ser despachado para Alma-Ata, no Cazaquistão. Genrikh Yagoda, que era o vice-diretor da OGPU na ocasião, expediu a ordem formal. Nem Yagoda nem seu substituto, Vladimir Menjinski, dispuseram-se a aceitar a chamada de Trotski quando ele telefonou para protestar.[2] As razões completas para

474 Parte III: 1920–1928

despachá-lo para a Ásia central soviética não foram registradas, mas é provável que Stalin tenha compreendido que seriam feitas comparações indesejáveis com Nicolau II, se ele deslocasse Trotski para a Sibéria. O Cazaquistão tinha longos invernos nevados e distâncias não cobertas por estradas, mas ainda lhe faltavam as conotações do trabalho forçado. Trotski enfrentou a situação com coragem: "É melhor assim [...] Não me agrada morrer numa cama no Kremlin."[3]

Natalia estava gripada e com febre alta quando a família reuniu seus pertences. O professor Guetier recomendou um adiamento da viagem. Sua decência comum havia conquistado a admiração dos Lenin e dos Trotski, e não lhe ocorreu que o Politburo não teria qualquer consideração com o estado de saúde de Natalia.[4] Faina Yablonskaya, mulher de Alexander Beloborodov, ligou para os oposicionistas e lhes deu a notícia sobre Alma-Ata.[5] Na Rua Granovski apareceram pessoas para desejar boa sorte, levando flores, doces, livros, roupas quentes e abraços intermináveis.[6] Trotski e Natalia agradeceram a bondade, mas precisavam continuar com seus preparativos e descobrir como colocar seu volumoso arquivo pessoal em seus baús.

A OGPU assegurou aos Trotski que eles não viajariam no futuro próximo. Um dos ex-guarda-costas de Trotski, um certo Barychkin, apareceu lá a serviço. Teve a impertinência —segundo a visão de Trotski — de não tirar o chapéu. Ao ser repreendido, retirou-se com "uma expressão de cachorro chicoteado".[7] Sem aviso prévio, no dia 16 de janeiro de 1928, Trotski foi instruído a se aprontar para ser escoltado até a estação de Kazan, de onde partiria para Alma-Ata. A notícia do que estava acontecendo chegou a partidários da Oposição, e uma multidão de milhares de pessoas reuniu-se na estação ferroviária. Mensagens sobre essa cena chegaram aos Beloborodov, enviadas por oposicionistas jovens e entusiasmados e, mais tarde, por Khristian Rakovski.[8] Como precaução, a OGPU evitou levar a família Trotski diretamente à estação. Qualquer tumulto poderia transformar-se num grave distúrbio político. Em vez disso, transportou o grupo para a estação de Yaroslavl, na região centro-norte de Moscou. De lá eles deveriam ser levados de trem até a estação de Kazan e transferidos em sigilo para o vagão que os esperava.[9] A multidão não teve nenhum indício desse estratagema. As malas de Trotski foram

Alma-Ata

empilhadas ao lado do último vagão, onde seu cão de caça aguardava pacientemente; a locomotiva soltava vapor, mas o vagão dos Trotski, com suas janelas cobertas por cortinas brancas, estava vazio. O maquinista apareceu, mas também não estava ciente do que fora planejado. Entrementes, as ruas próximas foram se enchendo de manifestantes que protestavam, enraivecidos. Ergueram-se cartazes de Trotski. A situação parecia prestes a fugir do controle.[10]

De repente, a equipe da OGPU chegou à estação com Trotski. Os homens o carregavam, já que ele deixara claro que não iria voluntariamente. A multidão não sabia o que estava acontecendo, e os filhos de Trotski resolveram intervir. Lëva tinha 20 anos, e Sergei, 18; ambos eram rapazes fortes. Quando Lëva tentou soltar um grito de protesto, Barychkin estendeu a mão e lhe tapou a boca. Sergei, apesar de não querer nada com a política e de ter planos de ficar sossegado em Moscou, deu um murro no rosto de Barychkin.[11] Seu senso dos laços familiares e da dignidade pessoal o fez perder o controle. Agindo com disciplinado comedimento, a OGPU conseguiu embarcar em segredo a sua carga humana. Trotski, Natalia, Lëva e Igor Poznanski sentaram-se no vagão cortinado, sem que ninguém soubesse que estavam ali. De repente, às 23 horas, a locomotiva partiu. A multidão finalmente intuiu o que havia acontecido. Ao perceber que não haveria um discurso inspirador do seu líder, muitos adeptos de Trotski pularam para a lateral do vagão. Outros correram ao longo da plataforma. Mas o truque do Kremlin funcionou e o trem desapareceu de vista rapidamente. Elevaram-se vozes clamando pelo início de uma manifestação política, apesar de já ser alta madrugada. A ideia era marchar para o Kremlin. Entretanto, oposicionistas veteranos suspeitaram que a OGPU estivesse fazendo uma provocação. Se houvesse uma manifestação, haveria um distúrbio público. Isso daria à liderança partidária ascendente material de propaganda contra a Oposição. A discrição prevaleceu e os manifestantes se dispersaram em silêncio, a caminho de suas casas.[12]

Enquanto o trem seguia para Ryazan e, depois, Samara, os Trotski reclamaram de não ter levado com eles roupas apropriadas. A situação foi remediada antes que recomeçasse a viagem. Eles chegaram ao Cazaquistão em poucos dias, deixando a Rússia muito para trás. Em Kizilorda foi feita uma verificação deles e de suas condições por um certo Belski, que chefiava as operações da OGPU na Ásia central. Ele foi gentil, mas pouco comunicativo. Os Trotski faziam suas refeições no vagão, considerando pouco simpáticos os outros passageiros — ou talvez precisassem de privacidade para conversar. Natalia recuperou-se da gripe. O fato de seu marido estar brincando e vendo o lado bom da situação também a animou. Ele leu Marx em alemão. Já fazendo planos, esperava subsistir em Alma-Ata traduzindo alguns desses trabalhos.[13] O trem avançou com regularidade até Pishpek. Depois disso, o último trecho da viagem para Alma-Ata foi feito em carroças puxadas por cavalos pelas montanhas Ala-Too. A essa altura, era Trotski quem estava febril, mas nenhum adiamento foi permitido.[14] Os Trotski foram se acostumando a receber ordens. Já não eram governantes ou sequer membros do partido, e sim, aos olhos do oficialato, transgressores políticos.

Chegaram a Alma-Ata no nono dia após a partida de Moscou. O pequeno grupo e sua escolta atravessaram a última etapa num carro dirigido por um motorista cuja ânsia de velocidade assustou os passageiros. (Em épocas anteriores, ele havia dirigido carros blindados, e era evidente que se comprazia com a oportunidade de acelerar pelas estradas num veículo civil.) Havia neve no chão. Era dia 25 de janeiro.[15]

Enquanto se instalava em Alma-Ata, Trotski se comprouve em imaginar que o destino da Oposição continuava a ser uma prioridade na agenda do Politburo. Por outro lado, no entanto, viu-se lamentavelmente sem contato com os acontecimentos. A necessidade urgente da liderança era resolver o problema do abastecimento de víveres. Uma das possibilidades seria reduzir a pressão sobre os cúlaques e induzi-los a negociarem seus estoques de cereais. O tempo não estava do lado da liderança. Foi preciso cuidar com rapidez de uma emergência surgida de repente. Stalin decidiu tomar uma iniciativa pessoal. E o fez de forma sub-reptícia. Em janeiro de 1928, partiu para uma inspeção dos Urais e do oeste da Sibéria. Tratava-se de uma região onde os excedentes de cereais tinham sido normais no passado. A colheita recente não fora afetada pelo mau tempo. Stalin sentiu-se confiante em que encontraria muitos cereais por lá — e presumiu que os *kulaks* fossem os culpados por acumulá-los. Estava decidido a ser implacável com as autoridades locais do partido e do governo. A capacidade de exercer pressão era um de seus

Alma-Ata

atributos especiais. Sem ser observado por seus camaradas do Politburo, ele mobilizou esquadrões urbanos. Também ofereceu recompensas a habitantes pobres da zona rural que se dispusessem a indicar onde as famílias mais abastadas teriam escondido seus estoques. Encheram-se trens de carga com trigo e centeio confiscados dos proprietários. Stalin considerou que havia cumprido seu dever. A ameaça imediata da fome nas cidades foi eliminada.

O assalto aos "acumuladores" rompeu os laços já esgarçados da confiança rural nos bolcheviques. Os camponeses em geral decidiram reter seus cereais. Quando os estoques caíram a um nível perigoso, na primavera de 1928, Bukharin, o ex-aliado de Stalin, convenceu o Politburo a adotar medidas corretivas. Elas incluíram a redução de preços de produtos industrializados e a importação de produtos estrangeiros baratos. A esperança era que os camponeses voltassem a comercializar sua produção de forma voluntária. Quando isso não resolveu o problema, Stalin retomou a ofensiva política. Ele e o Politburo já haviam introduzido um plano quinquenal para a expansão rápida da indústria. Havia fábricas sendo confiscadas e transferidas para a propriedade do governo. A Gosplan, o órgão central de planejamento do Estado, foi instruída a preparar um cronograma para priorizar a produção de ferro, aço e máquinas-ferramenta. A URSS deveria passar por uma industrialização abrangente. O acompanhamento desse processo seria uma "revolução cultural". Iniciou-se uma campanha maciça de alfabetização. Proliferaram escolas e institutos de formação. Ofereceu-se uma promoção rápida a operários e lavradores talentosos. Os pontos potenciais de resistência foram atacados. Intensificou-se a perseguição religiosa e houve prisões de nacionalistas em toda a União Soviética.

A NPE tinha sido rompida. Toda uma fase da Revolução de Outubro havia chegado a um fim súbito, e o Politburo reforçou a transformação em toda a gama das políticas oficiais. Stalin ainda não havia esmagado Bukharin. Os problemas econômicos causados pelas expropriações violentas de cereais obrigaram-no a fazer concessões nos meses do verão. Pelo menos, ele estava livre de ter que dar respostas a Trotski em público. Stalin e seus adeptos na assembleia plenária do Comitê Central aproveitaram todas as oportunidades para dizer o quanto haviam reprovado todas as afirmações e previsões da Oposição. A liderança partidária ascendente havia demonstrado seu compromisso com as medidas radicais. Os comentários contundentes de Trotski em meados da década de 1920 foram repetidos em sua ausência e condenados.[16]

Isolado dos seus canais costumeiros de informações confidenciais, Trotski não escreveu quase nada a respeito disso. Mas não foi essa a única razão de seu silêncio. Sua rotina diária estava tumultuada. A família se acostumara ao ritmo da vida no Kremlin e, mesmo quando hospedada na casa dos Beloborodov, tinha vivido com certo conforto. Agora, todos tinham que se arranjar sozinhos. Natalia havia perdido o hábito de comprar mantimentos e descobriu que os negociantes locais lhe estavam cobrando preços excessivos. Ela se adaptou prontamente, como sempre fazia, mas seu compromisso com as tarefas domésticas limitou o tempo de que dispunha para ajudar o marido no plano político.[17] Sermuks e Butov haviam tentado juntar-se a Poznanski em Alma-Ata, como assistentes de Trotski. A todos três foi negada a permissão oficial para permanecerem lá. As autoridades esperavam que isso reduzisse Trotski à inatividade política, mas não haviam contado com a contribuição do jovem Lëva, que se firmou como um aparelho administrativo de um homem só.[18] Para ele e o pai, a prioridade era retomar os fios da meada da Oposição. Lëva casara-se cedo, e tinha sua mulher, Anna Ryabukhina, e um filhinho chamado Lev, conhecido na família como Lyulik. Mas a política, a essa altura, ganhou precedência nos pensamentos dele. Trotski tinha permissão para usar o serviço postal normal. Seu estipêndio mensal de 50 rublos e sua conta bancária financiavam uma correspondência regular, e o correio diário costumava incluir dez a quinze cartas de outros lugares na URSS.[19] Seu caderno de endereços mostra que ele mantinha contato com dezenas de adeptos exilados; e atualizava o caderno à medida que os indivíduos iam sendo trocados de um lugar para outro.[20] Isso não quer dizer que o correio fosse rápido. Trotski reclamou de as coisas levarem semanas para lhe serem entregues.

Ele não foi submetido a um isolamento completo. Usufruía de uma correspondência que incluía política e brincadeiras com Khristian Rakovski, o último amigo que lhe restara, e as dezenas de cartas trocadas entre os dois mantinham o seu moral elevado. Ao contrário de Trotski,

Rakovski havia aceitado um cargo de nível provincial no planejamento econômico em Astracã. O trabalho lhe exigia pouco e ele passava boa parte do tempo lendo Charles Dickens e Isaac Bábel, além de pesquisar as ideias de Saint-Simon, o socialista francês do século XIX. Rakovski brincava sobre sua distância da civilização. Aristóteles, ele lembrou, havia designado o golfo de Kara-Bogaz, na costa centro-oriental do mar Cáspio, de "começo do submundo".[21]

Natalia escreveu aos adeptos do casal em nome de Trotski e a Oposição fez um comunicado. Aparentemente, a família tinha acesso insuficiente a mantimentos diários. Pior ainda, os problemas intestinais de Trotski pareciam haver reagido mal às condições insalubres de Alma-Ata, onde a malária havia "entrado em seu organismo" e a gota era um tormento constante — e não havia nenhum médico competente a quem ele pudesse recorrer. A Oposição pediu que seus adeptos convocassem os "trabalhadores" para exigir o regresso de Trotski a Moscou.[22] Isso foi uma caricatura. A família, como demonstram os cadernos de anotações de Natalia, estava longe de viver na penúria.[23] Trotski chegou até a contratar uma secretária local e, embora tivesse de presumir que ela transmitiria informações à OGPU, a moça cumpria satisfatoriamente os seus deveres de datilógrafa. É verdade que havia muita malária na cidade. Quando Trotski e Natalia caíram vítimas da doença, obtiveram quinino com seu filho Sergei, em Moscou, e isso aliviou os sintomas, pelo menos no caso de Trotski.[24] Eles podiam visitar a biblioteca pública e pegar livros emprestados, assim como números atrasados de jornais nacionais. Entre os prazeres de Trotski estava o exame de um volume de reproduções do pintor muralista mexicano Diego Rivera, que ele encontrou na biblioteca; Trotski admirou a combinação de "coragem" e "ternura" dessas obras.[25]

Ele e Lëva faziam caçadas, munidos de armas e cães, e voltavam carregados de faisões, tetrazes, codornas ou pombos. Alguns homens da OGPU os acompanharam numa expedição às estepes salgadas que durou várias semanas, e durante a qual eles dormiram sob as estrelas ou nas cabanas de quirguizes locais. Eles perseguiam a caça no dorso de camelos.[26] No verão, a família de três pessoas alugou nas montanhas próximas uma casa com telhado de colmo, pertencente a um camponês que era fruticultor, com uma vista maravilhosa das montanhas e de seus

480 Parte III: 1920–1928

cumes nevados, na extremidade da cordilheira de Tian-Shan. Colheram maçãs e peras para a mesa, e Natalia fez geleias.[27]

Em junho de 1928, sua tranquilidade foi rompida por notícias vindas de Moscou: Nina Bronstein havia morrido de tuberculose. Na ocasião, Trotski estava trabalhando em sua crítica ao programa do V Congresso da Komintern. Interrompeu-se e foi para o jardim, chamando Natalia para acompanhá-lo. Sentaram-se na grama, rememorando e chorando a morte de Nina. Trotski resmungou: "Estou completamente desolado por causa da menina!" Foi sua primeira experiência de perder um filho, e ele a recebeu mal.[28] Nina, sua filha caçula, vinha sofrendo de tuberculose havia anos. Tinha deixado o marido, Man Nevelson, e os dois filhos, Lev e Volina. Nina e Man eram partidários da Oposição, e Man não tinha como esperar favores da elite soviética, à luz da deportação de Trotski e de outros críticos ilustres do Politburo. Trotski havia passado pouco tempo com Nina nos anos anteriores; se experimentou alguma culpa ao saber da morte dela, silenciou a esse respeito. De qualquer modo, não havia como cogitar de um retorno dos Trotski para o enterro de Nina. Não foi a primeira nem a última vez que Alexandra Bronstein teve de enfrentar sozinha uma situação parental. Isso era algo a que se havia acostumado fazia muito tempo — e Trotski não via razão para que as coisas não fossem sempre assim.

Ele já tinha trabalho de sobra para se concentrar na tentativa de organizar a resistência política ao poder crescente de Stalin. Teve de lidar com um leque de deserções. Chegou a notícia de que Yuri Pyatakov se rendera a Stalin e havia renegado suas ideias oposicionistas. Trotski fingiu indiferença. Previra muitas vezes — frente a frente com Pyatakov — que este acabaria trabalhando no gabinete, mesmo que o próprio Bonaparte estivesse no poder. Declarou-o "politicamente acabado".[29] Serebryakov seguiu o mesmo caminho de Pyatakov. Nenhum dos dois fora "zinovievista"; ambos tinham sido aliados de Trotski desde os tempos da Oposição de Esquerda. Nesse momento, perceberam que Stalin estava introduzindo muitas das grandes mudanças econômicas que a Oposição havia defendido ao longo da década de 1920. Eles queriam um crescimento industrial mais rápido e um compromisso mais sério com as formas coletivas de cultivo da terra, e haviam ansiado pelo fortalecimento do planejamento central estatal da economia. Fizeram as pazes com Stalin, apesar de ele não ter oferecido nenhuma concessão ao projeto de democracia interna do partido. Trotski irritou-se com os desertores, mas se recusou a ficar deprimido. A seu ver, era comum os líderes individuais traírem seus princípios. As "massas" eram o único fator da história que lhe importava verdadeiramente. Longe de fazer as pazes com Stalin, Trotski incentivou uma intensificação da luta. Esperava ser aquele que assumiria a liderança. Nem todos viam isso como uma coisa certa. Ele e Preobrajenski trocaram longas mensagens sobre estratégia, o que os fez mergulhar numa disputa sobre a política externa soviética nos termos da NPE. A contribuição de Trotski ficou longe de ser moderada. Mesmo no exílio, ele não se mostrou sensível às exigências da liderança. Preobrajenski objetou a seus comentários peremptórios, declarando que ele estava destruindo as possibilidades de uma discussão produtiva na "nossa comuna no exílio".[30]

Kamenev e Zinoviev foram readmitidos no partido em junho de 1928; mas, como Trotski soube, Kamenev não se resignou com a derrota e, no mês seguinte, teve uma conversa sigilosa com Bukharin sobre o que fazer com Stalin. Em setembro, Kamenev encontrou-se com adeptos de Trotski em Moscou. Já então concordando com a avaliação trotskista da situação política, ele disse que Stalin havia levado o país à beira da perdição. Também criticou Trotski por ser teimoso e inflexível. A maneira de retornar ao poder seria penetrar no partido e no governo, mesmo ao preço de uma retratação pública. Por implicação, Trotski deveria fazer o mesmo e parar de censurar duramente as pessoas por sua "capitulação".[31] Zinoviev tinha opiniões semelhantes e ponderou sobre o modo de formar uma "grande coalizão", que incluísse Bukharin, Kamenev, Trotski e ele mesmo contra Stalin, dentro de um Politburo renovado.[32] Quando os comentários de Kamenev foram entregues em Alma-Ata,[33] Trotski zombou de sua mescla de concessão e manobra.

Mas estava finalmente começando a avaliar Stalin. Em outubro de 1928, quando companheiros de exílio em outros lugares da URSS escreveram dizendo que queriam intensificar seus protestos, Trotski os desencorajou. Eles precisavam compreender que greves de fome a milhares de quilômetros de Moscou não teriam nenhum impacto sério.[34]

Mas essa foi apenas uma objeção tática, porque ele continuou obstinado em amostrar a necessidade de se manter a luta contra o Kremlin. Sua intransigência aborreceu e alarmou a maioria do Politburo, enquanto prosseguia a disputa do próprio órgão com Bukharin. Ao insistir em manter o contato com seus seguidores e organizá-los, Trotski continuava a ser uma ameaça, mesmo na longínqua Alma-Ata. A OGPU foi procurá-lo em 16 de dezembro de 1928 e lhe entregou um ultimato oral: ou ele desistia da atividade oposicionista e aceitava sua derrota política, ou os termos de seu exílio seriam alterados e ele seria enviado para um local de confinamento mais isolado. Trotski redigiu uma carta a seus seguidores, afirmando que jamais se renderia a Stalin. Recusava-se a desistir do que tinha feito durante 32 anos. "Toda a [sua] vida consciente" tinha sido dedicada à política, e ele não tinha a menor intenção de se curvar a ameaças policiais.[35]

O Politburo levou mais de um mês para reagir e discutiu o assunto em mais de uma ocasião. Stalin queria deportar Trotski da URSS. Bukharin, Rykov e Tomski opuseram-se a isso. Mas Stalin persistiu e, no dia 7 de janeiro de 1929, fez sua vontade prevalecer. A maioria aprovou a decisão de expulsar Trotski, por seu "trabalho antissoviético".[36] Houve um apoio quase unânime ao ato de Stalin entre os adversários de pessoas como Bukharin, que nessa ocasião foram denunciadas como direitistas. A exceção foi Sergei Syrtsov, que chefiava o partido na Sibéria — e que não demorou a ser severamente repreendido por sua audácia.[37]

Em 20 de janeiro, Volynski, um oficial da OGPU, apareceu com um reforço armado e um par de perdigueiros para anunciar e cumprir a decisão tomada. Trotski foi acusado de ter formado um partido antissoviético ilegal, de se haver engajado em atividades contrarrevolucionárias e de ter organizado uma luta violenta contra as autoridades. Fora aprovado um decreto para expulsá-lo da URSS. Trotski foi solicitado a confirmar sua compreensão das ordens que estava recebendo. Assinou o formulário, acrescentando estar tomando conhecimento de um decreto que era "criminoso na essência e ilegal na forma".[38] A casa foi tomada pela azáfama e pelo barulho. Trotski reconheceu que os homens da OGPU tiveram uma conduta correta com ele e seus familiares. Ele não tivera o menor pressentimento desse desfecho: provavelmente, havia presumido que, se sua punição tivesse que aumentar, ele seria mandado para uma região mais distante da Ásia central ou da Sibéria. A família fez as malas com uma rapidez febril, a fim de estar pronta, conforme as instruções, logo cedo na manhã de 22 de janeiro. No meio do inverno, essa não seria uma viagem fácil, e todas as indagações de Trotski sobre o país para onde estava sendo mandado foram respondidas com um silêncio vazio. A verdade era que Volynski ainda não sabia.

Quando amanheceu o dia, os Trotski tomaram um ônibus que os levou pela cordilheira de Kurdai. A neve acumulada na crista das montanhas revelou-se intransponível, mesmo depois de ser trazido um trator para ajudar. A família foi transferida para trenós. Levou 7 horas para se deslocar por pouco mais de 30 quilômetros. O grupo acabou descendo de carro até Pishpek, onde foi embarcado num trem que, em seguida, passou vários dias parado num ramal ferroviário. Trotski leu um livro de Anatole France, bem como a história clássica da Rússia escrita pelo liberal russo Vasili Kliuchevski, e jogou xadrez.[39]

Em pouco tempo, chegaram ao que presumiram ser a província de Kursk — continuavam a ser mantidos no escuro sobre o que estava acontecendo.[40] Numa das paradas frequentes, Trotski descobriu que o governo alemão tinha se recusado a lhe conceder o direito de residência. As autoridades soviéticas consultaram o governo turco e receberam uma resposta positiva. Ao ser informado do plano, Trotski explodiu de raiva e disse que não o aceitaria. Bulanov, um oficial da OGPU, telegrafou a Moscou para fazer consultas e pedir novas instruções. O plano básico de deportação para a Turquia foi confirmado. O trem que levava os Trotski tomou a direção sul, rumo a Odessa, onde, ainda protestando, Trotski foi embarcado feito um pacote no vapor *Ilich*, junto com Natalia e Lëva. Postou-se majestosamente junto à amurada enquanto o navio deixava o porto. Com seu sobretudo do Exército Vermelho, acenou uma saudação com seu quepe militar e permitiu que um fotógrafo a bordo capturasse seu gesto com a câmera. O navio cruzou o mar Negro e chegou a Istambul no dia 22 de fevereiro. Afora os agentes da OGPU, os Trotski eram os únicos passageiros quando o *Ilich* aportou no cais de Buyukdere. Trotski entregou uma carta dirigida à atenção do presidente Mustáfa Kemal, explicando não haver chegado ao solo turco por vontade própria.[41]

Doze anos de trabalho ativo na política russa foram subitamente encerrados. A Oposição tinha sofrido uma derrota. Trotski, herói da Revolução de Outubro e da guerra civil, fora humilhado. Disfarçou sua confusão com uma manifestação de dignidade. Mal conseguia acreditar que Stalin tivesse emergido como o líder supremo da URSS. Não conseguia imaginar uma vida permanentemente separada da Rússia revolucionária. Durante toda a viagem para a Turquia, ele tentou manter-se animado e encorajar a família e o grupo cada vez menor de seus seguidores militantes. Contando ainda apenas 49 anos de idade, estava decidido a prosseguir na luta. A seu ver, somente a Oposição tinha ideias capazes de salvar a ordem soviética de uma degeneração irremediável.

Parte IV

1929-1940

40. Buyukada

As autoridades da Turquia impuseram condições confidenciais para conceder asilo a Trotski. Moscou teve que dar uma garantia de que não se faria nenhuma tentativa de assassiná-lo em solo turco. As autoridades também fizeram exigências ao próprio Trotski. Ele teria que se abster de interferir na política local e não poderia publicar nada no país. Trotski tinha seus próprios temores. Cerca de 4 mil emigrados da força militar dos Brancos estavam morando na Turquia, e ele temia que um veterano do Exército Imperial pudesse tentar matá-lo. O governo de Mustafá Kemal estava atento a esse perigo e deportou cinquenta suspeitos. Tudo foi feito para proporcionar segurança física ao sr. Leon Sedov, o novo cognome de Trotski fora da URSS.[1]

Na chegada, os Trotski ficaram no consulado soviético em Istambul. Foi um arranjo temporário, para permitir que a família procurasse uma residência mais permanente. Sua primeira mudança foi para o Hotel Tokatliyan. Trotski concedeu uma entrevista a um jornal turco. Também visitou os locais históricos da cidade e desafiou as recomendações da polícia, regressando a pé ao hotel. Sua única ligeira concessão à prudência foi raspar a barba e o bigode.[2] Depois de uma breve transferência para uma casa no bairro de Sisli, ele foi convencido de que as considerações de segurança exigiam que se mudasse para fora da capital. Seguindo as recomendações das autoridades, ele concordou em morar em Buyukada ("Ilha Grande"), onde uma casa adequada tinha ficado disponível. Buyukada, na costa sudeste de Istambul, era a maior das Ilhas dos Príncipes (ou Prinkipo), no mar de Mármara, bem como o centro administrativo do arquipélago. Era lá que os imperadores bizantinos e os sultões otomanos de outrora confinavam seus rivais. O governo de Kemal simplesmente queria que Trotski fosse protegido de agressões físicas, e a viagem de balsa era o único meio de transporte regular entre a ilha e a capital. Istambul ficava a apenas meia hora de distância e o serviço postal era eficiente: isso era muito importante para Trotski. Buyukada foi a melhor opção disponível.

A família alugou Izzet Pasha, um dos casarões labirínticos que costumavam ser ocupados por famílias ricas de Istambul quando em busca de cenários verdejantes, ar puro e sol. Não era permitida a circulação de veículos a motor na ilha. Havia uma gama completa de lojas e serviços — e, se quisessem, os habitantes podiam pescar seu alimento diretamente na zona costeira. Izzet Pasha não estava em perfeitas condições de conservação, mas seu terreno dava para o mar, num penhasco alto que proporcionava uma vista esplêndida, além de significar que a casa não precisava de vigilância no lado que dava para o mar. De qualquer modo, Trotski tinha o benefício de proteção da polícia local, dia e noite.

Sua saúde não era perfeita: ele era perturbado pela colite e pela gota e, como Natalia, ainda não se livrara dos efeitos da malária contraída em Alma-Ata.[3] Mas estava apto a continuar a trabalhar — e não tinha outra alternativa, porque suas finanças dependiam da renda obtida com editores da Europa e da América do Norte. As autoridades soviéticas tinham-no provido de uma verba de 1,5 mil dólares, para facilitar sua instalação no exterior.[4] Essa verba logo se tornaria uma concessão inimaginável. Mas, até meados da década de 1930, Stalin se preocupava com a opinião do mundo sobre sua maneira de tratar os inimigos políticos — e, já nessa época, julgava sensato fabricar acusações de traição contra ele. Como quer que fosse, o dinheiro de Trotski acabaria depressa. De acordo com Natalia, os desembolsos feitos pela família equivaliam a aproximadamente mil dólares por mês; tempos depois, entretanto, uma secretária calculou que a despesa média, na realidade, ficava mais perto de 1,5 mil dólares.[5]

Trotski tinha uma rotina rigorosa. Acordava cedo, em geral às 4 ou 5 horas da manhã, vestia um suéter azul, calçava um par de alpargatas e ficava andando para cima e para baixo pelos corredores, absorto em pensamentos. Todos o ouviam caminhando no andar de cima.[6] Ele preferia começar o dia como se estivesse em confinamento solitário. Depois do café da manhã, retomava a interação com os outros, ditando cartas e artigos. Após um intervalo para almoço, fazia a sesta e recomeçava a trabalhar no fim da tarde. As refeições eram feitas em comum, e era nesses momentos — especialmente no jantar — que a família discutia questões públicas. Trotski incentivava a conversa afável. A família e seu cortejo de auxiliares residentes levavam uma vida frugal; seu único luxo era o serviço internacional de correio. Não se gastou nada na decoração.[7] Pelo menos um visitante achou que Trotski e Natalia poderiam ter feito mais para alegrar o ambiente da casa.[8] Essa ideia dizia tanto sobre o observador quanto sobre os observados. Trotski gostava de arte, quando dispunha de tempo, mas estava funcionando em horário integral como escritor, político e angariador de fundos. Sua preocupação era com as perspectivas da revolução na Rússia e noutros lugares.

Natalia e seu filho Lëva o ajudaram a manter um gabinete político. Trotski sugeriu que Stalin havia presumido que esse seria um trabalho que ultrapassaria a capacidade conjunta dos três.[9] Se foi isso que supôs, decepcionou-se. Trotski criou o *Byulleten' oppozitsii* ("Boletim da Oposição"), cujo primeiro número foi publicado em Paris em julho de 1929, com uma tiragem de aproximadamente 2 mil exemplares.[10] Conforme sua estipulação, o jornal era impresso em formato *in-octavo*. Escolheu-se um tipo pequeno, para economizar os custos do papel. Metade da tiragem, no entanto, era impressa em papel fino e caro, para facilitar o transporte clandestino para a URSS. O cabeçalho e a diagramação foram escolhidos para distinguir o *Byulleten' oppozitsii* do *Sotsialisticheski vestnik* ("Arauto Socialista") dos mencheviques emigrados. Ainda na esperança de conquistar a adesão de autoridades soviéticas, Trotski deu instruções para que se vendessem exemplares em quiosques perto das embaixadas e missões de comércio soviéticas.[11] Ele próprio escrevia a maioria dos artigos, enquanto Lëva cuidava do trabalho administrativo e Natalia dirigia a casa. Os Trotski eram uma família numa cruzada.

Precisavam de apoio da opinião pública do Ocidente. O *Byulleten' oppozitsii* censurou os ministros alemães por se recusarem a honrar "o direito democrático de asilo". Pleiteou que lhe fosse concedida, minimamente, a oportunidade de se hospedar num balneário na Alemanha,

Parte IV: 1929–1940

enquanto consultasse médicos para cuidar da saúde. Quando isso lhe foi recusado, ele descreveu a resposta da Alemanha como uma postura que lhe oferecera "o direito da sepultura". Apelou para o advogado e social-democrata esquerdista Kurt Rosenfeld, para que este representasse seus interesses, e se enfureceu ao ouvir uma recusa.[12] A indignação moral de Trotski ficou em estranha dissonância com sua defesa de um marxismo científico e não sentimental. Ele era de uma santimônia ímpar. Havia fornecido uma justificação lógica para a suspensão dos direitos de indivíduos e grupos na Rússia soviética. Fizera carreira como defensor e praticante da ditadura. Havia insultado democratas e zombado sistematicamente da democracia. Havia desdenhado do estado de direito. Havia pregado o caráter desejável da subversão das democracias liberais que sobreviviam na Europa, e não tinha mudado de ideia depois de ser deportado da URSS. E não se dispunha a admitir que seu fanatismo pudesse ter consequências: esperava que a democracia alemã lhe desse boas-vindas como seu exterminador.

Jovens trotskistas viajaram para Buyukada e complementaram a proteção policial turca. Trotski também necessitava de assistentes que tivessem experiência política com a extrema esquerda não stalinista na Europa. Seu primeiro auxiliar foi o comunista esquerdista tcheco Jan Frankel, que conhecia várias línguas europeias e o ajudava com a pilha crescente de correspondência. Ele funcionava como guarda-costas pessoal de Trotski. Falava turco fluentemente e lidava com os policiais da ilha e com os órgãos de governo em Istambul. Com seus 23 anos, em 1929, trabalhava até a exaustão.[13] Como todas as pessoas do círculo de Trotski, Frankel andava armado com uma pistola. Até Natalia vivia de prontidão para atirar em agressores.[14] Chegaram outros jovens simpatizantes, como Pierre Naville, Denise Naville e Gérard Rosenthal, da França. Raymond Molinier e sua esposa Jeanne (née Martin des Pallières) também se hospedaram lá. Tinham feito a viagem para aprender coisas com seu herói e tomavam notas enquanto ele falava. Trotski propunha um credo exigente: "É inútil pensar em fazer a revolução com homens para quem a vida profissional venha em primeiro lugar, depois a vida com a família e, por último, a revolução, se sobrar algum tempo."[15]

Uma coisa de que ele não podia prescindir era de uma secretária apta a tomar ditados. Contratou Maria Pevzner, uma excelente estenodatilógrafa, mas não sua seguidora política. (Seria agente da OGPU? Ainda não sabemos.) Ela teve que ser dispensada quando os Trotski ficaram sem dinheiro. Esse problema só foi permanentemente solucionado em 1933, quando uma adepta engajada da Oposição, Sara Weber, apareceu em Buyukada. Lëva a tinha sabatinado e garantiu sua sinceridade política. Trotski a recebeu com um abraço, e ela e Natalia — "com certa hesitação" — trocaram beijinhos.[16] Era incomum Trotski abraçar estranhos. Embora lhe agradasse ver todos praticarem as boas maneiras da classe média russa, o que ele fez nesse momento foi um esforço para dar as boas-vindas a Sara e a suas qualificações. Ninguém podia tratá-lo senão por "Lev Davidovich", pois ele mantinha a distância social de seus adeptos. Sua mulher, ao contrário, era Natalia para todos os residentes.[17]

A intervalos de dias, o grupo de residentes saía para pescar ou caçar. Com eles ia a cadela Tosca, uma vira-lata que contava com *pointers* entre seus ancestrais. Mas Tosca também tinha herdado os instintos de seus outros antepassados e gostava de se aproximar de qualquer bando de aves e dispersá-las, antes que Trotski pudesse fazer pontaria.[18] A pesca marinha tornou-se a maneira mais confiável de complementar a dieta. Um pescador grego, Charalambos, ajudava-os a remar para longe da praia e a lançar sua rede. Rosenthal relembrou:

Jogávamos uma linha com uns quarenta anzóis no mar. Sempre a puxávamos de volta carregada de cavalinhas. Às vezes baixávamos a rede a uma boa distância da linha costeira. Voltávamos à praia para buscar pedras grandes. Retornávamos ao barco para lançá-las na água e espantar os peixes para dentro da rede. Trotski demonstrava um empenho incrível durante esses esforços. Corria, empolgava-se e se agitava, e gastava energia sem a menor prudência. A seu ver, faltava-me ardor: "Ah, camarada Gerard, se você não bombardear a burguesia com mais vigor, ela ainda terá dias deliciosos pela frente!"[19]

Trotski ignorava os apelos da família para que evitasse riscos. Em tudo que fazia, empenhava um esforço de intensidade excepcional.

Parte IV: 1929-1940

Lëva revoltava-se com as restrições da vida na ilha. Em agosto de 1929, solicitou, sem sucesso, uma permissão para regressar à URSS — frisou que havia deixado o país apenas em caráter temporário e que sua jovem família morava em Moscou.[20] Ainda não havia concluído os estudos e tinha a ambição de se formar em engenharia. Moscou rejeitou o pedido. Lëva resolveu que, se não pudesse voltar para retomar sua vida na capital soviética, seria sensato mudar-se para a Alemanha e estudar na Technische Höchschule, em Berlim.

Havia uma outra razão para chegar a essa conclusão. Lëva era um jovem que gostava de mulheres e estas, por sua vez, achavam-no atraente. Jeanne Martin encantou-se com ele. Em pouco tempo, os dois estavam dormindo juntos e se firmaram como casal. Embora Raymond Molinier não obstruísse o relacionamento, Lëva e Jeanne queriam um alívio do regime claustrofóbico da ilha. Trotski endossou a ideia por suas próprias razões. Agora que tinha um grupo de auxiliares estrangeiros, poderia dar conta do recado sem a presença do filho em Buyukada. Além disso, almejava aumentar sua influência na Alemanha e transformar Berlim na base operacional do *Byulleten' oppozitsii*, bem como de uma Secretaria Internacional. Lëva planejava combinar seus estudos acadêmicos com o trabalho político. Era o braço direito do pai. Compreendia melhor do que ninguém os objetivos de Trotski e era um organizador eficiente. Saberia supervisionar os negócios de Trotski no coração da Europa e estabelecer ligações diretas com simpatizantes alemães. Havia também a esperança de que viajantes da Rússia fizessem algum contato. Lëva deixou Istambul com sua parceira francesa em 18 de fevereiro de 1931.[21]

Esse filho era paciente com um pai que reclamava de tudo — até mesmo um ligeiro erro de ortografia em "Turquia", no endereçamento de um cartão-postal, provocou um carão irascível.[22] Nunca havia a menor trégua na pressão. Trotski exigia dedicação completa à produção de matérias perfeitas para publicação, a qual prosseguia sem problemas. E houve uma coisa que não permitiu ao filho. Lëva ainda sentia saudades da Rússia e voltara a sonhar em pleitear permissão para um regresso. Não fica claro se pretendia voltar para sua esposa, Anna, ou se levaria Jeanne consigo para Moscou. Seu relacionamento com Jeanne foi complicado pela tentativa de Molinier de refazer o casamento com ela,[23] e o próprio

Lëva não via seu filho, Lyulik, desde 1929 — e talvez também tivesse esperança de rever Anna. Quando mencionou essas suas complexas considerações à mãe, em abril de 1931, ela falou imediatamente com Trotski, que lhe mandou uma carta: "Você escreveu para sua mãe, dizendo que tem pensado num retorno. Eu veria isso, parceiro [drujishche], como um grande erro, em todos os aspectos. Para mim, pessoalmente — do ponto de vista do trabalho e dos planos para o futuro —, seria um grande golpe."[24] Trotski precisava da ajuda de Lëva para concluir seu livro do momento. Sua recomendação, ou melhor, seu pedido ao filho foi que este solicitasse uma extensão de seu *Freudenpass*, para permanecer na Alemanha.[25] Lëva recuou, obedientemente. Se tivesse seguido sua inclinação, é difícil dizer como a frágil operação internacional de Trotski na Europa teria sobrevivido nessa época.

Trotski mantinha contato com seus filhos na URSS. Era frequente chegarem telegramas de Zina e de Sergei. Ele respondia pelo mesmo método. Embora o conteúdo das mensagens que lhe chegavam tivesse uma transliteração precária pelo serviço postal turco, os telegramas o mantinham a par dos acontecimentos na família.[26]

Zina tinha um problema crônico, que foi diagnosticado como a presença de ar ou gases na cavidade pleural dos pulmões. Ela informou vir-se sentindo muito melhor e telegrafou sua intenção de permanecer em Sukhum até maio de 1929.[27] Na verdade, sua saúde não estava melhorando. Trocaram-se novos telegramas, e Trotski e Natalia não viram alternativa senão recebê-la na Turquia. Ele enviou uma mensagem em outubro de 1930, dizendo-lhe que solicitasse ao Comissariado do Povo para Assuntos Internos uma permissão para viajar a Istambul. Enviou o mesmo pedido, em nome da filha, à mesma instituição.[28] Zina seguiu as instruções e deixou a URSS para procurar o auxílio médico necessário, depois de entregar o filho, Seva, aos cuidados de sua mãe, Alexandra. No começo, ela ficou contente por reencontrar Trotski. Também se deu bem com a madrasta, com quem mantinha longas conversas.[29] Louro e de bochechas gorduchas, Seva foi para a Turquia depois dela e passou a frequentar uma escola particular onde os alunos falavam francês (língua que teve de aprender do zero). O menino não tinha grande predileção pela culinária familiar e era preciso convencê-lo a comer, o que o transformava no centro das atenções na hora da comida. De qualquer modo, Zina se animou em termos afetivos, mesmo achando o calor turco difícil de suportar.[30]

Ela adorava o pai e ansiava por viver no perímetro do respeito e afeição dele.[31] Aspirava a participar do seu trabalho político, mas, para Trotski, isso era ir longe demais. Para executar tarefas sérias, Zina precisaria ser capaz de subir e descer correndo as escadas da casa. De acordo com Natalia, Trotski não achava que a saúde da filha suportasse a pressão.[32] Zina tentou provar seu valor, redigindo um artigo. Mas o pai não gostou do tom e rejeitou delicadamente a publicação.[33] O relato desses episódios por Natalia foi fiel a seu marido e à memória dele. Entretanto, ela admitiu que Trotski tinha uma preocupação com o cumprimento minucioso de obrigações, afazeres e ordens.[34] Sua inteligência afetiva era sempre circunscrita por seus interesses pessoais e políticos. De outro modo, ele teria encontrado alguma coisa para Zina fazer que não a levasse a ficar arfante ou estressada. Natalia continuava a conversar pacientemente com a jovem, mas era Trotski quem faria a diferença.

As dificuldades de Zina não eram de natureza exclusivamente física. Isso só veio a ser abertamente discutido em 1º de março de 1931, quando houve um grande incêndio em Izzet Pasha. A estrutura de madeira produziu um fogaréu instantâneo. A família e os demais moradores perderam quase todos os seus objetos de valor, inclusive relógios, revólveres, sapatos e chapéus. Trotski, de roupão e chinelos, não teve tempo para salvar sua biblioteca, e quase 2 horas se passaram até que chegasse a brigada de incêndio de Istambul. Já então, era tarde demais. Natalia machucou a perna ao correr das labaredas e Trotski perdeu quase todos os livros que havia trazido da URSS. Foi um golpe terrível para ele, já que os textos estavam repletos de anotações marginais que ele planejava usar em trabalhos futuros. Mas seu arquivo pessoal sobreviveu, e isso foi crucial, porque seus documentos figuravam entre suas armas na luta contra a liderança partidária em ascensão; ele nunca deixou de frisar que a raiz das dificuldades presentes da URSS estava nas políticas e práticas alimentadas por Stalin durante muitos anos. O rascunho de sua *História da revolução russa* também escapou do incêndio: Frankel o havia resgatado da residência em chamas — todos compreendiam que as finanças da casa dependiam da publicação desse trabalho, sem qualquer demora.[35]

Recaiu sobre Zina a forte suspeita de que ela teria iniciado a conflagração. Àquela altura, seus problemas mentais eram inequívocos, e já houvera um par de incêndios inexplicados em casa desde a sua chegada. Sem teto, os Trotski refugiaram-se numa casa alugada no continente. O novo local ficava em Kadikoy, na região sudoeste de Istambul, e foi escolhido por sua posição à beira-mar, como a que tivera Izzet Pasha. A casa tinha dois andares e se achava num estado pior ainda do que a anterior. Trotski e Natalia ocuparam o andar de cima. Frankel ficou com o quarto no andar inferior, perto da sala de jantar e da cozinha. Uma cozinheira, um pescador e um par de policiais viviam em outros pontos do terreno.[36]

Zina foi despachada para Berlim em outubro de 1931, para tratar do problema dos pulmões. No mesmo mês, Albert Glotzer, um trotskista norte-americano, apareceu para diminuir a pressão sobre Frankel. Glotzer não parecia ser o assistente ideal para o Velho. Fumava, não falava russo nem alemão e, como ele mesmo admitia, era mal informado no tocante à política soviética. Além disso, apareceu no momento em que Trotski estava na fase final da redação de sua *História da revolução russa*, e ele detestava ser perturbado.[37] Trotski proibia o fumo nos cômodos que usava, mas abriu uma exceção para Glotzer no seu primeiro dia com a família, chegando até a filar um cigarro para ele, de um pescador turco. Depois disso, Glotzer teve que seguir as normas da casa.[38] Permaneceu lá por apenas um mês, o que talvez não cause surpresa.[39] Em outubro de 1932, porém, chegou o mais notável de todos os auxiliares de Trotski. Era Jean van Heijenoort. A Liga Comunista em Paris havia pretendido mandar Yves Craipeau, mas decidiu que Heijenoort tinha habilidades linguísticas superiores, e estas eram essenciais para qualquer pessoa que planejasse exercer funções secretariais e organizacionais. (De qualquer modo, Craipeau relutou em abandonar a "ação em meio às massas".)[40]

Enquanto isso, da Alemanha, Zina enviava a Trotski cartas de fazer dó. A princípio, ele manifestou pouca simpatia; estava mais preocupado com o esforço imposto a Natalia, que tinha de cuidar de Seva até que Zina encontrasse um apartamento em Berlim para ela e o filho. As cartas de Zina foram se tornando cada vez mais aflitivas, e escrevê-las, pelo menos na opinião de Natalia, só vinha exacerbando a doença da moça.[41] Trotski finalmente começou a reconhecer a natureza sinistra do mal que a afetava. Sua filha estava chegando à beira da desintegração mental.

Ao ser informado de que Zina sofria de esquizofrenia, ele ficou abalado, mas, como a maioria das pessoas na década de 1930, não fazia muita ideia da natureza dessa doença.[42] Falou com Lëva sobre as cartas de sua meia-irmã. Ela queria voltar à Turquia como "aliada" do pai, mas este continuava a considerar inviável tal proposta. Quando os médicos quiseram que Zina regressasse à Rússia, ela se recusou a seguir essa orientação. Trotski apoiou os médicos, dizendo à filha que uma temporada numa clínica russa lhe faria bem, ao passo que uma clínica alemã seria "letal". Ele enviou uma mensagem a Alexandra Bronstein, explicando a situação. Declarou que não poderia ajudar Zina da maneira adequada, a menos que ela seguisse a orientação médica, e pediu a Lëva que fizesse ver à meia-irmã que a rebeldia dela estava prejudicando a saúde de seus parentes. Acrescentou que, se a filha não fizesse o que ele queria, ele "romperia de forma completa e definitiva" com ela.[43] É difícil imaginar um modo mais impróprio de lidar com um esquizofrênico. Não se sabe se Lëva fez o que lhe foi solicitado. Parece improvável, já que ele era uma pessoa sensível e atenciosa. O estado de Zina continuou a se agravar. Em 5 de janeiro de 1933, ela não suportou mais e se matou, aspirando gás. A notícia de seu suicídio chegou a Buyukada no dia seguinte. Trotski lidou com essa tragédia pondo a culpa de tudo em Stalin e no tratamento que este dera à moça.[44]

Essa acusação, frequentemente repetida nas narrativas de Trotski, foi mal orientada. Zina havia passado todo o tempo que quisera em Sukhum; fora Trotski que a chamara ao exterior, e não Stalin que a havia deportado — e era com Trotski que ela queria viver. As tentativas que ele fez de politizar essa morte não foram seu melhor momento.

Mesmo assim, ele ficou muito transtornado. Passaram-se dois dias até se sentir em condições de escrever para Alexandra Bronstein e lhe dizer: "A Zinushka já não vive." E acrescentou: "Estou arrasado." Seguiu-se uma descrição enganosa dos sofrimentos de Zina no exterior. Trotski disse que ele e Natalia haviam suposto, originalmente, que o principal problema dela era a tuberculose. Quando ela se transferiu para Berlim, os neuropatologistas concluíram que sua necessidade maior era de "marido, família, trabalho e deveres". Trotski omitiu a referência à grande tristeza da filha por causa do relacionamento problemático com o pai. Encerrou a carta com ternura, expressando-se como um bardo homérico: "Abraço com muita, muita força tua cabeça grisalha, e misturo minhas lágrimas às tuas."[45] Alexandra não se esforçou por poupar os sentimentos dele na resposta que enviou em 31 de agosto. Quis saber a história toda. Por que ele não a havia alertado sobre suas preocupações com a doença mental de Zina? Ela já sabia, sem que Trotski lhe dissesse, que algum tipo de conflito com ele andara oprimindo a filha. Zina tinha escrito: "É uma tristeza eu não poder mais voltar para o papai: você sabe como eu o 'adorava', desde o dia em que nasci. Mas agora, nossas relações estão definitivamente destroçadas. Foi por isso que adoeci." Alexandra havia tentado animá-la, mas Trotski reservara sua atenção apenas para o sofrimento físico da filha; havia desconhecido o fato de que "ela era uma pessoa adulta e desenvolvida" que precisava dele para interagir. Tinha decepcionado profundamente a filha.[46]

Foi uma acusação devastadora e precisa. Alexandra a atenuou um pouco ao confessar que partilhava da dificuldade do ex-marido para se abrir com outras pessoas, e pediu desculpas por sua "selvageria" para com ele. Mas não revogou seu veredicto.[47] Apesar de não haver chegado a dizê-lo, deve ter ocorrido a Alexandra que Trotski a havia abandonado com as duas filhas pequenas na Sibéria, em 1902. Agora, uma delas, Zina, perdera a vida, quando talvez uma pequena dose de consideração paterna tivesse feito toda a diferença. Atarefado ele era, com certeza. Mas soubera que Zina estava numa aflição profunda e havia deixado de cumprir uma obrigação humana rudimentar.

41. À procura de revoluções

As emergências da família sempre tinham ficado em segundo lugar, no pensamento de Trotski, comparadas à situação política da URSS. Ele sempre queria estar pronto para explorar qualquer fraqueza da liderança do Kremlin e dava uma importância crucial ao esclarecimento de sua própria estratégia revolucionária. Na viagem do Cazaquistão à Turquia, tinha se concentrado nas dificuldades enfrentadas por ele e seus camaradas da Oposição. Ao chegar a Buyukada, precisou avaliar rapidamente as mudanças momentosas ocorridas em Moscou. A NPE tinha sido abandonada. No Politburo, a insistência de Stalin em minimizar qualquer concessão à opinião dos camponeses criou-lhe problemas, inicialmente, porque a maioria dos componentes desse órgão percebeu que a campanha stalinista nos Urais e na Sibéria havia agravado a intransigência rural. A liderança central do partido enviou produtos industriais ao interior, numa demonstração simbólica da boa-fé oficial. Isso foi feito à custa de planos de investimento de capital na indústria — e as reservas de divisas diminuíram, à medida que aumentaram os produtos desejados pelo campesinato. Bukharin influenciou o Politburo para fazê-lo afastar-se aos poucos do "método uraliano-siberiano". Os resultados não chegaram a ser animadores. Nas aldeias de toda a URSS havia circulado a notícia das violentas expropriações feitas por Stalin. Os camponeses não confiavam em nenhuma garantia. O problema do abastecimento de víveres nas cidades não se havia aproximado de uma solução.

Bukharin conservou sua maioria no Politburo apenas por algumas semanas. À medida que os camponeses aumentaram a resistência, a liderança partidária voltou ao confisco forçado de gêneros alimentícios. Stalin foi se tornando dominante, a despeito das críticas vigorosas de Bukharin. O Politburo transformou-se num campo de batalha entre os dois homens, e Stalin venceu todos os embates. Para Trotski e a Oposição, continuou a ser um artigo de fé que Stalin era um "centrista" e "oportunista" desprezível, sem um compromisso verdadeiro com sua nova política. Mas Trotski foi perdendo inúmeros respaldos importantíssimos. Preobrajenski, Pyatakov, Radek e Smilga figuraram entre eles. De forma bizarra, interpretou a rendição desses apoiadores como um sinal de que Bukharin e a "cauda direitista" estavam conduzindo uma ofensiva contra Stalin e os centristas, e de que os chamados capitulantes vinham tentando prevenir uma vitória da direita.[1] Foi uma leitura grosseiramente equivocada da situação política soviética: Trotski não conseguiu dispor-se a reconhecer que Stalin tinha Bukharin à sua mercê e que a campanha ultrarrápida de industrialização e coletivização continuaria. Os que abjuraram tinham se impressionado com a transformação econômica e social trazida por Stalin e pelo Politburo. Ansiavam por se reintegrar a um movimento político que julgavam constituir o progresso humano.

As indicações da transformação econômica e cultural da URSS pareceram-lhes convincentes. Eles desconheciam a gravidade do sofrimento dos camponeses durante a introdução das fazendas coletivas, o declínio do padrão de vida nas cidades e a expansão da rede de campos de trabalhos forçados — os *gulags*. Stalin parecia estar fazendo muitas coisas que eles sempre haviam desejado fazer. As taxas de crescimento da produção da indústria e da mineração eram estupendas. A produção bruta da economia teve um enorme aumento durante o primeiro plano quinquenal. Todo o setor industrial, estatizado e incentivado por maiores investimentos, havia duplicado sua produção ao final de 1932, e o plano foi concluído em quatro anos, em vez dos cinco projetados. A produção de carvão, ferro e aço teve um aumento acentuado. As fábricas da indústria metalúrgica foram reformadas, pois a liderança do partido insistiu em que a Gosplan priorizasse os bens de capital. Comprou-se tecnologia avançada do exterior, especialmente dos Estados Unidos e da Alemanha, a fim de que a economia soviética se beneficiasse do equipamento mais atualizado. Empregaram-se especialistas estrangeiros. O crescimento econômico envolveu a construção de novas cidades, como Magnitogorsk. Milhares de escolas foram criadas. Iniciou-se uma campanha maciça de alfabetização, e trabalhadores recém-formados puderam garantir sua promoção a cargos de gerenciamento. Os porta-vozes oficiais proclamaram que a era da criação dos "novos homens e mulheres soviéticos" havia chegado.

Embora censurasse a visão curta de seus adeptos traidores, Trotski não era o explorador intelectual de vistas largas que parecia ser. Aventurava-se adiante com a agulha de sua bússola travada na perspectiva do comunismo revolucionário. Trabalhava com alguns pressupostos, ao analisar a política europeia. E esses continuaram a ser seus instrumentos de análise, mesmo quando as evidências deveriam ter gerado ceticismo.

No início da década de 1930, ele continuava a afirmar que Stalin não tinha um compromisso sólido com a política esquerdista que vinha implementando. O secretário-geral devia ser visto como um oportunista, um aventureiro sem princípios e um político disposto meramente a maximizar seu poder como governante supremo e a servir aos interesses da "burocracia". Na melhor das hipóteses, era um manipulador que sabia jogar uma facção contra outra. Supostamente, as ideias nada significavam para Stalin, a não ser quando promoviam seus interesses pessoais. Segundo Trotski, não convinha esperar que o rápido crescimento industrial fomentado a partir de 1928 perdurasse. Tão logo Stalin derrotasse Bukharin e os direitistas, voltaria ao bolchevismo centrista que encontrava sustentação entre os *apparatchiki*. Mais cedo ou mais tarde, o caos da situação econômica faria isso acontecer. Mas a posição de Stalin continuaria instável. Consequentemente, os oposicionistas deviam ater-se a seus princípios e esperar o momento propício. Só eles defendiam os valores da Revolução de Outubro e do leninismo. Trotski confiava em que ele e seus seguidores acabariam encontrando um modo e uma oportunidade para restaurar o partido às políticas dignas de suas tradições.

Fazia muito tempo que a Oposição tinha perdido influência oficial na Komintern. Zinoviev foi demitido da direção de seu comitê executivo em outubro de 1926, e Bukharin foi afastado da liderança da Komintern em abril de 1929. Inicialmente, o plano de Trotski era buscar o apoio de adeptos reais e potenciais através da propaganda persistente, por meio

À procura de revoluções

de seus escritos. Agora que estava no exterior, não haveria problema com os censores de Moscou. Em termos políticos, ele continuava a ser um legalista soviético. A Komintern não deveria ser abandonada, porém dominada. Trotski não se importava com o modo como se conseguisse isso. Se fosse possível encontrar apoio dentro das fileiras dos partidos da Komintern, ótimo. Se fosse necessário estabelecer grupos fora desses partidos, também isso seria ótimo. Os dois métodos ajudariam a disseminar as ideias oposicionistas entre os comunistas e seus simpatizantes, na Europa e em todo o mundo.

Trotski teve que dar algumas explicações em 1928-1929, quando Stalin deslocou a política da Komintern para a esquerda e Moscou ordenou que os partidos comunistas se preparassem para tomadas revolucionárias do poder, num futuro próximo. O grupo de Stalin no Politburo encontrou veteranos estrangeiros dispostos a levar adiante a nova linha radical. Eles foram instruídos a isolar os partidos do resto da esquerda política — os partidos trabalhista, socialista e social-democrata — e a tratá-los como contrarrevolucionários "social-fascistas", na expressão de Stalin. Este afirmava que só o comunismo oferecia um baluarte contra a direita política, e sugeriu que a Alemanha estava "madura" para a revolução e que seus social-democratas deveriam ser postos de lado na disputa pelas simpatias ativas da classe operária. Trotski respondeu que vinha afirmando, fazia muito tempo, que uma "revolução socialista europeia" era viável. Acusou Stalin de modificar sua política nas relações internacionais apenas para ter um pretexto para expurgar os bukharinistas da Komintern. Lançou dúvidas sobre a competência prática dos protegidos de Stalin nos partidos comunistas estrangeiros. Ridicularizou o lema do "socialismo em um só país". Em última análise, afirmou Trotski, Stalin não tomaria nenhuma iniciativa que pudesse pôr em risco a segurança do Estado soviético.

Com isso em mente, ele intensificou os esforços para atrair os que o apoiavam na Europa. Alguns o procuraram, para formar uma nova Internacional que suplantasse a Komintern. Trotski nem quis ouvir falar do assunto. Tudo tinha que ser feito através dos partidos comunistas existentes, com vistas a ampliar a força oposicionista e realizar a "unificação internacional".[2] Ele não podia viajar da Turquia para avaliar os avanços por si e *in loco*: tinha de confiar nos relatórios de entusiastas estrangeiros. As informações que recebia nem sempre eram confiáveis, mesmo quando não eram fornecidas por agentes infiltrados da OGPU. Mas ele se manteve confiante em que sobreviveria e floresceria. A história, acreditava, estava do seu lado.

Um tipo de dificuldade que viria a enfrentar tornou-se óbvio depois de ele enviar um apelo aos membros da Leninbund [Liga Leninista]. Estes eram companheiros oposicionistas pertencentes ao Partido Comunista da Alemanha. O problema estava em que eram mais trotskistas do que Trotski. Ampliando a análise deste, declararam que o processo da "reação termidoriana" já havia amadurecido na URSS. Portanto, a ordem soviética era inteiramente burguesa. Isso foi demais para Trotski. Ele negou que fosse necessária uma revolução contra o governo soviético e o partido comunista.[3] Repreendeu duramente seus principais simpatizantes alemães, por oscilarem demais e passarem de uma obsessão para outra. Disse que eles haviam produzido uma miscelânea de ideias, em vez de um programa coerente, e que a tinham imposto aos membros da Leninbund sem um amplo debate:

Tal como se afigura agora, a Leninbund jamais guiará o proletariado alemão, ou sequer a vanguarda da vanguarda. A Leninbund deve reabastecer seu arsenal ideológico e reconhecer consoantemente as suas bases. O primeiro pré-requisito disso é a clareza da linha ideológica.[4]

Era essa a maneira de Trotski atrair seguidores na Europa e na América do Norte. Ele devia ser o único líder. Expunha a linha e os outros deviam segui-la sem hesitação.

Ele criticou a Leninbund por exigir "liberdade de organização" na terra da Revolução de Outubro:

Esse lema [...] nunca foi nem poderia ser um lema isolado. A permissibilidade da organização, sem liberdade de reunião, de imprensa etc., e também sem instituições parlamentares e sem lutas partidárias. Qual é a sua posição a esse respeito? Apesar dos meus melhores esforços, não pude discerni-la com clareza.[5]

À procura de revoluções 503

A admoestação de Trotski mostra o quanto ele era hostil às ideias e instituições da democracia liberal. Estava mais para o político soviético convencional do que muitos estrangeiros imaginavam. Explicitou os termos da associação da Leninbund: os membros tinham de aceitar suas doutrinas, caso contrário, ele os trataria com desprezo. Tal como antes, consolou-se com a ideia implausível de que, se ao menos os "trabalhadores" se envolvessem no debate político, ficariam do seu lado e pressionariam a liderança oposicionista equivocada.

Havia mais do que isso. Recém-saído da URSS, Trotski precisava parecer mais leninista do que Stalin. A fidelidade às doutrinas e políticas de Lenin era obrigatória. Os cadernos de notas de Trotski da década de 1930 parecem corroborar a autenticidade de sua afeição e respeito pelo fundador do partido, mas não se deve esquecer que, ao escrever seu diário, ele costumava anotar comentários que esperava elaborar para publicação em data posterior. Não podemos presumir, automaticamente, que o que escrevia fosse um reflexo dos seus pensamentos sinceros. Contudo, em linhas gerais, os sentimentos expressos a respeito de Lenin parecem dignos de crédito. Houve uma questão importante em que Trotski se afirmou contrário a Lenin, ao sancionar a reedição de seus antigos textos que defendiam a "revolução permanente".[6] Isso implicou certo risco. A liderança oficial do partido em Moscou estava apta a dar informações exatas sobre a hostilidade de Lenin a essas ideias, antes de 1917. Trotski deixou de ser cauteloso. Talvez tenha sido instigado pelos conselhos de Ioffe em sua carta de suicida.[7] Também é possível que tenha desejado demarcar um terreno especial para seus seguidores se reunirem. Seja como for, ele ofereceu a "revolução permanente" como uma base para análise, e não como um texto sagrado. Essa era, a seu ver, a maneira de compreender as tarefas a serem executadas pelo "proletariado internacional".[8]

Na intimidade, Trotski admitia que o progresso era lento e intermitente. Não eram apenas os alemães e os russos que o aborreciam, mas também os franceses. Diversos grupos da França simpatizavam com sua causa. Viviam em perpétuo conflito uns com os outros, e todos os grupos eram divididos por rivalidades internas. Trotski recusou-se a dar importância à organização de Boris Souvarine (que era muito crítico a seu respeito). Tinha maiores esperanças em relação a Albert Treint,

504 Parte IV: 1929–1940

por achar que ele poderia emergir como líder de uma combinação de
aliados da Oposição. Além disso, as coisas pareciam estar melhorando
na Bélgica. (Trotski não tinha inteira confiança nisso, e seu ceticismo
revelou-se acertado.) Havia um caos entre os camaradas da Tchecoslováquia.[9] Mas uma carta enviada por ele a simpatizantes na URSS foi
otimista. Havia grupos "animados" na Bélgica e nos Estados Unidos,
mas praticamente todos os grupos estrangeiros o desagradavam na
política referente à China, e a comunicação transatlântica mal começava a se organizar.[10]

A Oposição tinha seu maior número de seguidores na Alemanha e
na França — e, é claro, desde a época de Lenin, o movimento comunista
internacional havia considerado a Alemanha o futuro epicentro da revolução mundial. Os seguidores de Trotski na França foram muito dóceis
no início, mas o autoritarismo do Velho não tardou a incomodá-los.
Pierre Naville, Josef Frey e Kurt Landau reclamaram de seus "métodos
organizacionais", e Landau levantou a questão das críticas que Lenin
lhe fizera em seu testamento.[11] Isso magoou Trotski, mas não o induziu
a mudar de comportamento. Ele era sempre o mais abalizado. Sua maneira de lidar com a Oposição alemã teve consequências terríveis. Ele
demonstrou predileção pelos irmãos Abraham e Ruvim Sobolevicius.
Estes eram indivíduos trabalhadores, com tempo e recursos independentes para dedicar ao trabalho político, depois de haverem emigrado
da Lituânia. As finanças andavam apertadas no trotskismo internacional
e se dava preferência aos indivíduos que pudessem trabalhar de graça.[12]
Os irmãos sabiam agradar em termos políticos. Ruvim informou a
Trotski que os camaradas de Berlim encontravam-se numa situação
chocante,[13] e ele e Abraham normalmente o faziam tomar seu partido
nas disputas internas da Oposição alemã. Trotski ignorou os relatos de
que os dois vinham causando conflitos e promovendo o caos, e os recebeu
em Buyukada. Natalia tinha aversão a ambos, julgando-os agitados e
grosseiros, mas ninguém pôde tomar qualquer providência contra eles,
até Trotski tomar conhecimento de que Abraham havia declarado que
o plano quinquenal soviético tinha sido satisfatoriamente concluído, e
de que Ruvim defendera repetidas vezes os trotskistas que se haviam
desentendido com Trotski.[14]

À procura de revoluções

Não tardou a vir à tona que os irmãos Sobolevicius eram agentes da OGPU, com a função precípua de se infiltrar no trotskismo alemão para perturbá-lo. Quando a verdade tornou-se patente, Trotski não viu necessidade de pedir desculpas por havê-los protegido. Simplesmente os condenou publicamente e esperou que todos continuassem a obedecer a suas ordens. Seu filho Lëva percebeu que isso vinha provocando ressentimentos entre os camaradas europeus.[15] Reclamou com o pai sobre a irritabilidade e o pedantismo dele e fez um apelo para que ele fosse mais diplomático. Tudo que recebeu em troca foi a instrução de ser mais consciencioso.[16]

Acreditando que o objetivo da revolução europeia poderia realizar-se de imediato, Trotski conclamou a Oposição na Europa a ignorar qualquer desvio do objetivo supremo. Resumiu suas opiniões numa carta aberta ao Partido Comunista soviético, em março de 1930, na qual insistiu em que o Politburo havia seguido o rumo estratégico errado, por sua confiança predominante na força na sociedade soviética. O resultado era o caos administrativo em toda a URSS.[17] O que piorava as coisas era a conservação da "velha teoria do socialismo num só país". Na prática, Stalin não dava prioridade à promoção da mudança revolucionária no exterior. Havendo cometido erros estúpidos e não raro demonstrado uma tendência a vacilar no regime da NPE, o Politburo vinha se limitando às tarefas da industrialização soviética e impelindo a Komintern a tratar o resto do movimento socialista na Europa, e não os fascistas, como o inimigo principal.[18] A Oposição tinha que se mexer. Seus problemas de conflitos internos, desordem organizacional e fraqueza numérica não precisavam ser mais que temporários. Trotski via a solução em termos de classe. Seus adeptos europeus não estavam conseguindo atingir senão a *intelligentsia*. Sua abordagem "aristocrática" significava que os trabalhadores eram deixados para lá.[19] Não era possível fazer revoluções proletárias sem o engajamento ativo do proletariado. A propaganda e o recrutamento na classe trabalhadora eram requisitos urgentes.

Trotski passava todas as suas horas de vigília contemplando as possibilidades. O caos catastrófico da economia global, depois do craque de Wall Street em outubro de 1929, não o preocupou: acentuou seu sentimento de que se estava prestes a chegar a uma ordem socialista. A perturbação política e econômica da União Soviética não era causa de maior preocupação. Stalin, a mediocridade triunfante, decerto se mostraria incapaz de dar segurança a seu regime. A anotação da agenda de Trotski prosseguiu: "Portanto, não posso falar da indispensabilidade do meu trabalho nem mesmo em relação ao período de 1917-1921. Agora, porém, meu trabalho é 'indispensável' no pleno sentido da palavra."[20] Escrevendo para si mesmo, ele deixou de lado a modéstia do seu discurso público. Será que acreditava no que ele próprio dizia? É possível que esse comentário fosse, na verdade, um modo de se convencer. Esse era um homem que tinha certa responsabilidade pessoal por sua queda dos píncaros do poder na URSS. Não seria humano se não lhe ocorresse a ideia de que havia cometido alguns erros terríveis. O passado era inalterável, mas dele era possível aprender lições para criar um futuro brilhante.

As lideranças dos partidos comunistas oficiais, na estimativa de Trotski, eram uma causa perdida. Ernst Thälmann, na Alemanha, e Maurice Thorez, na França, eram a encarnação da inépcia.[21] Apesar da adoção de sua política internacional radical, a Komintern não fazia a menor ideia de como tomar o poder em parte alguma. Trotski sugeriu ser provável que o cínico Stalin favorecesse a instalação de um regime nazista em Berlim, precisamente porque Hitler esmagaria os comunistas e liberaria a URSS da obrigação de intervir para apoiar uma revolução fraterna.[22] Se Stalin havia feito esse cálculo, não o revelou a ninguém. Como de praxe, Trotski estava caricaturando as supostas intenções do dirigente soviético. Franz Neumann, um membro da liderança do Partido Comunista da Alemanha, contou uma história diferente sobre a política externa da URSS. Neumann inquietava-se com a possibilidade de que os nazistas chegassem ao poder e aproveitou uma oportunidade para expressar suas apreensões a Stalin. A resposta o surpreendeu. Stalin lhe disse que, mesmo que Hitler se tornasse o governante da Alemanha, não haveria razão para pessimismo. Um regime nazista rasgaria o Tratado de Versalhes, e a Europa seria mergulhada no caos. Os comunistas alemães poderiam explorar essa situação para seus objetivos revolucionários.[23]

Talvez Trotski tenha interpretado mal o pensamento de Stalin, mas acertou ao apontar a terrível subestimação, por parte deste, dos perigos representados pelos nazistas para toda a esquerda política. Bukharin era

À procura de revoluções 507

da mesma opinião, porém já não tinha liberdade para expressá-la. Tanto Trotski quanto Bukharin compreendiam que o nazismo no poder causaria uma devastação na esquerda política. A declaração da ilegalidade do partido comunista e sua eliminação figurariam entre as primeiras medidas de Hitler. O *Byulleten' oppozitsii* de Trotski alertou repetidas vezes sobre a estupidez de concentrar os esforços da Komintern na luta contra os "social-fascistas". Os tempos pediam algum tipo de pacto entre comunistas e social-democratas da Alemanha contra a ameaça nazista. Em 1932, Trotski incorporou suas conclusões no livreto intitulado *E agora?* A ameaça do fascismo era a maior que a Komintern enfrentava naquele momento. O partido soviético oficial, no seu estado vigente, não se prestava para a liderança global. Em vez disso, deveria haver um "controle internacional sobre a burocracia soviética". Deveria haver uma campanha para introduzir a "democracia partidária" em todos os partidos comunistas. O craque de Wall Street levara a uma depressão econômica profunda e duradoura em todo o mundo. A extrema direita política passara a disputar seriamente o poder na Europa central. Hitler tinha de ser combatido, e Stalin, afastado.

Na verdade, Trotski e Stalin concordavam que Hitler era um fantoche manipulado pelo "capital financeiro" alemão. A discordância deles referia-se às consequências prováveis da supremacia política nazista. Trotski foi prontamente reivindicado. Os nazistas tornaram-se o maior partido do Reichstag nas eleições de julho de 1932; portaram-se de forma diruptiva no inverno seguinte. A depressão econômica aprofundou-se e o presidente von Hindenburg foi pressionado a nomear Hitler primeiro-ministro, em janeiro de 1933. Seguiu-se uma onda de manipulações jurídicas e constitucionais. A violência nazista nas ruas ficou impune. Hitler apresentou-se como o portador da ordem. Responsabilizando a esquerda política por todos os distúrbios, acabou com o Partido Comunista da Alemanha. Os líderes que não conseguiram fugir do país foram mortos ou jogados em campos de concentração. Stalin provou ter acertado em sua previsão de que Hitler rasgaria o Tratado de Versalhes e reafirmaria o poder da Alemanha na Europa central. Mas sua convicção de que o comunismo alemão emergiria como o principal beneficiário desse gesto mostrou-se catastroficamente equivocada.

As instalações editoriais do *Byulleten' oppozitsii* tiveram de ser fechadas às pressas em Berlim e transferidas para Paris, onde a Secretaria Internacional tinha estabelecido sua base desde o desmascaramento dos irmãos Sobolevicius. Na Europa e na América do Norte, a Oposição havia tentado unir forças numa "conferência internacional preliminar" na capital francesa, no início de fevereiro. Onze países se fizeram representar e cada um contou uma história de desgraças. Os ingleses tinham apenas 27 membros. Até os franceses e os belgas haviam recrutado uma mera centena cada um. As discordâncias políticas infernizavam as tentativas de atingir outros adeptos, além dos grupos trotskistas. Os alemães tinham sido perturbados pelas maquinações dos Sobolevicius e por cisões contínuas, porém haviam conservado uma operação vigorosa até a ascensão de Hitler ao poder e acumulavam setecentos membros. Os italianos, tal como os russos, eram principalmente refugiados: a polícia de Mussolini impossibilitava o progresso em Roma. Os gregos foram reconhecidos, nessa ocasião, como possuindo a organização mais sólida, com quinhentos membros, embora um décimo deles estivesse na prisão. Os espanhóis contavam com 1,5 mil membros, porém seu líder, Andreu Nin, criara dificuldades com a Secretaria Internacional a propósito das escolhas de Trotski sobre quais grupos deveriam ser apoiados na França. Nin, um catalão, jamais seria homem de deixar que Trotski lhe dissesse o que fazer.[24]

Lëva Sedov (ele e o irmão haviam mudado de sobrenome, para se igualarem ao pseudônimo do pai) já havia feito um plano de contingência para transferir suas operações para a capital francesa e contara tudo isso a Trotski. Sedov tinha menos confiança que o pai na utilidade dos social-democratas como colaboradores numa oposição ao avanço nazista.[25] Eles concordaram quanto à falta de espírito de luta da liderança comunista oficial. Depois do incêndio do Reichstag em 1933 e da retaliação punitiva de Hitler contra a esquerda política, Sedov anunciou que partiria para a França, mesmo que Trotski não lhe desse sua aprovação; estava farto da falta de cartas do pai. O arquivo foi embalado. Jeanne Martin des Pallières escondeu papéis importantes na roupa. Os dois escaparam, temendo pela vida, atravessaram a fronteira e chegaram a Paris no dia 5 de março.[26] Trotski descarregou sua raiva em Lëva, chegando até a sugerir

À procura de revoluções

que ele fora incapaz de prevenir o problema com os irmãos Sobolevi-cius e que se havia portado como um diletante. As frustrações de Lëva transbordaram por ocasião do recebimento dessas cartas, e ele tendeu a responder não a Trotski, e sim a Natalia, explicando a injustiça com que vinha sendo tratado. Estava ciente de que o pai era propenso a implicar com os auxiliares competentes e diligentes — como ele próprio —, que eram os que menos mereciam censura; e essa foi a sua maneira de indicar que tudo tinha limite.

Trotski nunca pediu desculpas a Lëva, ainda que tenha desistido por algum tempo de ser ofensivo. Mas ambos sabiam que Lëva era dedicado demais para cumprir suas ameaças. Os dois tinham a forte impressão de que a situação política da Europa estava num momento decisivo e logo poderia virar a seu favor. Agora que a falência da política externa de Stalin fora revelada a todos, Trotski pretendia arriscar-se a reivindicar seu direito à liderança do movimento comunista internacional. Reconhecia a grandeza de Lenin e cultuava sua memória. Mas Lenin estava morto. Cabia a ele restabelecer o leninismo na Rússia e no mundo. Trotski mantinha a esperança, mesmo quando ela já não existia. Seus artigos eram repletos de projeções esquemáticas, raciocínios duvidosos e lemas mal ponderados. Ele era um homem inteligente: nem mesmo seus piores inimigos negavam isto. A verdade era que a alternativa para a esperança seria o desespero.

42. O escritor

A única atividade em que Trotski superava quase todos os políticos que lhe eram contemporâneos era como estilista literário — apenas Churchill se equiparava a ele. Entre os russos, não havia quem lhe fosse comparável. Pavel Milyukov, o principal integrante do Partido Constitucional-Democrata, e seus colegas liberais produziram impressionantes pesquisas históricas e livros de memórias. Mas nenhum deles tinha a verve de Trotski. A concorrência era ainda mais fraca na esquerda política. A biografia escrita por Viktor Chernov, líder dos socialistas revolucionários, foi lançada no Ocidente, mas não se considerou que valesse a pena traduzi-la. A maioria dos mencheviques suportou o mesmo destino. O único emigrante da Rússia a conquistar certo renome foi Nikolai Berdyaev, primeiro marxista, depois filósofo existencialista cristão. A narrativa que ele fez de sua vida despertou a atenção de muitos críticos, mas Berdyaev não chegou nem perto de Trotski no número de leitores ou na aclamação popular.

Grandes autores da Europa e da América do Norte entraram em contato com Trotski. Um dos poucos a visitar Buyukada foi Georges Simenon, já mundialmente famoso por seus livros sobre os casos do inspetor Maigret, que entrevistou Trotski para um diário parisiense em junho de 1933. Embora Simenon fosse um dos escritores favoritos de Trotski, este temeu ser erroneamente citado e estipulou que responderia a apenas três perguntas, e somente por escrito. Ditou suas respostas em russo e mandou traduzi-las para o francês.[1] Como seria previsível, o resultado não foi propriamente empolgante. O sexologista Wilhelm

O escritor

Reich também expressou o desejo de conversar com ele,[2] mas esse encontro nunca se deu. Quando esteve na cidade de Saint-Palais-sur-Mer, no mesmo ano, Trotski recebeu uma visita de André Malraux, cujo livro *A condição humana** recomendou que fosse traduzido para o inglês. Posteriormente, ele e Malraux se desentenderam, por causa da política francesa e, mais tarde, da guerra civil espanhola. Os dois viriam a trocar insultos. É difícil dizer quem teve mais culpa, mas é óbvio que Trotski havia adquirido uma irascibilidade que não fora exibida na companhia de pintores e pensadores na Viena de antes da guerra. Sua experiência de vida desde 1917 havia endurecido e estreitado sua personalidade.

Solicitado por um jornalista a indicar seu escritor soviético favorito, Trotski escolheu Isaac Bábel. *O exército de cavalaria,*** uma brilhante sequência de contos, fora publicado tarde demais para ser incluído em *Literatura e revolução*, de Trotski. Bábel havia lutado ao lado dos soldados da cavalaria na campanha polonesa de 1920 e ambientou entre eles os seus contos contundentes, que figuram entre os melhores do gênero na literatura mundial do século XX; Trotski mostrou seu olho para a excelência ao escolhê-los como dignos "do máximo interesse".[3]

Os trotskistas franceses incentivaram-no a estabelecer contato com André Gide, que havia publicado uma crônica devastadora de sua viagem de 1936 à União Soviética. Gide escreveu sobre quando tinha querido enviar de Tblísi um telegrama lisonjeiro a Stalin. Mas o texto não estava lisonjeiro o bastante, segundo os funcionários do correio que faziam sua tradução para o russo e que lhe pediram para acrescentar a palavra "glorioso" a "destino", ao se referir ao futuro da URSS. Recusaram-se a despachar qualquer mensagem, a menos que fosse formulada em linguagem bajuladora. Trotski, sentado na varanda ao ler a descrição gidiana desse episódio, deu sonoras gargalhadas, o que fez Natalia vir correndo

---

* André Malraux, *A condição humana*, trad. e prefácio de Ivo Barroso, Rio de Janeiro: Record, 3ª ed., 2009. [*N. da T.*]

** Conhecido no Ocidente e publicado no Brasil durante muito tempo como *A cavalaria vermelha*, o livro recebeu, mais recentemente, sua primeira tradução direta do russo: ver Isaac Bábel, *O exército de cavalaria*, trad. e apresentação de Aurora Bernardini e Homero Freitas de Andrade, posfácio de Otto Maria Carpeaux e Boris Schnaiderman, São Paulo: Cosac Naify, 2006. [*N. da T.*]

512 Parte IV: 1929–1940

do interior da casa, para descobrir o que era aquele barulho.[4] Trotski não moveu uma palha para ir ao encontro de Gide: esperou que a montanha fosse a Maomé.[5] Não é que evitasse a comunicação com pessoas que passavam seus dias com canetas ou paletas. Ficou encantado quando o pintor muralista mexicano Diego Rivera lhe escreveu, inesperadamente. Lembrou-se do livro de reproduções de Rivera que havia folheado em Alma-Ata e o convidou a visitá-lo na Turquia.[6] Também estabeleceu relações com o surrealista André Breton. *Grosso modo*, porém, ele se concentrou em sua campanha política. Não escrevia absolutamente nada que deixasse de contribuir para essa causa.

Os direitos autorais de seus livros financiavam sua política, e as recordações de sua carreira pregressa eram seu maior trunfo comercial na busca de encomendas. Lenin e Trotski haviam liderado os bolcheviques na Revolução de Outubro e na guerra civil. Trotski era o único sobrevivente, e sua história era altamente vendável. Apesar de haver produzido relatos sobre vários episódios de sua vida, ele ainda estava por tentar produzir uma narrativa consecutiva, o que reforçava seu poder de barganha. Seu plano era duplo. Ele escreveria uma autobiografia completa, do nascimento até o presente, seguida por uma história da Revolução Russa, de fevereiro até outubro de 1917. Inicialmente, publicou uma série de artigos com o subtítulo *Seis artigos para a imprensa burguesa mundial.*[7] Mas logo caiu em si e reconheceu que esse título condescendente nunca atrairia leitores que não fossem marxistas — e ele ficaria sem um centavo, caso não conseguisse obter um grande público leitor. A autobiografia e o livro de história tornaram-se uma preocupação diária. Grande parte da pesquisa exigia apenas a consulta a sua própria memória. Os baús de arquivos que ele levara consigo da URSS também provaram o seu valor. (As autoridades soviéticas aprenderam com seu erro: nenhum cidadão que deixou o país na década seguinte foi autorizado a levar documentos comprometedores.) Seu filho Lëva remeteu material adicional de Berlim e Paris.[8] Trotski funcionava como uma máquina de redigir, pelo bem da causa da Oposição.

Ao longo dos anos, ele fizera muitos esboços de sua biografia. Era um autoplagiador habilidoso e pilhava imagens, construções verbais e até parágrafos inteiros para seus projetos do momento.[9] Era o equivalente literário dos mestres da colagem visual, como Braque e Picasso. Tinha também uma ideia exata do resultado que queria. As editoras que lhe faziam encomendas insistiam em que ele incluísse revelações sensacionalistas e também tentavam refreá-lo para que não lançasse edições com múltiplos volumes.[10] Trotski lhes dava pouca atenção, escrevendo o que lhe aprouvesse e com a extensão que desejasse. Sua forma de redação era trabalhosa. Em geral, ele concluía os rascunhos à mão, mas às vezes apenas ditava para as secretárias, esperando que elas anotassem suas palavras ou até que as datilografassem diretamente na máquina de escrever. Seus métodos não eram nada menos que idiossincráticos. Assim que um capítulo completo de sua *História da revolução russa* era datilografado, ele levava as folhas para sua escrivaninha e as colava umas nas outras, formando um rolo de papel.[11] Nunca explicou por que o fazia. O motivo mais provável era que queria obter um equilíbrio apropriado entre os parágrafos. A apreensão estética nunca esteve longe do seu pensamento. Tal como os poetas que se preocupam com o tamanho dos sucessivos cantos, ele detestava liberar para seus leitores uma prosa desagradável.

Trotski atingia o tom desejado logo nos rascunhos iniciais. Sempre que uma secretária não conseguia acompanhar seu ritmo, ele lhe dizia para omitir algumas linhas e alcançá-lo. Não gostava de se represar quando estava em pleno fluxo. Sara Weber rememorou:

[...] Ao ditar, L.D. nunca se sentava, mas ditava *andando* de um lado para outro, às vezes quase de costas para mim [...]. Falava sem usar nenhuma anotação, [numa] velocidade constante, as frases seguindo fluentemente umas às outras. A sineta do almoço ou do jantar interrompia o trabalho. Ao som dela, L.D. parava de ditar, às vezes no meio de uma frase, para não deixar as pessoas da casa esperando, e descíamos para a sala de jantar. Depois do almoço e de um breve descanso, era comum recomeçarmos o ditado. L.D. me perguntava onde havia parado e prosseguia dali, fluentemente, sem interrupção.[12]

Sabia ditar em russo, alemão ou francês. (Tentou fazer o mesmo em inglês, mas com resultados infaustos.) Embora fosse um chefe severo, raramente falava com rispidez, preferindo retirar-se do aposento e se acalmar.[13]

514   Parte IV: 1929–1940

Minha vida, lançado em 1930, foi o primeiro produto de seus esforços; sua *História da revolução russa* foi publicada em três volumes em 1932-1933. Ele sentiu certo nervosismo por escrever sobre si mesmo. As classes sociais, e não líderes individuais, eram o foco do marxismo, e Trotski aderia ao dogma de que os "grandes homens" não fazem a história, mas são instrumentos da mudança histórica. De qualquer modo, um comunista típico julgava falta de decoro chamar atenção para si mesmo ao escrever. Trotski transmitiu seu constrangimento no traço hesitante do subtítulo que escolheu para a autobiografia: *Ensaio autobiográfico*. Escreveu com desapego, como se retratasse um estranho. Por trás de seus recursos retóricos, porém, havia um esforço incessante de proclamar a correção de suas decisões e atos ao longo dos anos. Ainda assim, os primeiros rascunhos provam que seu nervosismo era um sentimento sincero. Tal como Júlio César em seus *Comentários sobre a guerra da Gália*, Trotski manteve uma distância formal entre o autor e seu eu histórico. Referiu-se a si mesmo na terceira pessoa e chegou a adotar o nome de Grisha nos capítulos sobre sua infância.[14] (Só ao citar a mãe falando com ele foi que abandonou esse estratagema: seria ridículo apresentá-la reprendendo o filho como o inexistente Grisha.)[15]

Essa é uma técnica retórica conhecida como alienação ou estranhamento. De César a Trotski, ela foi um recurso de autodramatização que proporcionou uma aura de modéstia à imagem política. Embora Trotski tenha restabelecido seu nome verdadeiro (ou melhor, seus nomes verdadeiros e pseudônimos verdadeiros) no texto final, continuou a evitar o "eu", em larga medida. Isso funcionou esplendidamente na descrição de Ianovka. Trotski captou os recursos de *Infância*, de Leon Tolstoi, e descreveu as cenas como se as visse pelos olhos do menino que tinha sido:

Explicaram-me que os telegramas vinham por um fio, mas vi com meus próprios olhos um telegrama trazido de Bobrinets por um cavaleiro, que teve de receber do meu pai um pagamento de 2 rublos e 50 copeques. O telegrama era um pedaço de papel igual a uma carta, e nele havia palavras escritas a lápis. Como é que vinha por um fio? O vento o soprava? Disseram-me que vinha pela eletricidade. Isso foi pior ainda. Uma vez, o tio Abram me

O escritor   515

explicou, com insistência: "A corrente vem pelo fio e faz marcas numa fita. Repita o que eu disse." Repeti: "A corrente passa pelo fio e faz marcas numa fita." "Repita!" Repeti: uma corrente passa pelo fio e faz marcas numa fita. "Entendeu?" Sim, eu tinha entendido.[16]

A irritação de Abram desarmou a curiosidade do menino. Mas não por muito tempo. Trotski escavou da memória o que aconteceu em seguida:

"Mas, como é que disso sai uma carta?", perguntei, pensando no formulário telegráfico que chegara de Bobrinets. "A carta vem separado", respondeu meu tio. Quebrei a cabeça para saber por que era necessária uma corrente, se a "carta" viajava a cavalo. Mas, nessa hora, meu tio se zangou: "Ora, deixe a carta em paz!", gritou. "Estou tentando lhe explicar os telegramas, e você só consegue ficar falando de cartas!" Assim, a pergunta continuou sem resposta.[17]

O autor era um mestre da prosa concisa e elegante.

Manteve a aparência de simplicidade e franqueza ao passar para sua carreira revolucionária — e a narrativa adquiriu as qualidades pungentes de quem faz um acerto de contas. As histórias sobre suas conversas com Lenin tiveram mordacidade. A explicação da estratégia e das intrigas na guerra civil arrebatou o leitor num torvelinho esplendidamente evocador. Poucas evocações foram melhores sobre a emergência que culminou na decisão de introduzir a NPE. O *páthos* da resistência final de Trotski em Moscou, em 1928, do exílio em Alma-Ata e da deportação para a Turquia também foi transmitido de forma comovente. Mas a alegação de razões especiais tem um efeito cansativo, a menos que o leitor já esteja do mesmo lado político. O problema não estava no estilo, mas no conteúdo. O mesmo se aplicou à *História da revolução russa*. Os dois livros foram escritos como se um único e grande desfecho fosse possível em 1917. Reelaborando ideias de seus textos que vinham desde 1905, Trotski proclamou na *História* a "lei do desenvolvimento combinado". Afirmou que os países "atrasados" podiam seguir rumos diferentes para a modernidade, no cotejo com os caminhos seguidos por seus concorrentes "adiantados". A Rússia fora capaz de aprender com as mais recentes conquistas políticas,

516 Parte IV: 1929–1940

culturais e tecnológicas de outras nações e de acelerar seu próprio desenvolvimento. Havia saltado etapas de mudança vivenciadas na Europa
ocidental e na América do Norte.[18]

Ao expor sua "lei" como uma contribuição original para o pensamento marxista, Trotski não afirmou que o "desenvolvimento combinado"
sempre levasse a um resultado "moderno". As situações de atraso, frisou,
amiúde permitiam que as antigas classes dominantes conservassem seu
poder, e fora isso que Nicolau II, a aristocracia rural e a burguesia haviam
tentado conseguir no Império Russo, antes de 1917. As possibilidades de
uma política reacionária eficaz eram muitas e diversificadas. Os revolucionários só podiam opor-se a elas mantendo um verdadeiro compromisso
radical e se engajando numa militância inflexível. Ele sugeriu que os
bolcheviques tinham provado seu valor depois da queda dos Romanov.
Vibrante em sua investigação do passado imperial, Trotski rotinizou sua
análise nesse ponto e entoou seus batidos mantras a respeito de Lenin, do
partido e das massas como verdades incontestáveis. Vilipendiou os adversários socialistas do bolchevismo. Invalidou cada um dos argumentos
de que a democracia, a sociedade civil ou a tolerância ideológica tivessem
qualquer coisa positiva a oferecer à população russa. Na maioria dos
aspectos essenciais, reproduziu os ditos das narrativas soviéticas oficiais
de Nikolai Popov e Yemelyan Yaroslavski na década de 1920.

Trotski foi brilhante ao narrar suas conquistas e as de Lenin. Reproduziu o que alegou serem as palavras exatas de conversas íntimas. Quanta
confiança se deve depositar nessas informações, especialmente quando as
palavras não foram ouvidas por terceiros, é difícil dizer. Em geral, Trotski
raras vezes pecava por inexatidão. O que costuma passar despercebido é
quão flagrantemente ele se mostrava evasivo e apelava para a seletividade.
Evitava escrever sobre incidentes que pudessem minar suas credenciais
como amigo dos pobres e oprimidos. Assim, lidou com a insurreição
de Tambov e o motim de Kronstadt, no começo de 1921, omitindo-os de
seu relato. *Minha vida* é uma convocação ao apoio à causa comunista. É
também uma obra-prima da esquiva política, mascarada pelos artifícios
de um alquimista literário.

Trotski editou sistematicamente os seus rascunhos. Desde o começo,
minimizou a riqueza de seu pai e o judaísmo da família, e suas correções

O escritor

reforçaram essa orientação.[19] Também suprimiu uma ou duas histórias encantadoras sobre sua babá Masha. Provavelmente, não queria dar a impressão de ter sido paparicado quando criança. Parte dos diálogos vibrantes entre ele e o mecânico-chefe de seu pai, Ivan Greben, foi retirada; sem dúvida, Trotski queria evitar a imagem de filho da classe patronal. Os nomes de vários conhecidos foram apagados. Em anos posteriores, ele teria feito isso para protegê-los da polícia de segurança de Stalin, mas essa não era uma consideração nos anos da Turquia. O mais provável é que almejasse esconder a extensão de suas interações com correligionários judeus no início da vida.[20] Igualmente importante foi o desejo de minimizar as discordâncias passadas com Lenin. Nesse aspecto, ele sabia o que estava fazendo, já nos primeiros rascunhos. Sempre precisou demonstrar suas credenciais como leninista; não podia se dar ao luxo de se gabar indevidamente de ser trotskista. Jogou um véu sobre suas discordâncias acerbas de Lenin antes de 1917. Chegou até a eliminar referências a suas críticas às deficiências técnicas dos organizadores do *Iskra* na Rússia.[21] Expurgou a afirmação de que sua teoria da "revolução permanente" tinha sido inteiramente confirmada pela história; foi como se se sentisse dividido por tornar a publicar seus artigos pré-1917 a esse respeito.[22]

A mescla de oratória enfática e dissimulação foi preservada na *História da revolução russa*. A ridicularização também se destacou. Nicolau II foi chamado de "obtuso, plácido e 'bem-educado'", tendo por único mérito o fato de não ser pessoalmente cruel. Kerenski apareceu como um reacionário de "lencinho de seda vermelho". Stalin foi rotineiramente depreciado, mas sofreu sobretudo com a escassez de referências. (Apareceu com frequência maior em *Minha vida*, no qual Trotski, abstendo-se da caracterização direta, alfinetou o secretário-geral através da reprodução de comentários da época feitos sobre ele por Lenin e outros.) Todas as vezes que os mencheviques e os socialistas revolucionários foram mencionados, com referência ao período de fevereiro a outubro de 1917, seus motivos foram questionados. Trotski zombou impiedosamente deles, que, a seu ver, eram insinceros, tolos e hesitantes, além de perigosos promotores de uma contrarrevolução. Considerou que Kamenev, Zinoviev e Stalin tinham se portado pouco melhor que isso, e os apelidou de Os

Contemporizadores, preferindo alfinetá-los habilmente a feri-los com marretadas.[23] Assim, Lenin e Trotski emergiram como os heróis nessa narrativa. Os líderes da oposição que permaneceram fiéis a Trotski também mereceram seus elogios. Os outros levaram uma surra verbal. Trotski embutiu seus comentários numa exposição vívida de sua análise. A Rússia, continuou a argumentar, era atrasada demais para o socialismo, sem o respaldo de uma revolução socialista europeia. De algum modo, porém, fora acertado os bolcheviques tomarem o poder. As realizações do primeiro governo soviético eram totalmente louváveis, e, se os "epígonos" de Lenin não houvessem derrotado a oposição, a herança leninista não teria sido dilapidada.[24]

Nesse ponto, Trotski se deixou levar por seu gosto pelas referências clássicas. "Epígonos", no uso grego antigo, referia-se à geração mais jovem que sucedia uma geração de heróis, e às vezes, mas nem sempre, podia implicar que os jovens eram inferiores. Os filhos dos sete chefes gregos que lutaram contra Tebas, por exemplo, lograram êxito onde seus pais haviam falhado.[25] Trotski errou ao utilizar esse termo como se a nova geração fosse totalmente desprovida de talento, força ou propósito desejável. Mas gostava do som da palavra: o estilo triunfou em sua mente sobre o conteúdo. Ele não se importava com o que escrevia, se julgasse que isso preservaria a grandeza da Revolução de Outubro.

Os bolcheviques tinham sido acusados, repetidas vezes, de haverem organizado uma conspiração. Inusitadamente, Trotski não o negou. Toda revolução, disse, precisa de uma insurreição, a qual, por sua vez, requer "sigilo" e uma "preparação consciente".[26] (A linha soviética oficial, ao contrário, frisava que a colaboração entre os líderes, o partido e as massas havia funcionado inteiramente às claras.) Ao mesmo tempo, ele deu a impressão de que a Revolução de Outubro havia refletido a opinião das "massas". Com respeito ao II Congresso de Sovietes, afirmou que 390 dos 650 votos dos delegados "couberam aos bolcheviques".[27] Todavia, como deixou claro, nem todos os delegados do congresso que votaram no partido bolchevique eram bolcheviques, eles próprios.[28] Trotski poderia ter ido mais longe e admitido que os bolcheviques haviam tomado o poder sem contarem com o apoio da maioria da sociedade. Mas isso contrariaria a impressão que queria transmitir. Para

O escritor 519

ele, a tomada do poder fora produto das pressões irrefreáveis exercidas pelos operários, soldados e camponeses.

> Uma revolução só acontece quando não há outra saída. E a insurreição, que se eleva acima da revolução como um pico na cadeia de montanhas constituída pelos acontecimentos, tem tão pouca possibilidade de ser invocada à vontade quanto a revolução como um todo. As massas avançam e recuam várias vezes antes de se decidirem pelo ataque final.[29]

Pelo menos nesse aspecto, Trotski e Stalin formularam versões semelhantes da história de 1917.

Entretanto, o livro de Trotski teve seu toque pessoal, e ninguém poderia acusá-lo de não ter senso de humor. Sobre o batalhão de ciclistas que figurara entre os que haviam apoiado o governo provisório naqueles últimos dias, ele escreveu: "Basta um homem descobrir-se, diferentemente dos outros, montado sobre duas rodas e uma corrente — pelo menos num país pobre como a Rússia —, para que sua vaidade comece a inflar-se como seus pneus. Na América, é preciso um automóvel para produzir esse efeito."[30] Ele foi mortalmente sério sobre outra coisa. Não mais pressionado pelo Politburo, sentiu-se livre para repudiar a história oficial de que o partido bolchevique tinha liderado a Revolução de Outubro.[31] Também insistiu em que o julgamento de Lenin estivera longe de ser perfeito. Lenin havia conclamado repetidamente uma tomada do poder em agosto e setembro.[32] O veredicto de Trotski foi que os bolcheviques teriam sido obliterados, se o Comitê Central não houvesse rejeitado o pedido de Lenin. Ele também retornou à sua ênfase anterior na importância dos soldados na derrubada do governo provisório. Eis o seu julgamento: "A Revolução de Outubro foi uma luta do proletariado contra a burguesia pelo poder, mas o desfecho foi decidido, em última instância, pelos *mujiks* [camponeses]." Ele insistiu em que a guarnição de camponeses fardados de Petrogrado tivera um impacto decisivo na tomada do poder.[33]

Trotski exerceu completo controle sobre o texto russo publicado de *Minha vida* e da *História da revolução russa*. Mas não foi daí que veio a maior parte do pagamento por seus direitos autorais, e as traduções para línguas europeias causaram-lhe certo incômodo. A editora londrina Thornton Butterworth substituiu unilateralmente o subtítulo *Ensaio autobiográfico* por outro de sua lavra, *Ascensão e queda de um ditador*.[34] Os editores da Rieder, em Paris, foram pouco melhores. Maurice Parijanine, admirador de Trotski, aceitou o trabalho de tradução, desde que pudesse acrescentar suas próprias notas explicativas. Trotski enfureceu-se com o resultado e escreveu para Gérard Rosenthal, advogado e trotskista, listando as incorreções e mal-entendidos. "Minha temperatura está subindo (sem exagero!) com o simples ato de folhear esse livro. Você acrescentará essas amostras às outras enquanto as classifica, certo? Os insultos têm que ser eliminados. (Para consolar minha alma.)"[35] Quando ele ameaçou enviar uma carta aberta de reclamações aos jornais, a Rieder cedeu e se ofereceu para deixá-lo anexar ao livro uma declaração de que não era responsável pelos acréscimos de Parijanine. Trotski foi inclemente e pediu que Rosenthal continuasse a "aterrorizar" a Rieder.[36] Parijanine, reconsiderando sua estima por Trotski, escreveu que nenhum tradutor decente devia ser "escravo do autor".[37] Quando o processo chegou ao tribunal, era tarde demais: a Rieder já havia posto o livro à venda.

Trotski saiu-se razoavelmente bem em termos financeiros, e Lëva informou que seus livros tinham alcançado uma vendagem decente em Berlim, no começo da década de 1930.[38] Tempos depois, Trotski atribuiu esse sucesso aos agentes de segurança soviéticos, que compravam os exemplares só para destruí-los.[39] Ele ganhou seus direitos autorais na Alemanha sem conseguir o público leitor desejado. Em geral, além disso, não chegava a ser competente em suas transações comerciais. Por contrato, cedeu 50% dos direitos de sua *História da revolução russa*, nos Estados Unidos, a Charles e Albert Boni, de Nova York. Apesar de seu desprezo teórico pelo capitalismo e pelos capitalistas, acreditou, ingenuamente, que conseguiria fazer reescrever o contrato mediante um apelo à consciência dos editores.[40] Ninguém teria conseguido ludibriar o pai dele dessa maneira.

Max Eastman foi a Buyukada em 1932, para que os dois pudessem trabalhar juntos na *História da revolução russa*.[41] Trotski aprovou a tradução de Eastman. (É evidente que não tinha conhecimento suficiente

de inglês para discernir a quantidade de gírias introduzidas no texto.)
Mesmo assim, teve lá suas rusgas com Eastman.[42] Trotski o usava como
um agente literário não remunerado nos Estados Unidos. Eastman não
se importava com a trabalheira, até o dia em que Trotski o deixou de fora
da negociação com uma editora norte-americana para traduzir artigos
para a imprensa, o que foi especialmente exasperante, considerando-se
que era comum Eastman ficar sem dinheiro por causa de seus esforços
— e fora somente por intermédio dele que Trotski havia recebido 45
mil dólares só pelos direitos de publicação da *História* em capítulos no
Saturday Evening Post.[43] Mas Trotski recusou-se a ceder, e por pouco
Eastman não explodiu, como recordou, tempos depois:

> Essa foi uma das poucas vezes na vida em que pensei na coisa
> certa para dizer. "Lev Davidovich, só posso responder-lhe nas
> palavras de Lenin." E, num russo perfeito, fiz a citação do famoso
> testamento: "O camarada Trotski tende a se deixar levar com de-
> masiado entusiasmo pelo lado administrativo das coisas." Ao que
> Trotski relaxou e se recostou na cadeira, dando uma risada cordial
> e sonora, como quem dissesse: "*Touché!*"[44]

O relacionamento desintegrou-se. Eastman partiu da Turquia dias depois,
deixando ao Velho a tarefa de achar outras pessoas para cuidar dos seus
afazeres externos.

Após a publicação desses dois livros, Trotski teve muita dificuldade
para encontrar outro tema igualmente popular. Suas análises da URSS
e de outros assuntos políticos não vendiam mal. *A revolução traída*,
publicado em 1937, saiu-se bem em diversas línguas — o indulgente
Eastman regressou para traduzi-lo para o inglês. Mas os livretos desse
tipo não tinham editoras fazendo fila para oferecer contratos suntuosos.

Ele não havia queimado seus cartuchos como autor comercial. Dois
outros temas capazes de lhe garantir um bom adiantamento sobre direitos autorais vieram a se sugerir. Trotski havia conhecido Lenin e Stalin.
Nenhum dos dois tinha uma biografia satisfatória. Mais uma vez, Trotski
pôde oferecer o atrativo da história proibida. A Harper and Brothers, de
Nova York, pagou um adiantamento por uma edição de *Stalin* em inglês.

522 Parte IV: 1929-1940

O problema era que o projeto exigia um enorme volume de pesquisas. Embora capaz de escrever depressa, Trotski não sonharia entregar um texto datilografado que não atendesse aos seus altíssimos padrões. Estava lutando para manter a bandeira da Oposição tremulando na brisa e para propagar sua visão do futuro da humanidade. A única maneira de financiar esse projeto seria mergulhar na história do bolchevismo, e, já então no México, ele teve de trabalhar com montanhas de documentos, contando com seus seguidores em Nova York para lhe remeterem livros e copiarem excertos. Era uma tarefa exaustiva para quem, ao mesmo tempo, mantinha sua correspondência, reunia-se com adeptos, concebia políticas e ditava artigos. Mas houve compensações. Ao vasculhar o material, ele deparou com o que queria: a prova de que Stalin tinha sido um misantropo desde o dia em que nascera.

Seu material sobre Lenin aumentou tanto que ele resolveu dividi-lo em vários volumes, e seus velhos colaboradores Eastman e Parijanine concordaram em empreender a tradução do primeiro. A edição francesa foi lançada em 1936, vendida aos compradores desavisados como *A vida de Lenin*.[45] O manuscrito de Eastman em inglês permaneceu inédito; foi mais honestamente publicado, em 1972, como *O jovem Lenin*.[46] A meio caminho de suas pesquisas sobre Lenin, Trotski deslocou abruptamente a atenção para Stalin, na esperança de produzir rapidamente um livro grande. Seu tradutor norte-americano dessa biografia foi o escritor Charles Malamuth. Houve desentendimentos quase imediatos entre os dois. Malamuth, ao que disse Trotski a seu jovem seguidor norte-americano Joe Hansen, era ignorante e pretensioso, além de não conhecer nem russo nem inglês.[47] Mais uma vez, reiniciou-se o ciclo mal-humorado de emendas e discussões. Era um trabalho minucioso. Não havia nada de novo na interpretação e, vez por outra, Trotski não disfarçava seu desagrado por ter de prestar tanta atenção a Stalin. Mesmo assim, absteve-se de declarar o ódio que nutria pelo ditador do Kremlin. Conseguiu manter seu equilíbrio emocional. A crítica comedida e a ironia abundante foram as suas formas de ataque prediletas. Ao morrer, ele não estava longe de concluir essa biografia. Mas Stalin acabou com Trotski antes que Trotski pudesse terminar *Stalin*.

43. Conexões russas

A imprensa soviética lidava com Trotski de forma incoerente. Ele era, ao mesmo tempo, o mais perigoso inimigo da URSS e a sua primeira não pessoa política. A cobertura jornalística de suas atividades foi eliminada e seu nome desapareceu dos compêndios de história, exceto como conspirador, aliado a potências estrangeiras, contra a Rússia soviética. Um anúncio brevíssimo de sua deportação apareceu nos jornais. Um toque de xenofobia insinuou-se no discurso público, quando os prenomes de Trotski começaram a ser gravados como "Lev Davydovich", em vez de "Lev Davidovich", numa grafia que passou a enfatizar, implicitamente, que ele vinha de família judia.[1] Em 1932, além disso, revelou-se um artigo inédito de Lenin, "Sobre a cor da vergonha de Yudushka-Trotski".[2] Yudushka era um dos membros inúteis de uma família sem atrativos, os Golovliov, no romance oitocentista *A família Golovliov*, de Mikhail Saltykov-Shchedrin; tratava-se de um hipócrita que dizia disparates bajuladores e fingidos, toda vez que surgia um conflito entre seus parentes. Em 1911, Lenin o andara comparando a Trotski, que tentava em vão introduzir harmonia no Partido Operário Social-Democrata Russo. Presume-se que Lenin ou seu conselho editorial tenham desistido da ideia da publicação, já que Yudushka ou Judaszinho tinha possíveis conotações antissemitas. Stalin não tinha tais inibições e, a partir de meados da década de 1930, era comum Trotski ser negativamente mencionado como o Judas da Revolução de Outubro.

O problema de Stalin era que Trotski ainda tinha seguidores políticos na URSS. A OGPU procedeu com cuidado ao prender os membros atuantes da Oposição, ao mesmo tempo deixando intocados os trabalhadores comuns da indústria. Stalin havia pensado nesses planos até o fim. Seu objetivo principal era cortar qualquer ligação entre os trotskistas e a classe operária soviética.[3]

Os porta-vozes do partido insistiam em que Trotski vinha disseminando por toda parte a sua rede de conspiração. Em 8 de março de 1929, ele foi acusado de estar em conluio com Winston Churchill e recebendo "dezenas de milhares de dólares" por seus serviços.[4] As acusações foram se transformando de acordo com as mudanças nas relações internacionais. Em meados de 1931, era Pilsudski quem estava inquietando o Politburo, e veio a alegação de que Trotski estava ligado aos esforços poloneses para derrubar a ordem soviética.[5] Apesar disso, o consulado-geral de Istambul continuou a renovar o passaporte dele em nome de Lev Davidovich Sedov. Essa situação durou três anos. Então, em 20 de fevereiro de 1932, as autoridades de Moscou revogaram abruptamente a sua cidadania e fizeram de Trotski um apátrida, dependente da clemência de Mustafá Kemal.[6]

O líder soviético deportado bem poderia ter disparado seus tiros polêmicos na terra de Buyukada. Os líderes restantes da oposição definhavam em locais longínquos e inóspitos de exílio; os que haviam renegado seus "erros" — Zinoviev, Kamenev, Preobrajenski, Pyatakov e Radek — foram poupados desse castigo e autorizados a retornar a Moscou, desde que parecessem confiavelmente contritos. Eram no mínimo solicitados a fazer uma condenação pública da Oposição. Trotski foi um dos recusantes. Pior que isso, revelou-se mais resistente no exterior do que se havia previsto. Apesar do sucesso da OGPU em minimizar o contato dele com a URSS, suas ideias continuavam a constituir um perigo para o Politburo. As lembranças recuavam a um passado distante entre os principais bolcheviques. Eles sabiam que Trotski tinha sido um defensor precoce de uma estratégia radical e que Stalin havia incorporado diversas características desta em suas políticas de governo. O secretário-geral as havia aplicado de um modo que causara agruras imensamente maiores do que qualquer pessoa esperava. O culto oficial à grandeza de Stalin tivera o efeito não pretendido de identificá-lo como a fonte do sofrimento do povo. Prudente, Stalin proibiu qualquer discussão ponderada de Trotski e suas ideias. Quando integrantes do partido criticavam a brutalidade das medidas econômicas oficiais, era convencional acusá-los de serem simpatizantes do ex-membro do Politburo deportado para Buyukada.[7]

Trotski trabalhou na troca de cartas com seus seguidores na URSS e em lhes enviar exemplares do *Byulleten' oppozitsii*. A política soviética, a seu ver, estava numa situação volátil. Em 1929, ainda não se sabia ao certo se a vitória de Stalin sobre Bukharin seria irreversível. Ninguém tinha certeza de que as políticas de industrialização seriam mantidas. Embora tivesse esperança de ser convidado a retornar à liderança no Kremlin, Trotski não pensava em reconciliação com Stalin. Mas especulava que talvez um grupo de stalinistas buscasse uma aproximação dele. Isso explica sua estratégia curiosa. Esta escapou à atenção de quase todos os trotskistas das gerações posteriores; a culpa não é inteiramente deles, visto que Trotski só explicitou suas intenções na correspondência com Lëva. Em outubro de 1932, escreveu: "Temos de mostrar que *concorda-mos* em trabalhar com os stalinistas pela preservação da URSS."[8] Estava reconhecendo que nunca recuperaria o poder mediante a substituição da elite stalinista pela antiga elite da Oposição. Os adeptos de Stalin estavam entrincheirados em todas as instituições. Eram poderosos. Tinham de ser conquistados pela causa trotskista.

Trotski via muito que enaltecer na política soviética da época. Endossava a rápida expansão industrial — era apenas a crueza das medidas específicas de Stalin que o desagradava. Similarmente, desaprovava a campanha de coletivização agrícola, menos por princípio do que por ela estar sendo promovida com extrema incompetência e violência. Sua principal objeção ao Politburo, entretanto, era a política externa adotada pelo órgão sob o poder de Stalin. Trotski dizia que a liderança soviética subestimava gravemente a ameaça representada pelo nazismo na Alemanha.

Ele não era favorável ao uso de métodos violentos para afastar Stalin. O que tinha em mente era uma demissão política como a que Lenin advogara em seu testamento.[9] Em momento algum Trotski clamou por sanções penais. Assim se explicou em mais uma carta a Lëva, no fim do mesmo mês:

Temos de prestar especial atenção ao discurso que corre entre os burocratas de nível médio, no sentido de que, se Trotski chegar, praticará uma vingança cruel. No momento, essa é uma arma importantíssima dos stalinistas. Nossa plataforma conta inteiramente com as massas. Nosso próximo passo tático deve levar em conta a muralha que nos separa das massas.[10]

Ele estava tentando convencer-se, sem nenhuma prova, de que os funcionários que haviam suplantado seus aliados considerariam acolhê-lo de volta na liderança. Talvez tivesse uma compreensão inconsciente disso, já que enfatizou, ao mesmo tempo, um apelo às "massas". Mais uma vez, estava sendo exageradamente otimista. Era improvável que operários empobrecidos e camponeses famintos aderissem à causa de um político que, em síntese, prometia apenas o stalinismo econômico em ritmo mais desacelerado.

A natureza bruta do seu comunismo foi demonstrada em sua reação às operações soviéticas de repressão depois que o deportaram. Ao saber dos simulacros de julgamento de ex-mencheviques, ex-socialistas revolucionários e ex-cadetes, ele não levantou nenhuma objeção. Pouco escreveu sobre a perseguição a cúlaques, padres e nacionalistas. Julgava-os todos inimigos do bolchevismo, genuinamente dispostos a praticar os crimes absurdos que lhes eram atribuídos pelos tribunais da URSS. Ele mesmo havia ajudado a planejar o cenário político do julgamento de fachada dos socialistas revolucionários em 1922. Havia testemunhado e incentivado os truques da polícia e dos promotores, mas não optou por usar sua experiência para avaliar a propaganda do Kremlin sobre conspirações antissoviéticas.

Seu filho não se deixou tapear: "O julgamento dos mencheviques é uma completa farsa." Trotski não se mexeu. A tese da promotoria era que os líderes mencheviques haviam estabelecido uma rede subversiva clandestina, com ligações no exterior. Trotski engoliu essa balela. Em sua opinião, os mencheviques haviam "executado conscientemente as instruções do alto-comando capitalista estrangeiro".[11] Ele chegou inclusive a responsabilizar Stalin por ter dado proteção a especialistas econômicos mencheviques durante a NPE. Negou que figuras conhecidas, como Nikolai Sukhanov e Vasili Groman, viessem a se incriminar falsamente. Só muito depois, em meados de 1936, foi que enunciou um reconhecimento formal de que "o conselho editorial do *Byulleten*" havia "subestimado o descaramento da justiça stalinista".[12] Foi o mais perto que chegou de um pedido pessoal de desculpas. A questão é que esses grupos lhe eram tão antipáticos quanto o eram para Stalin. Ele mesmo se contentara em ver os amotinados de Kronstadt e a liderança socialista revolucionária julgados por acusações espúrias em 1921-1922. Também ele se mostrara crédulo em relação a conspirações internacionais, quando não havia nenhuma, e tinha considerado os mencheviques e os cúlaques abaixo da crítica.

Segundo sua maneira de pensar, ele tinha questões mais importantes a responder a respeito da Revolução. Sempre rejeitou os apelos à solidariedade humana básica como mero sentimentalismo. O que não podia deixar de considerar era a situação aflitiva dos oposicionistas bolcheviques não arrependidos. Sem eles, jamais voltaria ao poder. Trotski encheu o *Byulleten* de matérias sobre a deterioração das condições infligidas a seus adeptos exilados e presos. A punição pelas atividades políticas contínuas tornou-se mais pesada. As mensagens de um correspondente não identificado, que se assinava "Tenzov", não deixavam margem de dúvida a esse respeito,[13] e Trotski escreveu sobre os casos de maus-tratos que chegaram a sua atenção. Mas, como moralista, ele teria sido mais convincente se demonstrasse algum interesse pelas vicissitudes dos milhões de pessoas, fora da Oposição, que vinham enfrentando sofrimentos terríveis nos mesmos anos. Teria Trotski evitado os métodos de Stalin, se houvesse vencido a luta pelo poder supremo? É difícil acreditar que não reagisse com dureza à resistência a suas políticas. A violência estava objetivamente embutida nas exigências de suas medidas.

Ele tinha esperança de se servir de Yakov Blyumkin, que lhe escrevera em abril de 1929 sobre o destino da Oposição, para romper o bloqueio.[14] Blyumkin era o indivíduo que, na condição de socialista revolucionário de esquerda, havia tentado destruir o Tratado de Brest-Litovsk em julho de 1918, assassinando o embaixador alemão, o conde von Mirbach. Mais tarde, tinha se arrependido — e Dzerjinski e Trotski haviam contribuído para fazê-lo mudar de ideia e para lhe conseguir nomeações.[15] Blyumkin ligara-se aos bolcheviques e se sentira atraído pela oposição liderada por Trotski na década de 1920. Quando estivera na Turquia, a serviço oficial da OGPU, no verão de 1929, dera seguimento à sua primeira carta, tendo um encontro com Lëva Sedov numa rua de Istambul. Isso levou a um encontro com Trotski em Buyukada.[16] Blyumkin levou uma carta de Trotski aos remanescentes da Oposição na URSS.[17] Trotski insinuou que logo divulgaria uma denúncia contra "Radek & Cia." como traidores. Aproximava-se um período crucial para a Oposição, e os capitulantes tinham que ser denunciados como reprovados no teste da lealdade à causa. Trotski manteve o moral elevado. A apostasia desses oposicionistas eminentes livrou-o de qualquer pressão para ser amistoso e transigente com eles. (Não que tivesse dificuldade de resistir a esse tipo de pressão.)

A prioridade, tal como Trotski a via, era estabelecer laços mais firmes com a URSS. De algum modo, seus aliados tinham que lhe fornecer "um ou dois indivíduos para o trabalho organizacional em Berlim e Paris". O melhor de tudo seria a retirada clandestina de alguns dos que tinham sido exilados na Sibéria,[18] mas ele não explicou como seria possível realizar essa fuga.

O destino de Blyumkin, que bebia muito e falava com indiscrição quando estava bêbado,[19] mostrou a extensão da ingenuidade de Trotski. Ele deveria saber que Stalin desconfiava de todos os simpatizantes conhecidos da Oposição e não deixava nenhum deles ir a terras estrangeiras sem vigiá-los. Blyumkin foi investigado, depois de regressar a Moscou, e o Politburo ordenou sua execução. A lição foi clara: qualquer contato com Trotski seria tratado como crime de lesa-pátria. Não se pode eliminar a hipótese de que Blyumkin tivesse encenado um jogo duplo a mando de Stalin e que, mesmo assim, o secretário-geral o houvesse matado. O que quer que tenha estado por trás desse episódio, o fato é que se transpôs mais um limiar da repressão. A execução de Blyumkin foi a primeira a ocorrer em tempos de paz contra um membro de carteirinha do partido bolchevique. Stalin não era homem de brincadeiras: a partir dessa data, realizaria assassinatos judiciais se em algum momento a sua supremacia fosse ameaçada. Foi um aviso para que Trotski exercesse maior cautela ao tentar interferir na política soviética. Mas ainda não foi nesse momento que ele entendeu plenamente o recado; continuou a pensar como tinham feito ele e outros emigrantes antes de 1917. E mais, ficou encantado ao receber uma carta clandestina de seu veterano aliado Viktor Yeltsin, que estava na Sibéria. A carta veio repleta de notícias políticas — e Trotski acreditou que fosse o início de

Conexões russas

uma correspondência regular entre ele e os oposicionistas soviéticos que se achavam confinados ou escondidos.[20]

Um de seus contatos era Eleazar Solntsev, que trabalhava em Nova York na Amtorg, a representação comercial da URSS, e lhe enviava clandestinamente material proveniente da Oposição desde 1928. Max Eastman usou esses documentos para produzir *The Real Situation in Russia* ["A situação real na Rússia"], livro aparentemente escrito por Trotski, mas que nunca poderia ter sido lançado sem o trabalho editorial do norte-americano. Solntsev retornou à URSS, onde foi detido e exilado na Sibéria.[21] Outro cidadão soviético que manteve contato com Trotski foi Gavril Myasnikov, que foi visitá-lo em Buyukada. Foi uma surpresa para Trotski, já que Myasnikov, bolchevique veterano e ex-operário, tinha sofrido nas mãos da liderança central do partido no período em que Trotski era um de seus principais membros. Myasnikov estivera na orla da Oposição Trabalhista; a única razão por que não se filiara a ela era considerar suas reivindicações muito restritas. Ele estivera preso por um breve período em 1923, antes de ser convencido a trabalhar novamente para o partido. Mas não havia desistido de sua independência mental enquanto cumpria seus deveres como representante soviético no comércio exterior, posição na qual havia chegado a Istambul. Trotski aconselhou-o a não regressar à URSS.[22] Myasnikov aceitou o conselho. Se o tivesse ignorado, com certeza teria sofrido o mesmo destino de Solntsev.

Mesmo assim, os instintos de Trotski no tocante às precauções de segurança continuaram lastimáveis. Ele e Lëva guardavam para si os seus contatos russos,[23] mas isso não era solução, se não conseguiam bloquear a entrada de agentes de Stalin no seu círculo e falavam sobre os planos gerais em andamento. Trotski e Lëva deixavam vazar verdadeiros baldes de informações confidenciais, e as experiências desagradáveis pouco fizeram para induzi-los a aperfeiçoar seus métodos.

Logo depois de chegar a Buyukada, Trotski havia recebido uma carta de um certo S. Kharin, um funcionário comercial soviético que trabalhava em Paris e se declarou um simpatizante secreto, além de ser conhecido de Lëva Sedov. À guisa de isca, ele afirmou que provavelmente passaria suas férias de verão na URSS. Assim, estaria apto a criar uma rede de comunicação.[24] Trotski engoliu a isca e o anzol. Os dois passaram meses

530 Parte IV: 1929–1940

se correspondendo sobre os detalhes. Trotski solicitou a ajuda de Kharin nas iniciativas de publicação;[25] em suas cartas, revelou toda a sua estratégia básica e o seu planejamento prático.[26] Kharin escrevia as coisas certas sobre política e, para o Velho, isso era suficiente. Durante vários meses, Trotski não alimentou a menor suspeita, apesar de ocorrer um caos prático que seria inexplicável, a menos que Kharin estivesse sendo propositalmente diruptivo. Por fim, até Trotski acabou concluindo que ele era agente da OGPU; enviou alertas nesse sentido, em linguagem neutra, e não admitiu ter havido nenhum erro de sua parte.[27] Como sempre, depois de abandonar alguém, agiu como se esse indivíduo nunca houvesse existido.

Qualquer pessoa em contato com Trotski poderia ser perdoada por se perguntar se ele avaliava corretamente os riscos que esperava que os outros corressem. Algumas cartas continuaram a lhe chegar. Houve uma missiva anônima sobre a situação política em janeiro de 1930.[28] Era uma prova reconfortante de que a execução de Blyumkin não havia interrompido o fluxo das informações. Seguiram-se outras mensagens. Uma carta chegou de "Svoi" em março de 1932;[29] outras chegaram de "Gromovoi", no mesmo ano.[30] Os dois correspondentes reforçaram a suposição de Trotski de que o apoio a Stalin vinha diminuindo na URSS e de que o aparelho partidário estava se voltando contra ele.[31] "Tenzov", que escrevera de Londres para Lëva em 1930, forneceu detalhes minuciosos sobre as dificuldades da produção industrial e do abastecimento de víveres em fevereiro de 1933; acrescentou que os não russos vinham se rebelando contra as autoridades. Os *apparatchiki*, insistiu, estavam abatidos com a situação geral.[32]

Depois do episódio de Kharin, é claro, Trotski sabia que a liderança comunista de Moscou tentaria infiltrar-se em sua organização no exterior e perturbá-la. Era algo que ele e seu círculo discutiam com frequência. Mas ele nunca deixou a conversa transformar-se numa séria ação preventiva. Não se incomodava com tais precauções. Além disso, queria um ambiente agradável para o trabalho e o descanso em toda a casa, e fazia questão de manter um clima de otimismo. Precisava atrair caras novas para a execução das muitas tarefas. Era de opinião que, mesmo que o Kremlin grudasse nele um jovem agente, conseguiria conquistá-lo

Conexões russas

para o seu lado.[33] Essa presunção tornava suas operações vulneráveis à penetração de espiões e sabotadores, e a OGPU tirou plena vantagem disso. A única desculpa de Trotski era que ele não tinha como saber de antemão quem era confiável e quem devia ser evitado. Havia chegado ao exterior em circunstâncias diferentes das que tinham existido antes de 1917, quando sempre interagia com um grande grupo de marxistas. Não tinha ninguém a quem recorrer para obter orientação e era frequentemente tapeado por indivíduos que se hospedavam em sua casa. Estes incluíram os irmãos Ruvim e Abraham Sobolevicius.[34] Outro foi Jacob Franck, homem recomendado a Trotski por Raisa Adler, mulher de Alfred, por seus conhecimentos de línguas.[35] O resultado foi que a OGPU familiarizou-se com os planos de Trotski durante todo o seu período na Turquia e além dele.[36]

O pequeno círculo de Lëva foi penetrado de maneira ainda mais prejudicial. Em 1933, ele foi procurado em Paris por um homem a quem conhecia pelo nome de Étienne, que lhe ofereceu graciosamente o seu trabalho. Era o agente soviético Mark Zborowski. A história que ele contou foi que era um trotskista engajado da Ucrânia, que tinha viajado para a França em 1933 a fim de oferecer os seus serviços. O homem conquistou a completa confiança de Lëva, apesar das reservas manifestadas por outros camaradas franceses. Étienne queria tornar-se indispensável para Lëva, e conseguiu. Frio e assíduo, liberou o rapaz de muitas tarefas de uma pesada carga de trabalho. Nem todos simpatizavam com ele. Estava longe de ficar claro de onde obtinha dinheiro, ou sequer como conseguia sobreviver. Com espírito solidário, Lola Estrina, secretária de Lëva, inventava trabalhos para Étienne e lhe pagava todas as vezes que ele os fazia. Estabeleceu-se uma rotina: ele trabalhava com Lëva de manhã e Lola assumia seu lugar à tarde.[37] Munido de uma câmera por seus superiores, ele fotografou papéis dos arquivos da organização.[38] Pessoalmente, Lëva estava longe de levar uma vida suntuosa. O pai lhe mandava dinheiro, mas esperava que ele o economizasse. Jeanne Martin, sua companheira, tinha um pequeno salário que complementava a renda do casal.[39] A proeminência crescente de Étienne nessa situação levantou suspeitas entre os trotskistas franceses. Pierre Naville mencionou suas apreensões a Trotski, apenas para receber uma réplica seca: "Você quer

532   Parte IV: 1929–1940

me privar dos meus colaboradores."[40] Praticamente nenhum segredo do trotskismo internacional se manteve vedado para Étienne.

As cartas da URSS tornaram-se menos frequentes. Em 25 de março de 1932, "Svoi" escreveu dizendo que Rakovski e Sosnovski não estavam mortos, e que Muralov tinha feito uma visita a Moscou antes de ser mandado de volta para a Sibéria. As batidas policiais continuavam. Supostamente, não se falava de outra coisa na capital senão de Stalin ser "o inimigo de Outubro". Corriam piadas dizendo que alguém devia pedir a Trotski que enviasse instruções para a orientação do Kremlin.[41] Tudo isso o deixava animado. Mas ele não tinha quase ninguém que pudesse despachar para Moscou (ao passo que os mencheviques, que vinham imprimindo seu bem informado *Sotsialisticheski vestnik* desde o início da década de 1920, contavam com dezenas de mensageiros potenciais). A ineficiente organização de Trotski aumentou de tamanho sobretudo pelo recrutamento de seguidores europeus e norte-americanos. Ele estava entrando em desespero. Buscava meios de superar a dificuldade de suprir o *Byulleten* de reportagens e ensaios sobre a Rússia. Às vezes o fazia lendo o *Sotsialisticheski vestnik*, que era uma fonte regular de informações precisas. Também examinava artigos do *Pravda* e outros jornais soviéticos oficiais. Lendo as entrelinhas, conseguia adivinhar boa parte do que andava acontecendo.[42]

Já não podia fingir para si mesmo que sua ausência havia deixado um vazio insuportável no cenário político soviético. Era preciso inventar novas abordagens. Em 1932, ele sentiu que já não podia excluir algum tipo de reconciliação com os que haviam "capitulado" diante de Stalin e do Politburo. Começou a se voltar para uma ideia que antes havia repudiado: a de sancionar a formação de um "bloco" de oposicionistas formado por todas as antigas facções do partido. Trotski consideraria até mesmo a reconciliação com os defensores de Bukharin. Seria possível uma aproximação de Kamenev e Zinoviev. O bloco não envolveria o abandono das críticas recíprocas, e Trotski se recusava a considerar uma fusão organizacional. A primeira etapa seria uma simples troca de informações. Era evidente que ele não tinha esperança de obter apoio de nenhuma outra forma. Fez saber que o seu *Byulleten' oppozitsii* publicaria documentos de outras facções, sob a condição de que ele pudesse comentá-los.[43] O

Conexões russas 533

plano foi praticamente estrangulado antes do nascimento. Os líderes das outras facções antigas temiam demais por sua vida para terem qualquer envolvimento com isso, e apenas uns respingos de informações chegaram a Trotski por meio dessa iniciativa. "Bloco" é uma denominação grandiloquente demais para o que foi o resultado real.

Portanto, Stalin tinha uma preocupação indevida com as operações trotskistas nessa ocasião. As próprias cartas de Trotski ao agente Kharin forneciam a prova de que os trotskistas estavam desorganizados no exterior, e a atividade da Oposição na URSS era deplorável, mesmo que Trotski não se dispusesse a admitir esse fato.

Um correspondente anônimo de Leningrado informou, em maio de 1933: "A oposição inteira está liquidada." Mencionou a insatisfação nas fábricas e a escassez de alimentos relatada no sul, mas não deu qualquer indicação de que o grupo de Stalin estivesse em perigo.[44] Os motivos de otimismo haviam sumido. Em Paris, em algum momento de 1934, Lëva encontrou-se com um simpatizante que lhe disse que a conversa sobre a resistência organizada a Stalin era um exagero. Os grupinhos políticos que surgiam não tinham seguidores, e a antiga Oposição havia perdido toda a capacidade de funcionar.[45] Trotski tentou consolar-se com a ideia de que continuava a alvoroçar Stalin. Escreveu em sua agenda:

A ânsia que ele tem de se vingar de mim está completamente insatisfeita: houve golpes físicos, por assim dizer, mas, moralmente, nada foi alcançado. Não há recusa a trabalhar, não há "arrependimento" nem isolamento; ao contrário, adquiriu-se um novo impulso histórico que já não se pode deter. É essa a fonte das mais graves apreensões de Stalin: aquele selvagem teme as ideias, pois sabe a força explosiva que têm e conhece sua própria fraqueza diante delas. Ao mesmo tempo, é esperto o bastante para perceber que, mesmo agora, eu não trocaria de lugar com ele.[46]

Que àquela altura Stalin queria vê-lo morto, não há dúvida. Que se importava com os sentimentos de superioridade de Trotski, é possível e até provável. Que Trotski e seus seguidores tinham um "novo impulso histórico", isso é implausível.

Ao mesmo tempo, podemos indagar se Trotski estava sinceramente resignado com sua ausência do Kremlin. Sua anotação da agenda foi uma tentativa de levantar o moral. Ele não podia ir adiante, na vida ou na política, sem a sensação de que tinha alguma chance de chegar finalmente à vitória. Se os indícios se erguiam contra isso, era preciso descartá-los. A luta tinha de prosseguir. Trotski precisava continuar a culpar a quadrilha de Stalin por todos os males dos anos transcorridos desde 1917, se quisesse justificar sua atividade permanente como emigrado. Em todas as outras direções situava-se a loucura.

44. Europa meridional e setentrional

Num dia tranquilo de 1935, Trotski deixou o pensamento vagar para a vida do arcipreste Avvakum, o principal homem do clero a rejeitar as reformas da Igreja ortodoxa russa introduzidas pelo patriarca Nikon, no século XVII. A punição de Avvakum fora o exílio na Sibéria. Ele e sua mulher tinham recebido ordens de ir para lá a pé. Num dado momento, enquanto os dois avançavam a custo, ela caiu num monte de neve acumulada. "Quanto vai demorar este sofrimento?!", exclamou. Com a respiração entrecortada, Avvakum respondeu que duraria até a morte. Sua mulher não pestanejou: "Pois que seja, Petrovich, sigamos logo o nosso caminho." Trotski falou disso com Natalia antes de confidenciar ao seu diário: "Uma coisa eu posso dizer: Natalia nunca me 'censurou', nunca — nem mesmo nas horas mais difíceis; e não me censura agora, nos dias mais opressivos da nossa vida, quando tudo tem conspirado contra nós."[1] A autocomiseração dele era mais compreensível do que sua santimônia. Avvakum tinha sofrido perseguições, apesar de nunca haver ferido uma mosca, enquanto Trotski perseguira pessoas inofensivas e, ainda assim, não tinha sofrido nada semelhante à dor que havia infligido a terceiros. Tal como Avvakum, ele se manteve fiel a suas convicções. Admitiu para si mesmo que talvez o avanço para a revolução mundial não ocorresse durante seus dias na Terra, mas animou-se com esta ideia: "Ainda assim, passarei para a inexistência com uma indestrutível confiança na vitória da causa a que servi durante toda a minha vida."[2]

Nenhum final do seu isolamento pareceu provável naquela ilhota do mar de Mármara, até o fim de 1932. E então, inopinadamente, ele recebeu um convite para discursar num encontro de estudantes em Copenhague. Aceitou-o sem pestanejar. O Partido Trabalhista havia chegado ao poder na Dinamarca, e os ministros do país lhe possibilitaram fazer a viagem. Passaram por cima do desprezo que Trotski nutria pelo socialismo e pela democracia da nação dinamarquesa — os mencheviques e os socialistas revolucionários poderiam ter-lhes dito uma ou duas coisas sobre o histórico de Trotski na Rússia, mas não foram consultados. Os social-democratas dinamarqueses admiravam um homem que viam como o herói vitimado da Revolução de Outubro. Ignoraram as objeções do príncipe Aage, primo do rei da Dinamarca, no sentido de que Trotski tinha pertencido a um regime soviético que havia assassinado os descendentes da princesa dinamarquesa que fora mãe de Nicolau II.[3] Entusiasmado, Trotski começou a planejar a viagem e a palestra. Não havia voos diretos de Istambul para a Escandinávia e ele teve de pedir permissão para desembarcar na França. Em Paris, o Ministério do Interior o surpreendeu, dando seu consentimento e permitindo que ele viajasse de trem do sul mediterrânico até Dunquerque, onde poderia pegar um navio para a Dinamarca.[4]

Trotski deixou Istambul em 14 de novembro, com Natalia e seu círculo, para uma viagem tranquila até Nápoles, via Atenas, no SS *Praga*. A breve escala no porto meridional italiano deu aos passageiros a oportunidade de um passeio turístico por Pompeia e Sorrento. De Nápoles, eles embarcaram para Marselha. A comida era ruim, embora a empresa de navegação fosse italiana. O pequeno grupo ficou contente ao pôr os pés em solo francês. Os camaradas da Liga Comunista da França foram efusivos na recepção que lhe deram. Trotski foi tratado como uma celebridade por pessoas que o viam como a encarnação dos melhores propósitos da Revolução de Outubro.

A Liga Comunista responsabilizou-se pela segurança dele. Membros ilustres fizeram a guarda do seu ídolo no trem para o norte. Ele estava em ótima forma e pareceu elevar-se acima de todos, embora fosse de estatura média entre os franceses.[5] Aglomerados a seu redor, sem contar Raymond Molinier e Jean van Heijenoort, havia diversos jovens trotskistas franceses. Lëva Sedov foi uma presença constante, embora conversasse sobretudo com a mãe, e em russo. Natalia inquietou-se por Trotski estar

Europa meridional e setentrional

ficando visivelmente muito cansado. Interveio todas as vezes que achou que ele devia ir-se deitar, mas em raras ocasiões logrou êxito. O Velho falava sem parar, pois adorava uma plateia. A única decepção para seus ouvintes — e foi só um pequeno detalhe — foi sua recusa a adotar uma linguagem de familiaridade e camaradagem. Enquanto eles se tratavam por *"tu"*, Trotski insistiu em ser tratado por *"vous"**. Apenas um deles, Jean Lastérade de Chavigny, ignorou essas expectativas de formalidade linguística. Talvez seja significativo que Chavigny provinha da alta classe social. Trotski optou por fechar os olhos para o que, em outras circunstâncias, consideraria uma impertinência.[6]

O navio de Dunquerque levou-o com a família a Copenhague, onde sua palestra estava marcada para 27 de novembro de 1932. Era a primeira vez que ele ocupava uma plataforma pública no exterior desde 1917. Trotski usou todo o seu charme, desculpando-se por falar em alemão. Mencionou Snotra, a deusa escandinava da sabedoria. Fez citações de peças de Ibsen (a quem fizera críticas não propriamente favoráveis durante o exílio na Sibéria). Não querendo embaraçar seus anfitriões, absteve-se da política internacional na Europa.[7] Queixou-se de que suas palavras e atos de 1917 tinham sido denegridos. A Revolução de Outubro não fora um acidente. Toda a situação social e econômica havia possibilitado aos bolcheviques a tomada do poder. Aquilo não fora um golpe de Estado de um pequeno grupo de extremistas armados. Trotski afirmou que sua teoria da "revolução permanente" se revelara correta e recordou sua insistência, em 1905, em que só o proletariado russo poderia fazer a revolução contra a monarquia Romanov e em que tal revolução permaneceria insegura, a não ser como "primeira etapa da revolução socialista mundial". Repetiu sua afirmação de meados da década de 1920 de que o projeto de Stalin para o "socialismo em um só país" era uma "utopia pequeno-burguesa".[8]

Trotski identificou Aristóteles, Shakespeare, Darwin, Beethoven, Goethe, Marx, Edison e Lenin como "gigantes do pensamento e da ação";

---

* Na língua francesa, a segunda pessoa do singular é reservada para o tratamento íntimo entre familiares e pessoas muito chegadas; o *vous* é o tratamento mais formal, equivalente a "senhor" ou "senhora" em português, ou ao antigo "vossa mercê". [*N. da T.*]

notou que todos haviam pertencido às classes alta e média. Dentre os autores contemporâneos, escolheu o burguês Sigmund Freud e sua "mão inspirada":

E o que se revelou? Nosso pensamento consciente é apenas uma pequena parte do trabalho das forças psíquicas obscuras. Mergulhadores experientes descem às profundezas do oceano e ali fotografam peixes misteriosos. O pensamento humano, descendo ao próprio fundo de seus recursos psíquicos, deve lançar luz sobre as mais misteriosas forças impulsionadoras da alma e submetê-las à razão e à vontade.[9]

Se queria mostrar que não era um dogmatista tacanho, ele conseguiu. Pôs de lado a ideia convencional, entre os marxistas da sua geração, de que a política só era gerada pela ação de grandes forças sociais. Argumentou que as ideias de Freud sobre o inconsciente deviam ser levadas a sério. E encerrou com um toque político, declarando que era chegada a hora de libertar "as centelhas da genialidade nas profundezas recalcadas do povo". As pessoas da classe trabalhadora é que supririam a grandeza intelectual do futuro.[10]

A viagem a Copenhague obrigou a uma rotina de economia na volta dos viajantes à Turquia.[11] Trotski ficou decepcionado por não haver obtido um visto dinamarquês de longa duração. A proximidade geográfica tornava a Dinamarca sensível à pressão diplomática da URSS. Se os maiores inimigos pessoais de Stalin recebessem asilo político, a consequência poderia ser o rompimento das relações entre os dois países.

Em poucos meses, Trotski recebeu notícias melhores, provenientes não de Copenhague, mas de Paris. As insistentes petições feitas às autoridades francesas por Maurice Parijanine e outros lograram que fosse reconsiderada a solicitação de um visto de residência para Trotski. A situação política tinha se modificado no início de 1934, com a formação de uma coalizão de governo liderada por Édouard Daladier e os radicais. Camille Chautemps, ministro do Interior, tinha sido amigo de Khristian Rakovski durante o período em que este fora plenipotenciário soviético na França. Essas ligações ainda serviam para

Europa meridional e setentrional 539

alguma coisa.[12] Chautemps não era admirador do bolchevismo, mas se dispôs a expedir o *visa de séjour* para Trotski. Algumas condições foram impostas. Ele teria de ficar fora das grandes cidades; teria de notificar a Sûreté sobre qualquer proposta de movimentação fora da área onde escolhesse morar. De modo algum poderia envolver-se na política francesa. Depois de anunciar sua aceitação da oferta, Trotski embarcou no navio *Bulgária* em 17 de julho de 1933. Foi acompanhado por Natalia, sua comitiva e seu seguidor norte-americano Max Shachtman (que estivera hospedado com eles em Buyukada). O destino era Marselha, passando pelo Pireu.[13]

Pouco antes da chegada à França, as autoridades francesas insistiram em que Trotski desembarcasse numa cidade próxima, Ciotat. Temiam que emigrantes bielo-russos praticassem um atentado contra sua vida; havia também uma preocupação com a ordem pública, para o caso de o Partido Comunista Francês organizar alguma manifestação contra ele.[14] O navio fundeou pouco antes de Marselha, no dia 24 de julho. Camaradas franceses haviam arranjado um local para o pernoite, a 7 ou 8 quilômetros do local do desembarque. Na manhã seguinte, eles seguiram por mar, costeando o litoral, num barco a motor meio caquético, alugado de um certo sr. Panchetti, em Cassis. Trotskistas franceses haviam reunido os documentos para suplicar pela revogação da antiga ordem ministerial de que Trotski fosse deportado, datada de 1916. Foi nesse momento que ele constatou não haver levado consigo os papéis apropriados: "Ah, que idiota! Eu... eu os deixei em casa [na Turquia]." Panchetti ajudou a resolver a situação, embora tratasse os clientes de forma circunspecta, aparentemente desconfiado de que eles seriam uma quadrilha internacional de assassinos.[15]

Encontraram-se maneiras de contornar a dificuldade e pôs-se em prática um plano para que os Trotski instalassem sua casa, inicialmente, em Saint-Palais, uma cidadezinha próxima de Royan, no limite norte do departamento de Gironde. Depois da mudança, Trotski e Natalia portaram-se com discrição, ao receberem visitas de aliados e ao editarem o *Byulleten*. Sua obediência foi recompensada em novembro de 1933, quando o Ministério do Interior relaxou suas condições de residência. Eles obtiveram permissão para se mudarem para Barbizon, uns

Parte IV: 1929–1940

50 quilômetros a sudeste de Paris e perto da estrada principal que ia da capital francesa ao sul do país. Alugando uma casa na orla de uma floresta, eles entraram em contato com Lëva e outros militantes, que puderam vê-los com mais liberdade que antes. A presença de Trotski na França era amplamente conhecida, e o Partido Comunista Francês e a extrema direita política censuraram publicamente o governo por fazer as vontades dele. Enquanto seu paradeiro permaneceu secreto, isso não constituiu um grande problema. Contudo, a imprensa descobriu o endereço dos Trotski em abril de 1934, e o casal se mudou provisoriamente para Domène, nos arredores de Grenoble, no sul da França. Ambos adotaram novos cognomes. A comunicação com Lëva, em Paris, tornou-se mais difícil.

Trotski havia chegado à França numa época de agitação econômica e política. Encarou esses distúrbios como o limiar da grande revolução europeia com que sempre havia sonhado. Os efeitos da Grande Depressão eram profundos e duradouros. Os trabalhadores entraram em greve, em busca de aumentos salariais, num período de inflação galopante. A vida pública estava cada vez mais polarizada e cresciam os temores de uma ascensão da extrema direita. Aumentou a pressão, até no Partido Comunista Francês, pelo término da política da Komintern que via o Partido Socialista, e não as organizações fascistas, como o grande inimigo. O precedente alemão estava na lembrança de todos. Se nada fosse feito sem demora, havia uma possibilidade de que o fascismo chegasse ao poder em Paris. A França estava esticada numa chapa quente política. Para Trotski, as "contradições" só poderiam ser resolvidas se comunistas "autênticos", como os seus camaradas franceses, tomassem o poder em Paris, tal como ele e os bolcheviques tinham feito na Revolução de Outubro.

Mas ele e Natalia não se sentiam tão contentes quanto poderiam estar. Viviam como fugitivos, e a saúde de Trotski deteriorou-se no primeiro semestre de 1935. Era frequente ele passar dias acamado. Um sinal do seu estado precário, em termos físicos e mentais, foi ele ter passado a escrever um diário.[16] Leu muitos romances populares franceses e parece haver desprezado todos. Ouvia muita música no rádio.[17] Natalia enfrentou tudo isso durante a maior parte do tempo, até ela mesma adoecer, em maio,

Europa meridional e setentrional   541

quando teve uma febre alta. Os dois ficaram embaixo das cobertas dia e noite. Trotski impressionou-se com a força moral da mulher:

"Eu só queria que você melhorasse", ela me disse hoje, deitada na cama. "Não preciso de mais nada." Ela raramente fala essas coisas. E o disse de maneira muito simples, serena e sem se alterar, e, ao mesmo tempo, falando de uma profundeza tamanha que a minha alma inteira virou de cabeça para baixo.[18]

As palavras de Natalia expressaram amor e dedicação; significaram também certa perplexidade, por faltar a Trotski uma vontade férrea de combater fosse o que fosse que o afligia. Essa recaída foi a mais longa que ele experimentou desde meados da década de 1920. Estava com 55 anos.

Ao contrário de Trotski, Stalin duvidava que a extrema esquerda francesa tivesse mais probabilidade do que tivera o Partido Comunista da Alemanha de lograr êxito numa revolução. A segurança coletiva tornara-se o lema dele na Europa em 1934 e, no ano seguinte, ele ordenou que o Partido Comunista Francês se ligasse estreitamente aos socialistas e aos liberais contra os fascistas e seus aliados, formando uma "frente popular". Foi uma reviravolta na política da Komintern, enquanto a liderança comunista em Moscou se concentrava em formar uma aliança política antifascista. A URSS corria o risco de um ataque militar do Terceiro Reich, mais cedo ou mais tarde. Quando o socialista Léon Blum levou a frente popular à vitória eleitoral na França, em 1936, o Partido Comunista Francês apoiou a coalizão de governo. Para Trotski, isso foi mais uma prova da traição dos princípios comunistas por Stalin. Blum, acreditava ele, jamais teria força suficiente para resistir ao fascismo. O único resultado do governo da Frente Popular seria desviar a classe trabalhadora de realizar a revolução comunista. Trotski não rejeitava por princípio o contato com os outros partidos socialistas: havia criticado Stalin, precisamente, por ele desdenhar de qualquer colaboração entre os comunistas alemães e os social-democratas alemães contra os nazistas. Mas as frentes populares, na opinião de Trotski, erravam no sentido inverso. Eram, essencialmente, o recurso de Stalin para impedir qualquer grande perturbação na Europa enquanto prosseguia a industrialização soviética.

542   Parte IV: 1929–1940

De acordo com Trotski, a ligação diplomática entre Blum e Stalin estava sendo introduzida justamente na ocasião em que as perspectivas revolucionárias eram grandes e vinham se fortalecendo na França. Ele esperava poder fazer uma contribuição decisiva, tal como fizera na Rússia na luta contra o governo provisório. Registrou suas ideias em seu diário:

A bem da clareza, eu diria o seguinte. Se eu não estivesse em São Petersburgo em 1917, a Rev[olução de] Out[ubro] teria acontecido, *sob a condição de existirem a presença e a liderança de Lenin*. Se nem Lenin nem eu estivéssemos em São Petersburgo, não teria havido Rev[olução de] Out[ubro]: a liderança bolchevique do partido teria impedido que ela se realizasse — não tenho a menor dúvida disto! Se Lenin não houvesse estado em São Petersburgo, dificilmente eu teria enfrentado a resistência dos líderes do partido; a luta com o "trotskismo" (isto é, com a revolução proletária) teria sido travada a partir de maio de 1917, e um ponto de interrogação teria sido ligado ao desfecho da revolução.[19]

Foi uma colocação franca e exata. Mas não significava que Trotski achasse que ia desempenhar um papel secundário ao lado de um líder maior na França de 1935.

Todavia, ele sentiu que talvez faltasse a seus seguidores franceses o discernimento para saber quando e como fazer uma tentativa de tomar o poder. A falta de flexibilidade tática demonstrada por eles o irritava. Ele disse a Pierre Naville que este deveria ser fuzilado por ter declarado que os comunistas deveriam opor-se às demandas de independência dos alsacianos.[20] Para Trotski, qualquer coisa que ajudasse a desintegrar a Europa burguesa devia ser acolhida de braços abertos. Ele escreveu dentro dessa linha ao Comitê Central do Parti Ouvrier Internationaliste [Partido Internacionalista dos Trabalhadores] em 21 de junho de 1936. Suas considerações remontaram aos Dias de Julho, na Rússia de 1917, e ele pediu que seus seguidores franceses relessem a *História da revolução russa* para se orientarem.[21] Acreditava que eles corriam o risco do tipo de revés sofrido pelos bolcheviques em Petrogrado, quando estes haviam organizado prematuramente uma manifestação política armada contra

Europa meridional e setentrional

o governo provisório. Era preciso haver flexibilidade na organização e na política. O governo Blum estava lutando para reprimir a extrema direita e, sendo assim, os trotskistas poderiam descobrir-se lutando do mesmo lado que a Frente Popular. Trotski frisou que a tática da greve geral não necessariamente traria sucesso para eles.[22] Conhecido por suas conclamações prescientes a uma ofensiva cirúrgica contra o nazismo em 1933, Trotski conquistou uma plateia cada vez maior. O trotskismo na França teve uma onda crescente de popularidade, pois uma campanha de recrutamento entre os jovens produziu resultados. Mesmo assim, os trotskistas franceses ainda eram contados às centenas.[23]

Lëva, filho de Trotski, estava entre os que se haviam irritado com os argumentos cautelares do pai. Em 1934, tinha desobedecido às ordens e participado de uma manifestação de rua em Paris. Fora agarrado por um guarda, mas conseguira se livrar. Se tivesse sido preso, a questão do seu direito de residência teria sido levantada. Sua bravata fora imprudente.[24] Quando jovem militante, Trotski tinha sido como Lëva, mas agora exortava um criterioso planejamento político: "Não devemos deixar-nos levar por esse caminho. Ao contrário, devemos enfatizar as grandiosas tarefas e dificuldades da empreitada. A precondição do sucesso de uma nova greve geral é a existência de comitês de fábrica e sovietes."[25] No seu entender, o Parti Ouvrier Internationaliste ainda não tinha condições de fazer um desafio decisivo ao governo francês.[26] Ele sentiu que precisava jogar água fria no otimismo dos camaradas. O problema era que havia passado anos declarando que a França estava madura para a revolução. Os outros tinham certa justificativa para perguntar: se não for agora, quando será?

A ligação entre os governos francês e soviético foi desastrosa para Trotski. Ele foi informado pelo primeiro de que já não era *persona grata*. Temeu ser deportado para uma das colônias francesas na África, onde perderia qualquer possibilidade de aprestar seu aparelho político internacional. Por conseguinte, em maio de 1935, foi um alívio saber que o governo trabalhista da Noruega estava vendo com bons olhos o seu pedido de visto de residência. Embora ele não falasse norueguês e tivesse apenas um punhado de adeptos militantes no país, poderia manter-se em contato com o resto do mundo pelo correio, tal como vinha fazendo na França. Pareceu-lhe que seria possível lidar com isso. Ele estava longe de achar que a democracia pudesse sustentar-se na Noruega, mas, como medida provisória, fazia sentido empreender a mudança. Heijenoort foi visitá-lo no dia 9 de junho, com a notícia de que Oslo havia concedido o visto.[27] Trotski e Natalia estavam acostumados a esperar pelo melhor na Escandinávia. A empregada que trabalhava para eles em regime de meio expediente estava fora nessa ocasião, de modo que Natalia fez todo o trabalho doméstico e a maior parte das malas, até Heijenoort ajudá--la, alguns dias depois. Quanto a Trotski, além de cuidar de seus papéis políticos, ele se concentrou na aparência que teria ao chegar à Noruega: deu uma corrida a Grenoble para fazer cabelo, barba e bigode.[28]

Mais uma vez, eles se despediram dos amigos e, no dia 10 de junho de 1936, começaram a cruzar a França, em direção a Paris. Tinham por companheiros Heijenoort e Jan Frankel, e deram uma parada em Paris, onde Seva, o filho de Zina Bronstein, estava morando com Lëva Sedov. Fazia três anos que eles não viam o pequeno Seva, e descobriram que ele havia perdido a fluência em russo.[29] A reunião de família foi rápida. Fizeram-se planos para que todos se mantivessem em contato uns com os outros — e foi preciso assegurar a Trotski que tudo correria bem com o *Byulleten' oppozitsii* e com seus negócios editoriais. Derramaram-se lágrimas e vieram então o trem para Antuérpia e o barco para Oslo. A embarcação atracou em Oslo no dia 18 de junho. Era solstício de verão na longitude 59°N, que a capital norueguesa compartilhava com São Petersburgo. Nesse aspecto, Trotski e Natalia sentiram-se quase em casa. A última vez que experimentaram aquela luz e aquele clima tinha sido na Rússia, no solstício de verão de 1917. Em todos os demais aspectos, eles se sentiram deslocados e vulneráveis. O governo da Noruega julgava ter cumprido suas obrigações ao expedir os vistos, e há muito se fora o tempo em que o consulado soviético ofereceria abrigo temporário aos Trotski. Quem veio em seu socorro foi o escritor e socialista Konrad Knudsen, com o oferecimento de uma casa de campo a 65 quilômetros de Oslo. E não quis receber pagamento.

Eles haviam chegado justamente na época em que vinham sendo feitos os preparativos para o primeiro dos três grandes julgamentos de fachada de Moscou, que envolveria dezesseis réus. Kamenev e Zinoviev

Europa meridional e setentrional 545

figuravam entre eles, assim como antigos seguidores de Trotski, como Sergei Mrachkovski. Trotski não tinha como saber das torturas infligidas aos que apareceram nos maiores julgamentos. Comentou o absurdo das acusações à luz dos fatos conhecidos. Lamentou o declínio da retidão revolucionária de alguns de seus ex-camaradas, admitindo que até Zinoviev e Kamenev já haviam tido seus méritos. Todos os réus foram condenados, depois de admitirem sua culpa. Além disso, Trotski foi oficialmente implicado como líder de uma conspiração terrorista internacional. Em 24 de agosto de 1936, foi condenado à morte *in absentia*. O gabinete norueguês sentiu-se pressionado a se distanciar dele. A despeito dos protestos de inocência de Trotski, os ministros tinham de considerar o futuro das relações diplomáticas com a URSS. Perderam a coragem e, em 2 de setembro, o governo pôs Trotski em prisão domiciliar, até que fosse possível tomar uma decisão definitiva. Ele ficou detido em Hurum, uma localidade situada entre Skoger e Oslo.

Natalia disse que a nova casa os fez lembrar de sua estada forçada em Halifax, na Nova Escócia, em 1917. Knudsen fez o melhor que pôde. Deu-lhes um rádio, para que os dois pudessem ouvir programas estrangeiros e escutar as notícias mundiais; também deixou flores magníficas na sala. Mas o isolamento abateu o casal. Trotski deixou de ter acesso rápido a facilidades de pesquisa. Os prazos das editoras o pressionaram. A insônia voltou.[30] Natalia achou que o marido estava trabalhando demais. Ele não tomou conhecimento, até que as velhas doenças começaram a derrubá-lo.[31] Deprimida, Natalia atacou Lëva por demorar demais para executar suas múltiplas tarefas. Como era característico, logo pediu desculpas. A última coisa que queria era atormentar o filho mais velho.[32] Ela intuiu que o marido estava mergulhando em um de seus longos períodos de doença. Isso poderia implicar meses de repouso, justamente na época em que ele precisava defender-se das calúnias do Kremlin. Houve dias em que lhe faltaram forças até para se sentar do lado de fora, em sua espreguiçadeira.[33] A leitura era seu único consolo, e Lëva foi solicitado a lhe enviar exemplares de Malraux, Céline, Simenon e Freud.[34] Eles constituíam uma leitura mais leve do que as atas dos processos de fachada.

Trotski e Natalia presumiam estar mais seguros na Noruega do que tinham estado na França. Comportavam-se em consonância com

546   Parte IV: 1929–1940

isso, deixando aberto o portão do quintal, dia e noite. Um jornalista aproveitou-se desse fato e se esgueirou pelo muro para tirar uma fotografia. Heijenoort expulsou-o, mandando-o de volta para o vilarejo. Em outra ocasião, apareceu um par inofensivo de bêbados.[35] Uma visita mais bem-vinda foi a de um médico da Tchecoslováquia, que fez alguns exames. Não constatou nenhuma doença evidente antes de partir. O repouso parecia ser o melhor remédio disponível, e a saúde de Trotski foi melhorando aos poucos, à medida que ele manteve seu regime no leito. O sinal mais seguro de melhora foi ele abrir mão da redação do diário.[36]

O resultado foi uma saraiva de tiros contrários, para refutar as acusações feitas contra ele em Moscou. Trotski estava voltando à forma em matéria de combate. Encheu o *Byulleten* de denúncias sobre as mentiras bizarras contadas a respeito dele e de Lëva. Trabalhou freneticamente para defender sua reputação. Os termos de seu confinamento lhe permitiam comunicar-se com Lëva e com seu advogado francês, Gérard Rosenthal, mas, afora isso, sua correspondência era restrita — e a censura era invasiva. Era essencial limpar seu nome, se ele quisesse evitar mais uma deportação. Assim, decidiu apelar para a Liga das Nações. A URSS dera início à instalação de um tribunal internacional para julgar terroristas. Trotski teve esperança de usá-lo como recurso para refutar as alegações do Kremlin e, em 22 de outubro, instruiu seu advogado norueguês, Michael Puntervold, a escrever para o Departamento Jurídico da Liga. Nada de bom resultou dessa providência.[37] Nenhum de seus esquemas de sobrevivência estava funcionando, e Trotski passou a depender do que os outros fizessem por ele. Sem seu conhecimento, uma coisa positiva estava acontecendo do outro lado do Atlântico. Diego Rivera, seu pintor mexicano favorito, vinha fazendo petições insistentes ao presidente Lázaro Cárdenas e ao Partido da Revolução Institucional para que dessem asilo político a Trotski.

O governo mexicano tinha uma política de acolher refugiados esquerdistas europeus e, à medida que a guerra civil espanhola foi se aproximando do final, com a vitória de Franco e dos fascistas, Cárdenas ofereceu vistos aos republicanos derrotados.[38] O gabinete vinha empreendendo a reforma agrária e lutava para se manter independente do capitalismo norte-americano — e o presidente obtinha apoio político e cultural em seu país ao acolher estrangeiros anticapitalistas ilustres. Gérard Rosenthal conduziu as negociações com o advogado no consulado-geral do México em Paris. O progresso foi lento, porque o cônsul-geral não falava francês, mas fechou-se um acordo.[39] Trotski teria de prometer manter-se fora da política mexicana. Nem todos os trotskistas aprovaram esse plano. Max Shachtman escreveu que a vida de Trotski "não valeria um centavo por lá".[40] A preferência do próprio Trotski seria uma mudança para os Estados Unidos, mas Washington não quis nem ouvir falar do assunto. Ele tinha de aceitar o que estava disponível e, de algum modo, haveria de dar um jeito. O serviço transatlântico de telegrafia permitiria a comunicação rápida de emergência entre o Velho e o Novo Mundo, e as entregas postais por transporte marítimo não eram de uma lentidão intolerável. O plano era deixar Lëva na França, para supervisionar o *Byulleten* e ficar de olho nas atividades dos trotskistas europeus. As coisas poderiam ser piores. E piores viriam a ser, nos anos seguintes.

45. Estabelecendo-se no México

O navio petroleiro *Ruth*, com os Trotski a bordo, levou vinte dias para cruzar morosamente o Atlântico. Tinha sido escolhido por sua inconspicuidade, pois tanto as autoridades norueguesas quanto o círculo de Trotski julgavam arriscado ele tomar qualquer dos navios de cruzeiro habituais. Ele e Natalia eram os únicos passageiros. Zarparam no dia 20 de dezembro de 1936 e, como era sua praxe ao ser afastado das oportunidades de atividade prática, Trotski iniciou um diário. O comandante e a tripulação foram amáveis com o casal de refugiados. Trotski leu sobre o México e folheou uma biografia de *Sir* Basil Zaharoff, negociante de armas e financista grego, nascido em Istambul — exatamente o tipo de leitura histórica própria para confirmar que o capitalismo internacional era completamente podre.[1] Ele também redigiu o manuscrito de um livro a ser publicado como *Os crimes de Stalin*.[2] Seria preciso que estivesse à beira da morte para deixar de escrever alguma coisa ligada ao marxismo contemporâneo.

O navio ancorou em 9 de janeiro de 1937 em Tampico, a grande cidade petroleira no litoral do golfo do México, 256 quilômetros a noroeste da Cidade do México. Os Trotski temeram que pudesse haver um assassino à sua espreita no cais. O comandante do navio, seguindo ordens do governo norueguês, tinha lhes negado o contato por rádio com seus amigos mexicanos. O casal não pudera nem ao menos descobrir os termos do visto que lhes estava sendo concedido pelo governo Cárdenas.[3] Trotski falou rispidamente com o comandante e o induziu a enviar um telegrama ao cônsul norueguês em terra. Tomaram-se providências para que uma

Estabelecendo-se no México

autoridade mexicana pegasse um barco para ir ao petroleiro buscar os dois refugiados. A bordo encontravam-se vários amigos e jornalistas. Diego Rivera estava ausente, por motivos de saúde, mas sua mulher, a também pintora Frida Kahlo, compareceu. Com ela havia dois trotskistas norte-americanos, Max Shachtman e George Novack.[4] Os Trotski ficaram mais tranquilos, porém não gostaram da paisagem, que os fez lembrar da cidade feia e poluída de Baku, no Azerbaijão. Animaram-se ao constatar que o general Francisco Mugica, ministro das Comunicações e Obras Públicas, havia reservado para eles um confortável vagão de trem. O grupo presente na recepção seguiu para a Cidade do México e de lá para Coyoacán, na zona oeste dos arredores, onde Frida Kahlo ofereceu-lhes a liberdade de sua casa — a Casa Azul, na Avenida Londres.[5]

Os Trotski não viviam com tamanho conforto desde o começo dos anos 1920. O jardim era repleto de flores vívidas. Havia periquitos chalreando na copa das árvores. A decoração interna combinava o estilo mexicano rústico e outros ultracontemporâneos. Os cômodos eram espaçosos e arejados. Havia criados disponíveis para atender às necessidades dos residentes. A comida era farta — e Trotski, cujos problemas de saúde o tinham levado a ser exigente em relação à dieta, descobriu que se dava bem com a condimentada cozinha mexicana. Frida e Diego não se importavam com o número de visitantes trotskistas, e Trotski os incentivou a se juntarem à comitiva permanente, se tivessem talento ou inclinação para tal.

Para fazer face às despesas correntes, ele tinha de continuar a publicar livros de apelo popular. Mas isso nunca era o suficiente. Assim, Trotski fazia seminários remunerados sobre assuntos do momento para estudantes norte-americanos em viagem ao México. Também cobrava pelas entrevistas aos jornais. Quando o *Baltimore Sun* enviou um repórter para entrevistá-lo, Trotski pediu mil dólares — uma fortuna, na época. Ele não compreendia, segundo o jornalista, que já não era um homem do poder, mas apenas um antigo "comissário de todas as Rússias".[6] De qualquer modo, Trotski estava saturado das entrevistas porque, a seu ver, era muito frequente os editores emascularem suas palavras, mesmo quando o jornalista era consciencioso.[7] Os livros, é claro, demoravam muito para ser escritos, e ele estava ficando sem projetos comerciais depois de sua autobiografia e sua *História da revolução russa*. Nem mesmo seus contratos sobre as biografias de Lenin e Stalin seriam uma solução completa para seus problemas financeiros. Ao mesmo tempo, ele não poderia aceitar novos projetos comerciais enquanto não cumprisse as obrigações contratuais existentes. Assim, resolveu ganhar um dinheiro rápido — mil dólares — vendendo cópias de sua correspondência política dos anos de 1918-1922 ao Instituto de História Social de Amsterdã.[8]

A polícia mexicana lhe dava proteção 24 horas por dia e enviava relatórios regulares ao governo sobre ele. Essas não eram as únicas pessoas a vigiá-lo. O Partido Comunista Mexicano foi obrigado a mantê-lo sob supervisão e a transmitir informações a Moscou. Até as autoridades norte-americanas, depois de impedi-lo de residir nos Estados Unidos, mantinham um arquivo sobre ele.[9]

Trotski acomodou-se depressa na Casa Azul. Seus anfitriões identificavam-se abertamente com ele na luta contra Stalin e o movimento comunista mundial "oficial", e elogiavam e defendiam seu hóspede em todas as oportunidades. Suas necessidades eram atendidas. Os empregados estavam habituados a ver Diego e Frida pintarem o dia inteiro, de modo que ninguém estranhou que Trotski passasse o tempo lendo e escrevendo. Ele tinha sossego absoluto para trabalhar.[10] Sua coleção de livros, diminuída quando da partida da Turquia, voltou a crescer. Ele sempre tinha a redação de um livro ou artigo em andamento. Mantinha-se em contato com seus seguidores pelo correio; recebia visitas na parte da tarde, mas apenas se elas pedissem a entrevista com antecedência. Em geral, oferecia uma recepção calorosa aos norte-americanos, na esperança de que fossem ricos e fizessem uma doação à causa. Era grande a movimentação de gente entrando e saindo da Casa Azul, mas, pessoalmente, os Trotski tinham que ser cautelosos quanto a se arriscarem a sair. Era muito perigoso visitar os numerosos locais de interesse cultural na Cidade do México. Eles não podiam sequer admirar os brilhantes murais de seu anfitrião, Rivera. A combinação feita por Trotski era ficar fora da vida pública mexicana, e ele se ateve a isso. Estudou um pouco de espanhol, mas não leu praticamente nada nessa língua: suas tarefas de redação e organização não lhe deixavam tempo.

Ele e Natalia precisavam de uma saída, à guisa de entretenimento, e foram encontrá-la em viagens ao interior, a quilômetros de distância da

Estabelecendo-se no México   551

capital. A polícia era previamente consultada. Um ou dois carros, incluindo uma caminhonete Dodge, eram preparados. Punham-se roupas nas malas e comida em cestos. Em seguida, a comitiva armada partia. Trotski gostava de ir a Cuernavaca, cidade que dera prazer ao romancista D. H. Lawrence. Outro local favorito era Taxco, cidade serrana onde havia mineração de prata e que atraía anualmente centenas de turistas norte--americanos. As viagens levavam várias horas de ida e volta e, por algum tempo, os Trotski podiam ficar livres de suas preocupações. O Velho adorava procurar cactos raros, tal como antes havia caçado aves, cervos e ursos. Sem qualquer conhecimento ou experiência, discutia com Joe Hansen sobre a melhor maneira de preparar cachorros-quentes. O clima era descontraído, exceto na ocasião em que Harold Robins, um trotskista norte-americano que estava passando uma temporada com os Trotski, opinou que os mecânicos mexicanos não faziam a menor ideia de como consertar freios com defeito. Trotski o repreendeu por seu preconceito nacionalista. Por sua vez, ele ficava à procura de plantas incomuns que pudesse levar para o jardim de Coyoacán. Filho de fazendeiro, aliviava suas tensões arrancando as plantas da terra e carregando-as aos tropeços para o veículo; resistia às ofertas de ajuda dos homens mais jovens.[11]

Esses passeios disfarçavam apenas temporariamente as aflições da família. Lëva continuava na França, cuidando do *Byulleten' oppozitsii* e do pequeno Seva, com a ajuda de Jeanne. Não havia esperança de revê--los num futuro próximo. O período de Trotski na Casa Azul coincidiu com uma intensificação do terrorismo político na URSS. Seus amigos e parentes suportaram as consequências. Sergei Sedov fora preso; tinha sido mandado de Moscou para a Sibéria em 3 de agosto de 1935. Já então não estava mais apaixonado por Olga, sua mulher, e, apesar de continuar morando com ela, havia estabelecido um relacionamento com Genrietta Rubinshtein, que ignorara os apelos dos pais e acompanhara Sergei voluntariamente para Krasnoyarsk. De sua cela na Prisão de Detentos em Trânsito, ele havia gritado que a jovem regressasse a Moscou, pelo seu próprio bem. Pouco depois, tinha sido libertado e autorizado a trabalhar legalmente na cidade, onde seus conhecimentos técnicos lhe proporcionaram um emprego na indústria de mineração de ouro.[12] Genrietta, que dera à luz a filha do casal, Yulia, na capital

552 Parte IV: 1929–1940

soviética, em 1936, foi presa um ano depois. Yulia foi criada pelos avós Rubinshtein e nunca viu o pai.[13]

Os Trotski afligiram-se com a situação de Sergei. Perceberam que Stalin estava buscando uma vingança bárbara do antigo líder, mediante perseguição a seus parentes inocentes. Ocorreu a Trotski que os bolcheviques, em julho de 1918, não tinham parado na execução de Nicolau II, mas haviam trucidado todos os Romanov em que conseguiram pôr as mãos. Trotski não havia participado da decisão sobre a pena de morte. Aliás, quisera submeter o ex-imperador a um julgamento popular e usar o processo para expor as iniquidades da ordem imperial. No entanto, havia apoiado o que Lenin e Sverdlov tinham ordenado em sua ausência, como registrou numa anotação de seu diário datada de 9 de abril de 1935. A anotação referente ao dia seguinte incluiu este comentário: "Nenhuma notícia de Serioja, e talvez não haja nenhuma por muito tempo."[14] É difícil acreditar que, em algum canto da mente, Trotski não estabelecesse uma ligação entre as duas situações. Ele entendia que fora criado um precedente, na guerra civil, para que os parentes dos "inimigos do povo" fossem exterminados. O tom digno de Trotski desapareceu nesse ponto, e ele acrescentou, com ar sobranceiro, que Sergei poderia ter lidado melhor com a questão, se tivesse desenvolvido um interesse ativo pela política.[15]

Alexandra Bronstein, a primeira mulher de Trotski, sofreu por seu passado: foi presa em 1935 e mandada para uma aldeia na província de Omsk, na Sibéria. As agências de segurança vasculharam seus fichários e detiveram praticamente todas as pessoas aparentadas com Trotski por laços sanguíneos ou de casamento. Era a repressão pela genealogia, bem como pela orientação política. Durante algum tempo, Alexandra escreveu para Trotski e ele respondeu a suas cartas e lhe enviou ordens de pagamento. A correspondência foi diminuindo até cessar, quando as autoridades soviéticas suspenderam sua entrega. Trotski sabia que a falta de notícias era bom sinal. Na verdade, Alexandra sobreviveu até 1938. Seus problemas tinham começado com um casamento de curta duração, realizado para que ela e Trotski pudessem ficar juntos na Sibéria — e foi na Sibéria que ela enfim expirou.

Na casa de Trotski, as preocupações se concentravam nos parentes capturados na URSS. Prestava-se menos atenção a Lëva. Isso era compre-

Estabelecendo-se no México

ensível, já que ele estava legalmente registrado como residente na França e não tinha problemas com a polícia. Mas a situação na Europa vinha piorando para os trotskistas. Houve uma série de assassinatos. Erwin Wolf, um judeu da Tchecoslováquia que havia trabalhado como assistente pessoal de Trotski na Noruega, foi morto em circunstâncias misteriosas, depois de ser capturado na Espanha, em julho de 1937. Rudolf Klement, um seguidor alemão que havia trabalhado diretamente com Trotski na Turquia e na França, foi assassinado em Paris em julho de 1938; foi um assassinato macabro, e partes do seu corpo esquartejado foram recuperadas no Sena ao longo de vários dias. Trotski presumia que Lëva sabia cuidar de si. Nenhum dos dois tinha qualquer desculpa para o comodismo depois que Ignacy Reiss, um agente de segurança soviético de nacionalidade polonesa, avisou aos principais trotskistas, na primavera de 1937, que o Kremlin havia decidido eliminar todos eles.[16] Essa deveria ser uma prioridade do Comissariado do Povo para Assuntos Internos (NKVD), que havia incorporado, em 1934, as funções previamente exercidas pela OGPU. Se o aviso era verdadeiro, só podia implicar um perigo mortal para Trotski e Lëva. O próprio Reiss foi assassinado pouco depois. Em seguida, Trotski recebeu uma carta anônima, dizendo que um agente soviético que usava o cognome "Mark" havia assumido uma posição elevada no aparelho político global trotskista. Lola Estrina, a secretária de Lëva, estava visitando o México na ocasião, e Trotski mostrou-lhe o que havia recebido. Ao regressar à França, ela relatou o fato a Étienne — o agente do NKVD Mark Zborowski. Trotski e Estrina não eram os conspiradores mais qualificados do mundo, e Lëva não era muito melhor.[17]

A correspondência entre pai e filho seguiu seu curso habitual. Lëva mandava informações sobre os desdobramentos políticos na França. Escrevia sobre os trotskistas locais e também dava notícias sobre o que ocorria com o *Byulleten*. Informava que o pequeno Seva estava indo bem. Raras vezes mencionava o quanto se sentia exausto e, sempre que adoecia, ao contrário de Trotski, fazia pouco de seus problemas. Lëva era um mártir vivo da causa da Oposição internacional. Jeanne nunca fora a mais fácil das companheiras e, desde o verão de 1936, Lëva tinha encontrado um consolo secreto nos braços de Hélène Savanier, em viagens ocasionais a Antibes — ele e Jeanne tinham sido hospedados

554 Parte IV: 1929-1940

pelos Savanier ao chegarem a Paris, originalmente, como refugiados provenientes da Alemanha.[18]

Lëva era cada vez menos capaz de suportar os acessos de raiva do pai, especialmente quando este o acusava de não saber lidar com os camaradas franceses.[19] Depois que Natalia tomou o partido do marido, em abril de 1936, Lëva não suportou mais: "Parece-me que todos os defeitos do papai estão piorando com a idade: a intolerância, o temperamento explosivo, a implicância, até a grosseria, e o desejo de ofender, humilhar e aniquilar."[20] Por que os frequentes rompimentos de relações com os camaradas? Por que as palavras ríspidas com Lëva? Trotski tinha de começar a admitir que "uma organização consiste em pessoas vivas"; precisava ver que os indivíduos reagiam não lhe escrevendo sobre assuntos delicados: "O papai nunca reconhece quando está errado. É por isso que não suporta críticas. Quando lhe dizem ou escrevem alguma coisa de que ele discorda, ele a ignora por completo, ou reage com uma resposta ríspida."[21] Lëva admitiu que a Secretaria Internacional tinha um funcionamento precário. Nunca havia fingido que fosse diferente. Mas a questão é que xingar seus integrantes, na opinião dele, não acarretaria melhoras.[22]

Lëva também se ressentia da condescendência do pai e objetava a ser publicamente descrito como estudante. Assinalou à mãe que era mais velho do que fora o próprio Trotski ao liderar o Soviete de São Petersburgo em 1905. Isso fez lembrar o personagem do filho no romance *Tarás Bulba*, de Nikolai Gógol,* no qual a mãe do herói se refere sistematicamente a qualquer filho adulto como "jovem menino".[23] Disse Lëva a Lola Estrina: "Se alguém me chamar de 'o filho' na sua presença, por favor, interrompa-o e diga: 'O senhor está se referindo a Lev Lvovich Sedov, que tem seu próprio nome.'"[24] Talvez ele estivesse começando a ser imprudente no que dizia às pessoas. De acordo com Zborowski, ele bebia demais e gostava de apostar na roleta.[25] Ao que parece, havia chegado à conclusão de que a recusa de Trotski a considerar uma tentativa de mandar matar Stalin era um erro.[26] Zborowski afirmou que Sedov queria que ele viajasse a Moscou, com a missão presumível de executar o assassinato.[27] Se tudo

---

* Nikolai Gógol, *Tarás Bulba*, trad. Nivaldo dos Santos, São Paulo: Editora 34, 1ª ed., 2007. [*N. da T.*]

Estabelecendo-se no México

isso era verdade, mal chega a surpreender que as forças de segurança soviética intensificassem seus esforços para eliminá-lo. Mesmo que Zborowski tivesse inventado tudo, no entanto, por achar que precisava corroborar a imagem oficial dos trotskistas como terroristas, a história teria o mesmo impacto nas mentes do Kremlin.

Em novembro de 1936, 80 quilos do arquivo de Trotski foram furtados do Instituto Internacional de História Social, na Rue de Michelet n.º 7. O diretor do Instituto era Boris Nikolaevski. Embora fosse menchevique, ele havia conquistado a confiança de Lëva, emprestando livros raros a ele e a Trotski. Era um colecionador dedicado de qualquer material que lançasse luz sobre a história revolucionária da Rússia, e Lëva tinha concluído que os arquivos de seu pai estariam mais seguros aos cuidados dele. Os ladrões não deixaram sinal de arrombamento para entrar no local. A polícia ficou perplexa. Sedov informou que apenas Nikolaevski, Estrina, Étienne [Zborowski] e Heijenoort sabiam da existência do depósito, e garantiu a lisura de todos.[28] A suspeita geral recaiu sobre o NKVD, mas ninguém soube dizer como o crime tinha sido planejado e executado.

No inverno de 1937-1938, a atividade frenética de Sedov cobrou um preço intolerável, e ele precisou buscar tratamento por causa de dores abdominais. Consultando apenas alguns colaboradores, entre eles Étienne, foi à Clinique Mirabeau no dia 9 de fevereiro de 1938; estava suficientemente preocupado, de antemão, para escrever seu testamento nesse mesmo dia, deixando tudo para Jeanne Martin.[29] A clínica Mirabeau era pequena, situada a leste do Bois de Boulogne, pertencia a um certo dr. Girmonski e tinha um quadro de pessoal russo. A cunhada de Lola Estrina, que era médica, fizera um diagnóstico provisório de apendicite e havia recomendado o dr. Simkov como cirurgião. Fingindo ser um engenheiro francês, Lëva retomou a língua russa ao entrar no local. O dr. Simkov, acompanhado pelo dr. Thalheimer, que trabalhava em vários hospitais de Paris, achou que ele tinha uma oclusão intestinal. Os dois o operaram às 23 horas. Os primeiros resultados pareceram positivos e Lëva recebeu as visitas de Lola e Étienne. No dia 13 de fevereiro, entretanto, o quadro do paciente se agravou. Levantando-se no meio da madrugada, ele vagou, trôpego, nu, febril e delirante pelos corredores. Jeanne Martin, correndo para a enfermaria, ficou horrorizada ao ver que ele tinha uma enorme mancha roxa. O dr. Thalheimer se perguntou se Lëva teria tentado tirar a própria vida. Tomou-se a decisão de submetê-lo a uma transfusão de sangue. Aplicaram-se injeções no dia 15 de fevereiro. Nada produziu melhora alguma, e os médicos foram agindo mais por palpite que por uma convicção científica. Os intestinos de Lëva estavam paralisados. Ele perdeu a consciência e entrou em coma.[30]

Apesar de uma nova transfusão de sangue, Lëva faleceu às 11 horas daquela manhã. Seus companheiros, mesmo não tendo provas, suspeitaram de má-fé por parte dos médicos. Conservaram o corpo até que fosse possível fazer uma autópsia. Étienne mencionou que a saúde de Lëva andava ruim desde os simulacros de julgamento de Moscou e que ele tinha sido incomodado por febres.[31] Rosenthal desmentiu essa observação logo depois. Estaria Étienne tentando desviar a atenção dele mesmo?

Enviou-se um telegrama a Trotski e Natalia. A notícia os arrasou e eles passaram dias encerrados no quarto, sem falar com ninguém. Quando emergiram, Trotski responsabilizou Stalin e os órgãos de segurança soviéticos pela morte de Lëva. A obtenção de provas era difícil. As autoridades parisienses mal fizeram qualquer esforço para descobrir a verdade, apesar da enxurrada de solicitações provenientes de Coyoacán. Trotski desconfiou que o governo francês estava mais ansioso por preservar um bom relacionamento com a URSS do que por agir com lisura em relação a um trotskista morto. É bem possível que tivesse razão. A França e a União Soviética, na época, estavam unindo esforços para promover a "segurança coletiva" na Europa contra o expansionismo alemão. De qualquer modo, Trotski acusou a clínica e os médicos de serem instrumentos nas mãos das forças de segurança de Stalin.[32] De modo geral, ele tinha amplos motivos para suspeitar que havia ocorrido um assassinato. O NKVD tinha uma rede maior de informantes e agentes em Paris do que em qualquer outra cidade estrangeira, depois da guerra civil espanhola. Étienne pode não ter sido o principal veículo da morte, já que havia diversos outros agentes que poderiam ter organizado esse assassinato. E Stalin mal fizera segredo de seu desejo de levar à extinção todo o grupo em torno de Trotski.

Mas restam algumas dúvidas quanto a fazer ou não sentido que o NKVD ordenasse a eliminação de Lëva Sedov. Vivo, ele era uma fonte

Estabelecendo-se no México

de informações sigilosas sobre os planos do pai, já que Étienne tinha permissão para abrir a correspondência em seu próprio apartamento.[33] Essa facilidade foi destruída por sua morte; e quando, muitas décadas depois, agentes do NKVD tiveram a oportunidade de comentar suas operações europeias, não se gabaram de haver liquidado Sedov.[34] Mais ainda, os médicos regulares do hospital não foram os únicos responsáveis pelo atendimento a Lëva. Depois de diagnosticarem um bloqueio intestinal, eles trouxeram especialistas de fora, quando se intrigaram com a falta de resposta do paciente a seu tratamento. Relembrando como Lëva tinha perambulado pela enfermaria, em delírio, alguns integrantes da equipe médica se indagaram se ele teria autoadministrado uma dose de alguma substância desconhecida, numa tentativa de suicídio. O estado do paciente deixou todos perplexos. Gérard Rosenthal ficou tão preocupado que convenceu seu pai, que era consultor médico, a prestar assistência à cabeceira de Lëva. Isso teria dificultado a qualquer pessoa a prática de um ato cirúrgico letal. Ademais, os amigos de Lëva asseguraram a realização de uma análise toxicológica antes da cremação.[35]

Rosenthal filho registrou que o laudo deixara em aberto a causa do óbito, embora ele desconfiasse de Étienne, mas não negou que a morte pode ter sido causada por envenenamento. Jeanne Martin, que estivera à cabeceira de Lëva e não tinha observado nada suspeito, ficou satisfeita com o resultado da autópsia (que ela mesma havia solicitado).[36] Até hoje essa morte conserva seus mistérios.[37] Todavia, o que se pode dizer em confiança é que, se Lëva tivesse sobrevivido ao tratamento na Clinique Mirabeau, teria havido atentados contra sua vida no futuro. Suas chances de chegar à velhice sempre foram mínimas.

Trotski preparou um livreto comovente sobre o filho. Houve indícios de sentimentos de culpa, oriundos do modo como ele havia lidado com a relação entre os dois em algumas ocasiões. Ele condenou o regime stalinista por haver perpetrado o crime. Trotski e Natalia escreveram para Jeanne Martin, pedindo a custódia do neto, Seva. Queriam que o menino atravessasse o Atlântico e fosse para o México. Jeanne resistiu. Atormentada pela morte de Lëva, agarrou-se instintivamente a Seva. Trotski escreveu uma carta terna ao neto, explicando-lhe que estavam sendo tomadas providências para sua transferência para Coyoacán, mas

Jeanne recusou-se a cooperar e fugiu de Paris com o menino. A morte chocante de Lëva provocou sua desintegração psíquica. Seu humor tornou-se imprevisível. Ela começou a usar de violência física nas desavenças com os camaradas.[38] Trotski escreveu para Étienne e Estrina, dizendo haver perdido por completo a confiança nela — e a chamou pelo sobrenome de casada, Molinier.[39] Gérard Rosenthal funcionou como intermediário e advogado de Trotski na França. Assinalou a Jeanne que o pai de Seva poderia sair da Sibéria, um dia, e reclamar seu filho. Isso a forçou a encarar o fato de que ela não tinha o direito de continuar com a guarda legal do menino. Sua oposição desmoronou. Alfred e Marguerite Rosmer, que conheciam Trotski desde antes de 1917 e estavam entre seus ardorosos seguidores franceses, assumiram a guarda de Seva em nome dos Trotski e o levaram para o México em agosto de 1939. Trotski e Natalia tornaram-se formalmente responsáveis por ele.[40]

46. A Quarta Internacional

Trotski havia perdido um filho dedicado e brilhante; ele e Natalia fecharam-se em seus quartos para fazer o luto dessa perda. Mas ele era realista. Uma semana depois do telegrama de Paris, estava perguntando a Étienne Zborowski e Lola Estrina pelo "destino do Boletim".[1] Em dezembro de 1938, um correspondente anônimo viria a alertá-lo para o fato de que Étienne era agente do serviço secreto soviético.[2] (O autor da carta foi Alexander Orlov; disse ter um parente nos serviços de segurança soviéticos, mas, na verdade, ele próprio era ex-agente e desertor da OGPU.) Natalia levou mais tempo para se recuperar, se é que o fez durante a vida de Trotski, e durante muitos meses irrompia em prantos de repente, sem aviso. A casa em Coyoacán parecia-lhe uma prisão, pois, enquanto os jovens adeptos e os guardas sabiam que a estada deles ali era temporária, os Trotski eram residentes involuntários permanentes.[3] Natalia achava que os camaradas franceses estavam fazendo muito pouco para descobrir o que havia acontecido em Paris. Agarrava-se a esperanças vãs. Trotski reagiu chamando aquilo de assassinato e culpando Stalin como o único instigador. Apesar de haver recomeçado a trabalhar, mostrou-se menos comunicativo com seu círculo do que antes, quando se orgulhava de ser rápido e meticuloso. Seus auxiliares notaram que ele vinha deixando a correspondência sem resposta na escrivaninha e, discretamente, enviavam pedidos de desculpas em seu nome.[4]

Passaram-se meses até ele recuperar sua efervescência. Um de seus objetivos era coordenar a Oposição, criando uma nova Internacional — a Quarta Internacional —, com o propósito de suplantar a Komintern na liderança do comunismo pelo mundo afora. Nunca lhe parecera realista a possibilidade de ele conquistar os muitos partidos da Komintern. Stalin controlava o aparelho central dela em Moscou. As pessoas suspeitas de simpatizar com Trotski tinham sido sistematicamente afastadas, e a disputa entre Stalin e Bukharin em 1928-1929 levara à eliminação de todos os bukharinistas. Trotski se apegara a suas ilusões até a ascensão dos nazistas ao poder na Alemanha. A incapacidade do Partido Comunista da Alemanha de impedir que Hitler se tornasse chanceler, em janeiro de 1933, levara-o à dolorosa conclusão de que ele teria de recomeçar do zero. Infelizmente para Trotski, a Oposição tinha apenas um pequeno número de adeptos na maioria dos países — e na Alemanha, onde ele havia concentrado grande parte de suas esperanças e sua propaganda, os nazistas extirparam rapidamente os grupos comunistas. A conclamação de Trotski a uma Quarta Internacional não ficou sem contestação. Era da natureza do projeto necessitar do consentimento dos grupos comunistas antistalinistas do mundo inteiro. Nem todos concordaram de imediato sobre a necessidade de um rompimento com os partidos da Komintern. Arlen e Vela, seguidores espanhóis, escreveram a Trotski para objetar à formação de um novo partido comunista na Alemanha.[5] Mas tiveram pouco peso contra a maioria dos trotskistas da Europa e da América do Norte. Logo se abriu caminho para que Trotski fornecesse uma lógica estratégica e uma base organizacional para seu projeto.

A Quarta Internacional levou mais cinco anos em gestação, enquanto se montava a estrutura de organização e recrutamento em todo o mundo. Os novos participantes tinham de ser convencidos a olhar para o lado de fora; Trotski insistiu em que as cisões internas deveriam ser evitadas. As comunicações entre ele e as lideranças nacionais precisariam ser tão fluentes e rápidas quanto permitissem o telégrafo, os serviços postais e os navios. No fim de 1936, a vigilância sobre sua correspondência era tão flagrante, que ele incluía mensagens de solicitação aos censores em suas cartas a Lëva.[6] Trotski e o filho haviam buscado sinais de infiltração dos órgãos de inteligência soviéticos. Era frequente especularem que seus planos eram conhecidos em Moscou, especialmente quando sofriam com ações que implicavam o conhecimento de informações sigilosas.[7]

A Quarta Internacional

Todos os grupos trotskistas tinham inquietações semelhantes com a infiltração. As recriminações internas eram comuns. Muitas vezes, não se baseavam em nada além de coincidências circunstanciais. Raymond Molinier era visto por muitos como agente soviético. Gérard Rosenthal passou a desconfiar da companheira de Lëva, Jeanne, e Lëva rompeu relações pessoais com ele por isso.[8] A situação era complicada pelo fato de a Secretaria Internacional da Oposição ter sua sede em Paris. Tempos depois, Trotski escreveria que a Secretaria era mera ficção e que, na verdade, não conduzia nada senão a atividade francesa; e repreendeu os camaradas franceses por suas briguinhas e suas cisões.[9] Molinier não resistiu por muito tempo em suas graças. No começo de 1934, Trotski havia proposto que a Liga Comunista tentasse aumentar sua influência, fazendo seus membros se infiltrarem no Partido Socialista Francês para radicalizá-lo. Quando Molinier rejeitou a ideia, os dois se desentenderam.[10] Jeanne Martin acirrou os ânimos, ao expressar sua preferência pela política de Molinier.[11] Isso significava que ela e Lëva estavam às turras. As disputas tanto eram pessoais quanto políticas. No fim, Trotski impôs sua vontade e o grosso dos trotskistas franceses passou a seguir a linha de ação recomendada por ele.

A extrema esquerda norte-americana também despertou um interesse contínuo, pois ele acreditava que seus trotskistas não vinham empenhando-se em ir além de seus limites sectários. Em janeiro de 1934, Trotski escreveu a seu seguidor Max Shachtman, da Liga Comunista da América, propondo-lhe a ideia de uma fusão com Albert Weisbord e a Liga Comunista da Luta. Weisbord, figura desconhecida para Trotski, era famoso por sua egomania e sua intratabilidade. Quebrando a monotonia, Trotski formulou sua sugestão com certo tato.[12] Na verdade, quando a Liga Comunista da América a rejeitou por unanimidade, ele recuou: "Estou ciente de que somente a Liga pode decidir essa questão. E, se todos vocês estão contra ela, não há mais nada que eu possa dizer."[13]

A primeira reunião concebida para preparar o terreno para a Quarta Internacional teve sua abertura em Bruxelas — depois que alguns problemas com as autoridades holandesas tornaram impossível um encontro na Holanda — em 28 de fevereiro de 1934. Foi uma conferência de organizações juvenis da extrema esquerda. Havia meros 14 delegados, estando representados somente a Alemanha, a Noruega, a Holanda e os Estados Unidos. As tendências cismáticas revelaram-se abundantes. Trotskistas confessos não foram os únicos participantes, e nem todos gostaram da ideia de formar uma Quarta Internacional, apesar da concordância unânime em que a Segunda Internacional e a Terceira Internacional estavam politicamente falidas. Os trotskistas chegaram com dificuldade ao mínimo denominador comum das ideias conflitantes. Foi o melhor que puderam fazer.[14] Esse melhor não foi bom o bastante para Trotski, que abominou o caráter vago das decisões. Escreveu a seus adeptos reclamando que eles tinham feito uma concessão demasiadamente grande aos não trotskistas. A situação o fez lembrar das concessões que haviam ocorrido no movimento de Zimmerwald durante a Grande Guerra. A Secretaria Internacional fez uma avaliação mais realista da situação e decidiu ignorá-lo. O paradoxo desses diálogos não escapou a Albert Glotzer. Ele notou que Trotski havia insistido exatamente nessa política conciliatória na Liga Comunista da América. E agora, queria uma demarcação nítida dos não trotskistas no nível mundial.[15]

Sua recusa a reconhecer essas contradições intrigou seus seguidores. A maioria deles ainda não havia percebido a que ponto ele era autoritário. A distância aumentava sua irritabilidade. Além disso, ele acreditava haver aprendido com a história que a indulgência para com os adversários era contraproducente. Em Zimmerwald, tinha sido Lenin, e não Trotski, o divisor incansável — e este havia chegado à conclusão de que Lenin estava certo.

Lëva Sedov ressentia-se dos juízos categóricos do pai sobre os camaradas europeus. Trotski encantou-se com Raymond Molinier e rejeitou todas as recomendações de cautela de Lëva. Molinier era uma força da natureza, cabeçudo e atarracado.[16] Lëva se manteve firme, mas a resposta de Trotski, em janeiro de 1936, foi acusá-lo de teimosia burocrática.[17] Talvez também suspeitasse da falta de imparcialidade de Lëva, já que fora de Molinier que ele havia tirado sua esposa, Jeanne. Mas a opinião de Lëva era largamente compartilhada pelos trotskistas franceses. Molinier era dominador e o admitia com franqueza: "Temos Trotski para nossa doutrina e Stalin para nossos métodos."[18] No plano intelectual, ele não chegava a impressionar, e havia uma preocupação de que sua adminis-

A Quarta Internacional 563

tração financeira não fosse inteiramente honrada. Era essa a opinião de Gérard Rosenthal e do veterano Alfred Rosmer.[19] Embora Trotski tenha começado a retirar seu apoio a Molinier em meados de 1935, só em julho de 1936 é que o Bureau Internacional finalmente o expulsou de suas organizações. O Bureau era o órgão de coordenação dos grupos trotskistas, com sede em Paris, e manteve contato com Lëva e Trotski antes de se voltar contra Molinier. Trotski passou então a descrevê-lo como um aventureiro, mas nunca admitiu os erros de sua firme avaliação anterior do homem.[20]

A coordenação dos camaradas franceses era uma tarefa que ultrapassava até mesmo Trotski, como ele disse a Pierre Naville: "Sabe, nunca vi lutas faccionais como as de vocês. Tivemos muitas delas. Nem sempre era fácil, não, senhor! Mas nunca vi as disputas ferozes que vocês têm. É realmente extraordinário. Como é possível? Isso precisa ser corrigido."[21]

Trotski admitia, em tese, que não podia dar uma orientação específica sobre as questões enfrentadas por determinados grupos trotskistas no mundo, e às vezes se recusava a ditar regras. Não era esse o seu estilo habitual. Não raro, enchia suas cartas de instruções sobre assuntos grandes e pequenos. Intrometia-se até quando lhe faltavam conhecimentos rudimentares sobre as situações locais. Também tinha seus favoritos particulares, especialmente entre seus seguidores da Alemanha e da França — e nem sempre fazia escolhas sensatas. Seu trunfo em qualquer discussão era sua experiência na Revolução de Outubro e na guerra civil. Quando um camarada espanhol defendeu uma política de que ele não gostou, em meados da década de 1930, ele indagou: "Quantos camaradas no seu grupo pereceram em combate?" A resposta foi: "Bem, felizmente, nenhum, até agora."[22] Essa era a maneira de Trotski pôr o camarada em desvantagem psicológica. Em muitas ocasiões, sua autoconfiança o fizera cometer sérios erros. Mesmo depois de quase todos os trotskistas europeus haverem concluído que os irmãos Sobolevicius eram agentes de Stalin, ele continuou a vê-los como simpatizantes que simplesmente haviam cometido um erro e o tinham "traído". Não conseguiu dispor-se a admitir que tinha sido tapeado por eles desde o início, com o apoio aparente que os dois davam à sua causa.[23] Mesmo

564 Parte IV: 1929–1940

quando não era enganado por agentes do regime soviético, Trotski não estava imune a erros de julgamento sobre quem apoiar e quem ignorar entre seus seguidores europeus.

Assim, a Quarta Internacional nascente continuou a ser uma entidade desajeitada, em termos logísticos. Seu líder ficava baseado no México, seu editor-chefe morou na França até falecer, em 1938, e seu corpo de adeptos com crescimento mais rápido situava-se nos Estados Unidos. Os telegramas tornavam essa situação apenas um pouco mais fácil de administrar do que teria sido, um século antes. A morte de Lëva eliminou uma força de mediação entre Trotski e os grupos europeus. Lëva começara até a escrever para outras pessoas da casa de Coyoacán, como Bertram Wolfe, em busca de um clima de maior cooperação.[24] As trocas de comunicações comedidas tornaram-se menos prováveis. Trotski impacientava-se. Sempre queria que as coisas avançassem mais depressa por seu rumo preferido. Seu ímpeto vinha da intensa preocupação de que os trotskistas, especialmente na Europa, viessem a revelar-se insuficientes para o que ele tomava por "situação revolucionária". Sua pequena operação mexicana, como ele tinha perfeita ciência, apresentava graves limitações. Mais preocupantes para ele eram os sinais de que os trotskistas da França vinham deixando de explorar suas oportunidades. Seus camaradas conspiravam uns contra os outros. Esbravejavam. Acusavam-se mutuamente e se dividiam em grupinhos. Eram uma presença caótica na extrema esquerda política francesa. E levavam Trotski à loucura.

Stalin tinha uma opinião mais elevada do trotskismo internacional e, entrando no Comitê Central do partido em 3 de março de 1937, denunciou Trotski e seus colaboradores por arquitetarem uma conspiração mundial contra a URSS. Eles não eram "uma tendência política na classe trabalhadora, e sim uma quadrilha sem princípios de destruidores desprovidos de ideias, diversionistas, agentes do serviço secreto, espiões, assassinos, inimigos jurados da classe trabalhadora, agindo sob contrato com órgãos do serviço de inteligência de nações estrangeiras". Stalin tinha certeza de que tais atividades eram coordenadas. Citou Trotski e a Quarta Internacional, acrescentando que os dois eram mantidos pelo

A Quarta Internacional

grupo de Souvarine, na França, e pelo "notório canalha Eastman", nos Estados Unidos.[25] O fato de Eastman haver rompido com o comunismo em meados da década de 1930 não dissuadiu Stalin — e Eastman foi acusado pelo *Daily Worker*, do Partido Comunista dos Estados Unidos, em 1938, de ser espião britânico. O *Daily Worker* apoiou-se no depoimento falso, arrancado sob tortura, de um velho amigo de Eastman, Khristian Rakovski.[26]

O trotskismo global era muito menos substancial do que Stalin imaginava. Isso foi demonstrado quando eclodiu a guerra civil na Espanha, depois de uma revolta do Exército em julho de 1936. O líder do motim foi o general Francisco Franco, que estava decidido a livrar o país de comunistas e socialistas, restabelecer a autoridade da Igreja católica e trazer de volta a ordem política. O governo republicano foi reformado, sob a liderança de Largo Caballero, e constituiu uma coalizão de centro-esquerda. O gabinete da "frente popular" francesa, influenciado pelo governo conservador da Grã-Bretanha, adotou uma política de não intervenção. Hitler e Mussolini não sentiram essas inibições e forneceram recursos financeiros, munição e equipes da força aérea às forças de Franco. Apenas a URSS e o México demonstraram algum apoio aos republicanos, e o Partido Comunista da Espanha recebeu ordens da Komintern de apoiar o governo nacional. O preço cobrado por Stalin por sua ajuda aos republicanos foi que eles tratassem o Partido Operário de Unificação Marxista (POUM), liderado por Andreu Nin, como uma organização traidora. Àquela altura, Nin tivera amplos desentendimentos com Trotski, por apoiar a política das frentes populares na Europa. Isso não impediu que o Partido Comunista espanhol o tratasse, a ele e ao POUM, como trotskistas. Nin foi preso em maio de 1937 e assassinado por agentes soviéticos pouco depois.[27]

A guerra civil espanhola deixou Trotski num dilema. Embora percebendo que o POUM era um adversário decidido da Komintern, ele não tinha "esperança de converter Nin num revolucionário". Aprovou as tentativas de "conquistá-lo de volta", mas estipulou como condição que ele "desfraldasse abertamente a bandeira da Quarta Internacional na Espanha".[28] O POUM, segundo Trotski, estava seguindo uma política de "adaptação, expectativa e hesitação, isto é, a mais perigosa de todas as políticas durante uma guerra civil, que é intransigente".[29] Trotski continuou a censurar Nin enquanto Stalin tratava de fortalecer a influência do Partido Comunista da Espanha. Nenhum dos dois cobriu-se de glória. O exército de Franco tomou Madri em novembro de 1936; o território basco rendeu-se a ele no ano seguinte. Houve uma batalha muito arrastada às margens do rio Ebro, entre republicanos e franquistas, de julho a novembro de 1938. A derrota ali sofrida pelos republicanos determinou o desfecho da guerra civil espanhola. Franco ocupou Barcelona em janeiro de 1939. A Catalunha foi subjugada por uma campanha intensiva de repressão. O POUM foi exterminado.

Reservadamente, Trotski já havia reconhecido a fraqueza numérica de seus seguidores em todo o mundo. Escrevendo a seu adepto James Cannon sobre os trotskistas norte-americanos, em 10 de outubro de 1937, assim analisou as dificuldades:

O partido tem apenas uma minoria de operários fabris. Esse é um começo inevitável para todo partido operário revolucionário, em qualquer parte do mundo, especialmente nos Estados Unidos. Os elementos não proletários representam um fermento muito necessário, e creio que podemos orgulhar-nos da boa qualidade deles. Mas o perigo é que, no período vindouro, possamos receber um excesso de "fermento" para as necessidades do partido. A desintegração do Partido Comunista começará, provavelmente, não entre os operários, mas entre os intelectuais, que são mais sensíveis às ideias e menos patrióticos para a organização.[30]

A previsão de Trotski era que os intelectuais logo se afastariam deles. Embora não quisesse acelerar esse processo, não estava preocupado com ele, pois considerava que a classe trabalhadora era a chave do sucesso final. Notou que os judeus instruídos constituíam uma proporção notável de seus adeptos, mas era para as "massas judaicas" que queria que se dirigisse o peso da atividade partidária. E insistiu: "A regra inviolável deve ser: não dar ordens aos trabalhadores, mas apenas ajudá-los, dar-lhes sugestões, muni-los de fatos, ideias, papéis das fábricas e assim por diante."[31]

A Quarta Internacional

Era uma orientação estranha, vindo de um homem que, em 1920, havia conclamado a total submissão do movimento dos operários ao Estado soviético. Mas Trotski estava falando com profunda seriedade, como explicou em seu inglês não idiomático: "Muitos intelectuais e semi--intelectuais aterrorizam os trabalhadores com generalidades abstratas e paralisam a vontade de atividade. Um funcionário de um partido revolucionário deve ter, em primeiro lugar, um bom ouvido, e apenas em segundo uma boa língua."[32] O maior orador da Revolução de Outubro insistiu em que os revolucionários deviam ouvir melhor suas plateias. Estava retornando a ideias que tinha veiculado antes de 1917, quando dissera às facções rivais do Partido Operário Social-Democrata Russo que parassem com as brigas e priorizassem saber o que os trabalhadores russos queriam e habilitá-los a obtê-lo.[33]

Os trotskistas não gostavam de divulgar os dados estatísticos de seus membros: os números eram muito desanimadores. Quando as várias "seções" nacionais se reuniram para uma conferência em Paris, em julho de 1936, deram informações confidenciais sobre o recrutamento. Os holandeses afirmavam ter 2,5 mil membros; os norte-americanos, mil; os alemães, só 150. (Houvera apenas 750 antes da chegada de Hitler ao poder.) Os ingleses continuavam incorrigivelmente divididos em três pequenos grupos. Os franceses, anteriormente uma das seções mais fortes, estavam num caos após cisões e expulsões — e havia sempre mais gente saindo que entrando. Os delegados holandeses questionaram se uma conferência, nessas condições, poderia dedicar-se com sensatez a fundar uma nova Internacional.[34]

A conferência de fundação realizou-se em Périgny, nos arredores de Paris, em setembro de 1938. Trotski, no México, teve de aguardar os relatórios. Havia fornecido os documentos básicos como orientação para os trâmites do encontro, e Max Shachtman ocupou a presidência. Compareceram 21 delegados de onze países. Entre eles estava Étienne, que ainda não fora desmascarado, como representante da "seção russa". Pierre Naville trocou o local, na última hora, pela casa de Alfred Rosmer, em Périgny, para a eventualidade de alguma ação do NKVD. Étienne continuava a gozar da confiança de Trotski e foi eleito para a Secretaria Internacional.[35] Outra pessoa, esta completamente leal a Trotski, era uma jovem chamada Sylvia Ageloff, que, sem querer, viria a ter um papel fatal no assassinato dele.[36] Mesmo nessa etapa, nem todos concordaram que fizesse sentido, em termos práticos, levar adiante a proclamação da criação de uma nova Internacional. Os dois delegados poloneses, apelando para sua experiência direta no movimento trabalhista em seu país, negaram que os operários esquerdistas houvessem abandonado sua afeição pela Komintern. Não chegaram a parte alguma. As ideias de Trotski foram vitoriosas. Elegeu-se um Comitê Executivo da Quarta Internacional, com Trotski como membro secreto e honorário. Étienne insistiu em ser incluído, pela "seção russa" — Stalin continuaria bem informado sobre os planos da Internacional.[37] As advertências dos poloneses foram muito fracas, para dizer o mínimo. Trotski conseguiu o que queria ao preço do realismo político e da infiltração policial.

Ele mesmo viu que havia muito a ser feito para que a Quarta Internacional pudesse algum dia rivalizar com a autoridade da Komintern, mas optou por pensar positivamente. Não foi o que outros sentiram. Em 1939, Victor Serge ficou tão cansado das intrigas entre os trotskistas europeus que pediu demissão da Quarta Internacional. Serge era um ex-anarquista, filho de pais emigrantes russos. Fora para a Rússia em 1918, aliara-se aos bolcheviques e havia trabalhado na Komintern, antes de anunciar seu apoio à Oposição Esquerdista de Trotski. Preso em 1933, fora solto e autorizado a deixar a URSS em 1936. Ele e Trotski haviam iniciado uma correspondência, mas Serge tinha o espírito independente. Entre outras coisas, continuava a achar que Trotski se portara mal a respeito de Kronstadt em 1921.[38] Ao deixar a Quarta Internacional, resolveu dizer umas verdades a Trotski. Este precisava compreender que o clima de conspiração havia "desempenhado um papel na morte de Lev Lvovich [Sedov]". Serge exortou Trotski a encarar duas realidades. A primeira era que ele não podia dirigir a Quarta Internacional a uma distância tão grande, e a segunda, que a Internacional ainda não tinha ninguém que funcionasse adequadamente em todo o seu conjunto de membros.[39] Serge estava certo nas duas colocações, mas Trotski o tratou como um militante indigno de confiança na luta contra o stalinismo. A

A Quarta Internacional

ilusão suplantou a análise fria em Coyoacán. A esperança fundamental de Trotski era que os acontecimentos da Europa e da América do Norte estivessem a ponto de virar a seu favor e levar a classe trabalhadora para o seu lado. Ninguém dera aos bolcheviques chance de chegarem ao poder em 1916 e, no entanto, eles tinham feito a Revolução de Outubro, um ano depois. Trotski convenceu-se de que o mesmo voltaria a acontecer em benefício da Quarta Internacional.

47. Trotski e suas mulheres

Natalia foi a âncora de Trotski numa vida de tempestuosa insegurança e se esforçou por defendê-lo mesmo quando tinha dúvidas sobre sua visão. Disse a uma das secretárias do marido: "Esse é o trabalho dele, é a vida dele. A minha vida é ajudá-lo a fazer esse trabalho — é criar condições para que ele não tenha a menor dificuldade nisso, e é viver, conviver com isso, e me comprazer com o trabalho dele, com suas ideias."[1] Esse sentimento não atende aos critérios do pensamento feminista posterior. Natalia via as coisas de outra maneira. Considerava-se uma mulher moderna, ao mesmo tempo que se julgava com sorte por ter uma relação íntima e subalterna com um indivíduo extraordinário. Sabia que lhe faltava o talento excepcional dele. Atribuindo a si mesma o papel de incentivadora, descartou as reivindicações egoístas.

Sua atitude não era incomum no partido comunista. As mulheres bolcheviques que se recusavam a funcionar à sombra de um homem tendiam a evitar as parcerias estáveis. Alexandra Kollontai dedicou panfletos inteiros à sua tese de que o casamento era uma armadilha burguesa que as verdadeiras revolucionárias deveriam evitar. Kollontai era ouvida e, depois, ignorada. Sua tese teria conseguido um apelo maior se ela não fosse extravagantemente promíscua. Lenin via com desagrado essa promiscuidade sexual. O tempo não tirou o apetite de Kollontai. Já bem entrada na meia-idade, ela atraiu a companhia de um rapaz com metade da sua idade e com o sobrenome apropriado de Body [corpo]. Não é que os veteranos bolcheviques fossem puritanos no tocante a relações extraconjugais. Para eles, na verdade, muitas vezes o casamento era apenas uma conveniência jurídica. Trotski havia passado por um casamento com Alexandra Sokolovskaia unicamente porque os dois queriam ter permissão para ficar juntos no exílio siberiano. Não houve a mesma pressão sobre ele e Natalia e, assim, os dois nunca se casaram. Natalia assumiu as funções de outras "esposas" de eminentes comunistas soviéticos. Mantinha a família unida e supervisionava a casa, e todos os cargos oficiais que ocupou foram secundários a essas funções. O homem era o planeta, a mulher, seu satélite. Para ambos, a causa revolucionária era o sol.

As circunstâncias de Trotski fora da URSS aumentaram sua dependência de Natalia para ter a garantia de um ambiente doméstico ordeiro. O dinheiro, as refeições e as tarefas domésticas tinham de ser regularmente administrados. A vida peripatética, da Turquia para o México, foi um teste rigoroso da resistência e adaptabilidade de Natalia, que foi aprovada com louvor. Trotski também precisava de uma caixa de ressonância para suas iniciativas políticas. Não requeria propriamente uma discussão: nunca foi de consultar ninguém para anunciar suas grandes decisões. No entanto, gostava de conversar sobre elas com Natalia. Ela expressava suas objeções com muito tato e, quando estas eram rejeitadas, ficava calada. Para ela, era mais importante o marido se manter estável e contente do que ela ter razão. De qualquer modo, era admiradora de Trotski. Toda a sua experiência dos anos decorridos desde 1917 havia corroborado a carreira dele, a seu ver.

Embora a vida de Trotski fosse tumultuada no exílio no exterior, Natalia o tinha mais para si do que antes. Os companheiros que moravam com eles eram de uma geração mais jovem. Natalia era a alma gêmea de Trotski. Os dois conversavam sobre como sentiam a lenta aproximação da velhice. Trotski preocupava-se com a diminuição de seu vigor físico. Apesar das indisposições frequentes, orgulhava-se de sua aparência máscula. Mas estava exagerando a extensão do seu declínio. Apesar de ter ganho uns quilinhos na cintura e ficado com o cabelo grisalho, ele continuava cheio de energia nas viagens à zona rural mexicana. Natalia, elegante e miúda, continuava a se mover com graça excepcional, o que sempre fora uma de suas qualidades mais esplêndidas. Eles pareciam um casal dedicado e, se de fato Trotski tivera uma aventura com Clare

Sheridan em 1920, ninguém estava a par disso em Coyoacán. Ele não se destacava por levar em consideração os sentimentos de terceiros, mas abria uma exceção para sua mulher, e os membros do grupo que residia na Casa Azul notavam que ele sempre cuidava das vontades e necessidades imediatas de Natalia à mesa e noutros lugares.[2]

O diário que ele escreveu em 1935 confirma a força do laço que os unia:

O caráter humano, em suas profundezas e sua força, é definido por suas reservas *morais*. As pessoas se revelam por completo ao serem lançadas fora de suas condições habituais, pois é exatamente aí que têm de recorrer a suas reservas. N[atalia] e eu estamos juntos há 33 anos (um terço de século!), e, nos momentos de tragédia, sempre me impressiono com as reservas da natureza dela [...]. Seja por nossas forças estarem em declínio, seja por outra razão, eu gostaria muito de fixar no papel esta imagem de N., ainda que parcialmente.[3]

Às vezes, ao escrever seus diários, Trotski estava de olho numa futura publicação, sob alguma forma. Fizera isso, por exemplo, na Espanha, em 1916.[4] Nas anotações que fez na França e na Noruega, há indícios de que teria desejado fazer o mesmo. Ainda assim, a anotação sobre Natalia é uma comovente profissão de gratidão e amor.

Até 1937, ela não tivera qualquer razão séria para duvidar da fidelidade do marido. Fazia anos que havia moças atraentes entre os moradores da casa, e Trotski sempre tivera uma conduta impecável com elas. E nenhuma dessas jovens tinha flertado com ele, todas reverenciando seu ídolo revolucionário. Frida Kahlo era diferente. Não fazia segredo de suas aventuras extraconjugais, ao menos na ausência do marido igualmente promíscuo, Diego Rivera. Pela primeira vez desde que seu busto fora esculpido por Clare Sheridan e desde que recebera uma proposta sexual de Larisa Reissner, Trotski viu-se exposto a uma forte tentação. Dessa vez, não resistiu.[5] Frida tinha 30 e poucos anos. Um acidente de trânsito a deixara com uma perna defeituosa, mas seu comportamento desinibido e suas roupas de cores vivas atraíam muitos dos homens que ela buscava seduzir. Embora seus quadros *faux-naïf* fossem expressões chocantes de sofrimento emocional, no mais ela não chamava atenção

Trotski e suas mulheres

para seus problemas. Era um furacão de ideias impulsivas e extravagantes. Diferia muito de qualquer mulher que Trotski houvesse conhecido, e ele se deixou enfeitiçar. Um relacionamento sexual teve início algum tempo depois de meados de abril de 1937.[6] Trotski tornou-se um transgressor envelhecido que, ignorando todos os riscos, mergulhou numa aventura amorosa na Casa Azul.

Ele e Frida planejavam seus encontros com cochichos ou por bilhetes que Trotski inseria entre as páginas de livros que lhe entregava. Para sua sorte, Diego permaneceu no escuro. Era um homem de paixões incontroláveis e conhecido por ameaçar as pessoas com sua pistola. Nessa medida, era um homem típico do seu povo. Quando Frida saía da sala, dizia-lhe "Todo o meu amor".[7] Ela costumava restringir sua conversa ao inglês, sabendo que Natalia nunca havia aprendido essa língua. Frida era de um coquetismo interminável com Trotski, mas, afinal, ela e o marido eram sabidamente dados a flertes e, durante algum tempo, ninguém desconfiou, nem mesmo Heijenoort, com seus olhos de águia.[8] Trotski portou-se com uma inconsequência absurda. Em última análise, o que importava em sua vida era a política revolucionária, e era exatamente isso que ele estava pondo em perigo. Nunca seria capaz de enfrentar as situações sem Natalia a seu lado. Ela dirigia a família Trotski com serena precisão e era dedicada à causa; Frida era uma ventoinha emocional cujo interesse pela política radical vinha muito depois de sua dedicação à pintura.

Em pouco tempo, a casa inteira soube o que estava acontecendo. Jan Frankel, o mais valente entre os bravos, falou em tom severo com Trotski sobre as consequências políticas potenciais. Moscou usaria essa oportunidade para desacreditar toda a Quarta Internacional. Frankel acrescentou que Trotski estava pondo em risco o seu direito de permanecer no México.[9] Diego Rivera tinha liderado a campanha para convencer o presidente Cárdenas a lhe conceder asilo, para início de conversa. Por sua franqueza, Frankel recebeu uma resposta virulenta. Voltou para suas acomodações na cidade e nunca mais restabeleceu a harmonia pessoal com Trotski, que agia como se os conceitos de decoro existissem apenas para os outros: raras vezes moderava o sarcasmo, à mesa do café da manhã, quando descobria que Heijenoort simplesmente estivera no salão de

574 Parte IV: 1929–1940

dança local na noite anterior. Fizera preleções infindáveis a seus auxiliares sobre a necessidade de os revolucionários se dedicarem à causa. Dera-lhes lições como se fosse um modelo de virtude. Eles queriam acreditar nele. Trotski era sua inspiração; eles tinham aberto mão dos primeiros anos da juventude em prol de Coyoacán e, até esse episódio constrangedor, haviam achado que sua completa confiança nele valia a pena.

Era só uma questão de tempo antes que Natalia viesse a descobrir. Quando isso aconteceu, ela evitou uma briga escancarada, mas deixou claro que a situação era inaceitável. Trotski mostrou-se profundamente arrependido. O caso com Frida teve um fim abrupto, e ele e Natalia concordaram que a melhor solução para seu relacionamento seria ele se hospedar numa fazenda perto de San Miguel Regla, quase 150 quilômetros ao norte da Cidade do México;[10] ela não o queria nem por perto durante algum tempo. Ao que parece, foi Frida quem pôs fim à aventura. Saiu dizendo às pessoas que se cansara do Velho; este já não era um termo de respeito nem de afeição, e ela sublinhou a importância que dava à diferença de idade. Trotski escreveu-lhe uma carta longa e apaixonada, explicando seus sentimentos. Infelizmente, a missiva não foi preservada. Frida a entregou a sua amiga Ella Wolfe, fazendo-a prometer queimá-la, para que não caísse nas mãos de terceiros, e Ella, vencendo seu hábito de enfurnar as coisas, atendeu ao pedido.[11]

Se Trotski ainda sentia falta de Frida, a saudade passou; o futuro, percebeu ele, estava na reconstrução de seu relacionamento com Natalia. Na fazenda, ele teve tempo para refletir e se arrepender. Pouco antes do almoço, em 19 de julho de 1937, sentou-se numa espreguiçadeira do lado de fora, escrevendo para Natalia. Os pensamentos derramaram-se sobre a página conforme lhe iam ocorrendo. Foi a primeira vez na vida que ele apresentou um profundo pedido de desculpas a qualquer outro indivíduo. Estava entrando num território desconhecido. Como era característico, optou por explorá-lo escrevendo: sempre se sentia mais seguro com uma caneta na mão. Seu estilo foi grave e autodepreciativo. Houve também um toque de garbo, como quando ele se elogiou por haver pescado o peixe que estava prestes a comer. Enquanto ia discorrendo sobre as experiências do dia, surgiu um toque de autocomiseração. Ele disse a Natalia que ficava com os olhos cansados sob o sol ofuscante.

Precisava de óculos escuros, mas estava num buraco de fim de mundo e não podia comprá-los.[12] Ao mesmo tempo, tentou seduzir sua mulher, dizendo-lhe que a família Lander — com quem os dois haviam travado conhecimento ao chegarem ao México — os convidara para um café da manhã. Se Natalia fosse antes de domingo, precisava se lembrar de levar um vestido. Trotski disse em tom brincalhão que, embora ele pudesse aparecer nos trajes de um "bandido conhecido", a esposa do bandido tinha que estar bem-arrumada.[13]

Mal informou que vinha passando bem, física e moralmente, ele percebeu que já violava as boas normas da etiqueta nessa situação. Reconheceu que havia adotado o tom de um *Junker* e só tinha escrito a seu próprio respeito. Isso era algo a que Natalia estava acostumada, mas, quebrando a rotina, ele percebeu que precisava ser mais solícito que o normal. Fez outros acréscimos à carta depois do almoço, mencionando que iria a Pachuca no dia seguinte e telefonaria para ela. Perguntou-lhe por sua saúde e se ela estava sofrendo com o resfriado; declarou que queria "uma fortaleza, tranquilidade e um pouco de alegria" para ela.[14]

Em seguida, acrescentou uma passagem que foi mantida durante anos num arquivo sigiloso:

> Desde que cheguei aqui, meu pobre pau não ficou duro uma única vez. É como se não existisse. Também está em repouso, depois da tensão dos últimos dias. Mas, quanto a mim — todo eu, afora ele —, penso com ternura na sua doce xoxotinha. Quero enchê-la, enfiar minha língua até o fundo dela. Natalochka, minha querida, vou comer você com força, com minha língua e meu pau.[15]

O que estaria tentando fazer por si mesmo e por ela? Até que ponto tinha consciência do possível impacto de suas palavras? E qual terá sido a reação de Natalia? A seu modo confuso, Trotski tentou fazer mais do que expressar remorso por haver procedido mal com sua mulher. Queria mostrar-lhe que ela era novamente o único objeto do seu desejo. Queria Natalia não apenas como camarada e dona de casa, mas também como uma mulher atraente — e usou uma linguagem direta para lhe transmitir essa ideia. Uma coisa é certa: nenhum dos dois havia perdido o gosto pela prática sexual. Caso contrário, as palavras de Trotski teriam sido simplesmente ofensivas.

Mas ele não havia aprendido a lição. Mal conseguiu fazer as pazes com Natalia, outra pessoa captou seu interesse. A jovem mexicana em questão morava a algumas ruas de sua casa, e ele começou a visitá-la. Sua desculpa para arquitetar esses encontros foi esperta. Trotski e seus assistentes haviam passado a suspeitar que um grupo stalinista tinha fixado residência na construção ao lado da Casa Azul, de onde seria possível organizar um ataque. Trotski concebeu um plano de fuga que envolvia a colocação de uma escada no canto mais afastado do pátio. A ideia era que, se a Casa Azul fosse invadida por atiradores, ele pularia o muro. Entrementes, fez à jovem de quem se enamorara quatro ou cinco propostas insistentes, que nada tinham a ver com a segurança, mas a moça ignorou suas investidas. Trotski persistiu, dizendo a Heijenoort que queria fazer um ensaio noturno do plano de fuga. Heijenoort não achou graça e assinalou que a Quarta Internacional não precisava desse tipo de escândalo. Trotski cedeu. Foi uma das raras ocasiões em que um assistente o obrigou a se portar contrariando seus próprios desejos.[16]

Heijenoort vinha perdendo o controle de suas próprias emoções. Era um homem que exercia excepcional atração sobre as mulheres, por sua semelhança física com o astro do cinema francês Jean Marais.[17] O rapaz precisava se divertir um pouco. Mas sua ideia de algumas horas de relaxamento não era a mesma de Trotski na sua idade. O jovem Trotski gostava de passar o dia visitando galerias de arte ou o teatro de ópera com Natalia. O Velho não ficava satisfeito com a queda de Heijenoort pelos salões de dança da Cidade do México: "Trotski não gostava que eu saísse de casa à noite. Ficava aborrecido, eu percebia. Mesmo que não houvesse nada para eu fazer, ele queria que eu ficasse por lá. Mas eu saía, assim mesmo. Precisava ter algum modo de liberar a tensão."[18] Trotski teria ficado ainda mais aborrecido se soubesse que Heijenoort vinha saindo com ninguém menos do que Frida Kahlo. Depois de superar a paixão pelo Velho, ela havia passado para seu belo acólito. Heijenoort estava livre e desimpedido desde a partida de sua mulher e filho para os Estados Unidos; aceitou avidamente o convite de Frida para se encontrar com ela e sua irmã, Cristina, para uma noitada no El Salón ou no Tenampa.[19]

Frida e Heijenoort logo iniciaram um romance. O rapaz teve medo de que o Velho descobrisse o que estava acontecendo: se Trotski objetava a que ele saísse para dançar, qual não seria sua reação, se descobrisse a identidade do amante mais recente de Frida? Para sorte de Heijenoort, ninguém deixou escapar palavra sobre o caso amoroso na presença de Trotski, e a aventura não tardou a acabar. As dificuldades de Trotski não provieram de Frida, mas do marido dela, Diego, e não tiveram nada a ver com questões sexuais. O contato diário com Trotski induziu Rivera a querer participar da atividade comunista e lutar pela causa trotskista. Isso alarmou os trotskistas mexicanos, que não gostavam da enorme presunção do pintor e avaliavam como minúsculo o seu talento político. Seus estados de humor eram voláteis, e suas opiniões, imprevisíveis. Ao ser atacado por correligionários trotskistas, ele botou banca, pedindo a seu hóspede, Trotski, que os expulsasse da organização. Rejeitou a explicação de Trotski de que ele não tinha autoridade para impor essa medida: "Mas você é o líder!" Rivera suspeitou de trapaça, chegando a acusá-lo de colocar seus seguidores no México contra ele. Recusou-se a ser rejeitado. Convencido de que só ele saberia aplicar o trotskismo em seu país, tratou de formar seu próprio grupo. Trotski gostava muito da arte de Rivera, mas ficou perplexo com suas pretensões públicas. Seria melhor que seguisse sua profissão cultural e deixasse os outros cuidarem de política.

As tensões geradas por seu marido ficaram patentes para Frida, que escreveu a sua amiga Ella Wolfe, insistindo em que Diego permanecia fiel à Quarta Internacional e se mostrava "extasiado por Trotski estar aqui".[20] Ninguém queria que a situação fugisse do controle, mas Diego dificultou o processo das pazes. A desavença crescente foi agravada pela recusa de Trotski a tomar o partido dele no tocante aos méritos de um pequeno artigo que Rivera queria mandar publicar. O pintor ofendeu-se, acusando Trotski de usar métodos stalinistas para censurá-lo e chamando-o de arrogante e intolerante. (Convém dizer que Trotski se portaria exatamente como Rivera, se seus artigos fossem rejeitados.)

Durante algum tempo, o hóspede esforçou-se por acalmar o ânimo do anfitrião. Escreveu para Frida Kahlo, buscando sua ajuda como intermediária. Diego acreditava que Trotski estava lhe recusando um cargo administrativo na Quarta Internacional. "E eu lhe pergunto", escreveu ao Velho: "por que o Diego deve ser [apenas] 'secretário'?" Isso exasperou Trotski, que o acreditava claramente "impróprio [...] para o trabalho revolucionário cotidiano". Ele rechaçou todas as acusações de Rivera. Escreveu para Frida, dizendo que ele e Natalia — obviamente, quis enfatizar que não estava tentando iniciar um novo flerte — haviam conversado sobre o assunto e feito uma visita agradável a Diego. Mas, quando foi visitá-lo sozinho, numa ocasião posterior, eclodiu uma discussão furiosa entre os dois e Diego se demitiu da Quarta Internacional. Trotski implorou a Frida, como "nossa boa e grande amiga", que intercedesse.[21] Recorreu a vários seguidores, para ver o que poderiam fazer para ajudar; fez Heijenoort pedir ajuda a André Breton.[22] Mas nada funcionou. O fato de Trotski apelar para Frida só fez atiçar a raiva de Rivera.[23] Exasperado, Trotski pediu a Charles Curtiss, um jovem norte-americano em visita a pequenos grupos trotskistas por todo o México, que chamasse o pintor à parte e procurasse acalmá-lo. Rivera explicou que não objetava realmente aos métodos de Trotski, mas queria apenas se afastar da política e se dedicar a sua pintura.[24]

O brilhantismo de Rivera como pintor estava fora de questão; ele passara anos fazendo formação com os maiores pintores contemporâneos do mundo em Paris, antes da Grande Guerra. Amedeo Modigliani era seu amigo e admirador. Rivera havia optado propositalmente pelo uso de linhas nítidas e cores ousadas para transmitir sua mensagem sobre a história mexicana. Trotski ignorou esse conteúdo intelectual. Os murais de Rivera atribuíam todos os males de seu país à conquista espanhola, sob a liderança de Hernán Cortés, em 1519-1521. Os povos indígenas apareciam constantemente como vítimas — até o Império Asteca foi celebrado por sua cultura de harmonia social. Os espanhóis eram torturadores e usurpadores, os índios eram herdeiros de uma cultura totalmente distinta, de modesto esplendor. Do ponto de vista marxista, isso era um nacionalismo perigoso e uma distorção da história. Em Nikolaev, quando jovem, Trotski havia abandonado o gosto populista russo pelo campesinato; no México, enalteceu Rivera como gênio pictórico e esqueceu sua afirmação habitual de que as tradições camponesas eram inimigas do progresso. Se em algum momento lhe ocorreu que estava sendo incoerente, ele nunca

Trotski e suas mulheres

o disse. A conjunção do julgamento político com o julgamento artístico faltou-lhe em Coyoacán. Ele precisava de Rivera por razões de ordem prática e, provavelmente de modo inconsciente, barrou seu olhar cético.

Trotski tomou a iniciativa de redigir com Diego Rivera e com o pintor surrealista André Breton, líder do movimento literário surrealista, o Manifesto "Por uma Arte Revolucionária Independente".* Com patrocínio do governo francês, Breton viajou ao México em fevereiro de 1938 e se reuniu com Trotski, que, com certa falta de tato, externou sua opinião sobre a grandeza de romancistas realistas como Émile Zola. Parecia provável uma desavença quanto aos méritos do realismo e do surrealismo. Mas Breton era simpatizante do comunismo, e seus quadros manifestavam solidariedade com as aflições do povo trabalhador; era também um admirador incondicional de Trotski.[25] O Manifesto lamentou o "profundo crepúsculo hostil à emergência de qualquer espécie de valor espiritual" na URSS. Esbravejou contra a devastação cultural no Terceiro Reich. Os compiladores rejeitaram os apelos à "indiferença política" em relação à arte, mas evitaram explicitar de que modo um Estado revolucionário deveria lidar com uma arte que defendesse ideias politicamente inconvenientes. Nessa medida, o manifesto não assinalou nenhum avanço em relação a *Literatura e revolução*, escrito por Trotski em 1923. O Manifesto simplesmente reivindicou a completa liberdade de criação como pré-requisito da grande arte. Seus dois lemas foram:

A independência da arte — para a revolução!
A revolução — para a libertação definitiva da arte!

Somente Rivera e Breton assinaram o Manifesto, supostamente para fazê-lo parecer uma obra de artistas para artistas.[26]

Descobriu-se então que, longe de se retirar da atividade política, Rivera estava apoiando o general Mugica para a eleição seguinte. O rompimen-

---

* Ver A. Breton e L. Trotski, *Por uma arte revolucionária independente*, trad. Carmen S. Guedes e Rosa Boaventura, textos de Mário de Andrade, Patrícia Galvão *et al.*, São Paulo: Paz e Terra/CEMAP, 1985. [*N. da T.*]

to público entre Trotski e ele tornou-se inevitável. Exasperado, Trotski deixou a cargo de Heijenoort reconquistar "o pintor". A resposta de Rivera foi fazer acusações bizarras contra Trotski, numa carta dirigida a André Breton. Deixou-se que uma cópia dela caísse nas mãos de Natalia. Trotski escreveu a um órgão de nome pomposo, o Comitê Pan-americano da Quarta Internacional, em Nova York, e lhe solicitou que expedisse uma declaração de apoio. Pensando melhor, reconheceu que tal declaração não faria nenhuma diferença prática. Optou por interpretar a conduta de Rivera como um sinal dos tempos. O que estava acontecendo, a seu ver, era um "retraimento dos intelectuais". Rivera e outros haviam sucumbido à tentação de "buscar refúgio na opinião pública burguesa de sua pátria".[27] Nos primórdios dessa amizade, Trotski havia promovido a ideia de que o pintor era um militante político sério. Em sua vaidade, Diego havia acreditado. Assim, Trotski teve de lidar com as consequências de seu próprio charme social. Começou a reconhecer os perigos que tinha pela frente. Diego era um homem que exercera uma influência decisiva para que ele obtivesse asilo político e abrigo no México. Trotski também tivera um caso com sua mulher. Diego poderia causar enormes estragos, se ladeasse com Stalin contra a Quarta Internacional e fizesse campanha no México contra Trotski.

Frida, que na ocasião estava expondo seus quadros em Nova York, havia realmente deixado de se importar com a intriga política. Seu próprio relacionamento com Rivera estava caótico e os dois se divorciaram em janeiro de 1939. Embora tenham reatado o casamento um ano depois, Diego nunca mais voltou à causa trotskista e Frida reviu suas ideias políticas, alinhando-se com os stalinistas mexicanos. A última obra de arte que produziu antes de morrer, em 1954, foi um quadro a óleo de Joseph Stalin.[28] De qualquer modo, Trotski não podia mais permanecer numa casa proporcionada por Diego, e lhe enviou um aviso formal de sua partida iminente. Seguiram-se algumas mensagens complicadas entre os dois. Diego objetou à tentativa de Trotski de usar Frida como intermediária e se recusou a se acalmar.[29] Mas também deixou claro que ele poderia permanecer na casa, apesar das desavenças contínuas entre os dois. Trotski dispôs-se a aceitar essa oferta, desde que pagasse um aluguel razoável, e ofereceu duzentos pesos por mês. Rivera recusou a proposta

— o que fez em seu próprio nome, a princípio. Depois, declarou que, de qualquer modo, a Casa Azul era de Frida, não dele. Trotski entendeu isso como uma forma de lhe impor uma pressão moral para que ele deixasse a residência.[30] Mantendo a dignidade, contratou o aluguel de uma casa próxima, na Avenida Viena, em Coyoacán, e se mudou para lá com sua comitiva, deixando a Casa Azul.

48. "A questão russa"

Os trotskistas espalhados pelo mundo não tinham conhecimento das perturbações domésticas em Coyoacán. Havia uma questão que dominava seu pensamento, onde quer que vivessem. Concernia à natureza da URSS. Não haviam restado seguidores de Trotski na União Soviética em meados da década de 1930. A discussão interna ao trotskismo só podia acontecer no exterior e, predominantemente, entre pessoas que nunca tinham ido a Moscou. O drama da Revolução de Outubro as cativava à distância. Elas almejavam imitar os feitos revolucionários de Lenin e Trotski em seus países. Tinham se tornado trotskistas porque, como comunistas, desconfiavam da versão de comunismo do Kremlin. Queriam a liberdade de pensar por si, mas, ao rejeitarem Stalin, curvavam-se a Trotski numa admiração acrítica e obedeciam a sua orientação intelectual.

Imensas mudanças vinham ocorrendo na URSS. O segundo plano quinquenal, introduzido em 1933, enfatizava que se levassem as minas e as fábricas recém-construídas a entrar em produção regular. Os ritmos do crescimento industrial desaceleraram um pouco, mas continuaram impressionantes. A União Soviética tornou-se uma produtora sempre crescente de tanques, aviões, caminhões e tratores. Stalin manteve o Politburo sob pressão contínua para que se ativesse à linha geral da política econômica. Reagrupou a liderança, introduzindo recém-chegados como Nikolai Yejov e Nikita Kruschev, sempre que intuía uma falta de compromisso pleno entre os camaradas existentes. Em 1935, o mineiro Alexei Stakhanov quebrou o recorde da quantidade de carvão extraído em um único turno de trabalho. Foi celebrado no *Pravda*, e empresas

"A questão russa"   583

de todos os setores da indústria, dos transportes e até da agricultura receberam ordens de encontrar homens e mulheres, conhecidos como stakhanovistas, que pudessem imitá-lo. Os obstáculos ao avanço das medidas de Stalin, na política, na economia e na cultura, foram derrubados. O Exército Vermelho foi modernizado em termos de treinamento e equipamento. Construíram-se cinemas e estações de rádio. Criaram-se "parques culturais" para a recreação popular. Nos bastidores, praticou-se em 1937-1938 um sangrento expurgo em massa de "elementos antissoviéticos", que ficou conhecido como o Grande Terror. O *gulag* tornou-se parte integrante da transformação econômica, com condenados famintos cortando madeira e escavando ouro na Sibéria. Na aparência, os detentos estavam se beneficiando de políticas progressistas de reabilitação. Stalin foi enaltecido como o arquiteto de uma transformação revolucionária sem precedentes.

O principal trabalho de Trotski sobre a URSS contemporânea foi *A revolução traída*, publicado em 1937. Seu trabalho já não podia brotar da experiência vivida por ele mesmo e por seus simpatizantes. Ele tinha de colher o que podia na imprensa soviética oficial, cujos redatores eram formados na "escola stalinista de falsificação". Sua tese dizia: a União Soviética, apesar de seus defeitos, continuava a ser um "Estado dos trabalhadores"; Stalin e seus comparsas não haviam conseguido fazer uma contrarrevolução completa. Os recursos naturais e os principais setores econômicos eram de propriedade do Estado. A ideologia básica era marxista. As antigas classes capitalistas tinham sido esmagadas e vinha-se dando preferência à elevação do nível cultural das "massas". O partido comunista fazia um recrutamento maciço na classe trabalhadora. Os stalinistas, na medida em que tinham conseguido consolidar seu poder, deviam seu sucesso ao "atraso" da Rússia. O proletariado soviético, que fora uma pequena minoria da sociedade em 1917, não tivera a instrução, o treinamento e a experiência necessários para uma completa "transição para o socialismo". Ao mesmo tempo, os capitalistas tinham sido fracos demais para reverter os "ganhos de Outubro", e os camponeses eram incapazes de uma resistência contínua. O resultado era um equilíbrio instável, que permitia à "camada burocrática" cuidar dos seus interesses coletivos. Stalin havia alcançado a supremacia política por se colocar à testa dos burocratas. Tratava-se de um governo "bonapartista", que dependia de métodos violentos para sobreviver.

O que se fazia necessário para transformar essa situação para melhor, acreditara Trotski no início da década de 1930, era que a Oposição conquistasse os elementos "sadios" da elite comunista soviética. O *Byulleten' oppozitsii* havia tentado atrair funcionários stalinistas para seu modo de pensar. Trotski descartou essa estratégia em *A revolução traída*, concluindo que nada menos que uma revolução política contra a "burocracia" seria suficiente.

A imprensa da União Soviética acusou-o de conspirar para matar a liderança do Kremlin. Nada poderia estar mais longe da verdade, pois Trotski havia excluído qualquer operação que visasse assassinar Stalin:

> Em si mesmos, os atos terroristas são os menos capazes de derrubar uma oligarquia bonapartista. Embora o burocrata individual tema o revólver, a burocracia como um todo é capaz de explorar o ato de terror para justificar suas próprias atividades violentas e, de passagem, implicar seus inimigos políticos em assassinato [...]. O terrorismo individual é uma arma de indivíduos impacientes ou desesperados, e é mais frequentemente própria da geração mais nova da burocracia.[1]

Havia mais nisso do que adesão à doutrina marxista convencional. Trotski não conseguia acreditar que a morte de tamanha "mediocridade" fizesse alguma diferença na política soviética. Num nível inconsciente, ele parecia necessitar da certeza de que grandes forças históricas, e não um adversário individual de talento comparável, haviam acarretado sua derrota. Todo o movimento trotskista, com a possível exceção de Lëva Sedov, aceitou esse veredicto, na época; passaram-se anos até que Jean van Heijenoort concluísse que teria sido melhor tentar matar Stalin. De qualquer modo, ninguém pensou em como seria possível atingir esse objetivo.[2]

Trotski esperava que a indignação da classe trabalhadora se convertesse numa rebelião. Até ali, os camponeses tinham feito mais que os operários para "enveredar pela estrada da luta aberta". O proletariado

"A questão russa" 585

urbano, segundo Trotski, era contido pela crença em que uma nova revolução poderia roubar-lhe as conquistas da Revolução de Outubro. Mas a revolução continuava a ser inevitável: "Não há desfecho pacífico para esta crise. Até hoje, nenhum demônio jamais cortou voluntariamente as próprias garras. A burocracia soviética não desistirá de suas posições sem luta. O desenvolvimento conduz, obviamente, à estrada da revolução."[3] A "nova casta de opressores e parasitas" seria derrubada por um levante popular. Um novo partido comunista, pertencente à Quarta Internacional, teria de substituir o partido emasculado de Stalin.

De acordo com Trotski, a propaganda oficial da URSS tinha de ser rejeitada. Ele afirmou com acerto, embora sem nenhuma prova documental, que as cifras da produção do movimento stakhanovista não mereciam crédito; ele as via como excessivamente fantasiosas.[4] As políticas econômicas soviéticas eram ineptas e toscas em sua concepção e imposição. Trotski admitiu que uma grande base industrial fora lançada e que se obtivera um enorme avanço através da campanha de alfabetização das massas. Mas o caos e o desperdício eram endêmicos. A elite stalinista era conservadora por natureza, faltando-lhe o ímpeto necessário para uma plena transformação revolucionária. A agricultura estava em ruínas. A literatura e outras artes tinham sido transformadas numa caricatura das mudanças culturais que seriam dignas de uma sociedade socialista. A alternativa era representada pela Oposição, e era mais do que hora de suas ideias serem introduzidas. Trotski se ofereceu, juntamente com seus seguidores, para tomar o lugar da liderança stalinista. Embora não prometesse a democracia, ao menos considerava a possibilidade de restabelecer "a liberdade dos partidos soviéticos". É presumível que tivesse em mente os mencheviques e os socialistas revolucionários, embora não lhe agradasse designá-los nominalmente; e, de qualquer modo, ele não tencionava legalizar os cadetes. Até o fim da vida, não confiou em pessoas com direitos irrestritos de criar ou votar nos partidos que bem lhes aprouvessem.[5]

Ao mesmo tempo, ele continuava a ser um patriota soviético. Se o Terceiro Reich atacasse, os camaradas deveriam tornar-se ativos na defesa da URSS. O que Trotski enfatizava era que isso seria mais fácil de realizar se Stalin e sua camarilha tivessem sido afastados e se uma nova

Parte IV: 1929-1940

política externa estivesse estabelecida. Os choques militares internacionais vinham aumentando. A União Soviética não poderia continuar permanentemente a não se envolver, e Trotski alertou para o fato de que a doutrina stalinista do "socialismo em um só país" estava levando ao desastre — entre outras coisas, ela reduzia os atrativos da União Soviética para os trabalhadores do exterior. A orientação deveria voltar a ser a da revolução mundial.[6]

Assim, mesmo proclamando a inexorável degeneração da URSS, Trotski nunca deixou de alimentar a esperança de sua redenção. O que precisamos entender é que ele era um homem de sua época. Acreditava na "decadência do sistema capitalista, em sua crise incurável, sua decomposição". A Grande Depressão tinha sido a corroboração mais recente desse prognóstico marxista. Trotski reconhecia "o progresso constante da técnica e os resultados notáveis de alguns ramos industriais". Mas o capitalismo, a seu ver, refreava inevitavelmente "o desenvolvimento das forças produtivas". Foi este o seu resumo:

> A era capitalista caracteriza-se, exceto pela União Soviética, por estagnação e declínio da renda nacional, crise agrária crônica e desemprego orgânico. Esses fenômenos internos são inerentes à fase atual do capitalismo, como o são a gota e a esclerose numa certa idade do indivíduo [...]. A [Grande Guerra] apenas agravou os sinais de decomposição, cuja acentuação posterior vem preparando uma nova guerra.[7]

Trotski está inteiro aí. A União Soviética, declarava ele com firmeza, era o único país capaz de evitar o tumulto econômico que vinha afligindo o mundo nessa época.

Ele entregara a sua juventude e os primeiros anos da idade adulta à luta pela revolução na Rússia. Ao lado de seu camarada Lenin, ajudara a conduzir a Revolução de Outubro e a protegê-la durante a guerra civil. Fora um dos cofundadores da Komintern. Junto com Lenin, havia encarnado a causa comunista no mundo inteiro. Para Trotski, sugerir que a tomada do poder pelos bolcheviques, em 1917, tinha sido uma perda de tempo — ou até algo pior —, seria como decepar um braço. Nenhuma

"A questão russa" 587

transformação revolucionária é perfeita, e Trotski não via necessidade de iniciar a segunda do zero na Rússia. A Revolução de Outubro tinha de ser resgatada e corrigida, não descartada.

Ele nunca disse como achava que isso poderia realizar-se. Mesmo em 1917, não tinha elucidado sua estratégia por escrito: seu talento havia consistido em improvisar em torno de alguns pressupostos básicos sobre a situação vigente — e isso lhe dera uma flexibilidade prática que havia faltado até mesmo a Lenin. No final da década de 1930, ele tinha razões ainda maiores para a reticência. Antes da Revolução de Outubro, seu silêncio mantivera os inimigos do partido tentando adivinhar as coisas. Agora, a impotência política o detinha. Embora seu contato com a URSS houvesse desaparecido, ele continuou a depositar fé numa revolta popular, liderada pela "seção soviética da Quarta Internacional". Isso era autoiludir-se em larga escala. O próprio Trotski sugeriu isso, ao reconhecer que a chamada seção "ainda [era] fraca e empurrada para a clandestinidade". Mas até essa admissão era absurda: a "seção soviética" era puro produto da sua imaginação. A Oposição inteira estava nos campos de trabalhos forçados, ou fora executada. A retórica de Trotski o havia dominado, e ele insistia em que "a existência ilegal de um partido não é a sua inexistência".[8]

Seguindo adiante, declarou:

A questão não é substituir um grupo dominante por outro, mas modificar os próprios métodos para administrar a economia e guiar a cultura do país. A autocracia burocrática deve dar lugar à democracia soviética. O restabelecimento do direito à crítica e a verdadeira liberdade eleitoral são condições necessárias para a continuação do desenvolvimento do país. Isto pressupõe o ressurgimento da liberdade dos partidos soviéticos, a começar pelo partido dos bolcheviques, e a ressurreição dos sindicatos. Introduzir a democracia na indústria significa uma revisão radical dos planos, a bem dos trabalhadores.[9]

Ele não se estendeu sobre o que queria dizer com isso. Não tinha inventado objetivos como a liberdade eleitoral, a luta contra o burocra-

Parte IV: 1929–1940

tismo ou a democracia soviética; estes ele compartilhava com todos os outros teóricos comunistas, inclusive o próprio Stalin. Trotski deixou sistematicamente de explicar como levaria esses objetivos comuns a se materializarem.

Ele se ateve a sua análise geral da URSS durante todo o final da década de 1930, e não viu necessidade de modificá-la à luz do que os outros escreveram. Houve uma grande exceção nessa sua fixidez intelectual. Em abril de 1939, ele abriu mão de seu compromisso com a integridade territorial da União Soviética. Em vez disso, propôs um novo lema: "uma Ucrânia soviética de operários e camponeses, unificada e independente."[10] Isso veio em resposta a mudanças recentes nas relações internacionais, quando o Terceiro Reich de Hitler conquistou e anexou a Tchecoslováquia. Entre as inovações nazistas veio a criação de um governo ruteno autônomo em terras tchecas. Os rutenos eram um povo estreitamente ligado aos ucranianos. Trotski viu nisso uma oportunidade para que organizações marxistas criassem dificuldades para os alemães, ressuscitando a campanha política pela expansão da Ucrânia. Mais ainda, externou a esperança de uma revolução política na Ucrânia soviética por comunistas de mentalidade igual à sua. Sabia que os ucranianos detestavam o regime stalinista em seu país. Para que a Ucrânia soviética viesse a se tornar um baluarte contra o nazismo no Leste Europeu, ela precisaria mostrar sua independência do controle do Kremlin.

Qualquer revolução política ucraniana enfraqueceria a capacidade de defesa da URSS, inevitavelmente. Além disso, a secessão da Ucrânia causaria imensos transtornos em Moscou. Trotski argumentou que essa perturbação não era nada, comparada à situação vigente:

O enfraquecimento da URSS, respondemos, vem sendo acarretado pelas tendências centrífugas cada vez maiores, geradas pela ditadura bonapartista. Na contingência da guerra, o ódio das massas pela camarilha dominante poderá levar ao colapso das conquistas sociais de Outubro [...]. Quanto mais cedo essa casta bonapartista atual for minada, abalada, varrida para longe e esmagada, mais sólida se tornará a defesa da [URSS] e mais seguro se tornará o seu futuro socialista.[11]

"A questão russa"

Trotski não confiava no Exército Vermelho nas suas condições vigentes. Era necessária uma revolução para dar à União Soviética uma proteção adequada.

Seu aperfeiçoamento desse ponto de vista não exerceu nenhum impacto fora dos círculos trotskistas, numa época em que os debates sobre a URSS enchiam as revistas e jornais das democracias liberais do Ocidente. Muitos escritores ilustres da França, Grã-Bretanha e Estados Unidos manifestavam entusiasmo pelas coisas soviéticas. O escritor francês Henri Barbusse publicou uma biografia tão aduladora de Stalin, que sua tradução foi maciçamente impressa em Moscou. Sidney e Beatrice Webb, membros eminentes da Fabian Society, no Reino Unido, eram admiradores fervorosos, que se recusavam a acreditar em qualquer coisa negativa sobre o governo soviético. Em 1935, publicaram *Soviet Communism: A New Civilization?* ["O comunismo soviético: uma nova civilização?"]. Na segunda edição do livro, retiraram o ponto de interrogação.[12] O ex-diplomata Bernard Pares, que havia representado o Reino Unido na Rússia durante a Grande Guerra, assegurou a todos que Stalin alimentava um vivo interesse pela justiça. Nos Estados Unidos, eram inúmeros os defensores da URSS, incluindo até mesmo o futuro vice-presidente de F. D. Roosevelt, Henry A. Wallace. Na esquerda política, a tendência era dar a Stalin e à União Soviética o benefício da dúvida, numa época em que a economia mundial sofria com a Grande Depressão, o capitalismo estava em fase de estagnação e o expansionismo territorial alemão, italiano e japonês solapava as perspectivas de paz mundial.

O livro de viagens de André Gide sobre sua visita de 1936 à União Soviética havia animado Trotski.[13] Mas Gide não era trotskista, e nenhuma figura literária de destaque na literatura, na filosofia ou nas ciências sociais europeias ou norte-americanas se dispunha a anunciar sua adesão à causa de Trotski. Os pintores eram outra história: André Breton, Frida Kahlo e Diego Rivera foram admiradores receptivos e ávidos nessa mesma década,* ainda que sua compreensão da essência da disputa de Trotski com Stalin nunca tenha sido muito profunda.

---

* Nesse parágrafo, o autor não apenas insiste no equívoco de chamar André Breton de pintor, como também lhe retira a condição de "figura de destaque na literatura". [*N. da T.*]

Em geral, de qualquer modo, os críticos da União Soviética contemporânea encontravam-se na direita política e não se interessavam por Trotski. As histórias dos horrores do terrorismo de Estado eram sistematicamente ligadas a anos anteriores do regime soviético, e nem Lenin nem Trotski eram desculpados com facilidade. No Reino Unido, o Right Book Club criticou com severidade o Politburo, passado e presente. Isso se transformou numa controvérsia internacional quando se retomou a discussão sobre o motim da guarnição naval de Kronstadt. O envolvimento direto de Trotski voltou a ser citado. Esse era um ponto sensível para ele. Seu envolvimento fora estreito nas deliberações da liderança comunista sobre como reprimir a rebelião, mas sua atividade ficara isolada da atenção do público. Depois de ser deportado da União Soviética, numa ocasião em que buscava a solidariedade da extrema esquerda europeia e norte-americana, esse episódio de sua carreira tornou-se um embaraço. A guerra civil espanhola agravou essa dificuldade. Trotski acusou Stalin e o NKVD de priorizarem o extermínio de organizações rivais da extrema esquerda na Espanha, em vez da formação de uma ampla coalizão política e militar para derrotar o general Franco e seus fascistas. A prisão e o assassinato de Andreu Nin figuraram entre as infâmias relatadas no *Byulleten' oppozitsii*. O fato de Nin nunca ter sido trotskista confesso permitiu que Trotski afirmasse ser a consciência moral da resistência comunista contrária à Komintern.

Victor Serge, que foi libertado do confinamento na URSS e obteve permissão para emigrar para a França em 1936, tinha uma vívida lembrança do apoio de Trotski ao desenvolvimento do Estado unipartidário terrorista soviético. Admirava Trotski por suas muitas realizações e queria ter vínculos políticos amistosos com ele, mas não havia esquecido como ele se portara com os marinheiros de Kronstadt e com os anarquistas e os socialistas radicais em 1921. Isso aborreceu Trotski. Até a chegada de Serge, ele se arranjara com a descrição evasiva que aparece em sua autobiografia. Mas agora, finalmente, teria de responder como era possível que o aceitassem como advogado de um sistema socialista pluralista, se ele havia perseguido marinheiros comuns que tinham feito exatamente essa demanda em 1921.

Os amotinados de Kronstadt, respondeu Trotski, não eram os mesmos marinheiros que haviam apoiado os bolcheviques em 1917, e sim

"A questão russa" 591

substitutos covardes e indignos de confiança, mancomunados com os inimigos da Revolução de Outubro. Esse foi um argumento de sofística jesuítica. Que diferença fazia que os marinheiros não fossem os mesmos? (A verdade é que eram os mesmos, como Trotski devia saber muito bem.)[14] Trotskistas leais insistiram em que ele se defendesse com maiores detalhes. Trotski respondeu com a desculpa esfarrapada de que lhe faltava o material necessário em Coyoacán; mencionou ter pedido a seu filho que publicasse alguma coisa.[15] Lëva teve a hombridade de concordar em se desincumbir dessa tarefa pouco invejável. Lançou-se ao trabalho com o detalhismo de seu pai, escrevendo à comunista francesa Simone Weil para lhe pedir exemplares de obras de autores anarquistas. Estes figuravam entre os mais poderosos críticos dos atos soviéticos contra os amotinados de Kronstadt.[16] Lëva seguiu a linha de interpretação do pai, declarando que os líderes centrais bolcheviques tinham tido todas as razões para crer que havia uma conspiração internacional em andamento contra eles. Os socialistas revolucionários no exterior teriam ajudado governos estrangeiros a tentar algo que poderia acabar levando à derrubada dos comunistas. Lëva insistiu em que Trotski não tivera absolutamente nada a ver com a eliminação dos homens de Kronstadt.

Lëva não viveu para concluir esse trabalho e, aos poucos, a controvérsia se extinguiu. Trotski recusou-se a voltar ao assunto e manteve um distanciamento olímpico dos pontos considerados nos artigos de Serge. Seus seguidores não levantaram objeções. No que lhes dizia respeito, Serge havia tentado, sem conseguir, macular a reputação de Trotski.

Houve novamente sinais de que alguns deles não se inclinavam a aceitar sem reservas todos os dogmas das análises da URSS feitas por Trotski. O trotskismo norte-americano havia atraído jovens pensadores que se indignavam ante qualquer restrição intelectual permanente que lhes fosse imposta. Até no tocante à "questão russa", o ponto de vista básico de Trotski começou a ser bombardeado, como havia acontecido antes na Leninbund.[17] Os críticos acharam que ele estava subestimando a profundidade da transformação e consolidação da ordem soviética sob a liderança de Stalin. Enquanto Trotski via o stalinismo como instável, eles sugeriram que uma nova classe tinha se instalado no poder. A terminologia variava de um autor para outro, mas a essência da tese era comum. A burocracia comunista, no partido, no governo e na polícia, havia assumido o controle inalienável dos benefícios da economia do país. A violência repressiva era usada de forma implacável para manter a nova conjuntura. Os burocratas — os *apparatchiki* — não necessitavam de títulos de propriedade para seus bens, em forma de terras, moradia e pertences pessoais. Gozavam de privilégios ilimitados e podiam transmiti-los a seus filhos. A Revolução de Outubro, que, de acordo com Trotski, poderia ser ressuscitada por uma revolução política, já estava morta. Os alicerces sociais e econômicos teriam de ser escavados, e seria preciso construir todo um novo edifício.

Às vezes Trotski se aproximava discretamente de uma revisão de sua análise. Mesmo em *A revolução traída*, admitiu a utilidade de um adjetivo que andara evitando: totalitário.[18] Essa não era uma categoria da análise marxista, porque implicava um modo de ver as sociedades modernas que abandonava ideias como a de classe social. A URSS de Stalin e o Terceiro Reich de Hitler assemelhavam-se na busca da eliminação de todos os obstáculos à autoridade central do Estado. Eliminavam as cláusulas democráticas da divisão dos poderes. Esmagavam as associações civis independentes, sempre que possível. Instituíam o terror policial. Criavam campos de concentração e detinham ou executavam os adversários em escala maciça. Enalteciam sua ideologia e afirmavam que seus líderes eram gênios em tudo. Ambos, Stalin e Hitler, tinham a ambição de recriar os cidadãos à imagem de suas ideologias e tentavam impor uma penetração completa da sociedade pelo Estado.

Essa teoria de um novo tipo de Estado vinha apenas começando a ser formulada. Trotski brincou com ela, mas usou-a, basicamente, como um floreio estilístico. Manteve-se fiel às categorias convencionais do marxismo. É claro que se tratava do marxismo da sua preferência. Os longos anos de deportação e asilo político deram-lhe a oportunidade de escrever exatamente o que pensava, e ele nunca deixou de acreditar que o mundo não faria sentido, a menos que se reconhecesse que somente o proletariado poderia salvá-lo da desgraça.

Basicamente, ele se ateve ao que havia frisado desde o momento em que entrara na oposição, no início da década de 1920. As probabilidades de uma revolução comunista bem-sucedida na Rússia, asseverou, sempre

"A questão russa"

tinham sido pequenas, sem revoluções em outras partes da Europa. Ele reforçou esse determinismo em seus escritos dos anos 1930. Surgiu em muitas mentes a ideia de que isso equivalia a invalidar a defesa da tomada do poder pelos bolcheviques no outono de 1917. Milhões de pessoas tinham sido mortas ou afligidas pela fome, pelas doenças e falta de liberdade na URSS. Acaso Trotski não via a ilogicidade de se orgulhar da Revolução de Outubro e, retrospectivamente, declarar que ela fora inútil? Ele tinha a resposta pronta de que o capitalismo mundial encontrava-se numa situação frágil desde a Grande Guerra. Trotski depositava toda a sua confiança na revolução internacional. Propunha que o comunismo poderia ser resgatado na Rússia, se brotassem governos revolucionários nos países vizinhos de capitalismo avançado. Tinha a fervorosa esperança de que a Alemanha ou a França se alinhassem com a URSS. Então seria possível superar as dificuldades de realizar o comunismo na Rússia Soviética — e ficaria demonstrado que a Revolução de Outubro havia inaugurado uma nova era para a humanidade.

49. Confrontando os filósofos

Os grandes julgamentos de Moscou em 1936-1938 foram um desafio até para o otimismo de Trotski. Foram uma caricatura do procedimento judicial. Os réus eram submetidos à tortura física ou a maus-tratos psicológicos antes de serem levados a depor. Qualquer prisioneiro que resistisse era impedido de se apresentar e sumariamente executado. Os julgamentos lograram o que Stalin pretendia, no país e no exterior. À medida que cada grupo indiciado — de Kamenev e Zinoviev, em agosto de 1936, até Bukharin, em março de 1938 — foi confessando sua traição, muitos comentaristas ocidentais influentes inclinaram-se a acreditar no sistema judicial soviético. Entre as acusações figuravam o conluio com órgãos de inteligência estrangeiros e a conspiração para assassinar Stalin e restabelecer o capitalismo na Rússia. Os julgamentos incriminaram Trotski como conspirador ativo. O NKVD foi estimulado a fazer as mais extravagantes acusações contra ele. Só quando seu chefe, Nikolai Yejov, declarou ter provas de que Trotski tinha sido agente da Okhrana foi que Stalin rejeitou suas afirmações.[1] Trotski reagiu vigorosamente às acusações, fornecendo detalhes sobre as mentiras absurdas que estavam por trás das provas oriundas dos tribunais de Moscou. Produziu inúmeros artigos no *Byulleten*. Seu filho Lëva fez o mesmo. Foi fácil apontar os erros referentes a épocas, lugares e indivíduos nas acusações expostas contra eles pelos promotores soviéticos. Trotski não tinha motivos para gostar de Zinoviev, de Bukharin ou mesmo de seu cunhado, Kamenev, mas dedicou-se a limpar o nome deles como revolucionários honrados.

Logrou apenas um sucesso limitado em sua oposição à campanha de "falsificação stalinista". Na esquerda política da Europa e da América do Norte havia muita simpatia pela URSS como a mais sólida força mundial contra o fascismo. Stalin era largamente admirado como um líder que tinha levado o crescimento industrial e a educação em massa a seu povo. A maioria dos antifascistas não queria questionar a solidez dos veredictos e admitiu que Trotski devia ser culpado das acusações. Não eram apenas os "esquerdistas" que não gostavam dele. Winston Churchill, em 1938, disse ao embaixador soviético Ivan Maiski: "Detesto o Trotski! Tenho ficado de olho nas atividades dele há algum tempo. É o gênio maléfico da Rússia, e é ótimo que Stalin tenha se vingado dele."[2]

Mesmo assim, ele continuou a ser uma personalidade atraente e exótica para muitos leitores em todo o mundo, inclusive figuras públicas que não eram apreciadoras do comunismo. Um número impressionante de socialistas, liberais e até alguns conservadores fechava os olhos à defesa que ele fazia da subversão revolucionária, da ditadura e do terrorismo. O humorista norte-americano H. L. Mencken lhe escreveu, oferecendo-se para doar todos os seus livros a Trotski, bem como para comprar e mandar entregar qualquer outra literatura de que ele precisasse. Trotski declinou da oferta, porque não queria compromissos de gratidão com um homem a quem via como um reacionário político. Também rejeitou a presidência da Sociedade Mark Twain. Essa foi uma decisão fácil, depois de ele haver descoberto que Benito Mussolini e o general John J. Pershing eram vice-presidentes associados.[3] Trotski também recusou o convite para se tornar reitor da Universidade de Edimburgo, na Escócia.[4] Enquanto isso, foram assinadas petições em seu benefício. H. G. Wells induziu John Maynard Keynes, Harold Laski e Beatrice Webb, adoradora de Stalin, a pleitearem asilo político para Trotski no Reino Unido. (O arcebispo de York recusou-se a atender Wells, mas o bispo de Birmingham assinou uma petição redigida por George Bernard Shaw, que defendeu a causa de Trotski, apesar de ser mais um devoto no culto a Joseph Stalin.)[5]

O entusiasmo de tantos indivíduos proeminentes por agir com decência em relação a Trotski diz muito sobre a tolerância civil nos países onde eles viviam. Também reflete sua ingenuidade. Eles ficaram cegos para o desprezo de Trotski por seus valores. Fecharam os olhos para os danos que ele almejava causar ao seu tipo de sociedade, se algum dia tivesse essa chance. Como espectadores num zoológico, sentiam pena de um animal ferido. Aos olhos de muitos, Trotski era uma alma gêmea que merecia a proteção que eles esperariam nas mesmas circunstâncias. Trotskistas, socialistas e liberais uniram-se para formar o Comitê Americano de Defesa de Leon Trotski. Entre seus membros figuravam o lógico e educador norte-americano John Dewey, os romancistas John Dos Passos e Mary McCarthy, e os críticos literários Lionel Trilling e Edmund Wilson. O jornalista Edward Allsworth Ross, que entrevistara Trotski em dezembro de 1917, juntou-se a eles. O mesmo fizeram alguns jovens autores que tinham sido trotskistas, mas haviam passado a alimentar dúvidas sobre a política de Trotski: Max Eastman, Sidney Hook e James Burnham.[6]

Trotski planejou explorar essa demonstração liberal de solidariedade, oferecendo-se para ser examinado por um tribunal quase judicial, que deveria reunir-se em Coyoacán. John Dewey era sua escolha favorita para ocupar a presidência. Vários de seus principais adeptos nos Estados Unidos acharam que todo o projeto era fundamentalmente falho. Dewey estava com setenta e tantos anos e não tinha a menor simpatia pela extrema esquerda, apesar de haver lecionado para Max Eastman e Sidney Hook.[7] Ainda assim, Trotski insistiu em que se fizesse uma abordagem polida do grande homem. Para surpresa da maioria das pessoas, inclusive seus familiares, Dewey aceitou o convite e tomou providências para passar várias semanas em Coyoacán. Sua tarefa seria testar a veracidade das alegações difundidas por Moscou. Trotski submeteria seus arquivos a um exame irrestrito; compareceria perante o tribunal e se deixaria interrogar, sem impor restrições às perguntas que seriam formuladas. Ele previu que essa seria a sensação judicial do século XX. Entre as pessoas de seu círculo íntimo, comparou o projeto à defesa montada por Voltaire para Jean Calas, em 1762, e à defesa de Alfred Dreyfus por Émile Zola, em 1898. Queria muito limpar seu nome das calúnias de Stalin.[8]

Ele confiava em Dewey como um liberal imparcial, e os dois concordaram em evitar as questões mais amplas do histórico político e moral de Trotski. Os trabalhos foram conduzidos na Casa Azul. Concordou-se antecipadamente sobre a composição do comitê. Isso foi feito com pouco alarde, embora um dos membros, Ferdinand Lundberg, se retirasse antes

Confrontando os filósofos

da primeira sessão. Lundberg havia passado a achar, justificadamente, que Trotski fora um dos principais arquitetos da eliminação dos direitos civis na URSS, da qual, como vítima, ele agora se queixava.[9] O comitê iniciou seus trabalhos em 10 de abril de 1937. O réu e seus inquiridores norte-americanos compareceram de terno, gravata e colete. Observou-se a formalidade no interrogatório. Fez-se um registro *ipsis literis* dos depoimentos. Isso prosseguiu por uma semana inteira, até Dewey concluir que estava apto a fazer um resumo do veredicto obtido. Ninguém havia duvidado seriamente de qual seria este. Trotski foi inocentado. Estabeleceu-se contato com os órgãos de notícias mundiais. Dewey e os demais integrantes do comitê se foram e um livro sobre os procedimentos foi rapidamente editado e publicado, e parte do dano causado à reputação de Trotski foi reparada.

A visita de Dewey reavivou o interesse intermitente de Trotski pela filosofia. Não era a primeira vez que Dewey surtia esse efeito. Max Eastman tinha sido um de seus alunos. Como Trotski, Eastman era polímata, e achava ter uma pequena vantagem sobre ele no entendimento da epistemologia de Marx, Engels e Lenin. Trotski tratava isso como uma impertinência. Um dia, em 1932, quando Eastman estava hospedado em sua casa em Buyukada, os dois tiveram uma discussão. "Trotski ficou com o pescoço latejando e o rosto vermelho; estava furioso. Sua mulher inquietou-se, é evidente, e, quando saímos da mesa do chá e entramos no gabinete dele, ainda brigando, ela entrou atrás de nós e se postou ao meu lado como uma estátua, silenciosa e austera."[10] Trotski caiu no conceito do rapaz, por ter substituído a argumentação racional pelo sarcasmo e pela gritaria, como anotou Eastman em sua agenda:

> Senti-me "ofendido" por sua total indiferença íntima por minhas opiniões, meus interesses, minha existência como indivíduo. Não houve encontro de nossas mentes ou de nossos sentimentos. Em momento algum ele me fez uma pergunta. Respondeu a todas as minhas como um livro as responderia, sem interação, sem presumir a possibilidade de um crescimento mútuo.[11]

Eastman levara muitos anos para compreender que seu herói tinha defeitos de personalidade.

Parte IV: 1929-1940

Trotski era reconhecido como um dos maiores intelectuais do mundo. Seus escritos políticos e históricos eram famosos. Ele havia publicado trabalhos sobre relações internacionais, o passado da Rússia, o terrorismo e o desenvolvimento soviético. Sempre que um tema captava sua atenção, fossem as artes, fossem os problemas da vida cotidiana, na década de 1920, ele produzia livretos brilhantes sobre o assunto. Era mais do que o suficiente para transformá-lo num dos mais destacados autores marxistas.

Mas não o transformava num gênio universal e, de algum modo, isso o incomodava. Se o lógico matemático Bertrand Russell podia falar de política, ou o romancista H. G. Wells de ideologia, parecia adequado que um político revolucionário opinasse sobre filosofia. Outra causa de agitação era a tendência do comunismo soviético oficial a sistematizar o marxismo-leninismo: tudo, desde as ciências sociais até a epistemologia, era incorporado numa visão de mundo unificada, encarnada no *Curso abreviado* de Stalin em 1938.* Trotski estava procurando atualizar-se nos modismos intelectuais. Fazia muito que Sigmund Freud e suas afirmações sobre o inconsciente o fascinavam.[12] Trotski achava que a versão extrema do materialismo filosófico preferida por Moscou não abarcava a totalidade das questões humanas, e, embora admirasse o fisiologista Ivan Pavlov, julgava que devia haver mais na vida do que reflexos externamente condicionados. Ao mesmo tempo, não conseguia suportar o culto à irracionalidade que se vinha disseminando pela Europa. Desprezava a ideologia de Hitler e sua promoção dos fatores raciais como o determinante principal da explicação científica. Os nazistas haviam usado arbitrariamente partes de Darwin, enquanto ignoravam outras. Na opinião de Trotski, fora Marx, e não qualquer teórico racista alemão, quem melhor tinha usado o darwinismo, ao aplicar sua compreensão à análise do desenvolvimento econômico global.

Um estímulo indireto ao estudo filosófico veio das fileiras do trotskismo organizado. Entre os adeptos norte-americanos incluíam-se alguns dos mais brilhantes jovens intelectuais da época, como Sidney Hook, James Burnham e Max Shachtman. Embora admirassem o trabalho de

---

* Referência à *História do Partido Comunista (bolchevique) da União Soviética: curso abreviado*, escrito e lançado por J. Stalin em 1938. [*N. da T.*]

Confrontando os filósofos

Trotski como líder político e escritor, eles esperavam desenvolver um ponto de vista convincente sobre a filosofia, que fosse apropriado à política da extrema esquerda. Isso significava começar do zero. A Oposição na URSS, na década de 1920, nunca se interessara por esses assuntos. Hook e seus contemporâneos eram espíritos livres. Ousariam ir para onde quer que suas especulações os levassem, e esperavam que Trotski apreciasse seu esforço.

Haviam-no julgado mal, porque ele observou esse fenômeno com desconfiança. "Dialética e natureza", de Hook, publicado na revista *Marxist Quarterly* em abril de 1937, confirmou a preocupação com os intelectuais trotskistas norte-americanos. Ao contrário de Trotski, Hook tinha uma sólida formação filosófica. Também tinha talento e confiança; não se curvaria diante de nenhuma doutrina batida, nem mesmo diante de Marx e Engels. Seu artigo expôs a incompetência dos escritos de Engels sobre o pensamento dialético, e pouco lhe importou que isso ofendesse os marxistas acostumados a reverenciar os pais fundadores. Para ele, mais importante era a ideia de descobrir uma base filosófica sólida para o marxismo e torná-la invulnerável à ridicularização por epistemólogos, lógicos e ontologistas profissionais. Se o pensamento marxista fosse genuinamente científico, dizia ele, teria de ser capaz de rechaçar as críticas dos mestres. Trotski ficou estarrecido. Esse revisionismo, a seu ver, era um ataque mal disfarçado ao marxismo, a despeito dos propósitos subjetivos de Hook, e ele temeu a influência que tais ideias pudessem exercer sobre outros trotskistas.[13] Joe Hansen, num relatório enviado de Nova York, confirmou que realmente havia uma tendência crescente, entre os principais trotskistas, a expressar ceticismo em relação à dialética marxista e a descartar Lenin e o próprio Trotski como néscios em matéria de filosofia.[14]

Burnham e sobretudo Hook foram levando Trotski a se enfurecer em silêncio.[15] A solução dele foi tentar preparar uma resposta escrita e, para esse fim, enviou a Nova York pedidos de livros de filosofia a serem remetidos para Coyoacán. Numa das listas estavam os *Principia Mathematica* de Bertrand Russell. Os seguidores norte-americanos de Trotski ficaram sumamente impressionados com o fato de o talento do Velho estender-se ao domínio de textos de tamanha dificuldade. Nesse caso, estavam enganados. Heijenoort havia escrito uma carta em nome de Trotski, a fim de comprar um exemplar não para ele, mas para si próprio (os estudos filosóficos de Trotski raramente envolviam a leitura de obras dos grandes filósofos). Ainda apenas na casa dos vinte anos, Heijenoort vinha sondando em silêncio o que viria a ser sua atividade como lógico profissional, e explorou sua posição como secretário de Trotski para obter o material de que precisava.[16] Sentia um ceticismo crescente a respeito das pretensões intelectuais do Velho. Trotski lhe disse que Albert Einstein não era físico, e sim matemático.[17] Isso era um perfeito absurdo, mas o francês ficou quieto. No verão de 1939, porém, estava farto de ficar isolado em Coyoacán e disse a Trotski que queria fazer outras coisas com sua vida, em outros lugares. Continuava a ser trotskista e não pretendia abandonar a atividade política, mas estava ansioso por ir para Nova York. Os dois concordaram que ele partiria assim que obtivesse seu visto.[18]

Enquanto isso, Trotski fez anotações, como era seu hábito no começo de qualquer grande projeto. Anotou o seguinte:

No entanto, é exatamente por se inclinar a tomar sua consciência como o fator primordial — tanto em relação a seu subconsciente pessoal quanto em relação ao meio externo — que o Homem altera completamente a relação real em diversas áreas da ciência.[19]

Essa era uma reafirmação branda do tipo de coisa dita muito tempo antes por Marx e Engels. Ao contrário de Lenin em *Materialismo e empiriocriticismo*, Trotski negou que a mente humana, trabalhando como uma câmera voltada para o meio externo, recebesse automaticamente uma imagem exata da realidade. O processo de percepção era mais complexo e também mais rudimentar que isso.[20] Como observou Trotski, o filme cinematográfico era uma simples concatenação móvel de imagens fotográficas — e, de algum modo, o olho que a observava deixava de perceber as lacunas do celuloide entre uma imagem e a seguinte. Ele resumiu habilmente esse processo: "Nosso intelecto age exatamente como um olho. Dentre um número incontável de condições no processo de desenvolvimento, ele é capaz de captar e fixar apenas um número restrito; essa é sua força e sua fraqueza."[21] Isso foi o melhor que Trotski

Confrontando os filósofos 601

conseguiu propor. Não era um pensamento original. Mas mostrou que ele sabia tentar libertar-se do marxismo convencional de sua época.

Esses momentos eram poucos e ocorriam a longos intervalos. Em geral, ele se concentrava na política em seus cadernos de anotações. De posse de *Towards the Understanding of Karl Marx* ["Para compreender Karl Marx"], de Hook, escreveu comentários ríspidos nas margens, à medida que ia lendo. Sua suspeita era que Hook e seus simpatizantes estavam introduzindo um traço subjetivo no marxismo. Para Trotski, não podia haver dubiedades, e era uma verdade inquestionável que o proletariado tinha um interesse objetivo em "buscar uma saída do caos capitalista". Para Hook, por definição, os axiomas não existiam.[22]

Trotski tinha bom senso suficiente para saber que lhe faltava competência para atacar os revisionistas trotskistas em questões epistemológicas e ontológicas. Sentiu-se menos inseguro quanto a debater questões de moralidade política. Em 1938, havia aprontado um livreto intitulado *A moral deles e a nossa: os moralistas e os sicofantas contra o marxismo*. Após uma breve exposição de seu entendimento da dialética, ele se voltou para um terreno mais cômodo. Como fizera em *Terrorismo e comunismo*, rejeitou os conceitos morais universais. Tomou os primeiros protestantes como exemplo: "Assim, os ensinamentos de Cristo, 'purificados' por eles, em nada impediram o burguês citadino Lutero de conclamar a execução dos camponeses rebeldes como 'cães raivosos'."[23] Segundo Trotski, os interesses econômicos e a luta de classes impregnaram a maneira de os cristãos interpretarem o Novo Testamento. Eles não tinham dificuldade de pôr de lado seus eternos princípios da não violência, que eram uma dádiva de Deus, sempre que seu bem-estar financeiro era ameaçado; e não se abstinham de recorrer ao massacre de seus inimigos. Os marxistas eram exatamente assim, ao adotarem medidas severas para proteger os interesses da revolução. Sim, eles travavam guerras civis. Sim, faziam reféns e os executavam, a fim de derrotar a contrarrevolução. Subordinavam as preocupações morais às exigências práticas em curso.[24]

Trotski chegou a um de seus pontos principais num adendo em que assinalou que muitos ex-comunistas passavam a acreditar em verdades morais eternas quando abandonavam o apoio à ordem stalinista. Entre eles se incluíam Eugene Lyons, Walter Krivitski e Charles Rappoport.

Além disso, vários críticos do stalinismo que continuaram a ser comunistas manifestavam uma tendência a fazer o mesmo. No topo da lista estavam ex-simpatizantes de Trotski, como Victor Serge ("mercador de indulgências") e Boris Souvarine ("bajulador" burguês). Basicamente, de acordo com Trotski, eles haviam esquecido que "duas classes decidem o destino da sociedade moderna: a burguesia imperialista e o proletariado". Num viva ao radicalismo marxista, ele proclamou:

A civilização só pode ser salva pela revolução socialista. Para levar a cabo a reviravolta, o proletariado necessita de toda a sua força, toda a sua determinação, toda a sua audácia, paixão e inclemência. Acima de tudo, deve estar inteiramente livre das ficções da religião, da "democracia" e da moral transcendental — grilhões espirituais forjados pelo inimigo para domá-lo e escravizá-lo. Somente aquilo que prepara a derrubada completa e final da bestialidade imperialista é moral, e nada mais. O bem-estar da revolução — é esta a lei suprema![25]

Nessas cinco frases encontram-se todo o poder, a irreconciliabilidade e a sem-cerimônia do intelecto de Trotski.

Foi o que James Burnham explicitou numa carta aberta a ele, em 1º de fevereiro de 1940. Burnham demonstrou que Trotski usava a pirotecnia verbal para desviar a atenção das carências de sua compreensão filosófica. Todos os floreios retóricos — talvez uma metáfora brilhante, ou um lampejo de humor sarcástico — eram empregados.[26] Burnham afirmou que, muitas vezes, os objetivos de Trotski eram polêmicos, e não fundamentalmente intelectuais. Querendo esmagar os oponentes trotskistas de seus propósitos políticos, o Velho os atacava como desviantes dos preceitos fundamentais do marxismo. A disputa sobre a "dialética" foi uma tentativa de desviar a atenção. Burnham repudiou a afirmação de Trotski de que a filosofia errônea estava intimamente ligada a políticas práticas equivocadas. Assinalou que Trotski aprovava diversos marxistas ilustres que não compartilhavam sua concepção da análise dialética. Entre eles estava Karl Liebknecht. E mais, havia outros que tinham compartilhado a concepção de Trotski, mas opuseram-se à sua política — e Burnham citou Georgi Plekhanov e diversos mencheviques.[27]

Confrontando os filósofos

Em seguida, voltou-se para a proposição de Trotski de que a "verdade da classe" estava em os revolucionários proletários agirem de acordo com métodos e objetivos filosóficos diferentes dos de todas as outras pessoas:

> Você está num terreno traiçoeiro, camarada Trotski. A doutrina da "verdade da classe" é o caminho dos reis filósofos de Platão, dos profetas e papas e Stalins. Também para todos eles o homem precisa estar na ordem dos ungidos para conhecer a verdade. Esse caminho conduz a uma direção diametralmente oposta à do socialismo, de uma sociedade verdadeiramente *humana*. Você faz muitas advertências aos jovens camaradas do nosso movimento. Acrescento à lista uma advertência ominosa: cuidado, cuidado, camaradas, com qualquer pessoa ou qualquer doutrina que lhes diga que qualquer homem ou grupo de homens detém o monopólio da verdade ou das maneiras de chegar à verdade.[28]

Como que para confirmar a avaliação de Burnham, Trotski não tomou sério conhecimento dela: simplesmente retaliou com uma afirmação própria: "O ceticismo para com todas as teorias nada mais é que a preparação para a deserção pessoal."[29] Ele se havia fechado hermeticamente na caverna de suas convicções fundamentais. Não permitia nenhum questionamento delas. Intimidava os seguidores que se atreviam a objetar, e preferia vê-los deixarem a Quarta Internacional a fazerem com que ele se incomodasse.

Fez sua vontade nessa situação: Hook, Burnham e Shachtman o abandonaram, assim como à Quarta Internacional. Cada qual o fez à sua maneira. Hook transformou-se gradualmente num anticomunista inflexível, tal como Trotski previra; fez uma carreira de renome, atacando as pretensões do marxismo passado e presente, e afirmando a superioridade dos valores liberais e democráticos. Burnham interessou-se por aplicar as categorias marxistas de análise às tendências das sociedades contemporâneas com capacidade industrial avançada, em todo o mundo. Retomou o tipo de pensamento iniciado pelo socialista polonês Jan Machajski (que Trotski havia conhecido no exílio siberiano) e aprofundado pelo sociólogo italiano Bruno Rizzi, na década de 1930.

Machajski, Burnham e Rizzi sugeriram que, à medida que prosseguia o desenvolvimento econômico capitalista, aumentava a autoridade da camada administrativa. Impressionaram-se com o aumento das práticas burocráticas. Observaram como os Estados vinham se envolvendo de maneira cada vez mais profunda nas decisões sobre a economia. Rizzi e Burnham sugeriam que, aos poucos, os administradores estavam exercendo o controle até mesmo na União Soviética, à custa do partido comunista; ambos vieram a rejeitar o marxismo como instrumento das ciências sociais. Isso contrastou com Shachtman, que passou o resto da vida tentando ficar dentro dos limites da doutrina marxista, tal como a entendia. Mas não reconhecia nenhum mestre marxista vivo e nunca se desculpou pela afronta que fez ao Velho.

Trotski escreveu *A moral deles e a nossa* para atacar todos os seus jovens críticos; em vez de enfrentar os argumentos intrínsecos que eles expunham, optou por usar seu arsenal de sarcasmo e ridicularização. A vaidade do Velho era imensa. Ele esperava que seus adeptos publicassem o trabalho assim que terminou de editá-lo. Alguns relutaram. Havia uma guerra mundial em curso, e eles não julgaram apropriado dar prioridade editorial e financeira a uma diatribe filosófica na revista que estavam criando em Nova York. Bertram Wolfe liderou a oposição ao pedido de Trotski e foi designado para discutir o assunto com ele. Ella Wolfe narrou o que aconteceu em seguida:

> Assim, é claro, a secretária [de Trotski] voltou lá e informou o que meu marido tinha dito. Marcamos um encontro para quarta-feira de manhã, às dez horas. E, quando chegamos ao portão [...] e tocamos a campainha, a empregada saiu e disse que Trotski estava muito doente para nos receber. Assim era a vaidade do homem. Sabe, ele achava que ninguém devia dizer que ele não podia ter o artigo principal.[30]

Em geral, bastava-lhe insinuar seu desagrado para que os acólitos cedessem à sua vontade. A resistência era uma experiência a que Trotski não estava habituado. E reagia ficando de mau humor.

50. A Segunda Guerra Mundial

O domínio de Trotski sobre a fidelidade de seus seguidores foi enfraque-cido por disputas na Quarta Internacional sobre a situação geopolítica da Europa. Durante a maior parte da década de 1930, eles tinham re-verenciado os poderes de análise do líder, que via o sucesso da extrema direita europeia como produto da crise global do capitalismo. Trotski achava que os líderes fascistas eram joguetes dos interesses das grandes empresas de seus países, assim como Stalin era um fantoche da burocracia soviética. Embora examinasse cada palavra de Stalin, entretanto, ele não sentiu premência de estudar Hitler, Mussolini ou Franco. Teceu poucos comentários sobre os casos de agressão alemã e italiana. Chegou mesmo a escrever sobre a guerra civil espanhola quase inteiramente em termos da política externa de Stalin e das maquinações da Komintern. Seus ad-miradores de gerações posteriores trataram-no, de forma injustificada, como um intérprete abrangente de todos os grandes acontecimentos da política europeia na década de 1930.

Não há dúvida de que ele sempre havia alertado para os perigos do Terceiro Reich, desdenhando de estratégias de contenção como o esta-belecimento de frentes populares. Durante toda a década, afirmou que só a revolução comunista poderia salvar a Europa da barbárie fascista. Sustentou que nenhuma parte do mundo era invulnerável à instauração do militarismo autoritário. Tinha em mente não apenas o Japão, mas até os Estados Unidos. Mais ainda, fazia tempo que Trotski desistira de pensar na URSS liderada por Stalin como um baluarte contra o fascismo. O Politburo, declarou, estava preocupado com os interesses soviéticos internos. Stalin faria qualquer esforço para ficar longe de complicações no exterior, e seu professado compromisso com a disseminação da revolução no Ocidente era um engodo. Na realidade, segundo Trotski, Stalin contemplaria até mesmo um trato com Hitler, se isso lhe parecesse garantir a segurança da URSS e sua própria sobrevivência no poder. A política externa do Kremlin estava mudando sob os ventos que chegavam da Europa central e oriental à Rússia. Nas primeiras horas do dia 24 de agosto de 1939, Stalin esteve presente durante a assinatura de um tratado de não agressão com o Terceiro Reich, firmado por Molotov e Joachim von Ribbentrop, o ministro das Relações Exteriores da Alemanha. A parte publicamente divulgada do pacto envolveu o acordo de que os países não atacariam um ao outro e também se comprometiam a colaborar nas relações econômicas. Os protocolos secretos dividiram a Polônia em esferas de influência da União Soviética e da Alemanha. Uma bomba diplomática havia explodido no coração da Europa.

Os líderes soviéticos tinham esperança de que o tratado desviasse a atenção dos nazistas, num futuro previsível, de suas ambições agressivas em relação à URSS. Hitler invadiu a Polônia em 1º de setembro de 1939, rejeitando o ultimato conjunto dos ingleses e franceses, que exigiam que ele retirasse suas tropas. Estava iniciada a Segunda Guerra Mundial. Os alemães concluíram a ocupação do território polonês com a segurança da garantia de que a URSS não interviria contra eles. Enquanto o resto do mundo estremecia de susto diante do pacto nazi-soviético, Trotski assinalou que esse desfecho comprovava a sua profecia.[1]

Stalin só se absteve de invadir o leste da Polônia por não poder ignorar a ameaça militar permanente contra ele no Extremo Oriente. A URSS e o Japão vinham travando uma guerra de fronteira na Manchúria desde julho de 1938. O alto-comando do Exército Vermelho, liderado por Georgi Jukov, usou pela primeira vez formações com tanques numa guerra. Tratava-se de uma situação geopolítica perigosa. Se Jukov falhasse, os japoneses poderiam tentar um ataque pela Sibéria. Stalin contemplou as incertezas nos dias que se seguiram. Suas ideias clarearam quando os japoneses optaram por aumentar a expansão não para o leste, até os Urais, mas para o sul, em direção à China. Tóquio concordou com os termos de um acordo de paz em 15 de setembro. Isso liberou a liderança soviética

A Segunda Guerra Mundial 607

para deslocar suas forças para o território oriental da Polônia. Com isso, a totalidade desse país desapareceu do mapa da Europa. À medida que o Exército Vermelho concluía sua ocupação, ia prosseguindo a sovietização do território. Os líderes políticos, militares e econômicos poloneses foram presos e executados, ou mandados para a Sibéria. Os jornais de Moscou exultaram, enaltecendo o agressor Stalin como o pacificador continental e o garante da segurança da URSS.

Mal houvera tempo para que os partidos comunistas do mundo se recobrassem do seu assombro diante do tratado de não agressão, e já lhes era dito que se alegrassem com a colaboração nazi-soviética no desmembramento da Polônia. O aparelho central da Komintern obedeceu zelosamente, mas nem todos os comunistas da Europa e da América do Norte trilharam a linha oficial. Depois de passarem a década inteira fazendo campanha contra o Terceiro Reich, muitos deles preferiram deixar seus partidos a obedecer às instruções de Moscou. A URSS tinha se tornado uma aliada ativa dos nazistas em tudo, exceto no nome.

Trotski tinha dificuldade de acompanhar o curso dos acontecimentos do outro lado do Atlântico. Nem a Alemanha nem a União Soviética divulgavam exatamente o que vinha acontecendo na Polônia, e a imprensa norte-americana — sua principal fonte de informações — oferecia pouca cobertura fora de Varsóvia. Houve uma crise após a outra, com a velocidade do raio. Foram publicadas apenas três edições do *Byulleten' oppozitsii* nos doze meses posteriores à invasão alemã da Polônia. Mesmo assim, Trotski poderia ter se saído melhor. Já não se mostrou apto a reunir a verve e a capacidade de adaptação que havia exibido nas primeiras semanas da Primeira Guerra Mundial.[2] Ainda em 25 de setembro de 1939, mais de três semanas depois da *Blitzkrieg* na Polônia, pareceu-lhe apropriado insistir num longo artigo sobre os termos do tratado de não agressão de agosto; não se sentiu compelido a passar a se concentrar nos eventos militares e políticos mais recentes. O artigo repetiu melancolicamente os rudimentos do pensamento de Trotski sobre "o caráter da URSS". Admitindo que os trotskistas nunca deveriam parar de se perguntar se sua avaliação estava certa, ele declarou: "Assim como a boa dona de casa nunca permite a acumulação de teias de aranha e de lixo, o revolucionário não pode tolerar a falta de clareza, a confusão e a equivocação. Nossa casa deve manter-se limpa!"[3] Era uma retórica esfarrapada. Seu ponto principal era ainda mais esfarrapado: que o pacto nazi-soviético e a eclosão da Segunda Guerra Mundial não deveriam afetar a análise trotskista da URSS.[4]

Trotski não fez referência ao terrível destino dos poloneses que caíram sob o jugo militar conjunto. Nem uma única palavra sobre as prisões e fuzilamentos. Na verdade, ele aprovou os resultados prováveis da operação soviética:

Nossa avaliação *geral* do Kremlin e da Komintern não altera, entretanto, o fato específico de que a estratificação das formas de propriedade nas áreas ocupadas é, em si mesma, uma medida progressista. Tem de haver um franco reconhecimento disso. Se amanhã Hitler virasse suas forças para uma frente voltada para o leste, a fim de estabelecer a "ordem" no leste da Polônia, os trabalhadores avançados defenderiam de Hitler as novas formas de propriedade introduzidas pela burocracia bonapartista soviética.[5]

Essa terminologia confusa veio da tentativa de dizer algo que, em certo nível, até ele considerava desagradável. O que não o impediu de dizê-lo. Atendo-se à sua compreensão esquemática da guerra, ele não deu margem à solidariedade para com as vítimas humanas.

Para Trotski, o importante era que a guerra destruísse a estabilidade política da Europa e produzisse a "revolução proletária". O que havia acontecido na Rússia durante a Primeira Guerra Mundial voltaria a acontecer em outros locais na Segunda. A diferença era que agora existia a ordem soviética. Trotski conclamou seus seguidores a apoiarem a defesa da URSS de todas as maneiras que pudessem. Não era uma convocação a que colaborassem com os partidos comunistas da Terceira Internacional. Ele estipulou que os trotskistas só deveriam lutar pela União Soviética na medida em que isso contribuísse para os preparativos da revolução mundial.[6] Nunca explicou como seria possível pôr em prática essa política. Simplesmente recordou que ele e Lenin haviam trabalhado com a pressuposição de que seria possível criar governos revolucionários em toda a Europa em 1918-1920. A Alemanha, a Itália, a Hungria e a Tchecoslováquia tinham tido suas agitações naquela época. Depois, o po-

A Segunda Guerra Mundial

derio capitalista se reafirmara. Trotski não pôde excluir a hipótese de que a mesma frustração das intenções comunistas viesse a se repetir depois da Segunda Guerra Mundial. E se as classes trabalhadoras desapontassem as expectativas? Trotski enfrentou essa possibilidade com uma franqueza que não havia manifestado antes. Admitiu que, se a URSS sobrevivesse à guerra mundial sob a liderança de Stalin, "seria necessário estabelecer em retrospectiva que, em seus traços fundamentais, a URSS atual foi precursora de um novo regime de exploração em escala internacional".

Era uma conclusão profundamente perturbadora. A burocracia soviética se haveria consolidado com tanta força que teria adquirido as características de uma classe social.[7] Trotski lidou discursivamente com esse tema. Assinalou que o teórico político Bruno Rizzi havia equiparado a Alemanha nazista e a URSS como exemplos do mesmo fenômeno: o totalitarismo. Trotski não conseguiu repudiar prontamente essa ideia, mas afirmou que o totalitarismo era "um estado de crise aguda e não um regime estável".[8]

Estava tentando descobrir motivos de otimismo e continuou a insistir na prioridade de preservar a ordem soviética básica. Fez apenas uma importante ressalva:

> Para nós, a defesa da URSS coincide com a preparação da revolução mundial. Só são aceitáveis os métodos que não contradigam os interesses da revolução. A defesa da URSS relaciona-se com a revolução socialista mundial assim como uma tarefa tática se relaciona com uma tarefa estratégica. A tática está subordinada ao objetivo estratégico e de modo algum pode colocar-se em contradição com ele.[9]

Trotski recusou-se a especular sobre as futuras vicissitudes e, não estando no poder, pôde ser tão opaco quanto lhe agradava:

> Esse tipo de "defesa da URSS", é claro, diferirá, tal como o céu da terra, da defesa oficial que vem sendo atualmente conduzida sob o lema "Pela Pátria! Por Stalin!" A *nossa* defesa da URSS é conduzida sob o lema "Pelo Socialismo! Pela Revolução Mundial! Contra Stalin!"[10]

Isso tratava-se de sinais de fumaça, e não uma orientação prática do Velho que pudesse ter serventia para a Quarta Internacional.

Na mesma edição do *Byulleten' oppozitsii*, ele voltou à sua habitual ridicularização de Stalin. Retratou Hitler como o amo agressivo, e Stalin, como o servo obediente. Até o fim da vida, continuou a subestimar seu inimigo no Kremlin. Descartou a ideia de que Stalin se estivesse comportando com autonomia nas relações internacionais nessa época. Até a queda da França, em maio de 1940, na verdade, a União Soviética extraiu tantos benefícios econômicos e militares dos acordos com Hitler quanto fez o Terceiro Reich no sentido inverso.[11]

Àquela altura, Trotski havia mergulhado em mais uma controvérsia. Stalin, depois de devorar o leste da Polônia, voltou a atenção para a Estônia, a Letônia e a Lituânia. Nos termos do pacto de não agressão entre nazistas e soviéticos, conforme as modificações de 28 de setembro de 1939, esses três Estados enquadravam-se na esfera de influência da URSS. O Kremlin expediu ameaças a seus governos. Os ministros do Báltico foram convocados a Moscou, onde a intimidação foi direta e brutal: eles foram informados de que não sairiam vivos de lá se não assinassem um pedido de incorporação à União Soviética. Aterrorizados, os governos cederam. Em junho de 1940, O Exército Vermelho e o NKVD deslocaram-se para esses países, a fim de realizar uma "sovietização" completa. Stalin esperava a mesma submissão da Finlândia, mas deparou com uma resistência severa e inesperada. O Exército Vermelho recebeu ordens de partir para a ofensiva em 30 de novembro de 1939. As forças finlandesas o repeliram. Stalin enfureceu-se ao saber desse revés inesperado. Já fora anunciado um governo soviético-finlandês, chefiado por Otto Kuusinen, um integrante da Komintern. A "Guerra do Inverno" transformou-se num impasse militar até março de 1940, quando os finlandeses concordaram em manter conversações de paz. O resultado foi o tratado que deslocou a fronteira da URSS, que até então ficara a menos de uma hora de trem de Leningrado, para centenas de quilômetros mais ao norte.

Mesmo depreciando a competência do Kremlin, Trotski havia aprovado inteiramente a campanha militar soviética, em princípio. Afirmou que a "sovietização" levaria benefícios inestimáveis à Finlândia. A Minoria do Partido dos Trabalhadores Socialistas de Nova York — a

A Segunda Guerra Mundial

maior organização trotskista então sobrevivente no mundo — objetou a isso, execrando o que chamou de "imperialismo stalinista" e rejeitando a sugestão de Trotski de que o Exército Vermelho havia desencadeado uma guerra civil na Finlândia.[12] O que havia ocorrido fora a resistência nacional finlandesa contra a invasão. Até a Maioria, cujos membros haviam ladeado com Trotski, questionou as informações e a análise dele.[13] Trotski recusou-se a ceder. Numa carta a Joe Hansen, assinalou que até os mencheviques haviam admitido que a Guerra Soviético-Polonesa de 1920 tinha levado à guerra civil em toda a Polônia. Insistiu em que o mesmo havia acontecido na Finlândia. Continuou a torcer por uma vitória do Exército Vermelho e por uma insurreição comunista finlandesa, até ser firmado o tratado de paz entre Moscou e Helsinque.[14]

Ao mesmo tempo, atacou os camaradas que tomavam partido na guerra europeia. Sua inflexibilidade intelectual estava aumentando. Ele se mostrava paralisado por lembranças da Grande Guerra, quando, assim como o resto da Esquerda de Zimmerwald, havia rogado pragas contra todas as nações beligerantes. A Alemanha e a Áustria imperiais tinham sido tão ruins quanto a Grã-Bretanha, a França e a Rússia imperiais. Trotski repetiu acontecimentos da história comunista anterior — e, como sempre, fez uma descrição tendenciosa. Relembrou a disputa de Brest-Litovsk entre os bolcheviques, em 1918, quando Bukharin havia defendido a guerra revolucionária, apesar da fraqueza militar do governo soviético. (Deixou de mencionar que ele mesmo adotara uma posição mais próxima da de Bukharin que da de Lenin.)[15] Lenin dera preferência a uma paz separada com as Potências Centrais, como meio para salvar a Revolução de Outubro; também havia estipulado que, se eclodisse uma revolução socialista na Alemanha, o Exército Vermelho deveria ser mandado para ajudar os revolucionários alemães, mesmo que isso envolvesse o sacrifício do "poder soviético" na Rússia. Trotski queria aplicar a estratégia de Lenin na Segunda Guerra Mundial. Se os trabalhadores alemães se erguessem contra Hitler, escreveu a Shachtman, "diremos: 'devemos subordinar os interesses da defesa da União Soviética aos interesses da revolução mundial'".[16]

Trotski frisou não estar conclamando "um apoio incondicional ao Kremlin".[17] Essa era uma afirmação justificável, no nível formal. Mas era um argumento capcioso em 1939-1940, quando não havia a mais remota possibilidade de uma revolta do proletariado alemão. O controle nazista da sociedade nunca estivera mais garantido. Na realidade, Trotski estava expressando, sub-repticiamente, um compromisso absoluto com a defesa da URSS. Dispôs-se a admitir um debate franco sobre o assunto e insistiu em que não se aplicassem sanções organizacionais à Minoria do Partido dos Trabalhadores Socialistas. Não deveria haver uma proibição de facções e a Minoria poderia até publicar um boletim interno no partido. Disse Trotski a Hansen: "Mas não somos burocratas, de modo algum. Não temos regras imutáveis. Somos dialéticos também no campo organizacional."[18] O debate resultante não convenceu Shachtman, que sustentou suas críticas à política de Trotski sobre a Ucrânia e sobre o tratado nazi-soviético e a Finlândia. Trotski escreveu ao "meu caro amigo" em dezembro de 1939, dizendo que gostaria de poder ir a Nova York por dois ou três dias e convencê-lo cara a cara. Como alternativa, será que Shachtman não poderia ir a Coyoacán? Trotski o cobriu de elogios e pedidos. Mas, no fim, não pôde deixar de ser provocador. Disse a Shachtman que ele estava "do lado errado das barricadas" e "encorajando todos os elementos pequeno-burgueses e antimarxistas a combaterem nossa doutrina".[19] Trotski havia manifestado uma propensão à vituperação e à ridicularização desde sua juventude revolucionária em Nikolaev. Ela nunca o abandonou.

Seus seguidores haviam se tornado trotskistas por acharem que ele era o maior antifascista do mundo. No entanto, ali estava Trotski dizendo que o Terceiro Reich e a França republicana eram igualmente ruins. As tensões no Partido dos Trabalhadores Socialistas se intensificaram. Trotski começou a temer que eles se retirassem da Quarta Internacional. Disse a Joe Hansen, seu cúmplice mais fiel em Nova York, que lutasse para impedir uma cisão internacional.[20] Pelo menos nesse aspecto, agiu de modo mais parecido com ele mesmo do que com Lenin na Primeira Guerra Mundial. Acrescentou: "Por meu lado, creio que o prolongamento da discussão, se ela for canalizada pela boa vontade de ambos os lados, só poderá servir à educação do partido, nas condições atuais."[21] Mas Shachtman já não estava se importando, e se retirou da facção pró-Trotski do trotskismo norte-americano, para nunca mais voltar. Trotski tinha sido o grande unificador da social-democracia russa antes de 1914. Agora, fazia inimigos de forma desnecessária. Tinha se transformado no Lenin da sua própria Internacional em tempos de guerra. A diferença era que a Segunda Guerra Mundial não lhe proporcionava nada parecido com uma situação revolucionária explorável como a que ele e Lenin tinham tido em 1917.

A França sucumbiu à *Blitzkrieg* alemã em maio de 1940. Seguiu-se a ocupação militar, e os trotskistas franceses, que já vinham tendo que agir em sigilo por causa de sua política antibelicista, tiveram que defender a própria vida. O trotskismo como movimento mundial foi duramente atingido. Os camaradas alemães tinham sido eliminados em 1933; agora, os franceses foram dispersados. Os ingleses, holandeses e belgas nunca tinham sido muito importantes na Quarta Internacional. Isso deixou os norte-americanos como o único grupo trotskista dinâmico a trabalhar com liberdade — e ele vinha sendo perturbado por suas divisões internas, cada vez maiores. A principal preocupação de Trotski, como sempre, foi com a URSS. Ele atribuiu a culpa pela capitulação da França não ao governo francês ou às suas forças armadas, mas a Stalin. A derrocada, afirmou, tinha sido resultado direto da política de frentes populares do Kremlin. Supostamente, a União Soviética havia "desorientado e desanimado" as "massas" da Europa, ao abandonar a estratégia da revolução. Em 1939, Stalin tinha se transformado num "agente provocador a serviço de Hitler". Trotski fez a previsão correta de que a fase seguinte da guerra europeia seria uma luta entre a URSS e o Terceiro Reich. A ineficiência do Exército Vermelho no conflito com a Finlândia havia encorajado Hitler. A defesa da URSS estava insegura nas mãos de Stalin. Trotski repetiu sua conclamação para que "a gangue totalitária moscovita" fosse retirada do poder.[22]

Houve um único grande tema em que ele mudou de posição. Até a Segunda Guerra Mundial, opusera-se resolutamente aos apelos em prol da criação de um Estado judaico na Palestina. Numa carta a Albert Glotzer, em fevereiro de 1939, descreveu esse Estado como "uma bela armadilha" para os judeus. Mas reconheceu os perigos crescentes para a população judaica no mundo inteiro, e disse a Glotzer, que era morador de Nova York: "Com o declínio do capitalismo norte-americano, o antissemitismo se tornará cada vez mais terrível nos Estados Unidos — mais importante que na Alemanha, pelo menos."[23] Convém lembrar essa profecia falha quando se faz a defesa dos brilhantes poderes de previsão de Trotski. Em menos de um ano, ele havia mudado de ideia sobre a Palestina. Embora reafirmasse que somente a revolução socialista proletária traria uma solução para a questão judaica, sugeriu que um governo revolucionário poderia concordar em conceder um Estado independente aos judeus.[24] A barbárie alemã contra a população judaica europeia desgastou a perene hostilidade de Trotski à ideia de uma pátria para os judeus no Oriente Médio. Ele não admitiu ter se enganado no passado; e não disse com exatidão onde esse Estado poderia situar-se. Mas foi uma mudança importante de opinião.

Suas ideias foram ficando nitidamente excêntricas. O Partido dos Trabalhadores Socialistas acostumara-se a ler suas condenações absolutas aos participantes da Komintern. Em 12 de outubro de 1939, Trotski escreveu a J. B. Matthews, investigador-chefe da Comissão Congressual dos Estados Unidos para Investigação de Atividades Antiamericanas (que vinha investigando a subversão estrangeira da Constituição do país), oferecendo-se para depor como testemunha contra a liderança do Partido Comunista dos Estados Unidos. Sua única condição foi que as perguntas lhe fossem antecipadamente remetidas.[25] Ao mesmo tempo, manifestou sua satisfação pelo fato de os partidos da Komintern, seguindo instruções de Stalin, permanecerem neutros em relação às partes beligerantes da guerra europeia. De repente, em junho de 1940, Trotski sugeriu a necessidade de construir pontes com a Komintern. Censurou os líderes trotskistas de Nova York por continuarem com seus ataques incondicionais ao Partido Comunista dos Estados Unidos; insistiu em que "os stalinistas são uma parte legítima do movimento dos trabalhadores" e "têm grande coragem". Por isso, a Quarta Internacional deveria tentar separar a "base" da liderança comunista oficial.[26] Trotski insistiu em que não havia perdido sua bússola intelectual e política, e conclamou seus seguidores a viverem como "militaristas proletários revolucionários", pois um dia, num futuro próximo, poderiam ter de pegar em armas contra os invasores da URSS.[27] Era perdoável que os trotskistas de Nova York pensassem que ele estava se tornando um guia pouco confiável na política da extrema esquerda.

Em 9 de julho de 1940, Trotski escreveu a Albert Goldman propondo que o Partido dos Trabalhadores Socialistas abandonasse os *slogans* que pediam "um plebiscito popular sobre a guerra". Isso se coadunava com seu desejo de impedir que o movimento trabalhista apoiasse o Reino Unido contra a Alemanha. Ele continuou a pedir que a Quarta Internacional, assim como a Komintern, se opusesse à entrada dos Estados Unidos na guerra do lado britânico. Sua esperança era que a campanha pelo plebiscito permitisse ao partido explicar aos trabalhadores norte-americanos "a inutilidade de sua democracia".[28]

Entrementes, Trotski continuou convencido de que a URSS não entraria ativamente na guerra mundial do lado do Terceiro Reich.[29] Nem mesmo ele podia imaginar que Stalin se permitisse descer tão baixo. Nunca explicou por quê: simplesmente externou um sentimento intuitivo. O amor à URSS, apesar de suas falhas, continuava profundamente arraigado em seu coração. A última vez que ele escreveu sobre questões soviéticas foi ao despachar uma mensagem aberta, impressa em papel finíssimo, "do distante México aos trabalhadores, aos colcozianos [componentes dos colcozes, ou fazendas coletivas], aos soldados do Exército Vermelho e aos marinheiros da Frota Vermelha da URSS", na primavera de 1940. O texto incluiu a declaração fervorosa do seu desejo de contribuir para a defesa da URSS. Foi a tentativa desesperançada de um homem que devia saber que nenhuma carta sua chegaria às pessoas a quem as estava endereçando. Ou talvez, àquela altura, ele estivesse inteiramente isolado da realidade. De qualquer modo, previu que a imprensa de Stalin declararia que os portadores da sua mensagem tinham sido agentes do imperialismo.[30] Não poderia ter se enganado mais. A imprensa soviética não lhe deu absolutamente a menor atenção, e é provável que a mensagem tenha fracassado por completo na tentativa de chegar a seu destino.

51. O assassinato

Stalin não se esquecera de Trotski, embora fizesse anos desde a última vez que o *Pravda* havia escrito sobre suas atividades. O Grande Terror havia terminado no último mês de 1938 e nem um único inimigo de Stalin sobrevivera na política soviética. Apenas Trotski continuava em operação e, embora a Quarta Internacional fosse fraca e estivesse dividida, Stalin estava decidido a eliminá-lo. Na verdade, tinha obsessão por ele. A imprensa soviética chamava Trotski de o mais maléfico "inimigo do povo" sediado no exterior. Apesar de ter poucas ilusões quanto aos riscos de sua situação, Trotski se recusava a se preocupar com sua segurança pessoal. Ignorando os conselhos de seus auxiliares, continuava a receber sozinho perfeitos estranhos em seu gabinete.[1] Expressava confiança em que ninguém conseguiria violar as precauções que eram tomadas em seu benefício. Ninguém, dizia ele, se arriscaria a morrer na tentativa de assassiná-lo.[2]

A casa da Avenida Viena tornou-se uma mistura de vila e fortaleza. Construíram-se uma torre de vigia na entrada e salas de guarda junto à parte interna do muro do lado norte. O casal Trotski ocupava cômodos situados na parte mais interna do pátio, a fim de aumentar a proteção. Entre esses cômodos incluíam-se o quarto de Seva, o quarto de Lev e Natalia e o gabinete de Trotski. Sua biblioteca, a sala de jantar comum, a cozinha e o banheiro ficavam junto à parede que dava para o leste.[3] No pátio, criavam-se coelhos e galinhas para complementar a dieta dos moradores. Várias árvores cresciam no jardim; havia um eucalipto no centro, além de uma grande quantidade de flores. Os tijolos e a arga-

O assassinato 617

massa da casa eram do tipo tradicional mexicano, forte o bastante para repelir tiros de metralhadora, ainda que não resistissem à explosão de uma bomba. Instalou-se um sistema elétrico de alarme. Ergueram-se guaritas para os guardas policiais, do lado de fora da casa. Trotski sabia que não poderia torná-la inexpugnável, mas já não se incomodava. O filósofo da vontade revolucionária estava sucumbindo ao fatalismo. Já não se importava em deixar a cargo de terceiros erigir a construção sobre as bases políticas que ele havia lançado.

Houve momentos em que perdeu a compostura. Em fevereiro de 1938, quando ainda morava na Casa Azul, ele viu uns sacos grandes de fertilizantes chegarem para Rivera e inferiu que aquela substância química se destinava a ser usada como explosivo. O entregador afirmou que os sacos tinham sido enviados pelo ministro das Comunicações, o general Mugica. Quando se constatou que isso não era verdade, Trotski mudou-se da casa por vários dias.[4] Também agiu com certa cautela a respeito do que escrevia a líderes trotskistas em outros locais: tinha a preocupação justificada de que agentes do Kremlin houvessem obtido acesso a sua correspondência, e por isso usava pseudônimos ao escrever cartas. No entanto, não era muito criativo a esse respeito; era comum assinar suas cartas como o Velho, nome que havia usado intermitentemente desde a Turquia. Às vezes se autodenominava Tio Leon — outro cognome transparente.[5] Também se assinava muitas vezes como Crux, Onken, Vidal e Lund. Tinha de lutar contra os agentes de Stalin que tentavam infiltrar-se em seu círculo. Também continuava sob a vigilância da polícia mexicana e da embaixada dos Estados Unidos. Entre esses observadores, Stalin era o único que queria vê-lo morto, e Trotski começou a reconhecer que o NKVD acabaria conseguindo realizar o desejo de seu chefe. Uma tristeza interna começou a se abater sobre ele. Em certa ocasião, Trotski se referira às suas condições de residência na França como "uma situação prisional"; havia detestado a maneira como a Sûreté restringia seus movimentos.[6] No México, eram seus próprios seguidores que insistiam em confiná-lo, e os perigos eram óbvios demais para que ele resistisse.

De qualquer modo, Trotski acreditava que os problemas de saúde, e não a bala de um assassino, é que poderiam liquidá-lo. Manuscreveu o seu "testamento" em 27 de fevereiro de 1940, quatro meses após completar 60 anos. Isso foi depois que o dr. Zollinger, o médico da família no México, submeteu-o a mais um de seus *check-ups* regulares. Natalia culpou o médico por ter feito seu marido ficar mentalmente deprimido. Zollinger negou que tivesse dado algum veredicto pessimista, o que os comentários de Trotski parecem confirmar. Natalia providenciou outro exame clínico, com a intenção de animá-lo.[7] Embora seu humor tenha melhorado, ele continuou a redigir o testamento. Incluiu poucos detalhes, dizendo apenas que todos os seus bens e sua renda futura deveriam ficar para Natalia. (Não disse o que deveria acontecer se ela morresse primeiro.) Numa nota, acrescentou: "Minha pressão sanguínea elevada — e cada vez mais alta — tem enganado os que me são próximos a respeito do meu verdadeiro estado de saúde. Sinto-me ativo e apto a trabalhar — mas é evidente que o clímax está perto." Ele tinha a expectativa de morrer de uma hemorragia cerebral. Isso era apenas um palpite, uma vez que se recusava a ler textos de livros de medicina e desconfiava que os médicos não eram francos ao lhe dar informações. A se tornar um inválido desamparado, preferiria cometer suicídio; tinha um acordo com Natalia a esse respeito.

Trotski admitiu haver cometido erros políticos, mas declinou de declarar quais tinham sido. Não houvera, afirmou, "nem uma só mácula na minha honestidade revolucionária", e acrescentou: "Morrerei como revolucionário proletário, marxista, materialista dialético e, por conseguinte, um ateu irreconciliável. Minha confiança no futuro comunista da humanidade não é menos fervorosa, e é até mais firme hoje do que nos meus dias de juventude." A seu ver, isso lhe dava "poderes de resistência" maiores que os proporcionados por qualquer religião. Agradeceu aos amigos sua lealdade e prestou uma homenagem a Natalia: "Durante os quase quarenta anos de nossa vida conjugal, ela se manteve como uma fonte inesgotável de amor, magnanimidade e ternura. Suportou enormes sofrimentos, especialmente no último período de nossas vidas. Mas encontro certo consolo no fato de que ela também conheceu dias felizes."[8] Trotski havia superado suas próprias distrações do coração.

Seu moral elevou-se quando ele voltou a trabalhar na biografia de Stalin, nos artigos para o *Byulleten' oppozitsii* e nas disputas com seus críticos do Partido dos Trabalhadores Socialistas. As refeições comunais permitiam-lhe conversar sobre os grandes assuntos do momento. Ele passeava pelos jardins de casa para ver como o empregado contratado estava fazendo seu trabalho.[9] Era pessoalmente responsável pela alimentação dos coelhos. Também mantinha uma correspondência animada, e as pessoas do seu círculo pararam de se preocupar com seu estado mental. Novos recrutas chegaram ao México e foram solicitados a desempenhar funções apropriadas a seus talentos. Dois deles viriam a adquirir certa fama no ano de 1940. Robert Sheldon Harte era um jovem norte-americano que ofereceu seus serviços como guarda. Bob, como todos o chamavam, tinha 25 anos e era um sujeito simpático. Sem ser intelectual, executava sem reclamação qualquer tarefa que lhe fosse atribuída. Conversava amavelmente na hora das refeições. Outra recém-chegada foi Sylvia Ageloff. Norte-americana naturalizada e secretária qualificada, ela executava tarefas técnicas para Trotski. Ao contrário de Harte, morava fora da residência. Era uma mulher sem maior beleza física, com 30 anos de idade e sem grande sucesso com os homens. Era muito ponderada na política e, apesar de pertencer ao círculo trotskista, tomou o partido da Minoria na disputa entre os trotskistas norte-americanos.

No inverno de 1939-1940, o trotskista norte-americano Alexander Buchman, um fotógrafo, foi ao México oferecer ajuda. Tinha conhecimentos especializados para reformar a fiação elétrica e reconstruir o sistema de alarme, a fim de que fosse possível impedir invasões da casa e estabelecer uma ligação com a delegacia de polícia local. Em meados de abril de 1940, ele deixou suas funções e foi substituído por Harte.[10] Foi uma mudança fatídica de pessoal. Harte não era nada do que parecia. Era agente soviético, pertencente ao Partido Comunista dos Estados Unidos. Sua missão era manter contato com um bando mexicano de assassinos, reunido pelo pintor David Alfaro Siqueiros, apoiador vigoroso da Komintern. Siqueiros, como Rivera, era muralista. Como veterano da guerra civil espanhola, também era experiente no manejo de armas e estava ansioso por perpetrar um ataque contra o pior inimigo de Stalin.

Os tiros começaram antes do amanhecer de 24 de maio, quando Siqueiros e cerca de vinte homens armados entraram pelo portão externo da Avenida Viena.[11] Isso não deveria ser possível, mas Harte estava de serviço e os deixou entrar. Os policiais do lado de fora da casa não criaram nenhuma dificuldade, deixando tudo por conta de Harte. O bando de Siqueiros chegou usando uniformes militares. Posteriormente, os policiais disseram que isso os impediu de perceber alguma necessidade de intervir.[12] Uma vez no interior do pátio, eles se dirigiram à área aberta ao lado do lugar onde Trotski trabalhava e dormia. Durante vários minutos, dispararam furiosamente nessa direção. Trotski e Natalia mergulharam embaixo da cama. As balas passaram raspando e Natalia se jogou em cima do marido para protegê-lo. O plano simplista de ataque do bando era disparar uma rajada concentrada de tiros contra a residência e sair de lá o mais rápido possível, protegido pela escuridão. Todos fugiram para seus dois carros enormes, sem saber se haviam logrado êxito. Trotski e Natalia correram para o quarto ao lado, onde ficava Seva. Ao ouvirem o menino chorar, ficaram aliviados por descobrir que ele levara apenas um tiro de raspão no pé. Todos os moradores se reuniram no pátio, tentando descobrir onde suas precauções teriam falhado. Havia outro mistério: por que o bando havia sequestrado Robert Sheldon Harte?

A polícia mexicana mostrou-se decidida a fazer uma investigação metódica. As identidades dos atiradores não eram conhecidas, embora Siqueiros já fosse o principal suspeito. Desconfiou-se até de Rivera, por causa da amizade rompida com Trotski. Os grandes pintores pareceram especialmente suspeitos. Siqueiros e alguns de seus cúmplices fugiram para a região serrana nas proximidades de Tacuba, na zona noroeste dos arredores da Cidade do México. Seu atentado tinha sido de um amadorismo quase cômico. Eles tiveram que ouvir o rádio para descobrir se haviam ou não matado Trotski.

O coronel Leandro A. Sánchez Salazar, um profissional excelente, chefiou essa investigação policial. O governo Cárdenas vinha fazendo um grande esforço para impedir qualquer incidente como o que acabara de ocorrer, e Salazar tinha sido encarregado da proteção de Trotski. Foi tirado da cama, minutos depois do tiroteio, e ainda não havia amanhecido quando chegou à casa. O portão lhe foi barrado: os residentes temiam que pudesse haver outro ataque iminente e estavam juntos no jardim, com as armas preparadas. Salazar negociou uma permissão para entrar. O pequeno Seva, com o pé enfaixado, estava brincando ao ar livre. A luz começava a despontar no céu e havia uma estranha atmosfera de calma. Trotski, com o robe por cima do pijama, saiu com Natalia para cumprimentar Salazar. O casal parecia tão impassível que o coronel se perguntou se o tiroteio teria sido uma farsa.[13] Se tivesse lido seus livros de história, saberia que Trotski havia experimentado situações muito mais perigosas do que essa na guerra civil da Rússia soviética.

Salazar e seus colegas formularam duas hipóteses em seu interrogatório dos residentes. A descrição do líder do bando correspondia de perto à de Siqueiros. Além disso, o pintor havia desaparecido misteriosamente. Costumava ser uma figura de destaque nos restaurantes e bares da Cidade do México. Iniciou-se uma caçada humana. Os integrantes da comitiva de Trotski se dispuseram a aceitar o palpite da polícia sobre o pintor. A segunda hipótese não os agradou. Era a de que Harte teria sido cúmplice de Siqueiros. Os policiais não viam como Siqueiros poderia ter feito o ataque sem um colaborador interno, porque não havia qualquer sinal de luta.[14] Os residentes acolheram com condescendência as suposições da polícia sobre Harte. Davam-se bem com Bob, que havia demonstrado completa lealdade à causa. Recusaram-se a aceitar que alguém que enunciava os lemas de Trotski pudesse ser um Judas. O papel dele no clima de camaradagem da casa certamente não tinha sido falso. As implicações eram chocantes demais para ser consideradas. Se Bob Harte era traidor, quem mais no círculo de Trotski poderia estar à espreita, com as mesmas intenções? Essa recusa a enfrentar a possibilidade de uma infiltração estava prestes a ter consequências fatais.

Nem todos os trotskistas eram ingênuos. Bob Harte, com a concordância de todos, não mantivera o sistema elétrico de segurança em funcionamento na noite do ataque, e até Natalia, que acreditava na inocência do rapaz, lembrou como ele tinha sido displicente no que concernia à segurança.[15] Herbert Solow escreveu para assinalar suas suspeitas a Trotski no dia 14 de junho. Também mencionou que um grupo de stalinistas fora detectado em Tacuba, a apenas 6 quilômetros do centro da Cidade do México. Era um lugar estranho para eles morarem. Solow insistiu em que Trotski fizesse a polícia empreender uma investigação imediata. Enquanto isso, exortou todos os moradores da casa da Avenida Viena a se manterem calados quanto ao desaparecimento de Harte.[16]

622   Parte IV: 1929–1940

O destino de Harte veio à tona quando moradores locais encontraram um cadáver numa casa de adobe nas cercanias de Tacuba. Siqueiros e sua limusine tinham sido avistados nas serras próximas, porém, até esse momento, a polícia ainda não conseguira pôr as mãos neles. A investigação revelou prontamente alguns detalhes interessantes. Siqueiros e seus amigos haviam alugado essa casa por três meses, pelo valor de 45 pesos. Ficou claro que era lá que os conspiradores tinham montado sua base, embora ainda restasse descobrir muitas coisas sobre esse episódio. Um Packard preto, com placa de Nova York, tinha sido avistado ali, nas semanas anteriores. Siqueiros fora visto no centro da cidade com um carro da mesma marca.[17] As autoridades aproximaram-se da casa com cuidado, para evitar eventuais armadilhas. Os policiais estavam armados até os dentes, mas, quando chegaram, todos haviam fugido da casa, e Siqueiros já vinha fazendo declarações públicas para professar sua inocência de qualquer envolvimento no atentado contra a vida de Trotski. O conteúdo da casa de adobe foi revirado. As terras circundantes foram vasculhadas. Reforços policiais invadiram a vizinhança como um enxame. O cadáver, toscamente coberto de cal, foi identificado como sendo de Robert Sheldon Harte.

O coronel Salazar julgou haver confirmado a validade de sua segunda hipótese. Siqueiros levara Harte consigo como cúmplice e, por alguma razão, tinha decidido assassiná-lo. Era possível que houvesse cumprido ordens de Moscou. Uma explicação alternativa era que Siqueiros tinha entrado em pânico por ter de cuidar de Harte enquanto a polícia procurava por ambos. Quando voltou a aparecer na Cidade do México, Siqueiros foi detido e interrogado. A polícia não tinha provas de que ele houvesse assassinado Harte. Siqueiros enfrentou tudo com desfaçatez e negou haver entrado na casa e desferido um ataque, apesar de todos os indícios contra ele. Sua fama como pintor facilitou-lhe as coisas, embora ele não tenha escapado inteiramente à punição. Quando foi a julgamento, em 1941, Trotski estava morto e o governo mexicano viu-se embaraçado com a possibilidade de que um dos maiores pintores do país fosse condenado a anos de prisão. A decisão foi sumir com ele do México e mandá-lo para o Chile, onde ele passou dois anos, antes de regressar cautelosamente, em 1943, e retomar sua tempestuosa carreira pública.[18]

O assassinato

Trotski ficou abalado com o incidente na casa e começou a andar de um lado para o outro, dizendo "estou cansado, estou cansado".[19] No fim de julho, sofreu uma recaída de "sua velha e misteriosa doença"; não teve febres altas, mas sentiu dores nas costas e sua temperatura se elevou. No dia 11 de agosto, já havia melhorado e passava menos tempo de cama.[20] Voltou a ditar *Stalin* e a manter uma correspondência vigorosa com simpatizantes políticos e outras pessoas. Havia momentos em que mal conseguia conter sua raiva e frustração, e ele desabafava despachando cartas ríspidas para seu tradutor em Nova York, Charles Malamuth. Animava-se com a visita de admiradores, em geral provenientes dos Estados Unidos; raramente deixava escapar uma oportunidade de expor sua defesa da Quarta Internacional e sua oposição ao stalinismo. Não se passava um dia sem que reservasse algum tempo para ler alguma coisa sobre história ou sobre as questões do momento. A narrativa de Alexander Yegorov sobre o setor sul da frente contra a Polônia, na guerra de 1920, estava em sua escrivaninha — fazia exatamente vinte anos desde aquela fatídica campanha de verão. Inesperadamente, Trotski recebeu pelo correio um presente de um admirador: um dicionário de gírias da língua inglesa. Experimentou usar algumas das expressões impolidas que aprendeu. No dia 20 de agosto, escreveu a seu seguidor Hank Schultz para expressar sua admiração por esse trabalho.[21] Também preparou o rascunho de um artigo sobre "Bonapartismo, Fascismo, Guerra".[22] Estava bem-disposto e se comprazendo.

Sua comitiva vinha trabalhando duro para aprimorar as medidas de segurança, depois do ataque de Siqueiros. Joe Hansen listou-as numa carta ao companheiro trotskista Farrell Dobbs. A equipe comprou dois revólveres usados. Encomendou portas à prova de balas para o quarto dos Trotski. Fechou algumas janelas com tijolos e grades; acelerou a construção de uma torre de vigia adicional, no canto noroeste do muro da Avenida Viena. Construiu novas salas de guarda. Refez todo o sistema de fiação elétrica e instalou quatro cabines externas para policiais.[23] Os defensores pretendiam tornar inexpugnável aquela vila-fortaleza.

A carta de Trotski a Schultz viria a ser a última que ele ditou, e o artigo sobre o bonapartismo, o fascismo e a guerra teria de ser editado por outra pessoa que não ele.[24] Após uma manhã movimentada, no dia 20 de agosto, ele fez sua sesta normal. Tinha apenas mais um compromisso de trabalho nesse dia. Havia concordado em ter uma reunião particular, à tarde, com um homem a quem conhecia por Jacson. Era o namorado da secretária ocasional de Trotski, Sylvia Ageloff. Jacson a acompanhava com frequência à residência e às vezes deixava seu carro para ser usado pelo pessoal de Trotski, quando se ausentava em suas viagens comerciais. Certa feita, havia aparecido para entregar uma caixa de doces a Sylvia. Às vezes chegava quando Trotski estava fazendo a sesta. Variava seus horários, sem dúvida procurando avaliar a sequência da rotina doméstica.[25] Na tentativa de provar sua seriedade política, ele tinha acompanhado Sylvia, pouco tempo antes, a um encontro com Trotski, no qual ela havia exposto a posição da Minoria na disputa entre os trotskistas norte-americanos. Jacson havia feito alguns comentários e rido. Trotski encerrara a discussão após cerca de 15 minutos, dizendo que precisava alimentar seus animais. Antes de ir embora com Sylvia, Jacson lhe pedira para examinar o projeto de um artigo que queria escrever. Trotski havia concordado. O assunto era a estatística da economia francesa. Trotski não via grande mérito no projeto, que lhe parecia primário e pouco convincente. Mas tinha dado sua palavra de que discutiria o conteúdo com Jacson.

Nem todas as pessoas próximas dele gostavam de Jacson (mas, como de praxe, Trotski foi de uma ingenuidade incorrigível e não alimentou desconfianças.). Natalia se perguntava por que Jacson nunca dizia o nome do negociante rico e desonesto para quem supostamente trabalhava. Alfred e Marguerite Rosmer inquietavam-se com ele e perguntaram repetidas vezes por que ele nunca revelava em que setor comercial trabalhava; os dois notaram que ele falava de maneira muito evasiva sobre quase tudo.[26]

Ao chegar a casa, Jacson foi admitido como um camarada de confiança. Natalia perguntou-lhe por que estava de capa de chuva numa tarde ensolarada. Na região em torno da Cidade do México, o mês de agosto pode trazer fortes temporais, especialmente no final da tarde, e Jacson respondeu que se esperava uma chuvarada.[27] O que ninguém sabia era que ele carregava uma picareta de alpinista e um punhal comprido no bolso.[28] Havia serrado o cabo da picareta para torná-la menos detectável. Sua intenção era praticar o crime sem fazer barulho, no escritório de Trotski, e sair depressa, antes que o apanhassem. Se usasse uma arma

O assassinato 625

de fogo, o barulho seria ouvido e ele seria capturado: era possível até que um guarda lhe desse um tiro. Sozinho com Trotski, aproveitaria a primeira oportunidade, com a picareta ou o punhal, para cometer o crime. Era um homem forte e saudável,[29] bem treinado e de cabeça fria. Tinha um compromisso com a causa da Komintern.[30] E vinha mantendo contato com oficiais dos órgãos de segurança soviéticos, sob o comando de Natan Eitingon, em solo mexicano. Era chegada a hora de desferir o golpe decisivo.

Jacson encontrou-se com Trotski no escritório. O Velho foi preparando suas ideias enquanto tornava a dar uma espiada nas páginas, sem nenhuma cautela. Isso permitiu que Jacson se levantasse da cadeira e contornasse a escrivaninha. Carregava sua capa de chuva num dos braços, para poder ter uma das armas à mão. A picareta era a melhor das duas para usar por trás de Trotski. Com um movimento ágil, Jacson cravou-a no alto do crânio dele. Foi um golpe violento, mas não prontamente fatal, provavelmente pelo fato de o impacto ter sido causado com a parte mais larga da ferramenta. É evidente que o assassino ficou nervoso nos últimos momentos.

O que aconteceu a seguir foi descrito por Jacson no interrogatório policial:

Só o golpeei uma vez e, quando isso aconteceu, ele soltou um grito lancinante, de fazer dó, ao mesmo tempo que se atirou em cima de mim e mordeu minha mão esquerda, como o senhor mesmo pode ver por essas três marcas de dentes. Depois, deu uns passos lentos, recuando daquele ponto ali. Assim que ouviram o grito, as pessoas vieram; por causa do que tinha acontecido, quase desmaiei e não tentei fugir. O Harold [Robins?] foi o primeiro a chegar e começou a me bater com a pistola dele, e depois vieram o [Joe] Hansen e o Charles [Curtiss?].[31]

Os policiais vieram de suas guaritas de sentinela, agarraram Jacson e o levaram machucado para a delegacia. Uma ambulância buscou Trotski ferido e o levou para o mesmo prédio.[32] Não havia praticamente nenhuma possibilidade de resultado positivo, apesar da presença de cinco dos cirurgiões mais competentes da Cidade do México, chefiados por Gustavo Baz. Eles fizeram uma trepanação craniana, mas o ferimento era profundo demais. Embora Jacson houvesse praticado seu ato de violência de forma meio atabalhoada, a picareta havia penetrado quase 8 centímetros. Houve um derramamento profuso de sangue e massa cinzenta. O osso parietal direito foi fraturado. Trotski suportou tudo isso com uma coragem exemplar, mas o porta-voz do hospital indicou que o prognóstico era "muito grave".[33] Os médicos sabiam estar tratando de um homem na última etapa de sua vida.

52. Os guardiães e a chama

O *New York Times* anunciou na primeira página da quarta-feira, 21 de agosto de 1940: "TROTSKI FERIDO POR AMIGO EM CASA — ACREDITA-SE QUE ESTEJA AGONIZANDO." À tarde, as estações de rádio norte-americanas confirmaram que ele dera seu último suspiro.[1] Era o assassinato mais espetacular desde a morte do arquiduque Francisco Ferdinando, em 1914. A imprensa mundial enviou seus jornalistas ao México. Os moradores da casa de Coyoacán, em contato com as autoridades da capital, anteciparam-se a eles, organizando um enterro no dia seguinte à morte. Foi quase uma cerimônia de Estado. O Ministério do Interior se envolveu, para a eventualidade de que os adeptos locais de Stalin viessem a tentar outro ato ultrajante. O corpo de Trotski foi colocado num caixão aberto e o carro fúnebre deslocou-se lentamente pelas ruas centrais da Cidade do México. Embora o morto tivesse sido um ateu militante, 200 mil pessoas — quase todas católicas praticantes — postaram-se nas calçadas para prestar suas últimas homenagens, ou por curiosidade.

O editorial do *Times* de Londres do dia 23 de agosto resumiu o clima menos positivo da época: "O assassinato de Leon Trotski, na Cidade do México, aliviará o Kremlin de um bom número de ansiedades e provocará poucas lágrimas na maior parte da humanidade."[2] Enquanto os colunistas redigiam suas reflexões sobre a vida extraordinária de Trotski, jornalistas de quase todos os países do globo precipitaram-se para a Cidade do México, a fim de escrever sobre o assassinato e suas consequências. Como seria inevitável, as opiniões foram conflitantes. Mesmo assim, poucos detratores de Trotski, pelo menos os que estavam fora dos par-

628 Parte IV: 1929-1940

tidos da Komintern, negaram que uma estrela de enorme grandeza nos assuntos contemporâneos tinha se extinguido. Os obituários narraram suas façanhas na Revolução de Outubro e na guerra civil. Seus dons de oratória e liderança foram descritos, e sua parceria com Lenin foi narrada. A queda do poder supremo e da aprovação oficial na URSS foi analisada, examinando-se a longa temporada de exílio no exterior. A atenção dedicada a Trotski teria sido maior se a Europa e o Extremo Oriente não fossem teatros de guerra naquele momento. Havia exércitos em marcha. A Alemanha e o Japão continuavam a travar suas guerras de expansão territorial. O mapa político do mundo vinha sendo redesenhado quase que dia a dia. O assassinato de Trotski jamais conseguiria reter a atenção da maioria das pessoas por mais de alguns dias.

O Kremlin ficou radiante; o *Pravda* anunciou a morte de "um espião internacional" e citou diários americanos que teriam informado que o assassino, "uma das pessoas e seguidores mais próximos de Trotski", era um certo Jacques Mortan Vandendresch. (As invenções do Kremlin desarticularam-se nesse ponto: o nome mais próximo desse, usado por Jacson no México, tinha sido Jacques Mornard Vandendresch,[3] mas ninguém, em parte alguma, notou esse erro.) Supostamente, as classes dominantes dos países capitalistas tinham perdido seu mais fiel servo. Não era à toa que Lenin tinha batizado Trotski de "Judaszinho". Trotski tinha sido menchevique e contrarrevolucionário. Havia lutado pelos interesses do tsar, de senhores de terras e de capitalistas. Depois de se infiltrar no partido bolchevique, havia conspirado para assassinar Lenin, Stalin e Sverdlov. Havia traído e sabotado o Exército Vermelho. Trabalhara como agente de órgãos de serviços secretos estrangeiros desde 1921. A Grã-Bretanha, a França, a Alemanha e o Japão tinham se beneficiado de seus serviços. E ele tivera o fim merecido. O próprio Stalin cuidou da edição do texto.[4] Os partidos comunistas oficiais seguiram a linha determinada por Moscou, colhendo seus sentimentos e construções verbais na fonte central soviética.

Os trotskistas falaram do morto como se ele tivesse sido o maior homem de sua época. Declararam não ter existido ninguém igual a ele desde Lenin. Tentaram ampliar a publicidade da causa, trasladando o corpo de Trotski para os Estados Unidos. O Departamento de Estado

Os guardiães e a chama

norte-americano recusou o pedido: as autoridades dos Estados Unidos não estavam dispostas a ajudar os enlutados a disseminar nenhum tipo de comunismo.[5] De qualquer modo, não fica claro se Natalia teria permitido esse traslado. Nem de longe seu estado de ânimo a deixaria acompanhar o caixão numa viagem de mais de 3 mil quilômetros.

O assassino continuou a afirmar que se chamava Jacson. Tinha no bolso uma carta escrita a lápis, que declarava que ele era um trotskista belga que se mudara para o México. Segundo alegou, Trotski havia criado sistematicamente a discórdia entre seus seguidores. E não era só isso. O assassino escreveu que Trotski tentara induzi-lo a consentir em ir à URSS praticar assassinatos. Acusou-o de haver desprezado o governo mexicano. Essa parte era verdade, já que Trotski havia torcido por uma revolução comunista no país. Também foi digna de crédito a afirmação de que o Velho temia ser assassinado por stalinistas. Mas, a partir daí, a história de Jacson enveredou pela fantasia. Supostamente, Trotski tinha medo de ser morto pela facção da Minoria do Partido dos Trabalhadores Socialistas. Era um degenerado político, em todos os sentidos imagináveis. Ao saber que Trotski contava com o apoio de "certa comissão parlamentar estrangeira", Jacson havia decidido assumir a responsabilidade por eliminá-lo.[6] A polícia mexicana não deu crédito a seu prisioneiro, exceto na medida em que ele admitiu a culpa pelo assassinato. Mas quem era ele, na verdade? De onde teria vindo e por que havia cometido o assassinato? Após vários dias de interrogatório, a polícia não chegou a parte alguma, visto que Jacson aferrou-se rigidamente a sua história.

No dia 30 de agosto, o juiz de inquirição assumiu o caso e invocou seu direito de iniciar os trabalhos na casa da Avenida Viena. Natalia manteve-se afastada, transtornada demais para ter qualquer participação. Os assistentes de Trotski haviam deixado tudo intacto em seu escritório. Na mesa estava o rascunho que lhe fora entregue por Jacson. Havia também um artigo de Trotski sobre o ataque de Siqueiros. Seus óculos estavam em pedaços; uma das lentes havia caído. Um toque macabro foi acrescentado à cena quando levaram Jacson de sua cela ao local, para a reconstituição do assassinato, atendendo às determinações do juiz. Ele obedeceu sem reclamar. As autoridades asseguraram que todos os aspectos técnicos do crime foram investigados. Não queriam uma repetição das acusações de incompetência que lhes tinham sido feitas depois do atentado praticado por Siqueiros.

Albert Goldman, o advogado norte-americano de Trotski, esteve presente. Havia formulado perguntas amáveis a Trotski na Comissão Dewey e, nesse momento, confrontou o assassino durante quase três horas. As duas situações não poderiam ter sido mais diferentes. Jacson afirmou ter sido enviado ao México por uma pessoa pertencente à liderança da Quarta Internacional. Em tom sarcástico, Goldman lhe perguntou por que, se era essa a sua missão, ele havia desperdiçado meses antes de entrar em contato com Trotski. Jacson fingiu uma falha da memória. Goldman insistiu. Por que ele não conseguia recordar quem o havia mandado? E por que diabos não tinha falado com Trotski nem com os assistentes dele sobre a natureza da sua suposta missão? O juiz reconheceu a habilidade forense de Goldman e lhe deu liberdade para prosseguir no interrogatório. Goldman atacou Jacson com uma última pergunta: não concordaria ele que sua história seria mais digna de crédito se a origem de suas instruções tivesse sido não a Quarta Internacional, mas os serviços de segurança soviéticos?[7]

Mesmo prevendo uma longa sentença de prisão, Jacson se recusou a pedir clemência ou a divulgar qualquer informação útil. Manteve-se impassível quando o juiz o sentenciou a vinte anos de reclusão. Tornou-se um prisioneiro modelo. Mas não disse a ninguém quem era nem sob as ordens de quem tinha agido, apesar de se haver descoberto que seu nome verdadeiro era Ramón Mercader. As condições de seu confinamento não foram severas. Ele pôde ter seu próprio rádio, um tapete e uma tomada elétrica; sua cela permanecia destrancada. Um benfeitor misterioso lhe fornecia uma pensão mensal de 100 dólares. Os prisioneiros tinham permissão para ganhar dinheiro com o trabalho, e Jacson montou uma pequena oficina de consertos de rádio, empregando alguns companheiros de prisão.[8] Solto em 1960, quando sua sentença chegou ao fim, desapareceu dos olhos do público. Só anos depois ficou claro que tinha sido levado para Moscou, onde, em sigilo, teve a recepção reservada aos heróis e foi nomeado para o posto de general da KGB. Mercader teve dificuldade de se estabelecer no país, porque a URSS revelou-se uma decepção para ele, e foi atendido em sua petição de se mudar para Cuba, onde permaneceu até morrer, em 1978.

Os guardiães e a chama 631

A morte de Trotski foi um terremoto para a Quarta Internacional e destroçou os vários partidos e grupos que a compunham no mundo inteiro. Natalia observou isso com desamparada inquietação. O governo Cárdenas comprou a casa e permitiu que ela ficasse morando lá, sem pagar aluguel. A residência foi mantida quase exatamente como era quando Trotski estava vivo, e foi transformada num museu em sua memória, em maio de 1946.[9] Joe Hansen, leal como sempre, escreveu a Natalia em outubro de 1941, dizendo que a seção norte-americana da Quarta Internacional queria tratar os escritos dela — por mais escassos que fossem — como declarações programáticas. Era o equivalente a dizer que os trotskistas eram incapazes de traçar seu rumo sem um membro da família Trotski no leme.[10] Talvez Hansen pretendesse apenas dizer, na verdade, que o imprimátur simbólico de Natalia tornaria mais fácil manter unida a Quarta Internacional. Ela não respondeu às palavras lisonjeiras de Hansen. Ficara viúva e precisava cuidar de tarefas familiares, e havia muitas dificuldades ligadas ao espólio de Trotski. O resultado evidenciou-se rapidamente. O *Byulleten' oppozitsii* deixou de ser publicado depois de agosto de 1941. Trotski tinha sido seu motor, e os demais integrantes da casa de Coyoacán foram incapazes de substituí-lo.[11] Em julho de 1941, o NKVD chegou à conclusão de que os trotskistas do México já não constituíam perigo. O arquivo de Moscou sobre a vida na Avenida Viena foi encerrado.[12]

Depois de se recompor, Natalia não teve medo de externar suas opiniões.[13] Haviam se acabado os anos de vida à sombra do marido. Ela repreendeu os trotskistas que deixavam de responder prontamente a suas cartas; contrastou essa conduta com a meticulosidade de seu marido e de seu filho mais velho. Interveio com independência no debate político. Sempre tivera dificuldade de engolir a convicção de Trotski de que a URSS ainda era um "Estado dos trabalhadores". Durante algum tempo, depois da morte dele, isso mal pareceu ter importância. No dia 22 de junho de 1941, o Terceiro Reich invadiu a União Soviética, e, poucos meses depois, em 7 de dezembro, a Força Aérea japonesa bombardeou Pearl Harbor e desencadeou a guerra com os Estados Unidos. A URSS, o Reino Unido e os Estados Unidos tornaram-se aliados. A Quarta Internacional desempenhou um papel minúsculo na Segunda Guerra Mundial.

632 Parte IV: 1929–1940

A maioria dos trotskistas, inclusive os que haviam criticado o ataque soviético à Finlândia em novembro de 1939, mostrou-se ansiosa por se unir ao combate contra o militarismo e o fascismo. Essa atividade dos tempos de guerra só fez retardar a avaliação política, e, em 1951, Natalia disse sem rodeios ao Comitê Executivo da Quarta Internacional que nem a URSS nem os novos países "comunistas" do Leste Europeu ofereciam qualquer benefício à classe trabalhadora. Ela só teve uma impressão positiva da Iugoslávia, e pediu que o Comitê Executivo evitasse agir de forma severa com Tito.[14] Foi menos gentil com o experimento comunista cubano, liderado por Fidel Castro.

Já então sua influência era desprezível, mas, de qualquer modo, a Quarta Internacional havia caído na impotência no mundo inteiro. Uma facção dominante, liderada por Michel Pablo, um militante de origem grega, polemizava com todos os que se opunham a ela. Faltava aos faccionários o megafone da publicidade que Trotski havia manejado. Mas sua polêmica interna era de suprema importância para eles, que acharam muitos assuntos sobre os quais discutir.

Aproximando-se da velhice, Natalia criou o neto Seva da maneira mais normal que lhe foi possível. Depois de ser despachado da URSS quando pequeno, ele tivera de suportar uma série de traumas na Europa e no México. Adotou o prenome espanhol Esteban e, sem qualquer inclinação para a atividade política, tornou-se pintor.[15] Tal como seu tio Sergei Sedov, defendeu a reputação de Trotski sem se registrar como trotskista — descrevia-se como "socialista não praticante".[16] Natalia prezava o contato com as pessoas que haviam conhecido e ajudado seu marido. Afligia-se constantemente com a falta de notícias sobre seus parentes na URSS. O "discurso secreto" do líder comunista soviético Nikita Kruschev, em fevereiro de 1956, no qual ele denunciou Stalin como assassino em massa, deu-lhe alguma esperança de vir a saber a verdade. Mas não estava fadado a ser assim. O Kremlin sustentou o veredicto do primeiro julgamento de fachada de Moscou, que havia declarado Trotski traidor. Em vão Natalia submeteu petições a Moscou. Um muro de sigilo oficial impediu-a até mesmo de descobrir que praticamente toda a sua família tinha sido exterminada. Apenas uns poucos sobreviveram, e nenhum deles havia conhecido Natalia quando ela ainda era residente soviética. Ela faleceu em 1960 e foi profundamente pranteada por sua rede de amigos mexicanos, franceses e norte-americanos.

Havia assistido a um ressurgimento da reputação de Trotski no Ocidente, através do trabalho de um seguidor polonês de seu marido, Isaac Deutscher, que publicou uma trilogia biográfica. Ele discordava de Trotski em algumas questões, a principal delas era sua crença em que poderia haver uma evolução pacífica para uma forma mais civilizada de comunismo na União Soviética. A mudança de gerações na liderança política soviética, acreditava Deutscher, acarretaria o que se revelara uma conquista impossível para a Oposição. O retrato de Trotski traçado por Deutscher, embora não lhe faltassem algumas imperfeições, é basicamente positivo. Albert Glotzer escreveu a Natalia insistindo em que o livro não fosse duramente criticado, a despeito de sua análise "stalinoide".[17]

Tornou a circular na esquerda política do Ocidente a ideia de que a tragédia da história soviética residia no fato de Trotski não haver conseguido vencer a luta pela sucessão de Lenin. Alguns livros de Trotski, como *Minha vida* e *A revolução traída*, tiveram grande vendagem em muitas línguas. Sua popularidade renovada proveio de sua luta contra Stalin e de sua morte horrenda. Ele convenceu aqueles que desejavam acreditar. Em 1968, quando estudantes da Europa e da América do Norte foram para as ruas protestar contra a guerra do Vietnã, Trotski entrou em voga, muitas vezes entre pessoas que não eram movidas pelo desejo de ler o que ele tinha escrito e feito. Os trotskistas obtinham suas informações com os veteranos expoentes sobreviventes do trotskismo — ou simplesmente fantasiavam o Trotski que queriam. Essa onda de popularidade não durou e os trotskistas desistiram dele, ou recaíram nas briguinhas sectárias que os haviam caracterizado desde antes do assassinato do Velho. Escolheram-se nomes grandiosos para organizações que mal passavam de grupos minúsculos. Elas raramente incluíam Trotski no nome de seus partidos, mas ele era a fonte de sua inspiração. Nunca chegaram perto de tomar o poder em parte alguma. Trotski tornou-se uma capa cômoda para revolucionários que não se incomodavam por não estar fazendo nenhuma revolução.

Sempre rebeldes, os trotskistas gastavam mais tempo discutindo uns com os outros do que com os partidos comunistas que se submetiam à liderança de Moscou. Não foi a Quarta Internacional, e sim o líder político soviético Mikhail Gorbachev, que restabeleceu o *status* de Trotski em Moscou. Reconheceu-se que a pena de morte decretada em 1936 tinha sido imerecida. Trotski foi inocentado, como um bolchevique honrado que entrara em choque com o monstruoso Stalin. Alguns historiadores soviéticos profissionais começaram a publicar estudos favoráveis a sua carreira. Mas a moda de Trotski na URSS foi caindo em desuso quase tão depressa quanto havia começado. Toda a ordem comunista soviética desmoronou em 1991. O trotskismo era tão pouco atraente para os russos contemporâneos quanto a sangrenta religião dos astecas. Ele se tornou uma curiosidade para antiquários, algo a ser discutido juntamente com os ovos de Fabergé, Ivan, o Terrível, ou os padrões de tecelagem dos camponeses.

Entre as razões pelas quais Trotski merece ser resgatado desse descaso crescente está o fato de que ele nunca foi exatamente o que dizia ser, nem tampouco o que os outros diziam dele. Aproximava-se de Stalin nas intenções e na prática. Não tinha maior probabilidade que Stalin de criar uma sociedade de socialismo humanitário, embora afirmasse e presumisse que o faria. Trotski não elaborou um modo de passar da ditadura partidária para a liberdade universal. Comprazia-se com o terror. Seus ataques confiantes a Stalin, nas décadas de 1920 e 1930, desviaram a atenção da implausibilidade de sua própria estratégia alternativa. Seus seguidores confundiram objetivos gerais declarados com práticas pessoais, ao escreverem seus panegíricos sobre ele. Trotski clamou pela discussão, organização e eleição irrestritas; pregou as virtudes da autolibertação do proletariado. Mas sua conduta tinha sido muito diferente no seu período de esplendor, de 1917 a 1922, quando ele esmagara a oposição no partido e nos sindicatos. Passava por cima da resistência institucional sempre que queria ação rápida e obediência. Tinha uma propensão maior para dar ordens do que para a discussão; era arrogante e imperioso. Os trotskistas inventaram um homem e um líder que tinha apenas um vago parentesco com Lev Davidovich Trotski.

Naturalmente, esses seguidores lamentaram as derrotas dele nas batalhas entre facções na década de 1920. A maioria aceitou a apologia de Trotski, segundo a qual ele nunca teve uma chance de verdade. E perdeu

de vista o ponto principal. As medidas políticas de Trotski enquadravam-
-se no arcabouço do autoritarismo comunista e tinham uma autêntica
probabilidade de vitória. Até sua origem judaica era um obstáculo supe-
rável. Para sua infelicidade, seu instinto tático era mal desenvolvido. Ele
era inábil para reunir adeptos. Alienou desnecessariamente um número
exagerado de pessoas, em todos os níveis do partido. Ele mesmo foi, de
longe, o seu pior inimigo.

Os trotskistas passaram por cima das deficiências da personalidade
de seu herói e frisaram suas qualificações para a liderança comunista.
Seu ímpeto ideológico interno era uma constante; sua competitividade e
combatividade eram extraordinárias. Seu intelecto era de ordem superior.
Nem mesmo o seu egoísmo constituía uma barreira contra a conquista da ascendência política. O que faltava a Trotski era a disposição de
concentrar seus esforços. Ele foi um perpétuo revolucionário, nunca um
político em tempo integral. Sua preocupação com seus escritos prejudi-
cou sua capacidade de enfrentar um homem como Stalin, que dedicava
todas as suas horas de vigília à promoção de sua carreira e suas medidas
políticas. Nem Trotski nem Stalin tinham uma saúde das melhores.
Trotski, entretanto, mergulhava com frequência em meses de repouso e
reabilitação autorreceitados. Queria ser um líder como Lenin, cujas ideias
norteavam o Estado soviético. Mas a concepção de liderança de Trotski
era inflexível. Ele exagerava a importância da oratória e do estilo literário
como atributos da superioridade. Desprezava a necessidade do jogo sujo,
embora estivesse longe de ser a mais impoluta das figuras políticas. Para
ele, na corrida pela sucessão de Lenin, o obstáculo insuperável foi o fato
de lhe faltar o desejo preponderante de se tornar esse líder. Ele se sentia
melhor como um contendor derrotado do que como um lutador consu-
mido pela ambição de vencer. Não desejava com suficiente intensidade
a autoridade suprema.

De qualquer modo, depois da Segunda Guerra Mundial, a URSS não
foi como Trotski tinha previsto. Sobreviveu e floresceu como Estado.
Derrotou o Terceiro Reich e demonstrou uma vitalidade que apanhou a
todos de surpresa no conflito militar de 1941-1945. As forças armadas e
a indústria pesada do Estado soviético haviam-no transformado numa
superpotência.

Longe de entrar em declínio, o país floresceu durante décadas como uma potência mundial — e não houve nenhuma revolução política. Stalin morreu em 1953. Seus sucessores, liderados por Nikita Kruschev e Leonid Brejnev, não enfrentaram séria ameaça a sua supremacia contínua. Os trotskistas voltaram-se para a teoria e a análise marxistas. Produziram análises conflitantes da macroeconomia no mundo inteiro. Sempre presumiram que o capitalismo estava em declínio e que seria suplantado por um novo comunismo, despido de seus aspectos stalinistas. O esfacelamento dos impérios europeus, depois da Segunda Guerra Mundial, pareceu confirmar essa análise. Embora os Estados Unidos dominassem a economia de mercado global, sua hegemonia não perduraria. Tampouco perduraria a URSS na sua situação presente. Os trotskistas não chegaram a um acordo quanto à definição da ordem soviética. Alguns se ativeram à afirmação de Trotski de que ela era um Estado degenerado dos trabalhadores; esses detestavam rever as ideias do Velho. Outros sustentaram que novos fenômenos exigiam um pensamento novo. Para estes, estava claro que havia emergido uma nova classe na URSS. Criara-se uma ordem peculiar, que eles chamavam de capitalismo de Estado. Que mais não fosse, os principais seguidores de Trotski demonstraram capacidade para uma análise marxista sofisticada e uma técnica não tão refinada de insultos polêmicos.

Entretanto, as ideias de Trotski, inclusive as referentes à história russa, tiveram um impacto duradouro. Sua descrição da ascensão de Stalin sempre foi influente. Ele convenceu muitas pessoas, fora dos círculos marxistas, de que as raízes da "degeneração" da Revolução de Outubro estavam no "atraso" econômico e social do país. Também se mostrou persuasivo no tocante à "burocratização" da ordem soviética. Nem todos admitiram que ele não havia desempenhado o papel principal em sua incapacidade de suceder Lenin. Contudo, sua descrição de Stalin e do stalinismo, feita em causa própria, influenciou profundamente o discurso de autores da esquerda e da direita.

Suas contradições eram nítidas. Se a situação da Rússia era tão pouco propícia quanto ele admitiu tempos depois, estava derrubada a tese de um "governo dos trabalhadores" em 1917. Seja como for, a Revolução de Outubro não começou a degenerar apenas a partir de meados da década de 1920. Foi falha desde o início, quando os bolcheviques usaram a força contra trabalhadores que protestavam e fecharam todos os sovietes que não tinham maioria bolchevique. Antes de 1917, Trotski fizera campanha para que o "proletariado" se libertasse e fizesse sua própria revolução. Assim que chegou ao poder, apressou-se a reprimir as aspirações populares, por meio da violência. Foi um centralizador implacável, amigo do exército e da polícia. E suas ideias não foram tão originais quanto afirmaram seus admiradores. A ideia de um governo proletário tinha sido produto de Alexander Helphand-Parvus. A análise das peculiaridades do desenvolvimento histórico russo antes de 1917 vinha do autor liberal Boris Chicherin. Até a interpretação que Trotski deu à URSS da década de 1920 deveu muito aos mencheviques. Nos seus últimos dez anos de vida, sua insistência em que o "poder soviético" não se havia desacreditado por completo ofendeu, justificadamente, muitos dos que tinham sido seus seguidores mais inteligentes durante sua vida.

Trotski foi um ser humano excepcional e complexo. Seus pontos fortes foram exibidos na Revolução de Outubro e na guerra civil. Ele inspirou toda uma geração de defensores na Rússia e no exterior. Foi um organizador e orador brilhante. Seu alcance intelectual era de uma amplitude notável no discurso escrito e ainda mais amplo em seus interesses privados. Ele era um eminente estilista no texto impresso. Quando queria, sabia ser claro sobre a estratégia revolucionária. Uma vez em cargos de governo, sabia o que queria fazer e como fazê-lo. Não tinha rivais como propagandista da causa bolchevique. Ninguém foi mais eficaz em levar o Exército Vermelho a aceitar a necessidade da ordem. Trotski assemelhava-se a Lenin em sua visão ampla das relações internacionais — e se ateve, coerentemente, à colocação da revolução proletária na Europa no topo da lista de objetivos da Revolução. O avesso da moeda era a frequência com que ele era esquemático e rígido em seu pensamento, e extremamente violento em sua prática. Era comum colocar entusiasmos repentinos acima dos requisitos sensatos para a sobrevivência da Revolução. Ele era corajoso, impetuoso e imprevisível. E detentor de um talento extraordinário.

Pagou o supremo preço por sua luta política contra Stalin, mas não antes que ele mesmo, ao ocupar uma posição elevada no poder, realizasse campanhas de repressão sanguinária. A maioria dos membros de sua família imediata morreu por causa dele. Houve exceções. Sua filha Nina foi levada pela tuberculose; a filha Zina suicidou-se; e não se pode descartar por completo a ideia de que seu filho Lëva não foi assassinado, mas morreu por problemas de saúde. No entanto, a maioria dos maridos, esposas e parceiros dos mortos faleceu na década de 1930, em decorrência da repressão política. Alexandra, a primeira mulher de Trotski, também pereceu dessa maneira. Para muitos cidadãos soviéticos, bastou ter o sobrenome Bronstein para que o NKVD os capturasse.

Muito poucos sobreviveram, entre eles alguns indivíduos que figuraram nesta narrativa da vida de Trotski. Genrietta Rubinshtein foi libertada de um campo de trabalhos forçados em 1947. Havia sofrido essa punição sem outro motivo que não o fato de ter sido parceira de Sergei Sedov. O alívio foi apenas temporário. As prisões recomeçaram em 1951 e atingiram Genrietta. Seus pais, Moisei e Reiza, que haviam implorado à filha que não seguisse Sedov para Krasnoyarsk, foram vitimados pela mesma campanha. Ao lado de sua neta, Yulia, foram condenados ao reassentamento forçado na Sibéria.[18] Em seguida, Yulia foi para mais longe, para morar com a mãe, Genrietta, quase 600 quilômetros ao norte de Magadan. A família só teve permissão de retornar à região central da Rússia depois da morte de Stalin, mas foi proibida de residir a menos de 65 quilômetros de Moscou.[19] Genrietta acabou indo parar em Talim. Quanto a Yulia, depois de se formar em química, ela levou uma vida caótica. Após três casamentos, beneficiou-se dos acordos entre os Estados Unidos e a União Soviética, que permitiam que alguns judeus emigrassem da URSS, e partiu para Nova York com seu filho Vadim em 1979.[20] Vadim — bisneto de Trotski — voltou-se para a religião judaica, unindo-se aos devotos do hassidismo. Na busca de sua identidade pessoal, emigrou para Israel. Lá, trocou seu nome por David e, contrariando os desejos da mãe, escolheu um prenome hebraico para seu filho primogênito, em vez de chamá-lo de Sergei, em homenagem ao avô materno. Recusou a indenização oferecida pelo Estado soviético pela injustiça cometida contra o bisavô que ele jamais conhecera.[21]

Trotski tinha um senso agudo da ironia histórica. Certamente teria assinalado que os comunistas chegaram ao poder decididos a extirpar a fé religiosa e, no entanto, três gerações depois, um de seus próprios descendentes foi buscar consolo no quipá e no menorá. Esse desfecho lhe pareceria impossível em 1917. Os bolcheviques eram militantes universais. Almejavam virar o mundo de pernas para o ar e construir uma sociedade, cultura, economia e política revolucionárias. À sua maneira, também eram devotos fervorosos, nenhum deles mais do que Trotski. Como ele disse certa vez, desejavam construir o paraíso na terra.[22] Seus anos de triunfo foram breves, embora sua fama tenha durado mais. A morte lhe chegou prematuramente, por ele haver lutado por uma causa mais destrutiva do que jamais teria imaginado.

Notas

Introdução

1. M. Eastman, *Great Companions: Critical Memoirs of Some Famous Friends*, p. 121.

1. A família Bronstein

1. A expressão foi extraída de L. Trotskii, *Stalinskaya shkola fal'sifikatsii*.
2. L. Trotskii, *Moya zhizn'*, vol. 1, p. 7.
3. Ibid., p. 55.
4. V. N. Nikitin, *Evrei zemledel'tsy: istoricheskoe, zakonodatel'noe, adminis-trativnoe i bytovoe polozhenie kolonii so vremën ikh vozniknoveniya do nashikh dnei. 1807-1887*, p. 686-687.
5. Ibid., p. 117.
6. Ibid., p. 686-687.
7. Ibid., p. 654.
8. L. Trotskii, *Moya zhizn'*, vol. 1, p. 56.
9. V. N. Nikitin, *Evrei zemledel'tsy: istoricheskoe, zakonodatel'noe, adminis-trativnoe i bytovoe polozhenie kolonii so vremën ikh vozniknoveniya do nashikh dnei. 1807-1887*, p. 280 e 284.
10. Ibid., p. 162.
11. Ibid., 180.
12. Ibid., p. 116.
13. Ibid., p. 10.
14. Ibid., p. 279.
15. Ibid., p. 596-597.

642 Trotski

16. Ibid., p. 599.
17. Ibid., p. 595.
18. Ibid., p. 281 e 290.
19. Ibid., p. 454.
20. Ibid., p. 421: o sabá durava até o anoitecer de sábado, de modo que nenhum trabalho sério era retomado na fazenda até o amanhecer de domingo.
21. Ibid., p. 289.
22. Ibid., p. 627.
23. Ibid., p. 539-540.
24. Ibid.
25. Ibid., p. 623-625 e 636.
26. Ibid., p. 282.
27. Ibid., p. 283.
28. Ibid., p. 287.
29. L. Trotskii, *Moya zhizn'*, vol. 1, p. 35.

2. Criação

1. Manuscrito de *Moya zhizn'*: Coleção Nicolaevski (HIA), caixa 312, pasta 45, p. 4.
2. Relatório da polícia de Kherson para A. M. Yeremin, 16 de fevereiro de 1910: APO (HIA), arquivo XVIIc, pasta 2.
3. M. Eastman, *Great Companions: Critical Memoirs of Some Famous Friends*, p. 111. Sobre David Bronstein, ver a recordação de N. Sedova *in* V. Serge e N. Sedova Trotsky, *The Life and Death of Leon Trotsky*, p. 84.
4. Manuscrito de *Moya zhizn'*: Coleção Nicolaevski (HIA), caixa 312, pasta 36, p. 125.
5. Ibid.
6. Ibid., p. 126.
7. Ibid., p. 115.
8. Ibid.
9. Ibid., p. 20.
10. Ibid., pasta 38, p. 4.
11. L. Trotskii, *Moya zhizn'*, vol. 1, p. 44.
12. Ibid., p. 50.
13. Manuscrito de *Moya zhizn'*: Coleção Nicolaevski (HIA), caixa 312, pasta

Notas

643

38, p. 5.

14. Ibid., p. 7.
15. Ibid., p. 6.
16. Ibid., p. 8.
17. Ibid., p. 9.
18. Ibid., p. 12.
19. Ibid.
20. L. Trotskii, *Moya zhizn'*, vol. 1, p. 23-24.
21. V. N. Nikitin, *Evrei zemledel'tsy: istoricheskoe, zakonodatel'noe, administrativnoe i bytovoe polozhenie kolonii so vremën ikh vozniknoveniya do nashikh dnei. 1807-1887*, p. 654.
22. L. Trotskii, *Moya zhizn'*, vol. 1, p. 55.
23. Ibid.
24. Ver p. 59 deste livro.
25. L. Trotskii, *Moya zhizn'*, vol. 1, p. 57.
26. Ibid., p. 35.
27. Ibid., p. 27.
28. Ibid., p. 35.
29. Ibid., p. 104.
30. Ibid.
31. Ibid., p. 60.
32. Ibid., p. 104.
33. Ibid., p. 52.
34. Ibid., p. 56.
35. Ibid., p. 37-38.
36. Ibid., p. 37.
37. Manuscrito de *Moya zhizn'*: Coleção Nicolaevski (HIA), caixa 312, pasta 37, p. 1.
38. Ibid., p. 54.
39. Ibid., p. 1.
40. Ibíd., p. 2.
41. L. Trotskii, *Moya zhizn'*, vol. 1, p. 38-39.
42. Ibid., p. 39.
43. Manuscrito de *Moya zhizn'*: Coleção Nicolaevski (HIA), caixa 312, pasta 38, p. 3.

3. Escolarização

1. M. Eastman, *Leon Trotsky: The Portrait of a Youth* (edição de Londres), p. 23.
2. Manuscrito de *Moya zhizn'*: Coleção Nicolaevski (HIA), caixa 312, pasta 40 ("Poezdka v Odessu"), p. 1.
3. Ibid.
4. Olga Kerziouk e Elena Katz me ajudaram a chegar a esta conclusão, tanto por seu próprio conhecimento quanto consultando amigos e parentes na Ucrânia. O importante é que esse toque residual, qualquer que fosse, era pequeno.
5. Manuscrito de *Moya zhizn'*: Coleção Nicolaevski (HIA), caixa 312, pasta 40 ("Poezdka v Odessu"), p. 2. Trotski corrigiu Kreitser por Karlson na versão impressa.
6. L. Trotskii, *Moya zhizn'*, vol. 1, p. 66.
7. Ibid.
8. Ibid., p. 62.
9. Manuscrito de *Moya zhizn'*: Coleção Nicolaevski (HIA), caixa 312, pasta 40, p. 35.
10. Ibid.
11. Ibid.
12. Ibid., p. 2. Inferi pelo parágrafo que se tratava da mãe de Moshe, e não da de Fanni.
13. Ibid.
14. Ibid.
15. L. Trotskii, *Moya zhizn'*, vol. 1, p. 61.
16. Ver p. 409 deste livro.
17. M. Eastman, *Leon Trotsky: The Portrait of a Youth* (edição de Londres), p. 24. Eastman entrevistou os Shpentser e sua filha, Vera, para seu livro.
18. Ibid., p. 25.
19. Ibid., p. 16-17.
20. L. Trotskii, *Moya zhizn'*, vol. 1, p. 62.
21. Ibid., p. 63.
22. Ver seus comentários sobre o funeral dela no manuscrito de *Moya zhizn'*: Coleção Nicolaevski (HIA), caixa 312, pasta 41, p. 4.
23. Ibid., pasta 46, p. 1.
24. L. Trotskii, *Moya zhizn'*, vol. 1, p. 67-68.

Notas 645

25. Ibid., p. 68-70.
26. Carta autobiográfica para Max Eastman, 25-26 de fevereiro de 1923: RGASPI, f. 325, op. 1, d. 18, p. 2.
27. Ibid.
28. M. Eastman, *Leon Trotsky: The Portrait of a Youth* (edição de Londres), p. 36.
29. Ver as observações de M. Eastman, *Great Companions: Critical Memoirs of Some Famous Friends*, p. 114.
30. Manuscrito de *Moya zhizn'*: Coleção Nicolaevski (HIA), caixa 312, pasta 41, p. 5.
31. L. Trotskii, *Moya zhizn'*, vol. 1, p. 92.
32. Manuscrito de *Moya zhizn'*: Coleção Nicolaevski (HIA), caixa 312, pasta 41, p. 4.

4. O jovem revolucionário

1. L. Trotskii, *Moya zhizn'*, vol. 1, p. 121.
2. Carta autobiográfica de Trotski ao historiador do partido, V. I. Nevski, 5 de agosto de 1921: RGASPI, f. 325, op. 1, d. 17, p. 1.
3. L. Trotskii, *Moya zhizn'*, vol. 1, p. 126.
4. G. A. Ziv, *Trotskii: kharakteristika. (Po lichnym vospominaniyam)*, p. 13.
5. L. D. Bronstein para A. L. Sokolovskaia, novembro de 1898: RGASPI, f. 325, op. 1, d. 1, p. 1-18; e G. A. Ziv, *Trotskii: kharakteristika. (Po lichnym vospominaniyam)*, p. 7.
6. Trotski para V. I. Nevski, 5 de agosto de 1921: RGASPI, f. 325, op. 1, d. 17, p. 2. Ver também G. A. Ziv, *Trotskii: kharakteristika. (Po lichnym vospominaniyam)*, p. 9.
7. G. A. Ziv, *Trotskii: kharakteristika. (Po lichnym vospominaniyam)*, p. 12.
8. Trotski para V. I. Nevski, 5 de agosto de 1921: RGASPI, f. 325, op. 1, d. 17, p. 2.
9. G. A. Ziv, *Trotskii: kharakteristika. (Po lichnym vospominaniyam)*, p. 8.
10. Carta autobiográfica de Trotski para Max Eastman, s.d., em 1923: RGASPI, f. 325, op. 1, d. 18, p. 4.
11. Ibid.
12. A. Walicki, *A History of Russian Thought from the Enlightenment to Marxism*, p. 411-413.
13. L. D. Bronstein para A. L. Sokolovskaia, novembro de 1898: RGASPI, f. 325, op. 1, d. 1, p. 17.

14. G. A. Ziv, *Trotskii: kharakteristika. (Po lichnym vospominaniyam)*, p. 15.
15. Ibid., p. 10-11.
16. A. Schopenhauer, *The Art of Controversy*, especialmente capítulo 3.
17. G. A. Ziv, *Trotskii: kharakteristika. (Po lichnym vospominaniyam)*, p. 14-15.
18. Ibid., p. 13-14.
19. Ibid., p. 14.
20. Trotski para V. I. Nevski, 5 de agosto de 1921: RGASPI, f. 325, op. 1, d. 17, p. 2.
21. Ver S. S. Montefiore, *Young Stalin*, p. 112-127.
22. L. Trotskii, *Moya zhizn'*, vol. 1, p. 124.
23. Ibid.
24. Ibid., p. 123.
25. L. D. Bronstein para A. L. Sokolovskaia, novembro de 1898: RGASPI, f. 325, op. 1, d. l, p. 18.
26. G. A. Ziv, *Trotskii: kharakteristika. (Po lichnym vospominaniyam)*, p. 18.
27. L. Trotskii, *Moya zhizn'*, vol. 1, p. 124.
28. G. A. Ziv, *Trotskii: kharakteristika. (Po lichnym vospominaniyam)*, p. 19.
29. Ibid.
30. Ibid., p. 20.
31. L. Trotskii, *Moya zhizn'*, vol. 1, p. 133.
32. M. Eastman, *Leon Trotsky: The Portrait of a Youth* (edição de Londres), p. 110-112.

5. Amor e prisão

1. "Otvet na voprosy t. Istmana", fevereiro de 1923: RGASPI, f. 325, op. 1, d. 18, p.16-17.
2. Ibid., p. 17.
3. Ibid.
4. Carta a A. L. Sokolovskaia, novembro de 1898, três dias depois de sua mãe visitá-lo: RGASPI, f. 325, op. 1, d. 1, p. 15.
5. Carta a M. Eastman (s.d.; essa carta recebeu a data errada de janeiro de 1917): RGASPI, f. 325, op. 1, d. 557, p. 101.
6. Ibid.
7. Carta a A. L. Sokolovskaia, novembro de 1898: RGASPI, f. 325, op. 1, d. 1, p.15.

Notas

8. Carta a M. Eastman (s.d.): RGASPI, f. 325, op. 1, d. 557, p. 101.

9. Carta a A. L. Sokolovskaia, novembro de 1898: ibid., p. 11.

10. Ibid., p. 12.

11. Ibid., p. 13.

12. Ibid.

13. Ibid., p. 14.

14. Ibid.

15. Ibid., p. 15.

16. Ibid., p. 14.

17. Ibid.

18. Ibid., p. 11.

19. Ibid., p. 12.

20. L. Trotskii, *Moya zhizn'*, vol. 1, p. 146.

21. "Avtobiograficheskie zametki", RGASPI, f. 325, op. 1, d. 14, p. 17. Essa foi uma breve autobiografia escrita em Syzran em abril de 1919.

22. Carta a A. L. Sokolovskaia, novembro de 1898: RGASPI, f. 325, op. 1, d. 1, p. 16.

23. Ibid., p. 11.

24. Ibid.

25. L. Trotskii, *Dnevniki i pis'ma*, p. 64. Trotski acrescentou, falsamente, ter sido na França que lhe fora possível observar mais de perto esse tipo social. Uma interpretação mais generosa seria que talvez sua infância estivesse simplesmente longe de seus pensamentos nessa ocasião.

26. Carta a A. L. Sokolovskaia, novembro de 1898: RGASPI, f. 325, op. 1, d. 1, p. 13.

27. Ibid., p. 12.

28. G. A. Ziv, *Trotskii: kharakteristika. (Po lichnym vospominaniyam)*, p. 34.

29. "Otvet na voprosy t. Istmana", fevereiro de 1923: RGASPI, f. 325, op. 1, d. 18, p. 18.

30. G. A. Ziv, *Trotskii: kharakteristika. (Po lichnym vospominaniyam)*, p. 35.

31. M. Eastman, *Leon Trotsky: The Portrait of a Youth* (edição de Londres), p. 130-131.

32. A esse respeito, ver a descrição de Eva Broido sobre seu próprio casamento no presídio, em *Memoirs of a Revolutionary*, p. 27.

6. Exílio siberiano

1. Carta a Ye. M. Yaroslavski, 25 de agosto de 1922: RGASPI, f. 325, op. 1, d. 448, p. 4.
2. Para detalhes da última etapa da viagem para o leste da Sibéria, ver K. Baedeker, *Baedeker's Russia with Teheran, Port Arthur and Peking: Handbook for Travellers*, p. 531-532.
3. Carta a Ye. M. Yaroslavski, 25 de agosto de 1922: RGASPI, f. 325, op. 1, d. 448, p. 1.
4. J. F. Fraser, *The Real Siberia*, p. 256-268.
5. Ibid.
6. L. Trotskii, *Moya zhizn'*, vol. 1, p. 148.
7. Carta a Ye. M. Yaroslavski, 25 de agosto de 1922: RGASPI, f. 325, op. 1, d. 448, p. 1.
8. L. Trotskii, *Moya zhizn'*, vol. 1, p. 154-155.
9. G. A. Ziv, *Trotskii: kharakteristika. (Po lichnym vospominaniyam)*, p. 41.
10. Carta a Ye. M. Yaroslavski, 25 de agosto de 1922: RGASPI, f. 325, op. 1, d. 448, p. 1.
11. E. Broido, *Memoirs of a Revolutionary*, p. 28.
12. Manuscrito de *Moya zhizn'*: Coleção Nicolaevski (HIA), caixa 312, pasta 50, p. 2.
13. L. Trotskii, *Moya zhizn'*, vol. 1, p. 149.
14. Manuscrito de *Moya zhizn'*: Coleção Nicolaevski (HIA), caixa 312, pasta 50, p. 2.
15. M. A. Novomeysky, *My Siberian Life*, p. 230. Corrigi Antid Ota por Antid Oto.
16. Ver, por exemplo, os artigos do *Vostochnoe obozrenie* em RGASPI, f. 355, op. 1, d. 559, p. 83-86, 87-93, 151 e 157.
17. "Penitentsial'nye ideally i gumannoe tyurmovozzrenie", *Vostochnoe obozrenie*, 20 de junho de 1901: ibid., p. 112-116.
18. "Poeziya, mashina i poeziya mashiny", *Vostochnoe obozrenie*, 6 de setembro de 1901: ibid., p. 173b.
19. "Ob Ibsene", *Vostochnoe obozrenie*, 22-26 de abril de 1901: ibid., p. 64; 3 de junho de 1901: ibid., p. 96.
20. "Dve pisatel'skie dushi vo vlasti besa", *Vostochnoe obozrenie*, 25 de agosto de 1901: ibid., p. 159; "Po zhurnalam", ibid., p. 47.
21. "Otryvnyi kalendar'kak kul'turtreger", *Vostochnoe obozrenie*, 25 de janeiro de 1901: ibid., p. 19 e 22.

Notas

22. "Obyknovennoe derevenskoe", *Vostochnoe obozrenie*, 30 de maio de 1901: ibid., p. 87-93.

23. "Poslednyaya drama Gauptmana i kommentarii k nei Struve", *Vostochnoe obozrenie*, 5-9 de setembro de 1901: ibid., p. 66-69.

24. "Pis'ma storonnego cheloveka o pessimizme, optimimizme, XX stoletii i mnogom drugom", *Vostochnoe obozrenie*, 15 de fevereiro de 1901: ibid., p. 24 e 27.

25. "Po zhurnalam", *Vostochnoe obozrenie*, 22-26 de abril de l901: ibid., p. 64.

26. "Po zhurnalam", *Vostochnoe obozrenie*, 29 de março de 1901, ibid., p. 49.

27. Carta a Ye. M. Yaroslavski, 25 de agosto de 1922: RGASPI, f. 325, op. 1, d. 448, p. 1-2.

28. Ibid., p. 5.

29. I. Getzler, *Nikolai Sukhanov: Chronicler of the Russian Revolution*, cap 3.

30. Carta a Ye. M. Yaroslavski, 25 de agosto de 1922: RGASPI, f. 325, op. 1, d. 448, p. 3-4.

31. L. Trotskii, *Moya zhizn'*, vol. 1, p. 167.

32. Ibid., p. 156.

33. Ibid., p. 157.

34. Ibid., p. 159.

35. Ver, por exemplo, "Sasha" (Alexandra Bronstein) para Trotski, 11 de novembro de 1908: APO (HIA), arquivo XVIIc, pasta 2.

7. *Iskra*

1. L. Trotskii, *Moya zhizn'*, vol. 1, p. 158.

2. Ibid.

3. G. A. Ziv, *Trotskii: kharakteristika. (Po lichnym vospominaniyam)*, p. 47.

4. Registro policial de 22 de agosto de 1902: RGASPI, f. 325, op. 1, d. 2, p. 3.

5. Manuscrito de *Moya zhizn'*: Coleção Nicolaevski (HIA), caixa 313, pasta 1, p. 1-2. Trotski suprimiu a maior parte dessas informações do texto publicado.

6. D. Sverchkov, *Na zare revolyutsii*, p. 264. Sverchkov declarou que Axelrod gostava de Trotski por seus modos "simples". É possível que isso tenha sido um exagero, ou coisa pior.

7. L. Trotskii, *Moya zhizn'*, vol. 1, p. 166.

8. Ibid.

650   Trotski

9. Trotski moderou seu primeiro manuscrito para publicação. No resto deste parágrafo, sigo o texto suprimido do rascunho: manuscrito de *Moya zhizn*': Coleção Nicolaevski (HIA), caixa 313, pasta 1, p. 1.

10. Ibid.

11. Ibid., p. 5.

12. Ibid.

13. Ibid., p. 4. Ver também E. Goldman, *Living My Life*, vol. 1, p. 254-255 e 262.

14. N. Sedova, texto autobiográfico datilografado, iniciado em 24 de dezembro de 1941: Coleção Trotski (HIA), caixa 27, pasta 13, p. 8.

15. Ibid., p. 9.

16. Ibid.

17. Ibid., p. 10.

18. Ibid.

19. Ibid.

20. Diário de Trotski em 1935, *in* L. Trotskii, *Dnevniki i pis'ma*, p. 86.

21. Ver Yu. V. Got'e, "Moi zametki", *Voprosy istorii*, n.º 11 (1991), p. 151; S. Weber, "Recollections of Trotsky", *Modern Occasions*, primavera de 1972, p. 181-182; A. Glotzer, *Trotsky: Memoir and Critique*, p. 36.

22. L. Trotskii, *Dnevniki i pis'ma*, p. 86-87.

23. Yu. O. Martov à parte londrina da direção editorial do *Iskra*, 29 de novembro de 1902: *Leninskii sbornik*, vol. 4, p. 166.

24. N. Sedova, texto autobiográfico datilografado, iniciado em 24 de dezembro de 1941: Coleção Trotski (HIA), caixa 27, pasta 13, p. 11; manuscrito de *Moya zhizn*': Coleção Nicolaevski (HIA), caixa 313, pasta 1, p. 6.

25. M. Shachtman, "Natalya Ivanovna Sedoff (Sedova)", p. 3: Documentos de Albert Glotzer (HIA), caixa 27. Shachtman tomou notas de conversas que teve com Natalia sobre a vida dela.

26. Ver a coleção de artigos do *Iskra* a partir do n.º 27 (1º de novembro de 1902): RGASPI, f. 325, op. 1, d. 361.

27. Manuscrito de *Moya zhizn*': Coleção Nicolaevski (HIA), caixa 313, pasta 1, p. 8.

28. Trotski para A. L. Bronstein, 10 de fevereiro de 1903 (NS), p. 1: APO (HIA), arquivo XVIIa, pasta 1a, p. 1.

29. Ibid., p. 2.

30. Ibid.

31. G. V. Plekhanov para V. I. Lenin, início de janeiro de 1903: *Leninskii sbornik*, vol. 4, p. 211.

Notas   651

32. V. I. Lenin para G. V. Plekhanov, 2 de março de 1903: ibid., p. 221-222.

33. A. Lunacharskii, *Revolyutsionnye siluety*, p. 19.

34. *Yu. O. Martov i A. N. Potresov. Pis'ma. 1898-1913*, p. 36 e 43.

35. *Leninskii sbornik*, vol. 2, p. 24, 27, 65, 127 e 152.

36. Manuscrito de *Moya zhizn'*: Coleção Nicolaevski (HIA), caixa 313, pasta 2, p. 7.

37. Ibid., pasta 1, p. 5.

38. N. Sedova, texto autobiográfico datilografado, iniciado em 24 de dezembro de 1941: Coleção Trotski (HIA), caixa 27, pasta 13, p. 11.

39. Ibid., p. 12.

8. Solto das amarras

1. F. I. Dan para P. B. Axelrod, 16 de outubro de 1903: *Fëdor Il'ich Dan: Pis'ma (1899-1946)*, p. 60.

2. "Otvet na pis'mo v redaktsiyu" [do *Iskra*]: RGASPI, f. 325, op. 1, d. 561, p.135.

3. F. I. Dan para P. B. Axelrod, 2/15 de novembro de 1903: *Fëdor Il'ich Dan: Pis'ma (1899-1946)*, p. 63.

4. F. I. Dan para P. B. Axelrod, 10/23 de novembro de 1903: ibid., p. 74.

5. Panin [M. S. Makadzyub] para P. B. Axel'rod, 11 de janeiro de 1904, p. 1: Coleção Nicolaevski (HIA), caixa 652, pasta 1.

6. Panin [M. S. Makadzyub] para P. B. Axelrod, 2 de fevereiro de 1904: Coleção Nicolaevski (HIA), caixa 652, pasta 4, p. 11.

7. P. A. Garvi, "Zapiski sotsial-demokrata" (texto datilografado): Documentos de Nicolaevski (HIA), caixa 55, pasta 1, p. 19-20.

8. Ibid., p. 16.

9. Panin [M. S. Makadzyub] para P. B. Axelrod, 2 de fevereiro de 1904: Coleção Nicolaevski (HIA), caixa 652, pasta 4, p. 11.

10. "Nasha 'voennaya' kampaniya", *Iskra*, n.º 63, 15 de abril de 1904.

11. Ibid.

12. F. I. Dan para P. B. Axelrod, janeiro de 1904(?): *Fëdor Il'ich Dan: Pis'ma (1899-1946)*, p. 77-78.

13. Yu. O. Martov para P. B. Axelrod, 2 de abril de 1904: *Pis'ma P. B. Aksel'roda i Yu. O. Martova, 1901-1916*, p. 101-104.

14. F. I. Dan para P. B. Axelrod, 29 de setembro de 1904: *Fëdor Il'ich Dan: Pis'ma (1899-1946)*, p. 110.

15. F. I. Dan para P. B. Axelrod, 9 de outubro de 1904: ibid., p. 122.

16. L. Trotskii, *Moya zhizn'*, vol. 1, p. 191.

17. Z. A. B. Zeman e W. B. Scharlau, *The Merchant of Revolution: The Life of Alexander Israel Helphand (Parvus), 1867-1924*, p. 63-67.

18. Registro policial, agosto-setembro de 1904, p. 1-2: APO (HIA), arquivo XVIIc, pasta 2, p. 1.

19. Ibid.; e M. Shachtman, "Natalya Ivanovna Sedoff (Sedova)", p. 3: Documentos de Albert Glotzer (HIA), caixa 27.

20. Ver Ye. M. Yaroslavskii (org.), *L. D. Trotskii o partii v 1904 g.: broshyura N. Trotskogo "Nashi politicheskie zadachi"*.

21. N. Trotskii, *Nashi politicheskie zadachi. (Takticheskie i organizatsionnye voprosy)*, p. xi.

22. Ibid., p. x.

23. Ibid., p. 50 e 55.

24. Ibid., p. 75.

25. Ibid., p. 33.

26. Ibid., p. 95.

27. Ibid., p. 96.

28. Ibid., p. 102.

29. Ibid., p. 107.

30. Panin [M. S. Makadzyub] para P. B. Axelrod, 16 de outubro de 1904: Coleção Nicolaevski (HIA), caixa 652, pasta 4, p. 1.

31. Ibid., p. 2.

32. A. A. Bogdanov para N. K. Krupskaia, 10 de julho de 1904: RGASPI., f. 325, op. 1, d. 212, p. 1.

33. Trotski para Yu. O. Martov, em alguma data de 1904: Coleção Nicolaevski (HIA), caixa 51, pasta 19, carta 1, p. 1-3 e 5, e carta 2, p. 1 e 3-4.

34. N. Sedova, texto autobiográfico datilografado, iniciado em 24 de dezembro de 1941: Coleção Trotski (HIA), caixa 27, pasta 13, p. 12.

35. L. Trotskii, *Moya zhizn'*, vol. 1, p. 157.

36. N. Sedova, "Devochki", p. 2: Coleção Trotski (HIA), caixa 27, pasta 13.

37. Registro policial de Kherson, 16 de fevereiro de 1910, p. 1: APO (HIA), arquivo XVIIc, pasta 2.

38. Yu. V. Got'e, *Moi zametki*, p. 132. Sobre Trotski, ver *supra*, p. 31.

39. M. Shachtman, "Natalya Ivanovna Sedoff (Sedova)", p. 1 e 3: Documentos de Albert Glotzer (HIA), caixa 27.

Notas 653

40. N. Sedova, texto autobiográfico datilografado, iniciado em 24 de dezembro de 1941: Coleção Trotski (HIA), caixa 27, pasta 13, p. 1.
41. Ibid., p. 3.
42. Ibid., p. 1-2.
43. Ibid., p. 3; M. Shachtman, "Natalya Ivanovna Sedoff (Sedova)", p. 1: Documentos de Albert Glotzer (HIA), caixa 27.
44. N. Sedova, texto autobiográfico datilografado, iniciado em 24 de dezembro de 1941: Coleção Trotski (HIA), caixa 27, pasta 13, p. 4.
45. Ibid., p. 5-7.
46. *Sotsial-demokrat*, n.º 3, dezembro de 1904.

9. O ano de 1905

1. N. Sedova, texto autobiográfico datilografado, iniciado em 24 de dezembro de 1941: Coleção Trotski (HIA), caixa 27, pasta 13, p. 12.
2. A. Ascher, *The Revolution of 1905: Russia in Disarray*, p. 102-123.
3. L. Trotskii, *Moya zhizn'*, vol. 1, p. 194. A lembrança de sua mulher foi que eles não seguiram para Viena, mas para Munique: N. Sedova, texto autobiográfico datilografado, iniciado em 24 de dezembro de 1941: Coleção Trotski (HIA), caixa 27, pasta 13, p. 12. O detalhe a respeito de Adler significa que Trotski provavelmente estava certo.
4. M. Shachtman, "Natalya Ivanovna Sedoff (Sedova)", p. 2: Documentos de Albert Glotzer (HIA), caixa 27.
5. Ibid.
6. Diário de Trotski de 1935 *in* L. Trotskii, *Dnevniki i pis'ma*, p. 130.
7. N. Sedova, texto autobiográfico datilografado, iniciado em 24 de dezembro de 1941: Coleção Trotski (HIA), caixa 27, pasta 13, p. 13.
8. *Iskra*, n.º 90, 3 de março de 1905.
9. Parvus, *Bez tsarya, a pravitel'stvo - rabochee*, p. 1-4.
10. Parvus, *V chëm. my raskhodimsya? Otvet Leninu na ego stat'i v "Proletarii"*, p. 8 e 18.
11. *Iskra*, n.º 93, 17 de março de 1905.
12. Trotski para J. G. Wright, 2 de maio de 1940, p. 3: Coleção Trotski (HIA), caixa 13, pasta 1.
13. "Sotsial-demokratiya i revolyutsiya", *Nachalo*, n.º 10, 25 de outubro de 1905: RGASPI, f. 325, op. 1, d. 563, p. 15-18.
14. L. Trotskii, *Moya zhizn'*, vol. 1, p. 206.

654 Trotski

15. N. Sedova, texto autobiográfico datilografado, iniciado em 24 de dezembro de 1941: Coleção Trotski (HIA), caixa 27, pasta 13, p. 13.

16. Ibid.

17. Fotografia em L. Trotskii, *1905 God*, oposta à p. 200.

18. "Grisha" para Vilenkina [*sic*] em Genebra, 3 de dezembro de 1905: APO (HIA), arquivo XVIIc, pasta 1.

19. Ver o exame convincente dos dados feito por I. D. Thatcher, "Leon Trotsky and 1905", p. 248-250.

20. A. Lunacharskii, *Revolyutsionnye siluety*, p. 20.

21. R. B. Gul', *Ya unës Rossiyu: apologiya emigratsii*, vol. 2, p. 252.

22. L. Trotskii, *Moya zhizn'*, vol. 1, p. 203.

23. Ibid., p. 203-204.

24. "Nashi zadachi", *Nachalo*, n.º 1, 13 de novembro de 1905: Coleção Nicolaevski (HIA), caixa 625, pasta 5.

25. I. Getzler, *Martov: A Political Biography of a Russian Social-Democrat*, p. 110.

26. R. Service, *Lenin: A Political Life*, vol. 1, p. 144-145 e 147.

27. L. Trotskii, *Moya zhizn'*, vol. 1, p. 207.

10. Julgamento e punição

1. L. Trotskii, "Parvus", *Nashe slovo* n.º 23, 24 de fevereiro de 1915: RGASPI, f. 325, op: 1, d. 576, p. 14.

2. N. Trotskii, *Tuda i obratno*, p. 11.

3. Ver a fotografia de D. F. Sverchkov, amigo de Trotski, em L. Trotskii, *1905 God*, oposta à p. 216.

4. Ver p. 219 deste livro.

5. Manuscrito de *Moya zhizn'*: Coleção Nicolaevski (HIA), caixa 313, pasta 5, p. 1-2.

6. "L. Ianovski" (Trotski) para S. N. Saltykov, 9 de dezembro de 1905: RGASPI, f. 325, op. 1, d. 377, p. 1-2.

7. L. Trotskii, *Moya zhizn'*, vol. 1, p. 215.

8. Ibid.

9. Carta a Yu. O. Martov, 12 de junho de 1906: RGASPI, f. 325, op. 1, d. 378.

10. L. Trotskii, *Moya zhizn'*, vol. 1, p. 219.

11. Ibid., p. 217-218.

12. L. Trotsky, *History of the Russian Revolution*, vol. 3, p. 193.

Notas

13. G. A. Ziv, *Trotskii: kharakteristika. (Po lichnym vospominaniyam)*, p. 33.

14. Trotskii, *Itogi suda nad Sovetom Rabochikh Deputatov*, p. 1-6. De modo inusitado, o nome de Trotski apareceu sem prenome nem inicial nesse trabalho.

15. Ibid., p. 7.

16. L. Trotskii, *Sochineniya*, vol. 2, livro 2, p. 163-177.

17. D. Sverchkov, *Na zare revolyutsii*, p. 218.

18. L. L. Sedov, "Freudenpass": Coleção Nicolaevski (HIA), caixa 356, pasta 25.

19. N. Trotskii, "Sovet i prokuratura", *in Istoriya Soveta Rabochikh Deputatov g. S.-Peterburga*, p. 319-321 e 323.

20. N. Trotskii, "Sovet i revolyutsiya. (Pyat'desyat' dnei)", *in* ibid., p. 21.

21. Ibid.

22. Ibid.

23. D. Sverchkov, *Na zare revolyutsii*, p. 220-224.

24. N. Trotskii, *Tuda i obratno*, p. 13-14.

25. Ibid., p. 20-21.

26. Ibid., p. 24-25.

27. Ibid., p. 25-26.

28. D. Sverchkov, *Na zare revolyutsii*, p. 225-226.

29. N. Trotskii, *Tuda i obratno*, p. 46.

30. Ibid., p. 51.

31. D. Sverchkov, *Na zare revolyutsii*, p. 227-228.

32. Ibid., p. 228-229.

33. Arquivo policial sobre Trotski: RGASPI, f. 325, op. 1, d. 2, p. 8; N. Trotskii, *Tuda i obratno*, p. 57-58.

34. L. Trotskii, *Moya zhizn'*, p. 223-224; D. Sverchkov, *Na zare revolyutsii*, p. 230-231.

35. D. Sverchkov, *Na zare revolyutsii*, p. 229.

36. N. Trotskii, *Tuda i obratno*, p. 61-66.

37. Ibid., p. 87.

38. Ibid., p. 118.

39. M. Shachtman, "Natalya Ivanovna Sedoff (Sedova)" (s.d.; notas datilografadas), p. 4: Documentos de Albert Glotzer (HIA), caixa 26.

40. N. Sedova, texto autobiográfico datilografado, iniciado em 24 de dezembro de 1941: Coleção Trotski (HIA), caixa 27, pasta 13, p. 17. Trotski teve

656   Trotski

de tomar cuidado com os nomes que usou em seu relato, para não haver represálias individuais.

41. Ibid.
42. Ibid., p. 17-18.

11. De novo emigrante

1. M. Shachtman, "Natalia Ivanovna Sedoff (Sedova)" (s.d.; notas datilografadas), p. 4: Documentos de Albert Glotzer (HIA), caixa 26.
2. L. Trotskii, *Delo bylo v Ispanii.*
3. N. Sedova, texto autobiográfico datilografado, iniciado em 24 de dezembro de 1941: Coleção Trotski (HIA), caixa 27, pasta 13, p. 18.
4. Ibid.
5. L. Trotskii, *Politicheskie siluety*, p. 185.
6. N. Ioffe, *Vremya nazad*, p. 13.
7. "Zatmenie solntsa", *Kievskaya mysl'* n.º 295, 24 de outubro de 1908: RGASPI, f. 325, op. 1, d. 568, p. 21-22.
8. I. D. Thatcher, "Trotsky and the Duma: A Research Essay", p. 36.
9. N. Trotskii, *V zashchitu partii* (ed. N. Glagolev), p. xiii, 137 e 143.
10. Ibid., p. xviii-xxi e 2-3.
11. Ibid., p. 87 e 91.
12. *Pyatyi (londonskii) s"ezd RSDRP. Protokoly*, p. 15 e 21.
13. Ibid., p. 166.
14. Ibid., p. 258-266.
15. Ibid., p. 292.
16. Ibid., p. 397-404.
17. Ibid., p. 443.
18. Ibid., p. 483.
19. Ibid., p. 538.
20. N. Sedova, texto autobiográfico datilografado, iniciado em 24 de dezembro de 1941: Coleção Trotski (HIA), caixa 27, pasta 13, p. 19.
21. Ibid.
22. Do diretor da Administração da Guarda da Província de Kherson ao diretor do Departamento Especial, A. M. Yeremin, 16 de fevereiro de 1910: APO (HIA), arquivo XVIIc, pasta 2.
23. N. Sedova, "Devochki", p. 2: Coleção Trotski (HIA), caixa 27, pasta 13.
24. N. Trotskii, *Nasha revolyutsiya* (edição de 1907), p. xvi-xvii (prefácio).

Notas

25. L. Trotsky, *Russland in der Revolution*.

26. *Itogi i perspektivy*. Uso aqui a edição de 1909, publicada por N. Glagolev in *Nasha revolyutsiya*, p. 236-238.

27. Ibid., p. 250-259.

28. Ibid., p. 224-230.

29. Ibid., p. 231-238.

30. Ibid., p. 278.

31. N. Trotskii, *V zashchitu partii* (edição de N. Glagolev), p. 5 e 8-9.

32. Ibid., p. 82.

33. Carta de M. Bystrytskii-Zhenev a Marfa Osipovna Dunina, 2 de janeiro de 1909: APO (HIA), arquivo XVIIc, pasta 1. Bystrytskii-Zhenev referia-se a Melenevski por seu pseudônimo, Basok.

34. N. Ioffe, *Vremya nazad. Moya zhizn', moya sud'ba, moya epokha*, p. 13; recordações de N. I. Sedova em cartas a B. I. Nikolaevski, 2 de outubro e 24 de dezembro de 1956: Coleção Nicolaevski (HIA), caixa 628, pasta 11.

35. N. Ioffe, *Vremya nazad. Moya zhizn', moya sud'ba, moya epokha*, p. 13.

36. Ibid., p. 20.

37. Trotski para I. Bisk, 11 de junho de 1908: Coleção Nicolaevski (HIA), caixa 90, pasta 13.

38. Trotski para A. M. Gorki, 20 de junho de 1909, p. 7: Coleção Nicolaevski (HIA), caixa 652, pasta 10.

39. L. Trotskii, *Moya zhizn'*, vol. 1, p. 252.

40. "Natasha" [N. Sedova] a Trotski, 12 de dezembro de 1913: APO (HIA), arquivo XVIlc, pasta 1.

41. Trotski a M. Gorki, 9 de junho de 1909: Coleção Nicolaevski (HIA), caixa 652, pasta 10.

42. Trotski para o grupo de apoio de Nova York, 11 de março de 1912: Coleção Nicolaevski (HIA), caixa 654, pasta 1.

43. Apelo da direção editorial do *Pravda*, 26 de fevereiro de 1911: Coleção Nicolaevski (HIA), caixa 653, pasta 2.

44. Trotski para I. Bisk, 11 de junho de 1908: Coleção Nicolaevski (HIA), caixa 90, pasta 13.

45. Os artigos do *Odesskie novosti* encontram-se reunidos em RGASPI, f. 325, op. 1, d. 564.

46. Os artigos do *Kievskaya mysl'* encontram-se reunidos em ibid., d. 568.

47. "Pis'ma s Zapada", *Odesskie novosti*, 12 de abril de 1908: RGASPI, f. 325, op. 1, d. 564, p. 1.

658 Trotski

48. "Tvoya Sasha" [provavelmente Alexandra Bronstein] a Trotski, 19 de março de 1909; I. Boitsov a Trotski , 14 de abril de 1909: APO (HIA), arquivo XVIIc, pasta 1.

49. "Nekotorye politicheskie itogi. K delu Azefa", *Pravda*, n.º 3, 27 de março de 1909 [9 de abril de 1909]: RGASPI, f. 325, op. 1, d. 566, p. 37-45.

50. "K. S." [I. V. Stalin] ao sr. Vel'tman, 31 de dezembro de 1910: APO (HIA), arquivo XVIIc, pasta 1.

12. Unificador

1. A. V. Lunacharskii para Trotski, 26 de novembro de 1909: Coleção Nicolaevski (HIA), caixa 627, pasta 5.

2. Trotski para A. M. Gorki, 20 de junho de 1909: Coleção Nicolaevski (HIA), caixa 652, pasta 10.

3. Notas manuscritas das aulas: Coleção Nicolaevski (HIA), caixa 627, pasta 11.

4. A. Lunacharskii, *Revolyutsionnye siluety*, p. 22-23.

5. Manuscrito de *Moya zhizn*': Documentos de Nicolaevski (HIA), caixa 313, pasta 6, p. 14-15. Como de praxe, o manuscrito é mais completo que a versão publicada.

6. R. Luxemburgo, "Letters on Bolshevism and the Russian Revolution", *Revolutionary History* n.º 6 (1996), p. 241. Agradeço a Ian Thatcher por haver discutido comigo esse período da história do partido.

7. L. Trotskii, *Moya zhizn*', vol. 1, p. 240-241.

8. Ibid., p. 241.

9. N. Sedova, texto autobiográfico datilografado, iniciado em 24 de dezembro de 1941: Coleção Trotski (HIA), caixa 27, pasta 13, p. 22.

10. Ibid.

11. Trotski para P. B. Axelrod, 11 de junho de 1912, p. 7: Coleção Nicolaevski (HIA), caixa 654, pasta 4.

12. N. Sedova, texto autobiográfico datilografado, iniciado em 24 de dezembro de 1941: Coleção Trotski (HIA), caixa 27, pasta 13, p. 24.

13. Ibid., p. 27.

14. Diário de Trotski de 1935, *in* L. Trotskii, *Dnevniki i pis'ma*, p. 19-20.

15. N. Ioffe, *Vremya nazad. Moya zhizn', moya sud'ba, moya epokha*, p. 48.

16. "Gospodin Pëtr Struve", *Kievskaya mysl'*, 21 de abril de 1909: RGASPI, f. 325, op. 1, d. 568, p. 118.

Notas

17. "Natsional'no-psikhologicheskie tipy burzhuazii", *Kievskaya mysl'*, 25 de janeiro de 1909: ibid., p. 86-87.
18. Relatório da Okhrana, 24 de janeiro de 1911, p. 7: APO (HIA), arquivo XVIb(2), pasta 1.
19. A. Lunacharskii, *Revolyutsionnye siluety*, p. 21.
20. Trotski para I. P. Pokrovskii, deputado da Duma, 5 de dezembro de 1910: APO (HIA), arquivo XVllc, pasta 2.
21. Carta da direção editorial do *Pravda* a "organizações partidárias", 26 de novembro de 1911: Coleção Nicolaevski (HIA), caixa 653, pasta 2.
22. "Pis'mo 'Pravdy' k myslyashchim rabochim. Gde zhe nastoyashchii put'?", *Pravda*, n.º 14, 24 de junho/7 de julho de 1910: RGASPI, f. 325, op. 1, d. 567, p. 23.
23. "Voprosy edinstva", *Bor'ba*, n.º 3, 12 de abril de 1914: RGASPI, f. 325, op. 1, d. 574, p. 13.
24. "Anketa 'Pravdy'", *Pravda*, n.º 16, 24 de setembro/6 de outubro de 1910: RGASPI, f. 325, op. 1, d. 567, p. 50.
25. "Voprosy edinstva", *Bor'ba*, n.º 3, 12 de abril de 1914: RGASPI, f. 325, op. 1, d. 574, p. 15.
26. Ver "Pravda svoim chitatelya", *Pravda* [Viena], n.º 1, 3/16 de janeiro de 1908; "Nekotorye politicheskie itogi. K delu Azefa", *Pravda* [Viena], n.º 3, 27 de março/9 de abril de 1909: RGASPI, f. 325, op. 1, d. 566.
27. "Anketa 'Pravdy'", *Pravda* n.º 16; 24 de setembro/6 de outubro de 1910: RGASPI, f. 325, op. 1, d. 567, p. 52; "Polozhenie v partii i nashi zadachi", *Pravda* n.º 18/19, 29 de janeiro/11 de fevereiro de 1911: RGASPI, f. 325, op. 1, d. 566, p. 84.
28. "Pis'ma ob edinstve", *Luch* n.º 27, 2 de fevereiro de 1913: RGASPI, f. 325, op. 1, d. 573, p. 10 e 12-14.
29. "Polozhenie v partii i nashi zadachi", *Pravda* n.º 18/19, 29 de janeiro/11 de fevereiro de 1911: RGASPI, f. 325, op. 1, d. 566, p. 95.
30. D. Sverchkov, *Na zare revolyutsii*, p. 262-263.
31. Apelo aberto da direção editorial do *Pravda* às "organizações partidárias", 26 de fevereiro de 1911: Coleção Nicolaevski (HIA), caixa 653, pasta 2.
32. Iosif [I. V. Stalin] para V. S. Bobrovskii, 24 de janeiro de 1911: APO (HIA), arquivo XVIIu, pasta 1.
33. Relatório da Okhrana, 24 de janeiro de 1911, p. 7: APO (HIA), arquivo XVIb(2), pasta 1.
34. "Neotlozhnye voprosy", *Nasha zarya* n.º 11 (1911).

660 Trotski

35. Separata do *Sotsial-demokrat* (órgão central do Partido Operário Social--Democrata Russo) n.º 19, 1911, p. 2.
36. Ibid., p. 3.

13. Correspondente especial

1. Trotski para P. B. Axelrod, 12 de fevereiro de 1912: Coleção Nicolaevski (HIA), caixa 653, pasta 2, p. 3 e 7.
2. Trotski para P. B. Axelrod, 20(?) de fevereiro de 1912, p. 1: Coleção Nicolaevski (HIA), caixa 42, pasta 8.
3. Trotski para P. B. Axelrod, 8 de março de 1912, p. 1: Coleção Nicolaevski (HIA), caixa 654, pasta 1.
4. Trotski para P. B. Axelrod, 20 de julho de 1912, p. 1: Coleção Nicolaevski (HIA), caixa 654, pasta 7; ver também Trotski para P. B. Axelrod, 8 de agosto de 1912: Coleção Nicolaevski (HIA), caixa 655, pasta 1, e N. Sedova, "Devochki", p. 2: Coleção Trotski (HIA), caixa 27, pasta 13.
5. Trotski para P. B. Axelrod, 20 de julho de 1912, p. 1: Coleção Nicolaevski (HIA), caixa 654, pasta 7.
6. Trotski para a direção editorial do "Zvezda", 29 de abril de 1912: APO (HIA), arquivo XVIIc, pasta 1.
7. Trotski para Voiloshnikov, deputado da Duma, 29 de abril de 1912 (NS): ibid.
8. Trotski para o grupo de apoio de Nova York, 11 de março de 1912, p. 2-3: Coleção Nicolaevski (HIA), caixa 92, pasta 16.
9. Trotski para o grupo de apoio de Nova York, abril de 1912: ibid.
10. F. I. Dan para P. B. Axelrod, início de setembro de 1911: *Fëdor Il'ich Dan: Pis'ma (1899-1946)*, p. 239.
11. Ibid.
12. Trotski para P. B. Axelrod, 8 e 16 de agosto de 1911: Coleção Nicolaevski (HIA), caixa 655, pasta 1.
13. Correspondência de Basok [M. Melenevski] com S. Semkovskii, 1912: Coleção Nicolaevski (HIA), caixa 185, pasta 28.
14. Notas de G. A. Alexinski: Coleção Nicolaevski (HIA), caixa 655, pasta 2, p. 6.
15. Ibid., p. 16.
16. "Baikanskie pis'ma", assinado em 28 de setembro de 1912: *Kievskaya mysl'*, 3 de outubro de 1912: RGASPI, f. 325, op. 1, d. 569, p. 53.

Notas 661

17. "Ranënye", *Kievskaya mysl'*, 31 de outubro de 1912: ibid., p. 99.
18. S. Semkovski para P. B. Axelrod, 15 de janeiro de 1913, p. 3: Coleção Nicolaevski (HIA), caixa 655, pasta 3.
19. Trotski para N. S. Chkheidze, 1º de abril de 1913: Coleção Nicolaevski (HIA), caixa 656, pasta 5, p. 1-2.
20. Ver p. 123 deste livro.
21. Trotski para N. S. Chkheidze, 1º de abril de 1913: Coleção Nicolaevski (HIA), caixa 656, pasta 5, p. 1-2.
22. Para um veredicto mais positivo sobre as perspectivas desse bloco, ver G. Swain, *Russian Social-Democracy and the Legal Labour Movement*.
23. Trotski para a direção editorial do *Luch*, 2 de abril de 1913, p. 1 e 3: APO (HIA), arquivo XVIIc, pasta 2.
24. F. I. Dan para P. B. Axelrod, 11 de maio de 1912: *Fëdor Il'ich Dan: Pis'ma (1899-1946)*, p. 263.
25. Citação de Trotski numa carta para uma pessoa desconhecida, provavelmente em 1913: Coleção Nicolaevski (HIA), caixa 42, pasta 24, p. 1-2.
26. Autor desconhecido para Trotski, 22 de janeiro de 1913, p. 1-2: APO (HIA), arquivo XVIIc, pasta 1.
27. "A" para Trotski, 3 de março de 1913: ibid.
28. N. I. Sedova para Trotski, 12 de dezembro de 1913: ibid.
29. Yu. O. Martov para S. Semkovskii, 31 de julho de 1914: Coleção Nicolaevski (HIA), caixa 657, pasta 5.
30. G. Swain, *Russian Social-Democracy and the Legal Labour Movement*, p. 191.
31. RGASPI, f. 325, op. 1, d. 574. Sobre o *Bor'ba*, ver I. D. Thatcher, "Bor'ba: A Workers' Journal in St. Petersburg on the Eve of World War One", *English Historical Review* n.º 450 (1998), p. 101.
32. "Ot redaktsii", *Bor'ba* n.º 1, 22 de janeiro de 1914: RGASPI, f. 325, op. 1, d. 574, p. 2.
33. "Voprosy edinstva", *Bor'ba* n.º 3, 12 de abril de 1914: ibid., p. 15.

14. Guerra à guerra

1. L. Trotsky, *Chapters from My Diary*, p. 10.
2. Ibid.
3. L. Trotskii, *Moya zhizn'*, vol. 1, p. 271.
4. Ibid., p. 272.

5. Trotski para P. B. Axelrod, 10 de dezembro de 1914: Coleção Nicolaevski (HIA), caixa 657, pasta 6.

6. *Golos* n.º 71, 4 de dezembro de 1914.

7. Trotski para P. B. Axelrod, 11 de dezembro de 1914: Coleção Nicolaevski (HIA), caixa 657, pasta 6.

8. Trotski para P. B. Axelrod, s.d.: Coleção Nicolaevski (HIA), caixa 43, pasta 2, p. 2.

9. A. Lunacharskii, *Revolyutsionnye siluety*, p. 23.

10. Ibid.

11. Trotski para P. B. Axelrod, 22 de dezembro de 1914: Coleção Nicolaevski (HIA), caixa 657, pasta 6. Trotski mencionou Plekhanov de passagem num artigo sobre Karl Kautsky: "Kautskii o Plekhanove", parte 3, *Nashe slovo* n.º 117, 19 de junho de 1915: RGASPI, f. 325, op. 1, d. 576, p. 96.

12. M. Melenevski e outros: "Po povodu insinuatsii N. Trotskogo v gazete 'Golos'", 8 de fevereiro de 1915, p. 1-3: Coleção Nicolaevski (HIA), caixa 627, pasta 8.

13. RGASPI, f. 325, op. 1, d. 576: "Nekriticheskaya otsenka kriticheskoi epokhi', parte 1, *Nashe slovo* n.º 28, 1º de março de 1915: ibid., p. 18-19; parte 2, n.º 35, 10 de março de 1915: ibid., p. 22 e 24.

14. Ibid., p. 71.

15. N. Sedova, texto autobiográfico datilografado, iniciado em 24 de dezembro 1941: Coleção Trotski (HIA), caixa 27, pasta 13, p. 25.

16. A. Rosmer, "Durant la Guerre Impérialiste", *in* M. Nadeau (org.), *Hommage à Natalia Sedova-Trotsky, 1882-1962*, p. 67.

17. N. Sedova, texto autobiográfico datilografado, iniciado em 24 de dezembro de 1941: Coleção Trotski (HIA), caixa 27, pasta 13, p. 25-26.

18. A. Rosmer, citado *in* P. Naville, *Trotsky vivant*, p. 156.

19. Ibid.

20. Ibid.

21. Ibid.

22. N. Sedova, texto autobiográfico datilografado, iniciado em 24 de dezembro de 1941: Coleção Trotski (HIA), caixa 27, pasta 13, p. 25-26.

23. Ver p. 170 deste livro.

24. N. Sedova, texto autobiográfico datilografado, iniciado em 24 de dezembro de 1941: Coleção Trotski (HIA), caixa 27, pasta 13, p. 26.

25. Trotski para L. G. Deich, 15 de julho de 1915: Coleção Nicolaevski (HIA), caixa 657, pasta 8, p. 1-2.

Notas

26. L. G. Deich para Trotski, 31 de julho de 1915: Coleção Nicolaevski (HIA), caixa 658, pasta 1.
27. Trotski para L. G. Deich, 15 de julho de 1915: Coleção Nicolaevski (HIA), caixa 83, pasta 3, p. 1.
28. I. Thatcher, *Leon Trotsky and World War One: August 1914 to February 1917*, p. 25-37. Recorri profusamente ao livro de Ian Thatcher, ao lidar com a complexidade dos escritos de Trotski durante a guerra.
29. A. Rosmer, "Durant la Guerre Impérialiste", *in* M. Nadeau (org.), *Hommage à Natalia Sedova-Trotsky, 1882-1962*, p. 65-66.

15. Projetos de revolução

1. Trotski para P. B. Axelrod, 10 de dezembro de 1914: Coleção Nicolaevski (HIA), caixa 43, pasta 2.
2. *Die Zimmerwalder Bewegung. Protokole und Korrespondenz*, vol. 1, p. 45-49, 54; V. I. Lenin, *Polnoe sobranie sochinenii*, vol. 49, p. 115-116 e 128-129.
3. V. I. Lenin, *Polnoe sobranie sochinenii*, vol. 49, p. 78.
4. L. Trotskii, *Moya zhizn'*, vol. 1, p. 285.
5. *Die Zimmerwalder Bewegung. Protokole und Korrespondenz*, vol. 1, p. 55-56.
6. RGASPI, f. 325, op. 1, d. 394.
7. *Die Zimmerwalder Bewegung. Protokole und Korrespondenz*, vol. 1, p. 141.
8. Ibid., p. 133 e 137.
9. Ibid., p. 169.
10. Relatório policial para Petrogrado, provavelmente de 1915, p. 2b, 3 e 4b: APO (HIA), arquivo XVIIc, pasta 2.
11. R. Service, *Lenin: A Political Life*, vol. 2, p. 79-81.
12. "Nash politicheskii lozung", *Nashe slovo* n.º 23, 24 de fevereiro de 1915: RGASPI, f. 325, op. 1, d. 576, p. 9-10; "Imperializm i natsional'naya ideya", *Nashe slovo* n.º 32, 6 de maio de 1915: ibid., p. 54-56.
13. "Natsiya i khozyaistvo", *Nashe slovo* n.º 130, 3 de julho de 1915: ibid., p. 109-111.
14. "Nash politicheskii lozung", *Nashe slovo* n.º 23, 24 de fevereiro de 1915: ibid., p. 10.
15. "Pis'ma s Zapada", *Kievskaya mysl'* n.º 22, 22 de janeiro de 1916: RGASPI, f. 325, op. 1, d. 571, p. 21.
16. "Pis'ma s Zapada: u knyazya monakskogo", *Kievskaya mysl'* n.º 191, 10 de julho de 1916: ibid., p. 107.

664   Trotski

17. "Pis'ma s Zapada: brozhenie umov", *Kievskaya mysl'* n.º 133, 18 de maio de 1916: ibid., p. 92-93.
18. "Otkhodit epokha", *Kievskaya mysl'* n.º 3, 3 de janeiro de 1916: ibid., p. 8.
19. L. Trotskii, *Moya zhizn'*, vol. 1, p. 286.
20. *Die Zimmerwalder Bewegung. Protokole und Korrespondenz*, vol. 1, p. 273-362.
21. R. Service, *Lenin: A Biography*, p. 127 e 129.

16. Travessias do Atlântico

1. Relatório da Okhrana para Petrogrado, 18 de setembro de 1916: APO (HIA), arquivo XVIIc, pasta 2.
2. L. D. Trotskii, *Chto i kak proizoshlo? Shest' statei dlya mirovoi burzhuaznoi pechati*, p. 9-10.
3. Comité pour la reprise des relations [Comitê para a Retomada das Relações], 25 de setembro de 1916, p. 1-3: APO (HIA), arquivo XVIIc, pasta 2.
4. L. Trotzky, *Lettres aux abonnés de la Vie Ouvrière*, part 3: *L'expulsion de Léon Trotzky*, p. 13-14 e 20.
5. L. D. Trotskii, *Chto i kak proizoshlo? Shest' statei dlya mirovoi burzhuaznoi pechati*, p. 9.
6. L. Trotskii, *Delo bylo v Ispanii*, p. 120.
7. Diário de Trotski de 1935, *in* L. Trotskii, *Dnevniki i pis'ma*, p. 130.
8. L. Trotzky, *Vingt lettres de Léon Trotzky*, p. 33.
9. L. Trotskii, *Delo bylo v Ispanii*, p. 123.
10. Ibid., p. 124-126.
11. M. Shachtman, "Natalya Ivanovna Sedoff (Sedova)" (s.d.; notas datilografadas), p. 6: Documentos de Albert Glotzer (HIA), caixa 27.
12. *Novy mir* (Nova York), 6 de dezembro de 1916; Coleção Nicolaevski (HIA), caixa 83, pastas 3 e 4.
13. L. Trotskii, *Delo bylo v Ispanii*, p. 147.
14. G. A. Ziv, *Trotskii: kharakteristika. (Po lichnym vospominaniyam)*, p. 67.
15. Ibid., p. 67-69.
16. J. Nedava, *Trotsky and the Jews*, p. 25.
17. Ibid., p. 25-26.
18. G. A. Ziv, *Trotskii: kharakteristika. (Po lichnym vospominaniyam)*, p. 76.
19. Trotski para o grupo do Partido Operário Social-Democrata Russo em Nova York, abril de 1912: Coleção Nicolaevski (HIA), caixa 654, pasta 2.

Notas

20. G. A. Ziv, *Trotskii: kharakteristika. (Po lichnym vospominaniyam)*, p. 57.

21. *Novyi mir* (Nova York), 16 de janeiro de 1916, p. 1 e 4.

22. "A vsë-taki Klaru Tsetkin naprasno trevozhite!", *Novyi mir* (Nova York), 16 de fevereiro de 1917.

23. M. Shachtman, "Natalya Ivanovna Sedoff (Sedova)" (s.d.; notas datilografadas), p. 5: Documentos de Albert Glotzer (HIA), caixa 27. De acordo com um relato, os Trotski ficaram com parentes que haviam emigrado da província de Kherson: Nathan Sturman, 21 de janeiro de 2001, relembrando as histórias de família que ouviu sobre sua bisavó, Emma Bronstein, que era sobrinha de David, pai de Trotski: quadro de mensagens do RootsWeb.

24. M. Shachtman, "Natalya Ivanovna Sedoff (Sedova)" (s.d.; notas datilografadas), p. 7: Documentos de Albert Glotzer (HIA), caixa 26.

25. Ver p. 448 deste livro.

26. L. Trotskii, *Moya zhizn'*, vol. 1, p. 308-309.

27. E. Goldman, *Living My Life*, vol. 2, p. 596.

28. Discurso de Nova York (s.d.), RGASPI, f. 325, op. 1, d. 557, p. 108-121.

29. M. Shachtman, "Natalya Ivanovna Sedoff (Sedova)" (s.d.; notas datilografadas), p. 6: Documentos de Albert Glotzer (HIA), caixa 27.

30. "Instruktsiya upolnomochënnomu po delam politicheskim emigrantam pri chrezvychainoi rossiiskoi missii v Soedinënnykh Shtatakh": Coleção Nicolaevski (HIA), caixa 87, pasta 13, p. 1.

31. "Ot kogo i kak zashchishchat' revolyutsiyu", *Novyi mir* (Nova York), 21 de março de 1917. O nome dele figurou nesse texto como Lev N. Trotskii.

32. Ibid.

33. J. Nedava, *Trotsky and the Jews*, p. 27.

34. F. Harris, *Contemporary Portraits: Fourth Series*, p. 199.

35. L. Lore, "When Trotsky Lived in New York", citado por R. B. Spence, *in* "Hidden Agendas: Spies, Lies and Intrigue Surrounding Trotsky's American Visit of January-April 1917", *Revolutionary Russia* n.º 1 (2008), p. 47.

36. R. B. Spence, ibid., p. 48.

37. A. Kalpaschnikoff, *A Prisoner of Trotsky's*, p. 223.

38. P. Broué, *Léon Sedov, fils de Trotsky, victime de Staline*, p. 20.

39. A. Kalpaschnikoff, *A Prisoner of Trotsky's*, p. 223.

40. "Norway Heritage: Hands Across the Sea": http://www.norwayheritage.com.pship.asp?sh= krisf.

17. Quase bolchevique

1. L. Trotskii, *Moya zhizn'*, vol. 2, p. 6.
2. L. Trotsky, *The Real Situation in Russia*, p. 204-205.
3. L. Trotskii, *O Lenine: materialy dlya biografa*, p. 52.
4. N. Sukhanov, *Zapiski o revolyutsii*, vol. 2, livro 4, p. 190.
5. Ibid.
6. *Sed'maya (aprel'skaya) vserossiiskaya konferentsiya RSDRP (bol'shevikov)*, p. 67-68.
7. N. Sukhanov, *Zapiski o revolyutsii*, vol. 2, livro 4, p. 171.
8. Ibid., p. 172.
9. Trotski nunca fez tal afirmação.
10. A. Ioffe, "Avtobiografiya", *in* N. Ioffe, *Moi otets Adol'f Abramovich Ioffe: vospominaniya, dokumenty i materialy*, p. 53.
11. L. Trotskii, "Avtobiograficheskie zametki", *Syzran*, 5 de abril de 1919: RGASPI, f. 325, op. 1, d. 14, p. 18.
12. *Pravda*, 18 de maio de 1917.
13. *Leninskii sbornik*, vol. 4, p. 303.
14. Ibid., p. 302.
15. N. Sukhanov, *Zapiski o revolyutsii*, vol. 2, livro 4, p. 190.
16. Ibid., p. 245.
17. Ibid., p. 245-246. Trotski questionou se teria dito exatamente isso; também afirmou já haver chegado a um entendimento com Lenin a respeito de fundarem juntos um jornal: ver ibid., p. 246.
18. A. Ioffe, "Avtobiografiya", *in* N. Ioffe, *Moi otets Adol'f Abramovich Ioffe: vospominaniya, dokumenty i materialy*, p. 53.
19. N. Sukhanov, *Zapiski o revolyutsii*, vol. 2, livro 4, p. 254.
20. N. Sedova, "Otets i syn": texto datilografado, 8 de junho de 1940: Coleção Trotski (HIA), caixa 27, pasta 11, p. 6.
21. N. Sedova, "Devochki": Coleção Trotski (HIA), caixa 27, pasta 13, p. 1 e 4.
22. Ibid.
23. L. Trotskii, *Moya zhizn'*, vol. 2, p. 16.
24. Ver p. 114 deste livro.
25. "Kopengagen — Kongress sotsialistov", *Odesskie novosti*, 20 de agosto de 1910: RGASPI, f. 325, op. 1, d. 564, p. 27-28.
26. N. Sukhanov, *Zapiski o revolyutsii*, vol. 3, livro 6, p. 188. Sukhanov fazia questão de vigiar de perto a técnica de Trotski. Sabemos mais por ele que por este último.

Notas

27. Coleção de Filmes Herman Axelbank (HIA), rolo 19: filme de Trotski falando na traseira de um trem.
28. Ibid.
29. V. I. Lenin, *Polnoe sobranie sochinenii*, vol. 10, p. 359-362, e vol. 12, p. 154-157.
30. A. Lunacharskii, *Revolyutsionnye siluety*, p. 24.
31. I. Getzler, *Martov: A Political Biography of a Russian Social-Democrat*, p. 142.
32. N. Sukhanov, *Zapiski o revolyutsii*, vol. 2, livro 4, p. 262.
33. Ibid., p. 295.
34. Ver p. 503 deste livro.
35. Trotski sugeriu essa mudança de postura em *From October to Brest-Litovsk*, cap. 1.
36. Ibid.
37. J. D. White, "Early Soviet Historical Interpretations of the Russian Revolution, 1918-1924", *Soviet Studies* n.º 3 (1985), p. 348-350.

18. Ameaças e promessas

1. Z. Galili, *The Menshevik Leaders in the Russian Revolution: Social Realities and Political Strategies*, p. 269-273.
2. G. Gill, *Peasants and Government in the Russian Revolution*, p. 102-103.
3. L. Trotskii, *K istorii Oktyabr'skoi Revolyutsii*, p. 25.
4. N. Sukhanov, *Zapiski o revolyutsii*, vol. 3, livro 7, p. 288.
5. Ver p. 114 deste livro. O fato de ele ter posto a palavra "demagogos" entre aspas não depõe substancialmente contra esta afirmação.
6. Ver os artigos reunidos em L. Trotskii, *Sochineniya*, vol. 3, parte 1, p. 45-152.
7. L. Trotskii, *Moya zhizn'*, vol. 2, p. 31.
8. A. Rabinowitch, *Prelude to Revolution: The Petrograd Bolsheviks and the July 1917 Uprising*, p. 111-134.
9. W. Woytinsky, *Stormy Passage*, p. 286.
10. W. G. Rosenberg, *Liberals in the Russian Revolution: The Constitutional Democratic Party, 1917-1921*, p. 174-175.
11. N. Sukhanov, *Zapiski o revolyutsii*, vol. 2, livro 4, p. 311.
12. Ibid., p. 334.
13. Ibid., vol. 3, livro 5, p. 24.

14. RGVA, f. 33987, op. 1, d. 359, p. 1-2: A. V. Lunacharskii para N. Sukhanov, 30 de março de 1920.
15. *Devyataya konferentsiya RKP(b)*, p. 25-26.
16. N. Sukhanov, *Zapiski o revolyutsii*, vol. 3, livro 5, p. 20.
17. N. I. Sedova, "Otets i syn" (texto datilografado: 8 de junho de 1940), p. 6: Coleção Trotski (HIA), caixa 27, pasta 11.
18. N. Sukhanov, *Zapiski o revolyutsii*, vol. 3, livro 5, p. 43.
19. L. Trotskii, *Moya zhizn'*, vol. 2, p. 11.
20. N. A. Ioffe, "Ob ottse" (texto datilografado), *in* Documentos de N. A. Ioffe (HIA), parte 2, p. 3.
21. N. Sukhanov, *Zapiski o revolyutsii*, vol. 3, livro 6, p. 182.
22. *Shestoi s"ezd RSDRP (bol'shevikov). Avgust 1917 goda. Protokoly*, p. 41.
23. L. Trotskii, *Moya zhizn'*, vol. 2, p. 11.

19. Tomada do poder

1. W. Hard, *Raymond Robins' Own Story*, p. 22.
2. B. Beatty, *The Red Heart of Russia*, p. 190.
3. R. Service, *Lenin: A Political Life*, vol. 2, p. 201-209.
4. N. Sukhanov, *Zapiski o revolyutsii*, vol. 3, livro 6, p. 213.
5. Ibid., p. 216-217.
6. *Protokoly Tsentral'nogo Komiteta RSDRP(b). Avgust 1917-fevral' 1918*, p. 46.
7. Ibid., p. 47-48.
8. Ibid., p. 49, 55, 63, 65 e 66. Essa tendência, admitimos, cessou a partir de 24 de setembro: ibid., p. 69.
9. Ibid., p. 49.
10. Ibid., p. 48.
11. Ibid., p. 55.
12. Ibid., p. 51.
13. Ibid., p. 65.
14. Ibid., p. 67.
15. Ibid., p. 76.
16. A. Rabinowitch, *The Bolsheviks Come to Power*, p. 231-232.
17. N. Sukhanov, *Zapiski o revolyutsii*, vol. 3, livro 7, p. 270.
18. *Protokoly Tsentral'nogo Komiteta RSDRP(b)*, p. 84-85.
19. Ibid., p. 86.
20. Ibid., p. 87-92.

Notas

21. J. D. White, "Lenin, Trotskii and the Arts of Insurrection: The Congress of Soviets of the Northern Region, 11-13 October 1917", *Slavonic and East European Studies* n.º 1 (1999), p. 120-138.
22. A. Rabinowitch, *The Bolsheviks Come to Power*, p. 233.
23. Ibid., p. 240 e 245; L. D. Trotskii, *Oktyabr'skaya Revolyutsiya*, p. 69.
24. *Protokoly Tsentral'nogo Komiteta RSDRP(b)*, p. 93.
25. Ibid., p. 93-94.
26. Ibid., p. 97-99.
27. Ibid., p. 104.
28. Ibid., p. 105.
29. Ibid., p. 108-111.
30. L. Trotskii, *Sochineniya*, vol. 3, livro 2, p. 31-32.
31. *Protokoly Tsentral'nogo Komiteta RSDRP(b)*, p. 114.
32. Ibid., p. 108.
33. L. Trotsky, *History of the Russian Revolution*, vol. 3, p. 259.
34. N. Sukhanov, *Zapiski o revolyutsii*, vol. 3, livro 7, p. 287.
35. B. Beatty, *The Red Heart of Russia*, p. 165.
36. L. Trotskii, *Moya zhizn'*, vol. 2, p. 43-44.
37. Ibid., p. 44.
38. N. A. Ioffe, "Ob ottse" (texto datilografado), *in* Documentos de N. A. Ioffe (HIA), parte 2, p. 5.
39. L. Trotskii, *Moya zhizn'*, vol. 2, p. 46.
40. N. Sukhanov, *Zapiski o revolyutsii*, vol. 3, livro 7, p. 337. Sei que a tradução usual é "lixeira", mas a *korzina* russa envolve um objeto não metálico, é um artigo típico do mobiliário de escritório, e tem uma implicação leve e cômica que passou despercebida.
41. Ibid.

20. Comissário do povo

1. *Peterburgskii komitet RSDRP(b) v 1917 godu*, p. 537.
2. Ibid., p. 542-543.
3. L. Trotskii, *Moya zhizn'*, vol. 2, p. 62.
4. Ibid., p. 61.
5. Ibid., p. 62-63. Ver também adiante, p. 204-207.
6. Ibid., p. 64.
7. R. H. Bruce Lockhart, *Memoirs of a British Agent*, p. 225.

670   Trotski

8. L. Bryant, *Six Months in Red Russia*, p. 200.

9. R. B. Gul', *Ya unës Rossiyu: apologiya emigratsii*, vol. 2, p. 256. O autor encontrou-se muitas vezes com Zinoviev em 1918-1919.

10. N. Sedova, "Devochki": Coleção Trotski (HIA), caixa 27, pasta 13, p. 4.

11. *Protokoly zasedanii Soveta Narodnykh Komissarov RSFSR: noyabr' 1917- mart 1918 gg.*, p. 43-44.

12. Ibid., p. 20.

13. Ibid., p. 25.

14. Ibid., p. 32, 37 e 61-62.

15. Ibid., p. 36.

16. Ibid., p. 75.

17. Ibid., p. 28.

18. L. Bryant, *Six Months in Red Russia*, p. 145; L. Bryant, *Mirrors of Moscow*, p. 140.

19. Russia: Posol'stvo (HIA), caixa 1, pasta 7: da embaixada russa em Paris para a embaixada russa em Washington, 23 de novembro (6 de dezembro) de 1917; da embaixada russa em Roma para a embaixada russa em Washington, 24 de novembro (7 de dezembro) de 1917.

20. L. Bryant, *Six Months in Red Russia*, p. 145.

21. R. H. Bruce Lockhart, *Memoirs of a British Agent*, p. 230.

22. Ibid., p. 245-246.

23. W. Hard, *Raymond Robins' Own Story*, p. 97-99.

24. Edward Alsworth Ross, "A Talk with Trotzky", *The Independent*, dezembro de 1917, p. 407 e 423.

25. Ibid., p. 423.

21. Trotski e os judeus

1. Por exemplo, foi isso que Trotski registrou no questionário do XIII Congresso do Partido, em 1924: RGASPI, f. 52, op. 1, d. 71, p. 366.

2. L. Trotsky, "On the 'Jewish Problem'", *Class Struggle* n.º 2 (1934).

3. Eastman entrevistou Alexandra Bronstein a respeito de sua vida com Trotski.

4. N. Trotskii, *V zashchitu partii* (edição de N. Glagolev), p. 119.

5. "Razlozhenie sionizma i ego vozmozhnye preemniki", *Iskra* n.º 56, 1º de janeiro de 1904: RGASPI, f. 325, op. 1, d. 561, p. 91 e 94.

6. "Gospodin Pëtr Struve", *Kievskaya mysl'*, 21 de abril de 1909: RGASPI, f. 325, op. 1, d. 568, p. 117.

Notas

7. "Razlozhenie sionizma i ego vozmozhnye preemniki", *Iskra* n.º 56, 1º de janeiro de 1904: RGASPI, f. 325, op. 1, d. 561, p. 93-95.

8. J. Leibovits (Santa Bárbara, Califórnia), "Otkrytoe pis'mo L'vu Trotskomu", 23 de março de 1933: Coleção Nicolaevski (HIA), caixa 305, pasta 59, p. 1.

9. Ibid.

10. Discurso de encerramento da sessão conjunta do Comitê Central e da Comissão Central de Controle, 26 de outubro de 1923: RGASPI, f. 17, op. 2, d. 104, p. 44.

11. *Pis'ma vo vlast: 1917-1927. Zayavleniya, zhaloby, donosy, pis'ma v gosudarstvennye struktury k bol'shevistskim vozhdyam*, p. 30.

12. Ibid., p. 45 e 57.

13. Ibid., p. 95.

14. "Krasnaya armiya v osveshchenii belogvardeitsa", *Izvestiya*, 16 de outubro de 1919.

15. Trotski para N. I. Bukharin, 4 de março de 1926: Coleção Trotski (HIA), caixa 9, pasta 48, p. 2.

16. R. C. Tucker, *Stalin as Revolutionary*, p. 377-390; M. Agursky, *The Third Rome: National Bolshevism in the USSR*, caps. 3-4.

17. R. Service, "Bolshevism's Europe", *in* S. Pons e A. Romano (orgs.), *Russia in the Age of Wars, 1914-1945*, p. 73-80.

18. Ver p. 157 e 515 deste livro.

22. Brest-Litovsk

1. L. Trotskii, *Moya zhizn'*, vol. 2, p. 90.

2. Ver a reportagem do *New York Times*, 24 de dezembro de 1918.

3. Ver p. 278 deste livro.

4. *Protokoly Tsentral'nogo Komiteta RSDRP(b). Avgust 1917-mart 1918*, p. 166.

5. Ibid., p. 168-169.

6. Ibid., p. 170-171.

7. *Protokoly zasedanii Soveta Narodnykh Komissarov RSFSR: noyabr' 1917-mart 1918 gg.*, p. 308.

8. L. Bryant, *Six Months in Red Russia*, p. 145-146.

9. *Protokoly Tsentral'nogo Komiteta RSDRP(b). Avgust 1917-mart 1918*, p. 170.

10. Ibid.

11. Ibid., p. 171.

12. Ibid., p. 172.

672   Trotski

13. Ibid., p. 173.
14. Trotski para O. Czernin, janeiro de 1918: Coleção Trotski (HIA), caixa 4, pasta 23.
15. *Protokoly Tsentral'nogo Komiteta RSDRP(b). Avgust 1917-mart 1918*, p. 215.
16. Ibid., p. 222-224.
17. Ibid., p. 234.
18. B. Pearce, *How Haig Saved Lenin*, p. 32.
19. *ITsKKPSS* n.º 4 (1989), p. 144.
20. R. H. Bruce Lockhart, *Memoirs of a British Agent*, p. 320.
21. Ver p. 365 deste livro.

23. Kazan e depois

1. A. A. Ioffe para Lenin, 11 de março de 1918, carta reproduzida, *in* V. Krasnov e V. Daines (orgs.), *Neizvestnyi Trotskii. Krasnyi Bonapart: Dokumenty, mneniya, razmyshleniya*, p. 20.
2. Reunião conjunta do Comitê Central e da Comissão Central de Controle, 26 de outubro de 1923: RGASPI, f. 17, op. 2, d. 104, p. 43b.
3. W. Hard, *Raymond Robins' Own Story*, p. 134-135.
4. R. H. Bruce Lockhart, *Memoirs of a British Agent*, p. 271-272 e 274-275; W. Hard, *Raymond Robins' Own Story*, p. 202-203.
5. G. Hill, "Go Spy the Land", parte 5, p. 7: texto datilografado para uma série da BBC (HIA).
6. R. H. Bruce Lockhart, *Friends, Foes and Foreigners*, p. 120.
7. L. Trotskii, *Na bor'bu s golodom*, p. 5-29: discurso em Sokolniki, 6 de junho de 1918.
8. Ibid., p. 55.
9. RGASPI, f. 325, op. 1, d. 403, p. 65.
10. Ibid., p. 66.
11. Discurso de Trotski à sessão plenária do Comitê Central e da Comissão Central de Controle, 5 de agosto de 1927: RGASPI, f. 17, op. 2, d. 317 (V-iii), p. 69.
12. Lenin para Trotski, 22 de agosto de 1918: RGVA, f. 33897, op. 2, d. 25.
13. Ya. M. Sverdlov para Trotski, 31 de agosto de 1918: Coleção Trotski (HIA), caixa 5, pasta 92.
14. Diário de Trotski de 1935, *in* L. Trotskii, *Dnevniki i pis'ma*, p. 84.
15. Ibid., p. 120.

Notas

16. Trotski para V. I. Lenin, 17 de agosto de 1918: RGVA, f. 33987, op. 1, d. 23.
17. V. I. Lenin, *Polnoe sobranie sochinenii*, vol. 37.
18. R. R. Reese, *The Soviet Military Experience: A History of the Soviet Army, 1917-1991*, p. 10.
19. Trotski para destinatário desconhecido: RGASPI, f. 17, op. 109, d. 4, p. 60.
20. Trotski para V. I. Lenin e Ya. M. Sverdlov, 23 de outubro de 1918: ibid., p. 80-81.
21. Trotski para V. I. Lenin, 4 de outubro de 1918: ibid., p. 64.
22. Ver o relatório da organização partidária Vyazma, 17 de junho de 1918: TsGASA (Documentos de Volkogonov), f. 8, op. 1, d. 310, p. 1.

24. Quase comandante

1. Trotski para V. I. Lenin, 1º de janeiro de 1919: RGASPI, f. 17, op. 109, d. 42, p. 42.
2. I. V. Stalin, *Sochineniya*, vol. 4, p. 197-224.
3. RGVA, f. 33897, op. 2, d. 87, p. 172, e d. 100, p. 264.
4. Trotski para V. I. Lenin, 1º de janeiro de 1919: RGASPI, f. 17, op. 109, d. 42, p. 2.
5. Trotski para o Comitê Central, março de 1919, p. 1-2: Coleção Trotski (HIA), caixa 4, pasta 80.
6. R. Service, "From Polyarchy to Hegemony: The Party's Role in the Construction of the Central Institutions of the Soviet State, 1917-1919", *Sbornik* n.º 10 (1984), p. 70-90.
7. Trotski para o Comitê Central, março de 1919: Coleção Trotski (HIA), caixa 4, pasta 80, p. 8.
8. F. Benvenuti, *The Bolsheviks and the Red Army, 1918-1922*.
9. Ver, por exemplo, seu telegrama para E. M. Sklyanski e V. I. Lenin, 6 de agosto de 1919: RGVA, f. 33897, op. 2, d. 32, p. 290.
10. S. Liberman, *Building Lenin's Russia*, p. 73.
11. A. Lunacharskii, *Revolyutsionnye siluety*, p. 27-28.
12. Ibid., p. 21-22.
13. Trotski para o comandante ferroviário do RVSR, 1º de setembro de 1918: RGVA, f. 33897, op. 2, d. 39, p. 182.
14. Carta de Trotski a Charles Malamuth, 21 de outubro de 1939: Coleção Trotski (HIA), caixa 11, pasta 60, p. 1.
15. RGVA, f. 33987, op. 2, d. 3, p. 124 verso.

16. RGVA, f. 33987, op. 2, d. 47, p. 63-74.
17. Reunião do Politburo, 18 de abril de 1919, item 3: Coleção Trotski (HIA), caixa 9, pasta 12.
18. "Nashe otnoshenie k borotbistam", artigo inédito, dezembro de 1919: Coleção Trotski (HIA), caixa 9, pasta 35.
19. R. Service, *Lenin: A Biography*, p. 403.
20. Notas de Trotski para seu relatório sobre "Nossa construção militar e nossas frentes", outubro de 1919: RGASPI, f. 325, op. 1, d. 62, p. 100.
21. Registro estenográfico do relatório de Trotski sobre a situação nos *fronts*: RGASPI, f. 325, op. 1, d. 54, p. 6, 11 e 14-17.
22. Ibid., p. 14-17.
23. Dados preparados para Trotski em outubro de 1919. Os números, evidentemente, eram muito aproximados: RGASPI, f. 325, op. 1, d. 62, p. 68, 89-93.
24. Trotski para I. V. Stalin, s.d.: RGVA, f. 33897, op. 1, d. 102, p. 357; ordem secreta de Trotski, 9 de maio de 1920, RGVA, f. 33897, op. 3, d. 46, p. 192.
25. Trotski para o Conselho Militar Revolucionário do Segundo Exército: RGVA, f. 33897, op. 2, d. 32, p. 74.
26. R. R. Reese, *The Soviet Military Experience: A History of the Soviet Army, 1917-1991*, p. 13-16.
27. L. Trotsky, *From October to Brest-Litovsk*. Ver também L. Trotskii, *K istorii Oktyabr'skoi Revolyutsii*, que foi publicado em 1918.
28. Comunicado de Voroshilov ao Comitê Central de 29 de julho-9 de agosto de 1927: RGASPI, f. 17, op. 2, d. 294, p. 200-201.
29. Trotski para o Comitê Central, dezembro de 1918: Coleção Trotski (HIA), caixa 4, pasta 79, p. 1-2.
30. RGASPI, f. 17, op. 109, d. 14, p. 20.
31. Reunião do Politburo, 20 de abril de 1919, item 10; Coleção Trotski (HIA), caixa 9, pasta 10.
32. Comunicação escrita apresentada por Trotski à reunião do Comitê Central, 29 de julho-9 de agosto de 1927: RGASPI, f. 17, op. 2, d. 294, p. 198.
33. Telegrama para E. M. Sklyanski, a ser entregue a Lenin, 2 de maio de 1919: RGASPI, f. 17, op. 109, d. 42, p. 30.
34. Reunião do Politburo, 7 de maio de 1919, item 2: Coleção Trotski (HIA), caixa 9, pasta 11; Trotski para E. M. Sklyanski, 7 de maio de 1919: Coleção Trotski (HIA), caixa 4, pasta 54.
35. Trotski para E. M. Sklyanski, 16 de maio de 1919: Coleção Trotski (HIA), caixa 4, pasta 56.

Notas
675

36. L. Trotskii, "Sklyanskii pogib", *Pravda*, 29 de agosto de 1925; V. I. Lenin para E. M. Sklyanski, 28 de novembro de 1917: Coleção Trotski (HIA), caixa 7, pasta 1.

37. L. Trotskii, *Politicheskie siluety*, p. 225-226.

38. L. Trotskii, *Moya zhizn'*, vol. 2, p. 252.

39. Anotações particulares de Trotski para seu relatório sobre "Nossa construção militar e nossas frentes", outubro de 1919: RGASPI, f. 325, op. 1, d. 62, p. 14 *et seq*.

40. "Glubokomyslie pustoslovie", *Izvestiya*, 24 de julho de 1919.

25. Vitória vermelha

1. E. Mawdsley, *The Russian Civil War*, p. 148-149.

2. *The Trotsky Papers*, vol. 1, p. 590 e 592.

3. Ibid., p. 588.

4. Ibid.

5. Ibid.

6. Ibid., p. 596 e 598.

7. E. Mawdsley, *The Russian Civil War*, p. 171-173.

8. Trotski para V. I. Lenin por telefone, 6 de agosto de 1919: *The Trotsky Papers*, vol. 2, p. 628.

9. Ibid., p. 630.

10. Minuta do Politburo, 6 de agosto de 1919: ibid., p. 636.

11. Trotski para E. M. Sklyanski, para o Comitê Central, 7 de agosto de 1919: ibid., p. 642.

12. V. I. Lenin e L. B. Kamenev (pelo Politburo) para Trotski, 7 de agosto de 1919: ibid., p. 640; L. B. Kamenev, E. D. Stasova e V. I. Lenin (pelo Politburo), 9 de agosto de 1919: ibid., p. 644.

13. Trotski para E. M. Sklyanski e V. I. Lenin, 6 de agosto de 1919: ibid., p. 638.

14. Trotski para E. M. Sklyanski, 10 de agosto de 1919: ibid., p. 648.

15. L. Trotskii, *Moya zhizn'*, vol. 2, p. 154-155.

16. Ibid., p. 155.

17. Ibid.

18. I. V. Stalin para V. I. Stalin, 30 de maio de 1919: RGASPI, f. 558, op. 1, d. 627, p. 1.

19. Trotski para a Sra. Bedny e Ya. M. Sverdlov, 8 de setembro de 1918: RGASPI, f. 17, op. 109, d. 14, p. 19.

676   Trotski

20. L. D. Trotskii, apontamentos de trabalho (1927): RGASPI, f. 325, op. 1, d. 365, p. 29. Ver D. Bednyi, "Tan'ka-Van'ka", *in* D. Bednyi, *Sobranie sochinenii*, vol. 2, p. 314.

21. L. Trotskii, *Moya zhizn'*, vol. 2, p. 160-161.

22. Outorga da Ordem da Bandeira Vermelha, 20 de novembro de 1919: Ts-GASA, f. 55, op. 1, d. 9.

23. E. Mawdsley, *The Russian Civil War*, p. 200-201.

26. Revolução mundial

1. V. I. Lenin, *Polnoe sobranie sochinenii*, vol. 50, p. 186.

2. Ibid.

3. RGASPI, f. 17, op. 84, d. 1 (reunião realizada em 28 de setembro de 1918).

4. *Founding the Communist International: Proceedings and Documents of the First Congress, March 1919*, p. 88.

5. Ibid., p. 89.

6. A. Ransome, *Russia in 1919*, p. 217.

7. Ibid., p. 220.

8. S. I. Aralov para V. I. Lenin, 21 de abril de 1919: RGASPI, f. 325, op. 1, d. 404, p. 91.

9. B. Kun para V. I. Lenin, 30(?) de abril de 1919: RGASPI, f. 325, op. 109, d. 46, p. 2.

10. I. Vatsetis e S. I. Aralov para V. P. Antonov-Ovseenko, com cópias para Lenin e Trotski, 23 de abril de 1918: RGASPI, f. 325, op. 109, d. 46, p. 4-5; B. Kun para Moscou, 30(?) de abril de 1919: RGASPI, f. 325, op. 109, d. 46, p. 2.

11. R. Service, *Comrades: Communism: A World History*, p. 88.

12. Carta ao Comitê Central, 5 de agosto de 1919: RGASPI, f. 325, op. 1, d. 59, p. 1-3.

13. RGASPI, f. 325, op. 1, d. 59, p. 3-4.

14. Trotski para o Comitê Central, 5 de agosto de 1919: Coleção Trotski (HIA), caixa 4, pasta 93, p. 2.

15. *The Communist International in Lenin's Time: Workers of the World and Oppressed Peoples Unite! Proceedings and Documents of the Second Congress, 1920*, p. 784.

16. Ibid., p. 785-789.

17. Ibid., p. 789-790.

18. Ibid., p. 791-792.

Notas   677

27. As imagens e a vida

1. Ver p. 276-277 deste livro.
2. A. A. Ioffe para Trotski, 30 de janeiro de 1919: RGVA, f. 33897, op. 3, d. 2, p. 1.
3. M. Latsis para o Departamento Especial Cheka, 2 de junho de 1920: RGVA, f. 33897, op. 3, d. 46, p. 319.
4. Ver o comentário de L. D. Trotskii em *Oktyabr'skaya Revolyutsiya*, p. 7, dizendo que ele havia escrito o texto principalmente para os "trabalhadores estrangeiros".
5. W. Reswick, *I Dreamt Revolution*, p. 78-79.
6. L. Bryant, *Mirrors of Moscow*, especialmente p. 140; M. Eastman, *Leon Trotsky: The Portrait of a Youth*; L. Eyre, *Russia Analysed*; A. Morizet, *Chez Lénine et Trotski. Moscou 1921*.
7. A. Morizet, *Chez Lénine et Trotski. Moscou 1921*, p. viii-xi.
8. R. W. Clark, *The Life of Bertrand Russell*, p. 469.
9. H. G. Wells, *Russia in the Shadows*, p. 78.
10. Ibid.; B. Russell, *The Theory and Practice of Bolshevism*. Ver também B. Russell, *The Autobiography of Bertrand Russell, 1914-1944*, p. 141-151.
11. R. H. Bruce Lockhart, *Memoirs of a British Agent*, p. 238.
12. L. Bryant, *Mirrors of Moscow*, p. 131.
13. M. Hoschiller, *Le Mirage du soviétisme*, p. 55.
14. G. Zinoviev, *Vladimir Il'ich Lenin*. Ver N. Tumarkin, *Lenin Lives!*, p. 84.
15. I. Stalin, "Oktyabr'skii perevorot", *Pravda*, 6 de novembro de 1918.
16. Trotski para V. I. Nevski, 5 de agosto de 1921: RGASPI, f. 325, op. 1, d. 17.
17. Ver, por exemplo, Trotski para M. Eastman, 23 de maio de 1923: RGVA, f. 4, op. 14, d. 13s, p. 21.
18. A. Balabanoff, *Impressions of Lenin*, p. 128.
19. W. O'Rourke para Usick [*sic*], 24 de agosto de 1940: Coleção Trotski (HIA), caixa 24, pasta 14.
20. V. Netrebskii, *Trotskii v Odesse*, p. 9.
21. R. H. McNeal, *Bride of the Revolution: Krupskaya and Lenin*, cap. 7.
22. N. Sedova, texto autobiográfico datilografado, iniciado em 24 de dezembro de 1941: Coleção Trotski (HIA), caixa 27, pasta 13, p. 12.
23. Ordem de recrutamento, dezembro de 1919: RGVA, f. 33897, op. 3, d. 120.
24. A. Ransome, *Russia in 1919*, p. 52.
25. N. I. Sedova, "Otets i syn" (texto datilografado: 8 de junho de 1940), p. 12: Coleção Trotski (HIA), caixa 27, pasta 11.

26. C. Sheridan, *From Mayfair to Moscow*, p. 78.
27. RGVA, f. 33897, op. 2, d. 113, p. 39.
28. RGVA, f. 33897, op. 2, d. 32, p. 247.
29. RGVA, f. 33897, op. 1, d. 450, p. 223.
30. Recordação de N. Sedova, *in* V. Serge e N. Sedova Trotsky, *The Life and Death of Leon Trotsky*, p. 83-84.
31. A. Balabanoff, *Impressions of Lenin*, p. 133.
32. L. Trotskii, *Moya zhizn'*, vol. 2, p. 37.
33. Ibid.
34. Ibid., p. 27, 30, 34-36 e 47.
35. Ibid., p. 75.
36. *New York Times*, 15 de outubro de 1921.
37. C. Sheridan, *From Mayfair to Moscow*, p. 129.
38. Ibid., p. 140.
39. Ibid.
40. Ibid.
41. Ibid., p. 148.
42. Ibid., p. 138.

28. Paz e guerra

1. Ver p. 299 deste livro.
2. Trotsky, *Terrorism and Communism*, p. 23.
3. Ver as anotações dele em RGASPI, f. 325, op. 1, d. 67, p. 9.
4. Trotski para L. L. Sedov, 7 de março de 1931: Coleção Nicolaevski (HIA), caixa 308, pasta 87, p. 1.
5. Teses para um relatório a ser enviado à organização partidária de Ecaterimburgo, fevereiro-março de 1920: RGASPI, f. 325, op. 1, d. 67, p. 4-6.
6. "Tezisy doklada L. D. Trotskogo", 10 de março de 1920 (Ecaterimburgo): ibid., p. 4-6.
7. Manuscrito sem título, março de 1920, ibid., p. 9-10.
8. "Trudovoe sorevnovanie", março de 1920(?): ibid., p. 37.
9. Teses para o relatório para a organização partidária de Ecaterimburgo, fevereiro-março de 1920: ibid., p. 6-7.
10. Notas em RGASPI: ibid., p. 10.
11. "Pochemu nuzhny oblastnye tsentry?": ibid., p. 27-28; "Trudovoe sorevnovanie": ibid., p. 37.

Notas 679

12. Carta de Trotski a uma pessoa desconhecida, 25 de fevereiro de 1921: RGVA, f. 33987, op. 1, d. 439, p. 176; L. Trotskii, *Desyatyi s"ezd RKP(b)*, p. 349-350.

13. J. Channon, "Trotsky, the Peasants and Economic Policy: A Comment", *Economy and Society* n.º 4 (1985), p. 513-523; F. Benvenuti, "Il dibattito sui sindicati", *in* F. Gori (org.), *Pensiero e azione di Lev Trockij*, p. 262-263.

14. V. I. Lenin para Trotski, 12 de janeiro de 1920: RGASPI, f. 325, op. 1, d. 405, p. 10.

15. *Leninskii sbornik*, vol. 38, p. 298 e 300; R. Service, *Lenin: A Political Life*, vol. 3, p. 106-107.

16. *Leninskii sbornik*, vol. 38, p. 298 e 300.

17. *Desyatyi s"ezd RKP(b)*, p. 199.

18. Ibid., p. 157.

19. Ibid., p. 190 e 195.

20. N. Davies, *White Eagle, Red Star*, p. 74-95.

21. Ibid., p. 100-101.

22. Carta ao Comitê de Moscou e ao Comitê de Petrogrado do Partido Comunista Russo (bolcheviques), 2 de maio de 1920: Coleção Trotski (HIA), caixa 4, pasta 42.

23. L. Trotskii, *Voina s Pol'shei*, p. 6-9.

24. Ibid., p. 12-13.

25. Ibid., p. 14.

26. L. Trotskii, *Rech' t. Trotskogo na massovom mitinge v gor. Gomele, 10 maya 1920 g.*, p. 15.

27. Trotski para o Conselho Militar Revolucionário da frente ocidental, 19 de maio de 1920: RGVA, f. 33987, op. 3, d. 46, p. 260.

28. Trotski para G. V. Chicherin (com cópias para Lenin, Kamenev, Krestinski e Bukharin), 4 de junho de 1920: Coleção Trotski (HIA), caixa 4, pasta 22, p. 1.

29. A. Balabanova para B. I. Nikolaevski, 30 de março de 1957: Coleção Nicolaevski (HIA), caixa 292, pasta 2.

30. Assembleia plenária do Comitê Central, item 18, 16 de julho de 1920: *ITsKKPSS* n.º 1 (1991), p. 122.

31. *The Communist International in Lenin's Time: Workers of the World and Oppressed Peoples, Unite! Proceedings and Documents of the Second Congress, 1920*, p. 171-175.

32. Bilhete de V. I. Lenin para E. M. Sklyanski, em algum dia de agosto de 1920, antes de 26: Coleção Trotski (HIA), caixa 7, pasta 31.

680 Trotski

33. Lenin para I. T. Smilga, com cópias para Radek, Dzerjinski e o Comitê Central Polonês, 20 de agosto de 1920: ibid., pasta 58.

34. Lenin para V. P. Zatonski, 19 de agosto de 1920: ibid., pasta 84.

35. Bilhete de V. I. Lenin para E. M. Sklyanski, 17 ou 18 de agosto de 1920: ibid., pasta 35.

36. Ver p. 610 deste livro.

37. V. I. Lenin, *Polnoe sobranie sochinenii*, vol. 41, p. 458; e seu relatório político para a IX Conferência do Partido, RGASPI, f. 17, op. 1, d. 5, p. 346.

38. I. I. Kostyushko, *Pol'skoe byuro TsK RKP(b), 1920-1921 gg.*, p. 21-22.

39. Apelo de Trotski aos soldados do Exército Vermelho, 13 de agosto de 1920: RGVA, f. 33987, op. 3, d. 46, p. 724.

40. N. Davies, *White Eagle, Red Star*, p. 211-220.

29. Voltando da beira do abismo

1. *Devyataya konferentsiya RKP(b)*, p. 26.

2. Ibid., p. 25-26.

3. Ibid., p. 77.

4. Ibid., p. 82.

5. Lenin para Trotski, 10 de outubro de 1920: RGASPI, f. 325, op. 2, d. 473.

6. Plenária do Comitê Central, 29 de setembro de 1920: RGASPI, f. 17, op. 2, d. 36, p. 3.

7. Reunião do Politburo, 1º de setembro de 1920: RGASPI, f. 17, op. 3, d. 106.

8. Plenária do Comitê Central, 29 de setembro de 1920: RGASPI, f. 17, op. 2, d. 36, p. 3.

9. Ibid.

10. V. I. Lenin, *Polnoe sobranie sochinenii*, vol. 42, p. 235.

11. Essa continuou a ser a convicção de Trotski em 1926, muito depois de ele haver abandonado outros ingredientes de seu argumento: Trotski para A. V. Lunacharski, 14 de abril de 1926: Coleção Trotski (HIA), caixa 11, pasta 56.

12. RGASPI, f. 17, op. 2, d. 45, item 5.

13. Plenária do Comitê Central, 24 de dezembro de 1920: RGASPI f. 17, op. 2, d. 48, itens 2 e 5.

14. Plenária do Comitê Central, 27 de dezembro de 1920: RGASPI, f. 17, op. 2, d. 49, item 1; V. I. Lenin, *Polnoe sobranie sochinenii*, vol. 42, p. 179 e 180-181.

Notas

15. RGASPI, f. 17, op. 3, d. 127, p. 1.
16. RGASPI, f. 17, op. 3, d. 128, item 2.
17. RGASPI, f. 17, op. 3, d. 131, p. 1.
18. V. I. Lenin, *Polnoe sobranie sochinenii*, vol. 42, p. 333.
19. RGASPI, f. 17, op. 3, d. 131, item 1.
20. Ibid., p. 1.
21. Carta a uma pessoa desconhecida, 25 de fevereiro de 1921: RGVA, f. 33987, op. 1, d. 439, p. 176.
22. Trotski para o comando da Frota do Báltico, 1º de março de 1921: RGASPI, f. 17, op. 109, d. 89, p. 11.
23. Ordem de Trotski, 5 de março de 1921, reproduzida *in* V. Krasnov e V. Daines (orgs.), *Neizvestnyi Trotskii. Krasnyi Bonapart: Dokumenty, materially, razmyshleniya*, p. 339.
24. 5 de março de 1921: ibid., p. 340-341.
25. Trotski para o Politburo, 10 de março de 1921: ibid., p. 346.
26. Ver a discussão pública posterior, p. 517 deste livro. Em sua autobiografia, ele se esquivou do assunto: ver L. Trotskii, *Moya zhizn'*, vol. 2, cap. 38.
27. L. Bryant, "Mutiny of Kronstadt Doomed", *Washington Times*, 16 de março de 1921.
28. *Desyatyi s"ezd RKP(b). Stenograficheskii otchët*, p. 402.

30. Disputas sobre a reforma

1. Trotski para A. V. Lunacharski, 14 de abril de 1926: Coleção Trotski (HIA), caixa 11, pasta 56.
2. Material para um relatório sobre a Ação de Março, 9 de abril de 1921: RGASPI, f. 325, op. 1, d. 86, p. 1; carta de Trotski a V. I. Lenin, 3 de julho de 1921: ibid., p. 72.
3. Trotski para V. I. Lenin: RGASPI, f. 325, op. 1, d. 406, p. 73-74.
4. "Martovskoe revolyutsionnoe dvizhenie v Germanii: zametki dlya sebya", 19 de abril de 1921: RGASPI, f. 325, op. 1, d. 292, p. 1-7.
5. Reunião do Politburo, 27 de abril de 1921: RGASPI, f. 17, op. 3, d. 155, item 11.
6. *The Trotsky Papers*, vol. 2, p. 480-482.
7. Troca de mensagens, 28-29 de março de 1921: RGASPI, f. 325, op. 1, d. 408, p. 198.
8. V. Kopp para Trotski, 7 de abril de 1921: Coleção Trotski (HIA), caixa 5, pasta 64.

682   Trotski

9. RGASPI, f. 17, op. 2, d. 59, p. 1; *Desyatyi s"ezd RKP. Mart 1921 g. Stenograficheskii otchët*, p. 473 e 491.
10. GARF, f. 3316s, op. 2, d. 83, p. 2-4.
11. RGASPI, f. 46, op. 1, d. 3, p. 16.
12. Ibid., p. 18.
13. Ver, em especial, os discursos de Vareikis, Chubar, Khramov e Pintsov: RGASPI, f. 46, op. 1, d. 2, p. 118-119, 146, 158 e 174.
14. X Conferência do Partido: RGASPI, f. 46, op. 1, d. 2, p. 91.
15. RGASPI, f. 46, op. 1, d. 2, p. 124.
16. RGASPI, f. 46, op. 1, d. 3, p. 16 e 18.
17. Teses sobre a NPE: RGASPI, f. 325, op. 1, d. 88, p. 4.
18. Ibid., p. 1-5.
19. Discurso de 7 de setembro de 1921 no soviete da cidade de Odessa: *Petlya vmesto khleba*, p. 9 e 11.
20. Ibid., p. 10.
21. R. Service, *The Bolshevik Party in Revolution: A Study in Organisational Change*, p. 176-177.
22. L. Trotskii, *Moya zhizn'*, vol. 2, p. 214-215.
23. Trotski para V. I. Lenin, 18 de abril de 1922: RGASPI, f. 325, op. 1, d. 407, p. 44-5.

31. A política da doença

1. *ITsKKPSS* n.º 4 (1990), p. 189.
2. R. Service, *Lenin: A Political Life*, vol. 3, p. 240-241.
3. *ITsKKPSS* n.º 4 (1990), p. 191-193.
4. Ibid., p. 194.
5. Trotski para o Politburo: Coleção Trotski (HIA), caixa 5, pasta 32.
6. Ya. Leibovits, "Otkrytoe pis'mo L'vu Trotskomu", p. 1.
7. L. Chamberlain, *The Philosophy Steamer: Lenin and the Exile of the Intelligentsia*, p. 137-139.
8. *Izvestiya Tsentral'nogo Komiteta KPSS* n.º 4 (1991), p. 187-188.
9. M. I. Ul'yanova, *Izvestiya Tsentral'nogo Komiteta KPSS* n.º 12 (1989).
10. *The Trotsky Papers*, vol. 2, p. 788.
11. L. Trotskii, *Moya zhizn'*, vol. 2, p. 216.
12. Ibid., p. 217.
13. Trotski para G. E. Zinoviev, 22 de fevereiro de 1923: RGVA, f. 4, op. 14, d. 13s, p. 17.

Notas 683

14. Trotski para todos os membros do Comitê Central, 20 de janeiro de 1923: Coleção Trotski (HIA), caixa 5, pasta 13, p. 1-4.

15. L. Fotieva para L. B. Kamenev, 16 de abril de 1923: Coleção Trotski (HIA), caixa 8, pasta 47.

16. Trotski para o Comitê Central, 16 de abril de 1923: Coleção Trotski (HIA), caixa 5, pasta 17.

17. Trotski para o Comitê Central, 17 de abril de 1923: Coleção Trotski (HIA), caixa 5, pasta 18.

18. Trotski para I. V. Stalin, 18 de abril de 1923: Coleção Trotski (HIA), caixa 4, pasta 74.

19. Trotski para o Comitê Central, 28 de março de 1923: Coleção Trotski (HIA), caixa 5, pasta 16.

20. *Dvenadtsatyi s"ezd RKP(b)*, p. 479-495.

32. A Oposição de Esquerda

1. Trotski para D. F. Sverchkov, 31 de julho de 1923: RGASPI, f. 325, op. 1, d. 457, p. 1-2.

2. Trotski para o Comitê Central, 15 de junho de 1923: Coleção Trotski (HIA), caixa 5, pasta 19.

3. *Izvestiya Tsentral'nogo Komiteta KPSS* n.º 4 (1991), p. 179-191.

4. R. V. Daniels, *The Conscience of the Revolution: Communist Opposition in Soviet Russia*, p. 196-199.

5. *Izvestiya Tsentral'nogo Komiteta KPSS* n.º 4 (1991), p. 179-191.

6. 4 de julho de 1923: RGASPI, f. 17, op. 2, d. 100, p. 2-3.

7. G. Sokolnikov na reunião do Politburo, 26 de outubro e 2 de novembro de 1925: *Stenogrammy zasedanii Politbyuro TsK RKP(b)-VKP(b), 1923-1938 gg.*, vol. 1, p. 359.

8. Trotski, manuscrito de artigo, 29 de junho de 1923: RGVA, f. 4, op. 14, d. 13s, p. 56-61; Trotski na Plenária do Comitê Central, 23 de setembro de 1923: RGASPI, f. 17, op. 2, d. 101, p. 11.

9. Zinoviev leu em voz alta a carta na plenária conjunta do Comitê Central e da Comissão Central de Controle, 5 de agosto de 1927: RGASPI, f. 17, op. 2, d. 317 (V-iii), p. 22.

10. Discurso de Stalin à plenária conjunta do Comitê Central e da Comissão Central de Controle, 29 de julho-9 de agosto de 1927: RGASPI, f. 17, op. 2, d. 304, p. 99-101.

11. Discurso de Zinoviev (versão impressa confidencial) à plenária conjunta do Comitê Central e da Comissão Central de Controle, 29 de julho-9 de agosto de 1927: RGASPI, f. 17, op. 2, d. 317 (V-iii), p. 22.

12. Plenária do Comitê Central, 25 de setembro de 1923: RGASPI, f. 17, op. 2, d. 103, itens 2 and 3.

13. *Sotsialisticheskii vestnik* (Berlim), 28 de maio de 1924.

14. R. Service, *The Bolshevik Party in Revolution: A Study in Organisational Change*, p. 198-199.

15. Reunião conjunta do Comitê Central e da Comissão Central de Controle, 26 de outubro de 1923: RGASPI, f. 17, op. 2, d. 104, p. 26.

16. Ibid., p. 39, 39b e 40.

17. Ibid., p. 40b, 41 e 43b.

18. Ibid., p. 42.

19. Ibid., p. 43.

20. Ibid., p. 43b.

21. Ibid., p. 75.

22. "Novyi kurs", *Pravda*, 8 de dezembro de 1923.

23. Ibid.

24. G. Rosenthal, *Avocat de Trotsky*, p. 74.

25. Trotski para N. K. Krupskaia, 16 de novembro de 1923: RGVA, f. 4, op. 14s, d. 17s, p. 290.

26. A. Belenki para N. Lakoba, 6 de janeiro de 1924: Documentos de Nestor Lakoba (HIA), caixa 2.

27. I. V. Stalin na plenária do Comitê Central, 14-15 de janeiro de 1924: RGASPI, f. 17, op. 2, d. 107, p. 14-17.

28. I. V. Stalin na mesma plenária: ibid., p. 94-96.

29. Ver a lista de delegados em *Trinadtsataya konferentsiya RKP(b): byulleten'*.

30. RGASPI, f. 17, op. 2, d. 107, p. 93-101 e 151-156.

31. Ibid., p. 100-101.

32. R. Service, *The Bolshevik Party in Revolution: A Study in Organisational Change*, p. 193.

33. L. Trotskii, *Moya zhizn'*, vol. 2, p. 249-250.

34. Plenária do Comitê Central, 22 de janeiro de 1924, item 1/7: RGASPI, f. 17, op. 2, d. 110, p. 1; RGVA, f. 33987, op. 3, d. 80, p. 587.

35. Trotski para C. Malamuth, 21 de outubro de 1939: Coleção Trotski (HIA), caixa 11, pasta 60.

Notas 685

36. S. Ordjonikidze para N. Lakoba, 18 de janeiro de 1924: Documentos de Nestor Lakoba (HIA), caixa 2; F. Dzerjinski para N. Lakoba, 18 de janeiro de 1924: ibid.; E. A. Kvantaliani, chefe da Cheka da Geórgia, para N. Lakoba, 27 de janeiro de 1924: ibid.
37. RGASPI, f. 17, op. 2, d. 111, p. 1.
38. Ibid.
39. Ibid., p. 2.
40. RGASPI, f. 17, op. 2, d. 113, p. 1.

33. Na frente cultural

1. M. Eastman, *Love and Revolution: My Journey through an Epoch*, p. 333.
2. L. Trotskii, *Literatura i revolyutsiya*, p. 190.
3. V. I. Lenin, *Polnoe sobranie sochinenii*, vol. 45, p. 390-397; L. Trotskii, *Literatura i revolyutsiya*, p. 142.
4. L. Trotskii, *Voprosy byta: epokha, 'kul'turnichestva' i eë zadachi* (3ª edição), p. 3.
5. Ibid., p. 7, 32-33, 43, 47-48, 51, 54 e 74.
6. L. Trotskii, *Literatura i revolyutsiya*, p. 5.
7. *Vserossiiskaya konferentsiya R.K.P. (bol'shevikov). 4-7 avgusta 1922 g. Byulleten'*, boletim n.º 3, p. 80 e 82.
8. Carta a L. B. Kamenev, provavelmente de 1922: RGASPI, f. 325, op. 1, d. 450, p. 2a/b.
9. Ver p. 400-403 deste livro.
10. Cartas a A. K. Voronski, 10 e 11 de setembro de 1922: RGASPI, f. 325, op. 1, d. 450, p. 3 e 4.
11. Trotski para A. Gramsci, 30 de agosto de 1922: RGVA, f. 4, op. 14, d. 13s, p. 154.
12. V. I. Lenin, *Polnoe sobranie sochinenii*, vol. 45, p. 363-364.
13. RGASPI, f. 325, op. 1, d. 449, p. 1 e 2-4.
14. Carta à *Krokodil*, 7 de junho de 1923: RGASPI, f. 325, op. 1, d. 456, p. 1.
15. Ibid., d. 338.
16. F. K. Sologub para Trotski, 28 de setembro de 1920; Trotski para F. K. Sologub, 30 de setembro de 1920: GARF, f. 3430s, op. 1s, d. 19, p. 1 e 2. Ver também Trotski para F. K. Sologub, 4 de outubro de 1911: RGASPI, f. 325, op. 1, d. 599, p. 1.

686   Trotski

17. V. Ya. Bryusov para Trotski, 6 de abril de 1922: RGVA, f. 33987, op. 3, d. 2, p. 70-71.

18. Ye. Trifonov para Trotski, RGVA, f. 4, op. 14, d. 13s, p. 225.

19. L. Trotskii, *Literatura i revolyutsiya*, p. 86 e 233.

20. Ibid., p. 36.

21. Ibid., p. 140-143 e 151-152.

22. Ibid., p. 157-158.

23. Trotski ao Politburo, Presidium da CCC e Comitê Executivo da Komintern, 6 de setembro de 1927: Coleção Trotski (HIA), caixa 12, pasta 42, p. 9.

24. Só quando Bedny tomou o partido de Stalin contra a Oposição foi que Trotski proferiu um veredicto negativo sobre suas qualidades literárias: apontamentos de trabalho de 1927, *in* RGASPI, f. 325, op. 1, d. 365, p. 29.

25. A. Andreev e Trotski na reunião do Politburo, 3 de junho de 1926: *Stenogrammy zasedanii Politbyuro TsK RKP(b)-VKP(b), 1923-1938 gg.*, vol. 1, p. 778.

26. Yu. V. Got'e, *Moi zametki*, p. 132. O autor, que era diretor da biblioteca, foi a pessoa que recebeu Natalia Sedova.

27. L. Trotskii, *Delo bylo v Ispanii (po zapisnoi knizhke)*.

28. Ibid., p. 5.

29. L. Trotskii, *O Lenine: materialy dlya biografa*, p. 10-11.

30. Ibid., p. 66.

31. L. Trotskii, *Voprosy byta: epokha 'kul'turnichestva' i eë zadachi* (3ª edição), p. 3. O primeiro prefácio foi datado de 4 de julho de 1923, o segundo, de 9 de setembro de 1923.

32. N. Bukharin, *K voprosu o trotskizme*.

33. Ian Thatcher fornece a discussão mais destacada dessa revisão textual em *Leon Trotsky and World War One: August 1914 to February 1917*, p. 73-75.

34. L. Trotskii, *Stalinskaya shkola fal'sifikatsii*.

35. L. Trotskii, *O Lenine: materialy dlya biografa*: ver especialmente a p. vii.

34. Sem sucesso

1. *Zarya Vostoka*, 12 de abril de 1924.

2. L. Trotskii, *Na putyakh k evropeiskoi revolyutsii. (Rech' v Tiflise, 11 aprelya 1924)*, p. 3.

3. *Zarya Vostoka*, 12 de abril de 1924.

4. RGASPI, f. 52, op. 1, d. 57, p. 112, 122 e 183-184.

Notas 687

5. Ibid., p. 186.
6. *Trinadtsatyi s"ezd RKP(b). Mai 1924 goda. Stenograficheskii otchët*, p. 754.
7. Ibid., p. 146-156.
8. Ibid., p. 158.
9. Ver p. 559-560 deste livro.
10. Ver p. 393 deste livro.
11. Ver p. 472 deste livro.
12. L. Trotskii, *Sochineniya*, vol. 3, parte 1: *1917: Ot fevralya do oktyabrya*, p. ix-lxviii.
13. L. Trotskii, *Uroki Oktyabrya*, cap. 1.
14. Ibid., caps. 4-5.
15. Ibid., caps. 6-7.
16. Ibid., cap. 8.
17. M. Eastman, *Love and Revolution: My Journey through an Epoch*, p. 414.
18. Politburo e Presidium da Comissão Central de Controle, 8 de setembro de 1927: RGASPI, f. 17, op. 163, d. 705.
19. Mesmo assim, os líderes dos comitês partidários de nível provincial recebiam cópias confidenciais na década de 1920: ver R. Service, "The Way They Talked Then: The Discourse of Politics in the Soviet Party Politburo in the Late 1920s", *in* P. R. Gregory e N. Naimark (orgs.), *The Lost Politburo Transcripts*.
20. Trotski para Mikhail Glazman, 26 de dezembro de 1924: Coleção Trotski (HIA), caixa 4, pasta 25.
21. L. Trotskii, *Moya zhizn'*, vol. 2, p. 261.
22. Ver p. 402 deste livro.
23. L. Trotskii, *Moya zhizn'*, vol. 2, p. 261.
24. Trotski para N. I. Bukharin, "K voprosu o 'samokritike'", 8 de janeiro de 1926: Coleção Trotski (HIA), caixa 9, pasta 47, p. 1-4.
25. Diário de Trotski de 1935, *in* L. Trotskii, *Dnevniki i pis'ma*, p. 77.
26. Trotski para a Oposição de Esquerdista na China, 5 de agosto de 1931, p. 1: Coleção Trotski (HIA), caixa 11, pasta 31.
27. Trotski para N. I. Bukharin, "K voprosu o 'samokritike'", 8 de janeiro de 1926: Coleção Trotski (HIA), caixa 9, pasta 47, p. 1-4.
28. Ver p. 312-313 deste livro.

688 Trotski

35. Círculo e facção

1. R. Service, *Lenin: A Biography*, p. 330.
2. C. Sheridan, *From Mayfair to Moscow*, p. 136-137.
3. L. Trotskii, *Politicheskie siluety*, p. 224.
4. L. Trotskii, "Sklyanskii pogib", *Pravda*, 29 de agosto de 1925.
5. Trotski para M. Eastman, fevereiro de 1923: RGASPI, f. 325, op. 1, d. 18.
6. M. Eastman, *Love and Revolution: My Journey through an Epoch*, p. 402. Eastman repudiou a edição norte-americana de *Leon Trotsky: The Portrait of a Youth*, publicada em 1925, por causa da revisão malfeita das provas, e quis que a edição inglesa fosse considerada a versão oficial.
7. M. Eastman, *Love and Revolution: My Journey through an Epoch*, p. 443.
8. Ibid., p. 446-447.
9. Ibid., p. 443.
10. Trotski para N. I. Muralov, 11 de setembro de 1928: Coleção Trotski (HIA), caixa 11, pasta 65; M. Eastman, *Love and Revolution: My Journey through an Epoch*, p. 512.
11. M. Eastman, *Great Companions: Critical Memoirs of Some Famous Friends*, p. 123.
12. M. Eastman, *Love and Revolution: My Journey through an Epoch*, p. 352.
13. Ver p. 481 deste livro.
14. Ver p. 301-302 deste livro.
15. Ver p. 78 deste livro.
16. *Kak lomali NEP*, vol. 4 (plenária conjunta do Comitê Central e da Comissão Central de Controle, 16-23 de abril de 1929), p. 246.
17. Reunião do Politburo, 8 de setembro de 1927: *Stenogrammy zasedanii Politbyuro TsK RKP(b)-VKP(b), 1923-1938 gg.*, vol. 2, p. 597.
18. M. Eastman, *Great Companions: Critical Memoirs of Some Famous Friends*, p. 113.
19. V. Serge e N. Sedova Trotsky, *The Life and Death of Leon Trotsky*, p. 121.
20. Sobre Olga Kameneva, ver acima, p. 264.
21. E. A. Preobrajenski para Trotski, s.d.: Coleção Trotski (HIA), caixa 12, pasta 4, p. 3.
22. L. Trotskii, *Portrety revolyutsionerov*, p. 334-343.
23. Ibid.
24. M. Eastman, *Love and Revolution: My Journey through an Epoch*, p. 425.
25. M. Eastman, *Since Lenin Died*, p. 93-94.

Notas

26. Ver *Stenogrammy zasedanii Politbyuro TsK RKP(b)-VKP(b), 1923-1938 gg.*
27. Reunião do Politburo, 3 de junho de 1926: ibid., vol. 1, p. 778.

36. O convívio com Trotski

1. M. Eastman, *Leon Trotsky: The Portrait of a Youth* (edição de Londres), p. 196.
2. R. Service, *Stalin: A Biography*, p. 233.
3. N. Ioffe, *Moi otets Adol'f Abramovich Ioffe: vospominaniya, dokumenty i materialy*, p. 38.
4. A. I. Boyarchikov, *Vospominaniya*, p. 149-150.
5. Ibid., p. 150-151.
6. Ver p. 378 deste livro.
7. M. Eastman, *Love and Revolution: My Journey through an Epoch*, p. 409.
8. G. A. Ziv, *Trotskii: kharakteristika. (Po lichnym vospominaniyam)*, p. 33.
9. Ibid.
10. C. Sheridan, *From Mayfair to Moscow*, p. 144. Ele disse em francês: "*Je tombe toujours en avant.*" ["Sempre caio para a frente"]
11. *Punch*, 21 de janeiro de 1920.
12. N. Sedova, "Uma página para o diário", Coyoacán, julho de 1958: Coleção Trotski (HIA), caixa 27, pasta 19, p. 2 (em russo).
13. N. Sedova, "Devochki", p. 4: Coleção Trotski (HIA), caixa 27, pasta 13.
14. Ibid.
15. Ibid., p. 5.
16. Ibid.
17. M. Shachtman, "Natalya Ivanovna Sedoff (Sedova)", p. 7: Documentos de Albert Glotzer (HIA), caixa 27.
18. Ibid., p. 8.
19. Observação de Trotski a Max Eastman, *Leon Trotsky: The Portrait of a Youth*, p. 49.
20. Diário de Trotski de 1935, *in* L. Trotskii, *Dnevniki i pis'ma*, p. 91.
21. Observação de Trotski a Max Eastman, *Leon Trotsky: The Portrait of a Youth*, p. 49.
22. Diário de Trotski de 1935, *in* L. Trotskii, *Dnevniki i pis'ma*, p. 91.
23. Depoimento de Yulia Akselrod, filha de Sergei, que soube disso através de sua mãe: Yulia Akselrod, autobiografia sem título (s.d.), n.º 3, p. 21: Documentos de Yulia Akselrod (HIA). Ver também seu comentário sobre o

690 Trotski

diário de Sergei, *in* Documentos de Yulia Akselrod (HIA), p. 40; e P. Broué, *Léon Sedov, fils de Trotsky, victime de Staline*, p. 32.

24. Ela disse isso a Max Shachtman: ver, desse autor, "Natalia Ivanovna Sedoff (Sedova)", p. 4: Documentos de Albert Glotzer (HIA), caixa 27.

25. Ibid., p. 7.

26. N. Sedova, artigo manuscrito, "Vinovnost' Stalina", 18 de abril de 1942: Documentos de Albert Glotzer (HIA), caixa 16, p. 2.

27. Ibid.

28. Diário de Trotski de 1935, *in* L. Trotskii, *Dnevniki i pis'ma*, p. 72-73.

29. Ibid., p. 94.

30. Ibid., p. 1l0.

37. O que Trotski queria

1. Os primeiros estudiosos a assinalar isso foram R. B. Day, A. Nove e R. W. Davies.

2. Reunião do Politburo, 10 de dezembro de 1925: *Stenogrammy zasedanii Politbyuro TsK RKP(b)-VKP(b), 1923-1938 gg.,* vol. 1, p. 458, 463 e 464; reunião do Politburo, 5 de julho de 1926: ibid., vol. 2, p. 225-227.

3. Reunião do Politburo, 28 de junho de 1926: ibid., vol. 2, p. 162-163.

4. Reunião do Politburo, 5 de julho de 1926: ibid., p. 244.

5. Reunião do Politburo, 28 de junho de 1926: ibid., p. 160.

6. L. Trotskii, *K sotsializmu ili kapitalizmu? Planovoe khozyaistvo Gosplan SSSR*, p. 1-61. Também publicado no *Pravda* e no *Izvestiya*, 1-22 de setembro de 1925.

7. *Kak lomali NEP. Stenogrammy plenumov TsK VKP(b), 1928-1929*, vol. 4, p. 607 (declaração de Bukharin, Rykov, Tomski, 9 de fevereiro).

8. Reunião do Politburo, 25 de fevereiro de 1926: *Stenogrammy zasedanii Politbyuro TsK RKP(b)-VKP(b), 1923-1938 gg.*, vol. 1, p. 616.

9. Reunião do Politburo, 2 de agosto de 1926: ibid., vol. 2, p. 326-327.

10. Reunião do Politburo, 25 de fevereiro de 1926: ibid., vol. 1, p. 640. Ver também p. 638-639.

11. "Popravka tov. Trotskogo k proektu rezolyutsii t. Rykova o khozyaistven-nom razvitii SSSR", 12 de abril de 1926: Coleção Trotski (HIA), caixa 15, pasta 15, p. 1-5.

12. Ver p. 373 deste livro.

13. Reunião do Politburo, 14 de junho de 1926: *Stenogrammy zasedanii Politbyuro TsK RKP(b)-VKP(b), 1923-1938 gg.*, vol. 2, p. 109.

Notas   691

14. Ibid., p. 109-110.
15. Ibid., p. 110.
16. "Zametki na natsional'nom voprose", 5 de maio de 1927: RGASPI, f. 325, op. 1, d. 157, p. 4-5.
17. Ver acima, p. 306.
18. G. Rosenthal, *Avocat de Trotsky*, p. 74.
19. Discurso de Zinoviev (versão impressa confidencial) na plenária conjunta do Comitê Central e da Comissão Central de Controle, 29 de julho-9 de agosto de 1927: RGASPI, f. 17, op. 2, d. 317 (V-iii), p. 22.
20. Coleção Trotski (HIA), caixa 12, pasta 4, carta 1 (s.d.), p. 1.

38. Último confronto em Moscou

1. RGASPI, f. 17, op. 2, d. 292, p. 108.
2. RGASPI, f. 17, op. 2, d. 290, p. 279-280.
3. RGASPI, f. 17, op. 2, d. 291, p. 50.
4. Ibid., p. 51-52.
5. RGASPI, f. 17, op. 2, d. 293, p. 175; RGASPI, f. 17, op. 2, d. 304, p. 99 e 100-101.
6. RGASPI, f. 17, op. 2, d. 306, p. 79-85.
7. RGASPI, f. 17, op. 2, d. 293, p. 155.
8. RGASPI, f. 17, op. 2, d. 294, p. 198-199.
9. RGASPI, f. 17, op. 2, d. 317 (V-iii), p. 69.
10. Ibid., p. 6 e 8.
11. Ibid., p. 97.
12. Reunião do Politburo, 8 e 11 de outubro de 1926: *Stenogrammy zasedanii Politbyuro TsK RKP(b)-VKP(b), 1923-1938 gg.*, vol. 2, p. 361 (queixa de A. A. Solts).
13. RGASPI, f. 17, op. 2, d. 293, p. 175.
14. Ibid.
15. Ibid., p. 170.
16. O material de RGASPI, f. 17, op. 2, d. 317 (V-ii), p. 47, lista a presença dele durante a sessão, mas não registra nenhuma intervenção sua no debate.
17. RGASPI, f. 17, op. 2, d. 317 (V-iii), p. 8.
18. Trotski para N. I. Bukharin, "K voprosu o 'samokritike", 8 de janeiro de 1926: Coleção Trotski (HIA), caixa 9, pasta 47, p. 1-4.
19. Reunião do Politburo, 8 de setembro de 1927: *Stenogrammy zasedanii Politbyuro TsK RKP(b)-VKP(b), 1923-1938 gg.*, vol. 2, p. 594.

20. Diário de Trotski de 1935, *in* L. Trotskii, *Dnevniki i pis'ma*, p. 97; N. S. Sedova para S. Weber, 14 de julho de 1935: Coleção Trotski (HIA), caixa 26, pasta 32, p. 2.

21. Reunião do Politburo, 8 de setembro de 1927: *Stenogrammy zasedanii Politbyuro TsK RKP(b)-VKP(b), 1923-1938 gg.*, vol. 2, p. 596.

22. A. A. Ioffe para Trotski, 27 de agosto de 1927, *in* N. Ioffe, *Moi otets Adol'f Abramovich Ioffe: vospominaniya, dokumenty i materialy*, p. 100.

23. RGASPI, f. 325, op. 1, d. 170, p. 1-2, 4 e 7.

24. Ibid., p. 11.

25. G. Rosenthal, *Avocat de Trotsky*, p. 22.

26. L. Trotskii, *Moya zhizn'*, vol. 2, p. 278.

27. G. Rosenthal, *Avocat de Trotsky*, p. 26. Rosenthal não explicou como veio a saber das palavras exatas de Bukharin. Presume-se que elas tenham sido transmitidas por Trotski; foram publicadas 48 anos depois do evento. Pierre Naville, outra testemunha do telefonema, registrou as palavras de Bukharin apenas com uma pequena diferença: "Não é possível que expulsem você do partido!": *Trotsky vivant*, p. 18. De acordo com Naville, entretanto, foi Trotski quem disse que os líderes do Kremlin tinham perdido a cabeça.

28. "Zhazhda vlasti" (manuscrito s.d., mas certamente posterior à publicação de *A revolução traída*): Coleção Nicolaevski (HIA), caixa 354, pasta 37, p. 2-3.

29. P. Naville, *Trotsky vivant*, p. 56.

30. Reunião do Politburo, 8 de setembro de 1927: *Stenogrammy zasedanii Politbyuro TsK RKP(b)-VKP(b), 1923-1938 gg.*, vol. 2, p. 366-367.

31. Carta a A. Enukidze, 15 de novembro de 1927: Coleção Trotski (HIA), caixa 12, pasta 39.

32. P. Naville, *Trotsky vivant*, p. 56.

33. Carta a A. Enukidze, 15 de novembro de 1927: Coleção Trotski (HIA), caixa 12, pasta 39.

34. RGASPI, f. 325, op. 1, d. 479, p. 1.

35. L. Trotskii, *Moya zhizn'*, vol. 2, p. 283.

36. RGASPI, f. 325, op. 1, d. 479, p. 3-4.

37. G. Rosenthal, *Avocat de Trotsky*, p. 30.

Notas

39. Alma-Ata

1. PA TurFIL, f. 1, op. 3, d. 59, p. 77. Agradeço a Tanya Okunskaya compartilhar comigo uma cópia desse documento.
2. Anotações de diário de L. L. Sedov na viagem a Alma-Ata (texto datilografado): Coleção Nicolaevski (HIA), caixa 303, pasta 3, p. 1.
3. N. Sedova, fragmento de manuscrito apenso a "Tak eto bylo" (aparentemente, novembro de 1940): Coleção Trotski (HIA), caixa 27, pasta 12.
4. Recordação de N. Sedova, reproduzida *in* L. Trotskii, *Moya zhizn'*, vol. 2, p. 285-286.
5. A. I. Boyarchikov, *Vospominaniya*, p. 135-136.
6. Recordação de N. Sedova, reproduzida *in* L. Trotskii, *Moya zhizn'*, vol. 2, p. 286.
7. Diário de Trotski de 1935, *in* L. Trotskii, *Dnevniki i pis'ma*, p. 93.
8. Recordação de N. Sedova, reproduzida *in* L. Trotskii, *Moya zhizn'*, vol. 2, p. 286.
9. Anotações de diário de L. L. Sedov na viagem a Alma-Ata (texto datilografado): Coleção Nicolaevski (HIA), caixa 303, pasta 3, p. 2.
10. A. I. Boyarchikov, *Vospominaniya*, p. 135-136.
11. Diário de Trotski de 1935, *in* L. Trotskii, *Dnevniki i pis'ma*, p. 93.
12. A. I. Boyarchikov, *Vospominaniya*, p. 137-138.
13. Anotações de diário de L. L. Sedov sobre a viagem a Alma-Ata (texto datilografado): Coleção Nicolaevski (HIA), caixa 303, pasta 3, p. 4-6.
14. Ibid., p. 6-7.
15. Ibid., p. 7.
16. *Kak lomali NEP. Stenogrammy plenumov TsK VKP(b), 1928-1929*, vol. 2, p. 268, 358-359, 395, 439, 620 e 629.
17. Anotações de diário de L. L. Sedov sobre a viagem a Alma-Ata (texto datilografado): Coleção Nicolaevski (HIA), caixa 303, pasta 3, p. 6-7.
18. N. Sedova para J. Hansen, 11 de novembro de 1940: Documentos de Joseph Hansen (HIA), caixa 33, pasta 14.
19. L. Trotskii, *Moya zhizn'*, vol. 2, p. 295-297.
20. Coleção Nicolaevski (HIA), caixa 355, pasta 26.
21. K. G. Rakovski para Trotski, 17 de fevereiro de 1928: Coleção Nicolaevski (HIA), caixa 356, pasta 7, p. 5; "Rakovskii, Khr. Georg.", ibid.
22. Ver acima, nota 1.

23. RGASPI, f. 325, op. 1, d. 481, p. 8. Ver também N. I. Sedova *in* V. Serge e N. Sedova Trotsky, *The Life and Death of Leon Trotsky*, p. 159-160.

24. S. L. Sedov e A. Sedova para L. L. Sedov, 17 de março de 1928: Documentos de Trotski (HL), T1222.

25. Trotski para D. Rivera, 7 de junho de 1933: Coleção Nicolaevski (HIA), caixa 308, pasta 72.

26. L. D. Trotskii, *Chto i kak proizoshlo? Shest' statei dlya mirovoi burzhuaznoi pechati*, p. 12. Esse episódio não aparece em *Moya zhizn'*.

27. L. Trotskii, *Moya zhizn'*, vol. 2, p. 295-297.

28. N. Sedova, "Devochki", recordação escrita em 1941 ou 1942: Coleção Trotski (HIA), caixa 27, pasta 13, p. 1.

29. Trotski para A. G. Beloborodov, 17 de março de 1928: Documentos de Albert Glotzer (HIA), caixa 1.

30. E. A. Preobrajenski para Trotski, s.d.: Coleção Trotski (HIA), caixa 12, pasta 4, p. 3.

31. *Kak lomali NEP. Stenogrammy plenumov TsK VKP(b), 1928-1929*, vol. 5, p. 620-622.

32. Ibid., vol. 4, p. 696 (notas de Zinoviev sobre o registro feito por Kamenev dessa conversa com Bukharin em julho de 1928).

33. Ibid., vol. 5, p. 620.

34. Trotski a seus companheiros oposicionistas no exílio, 1º de outubro de 1928: RGASPI, f. 325, op. 1, d. 481, p. 96.

35. Essa carta foi redigida com tinta invisível e endereçada às lideranças centrais do partido e da Komintern; foi escrita num exemplar do diário do poeta Aleksandr Blok: *Dnevnik Al. Bloka*, p. 121, 125 e 135. Não se sabe se foi posteriormente distribuída. Essa cópia encontra-se no Hoover Institution Archive.

36. *Kak lomali NEP. Stenogrammy plenumov TsK VKP(b), 1928-1929*, vol. 4 (plenária conjunta do Comitê Central e da Comissão Central de Controle, 16-23 de abril de 1929), p. 316 (Rykov), 405 (Molotov) e 717 (nota final 265).

37. Ordjonikidze na Comissão Central de Controle, 23 de outubro de 1930: *Stenogrammy zasedanii Politbyuro TsK RKP(b)-VKP(b), 1923-1938 gg.*, vol. 3, p. 242.

38. L. D. Trotskii, *Chto i kak proizoshlo? Shest' statei dlya mirovoi burzhuaznoi pechati*, p. 17 e 19. Esse livreto oferece um relato ligeiramente mais detalhado da expulsão do que o fornecido na autobiografia completa de Trotski.

Notas

39. L. Trotskii, *Moya zhizn'*, vol. 2, p. 315.
40. L. D. Trotskii, *Chto i kak proizoshlo? Shest' statei dlya mirovoi burzhuaznoi pechati*, p. 21.
41. Ibid., p. 8-9.

40. Buyukada

1. Ö. S. Coşar, *Troçki Istanbul'da*, p. 14-33. Agradeço a Harun Yılmaz me fornecer o conteúdo desse livro. Sobre o pseudônimo de Sedov, ver a declaração do cônsul-geral soviético: Coleção Nicolaevski (HIA), caixa 303, pasta 1.
2. Ö. S. Coşar, *Troçki Istanbul'da*, p. 62-66.
3. L. L. Sedov para "Tenzov", maio/junho de 1930: Coleção Nicolaevski (HIA), caixa 368, pasta 29; Trotski para L. L. Sedov, 7 de abril de 1931: Coleção Nicolaevski (HIA), caixa 308, pasta 87.
4. N. Sedova *in* V. Serge e N. Sedova Trotsky, *The Life and Death of Leon Trotsky*, p. 163.
5. M. Eastman, *Great Companions: Critical Memoirs of Some Famous Friends*, p. 116.
6. G. Rosenthal, *Avocat de Trotsky*, p. 95.
7. Ibid., p. 72.
8. M. Eastman, *Great Companions: Critical Memoirs of Some Famous Friends*, p. 117.
9. Diário de Trotski de 1935, *in* L. Trotskii, *Dnevniki i pis'ma*, p. 74.
10. Trotski para S. Kharin (Paris), 29 de maio de 1929: Coleção Nicolaevski (HIA), caixa 307, pasta 56.
11. Trotski para L. L. Sedov, maio de 1929: Coleção Nicolaevski (HIA), caixa 312, pasta 4.
12. *Byulleten' oppozitsii* n.º 1/2 (julho de 1929), p. 6-8.
13. A. Glotzer, *Trotsky: Memoir and Critique*, p. 35.
14. Ibid., p. 48.
15. G. Rosenthal, *Avocat de Trotsky*, p. 72-73.
16. S. Weber, "Recollections of Trotsky", *Modern Occasions*, primavera de 1972, p. 181.
17. A. Glotzer, *Trotsky: Memoir and Critique*, p. 84.
18. Ibid., p. 52.
19. G. Rosenthal, *Avocat de Trotsky*, p. 96.

20. L. L. Sedov para o *collegium* da OGPU, 14 de agosto de 1929: GARF, f. 3316s, op. 2, d. 83.

21. J. van Heijenoort, *With Trotsky in Exile: From Prinkipo to Coyoacán*, p. 7.

22. Trotski para L. L. Sedov, 11 de junho de 1931: Coleção Nicolaevski (HIA), caixa 309, pasta 22, p. 2.

23. P. Broué, *Léon Sedov, fils de Trotsky, victime de Staline*, p. 90.

24. Coleção Nicolaevski (HIA), caixa 309, pasta 2.

25. Ibid.

26. Coleção Nicolaevski (HIA), caixa 306, pastas 70-75 e 93-94. Um dos telegramas de Sergei dizia: "vse zederowi rabotain poslal pisma krepka zeluiu sergoz". Essa algaravia quase russa significa algo como "Todos estão bem. Estou trabalhando. Mandei cartas. Beijão. Sergei".

27. Ibid., pasta 94.

28. Coleção Nicolaevski (HIA), caixa 311, pastas 41 e 45.

29. N. Sedova, "Devochki", recordação escrita em 1941 ou 1942: Coleção Trotski (HIA), caixa 27, pasta 13, p. 5.

30. Ibid.

31. Ibid.

32. Ibid.

33. Ibid., p. 7.

34. Ibid., p. 6.

35. Trotski para Yelena Krylenko e Max Eastman, 3 de março de 1931: Coleção Nicolaevski (HIA), caixa 307, pasta 61, p. 1.

36. A. Glotzer, *Trotsky: Memoir and Critique*, p. 34-35.

37. Ibid., p. 37-39.

38. Ibid., p. 37.

39. Ibid., p. 60.

40. Y. Craipeau, *Mémoires d'un dinosaure trotskyste: secrétaire de Trotsky en 1933*, p. 97-98.

41. N. Sedova, "Devochki", recordação escrita em 1941 ou 1942: Coleção Trotski (HIA), caixa 27, pasta 13, p. 6.

42. Trotski para L. L. Sedov, sem data [?1932]: Coleção Nicolaevski (HIA), caixa 309, pasta 87.

43. Trotski para L. L. Sedov, 22 de dezembro de 1932: Coleção Nicolaevski (HIA), caixa 310, pasta 54, p. 1-4.

44. Trotski para L. L. Sedov, janeiro de 1933: Coleção Nicolaevski (HIA), caixa 310, pasta 58.

Notas 697

45. Trotski para A. L. Bronstein, 8 de janeiro de 1933, reproduzida *in* V. Krasnov e V. Daynes (orgs.), *Neizvestnyi Trotskii. Krasnyi Bonapart: Dokumenty, mneniya, razmyshleniya*, p. 497-498. Alexandra Bronstein repetiu a carta de cor ao falar com Nadejda Ioffe em Kolyma, em 1936: N. Ioffe, *Vremya nazad. Moya zhizn', moya sud'ba, moya epokha*, p. 49-50.

46. A. L. Bronstein para Trotski, 31 de agosto de 1933, p. 1-3: bMS Russ 13.1 T12608, Documentos de Trotski (HL). Devo registrar que as citações de Isaac Deutscher dessa carta comovente não são corretas. Para uma exposição completa dos muitos erros factuais de sua trilogia sobre Trotski, ver J. van Heijenoort, *With Trotsky in Exile*, p. 151-155.

47. Ibid., p. 4-6.

41. À procura de revoluções

1. "Zhalkii dokument", Coleção Nicolaevski (HIA), caixa 312, pasta 4.

2. Rascunho da primeira carta circular [?1931]: ibid., caixa 313, pasta 17.

3. Trotski para o Comitê Executivo do Leninbund, com cópias para *La Verité, Lutte des Classes, Le Communist,* o *Militant* e o National Committee of the Communist League [Comitê Nacional da Liga Comunista] (Estados Unidos), 29 de agosto de 1929: Documentos de Albert Glotzer (HIA), caixa 1, p. 1.

4. Ibid., p. 2. O inglês é precário aqui; reproduzi a tradução enviada à Liga Comunista nos Estados Unidos.

5. Ibid., p. 1.

6. A introdução da edição francesa é datada de 1931: Coleção Nicolaevski (HIA), caixa 344, pasta 39, p. 1-2.

7. Ver p. 472 deste livro.

8. Trotski para A. Treint, 22 de setembro de 1931: Coleção Nicolaevski (HIA), caixa 311, pasta 42, p. 1.

9. Trotski para S. Kharin, abril de 1929: Coleção Nicolaevski (HIA), caixa 307, pasta 50, p. 1-2.

10. Essa foi uma carta que ele confiou a Yakov Blyumkin, que conheceu em Buyukada: ibid., pasta 10, p. 1-2. Ver adiante, p. 402-403.

11. Trotski para L. L. Sedov, 5 de maio de 1931: Coleção Nicolaevski (HIA), caixa 309, pasta 5.

12. Trotski para L. L. Sedov, 26 de maio de 1932: Coleção Nicolaevski (HIA), caixa 310, pasta 4.

13. R. Sobolevicius para Trotski, 25 de dezembro de 1931: Coleção Nicolaevski (HIA), caixa 306, pasta 81.
14. L. L. Sedov para A. Sobolevicius, 18 de dezembro de 1932, R. Sobolevicius, 16 de dezembro de 1932: Coleção Nicolaevski (HIA), caixa 311, pastas 32 e 40.
15. Trotski para L. L. Sedov, 11 de junho de 1931: Coleção Nicolaevski (HIA), caixa 309, pasta 22, p. 2.
16. Trotski para L. L. Sedov, 13 de junho de 1931: Coleção Nicolaevski (HIA), caixa 309, pasta 23.
17. "Otkrytoe pis'mo chlenam VKP(b)", 23 de março de 1930: Coleção Nicolaevski (HIA), caixa 313, pasta 29, p. 3.
18. Ibid., p. 10.
19. Trotski para L. L. Sedov, 3 de setembro de 1931: Coleção Nicolaevski (HIA), caixa 309, pasta 53.
20. L. Trotskii, *Dnevniki i pis'ma*, p. 123.
21. Trotski para L. L. Sedov, 23 de junho de 1931: Coleção Nicolaevski (HIA), caixa 309, pasta 27.
22. Trotski para L. L. Sedov, 13 de outubro de 1931: ibid., pasta 60.
23. M. Buber-Neumann, *Von Potsdam nach Moskau*, p. 284.
24. A. Swabeck, "Report of Preliminary International Conference [of the] International Left Opposition (Bolshevik-Leninists), Held February 4 to 8, 1933", p. 1-6: Documentos de Arne Swabeck (HIA), caixa 6, pasta 20.
25. L. L. Sedov para Trotski, 2 de fevereiro de 1933: Coleção Nicolaevski (HIA), caixa 306, pasta 24.
26. P. Broué, *Léon Sedov, fils de Trotsky, victime de Staline*, p. 113.

42. O escritor

1. *Paris-Soir*, 16-17 de junho de 1933.
2. L. L. Sedov para Trotski, 13 de dezembro de 1933: Coleção Nicolaevski (HIA), caixa 306, pasta 54, p. 1.
3. Trotski para S. A. Tsion, jornalista russo lotado na Suécia, 16 de dezembro de 1933: Coleção Nicolaevski (HIA), caixa 13, pasta 8.
4. Trotski para Lev Sedov, 29 de novembro de 1936: Documentos de Trotski (HL), T10183.
5. O sexologista Wilhelm Reich queria conhecê-lo, mas não fez a viagem: L. L. Sedov para Trotski, 13 de dezembro de 1933: Coleção Nicolaevski (HIA), caixa 306, pasta 54.

Notas

6. Trotski para Diego Rivera, 7 de junho de 1933: Coleção Nicolaevski (HIA), caixa 308, pasta 72.

7. L. D. Trotskii, *Chto i kak proizoshlo? Shest' statei dlya mirovoi burzhuaznoi pechati.*

8. A. Glotzer, *Trotsky: Memoir and Critique*, p. 38.

9. Ver, por exemplo, "Avtobiograficheskie zametki" (escrito em Syzran em 1919): RGASPI, f. 325, op. 1, d. 14; carta autobiográfica de Trotski para V. I. Nevski, 5 de agosto de 1921: ibid., d. 17; sua carta autobiográfica para M. Eastman, fevereiro de 1923, ibid., d. 18.

10. Ver os relatórios e conselhos de Max Eastman a Trotski: Coleção Nicolaevski (HIA), caixa 305, pasta 35 (17 de setembro de 1934) e pasta 36 (23 de dezembro de 1934).

11. Capítulos manuscritos: Coleção Nicolaevski (HIA), caixas 332-343. Ver também N. S. Sedova para S. Weber, 12 de novembro de 1959: Coleção Trotski (HIA), caixa 27, pasta 5.

12. S. Weber, "Recollections of Trotsky", *Modern Occasions*, primavera de 1972, p. 182.

13. Ibid.; L. Trotskii, *Delo bylo v Ispanii*, p. 153: ele leu Edgar Allan Poe para melhorar seu inglês.

14. Manuscrito de *Moya zhizn'*: Coleção Nicolaevski (HIA) — ver, por exemplo, caixa 312, pastas 36-39.

15. Ibid., pasta 39. No entanto, ele se lembrou de que a mãe o chamava de Lëva (russo), em vez de Leiba (iídiche).

16. L. Trotskii, *Moya zhizn'*, vol. 1, p. 34-35.

17. Ibid.

18. L. Trotsky, *History of the Russian Revolution*, vol. 1, cap. 1. Ver B. Knei-Paz, *The Social and Political Thought of Leon Trotsky*, p. 89-90.

19. Manuscrito de *Moya zhizn'*: Coleção Nicolaevski (HIA) — ver, por exemplo, caixa 312, pasta 39.

20. Ibid., pastas 36-40.

21. Ibid., caixa 313, pasta 1 (cap. 9), p. 1.

22. Ibid., pasta 5, p. 1.

23. Referindo-se a uma reunião do Comitê Central de 24 de outubro de 1917, Trotski disse, simplesmente: "Stalin não esteve presente na sessão. De modo geral, não apareceu em Smolny, passando o tempo no escritório editorial do órgão central": L. Trotsky, *History of the Russian Revolution*, vol. 3, p. 159.

24. Ver p. 584 deste livro.
25. Agradeço a Keith Sidwell compartilhar comigo o seu conhecimento da cultura grega antiga.
26. L. Trotsky, *History of the Russian Revolution*, p. 161. Ver também p. 198 e 272-273.
27. Ibid., p. 281.
28. Ibid.
29. Ibid., p. 159.
30. Ibid., p. 200.
31. Ibid., p. 264.
32. Ibid., p. 266.
33. Ibid., p. 269-270.
34. L. Trotsky, *My Life: The Rise and Fall of a Dictator* (Londres: Thornton Butterworth, 1930). A edição norte-americana foi fiel às intenções de Trotski: *My Life: An Attempt at an Autobiography* (Nova York: Charles Scribner's Sons, 1930).
35. G. Rosenthal, *Avocat de Trotsky*, p. 112.
36. Ibid., p. 113.
37. Ibid., p. 115.
38. "Agenturnoe delo po nablyudeniyu trotskistskoi literatury za rubezhom", TsAFSB, f. 17548, d. 0292, t. 1, p. 185-188.
39. Coleção Trotski (HIA), caixa 11, pasta 49: carta de Trotski a Suzanne La Follette, 4 de julho de 1937.
40. M. Eastman, *Love and Revolution: My Journey through an Epoch*, p. 554.
41. M. Eastman, *Great Companions: Critical Memoirs of Some Famous Friends*, p. 114.
42. Ver p. 440 deste livro.
43. M. Eastman, *Love and Revolution: My Journey through an Epoch*, p. 554.
44. M. Eastman, *Great Companions: Critical Memoirs of Some Famous Friends*, p. 119-123.
45. *Vie de Lénine*, trad. M. Parijanine, revisada e aprovada pelo autor (Paris: Rieder, 1936).
46. *The Young Lenin*, org. e notas de M. Friedberg, trad. M. Eastman (Nova York: Doubleday, 1972).
47. Trotski para Joe Hansen, 8 de março de 1939: Documentos de Joseph Hansen (HIA), caixa 34, pasta 2.

Notas

43. Conexões russas

1. Ver a decisão da OGPU, 18 de janeiro de 1929, *in* L. Trotskii, *Dnevniki i pis'ma*, p. 43.
2. V. I. Lenin, *Polnoe sobranie sochinenii*, vol. 20, p. 96.
3. Circular da OGPU, 21 de fevereiro de 1929: *"Chekisms": A KGB Anthology*, p. 107-109.
4. *Pravda*, 8 de março de 1929.
5. *Pravda*, 2 de julho de 1931.
6. Passaporte de Trotski: Coleção Nicolaevski (HIA), caixa 303, pasta 7; L. Trotskii, *Byulleten' oppozitsii*, n.º 27 (março de 1932), p. 1.
7. L. M. Kaganovich no Politburo, 4 de novembro de 1930: *Stenogrammy zasedanii Politbyuro TsK RKP(b)-VKP(b), 1923-1938 gg.*, vol. 3, p. 152.
8. Trotski para L. L. Sedov, 9 de outubro de 1932: Coleção Nicolaevski (HIA), caixa 310, pasta 40.
9. Trotski para L. L. Sedov, 17 de outubro de 1932: ibid., pasta 42.
10. Trotski para L. L. Sedov, 30 de outubro de 1932: ibid., pasta 48.
11. L. Trotskii, "Deistvitel'noe raspolozhenie figure na politicheskoi doske. (K protsessu men'shevikov)", *Byulleten' oppozitsii*, n.º 21/22 (maio-junho de 1931), p. 35-36.
12. "Ot redaktsii", *Byulleten' oppozitsii*, n.º 51 (julho-agosto de 1936), p. 15.
13. "Tenzov" para L. L. Sedov, fevereiro de 1933: Coleção Nicolaevski (HIA), caixa 375, pasta 1.
14. Ya. Blyumkin para Trotski, 2 de abril de 1929: Coleção Nicolaevski (HIA), caixa 374, pasta 48.
15. Ya. Blyumkin, "Avtobiografiya", p. 1-4, assinada em 13 de junho de 1928: arquivos centrais do Serviço Federal de Segurança [SFS], reproduzidos *in* Documentos de Volkogonov (HIA), caixa 3, rolo 2; G. Rosenthal, *Avocat de Trotsky*, p. 103.
16. G. Rosenthal, *Avocat de Trotsky*, p. 103.
17. Um resumo dessa mensagem, aparentemente, é fornecido na Coleção Nicolaevski (HIA), caixa 307, pasta 10, p. 1-2.
18. Ibid.
19. *Agenturnoe donesenie*, 16 de setembro de 1929: arquivos centrais do SFS, reproduzidos *in* Documentos de Volkogonov (HIA), caixa 3, rolo 2.
20. V. M. Yeltsin para Trotski, abril de 1929: Coleção Nicolaevski (HIA), caixa 374, pasta 47.

21. M. Eastman, *Love and Revolution: My Journey through an Epoch*, p. 510-512.

22. P. Avrich, "Bolshevik Opposition to Lenin: G. T. Myasnikov and the Workers' Group", *Russian Review*, vol. 43 (1984), p. 1-29.

23. Ver o relatório sobre a Conferência das Seções para a Quarta Internacional, 29-31 de julho de 1937, p. 1: Documentos de Charles Wesley Ervin (HIA).

24. S. Kharin para Trotski, 31 de março de 1929: Coleção Nicolaevski (HIA), caixa 305, pasta 54.

25. Ibid., pastas 55-57.

26. Trotski para S. Kharin, Coleção Nicolaevski (HIA), caixa 307, pasta 50.

27. Mensagem confiada a Blyumkin: ver acima, nota 17.

28. De um correspondente não identificado para Trotski, 21 de janeiro de 1930: Coleção Nicolaevski (HIA), caixa 567, pasta 62.

29. "Svoi" para Trotski, 25 de março de 1932: Coleção Nicolaevski (HIA), caixa 306, pasta 84.

30. "Gromovoi" para Trotski, 15 de setembro de 1932: Coleção Nicolaevski (HIA), caixa 305, pasta 42.

31. Ibid.

32. "Tenzov" para L. L. Sedov, fevereiro de 1933: Coleção Nicolaevski (HIA), caixa 375, pasta 1.

33. J. van Heijenoort, *With Trotsky in Exile: From Prinkipo to Coyoacán*, p. 101; A. Glotzer, *Trotsky: Memoir and Critique*, p. 78.

34. Ver p. 563 deste livro.

35. A. Glotzer, *Trotsky: Memoir and Critique*, p. 78.

36. Há certa controvérsia quanto a esses indivíduos haverem procurado Trotski como agentes ou terem "virado a casaca" depois de se ligarem a ele. Trotski, assim como Deutscher, presumiu esta última alternativa, sem nenhuma prova convincente para sua escolha. O mais provável, como afirmaram Glotzer e Heijenoort, é que os indivíduos fossem agentes desde o início de seu contato com Trotski.

37. L. Yakovlev [L. Estrina], "Leon Sedov", p. 1-2.

38. TsAFSB, f. 17548, d. 0292, t. 2, p. 159-165.

39. L. Yakovlev [L. Estrina], "Leon Sedov", p. 6.

40. J. van Heijenoort, *With Trotsky in Exile: From Prinkipo to Coyoacán*, p. 101-102.

41. Coleção Nicolaevski (HIA), caixa 306, pasta 84.

· Notas 703

42. Trotski raramente se referia ao *Sotsialisticheski vestnik*, exceto em sua correspondência não pública: ver, em particular, sua carta a L. L. Sedov, *c*.1932: arquivo Harvard (Coleção Nicolaevski), n.º 10107.

43. Ibid.

44. De um correspondente não identificado para L. L. Sedov, maio de 1933, p. 1: Coleção Nicolaevski (HIA), caixa 375, pasta 3. A carta está em inglês, por alguma razão desconhecida.

45. Notas de L. L. Sedov sobre sua conversa com "X", 1934: Coleção Nicolaevski (HIA), caixa 375, pasta 6, p. 1.

46. Diário de Trotski de 1935, *in* L. Trotskii, *Dnevniki i pis'ma*, p. 94.

44. Europa meridional e setentrional

1. Diário de Trotski de 1935, *in* L. Trotskii, *Dnevniki i pis'ma*, p. 124.

2. Ibid., p. 119.

3. *Time*, 5 de dezembro de 1932.

4. Y. Craipeau, *Mémoires d'un dinosaure trotskyste: secrétaire de Trotsky en 1933*, p. 108.

5. Ibid.

6. Ibid., p. 109.

7. L. Trotsky, *In Defence of the October Revolution*, p. 1-4.

8. Ibid., p. 16-17.

9. Ibid., p. 33.

10. Ibid.

11. Trotski para Lev Sedov, 26 de dezembro de 1932: Coleção Nicolaevski (HIA), caixa 43, pasta 36.

12. Y. Craipeau, *Mémoires d'un dinosaure trotskyste: secrétaire de Trotsky en 1933*, p. 109.

13. A. Glotzer, *Trotsky: Memoir and Critique*, p. 180.

14. G. Rosenthal, *Avocat de Trotsky*, p. 149.

15. Anotações de diário de L. L. Sedov sobre a viagem a Alma-Ata (texto datilografado): Coleção Nicolaevski (HIA), caixa 303, pasta 3, p. 1-7.

16. Diário de Trotski de 1935, *in* L. Trotskii, *Dnevniki i pis'ma*, p. 60 ss.

17. Ibid., p. 90-91.

18. Ibid., p. 136.

19. Ibid., p. 84.

20. P. Naville, *Trotsky vivant*, p. 83.

21. Trotski ao Comitê Central do Parti Ouvrier Internationaliste, 21 de junho de 1936, p. 1: Coleção Trotski (HIA), caixa 12, pasta 1.

22. Ibid.

23. G. Rosenthal, *Avocat de Trotsky*, p. 117.

24. A. Glotzer, *Trotsky: Memoir and Critique*, p. 183.

25. Trotski ao Comitê Central do Parti Ouvrier Internationaliste, 21 de junho de 1936, p. 1: Coleção Trotski (HIA), caixa 12, pasta 1.

26. Ibid.

27. L. Trotskii, *Dnevniki i pis'ma*, p. 130 e 141.

28. Ibid., p. 141-142.

29. Ibid., p. 143; J. van Heijenoort, *With Trotsky in Exile: From Prinkipo to Coyoacán*, p. 77.

30. N. I. Sedova para L. L. Sedov, 17 de setembro de 1936, p. 1-2 e 4: Coleção Nicolaevski (HIA), caixa 362.

31. N. I. Sedova para L. L. Sedov, 30 de outubro de 1936, p. 1-2 e 4: ibid.

32. N. I. Sedova para L. L. Sedov, 8 e 24 de novembro de 1936: ibid.

33. N. I. Sedova para L. L. Sedov, 24 de novembro de 1936: ibid.

34. N. I. Sedova para L. L. Sedov, 30 de outubro e 8 de novembro de 1936: ibid.

35. Diário de Trotski de 1935, *in* L. Trotskii, *Dnevniki i pis'ma*, p. 133.

36. Ibid., p. 134.

37. Relato feito por Trotski numa carta ao Setor Jurídico, 31 de março de 1938: Coleção Trotski (HIA), caixa 11, pasta 53, p. 1.

38. G. Rosenthal, *Avocat de Trotsky*, p. 178.

39. Ibid., p. 178-179.

40. M. Shachtman a L. L. Sedov, 23 de novembro de 1936: Coleção Nicolaevski (HIA), caixa 362, pasta 121.

45. Estabelecendo-se no México

1. Diário de Trotski de 1937, *in* L. Trotskii, *Dnevniki i pis'ma*, p. 137.

2. Trotski para L. L. Sedov, 16 de janeiro de 1937: Documentos de Trotski (HL), T10195.

3. Diário de Trotski de 1937, *in* L. Trotskii, *Dnevniki i pis'ma*, p. 146.

4. L. Trotskii, "V Meksike": Coleção Nicolaevski (HIA), caixa 354, pasta 37, p. 124.

5. Ibid., p. 124-125.

6. Wilbur Burton (jornalista) para o *Baltimore Sun*, 5 de novembro de 1937: Documentos de Alexander Buchman (HIA), caixa 1.

Notas

7. Trotski para J. Hansen, 11 de novembro de 1938: Documentos de Joseph Hansen (HIA), caixa 34, pasta 2.

8. Trotski para J. Frankel, 21 de dezembro de 1937: Coleção Trotski (HIA), caixa 10, pasta 23.

9. Arquivo do US Government Surveillance [Serviço de Fiscalização do Governo dos Estados Unidos]: Documentos de Joseph Hansen (HIA), caixa 70, pasta 8, p. 1-15.

10. Entrevista de Vsevolod Volkov a Norman Melnick, *San Francisco Examiner*, 8 de agosto de 1988, p. 2.

11. H. Robins, rememorações sem título: Coleção Trotski (HIA), caixa 31, pasta 4, p. 8-10 e 15; entrevista de Vsevolod Volkov a Norman Melnick, *San Francisco Examiner*, 8 de agosto de 1988, p. 2.

12. S. L. Sedov para G. M. Rubinshtein: Documentos de Sergei Sedov (HIA), pastas 1 (4 de agosto de 1935), 2 (12 de agosto de 1935) e 21 (23 de setembro de 1935); Yulia Akselrod, autobiografia sem título (s.d.), n.º 3, p. 21-22, e seus excertos e comentários do diário de S. L. Sedov, p. 44: Documentos de Yulia Akselrod (HIA).

13. Yulia Akselrod, autobiografia sem título (s.d.), n.º 1, p. 4: Documentos de Yulia Akselrod (HIA).

14. Diário de Trotski de 1935, *in* L. Trotskii, *Dnevniki i pis'ma*, p. 102.

15. Ibid., p. 114.

16. G. Rosenthal, *Avocat de Trotsky*, p. 207.

17. Ibid., p. 263-264.

18. P. Broué, *Léon Sedov, fils de Trotsky, victime de Staline*, p. 116-117.

19. Trotski para L. L. Sedov, 14 de janeiro de 1936: Documentos de Trotski (HL), T10140.

20. L. L. Sedov para N. I. Sedova, 16 de abril de 1936: Coleção Nicolaevski (HIA), caixa 367.

21. Ibid.

22. Ibid.

23. L. L. Sedov para N. I. Sedova, 12 de maio de 1937: Coleção Nicolaevski (HIA), caixa 567, pasta 78.

24. L. Yakovlev [L. Estrina], "Leon Sedov", texto datilografado, aparentemente escrito antes de 4 de maio de 1975: Coleção Trotski (HIA), caixa 29, pasta 5, p. 6.

25. "Agenturnye doneseniya Zborovskogo M. G.", TsAFSB, f. 31660, d. 9067, p. 122-123, reproduzido nos Documentos de Volkogonov (HIA), caixa 3, rolo 2.

26. Ibid., p. 98.

27. Ibid., p. 72.

28. "Affaire Sedov, Cabriolage des Archives Trotsky", Chefatura de Polícia, Departamento do Sena (HIA): registros policiais de 8, 9 e 17 de novembro de 1936.

29. Coleção Trotski (HIA), caixa 28, pasta 8.

30. G. Rosenthal, *Avocat de Trotsky*, p. 230-233.

31. Ibid., p. 233-234.

32. Ibid., p. 254-260.

33. Ibid., p. 262; L. Yakovlev [L. Estrina], "Leon Sedov", texto datilografado, aparentemente escrito antes de 4 de maio de 1975: Coleção Trotski (HIA), caixa 29, pasta 5, p. 2.

34. P. Sudoplatov, *Special Tasks: The Memoirs of an Unwanted Witness — A Soviet Spymaster*, p. 82-83.

35. L. Estrina para Trotski, 21 de fevereiro de 1938: Coleção Nicolaevski (HIA), caixa 92, pasta 3.

36. "Rappel des faits de J. M. [Jeanne Martin des Pallières]", 18 de fevereiro de 1938, p. 1-4: Coleção Nicolaevski (HIA), caixa 92, pasta 4.

37. Ver o resumo de P. Broué em *Léon Sedov, fils de Trotsky, victime de Staline*, p. 254-259. Broué chamou peritos em medicina e toxicologia para examinar as provas, na década de 1980, e se convenceu de que Sedov realmente fora assassinado.

38. S. Weber para L. Estrina, 9 de agosto de 1938: Coleção Nicolaevski (HIA), caixa 92, pasta 3.

39. Trotski para Étienne e L. Estrina, 17 de fevereiro de 1939: ibid.

40. G. Rosenthal, *Avocat de Trotsky*, p. 298-303.

46. A Quarta Internacional

1. Trotski para Étienne e L. Estrina, 23 de fevereiro de 1938: Coleção Nicolaevski (HIA), caixa 92, pasta 3.

2. "Orlov" para Trotski, 27 de dezembro de 1938: Coleção Trotski (HIA), caixa 13, pasta 63.

3. Sara [Weber] para Lola Estrina, 13 de agosto de 1938, p. 1: Coleção Nicolaevski (HIA), caixa 92, pasta 3.

4. Ibid.

5. Trotski para J. Frankel, 12 de abril de 1933: Coleção Trotski (HIA), caixa 10, pasta 22.

Notas

6. Trotski para L. L. Sedov, 12 de novembro de 1936: Documentos de Trotski (HL), T10181.

7. Ibid.

8. G. Rosenthal, *Avocat de Trotsky*, p. 221-223.

9. Trotski para Mill [*sic*], 2 de junho de 1937: Coleção Nicolaevski (HIA), caixa 308, pasta 17, p. 1-2.

10. I. Deutscher, *Trotsky: The Prophet Outcast*, p. 271-272.

11. P. Broué, *Léon Sedov, fils de Trotsky, victime de Staline*, p. 192.

12. A. Glotzer, *Trotsky: Memoir and Critique*, p. 188: Trotski para Shachtman, 20 de janeiro de 1934.

13. Ibid., p. 190.

14. Ibid., p. 195-198.

15. *Trotsky's Writings: Supplement II, 1934-1940*, p. 448-454.

16. Y. Craipeau, *Mémoires d'un dinosaure trotskyste: secrétaire de Trotsky en 1933*, p. 90.

17. Trotski para L. L. Sedov, 14 de janeiro de 1936: Documentos de Trotski (HL), T10140.

18. Ver G. Rosenthal, *Avocat de Trotsky*, p. 223-225.

19. Ibid.

20. Ibid., p. 226.

21. P. Naville, *Trotsky vivant*, p. 136-137.

22. G. Rosenthal, *Avocat de Trotsky*, p. 73.

23. "Declaration Regarding the Case of Senin and Weil", 27 de fevereiro de 1937: Documentos de Joseph Hansen (HIA), caixa 69, pasta 34, p. 1-2.

24. L. L. Sedov para "Braun" (Wolfe), 16 de abril de 1937: Documentos de Joseph Hansen (HIA), caixa 28, pasta 3, p. 2.

25. M. Eastman, *Love and Revolution: My Journey through an Epoch*, p. 625-626.

26. Ibid., p. 626.

27. D. Cotterill, "Serge, Trotsky and the Spanish Revolution", *in The Serge-Trotsky Papers*, p. 116-119.

28. Trotski para V. Serge, 5 de junho de 1936: ibid., p. 67.

29. L. Trotsky, "A Strategy for Victory", *in The Spanish Revolution*, p. 245.

30. Trotski para James Cannon, 10 de outubro de 1937: Documentos de Joseph Hansen (HIA), caixa 69, pasta 1, p. 1.

31. Ibid., p. 2.

32. Ibid., p. 3.

33. Ver p. 170 deste livro.
34. Relatório da Conferência das Seções para a Quarta Internacional, 29-31 de julho de 1937, p. 1-4 e 6-8: Documentos de Charles Wesley Ervin (HIA).
35. P. Broué, *Léon Sedov, fils de Trotsky, victime de Staline*, p. 245.
36. Ver p. 624 deste livro.
37. I. Deutscher, *Trotsky: The Prophet Outcast*, p. 419-422.
38. A controvérsia entre Trotski e Serge sobre Kronstadt ocorreu depois de Serge anunciar seu rompimento com a Quarta Internacional: D. Cotterill, *in The Serge-Trotsky Papers*, p. 22.
39. Victor Serge para Trotski, 18 de março de 1939: Coleção Nicolaevski (HIA), caixa 306, pasta 76.

47. Trotski e suas mulheres

1. N. I. Sedova para S. Weber, 4 de novembro de 1942: Coleção Trotski (HIA), caixa 26, pasta 32.
2. M. Eastman, *Great Companions: Critical Memoirs of Some Famous Friends*, p. 123.
3. 5 de abril de 1935: L. Trotskii, *Dnevniki i pis'ma*, p. 115-116.
4. Ver p. 415 deste livro.
5. Ver p. 348 e 443 deste livro.
6. J. van Heijenoort, *With Trotsky in Exile: From Prinkipo to Coyoacán*, p. 110.
7. Ibid., p. 112.
8. Ibid., p. 111.
9. A. Burdman Feferman, *Politics, Logic, and Love: The Life of Jean van Heijenoort*, p. 145.
10. J. van Heijenoort, *With Trotsky in Exile: From Prinkipo to Coyoacán*, p. 112.
11. Vasculhei os Documentos de Ella Wolfe na (imensa) Coleção Wolfe, nos arquivos da Hoover Institution, sem encontrar qualquer vestígio dessa carta.
12. Trotski para N. I. Sedova, 19 de julho de 1937: Documentos de Trotski (HL), bMS Russ 13.1 (10622), p. 1.
13. Ibid., p. 1-2.
14. Ibid., p. 3.
15. Ibid., p. 4.
16. J. van Heijenoort, *With Trotsky in Exile: From Prinkipo to Coyoacán*, p. 118.

Notas

17. A. Burdman Feferman, *Politics, Logic, and Love: The Life of Jean van Heijenoort*, p. 175-176.

18. Ibid., p. 170.

19. Ibid., p. 170-171.

20. F. Kahlo ("Friduchin") para E. Wolfe, 13 de [sem indicação do mês] de 1938, p. 2: Coleção Bertram D. Wolfe (HIA), caixa 158.

21. Trotski para F. Kahlo, 12 de janeiro de 1939: Coleção Trotski (HIA), caixa 11, pasta 31, p. 1-4.

22. Ver, por exemplo, a carta de Jean van Heijenoort para André Breton, 11 de janeiro de 1939: Documentos de Charles Curtiss (HIA).

23. Trotski ao Comitê Pan-Americano [*sic*] da Quarta Internacional, 22 de março de 1939: ibid.

24. Charles Curtiss, memorando de uma conversa com Diego Rivera, 20 de janeiro de 1939: ibid.

25. J. van Heijenoort, *With Trotsky in Exile: From Prinkipo to Coyoacán*, p. 121-122.

26. <www.marxists.org/subject/art/lit_crit/works/rivera/manifesto.htm>.

27. Trotski para J. Cannon, 27 de março de 1939: Coleção Trotski (HIA): caixa 9, pasta 56, p. 1-5.

28. Atualmente, o quadro encontra-se em exposição na Casa Azul, em Coyoacán.

29. Trotski ao Comitê Pan-Americano da Quarta Internacional, 22 de março de 1933, Documentos de Charles Curtiss (HIA), pasta 1, p. 2.

30. Trotski para C. Curtiss, 14 de fevereiro de 1939: Documentos de Charles Curtiss (HIA), pasta 1.

48. "A questão russa"

1. L. Trotsky, *The Revolution Betrayed*, p. 216.

2. A. Burdman Feferman, *Politics, Logic, and Love: The Life of Jean van Heijenoort*, p. 140 e 142. Ver também acima, p. 433.

3. L. Trotsky, *The Revolution Betrayed*, p. 215 e 217.

4. Ibid., p. 63-65; rascunho do artigo "Stakhanovskoe dvizhenie": Coleção Trotski (HIA), caixa 28, pasta 5, p. 1.

5. L. Trotsky, *The Revolution Betrayed*, p. 190.

6. Ibid., p. 170-176.

7. Ele escreveu esse resumo para o prefácio da edição francesa de 1936 de *Terrorismo e comunismo*.

8. L. Trotsky, *The Revolution Betrayed*, p. 217.

9. Ibid., p. 218.

10. "Ob ukrainskom voprose", *Byulleten' oppozitsii* n.º 77-78 (maio-junho-julho de 1939), p. 6.

11. Ibid., p. 7.

12. S. e B. Webb, *Soviet Communism: A New Civilization?*; S. e B. Webb, *Soviet Communism: A New Civilization*.

13. Ver p. 511–512 deste livro.

14. I. Getzler, *Kronstadt*, p. 257.

15. Trotski para o camarada Wasserman, 14 de novembro de 1937: Coleção Trotski (HIA), caixa 12, pasta 62.

16. Lev Sedov para Simone Weil, 1º de novembro de 1937: Coleção Nicolaevski (HIA), caixa 368, pasta 48.

17. Ver p. 502 deste livro.

18. L. Trotsky, *The Revolution Betrayed*, p. 210.

49. Confrontando os filósofos

1. N. I. Yejov para K. Ye. Voroshilov, 28 de outubro de 1938: RVGA, f. 33987, op. 3, d. 1103s, p. 146-147. Yejov caiu do poder dias depois. Talvez a carta tenha sido um sinal de seu desespero, na época.

2. Diário de Maiski, 23 de março de 1938. Essa referência chegou a mim por cortesia de Gabriel Gorodetsky, no rascunho de sua tradução da obra original.

3. A. Glotzer, *Trotsky: Memoir and Critique*, p. 40-41.

4. Diário de Trotski de 1935, in L. Trotskii, *Dnevniki i pis'ma*, p. 123.

5. A. Glotzer, *Trotsky: Memoir and Critique*, p. 42-43.

6. Documentos de Joseph Hansen (HIA), caixa 69, pasta 64.

7. M. Eastman, *Love and Revolution: My Journey through an Epoch*, p. 499.

8. Trotski para Suzanne La Follette, James Cannon e Max Shachtman, 15 de março de 1937: Coleção Trotski (HIA), caixa 11, pasta 48.

9. F. Lundberg para S. La Follette, 4 de março de 1938: Coleção Nicolaevski (HIA), caixa 134, pasta 18.

10. M. Eastman, *Great Companions: Critical Memoirs of Some Famous Friends*, p. 114.

11. Ibid., p. 114-115.

12. Diário de Trotski de 1935, in L. Trotskii, *Dnevniki i pis'ma*, p. 119.

Notas

13. Ver as lembranças de Hook desse período, inclusive seu relato das revelações posteriores que van Heijenoort lhe fez: *Out of Step: An Unquiet Life in the Twentieth Century*, p. 242-243.

14. Hansen para Trotski, 23 de junho de 1939: Documentos de Joseph Hansen (HIA), caixa 34, pasta 2, p. 2.

15. S. Hook, *Out of Step: An Unquiet Life in the Twentieth Century*, p. 242.

16. Ibid., p. 242-243.

17. J. van Heijenoort, *With Trotsky in Exile: From Prinkipo to Coyoacán*, p. 145.

18. J. van Heijenoort para Joe Hansen, 24 de julho de 1939: Documentos de Joseph Hansen (HIA), caixa 34, pasta 7.

19. Anotações sobre a dialética, 1939-1940: Coleção Trotski (HIA), caixa 21, pasta 6, p. 2.

20. Ibid., p. 6.

21. Ibid., p. 8.

22. O exemplar de Trotski desse livro foi levado para Nova York em 1939 por Jean van Heijenoort, que, alguns anos depois, guardou-o no arquivo da Hoover Institution: S. Hook, *Towards the Understanding of Karl Marx: A Revolutionary Interpretation* (cofre do HIA), p. 34.

23. L. Trotsky, *Their Morals and Ours: The Moralists and Sycophants against Marxism*, p. 10.

24. Ibid.

25. Ibid., p. 40-51.

26. Apêndice *in* L. Trotsky, *In Defence of Marxism*, p. 233.

27. Ibid., p. 239.

28. Ibid., p. 246.

29. Trotski para Albert Goldman, 9 de agosto de 1940: Coleção Trotski (HIA), caixa 9, pasta 78, p. 2.

30. Ella Wolfe, *Oral History*, fita viii, p. 12-13: Coleção Bertram D. Wolfe, caixa 185.

50. A Segunda Guerra Mundial

1. "Stalin — intendant Gitlera", *Byulleten' oppozitsii*, n.º 79-80 (agosto-setembro-outubro de 1939), p. 14.

2. Ver acima, cap. 14.

3. L. Trotskii, "SSSR v voine", *Byulleten' oppozitsiya* n.º 79-80 (agosto-setembro-outubro de 1939), p. 2.

4. "A URSS na Guerra" (texto datilografado): Coleção Nicolaevski (HIA), caixa 355, pasta 16, p. 1-3.

5. L. Trotskii, "SSSR v voine", *Byulleten' oppozitsiya* n.º 79-80 (agosto-setembro-outubro de 1939), p. 9.

6. "A URSS na Guerra" (texto datilografado): Coleção Nicolaevski (HIA), caixa 355, pasta 16, p. 13.

7. Ibid., p. 6.

8. Ibid., p. 9.

9. L. Trotskii, "SSSR v voine", *Byulleten' oppozitsiya* n.º 79-80 (agosto-setembro-outubro de 1939), p. 8.

10. Ibid., p. 9.

11. H. P. von Strandmann, "Obostryayushchiesya paradoksy: Gitler, Stalin i germano-sovetskie ekonomicheskie svyazi. 1939-1941", *in* A. O. Chubaryan e G. Gorodetsky (orgs.), *Voina i politika, 1939-1941*, p. 376.

12. Joseph Hansen para Trotski, abril de 1940, p. 1b: Documentos de Joseph Hansen (HIA), caixa 34, pasta 3.

13. Joseph Hansen para Trotski, 1º de janeiro de 1940: ibid.

14. Trotski para J. Hansen, 5 de janeiro de 1940 (datilografado por engano como 1939): Coleção Trotski (HIA), caixa 10, pasta 88.

15. Ver p. 284 deste livro.

16. Trotski para M. Shachtman, 6 de novembro de 1939: Coleção Trotski (HIA), caixa 12, pasta 13, p. 3.

17. Trotski para M. Shachtman, 6 de novembro de 1939: ibid., p. 4.

18. Trotski para J. Hansen, 18 de janeiro de 1940: Documentos de Albert Glotzer (HIA), caixa 13.

19. Trotski para M. Shachtman, 6 de novembro de 1939, p. 1, e 20 de dezembro de 1939: Coleção Trotski (HIA), caixa 12, pastas 13 e 14.

20. Trotski para J. Hansen, 18 de janeiro de 1940: Documentos de Albert Glotzer (HIA), caixa 13.

21. Ibid. A identidade da pessoa que redigiu a carta de Trotski num inglês tão contorcido não é conhecida.

22. "Declaración a la Prensa: El Papel del Kremlin en la Catastrofa Europea", 17 de julho de 1940: Documentos de Joseph Hansen(HIA), caixa 69, pasta 53, p. 1-2.

23. Trotski para A. Glotzer, 14 de fevereiro de 1939: Coleção Trotski (HIA), caixa 9, pasta 59.

Notas 713

24. Discussões do Partido dos Trabalhadores Socialistas (PTS) com "Lund" (Trotski): 15 de junho de 1940: Coleção Trotski (HIA), caixa 22, pasta 13, p. 22.

25. Trotski para J. B. Matthews, 12 de outubro de 1939: Coleção Trotski (HIA), caixa 12, pasta 53.

26. Discussões do PTS com "Lund" (Trotski): 15 de junho de 1940: Coleção Trotski (HIA), pasta 13, p. 22.

27. Discussões do PTS com "Lund" (Trotski): 12 de junho de 1940: ibid., p. 5.

28. "Lund" (Trotski) para Albert Goldman, 9 de julho de 1940: Documentos de Albert Glotzer (HIA), caixa 13.

29. Discussões do PTS com "Lund" (Trotski), 12 de junho de 1940: Coleção Trotski (HIA), caixa 22, pasta 13, p. 5.

30. "Vas obmanyvayut! Pis'mo v SSSR", aparentemente de 23 de abril de 1940: Documentos de Joseph Hansen (HIA), caixa 69, pasta 45.

51. O assassinato

1. H. Robins, autobiografia sem título, p. 2: Coleção Trotski (HIA), caixa 31, pasta 4.

2. E. Sedov, "Mi Abuelo, Mexico y Yo", *Contenido*, novembro de 1970, p. 64. Disse Trotski: "Não há muitos desses indivíduos" (*No abundan esos indiviuos*).

3. Documentos de Joseph Hansen (HIA), caixa 69, pasta 63: esboço da planta da casa e anotações sobre obras de reforma, datados de 1970.

4. Trotski para James Cannon, 15 de fevereiro de 1938: Coleção Trotski (HIA), caixa 9, pasta 54. Até hoje não emergiu dos arquivos soviéticos nenhuma prova de uma tentativa de assassinato nessa ocasião.

5. Ver, por exemplo, a carta dele a P. Frank e R. Molinier, 1º de julho de 1940: ibid., caixa 10, pasta 15.

6. Diário de Trotski de 1935, *in* L. Trotskii, *Dnevniki i pis'ma*, p. 72.

7. J. Hansen para Usick [*sic*], 21 de setembro de 1940: Coleção Trotski (HIA), caixa 22, pasta 4.

8. "Meu testamento", 27 de fevereiro a 3 de março de 1940: Documentos de Joseph Hansen (HIA), caixa 69, pasta 44.

9. N. I. Sedova para Sara Weber, 14 de abril de 1940: Coleção Trotski (HIA), caixa 26, pasta 32.

10. Suzi Weissman, "A Remembrance" (do seu amigo Alexander Buchman): texto datilografado, 2003: Documentos de Alexander Buchman (HIA), p. 1-2.

11. Ver as diversas estimativas dos guardas de Trotski no memorando de Joe Hansen, 30 de junho de 1940: Documentos de Joseph Hansen (HIA), caixa 70, pasta 3.

12. L. A. Sánchez Salazar (com Julián Gorkin), *Así asesinaron a Trotski*, p. 24-25.

13. Ibid., p. 25-27.

14. Joseph Hansen, memorando (30 de junho de 1940): Documentos de Joseph Hansen (HIA), caixa 70, pasta 3.

15. N. Sedova, "Otets i syn", Coleção Trotski (HIA), caixa 27, pasta 11, p. 9.

16. Herbert Solow para "Cornell" (Trotski), 14 de junho de 1940, p. 1-2: Documentos de Albert Glotzer (HIA), caixa 13.

17. J. Hansen para Albert Goldman, 30 de junho de 1940: ibid.

18. P. Stein, *Siqueiros: His Life and Works*, p. 125, 129-130 e 131.

19. N. Sedova, "Otets i syn": Coleção Trotski (HIA), caixa 27, pasta 11, p. 9.

20. Farrell Dobs para "Prezado Camarada", 16 de agosto de 1940: Coleção Trotski (HIA), caixa 24, pasta 13.

21. Trotski para Hank Schultz, 20 de agosto de 1940: Coleção Trotski (HIA), caixa 12, pasta 10.

22. J. Hansen para Usick, 21 de setembro de 1940: Coleção Trotski (HIA), caixa 22, pasta 24.

23. J. Hansen para Farrell Dobbs, provavelmente julho de 1940: Coleção Trotski (HIA), caixa 24, pasta 12, p. 1-2; Documentos de Joseph Hansen (HIA), caixa 69, pasta 63: esboço da planta da casa e anotações sobre obras de reforma, datados de 1970.

24. Trotski para Hank Schultz, 20 de agosto de 1940: Coleção Trotski (HIA), caixa 12, pasta 10.

25. N. Sedova para C. James, 17 de outubro de 1940: Documentos de Joseph Hansen (HIA), caixa 70, pasta 20, p. 1.

26. Ibid.

27. V. Serge e N. Sedova Trotsky, *The Life and Death of Leon Trotsky*, p. 267.

28. "Picareta de alpinista" é um termo mais exato que "fura-gelo", que, na década de 1930, referia-se ao pequeno instrumento usado pelos *barmen* para quebrar cubos de gelo e servi-los em copos de bebida.

29. Ver as fotografias posteriores à p. 84, *in* J. R. Garmabella, *Operación Trotsky*.

Notas

30. L. Mercader, "Mi hermano Ramón no era un vulgar asesino", *El Mundo*, julho de 1990, p. 17.
31. L. A. Sánchez Salazar e Julián Gorkin, *Así asesinaron a Trotski*, p. 149-150.
32. Ibid., p. 119.
33. Ibid.

52. Os guardiães e a chama

1. J. van Heijenoort, *With Trotsky in Exile: From Prinkipo to Coyoacán*, p. 192.
2. "Trotsky", *The Times*, 23 de agosto de 1940.
3. L. A. Sánchez Salazar e Julián Gorkin, *Así asesinaron a Trotski*, p. 5. Esse próprio lapso foi prova do envolvimento soviético no assassinato.
4. *Lubyanka: Stalin i NKVD-NKGB-GUKR "Smersh" 1939-mart 1946*, p. 182-184. O artigo foi datado de 16 de agosto de 1940. Presume-se que isso tenha sido um erro técnico. É possível — apenas possível — que signifique que o sucesso no assassinato já fosse previsto no Kremlin.
5. Registros do Departamento de Estado dos Estados Unidos: Documentos de Joseph Hansen (HIA), caixa 70, pasta 8.
6. Coleção Trotski (HIA), caixa 24, pasta 5, p. 1-4.
7. Albert Goldman para Felix Morrow, 31 de agosto de 1940: Coleção Trotski (HIA), caixa 24, pasta 14, p. 1-4.
8. "Rencontres avec Trotsky et son meutrier" (texto datilografado: Paris, s.d.), p. 4: Documentos de Augustin Souchy (HIA).
9. N. I. Sedova para S. Weber, 12 de novembro de 1959: Coleção Trotski (HIA), caixa 27, pasta 5.
10. J. Hansen para N. I. Sedova, 24 de outubro de 1941: Documentos de Joseph Hansen (HIA), caixa 33, pasta 14.
11. *Byulleten' oppozitsii* n.º 87 (agosto de 1941).
12. Decreto do 7º Departamento, NKGB, 1º de julho de 1941: TsAFSB, f. 17548, op. 0292, t. 2, p. 368, nos Documentos de Volkogonov.
13. N. I. Sedova para S. Weber, 4 de novembro de 1942: Coleção Trotski (HIA), caixa 26, pasta 32.
14. N. I. Sedova para o Comitê Executivo da Quarta Internacional, 9 de maio de 1951: ibid., pasta 13.
15. N. I. Sedova para Sara Weber, outubro de 1955: Coleção Trotski (HIA), caixa 27, pasta 4.

16. Entrevista feita por N. Melnick, *San Francisco Examiner*, 8 de agosto de 1988, p. 2.
17. A. Glotzer para N. I. Sedova, 25 de maio de 1954: Documentos de Albert Glotzer (HIA), caixa 26.
18. Yulia Akselrod, autobiografia sem título (s.d., mas posterior a 2000), n.º 1, p. 1: Documentos de Yulia Akselrod (HIA).
19. Ibid., n.º 3, p. 2-3, 4-5, 7 e 9.
20. Ibid., n.º 1, p. 2 e 6; Yu. Aksel' [Aksel'rod], "Istoriya moego odinochestva", *Iskusstvo kino* n.º 4 (1990), p. 103.
21. Yulia Akselrod, autobiografia sem título (s.d.), n.º 1, p. 6, e n.ᶜ 2, p. 6, 9 e 18: Documentos de Yulia Akselrod (HIA).
22. L. Trotskii, *Na bor'bu s golodom*, p. 55: discurso em Sokolniki, 6 de junho de 1918.

Seleta bibliográfica

Os itens referentes à carreira de Trotski enchem salas inteiras de dezenas de arquivos espalhados pelo mundo. Os textos de Trotski somam milhares e se acham catalogados em L. Sinclair, *Trotsky: A Bibliography* (Aldershot: Scolar, 1989). Os livros sobre ele somam dezenas de milhares. A lista que se segue restringe-se aos arquivos, livros e artigos usados na redação desta biografia.

Arquivos

Gosudarstvennyi Arkhiv Rossiiskoi Federatsii (Moscou) [GARF]
Hoover Institution Archives, Universidade Stanford, Stanford [HIA]
    Documentos de Yulia Akselrod
    Arkhiv Parizhskoi Okhrany [APO]
    Coleção de Filmes Herman Axelbank
    Documentos de Alexander Buchman
    Documentos de Charles Curtiss
    Dnevnik Al. Bloka (com a mensagem codificada de Trotski)
    Documentos de Charles Wesley Ervin
    Documentos de Albert Glotzer
    Documentos de Joseph Hansen
    Documentos de George A. Hill
    Documentos de N. A. Ioffe
    Documentos de Nestor Lakoba
    Coleção Boris Nicolaevski
    Préfecture de Police, Sena (Departamento)

718   Trotski

Rússia: Posol'stvo
Documentos de Sergei Sedov
Documentos de Augustin Souchy
Documentos de Arne Swabeck
Coleção Trotski
Documentos de Volkogonov
Coleção Bertram D. Wolfe
Houghton Library (Universidade Harvard, Cambridge, Massachusetts) [HL]

Documentos de Trotski

National Archives (Londres) [NA]
Partiinyi arkhiv Turkmenskogo filiala Instituta Marksizma-Leninizma (Ash-
    gabat) [PA TurFIL]
Rossiiskii arkhiv sotsial'no-politicheskoi istorii (Moscou) [RGASPI]
    Especialmente:
    fond 17 (Comitê Central e Politburo)
    fond 46 (X Conferência do Partido)
    fond 52 (XIII Congresso do Partido)
    fond 325 (L. D. Trotski)
Rossiiskii Gosudarstvennyi Voennyi Arkhiv (Moscou) [RGVA]
    Examinado nos Volkogonov Papers
Tsentral'nyi Arkhiv Federal'noi Sluzhby Bezopasnosti Rossii (Moscou)
    [TsAFSB]
    Examinado nos Volkogonov Papers

Obra publicada de Trotski

1905 God, 4ª ed. (Moscou: Gosizdat, 1922).
"Avtobiograficheskaya zametka", *Proletarskaya revolyutsiya* n.º 3 (1921).
Chapters from My Diary (Boston, Massachusetts: The Revolutionary Age, 1918?).
Chto i kak proizoshlo? Shest' statei dlya mirovoi burzhuaznoi pechati (Paris: H.
    Vilain, 1929).
Delo bylo v Ispanii (po zapisnoi knizhke), com ilustrações de K. Rotov (Moscou:
    Krug, 1926).
Desyatyi s"ezd RKP(b). Mart 1921 g. Stenograficheskii otchët (Moscou: Gosizdat,
    1963).
Dnevniki i pis'ma, org. Yu. Fel'shtinskii (Tenafly, Nova Jersey: Ermitazh, 1986).

Seleta bibliográfica 719

From October to Brest-Litovsk (s.l n.d: Aegypan Press).

History of the Russian Revolution, vols. 1-3 (Londres: Sphere, 1967) [*História da revolução russa*, trad. E. Huggins, 3 vols., Rio de Janeiro: Paz e Terra, 2. ed., 1977].

In Defence of Marxism, org. M. Shachtman (Londres: New Park Publications, 1971).

In Defence of the October Revolution (Londres: Union Books, 2002).

In Defense of Marxism (Against the Petty-Bourgeois Opposition) (Nova York: Pioneer Publishers, 1942) [*Em defesa do marxismo*, trad. Luis C. Leiria e Elisabeth Marie, São Paulo: Proposta Editorial, [1986?].

I Stake My Life! Trotsky's Address to the New York Hippodrome Meeting, com introdução de M. Shachtman (Nova York: Pioneer Publishers, 1937).

Itogi suda nad Sovetom Rabochikh Deputatov (Kazan: Tip. V. Ivanova, 1907).

Iz istorii odnogo goda (São Petersburgo: Novyi mir, 1905).

K istorii Oktyabr'skoi Revolyutsii (Nova York: Izd. Russkoi Sotsialisticheskoi Federatsii, 1918).

K sotsializmu ili kapitalizmu? (Moscou-Leningrado, 1925).

K sotsializmu ili kapitalizmu? (Moscou-Leningrado, 1926).

Lessons of October, trad. J. G. Wright (Nova York: Pioneer, 1937).

Lettres aux abonnés de la Vie Ouvrière, part 3: *L'expulsion de Léon Trotzky* (Paris: Quai de Jemappes 96, 1916).

Literatura i revolyutsiya (Moscou: Krasnaya nov', 1923) [*Literatura e revolução*, trad. (do inglês) Luiz Alberto Moniz Bandeira, apres. William Keach, Rio de Janeiro: J. Zahar, 2007].

Moya zhizn': opyt avtobiografii, vols. 1-2 (Berlim: Granit, 1930) [*Minha vida: ensaio autobiográfico*, trad. Lívio Xavier, Rio de Janeiro: Paz e Terra, 2. ed., 1978].

My Life: An Attempt at an Autobiography (Nova York: Charles Scribner's Sons, 1930).

My Life: The Rise and Fall of a Dictator (Londres: Thornton Butterworth, 1930).

Na bor'bu s golodom. Rech', proiznësennaya 9 iyunya 1918 g. na narodnom sobranii v Sokolnikakh (Moscou-Petrogrado: Kommunist, 1918).

Na putyakh k evropeiskoi revolyutsii. (Rech' v Tiflise, 11 aprelya 1924) (Moscou: Krasnaya nov', 1924).

Nasha revolyutsiya (São Petersburgo: N. Glagolev, 1907).

Nasha revolyutsiya (São Petersburgo: N. Glagolev, 1909).

Nashi politicheskie zadachi. (Takticheskie i organizatsionnye voprosy) (Genebra: Partiya, 1904).

720 Trotski

Nemetskaya revolyutsiya i stalinskaya byurokratiya. (Zhizhennye voprosy nemets-kogo proletariata) (Berlim: A. Grylewicz, 1932).

Novyi Kurs (Moscou: Krasnaya nov', 1924).

Ocherki gruzinskoi zhirondy (Moscou: Gosizdat, 1925).

Oktyabr'skaya Revolyutsiya (Moscou-Petrogrado: Kommunist, 1918) [*A Revolução de Outubro*, trad. (do russo) Daniela Jinkings, São Paulo: Boitempo, 2007 (inclui artigo "Os sovietes em ação", de John Reed)].

O Lenine: materialy dlya biografa (Moscou: Gosizdat, 1924).

Permanentnaya revolyutsiya (Berlim: Granit, 1930) [*A revolução permanente*, s/ind. trad., São Paulo: Expressão Popular, 2007].

Perspektivy russkoi revolyutsii, 2ª ed. (Berlim: I. P. Ladyzhnikov Co-operative, 1917).

Petlya vmesto khleba (Penza: Penza Gubkbom of the RKP, 1921).

Politicheskie siluety, ed. V. I. Miller (Moscou: Novosti, 1990).

Portrety revolyutsionerov, ed. Yu. G. Fel'shtinskii (Moscou: Moskovskii rabochii, 1991).

Prestupleniya Stalina, org. Yu. G. Fel'shtinskii (Moscou: Izd. gumanitarnoi literatury, 1994).

The Real Situation in Russia (Nova York: Harcourt, Brace, 1928).

Rech' t. Trotskogo na massovom mitinge v gor. Gomele, 10 maya 1920 g. (Gomel, 1920).

The Revolution Betrayed: What Is the Soviet Union and Where Is It Going? (Nova York: Doubleday, Doran, 1937) [*A revolução traída: o que é e para onde vai a URSS*, trad. Henrique Canary, Paula Maffei e Rodrigo Ricupero, São Paulo: Ed. Instituto José Luís e Rosa Sundermann, 2005].

The Revolution Betrayed (Nova York: Dover, 2004).

Russland in der Revolution (Dresden: Kaden, 1910).

Sochineniya, vols. 2-21 (Moscou: Gosizdat, 1924-1927).

"Sovet i prokuratura. (Pyat'desyat' dnei)", *in Istoriya Soveta Rabochikh Deputatov g. S.-Petersburga* (São Petersburgo: N. Glagolev, 1906?).

"Sovet i revolyutsiya. (Pyat'desyat' dnei)", *in Istoriya Soveta Rabochikh Deputatov g. S.-Petersburga* (São Petersburgo: N. Glagolev, 1906?).

The Spanish Revolution (1931-1939) (Nova York: Pathfinder, 1973) [*A Revolução Espanhola*, s/ind. trad., São Paulo: Unitas, 1931, Coleção Mario Pedrosa].

Stalinskaya shkola fal'sifikatsii (Berlim: Granit, 1932).

Terrorizm i kommunizm (Petersburgo [*sic*]: Gosizdat, 1920) [*Terrorismo e comunismo*, trad. (do russo) Lívio Xavier, Rio de Janeiro: Saga, 1969].

Seleta bibliográfica

Their Morals and Ours: The Moralists and Sycophants Against Marxism (Londres: New Park, 1968) [*Questões do modo de vida: a moral deles e a nossa*, trad. Diego de Siqueira e Daniel Oliveira, São Paulo: Sundermann, 2009].

Towards Socialism or Capitalism?, trad. R. S. Townsend e Z. Vengerova, com prefácio especialmente escrito pelo autor para a edição inglesa (Londres: Methuen, 1926).

The Trotsky Papers, 1917-1922, vols. 1-2, org. J. M. Meijer (Haia: Mouton, 1964-1971).

Trotsky's Diary in Exile: 1935, trad. Elena Zarudnaya (Cambridge, Massachusetts: Harvard University Press, 1969) [*Diário do exílio*, trad. (do russo) Juan Martinez de la Cruz, São Paulo: Edições Populares, 1980].

Trotsky's Notebooks, 1933-1935: Writings on Lenin, Dialectics, and Evolutionism, trad., notas e introdução de P. Pomper, texto russo com notas de Yu. Felshtinsky (Nova York: Columbia University Press, 1986).

Trotsky's Writings: Supplement II, 1934-1940, org. G. Breitman (Nova York: Pathfinder Press, 1979).

Tuda i obratno (São Petersburgo: Shipovnik, 1907).

Uroki Oktyabrya (Leningrado: Berlinskoye Knigoizdatelstvo, 1924).

Vie de Lénine, trad. Maurice Parijanine, revisada e aprovada pelo autor (Paris: Rieder, 1936).

Vingt lettres de Léon Trotzky, introdução de A. Rosmer (Paris: La Vie Ouvrière, 1919).

Voina i revolyutsiya, vols. 1-2 (Moscou-Leningrado: Gosizdat, 1924).

Voina s Pol'shei (Moscou: Literaturno-izdatel'skii otdel PU RVSR, 1920).

Voprosy byta: epokha 'kul'turnichestva' i eë zadachi, 3ª ed. (Moscou: Gosizdat, 1923).

V zashchitu partii (São Petersburgo: Delo, 1907).

V zashchitu partii (São Petersburgo: N. Glagolev, 1907).

The Young Lenin, org. e notas de M. Friedberg, trad. M. Eastman (Nova York: Doubleday, 1972).

Prefácios ou capítulos de Trotski e livros escritos com outros autores

L. Trotskii e G. Zinov'ev, *Boi za Peterburg. Dve rechi* (Petersburgo [*sic*]: Gosizdat, 1920).

Ya. Shafir, *Ocherki gruzinskoi zhirondy*, introdução de L. Trotskii (Moscou: Gosizdat, 1925).

L. Trotskii e Kh. Kabakchiev, *Ocherki politicheskoi Bolgarii* (Moscou-Petrogrado: Gosizdat, 1923).

K. Marks, *Parizhskaya Kommuna* (São Petersburgo: Levenshtein, 1906).

[com Domov] *Yubilei pozora nashego (1613-1913)* (Viena: Pravda, 1912).

Periódicos

Bor'ba (Viena)

Byulleten' oppozitsii (Berlim, depois Paris)

Iskra (Munique e outros locais)

Izvestiya (Petrogrado, depois Moscou)

El Mundo (Madri)

Novyi mir (Nova York)

Pravda (Petrogrado, depois Moscou)

Pravda (São Petersburgo)

Pravda (Viena)

Proletarskaya revolyutsiya (Moscou)

Punch (Londres)

San Francisco Examiner (San Francisco)

Sotsial-demokrat (Paris e outros locais)

Vorwärts (Nova York)

Vostochnoe obozrenie (Irkutsk)

Vperëd (Paris)

Outras publicações

Agursky, M., *The Third Rome: National Bolshevism in the USSR* (Boulder, Colorado: Westview Press, 1987).

Aldanov, M. A., *Sovremenniki* (Berlim: Slovo, 1928).

Allfrey, A., *Man of Arms: The Life and Legend of Sir Basil Zaharoff* (Londres: Weidenfeld & Nicolson, 1989).

Aksel' [Aksel'rod], Yu., "Istoriya moego odinochestva", *Iskusstvo kino* n.º 4 (1990).

Ascher, A., *Pavel Axelrod and the Development of Menshevism* (Cambridge, Massachusetts: Harvard University Press, 1972).

Ascher, A., *The Revolution of 1905: Russia in Disarray* (Stanford, Calif.: Stanford University Press, 1988).

Baedeker, K., *Russia with Teheran, Port Arthur, and Peking: Handbook for Travellers* (Londres: T. Fisher Unwin, 1914).

Seleta bibliográfica

Balabanoff, A., *Impressions of Lenin*, trad. Isotta Cesari (Ann Arbor: University of Michigan Press, 1964).

Balabanoff, A., *My Life as a Rebel* (Londres: Hamish Hamilton, 1938).

Beatty, B., *The Red Heart of Russia* (Nova York: The Century Co., 1918).

Bednyi, D., *Sobranie sochinenii*, vols. 1-8 (Moscou: Khudozhestvennaya literatura, 1963-1965).

Benvenuti, F., *The Bolsheviks and the Red Army, 1918-1922*, trad. Christopher Woodall (Cambridge: Cambridge University Press, 1988).

Benvenuti, F., "Il dibattito sui sindicati", *in* F. Gori (org.), *Pensiero e azione di Lev Trockij. Atti del convegno internazionale per il quarantesimo anniversario della morte di Lev Trockij*, vol. 1 (Florença: Olschki, 1983).

di Biagio, A., *Le origini dell'isolazionismo sovietico: l'Unione Sovietica e l'Europa dal 1918 al 1928* (Milão: FrancoAngeli, 1990).

Boyarchikov, A. I., *Vospominaniya*, introdução de V. V. Solovev (Moscou: AST, 2003).

Broido, E., *Memoirs of a Revolutionary*, trad. V. Broido (Londres: Oxford University Press, 1967).

Brotherstone, T., e Dukes, P. (orgs.), *The Trotsky Reappraisal* (Edimburgo: Edinburgh University Press, 1992).

Broué, P., *Léon Sedov, fils de Trotsky, victime de Staline* (Paris: Éditions Ouvrières, 1993).

Broué, P., *La Révolution en Allemagne* (Paris: Minuit, 1971).

Broué, P., *La Révolution Espagnole (1931-1939)* (Paris: Flammarion, 1973).

Broué, P., *Trotsky* (Paris: Fayard, 1988).

Bryant, L., *Mirrors of Moscow* (Nova York: Th. Setzer, 1923).

Bryant, L., *Six Months in Red Russia: An Observer's Account of Russia Before and After the Proletarian Dictatorship* (Nova York: George H. Doran, 1918).

Buber-Neumann, M., *Von Potsdam nach Moskau. Stationem eines Irrweges* (Stuttgart, 1957).

Bukharin, N., *K voprosu o trotskizme* (Moscou: Gosizdat, 1925).

Burdman Feferman, A., *Politics, Logic, and Love: The Life of Jean van Heijenoort* (Wellesley, Massachusetts: A. K. Peters, 1993).

Carmichael, J., *Trotsky: An Appreciation of His Life* (Londres: Hodder & Stoughton, 1975).

Carr, E. H., *Foundations of a Planned Economy, 1926-1929*, vol. 2 (Londres: Macmillan, 1971).

The Case of Leon Trotsky: Report of Hearing on the Charges Made against Him in the Moscow Trials (Nova York: Harper, 1937).

Chamberlain, L., *The Philosophy Steamer: Lenin and the Exile of the Intelligentsia* (Londres: Atlantic Books, 2006) [*A guerra particular de Lenin: a deportação da intelectualidade russa pelo governo bolchevique*, trad. Alexandre Martins, Rio de Janeiro: Record, 2008].

Channon, J., "Trotsky, the Peasants and Economic Policy: A Comment", *Economy and Society* n.º 4 (1985).

"Chekisms": Tales of the Cheka. A KGB Anthology, org. V. Mitrokhin (Londres: Yurasov, 2008).

Chubaryan, A. O., e Gorodetsky, G. (orgs.), *Voina i politika, 1939-1941* (Moscou: Nauka, 1999).

Chuev, F. (org.), *Molotov: Poluvlastitel'nyi Vlastitelin* (Moscou: Olma-Press, 1999).

Clark, R. W., *The Life of Bertrand Russell* (Knopf: New York: 1976)

The Communist International in Lenin's Time: Workers of the World and Oppressed Peoples Unite! Proceedings and Documents of the Second Congress, 1920, org. J. Riddell (Londres: Pathfinder, 1991).

Coşar, Ö. S., *Troçki Istanbul'da* (Istambul: Kitas, 1969).

Craipeau, Y., *Mémoires d'un dinosaure trotskyste: secrétaire de Trotsky en 1933* (Paris: L'Harmattan, 1999).

Daniels, R. V., *The Conscience of the Revolution: Communist Opposition in Soviet Russia* (Cambridge, Massachusetts: Harvard University Press, 1960).

Davies, N., *White Eagle, Red Star: The Polish-Soviet War, 1919-20* (Londres: MacDonald, 1972).

Davies, R. W., *Soviet Economic Development from Lenin to Khrushchev* (Cambridge: Cambridge University Press, 1998).

Davies, R. W., "Trockij and the debate on industrialisation in the USSR", *in* F. Gori (org.), *Pensiero e azione di Lev Trockij. Atti del convegno internazionale per il quarantesimo anniversario della morte di Lev Trockij*, vol. 1 (Florença: Olschki, 1983).

Day, R. B., *Leon Trotsky and the Politics of Economic Isolation* (Cambridge: Cambridge University Press, 1973).

Desyatyi s"ezd RKP(b). Mart 1921 g. Stenograficheskii otchët (Moscou, 1963).

Deutscher, I., *Trotsky: The Prophet Armed, 1879-1921* (Londres: Oxford University Press, 1954) [*Trotski: o profeta armado, 1879-1921*, trad. Waltensir Dutra, Rio de Janeiro: Civilização Brasileira, 3. ed., 2005].

Seleta bibliográfica

Deutscher, I., *Trotsky: The Prophet Outcast, 1929-1940* (Londres: Oxford University Press, 1963) [*Trotski: o profeta banido, 1929-1940*, trad. Waltensir Dutra, Rio de Janeiro: Civilização Brasileira, 2006].

Deutscher, I., *Trotsky: The Prophet Unarmed, 1921-1929* (Londres: Oxford University Press, 1959) [*Trotski: o profeta desarmado, 1921-1929*, trad. Waltensir Dutra, Rio de Janeiro: Civilização Brasileira, 3. ed., 2005].

Devyataya konferentsiya RKP(b) Sentyabr' 1920 goda. Protokoly (Moscou: Gosizdat, 1972).

Devyatyi s"ezd RKP(b). Mart-aprel' 1920 goda: protokoly (Moscou: Gosizdat, 1960).

Dvenadtsatyi s"ezd RKP(b). 17-25 aprelya 1923g. Stenograficheskii otchët (Moscou: Gosizdat, 1968).

Eastman, M., *Great Companions: Critical Memoirs of Some Famous Friends* (Londres: Museum Press, 1959).

Eastman, M., *Leon Trotsky: The Portrait of a Youth* (Nova York: Greenberg, 1925).

Eastman, M., *Leon Trotsky: The Portrait of a Youth* (Londres: Faber & Gwyer, 1926).

Eastman, M., *Love and Revolution: My Journey through an Epoch* (Nova York: Random House, 1964).

Eastman, M., *Marxism, Is It a Science* (Nova York: W. W. Norton, 1940).

Eastman, M., *Since Lenin Died* (Nova York: Boni & Liveright, 1925).

Etkind, A., *Tolkovanie puteshestvii* (Moscou: Novoe literaturnoe obozrenie, 2001).

Evrei Odessy i Yuga Ukrainy: istoriya v dokumentakh, vol. 1 (Odessa: Mosty kul'tury, 2002).

Eyre, L., *Russia Analysed* (Nova York: New York World, 1920).

Fëdor Il'ich Dan: Pis'ma (1899-1946), org. B. Sapir (Amsterdã: Stichting Internationaal Instituut voor Sociale Geschiedenis, 1985).

Founding the Communist International: Proceedings and Documents of the First Congress, March 1919, org. J. Riddell (Londres: Pathfinder, 1987).

Frank, P., *La Quatrième Internationale: contribution à l'histoire du mouvement trotskyste* (Paris: Maspero, 1969).

Fraser, J. F., *The Real Siberia. With an Account of a Dash through Manchuria* (Londres: Cassell, 1902).

Galili, Z., *The Menshevik Leaders in the Russian Revolution: Social Realities and Political Strategies* (Princeton, Nova Jersey: Princeton University Press, 1989).

Garmabella, J. R., *Operación Trotsky* (Cidade do México: Editorial Diana, 1972).

Getzler, I., "The Communist Leaders' Role in the Kronstadt Tragedy of 1921 in the Light of Recently Published Archival Documents", *Revolutionary Russia* n.º 1 (junho de 2002).

Getzler, I., *Kronstadt, 1917-1921: The Fate of a Soviet Democracy* (Cambridge: Cambridge University Press, 1983).

Getzler, I., *Martov: A Political Biography of a Russian Social-Democrat* (Oxford: Oxford University Press, 1967).

Getzler, I., *Nikolai Sukhanov: Chronicler of the Russian Revolution* (Londres: Palgrave, 2002).

Gill, G., *Peasants and Government in the Russian Revolution* (Londres: Macmillan, 1979).

Glotzer, A., *Trotsky: Memoir and Critique* (Nova York: Prometheus Books, 1989).

Goldman, E., *Living My Life*, vols. 1 e 2 (Londres: Pluto, 1987).

Gori, F. (org.), *Pensiero e azione di Lev Trockij. Atti del convegno internazionale per il quarantesimo anniversario della morte di Lev Trockij*, vols. 1-2 (Florença: Olschki, 1983).

Gorkin, J., *El asesinato de Trotski* (Barcelona: Círculo de Lectores, 1970).

Got'e, Yu. V., *Moi zametki*, org. T. Emmons e S. Utekhin (Moscou: Terra, 1997).

Gregory, P. R., e Naimark, N. (orgs.), *The Lost Politburo Transcripts: From Collective Rule to Stalin's Dictatorship* (New Haven: Yale University Press/ Hoover Institution, 2008).

Gul', R. B., *Ya unës Rossiyu: apologiya emigratsii*, vols. 1-3 (Nova York: Most, 1984-1989).

Hard, W., *Raymond Robins' Own Story* (Nova York: Harper & Brothers, 1920).

Harris, F., *Contemporary Portraits: Fourth Series* (Nova York: Brentano's, s.d. [e. 1923]).

van Heijenoort, J., *With Trotsky in Exile: From Prinkipo to Coyoacán* (Cambridge, Massachusetts: Harvard University Press, 1978).

Hook, S., *Out of Step: An Unquiet Life in the Twentieth Century* (Nova York: HarperCollins, 1987).

Hoschiller, M., *Le Mirage du soviétisme* (Paris: Payot, 1921).

Howe, I., *Trotsky* (Londres: Fontana Books, 1978).

A. A. Ioffe, 1883-1927: diplomat revolyutsii: sbornik rabot (Cambridge, Massachusetts: Iskra Research, 1998).

Ioffe, N., *Moi otets Adol'f Abramovich Ioffe: vospominaniya, dokumenty i materialy* (Moscou: Vozvrashchenie, 1997).

Seleta bibliográfica

Ioffe, N., *Vremya nazad. Moya zhizn', moya sud'ba, moya epokha* (Moscou: Biologicheskie nauki, 1992).

Istoriya Soveta Rabochikh Deputatov g. S.-Peterburga (São Petersburgo: N. Glagolev, s.d. [1906?]).

Kak lomali NEP. Stenogrammy plenumov TsK VKP(b), 1928-1929, vols. 1-5, org. V. P. Danilov, O. V. Khlevnyuk e A. Yu. Vatlin (Moscou: Mezhdunarodnyi fond "Demokratiya", 2000).

Kalpaschnikoff, A., *A Prisoner of Trotsky's*, prefácio de D. R. Francis (Nova York: Doubleday, Page, 1920).

Knei-Paz, B., *The Social and Political Thought of Leon Trotsky* (Oxford: Oxford University Press, 1978).

Kolakowski, L., *Main Currents of Marxism*, vol. 2: *The Golden Age* (Oxford: Oxford University Press, 1978).

Kostyushko, I. I., *Pol'skoe byuro TsK RKP(b), 1920-1921 gg.* (Moscou: Institut slavyanovedeniya RAN, 2005).

Krasnov, V., e Daynes, V. (orgs.), *Neizvestnyi Trotskii. Krasnyi Bonapart: Dokumenty, mneniya, razmyshleniya* (Moscou: Olma-Press, 2000).

Kronshtadtskaya tragediya 1921 goda: dokumenty v dvukh knigakh, org. V. P. Kozlov e I. I. Kudryavtsev, vols. 1-2 (Moscou: ROSSPEN, 1999).

Lenin, V. I., *Polnoe sobranie sochinenii*, vols. l-55 (Moscou: Gosizdat, 1958-1965).

Leninskii sbornik, vols. l-50 (Moscou: Gosizdat, 1922-1985).

Lévy, R., *Trotsky* (Paris: Librairie du Parti Socialiste et de l'Humanité, 1920).

Liberman, S., *Building Lenin's Russia* (Wetsport, Connecticut: Hyperion, 1978).

Lockhart, R. H. Bruce, "Bolshevik Aims and Bolshevik Purposes, 1918-1919" (inédito, s.e, s.l s.d).

Lockhart, R. H. Bruce, *Friends, Foes and Foreigners* (Londres: Putnam, 1957).

Lockhart, R. H. Bruce, *Memoirs of a British Agent* (Londres, 1932).

Lovell, D. W., *Trotsky's Analysis of Soviet Bureaucratization* (Londres: Croom Helm, 1985).

Lubyanka: Stalin i NKVD-NKGB-GUKR 'Smersh', 1939-mart 1946, org. V. N. Khaustov, V. P. Naumov e N. S. Plotnikova (Moscou: Materik, 2006).

Lunacharskii, A. *Revolyutsionnye siluety* (Moscou: Tip. '9-e Yanvarya', 1923).

Luxemburg, R., "Letters on Bolshevism and the Russian Revolution", *Revolutionary History*, n.º 2/3 (1996).

McDermott, K., e Agnew J., *The Comintern: A History of International Communism, 1919-1943* (Londres: Macmillan, 1993).

McNeal, R. H., *Bride of the Revolution: Krupskaya and Lenin* (Ann Arbor: University of Michigan Press, 1972).

Yu. O. Martov i A. N. Potresov. Pis'ma. 1898-1913, org. I. Kh. Urilov (Moscou: Sobranie, 2007).

Mawdsley, E., *The Russian Civil War* (Londres: Allen & Unwin, 1987).

Mercader, L., "Mi hermano Ramón no era un vulgar asesino, sino una persona que creía en la causa del comunismo", *El Mundo*, July 1990.

'Milaya moya Resnichka!.' Sergei Sedov. Pis'ma iz ssylki, org. Ye. V. Rusakova, S. A. Lar'kov e I. A. Flige (São Petersburgo: Nauchno-Informatsionnyi tsentr 'Memorial'; Hoover Institution Archives [Stanford University], 2006).

Morizet, A., *Chez Lénine et Trotski. Moscou 1921* (Paris: La Renaissance du Livre, 1922).

Nadeau, M. (org.), *Hommage à Natalia Sedova-Trotsky, 1882-1962* (Paris: Les Lettres Nouvelles, 1962).

Naville, P. (org.), *Pierre Naville, Denise Naville and Jean van Heijenoort, Leon Trotsky: Correspondence 1929-1939* (Paris: L'Harmattan, 1989).

Naville, P., *Trotsky vivant* (Paris: Julliard, 1962).

Nedava, J., *Trotsky and the Jews* (Filadélfia: Jewish Publication Society of America, 1971).

Netrebskii, V., *Trotskii v Odesse* (Odessa: Inga, 2003).

Nikitin, V. N., *Evrei zemledel'tsy: istoricheskoe, zakonodatel'noe, administrativnoe i bytovoe polozhenie kolonii so vremën ikh vozniknoveniya do nashikh dnei. 1807-1887* (São Petersburgo: Novosti, 1887).

Nove, A., *Studies in Economics and Russia* (Londres: Macmillan, 1990).

Novomeysky, M. A., *My Siberian Life*, trad. A. Browri (Londres: Max Parrish, 1903).

Pantsov, A., *The Bolsheviks and the Chinese Revolution, 1919-1927* (Richmond, Surrey: Curzon, 2000).

Parvus, *Bez tsarya, a pravitel'stvo - rabochee* (Genebra: Partiya, 1905).

Parvus, *V chëm. my raskhodimsya? Otvet Leninu na ego stat'i v "Proletarii"* (Genebra: Partiya, 1905).

Pearce, B., *How Haig Saved Lenin* (Londres: Macmillan, 1987).

Peterburgskii komitet RSDRP(b) v 1917 godu. Protokoly i materialy zasedanii, orgs. T. A. Abrosimova, T. P. Bondarevskaya e A. Rabinowitch (São Petersburgo: Bel'veder, 2003).

Pis'ma P. B. Aksel'roda i Yu. O. Martova, 1901-1916 (Berlim: Russkii revolyutsionnyi arkhiv, 1924).

Seleta bibliográfica

Pis'ma vo vlast' 1917-1927. Zayavleniya, zhaloby, donosy, pis'ma v gosudarstvennye struktury i sovetskim vozhdyam, org. A. Ya. Livshin e I. B. Orlov (Moscou: ROSSPEN, 1998).

Pizzi de Porras, E., *Cinco Días en México* (Havana, Cuba: Alvarez Pita, 1939).

The Platform of the Left Opposition (1927) (Londres: New Park, 1963).

Polishchuk, M., *Evrei Odessy i Novorossii: sotsial'no-politicheskaya istoriya evreev Odessy i drugikh gorodov Novorossii, 1881-1904* (Moscou: Mosty kul'tury, 2002).

Protokoly Tsentral'nogo Komiteta RSDRP(b). Avgust 1917 g.-mart 1918 g. (Moscou: Gosizdat, 1958).

Protokoly zasedanii Soveta Narodnykh Komissarov RSFSR: noyabr' 1917-mart 1918 gg. (Moscou: ROSSPEN, 2006).

Pyatyi (londonskii) s"ezd RSDRP. Protokoly. Aprel'-mai 1907 goda (Moscou: Gosizdat, 1963).

Rabinowitch, A., *The Bolsheviks Come to Power: The Revolution of 1917 in Petrograd* (Nova York: W. W. Norton, 1976).

Rabinowitch, A., *The Bolsheviks in Power: The First Year of Soviet Rule in Petrograd* (Bloomington: Indiana University Press, 2007).

Rabinowitch, A., *Prelude to Revolution: The Petrograd Bolsheviks and the July 1917 Uprising* (Bloomington: Indiana University Press, 1968).

Radek, K., *Pampflety i portrety* (Moscou: Gosizdat, 1927).

Ransome, A., *Russia in 1919* (Nova York: B. W. Huebsch, 1919).

Reese, R. R., *The Soviet Military Experience: A History of the Soviet Army, 1917-1991* (Londres: Routledge, 2000).

Reswick, W., *I Dreamt Revolution* (Chicago: Henry Regnery, 1952).

Rosenberg, W. G., *Liberals in the Russian Revolution: The Constitutional Democratic Party, 1917-1921* (Princeton: Princeton University Press, 1974).

Rosenthal, G., *Avocat de Trotsky* (Paris: Laffont, 1975).

Rosmer, A., "Durant la Guerre Impérialiste", *in* M. Nadeau (org.), *Hommage à Natalia Sedova-Trotsky, 1882-1962* (Paris: Les Lettres Nouvelles, 1962).

Rosmer, A., *Moscou sous Lénine: les origines du communisme* (Paris: P. Horay, 1953).

Russell, B., *The Autobiography of Bertrand Russell, 1914-1944* (Nova York: Little, Brown, 1951)

Russell, B., *The Theory and Practice of Bolshevism* (Londres: Allen & Unwin, 1920).

Sadoul, J., *Notes sur la révolution bolchevique (Octobre 1917-Janvier 1919)* (Paris: Éditions de la Sirène, 1919).

Sánchez Salazar, L. A. (com Julián Gorkin), *Así asesinaron a Trotski* (México: Populibro, 1955).

Schopenhauer, A., *The Art of Controversy* (Honolulu: University of the Pacific Press, 2004) [*A arte de ter razão, exposta em 38 estratagemas*, trad. Alexandre Krug e Eduardo Brandão; org. e ensaio de Franco Volpi, São Paulo: Martins Fontes, 2001].

Schwarz, S., *The Russian Revolution of 1905* (Chicago: University of Chicago Press, 1967).

Sed'maya (aprel'skaya) vserossiiskaya konferentsiya RSDRP (bol'shevikov). Petrogradskaya konferentsiya RSDRP (bol'shevikov) Aprel' 1917 goda. Protokoly (Moscou: Gosizdat, 1958).

Serge, V., e Sedova Trotsky, N., *The Life and Death of Leon Trotsky*, trad. A. J. Pomerans (Nova York: Basic Books, 1975).

The Serge-Trotsky Papers, org. e apres. D. Cotterill (Londres: Pluto Press, 1994).

Service, R., *The Bolshevik Party in Revolution: A Study in Organisational Change* (Londres: Macmillan, 1979).

Service, R., "Bolshevism's Europe", *in* S. Pons e A. Romano (orgs.), *Russia in the Age of Wars, 1914-1945* (Milão: Feltrinelli, 2000).

Service, R., *Comrades: Communism: A World History* (Londres: Macmillan, 2007).

Service, R., "From Polyarchy to Hegemony: The Party's Role in the Construction of the Central Institutions of the Soviet State, 1917-1919", *Sbornik,* n.º 10 (1984).

Service, R., *Lenin: A Biography* (Londres: Macmillan, 2000).

Service, R., *Lenin: A Political Life* (Londres: Macmillan, 3 vols., 1985, 1991, 1995).

Service, R., *Stalin: A Biography* (Londres: Macmillan, 2004).

Service, R., "The Way They Talked Then: The Discourse of Politics in the Soviet Party Politburo in the Late 1920s", *in* P. R. Gregory e N. Naimark (orgs.), *The Lost Politburo Transcripts: From Collective Rule to Stalin's Dictatorship* (New Haven: Yale University Press/Hoover Institution, 2008).

Shafir, Ya., *Ocherki gruzinskoi zhirondy* (Moscou: Gosizdat, 1925).

Sheridan, C., *From Mayfair to Moscow* (Nova York: Boni & Liveright, 1921).

Shestoi s"ezd RSDRP (bol'shevikov). Avgust 1917 goda. Protokoly (Moscou: Gosizdat, 1958).

Slusser, R. M., *Stalin in October: The Man Who Missed the Revolution* (Londres: Johns Hopkins University Press, 1987).

Smele, J. D., e Heywood, A., *The Russian Revolution of 1905: Centenary Perspectives* (Londres: Routledge, 2005).

Seleta bibliográfica

Spence, R. B., "Hidden Agendas: Spies, Lies and Intrigue Surrounding Trotsky's American Visit of January-April 1917", *Revolutionary Russia*, n.º 1 (2008).

Spence, R. B., "Interrupted Journey: British Intelligence and the Arrest of Leon Trotsky, April 1917", *Revolutionary Russia*, n.º 1 (2000).

Stalin, I. V., *Sochineniya*, vols. 1-12 (Moscou: Gosizdat, 1946-1951).

Stein, P., *Siqueiros: His Life and Works* (Nova York: International Publishers, 1994).

Steinberg, I. N., *In the Workshop of the Revolution* (Londres: Gollancz, 1955).

Stenogrammy zasedanii Politbyuro TsK RKP (b)-VKP (b), 1923-1938 gg., org. K. M. Anderson, A. Yu. Vatlin, P. Gregory, A. K. Sorokin, R. Sousa e O. V. Khlevniuk, 3 vols. (Moscou: ROSSPEN, 2007).

von Strandmann, H. P., "Obostryayushchiesya paradoksy: Gitler, Stalin i germano-sovetskie ekonomicheskie svyazi. 1939-1941", *in* A. O. Chubaryan e G. Gorodetsky (orgs.), *Voina i politika, 1939-1941* (Moscou: Nauka, 1999).

Sudoplatov, P., *Special Tasks: The Memoirs of an Unwanted Witness — A Soviet Spymaster* (Londres: Little, Brown, 1994).

Sukhanov, N., *Zapiski o revolyutsii* (Moscou: Politizdat, 3 vols., 1991).

Sverchkov, D. F., *Na zare revolyutsii* (Leningrado: Komissiya po Istorii Oktyabr'skoi revolyutsii i Rossiiskoi Kommunisticheskoi Partii, 3ª ed., 1925).

Swain, G., "The Disillusioning of the Revolution's Praetorian Guard: The Latvian Riflemen, Summer-Autumn 1918", *Europe-Asia Studies*, n.º 4 (1999).

Swain, G., *The Origins of the Russian Civil War* (Londres: Longman, 1996).

Swain, G., *Russian Social-Democracy and the Legal Labour Movement, 1906-14* (Londres: Macmillan, 1983).

Swain, G., *Trotsky* (Londres: Longman, 2006).

Tarkhova, N. S., "Trotsky's Train: An Unknown Page in the History of the Civil War", *in* T. Brotherstone e P. Dukes (orgs.), *The Trotsky Reappraisal* (Edimburgo: Edinburgh University Press, 1992).

Terrorism and Communism: A Reply to Karl Kautsky, prefácio de M. Shachtman (Ann Arbor, Michigan: University of Michigan Press, 1961).

Thatcher, I. D., "Bor'ba: A Workers' Journal in St. Petersburg on the Eve of World War One", *English Historical Review*, n.º 450 (1998).

Thatcher, I. D., *Late Imperial Russia: Problems and Perspectives* (Manchester: Manchester University Press, 2005).

Thatcher, I. D., "Leon Trotsky and 1905", *in* J. D. Smele e A. Heywood, *The Russian Revolution of 1905: Centenary Perspectives* (Londres: Routledge, 2005).

Thatcher, I. D., *Leon Trotsky and World War One: August 1914 to February 1917* (Londres: Macmillan, 2000).

Thatcher, I. D., *Reinterpreting Revolutionary Russia: Essays in Honour of James D. White* (Londres: Palgrave, 2006).

Thatcher, I. D., "The St. Petersburg/Petrograd Mezhraionka, 1913-1917: The Rise and Fall of a Russian Social-Democratic Workers' Party Unity Faction", *Slavonic and East European Review*, n.º 2 (2009).

Thatcher, I. D., *Trotsky* (Londres: Routledge, 2003).

Thatcher, I. D., "Trotsky and the Duma: A Research Essay", *in* I. D. Thatcher (org.), *Regime and Society in Twentieth Century Russia* (Londres: Macmillan, 1999).

Thatcher, I. D., "Uneven and Combined Development", *Revolutionary Russia*, n.º 2 (1991)

Trinadtsataya konferentsiya RKP(b): byulleten' (Moscou: Gosizdat, 1924).

Trinadtsatyi s"ezd RKP(b). Mai 1924 goda. Stenograficheskii otchët (Moscou: Gosizdat, 1963).

Tucker, R. C., *Stalin as Revolutionary, 1879-1929* (Nova York: W. W. Norton, 1973).

Tumarkin, N., *Lenin Lives! The Lenin Cult in Soviet Russia* (Cambridge: Harvard University Press, 1983).

Ustryalov, N., *Hic Rohdus* [sic], *Hic Saltus* (n. pub.: Harbin, 1929).

Vasetskii, A., *Trotskii: opyt politicheskoi biografii* (Moscou: Respublika, 1992).

Vatlin, A., "The Testing-Ground of World Revolution Germany in the 1920s", *in* T. Rees e A. Thorpe (orgs.), *International Communism and the Communist International, 1919-1943* (Manchester: Manchester University Press, 1998).

Volkogonov, D., *Trotskii: politicheskii portret* (Moscou: Novosti, vols. 1-2, 1992).

Vserossiiskaya konferentsiya R. K. P. (bol'shevikov). 4-7 avgusta 1922 g. Byulleten' (Moscou: Gosizdat, 1922), boletim n.º 3.

Vserossiiskaya Konferentsiya Ros. Sots.-Dem. Rab. Partii 1912 goda, org.. R. C. Elwodd (Londres: Kraus International, 1982).

Walicki, A., *A History of Russian Thought from the Enlightenment to Marxism* (Oxford: Oxford University Press, 1980).

Webb, S. e B., *Soviet Communism: A New Civilization?* (Londres: Longmans, Green, 1935).

Webb, S. e B., *Soviet Communism: A New Civilization* (Londres: Y. Gollanez, 1937).

Wells, H. G., *Russia in the Shadows* (Londres: Hodder & Stoughton, 1920).

Seleta bibliográfica

White, J. D., "Early Soviet Historical Interpretations of the Russian Revolutions, 1918-1924", *Soviet Studies*, n.º 3 (1985).

White, J. D., "Lenin, Trotskii and the Arts of Insurrection: The Congress of Soviets of the Northern Region, 11-13 October 1917", *Slavonic and East European Review*, n.º 1 (1999).

Wolfe, B. D., *Strange Communists I Have Known* (Nova York: Stein & Day, 1965).

Wolfenstein, E., *The Revolutionary Personality: Lenin, Trotsky, Gandhi* (Princeton: Princeton University Press, 1967).

Woytinsky, W., *Stormy Passage: A Personal History through Two Russian Revolutions to Democracy and Freedom: 1905-1960* (Nova York: Vanguard Press, 1961).

Yaroslavskii, Ye. M. (org.), *L. D. Trotskii o partii v 1904 g.: broshyura N. Trotskogo "Nashi politicheskie zadachi"* (Moscou: Gosizdat, 1928).

Zeman, Z. A. B., e Scharlau, W. B., *The Merchant of Revolution: The Life of Alexander Israel Helphand (Parvus) 1867-1924* (Oxford: Oxford University Press, 1965).

Die Zimmerwalder Bewegung. Protokole und Korrespondenz, org. H. Lademacher, 2 vols. (Haia: Internationaal Instituut voor Sociale Geschiedenis, 1967),

Zinoviev, G., *Vladimir Il'ich Lenin* (Petrogrado, 1918).

Ziv, G. A., *Trotskii: kharakteristika. (Po lichnym vospominaniyam)* (Nova York: Narodopravstvo, 1921).

Zlokazov, G. I., e Ioffe, G. Z. (orgs.), *Iz istorii bor'by za vlast v 1917 godu: sbornik dokumentov* (Moscou: Institut Rossiiskoi Istorii RAN, 2002).

Índice remissivo

Aage, príncipe, 536

Ação de Março (1921), 375, 378

Adler, Alfred, 154, 159, 168, 270

Adler, Friedrich, 154, 190, 270

Adler, Raisa, 531

Adler, Victor, 108, 131, 154, 166-8, 190

Administração Tecnocientífica da Indústria, 425

Ageloff, Sylvia, 568, 619, 624

Agência de Eletrotecnologia e Administração Tecnocientífica da Indústria, 425

Akhmatova, Anna, 413

Alemanha: abdicação do *Kaiser*, 329; Ação de Março (1921), 375, 398-9, 403; burguesia, 168; comércio soviético, 376; derrota, 329; economia, 76, 266; espartacistas, 329-30; fracasso da insurreição (1923), 403-4, 419, 458; guerra com a Rússia (1914), 189-90; nazistas, 506-8, 541-2, 560; negociações de Brest-Litovsk, 265-7, 280-8; Oposição, 504; Partido Comunista, 398-9, 403, 502, 506-7, 541, 560; poderio militar, 152; política comercial de Lenin, 454; Primeira Guerra Mundial, 202-4, 217, 221, 248- 50, 261, 293; Quarta Internacional, 561-2; recusa à entrada de Trotski, 483, 489-90; República de Weimar, 398; socialistas, 101, 153, 165-6, 191, 199-200; Terceiro Reich, 541, 579, 585, 588, 592, 605-7, 610, 612-3, 631, 635; Tratado de Brest-Litovsk, 288-9, 291- 2; Tratado de Rapallo, 385; trotskistas, 567; *ver também* Berlim

Alexandre I, imperador, 37-8

Alexandre II, imperador, 41, 46, 76

Alexandre III, imperador, 76

Alexandrova, Ecaterina, 110

Alexeev, Mikhail, 315

Alexinski, Grigori, 191

Alma-Ata, 31, 473-80

Altenberg, Peter, 154

Amsterdã, Instituto de História Social, 550

Amtorg, 529

Andreev, Andrei, 381, 440

Andreev, Leonid, 110

Annenkov, Yuri, 344

Antonov-Ovseenko, Vladimir, 197, 226, 333, 425

Arbeiter-Zeitung, 167, 190

Arcangel, 120, 150, 293, 325

Arlen (trotskista espanhol), 560

Assembleia Constituinte, 217, 281-3, 294

Avenarius, Richard, 102

Avvakum, arquipresbítero, 535

Axelrod, Pavel: Conferência de Zimmerwald, 200; debates de Kienthal, 207; *Iskra*, 108-9, 114, 119-20; relacionamento com Trotski, 114, 118-21, 184, 192-3, 270; visita de Trotski, 108

Axelrod, Vadim (David, bisneto de Trotski), 638

Azerbaijão, 357, 377

Azev, Evno, 162

Bábel, Isaac, 479, 511

Bakaev, Ivan, 311

Balabanova, Angélica, 77, 192, 226, 344, 347

Balmont, Konstantin, 100

Barbusse, Henri, 589

Barcelona, 211

Barychkin (antigo guarda-costas), 474-5

Bauer, Otto, 167

Baz, Gustavo, 626

Beatty, Bessie, 343

Bebel, August, 125, 165, 206, 271

Bedny, Demyan, 323, 414

Bélgica, 504

Beloborodov, Alexander, 471, 474, 478

Belski (agente da OGPU), 475-6

Bely, Andrei, 413

Berdyaev, Nikolai, 100, 112, 510

Berezov, prisão de, 148-9

Berlim: Ação de Março (1921), 375, 403-17; avanço do Exército Vermelho, 359-61; dialeto, 267; lealdades da classe trabalhadora, 403-4; Lëva em, 492, 508, 512, 520; levante (1919), 329-30; liderança comunista, 419-20; Trotski com esperança de rebelião em, 283-4, 287-8, 328-9; Trotski e Natalia em, 125-6, 153, 449-50; Zina em, 495-7

Bernstein, Eduard, 101-2, 120, 143, 216

Bielo-Rússia, 355

Binneman, pastor, 60, 64-5

Blok, Aleksandr, 31, 413-4

Blum, Léon, 541-3

Blyumkin, Yakov, 295, 527-8, 530

Bogdanov, Alexander, 102, 125, 158, 173, 231

bolcheviques: VI Congresso do Partido, 241; abastecimento de alimentos, 295-6; acusações contra Trotski, 628-9; aproximação do governo provisório, 220-4, 235-6, 242-3, 245; assassinato dos Romanov, 552; atitude para com o campo, 477; atividade de Bogdanov, 125; atividade de Stalin, 172-3, 430; atividade de Trotski na guerra civil, 296-8, 300-1, 310-1, 317-8; bustos de líderes, 348; campanha contra os liquidadores, 174, 183; cisões internas, 138, 152, 155, 171, 176-77, 230-1; Comitê Central, 176-8, 221-2, 226, 235-6, 242, 245-53, 257-9, 519; Conferência de Zimmerwald (1915), 201-2; Conferência Democrática, 247-8; Congresso em Londres, 134; controvérsia sobre a paz, 281-9, 327-8, 611; debates de Kienthal, 207; descrição de Trotski, 516-9, 636-7; destino dos oposicionistas, 527-9; eleições para a Assembleia Constituinte (1917), 281; elite partidária, 449; escolas partidárias, 164; estilo de vida da liderança, 442; estratégia revolucionária, 132-4, 200, 222-5, 245, 248-52; Exército Vermelho, 292, 297, 301, 303-4, 312, 328-9, 334-5; expulsão da Oposição Unida, 469-70; facção de São Petersburgo, 176; facção leninista, 155, 173-4, 176-8, 274; financiamento, 177, 185,

239; guerra civil, 295, 301, 303, 321-2, 336; interdistritais, 225-6, 238-40, 242; jornais, 173, 176, 227; julgamentos de fachada, 385-6; liderança central do partido, 304-5, 591; liderança da ala direita, 466; liderança de Lenin, 121-3; liderança georgiana, 394; liderança, 256, 260-2, 277, 351, 442-3; manifestações em Petrogrado, 235-6, 238, 542; apoio popular, 237, 329-30; Dias de Julho, 240; membros judeus, 260, 275-9; motim de Kronstadt, 369-71, 590-1; mulheres, 443, 570; na Ucrânia, 309, 315, 319, 367, 457; no Instituto Smolny, 245; nome, 117; NPE, 369, 373, 378; origem, 116-7; política dos tempos de guerra, 194, 281; política econômica, 265, 353-4, 397-8; política externa, 265, 356, 398-9; política para a arte, 409-14; política polonesa, 356-60; políticas, 123, 139, 174, 179, 230-1, 237; posição de Trotski depois da guerra civil, 343, 402-3, 416-7, 430, 435, 437, 441, 454-5; postura de Trotski antes de 1917, 25-7, 118, 121-4, 137-40, 143-4, 154-6, 158-9, 162-5, 170-2, 183-5, 222-8, 390-1; postura de Trotski depois de 1917, 102, 231, 239, 243-4, 246-7, 257-8, 261-4, 291; questão chinesa, 458-9; questão dos sindicatos, 365-7; realizações, 456; redenominação, 288-89; relações com os mencheviques, 135, 139, 152, 155, 169-70, 172-4; resgate da reputação de Trotski, 634; Revolução de Outubro, 123, 252-5, 263, 281, 310-1, 470, 512, 537, 542; situação após a guerra civil, 430; Soviete de Petrogrado, 243-4; Terceira Internacional, 327-9; Tratado de Brest-Litovsk, 288-90; vanguardistas, 164, 174, 178

Borba ("Luta"), 185;

Borchardt, Julian, 200;

borotbistas, 309;

Brancos: apoio britânico e francês, 315, 335; ataque dos Vermelhos aos, 321; avanço para Petrogrado, 322-4; campanha pela região central da Rússia, 302; comandados por Kolchak, 301; comando de Wrangel, 326, 364; derrota, 324, 341, 408; deserções, 324; forças de Yudenich, 321-4; forças, 315; luta dos mencheviques contra, 386; moral, 321; na Sibéria, 324; ofensiva de Moscou, 318-9; opinião de Trotski sobre, 326, 328, 333, 335, 346; relacionamento com camponeses, 316, 319, 326; retirada, 316

Brandler, Heinrich, 403-4

Brejnev, Leonid, 636

Brest-Litovsk: negociações, 266-7, 280-9, 327, 611; tratado (1918), 288-93, 328, 355-6, 360, 527

Breton, André, 399, 452, 453, 461

Bronstein, Abram (tio de Trotski), 39, 514-5

Bronstein, Alexander (irmão de Trotski), 46, 50, 54, 68, 73

Bronstein, Alexandra (nascida Sokolovskaia, esposa de Trotski): antecedentes familiares, 72-4; cartas de Trotski, 113-4, 131; casamento com Trotski, 89-91, 125, 552, 571; cuidando de Seva, 493; detenção e exílio, 552; em Petrogrado, 228, 263, 345-6; exílio siberiano, 94-5, 97, 104, 111, 125; gravidez, 94; ideias políticas, 73, 77, 80, 161; infância das filhas, 125-6, 156, 228, 262; morte da filha Nina, 480; morte, 552, 638; nascimento da filha Nina,

103, 271; nascimento da filha Zina, 98, 271; partida de Trotski, 104, 161, 497; prisão, 84-92; relacionamento com a filha Zina, 448; relacionamento com Trotski, 77-8, 85-7, 104-5, 111; suicídio da filha Zina, 496-7

Bronstein, Aneta (mãe de Trotski): antecedentes familiares, 42-4; casamento de Trotski, 89; casamento, 36; filhos, 46-8, 58; instrução, 44; morte, 175; relacionamento de Trotski com, 52-3, 88-9, 144; vida em Ianovka, 43-4, 50, 52-4

Bronstein, David (pai de Trotski): antecedentes familiares, 43-4; carreira como fazendeiro, 36, 42, 46-7, 89, 347; casamento de Trotski, 89-91; educação dos filhos, 44, 51-2, 58, 68-9, 71-2; filhos, 46-7; finanças, 44, 50-3, 72, 89, 121, 347; instrução, 44; línguas, 44; morte da esposa, 175; morte, 347; relacionamento com peões da fazenda, 53-7, 294, 347; relacionamento de Trotski com, 52-3, 68, 71-3, 88-9, 112, 121, 144, 347, 449; religião, 43-4; velhice, 347

Bronstein, Elizaveta (Elisheba, irmã de Trotski), *ver* Meilman

Bronstein, família, 39, 43-4

Bronstein, Gersh (tio de Trotski), 346

Bronstein, Golda (irmã de Trotski), 46, 72

Bronstein, Nina (filha de Trotski): carreira, 346; casamento, 346, 448; em Petrogrado, 228, 262, 345; filhos, 448; infância, 126; morte, 480, 638; nascimento, 103; nome, 271; partida do pai, 11-2; política, 447; problemas de saúde, 448; relacionamento com meios-irmãos, 228, 262; relacionamento com o pai, 262, 447; temperamento, 346

Bronstein, Zinaida (Zina, filha de Trotski): aparência, 156; carreira, 346; doença mental, 494-6; em Berlim, 495; em Petrogrado, 228, 262, 345; filha, 448; filho, 448; infância, 126, 156, 175; na Turquia, 493-4; nascimento, 98; nome, 271; partida do pai, 11-2; política, 447; primeiro casamento, 346, 448; problemas de saúde, 448, 493, 495; relacionamento com meios-irmãos, 228, 262; relacionamento com o pai, 156, 262, 447-8, 494, 496-7; segundo casamento, 448; suicídio, 496-7, 638; temperamento, 346

Brusilov, Alexei, 356-7

Bruxelas, 112, 115, 176, 186, 561

Bryant, Louise, 264, 342, 370

Bryusov, Valeri, 413

Bubnov, Andrei, 428

Buchman, Alexander, 619

Bukharin, Nikolai: adeptos, 532, 560; batalhas com Stalin, 498-500, 525, 560; colaborador do *Novy mir*, 214; críticas do partido em Leningrado, 427-8; derrota de Kamenev e Zinoviev, 426; discussões com Kamenev, 481; duunvirato com Stalin, 426-7, 429, 463-5; estratégia de abastecimento de víveres, 477; estratégia econômica, 427-9; expulsão da liderança da Oposição Unida, 469-71; julgamento de fachada, 594; NPE, 387-8; opinião da Oposição Trabalhista sobre, 366; opinião de Trotski sobre, 277, 460; opinião sobre o nazismo, 506-7; oposição à deportação de Trotski, 482; plano de insurreição alemã, 399; política chinesa, 458-9, 463; política de comércio exterior, 388; política de guerra, 284, 286, 611;

política de julgamentos de fachada, 385; política externa, 327; posição no Comitê Central, 388; problemas de saúde, 378; questão da sucessão de Lenin, 390; relacionamento com Stalin, 396-8, 425-6; relacionamento com Trotski, 402, 423, 443; relações com os camponeses, 367; retirada da liderança da Komintern, 500; sobre a Oposição Unida, 467; *Sobre a questão do trotskismo*, 417; vitória sobre a Oposição Unida, 427-8

Bulanov (oficial da OGPU), 483

Bund (União Judaica Trabalhista), 113, 116, 155, 178, 272-4

Bureau Internacional, 563

Burnand, Gustave, 67-8

Burnham, James, 596, 598-9, 602-4

Butov, Georgi, 312, 431, 478

Buyukada: casa em Izzet Pasha, 488; chegada de Trotski, 487-8, 498; incêndio na casa, 494; localização, 487-8; partida de Lëva, 492; vida em, 490-1; visitas, 489-90, 504, 510, 520, 527-9, 539, 597

Byulleten' oppozitsii ("Boletim da Oposição"): administração por Lëva, 489, 492, 547, 551, 553; artigos de Trotski, 489; base em Berlim, 492, 508; base em Paris, 508, 544, 548; cessação da publicação, 631; criação, 489; distribuição, 489, 525; editado na França, 539; estratégia, 584; material para o, 532; sobre a invasão da Polônia, 607; sobre a morte de Nin, 590; sobre o nazismo, 507; sobre os julgamentos de fachada, 526-7; sobre os julgamentos em Moscou, 594; sobre Stalin e Hitler, 610; Trotski se defende no, 546; últimos artigos de Trotski, 618

cadetes (Partido Constitucional-Democrata): escritores, 184, 510; formação, 124; governo provisório, 217, 233, 240; julgamentos de fachada, 526;na Finlândia (1906), 141; opiniões de Trotski, 124, 143, 526, 585;

Cahan, Abraham, 213-4

Canadá, 142, 219

Cannon, James, 560

Cárdenas, Lázaro, 546, 548, 573, 620, 631

Catarina, a Grande, imperatriz, 36-7, 70, 90

centralistas democráticos, 315-6, 366, 371, 373, 401, 470

Charalambos (pescador), 491

Chautemps, Camille, 538-9

Chavigny, Jean Lastérade de, 537

Cheka (Comissão Extraordinária): alerta de segurança sobre Trotski, 341, 384; atividades, 390; caso Panyushkin, 312; deportações, 386; expurgo na Ucrânia, 320-1; funções, 298, 306; funeral de Lenin, 406; judeus e letões na, 308; liderança, 298, 380; nome, 404; Terror Vermelho, 298; Trotski sobre a, 380; *ver também* NKVD, OGPU

Cheliabinsk, revolta tcheca, 294

Cherkezov, Varlaam, 110

Chernov, Viktor, 108, 136, 233, 238, 281, 510

Chernukhovski, David, 55

Chiang Kai-shek, 429, 458

Chicherin, Boris, 637

Chicherin, Georgi, 285, 293, 384

China, política da Komintern, 429, 458-9, 467

Chkheidze, Nikolai, 182, 218

Chudnovski, Grigori, 214-5, 219, 226

Churchill, Winston, 348, 357, 510, 524, 595

Clemenceau, Georges, 209, 334

Comissão Central de Controle, 401-2, 463, 469, 471

Comissão Socialista Internacional, 203

Comissariado do Povo para Abastecimento de Víveres, 328, 352, 367, 377

Comissariado do Povo para Agricultura, 367

Comissariado do Povo para Assuntos Internos, 259, 275, 493, 553, *ver também* NKVD

Comissariado do Povo para Assuntos Militares: cargo de Trotski, 291-4, 330, 342, 355, 377, 400; partida de Trotski, 424, 439; retorno de Trotski, 420; rotina preferida por Trotski, 395

Comissariado do Povo para Instrução Pública, 306

Comissariado do Povo para Meios de Comunicação, 366

Comissariado do Povo para Relações Exteriores, 259-61, 263-4, 290, 293, 384

Comitê Americano de Defesa de Leon Trotski, 596

Comitê de Concessões, 425

Comitê de Membros da Assembleia Constituinte, *ver* Komuch

Comitê Militar-Revolucionário, 25, 250-3, 292, 432

Comunismo de Guerra, 353-4, 368, 377, 390

Conferência de Gênova (1922), 384

Conferência de Kienthal (1916), 207, 210

Conferência de Zimmerwald (1915), 201-3, 207, 210, 562

Conferência Democrática, 247-8

Congresso de Sovietes: I, 235-6; II, 250, 252, 256-7, 518; V, 295; VIII, 367; Comitê Executivo Central de Toda a Rússia, 235-6, 247-8, 356

Conselho de Comissários do Povo, *ver* Sovnarkom

Conselho Militar Revolucionário da República (RVSR): comando do Exército Vermelho, 316-7; criação, 299; funções, 299; ordens do Exército Vermelho, 320-1; presidido por Trotski, 312, 365, 400, 444; renúncia de Stalin, 365; vice-presidente, 299, 312, 407, 432

Conselho Supremo da Economia Popular, 379, 389, 391, 402

Copenhague, 536-8

Cortés, Hernán, 578

Coyoacán, 35, 549, 551, 559, 564, 568

Cracóvia, 177

Craipeau, Yves, 495

Crimeia, 289, 320-1, 326, 358, 364

Cruz Vermelha, 180, 215, 260, 265, 299

Curtiss, Charles, 578, 625

Curzon, lorde, 358, 363

Czernin, Ottokar, conde, 280, 287

d'Annunzio, Gabriele, 411

Daily Worker, 565

Daladier, Édouard, 538

Dan, Fiodor, 120, 125, 274

Darwin, Charles, 537, 598

Decreto da Terra (1917), 352, 377

Deich, Lev, 117, 127, 212, 214, 270, 445

Dembovska, Fedosya, 49

Denikin, Anton: apoio britânico e francês, 315; derrota de Oriol, 321; Diretriz de Moscou, 318; exército imperial, 335; exército voluntário, 315; forças em Odessa, 346; ofensiva, 317-9, 328; renúncia ao comando, 326; tratamento dado aos camponeses, 319, 326

Deutscher, Isaac, 633

Dewey, John, 596-7, 630

Dias de Julho (1917), 236-40, 245

Dickens, Charles, 64, 479

Dobbs, Farrell, 623

Donets, bacia do, 317, 376-7

Dorn, Ivan, 49

Dos Passos, John, 596

Duma estatal: abordagens da, 169; cisão entre bolcheviques e mencheviques, 184; deputados marxistas, 176, 183; governo provisório, 217; *Nasha zarya*, 184; opinião de Trotski sobre a, 154, 164, 184-5; opinião dos bolcheviques sobre a, 155, 164; primeira reunião, 141; promessas de Nicolau II, 134

Dzerjinski, Felix: antecedentes poloneses, 276; busto de, 348; Comitê Revolucionário Provisório da Polônia, 359, 361; condenação a trabalhos forçados, 101; crueldade, 298; líder da Cheka, 101-2, 298; nomeações para Blyumkin, 527; política sindical, 378; relacionamento com Trotski, 455-6; relatório sobre os Urais, 303; segurança de Trotski, 406; tabagismo, 431; une-se aos bolcheviques, 102; violência na Geórgia, 391-2

Eastman, Max: biografia de Trotski, 432; chegada a Moscou, 341-2; defesa de Trotski, 596; denunciado por Stalin, 565; relacionamento com Trotski, 343, 432, 520-2, 596-7; sobre a falta de impulso para a liderança em Trotski, 439-40; sobre a insensibilidade de Trotski, 433; sobre a modéstia de Trotski, 437; sobre as finanças de Trotski, 442, 448; sobre o ardor revolucionário de Trotski, 408; sobre os arquivos de Trotski, 30; sobre Radek, 434-5; *The Real Situation in Russia* ["A situação real na Rússia"], 529; traduções de obras de Trotski, 520-1

Eberlein, Hugo, 330

Ebert, Friedrich, 329

Ecaterimburgo, 352-3

Ecaterinoslav, 38, 42, 80

Einstein, Albert, 600

Eitingon, Natan, 625

Emancipação do Trabalho, grupo, 76

Engels, Friedrich: abordagem de Trotski, 133, 142, 334, 351, 597, 600; Conferência de Zimmerwald, 201; estátua, 343; Hook sobre, 599; leituras de, por Trotski, 74-5, 95; *Manifesto Comunista*, 74; seguidores, 88, 104

Enukidze, Abel, 442, 471

Espanha, Trotski na, 211-2

Esquerda de Zimmerwald, 201-2, 611

Estados Unidos da América: ajuda humanitária durante a fome no Volga, 380; arquivo sobre Trotski nos, 550; barrando a entrada de Trotski, 550, 627-8; envolvimento na guerra civil russa, 335-6; guerra com a Alemanha, 221; imigração judaica, 37; Liga Comunista, 270, 561-2; opinião dos trotskistas sobre, 636; política na Segunda Guerra Mundial, 217, 335-6; Quarta Internacional, 561-2, 580; questões de comércio, 381; relações com o Sovnarkom, 381; Segunda Guerra Mundial, 615, 631; trotskistas, 566, 614; visita de Trotski, 211; *ver também* Nova York

Estônia, 321, 324, 355, 359, 364, 412, 610

Estrina, Lola, 531, 553-5, 558-9

Étienne, *ver* Zborowski

Exército Vermelho: alto-comando, 407; apoio potencial a insurreições no exterior, 334-5; auxílio britânico, 293; avanço para a Polônia, 357-62; baixas, 305; campanha contra o Komuch, 294-7; campanha da Ucrânia, 356-8; campanha finlandesa, 610-1, 613; cargo de Trotski, 291-2, 304, 317-9, 328-9, 424-5, 439-40; caso Panteleev, 297, 301, 311-2; comissários políticos, 292, 297, 299-300, 303; Conselho Militar Revolucionário da República, 299; defesa de Petrogrado, 322-4; derrota de Perm, 302; derrota do Volga, 294-5; derrota e retirada da Polônia, 362; fundação, 25, 292; judeus e letões no, 308-9; modernização, 582; motins, 324; na Ucrânia, 319-20; nos Estados bálticos, 610; oficiais, 292, 297, 300, 303, 305, 309-11; Oposição Militar, 301, 304-5, 464; realizações de Trotski, 28, 424-5; recrutamento, 328; relacionamento com camponeses, 319; relatório de Trotski sobre, 330-1; Segunda Guerra Mundial, 606-7; trabalhadores no, 309-10; tropa e equipamento, 316; vitória de Sviyajsk, 296-7, 304, 313

Eyre, Lincoln, 342

Falts-Fein, família, 50
Faux-Pas Bidet, Charles Adolphe, 210
Federação Transcaucasiana, 394
Feldzer, irmãos, 49
Finlândia: atividade contra o governo, 130-1; cadetes na, 141; férias na, 228; Guerra do Inverno (1939-40), 360, 610-3, 632;Lenin na, 245; medidas do governo, 165; Trotski na, 132, 135, 151
Fiodorov, G. F., 222-3
Flaxerman, Galina, 249
Fofanova, Maria, 251, 253
Forverts ("Avante"), 213-4
Fotieva, Lidia, 393
França: apoio aos Brancos, 315, 335-6; assistência esperada da, 265, 282; Bureau Internacional, 563; Conferên-

cia de Gênova, 384; Conferência de Zimmerwald, 200, 202-3; debates de Kienthal, 207; deportação de Trotski (1916), 153, 209-11, 415; economia, 76; empréstimos à Rússia, 141; forças em Odessa, 293, 325, 334-6; Liga Comunista, 536, 561; ocupação alemã, 610-3; Partido Comunista, 506, 539-41; política em relação à Hungria, 333-4; política em relação à Polônia, 356, 364; Primeira Guerra Mundial, 189-92, 208, 217, 221, 264, 266, 291-4; Secretaria Internacional, 561; serviço secreto, 628; socialistas, 191, 197-9; temporada de Trotski na, 89, 538-44, 617; Trotski na, 191-8; trotskistas na, 504, 561-4, 567; visita de Trotski (1932), 536; visto residencial para Trotski, 25, 538-9; *ver também* Paris
France, Anatole, 483
Francisco Ferdinando, arquiduque, 189, 627
Francisco José I, imperador, 152-3, 189
Franck, Jacob, 531
Franco, Francisco, 546, 565-6, 590, 605
Frankel, Jan, 490, 494-5, 544, 573
Freud, Sigmund, 538, 545, 598
Frey, Josef, 504

Gapon, Georgi, padre, 128
Garvi, Piotr, 119
Geier (chefe de polícia austríaco), 190
Genebra: chegada de Trotski, 108; discursos de Trotski, 154; grupo de Plekhanov, 81, 108; *Pravda*, 160; publicações, 103, 121; Trotski e Natalia em, 125, 129-30
Geórgia: atividade antigovernamental, 130-1, 134; censura, 98; discurso de Trotski em Tbilísi, 419; insurreição

nacional, 457; relação de Stalin com os líderes comunistas, 387-8, 391-4, 457; situação política, 389, 392-4

Gertopanov, família, 48-9

Gertopanov, Senya, 55

Gertopanov, Viktor, 48-9

Gide, André, 511-2, 589

Girmonski, dr., 555

Glavlit, 386

Glavpolitput, 354, 364

Glazman, Mikhail, 312, 423, 431-2

Glotzer, Albert, 495, 562, 613, 633

Gnedich, Nikolai, 107

Gogol, Nikolai, 48, 554

Goldman, Albert, 615, 630

Goldman, Emma, 215

Golos ("Voz"), 192-3

Gorbachev, Mikhail, 26, 634

Gorki, Máximo, 111, 160, 164, 231

Gosplan (Comissão Estatal de Planejamento Econômico), 382, 396-7, 453, 477, 499

Gots, Abram, 274

governo provisório: abordagem de Stalin, 422, 464; atitude dos bolcheviques, 230-1, 245, 542-3; campanha da imprensa contra o, 241-2; Conferência Democrática, 247-8; derrubada do, 25, 253-4, 256, 263-4, 518-9;detenção de Trotski, 240-1; Dias de Julho, 236-40, 245; dificuldades, 224, 233, 236, 239-40; formação, 217; manifestações contra o, 235-8, 542-3; membros, 144-5, 217, 220-1, 223-4, 233, 236; política de guerra, 234-5; política de Lenin, 222-3, 230-2, 234-5, 249; política de Trotski, 217-8, 226, 229-32, 234, 248, 404; reformulação, 224; Trotski sobre conciliadores, 422

Grã-Bretanha (Reino Unido): apoio aos Brancos, 301, 315, 323-4, 335-6; au-

xílio às forças vermelhas, 293; Conferência de Gênova, 384; economia, 76; estratégia do Exército Vermelho de Trotski, 357-8; forças em Arcangel, 293, 325; greve geral, 426; imperialismo, 197, 282, 611; ligações comerciais com a Rússia, 325, 369; mediação russo-polonesa, 358-9; Partido Comunista da Grã-Bretanha, 426, 458; política da Komintern, 463, 467; política do Politburo, 426, 458, 467; política húngara, 333-4; política polonesa, 356-7, 364; Primeira Guerra Mundial, 189-91, 204, 217, 221, 266; questão do asilo político de Trotski, 595-6; Segunda Guerra Mundial, 606, 615, 631; serviço secreto, 628; socialistas, 191, 199; Tratado de Comércio Anglo--Soviético, 373; Trotski sobre a, 458, 467; trotskistas, 567, 613

Gramsci, Antonio, 411

Grande Depressão, 540, 586, 589

Grande Terror, 583, 616

Greben, Ivan Vasilevich, 52, 55-7, 517

Greber, Olga (mulher de Sergei, nora de Trotski), 449, 551

Grigorev, Nikifor, 321

Grimm, Robert, 199, 200-2, 207

Groman, Vasili, 526

Gromokleia, 36, 39, 41, 43-4, 47, 51, 54

"Gromovoi" (correspondente), 530

Guchkov, Alexander, 169, 218, 224, 235

guerra civil espanhola, 511, 546, 565-6, 590, 605, 619

Guerra dos Bálcãs, Segunda, 180-82, 216

Guerra Russo-Japonesa, 119, 122, 127, 129-30, 141

Guesde, Jules, 110, 206

Guetier, professor, 378, 392, 445, 474

Guilherme II, *Kaiser*, 165, 200, 204, 329, 454

Gul, Roman, 136

gulag, 499, 583

Gurevich (prisioneiro político), 84

Haase, Hugo, 207, 216

Hansen, Joe: após o assassinato de Trotski, 625, 631; carta a Natalia, 631; conversas com Trotski, 522, 551; correspondência com Trotski, 599, 611-2; sobre defesas em Coyoacán, 623

Harper and Brothers, 521

Harris, Frank, 219

Harte, Robert Sheldon, 619-22

Heijenoort, Jean van: aparência, 576; arquivo de Trotski em Paris, 555; chegada à Turquia, 495; estudos, 600; mediação de Rivera, 578-80; na Noruega, 546; relacionamento com Trotski, 573-4, 576-7, 600; romance com Frida, 576-7; romance de Trotski com Frida Kahlo, 573-4; sobre o assassinato de Stalin, 584; viagem a Copenhague, 536-7; viagem à Noruega, 544

Helphand, Alexander, *ver* Parvus

Herzen, Alexander, 100-1

Herzl, Theodore, 273

Hill, G. A., 293

Hindenburg, Paul von, 221, 266, 280, 507

História do Soviete de Delegados de Trabalhadores [*History of the Soviet of Workers' Deputies, The*], 146

Hitler, Adolf: anexação da Tchecoslováquia, 588; apoio a Franco, 565; ascensão ao poder, 279, 506-8, 560, 567; incêndio do Reichstag, 508; invasão da Polônia, 606-7;opinião de Trotski sobre, 505-7, 592, 598, 605, 610-2; política anticomunista, 507; política

de Stalin para com, 506-7; políticas raciais, 279, 598; totalitário, 592

Hoffmannsthal, Hugo von, 154

Holanda, 561-2, 567, *ver também* Amsterdã

Homero, 107

Hook, Sidney, 31, 596, 598-9, 601, 603

Hoover, Herbert, 380-1

Hoschiller, Max, 342

Hungria, 332-4

Huysmans, Camille, 210

Ianovka, 35-6, 43-6, 48-51, 54-5, 58, 65, 68, 88-9, 121, 347, 514

Ianovski, coronel, 46, 50-1

Ibsen, Henrik, 100, 278, 537

Igreja ortodoxa russa, 385, 457

Ilimsk, 95

Ingerman, Anna, 215

interdistritais, 222, 225-7, 230, 235-40, 242, 246

Ioffe, Adolf: Comitê Militar-Revolucionário, 252; conversações de paz na Polônia, 364; doença e suicídio, 438, 471-2;estudando psiquiatria em Viena, 154, 159; família, 159, 167, 242, 254, 438; interdistritais 226-7; libertado da Sibéria, 226; negociações de Brest-Litovsk, 265, 285; Oposição Unida, 467; política de transportes, 234; posição de Trotski como comissário de Assuntos Militares, 291; posição no Comitê Central, 242; relacionamento com Trotski, 159, 271, 433-4, 438-9

Ioffe, Nadya, 167, 254

Irkutsk, 93-4, 97-8, 101, 103, 106-7

Iskra ("Centelha"): II Congresso do Partido, 115-6; atividade de Lenin, 115-7; atividade de Martov, 67, 108-9,

114, 124-5; atividade de Natalia, 117, 127; atividade de Trotski, 111-3, 118, 120-1, 124-5, 132, 273; criação, 103; descrição de Trotski, 418, 517direção editorial, 107, 111-20, 130, 418; em Genebra, 108, 129; em Londres, 109-11; fundadores, 169; organizadores na Rússia, 107-9, 517; política antirrevisionista, 104

Istambul, 494-5

Ivanovo-Voznesensk, 130

Izgoev, Alexander, 184

Izvestiya ("Notícia"), 277, 314

Jacson, ver Mercader

Japão: agência do serviço secreto, 628; conflito com a China, 429; expansionismo territorial, 589, 605-6, 628; forças expedicionárias (1918-19), 335-6; guerra com a Rússia, 119, 122, 127, 129-30, 141; guerra na Manchúria, 606; Pearl Harbor, 631

Jaurès, Jean, 110, 206, 229

Jogiches, Leo, 329-30

judeus: assentamento na Nova Rússia, 36-42; Bund (União Judaica Trabalhista), 113, 116, 272-4; identidade de Trotski, 269-70; línguas, 40, 44; no Exército Vermelho, 308-9; nos partidos revolucionários, 271-6; nos sovietes e na Cheka, 308; observância religiosa, 38-41; opiniões de Trotski, 73, 113, 127, 259, 268-79, 308, 516-7, 566, 614; Palestina, 614;pobreza, 38-9, 41; pogroms, 145, 273; restrições legais, 39; sionismo, 37, 113, 270, 272-4; situação na Rússia, 268-9; zombarias antissemitas, 66; Zona de Assentamento, 37, 67, 116, 145, 272-3

Jukov, Georgi, 606

Jukovski (professor), 65

Júlio César, 445, 514

Kafka, Franz, 152

Kaganovich, Lazar, 278

Kahlo, Cristina, 576

Kahlo, Frida, 549-50, 572-4, 576-8, 580-1, 589

Kaledin, Alexei, 276

Kalinin, Mikhail, 452

Kalinnikov, Dmitri, 95

Kalpashnikov, Andrei, 219-20

Kamenev, Alexander (sobrinho de Trotski), 345

Kamenev, Lev (cunhado de Trotski): abordagem do governo provisório, 221, 248; ataque a Stalin, 425-6; ataque do Politburo a, 465-7; cadeira no Politburo, 423; casamento, 170; Comitê Central, 258; Conferência Democrática, 247-8; conselho editorial do Pravda, 169-70, 174; críticas de Trotski a, 422; derrota, 425-6; descrição de, por Trotski, 517-8; discussão sobre artigo de Lenin, 392; em Petrogrado, 223; estilo de vida, 348; estratégia revolucionária, 249-52; exclusão do Comitê Central, 468; exclusão do Politburo, 468; expulsão do partido, 470-1; julgamento de fachada, 544-5, 594; manifestação de apoio a, 469; manobras contra Stalin, 481; NPE, 387-8; opinião de Lenin sobre, 389; opinião de Trotski sobre, 532; Oposição Unida, 425-9, 465; política de comércio exterior, 387-8; política sobre arte, 410; popularidade, 243; posição na liderança, 402; problemas de saúde, 378; questão agrária, 367-8, 377; questão da liderança georgiana, 394; questão da sucessão de Lenin, 389-91; questão da sucessão de Lenin, 423, 425-6; readmissão no partido, 481; relacionamento com Lenin, 249-52, 262, 418; relacionamento com Trotski, 169-70, 470-2; relações com Stalin, 398, 425-6; relações com Zinoviev, 396; renegando ideias oposicionistas, 524; Revolução de Outubro, 253-54; sobre ameaça representada por Trotski, 400-1; sobre Stalin, 450; sobre tratados comerciais, 373; *status* no Comitê Central, 388; vida social, 437

Kamenev, Olga (Bronstein, irmã de Trotski), 170, 223, 348, 437

Kamenev, Sergei, 316, 361, 370

Kaminski, Nikolai, 65-6, 68

Kapp, Wolfgang, 360

Kareev, Nikolai, 74

Karlson (colega de escola), 59-60

Karlsruhe, 120

Kautsky, Karl: arbitragem, 177, 185-6; disputa com Lenin, 202, 207, 299, 351; leitura de, por Trotski, 102, 142, 158; política de guerra, 202, 207, 216; relações com Trotski, 125, 165, 167, 177, 179, 270, 351; sobre Exército Vermelho, 331

Kautsky, Luise, 166

Kazan, 296-7, 299, 300, 474

Kedrov, Mikhail, 311

Kemal, Mustafá, 439, 483, 487-8, 524

Kerenski, Alexander: acusado por Trotski, 234-5; ameaça da direita a, 242-3; cargo no governo provisório, 220; como primeiro-ministro, 240, 242, 344, 357; Conferência Democrática, 247; derrota militar, 258; detenção de Trotski, 240-2; estratégia de Lenin contra, 245-6, 249; política de guerra,

234, 266, 292; Revolução de Outubro, 253-4; socialista revolucionário, 220; Trotski sobre, 517

Keynes, John Maynard, 595

Kharin, S., 529-30, 533

Kharkov, 107, 126, 318, 321

Kherson: colônias agrícolas, 36-9, 41-2; família Meilman, 126, 156; ferrovia, 42; fraude, 430; guerra civil, 320; irmãos Feldzer, 49; nascimento de Trotski, 35; prisão, 83, 447

Kiev: assassinato de Stolypin, 165; capturado por forças polonesas, 356; contatos de Trotski, 107; guerra civil, 318-20; recapturado pelo Exército Vermelho, 358; Trotski e Natalia em, 131

Kievskaia mysl ("Pensamento de Kiev"): escritos de Trotski, 161; Trotski como correspondente de guerra na França, 192-3, 196-7, 206, 208, 214, 415;Trotski como correspondente na Guerra dos Bálcãs, 180-1

Kishinev, 127

Klement, Rudolf, 553

Kliuchevski, Vasili, 483

Klyachko, Ela, 195

Klyachko, Semyon, 154, 270

Knudsen, Konrad, 544-5

Kolchak, almirante: acusado de ser agente norte-americano, 335; apoio britânico e francês, 315; avanço, 305; captura de Perm, 302; comando do exército dos Brancos, 301; forças na Sibéria, 324, 328; ofensiva de Moscou, 315-7, 321; retirada, 316; sucessos dos Vermelhos contra, 316, 321; tratamento dos camponeses, 326

Kollontai, Alexandra; 192, 316, 443, 570

Komintern (Internacional Comunista, Terceira Internacional): I Congresso

(1919), 330-2; II Congresso (1920), 336-37, 359-60; IV Congresso (1922), 347; afastamento de Bukharin, 500; atividade de Trotski, 464, 586; Comitê Executivo, 467, 501; controle de Stalin sobre a, 560; expurgo, 427; mudança política de Stalin, 500-1; política externa, 464, 467

Komuch (Comitê de Membros da Assembleia Constituinte), 294-7, 301, 386

Kopp, Viktor, 376

Kornilov, Lavr, 243, 247, 315

Kozlov (ordenança de Trotski), 323

Krasikov, Piotr, 116

Kraus, Karl, 152, 154

Krestinski, Nikolai: defesa de Petrogrado, 322; investigação de Panteleev, 312; morte, 435; Oposição Unida, 434; perda de cargo no Comitê Central, 372; relacionamento com Trotski, 312, 322, 368, 435

Krivitski, Walter, 601

Krjijanovski, Anton, 66

Krjijanovski, Gleb, 107, 109

Krokodil ("Crocodilo"), 411

Kronstadt: marinheiros, 233-5, 237-8, 242, 293-4; motim, 369-73, 376, 516, 527, 568

Krupskaia, Nadejda: apoio a Trotski, 428; carta de Bogdanov, 125; doença do marido, 391, 404-5; em Londres, 109; morte do marido, 405-6; no interior, 236; proeminência política, 345; relações com Stalin, 392, 428; testamento do marido, 420; viagens a Helsinque, 242

Kruschev, Nikita, 582, 632, 636

Krylenko, Yelena, 432

Kühlmann, Richard von, 280, 284

Kuibyshev, Valeryan, 388

Kun, Béla, 332-3, 374

Kuomintang, 429, 458, 467

Kuusinen, Otto, 610

Labriola, Antonio, 88

Lakoba, Nestor, 404, 406

Landau, Kurt, 504

Lander, família, 575

Larin, Yuri, 227, 240-1, 246, 379

Lashevich, Mikhail, 301, 303-4, 316, 396, 426

Laski, Harold, 595

Lassalle, Ferdinand, 81, 86

Lawrence, D. H., 551

Lazimir, Pavel, 250

Lenin, Vladimir Ilich (Ulianov): X Conferência do Partido (maio de 1921), 378-9; II Congresso do Partido (1903), V Congresso do Partido (1907), 154-5; VIII Congresso do Partido (1919), 305, 315; IX Congresso do Partido (1920), 354-5, 363-5; X Congresso do Partido (1921), 369-73; XI Congresso do Partido (1922), 381-2; A revolução proletária e o renegado Karl Kautsky, 299; adeptos, 199; ataque de Martov a, 166; busto de, 348; chefe do novo governo, 255; como teórico marxista, 158; Conferência de Kienthal (1916), 207; Conferência de Zimmerwald, 200-3, 562; contra o revisionismo, 104; críticas a Rabkrin, 387, 389, 454; críticas de Trotski a, 121-4, 127-8; culto de, 420; Decreto da Paz, 282; demissões do Comitê Central, 388; discursos, 136; disputa com Kautsky (1917-19), 351; doença, 25, 382, 386-9, 393, 400-1, 404; em Londres, 108, 111; em São Petersburgo, 136-8; encantado, 298, 306-7; escondido em

Petrogrado, 248, 251; Esquerda de Zimmerwald, 201-2; estratégia revolucionária em Petrogrado, 231-2, 238-9, 519; estratégia revolucionária, 133-4, 224-5, 229-30; facção bolchevique, 172-3, 176-7; filosofia, 599; fuga para Helsinque, 239, 243; funeral, 406, 419; humor, 112; 115-7; influência, 31-2, 108; *Iskra*, 109-12, 115-16; jornais, 172-3; julgamentos de fachada, 385-6; *Materialismo e empiriocriticismo*, 600; morte, 25, 406, 412; mudança na teoria revolucionária, 224-5, 232; na reunião do Comitê Central, 248-51; negociações de Brest-Litovsk, 281-90, 374, 611; Nova Política Econômica (NPE), 368, 377, 379, 381; *O desenvolvimento do capitalismo na Rússia*, 76, 87, 102; opinião sobre a cultura alemã, 278; opinião sobre Trotski, 389-90; opiniões sobre o domínio das letras e dos números, 409; planejamento da revolução, 245, 247-50; política agrária, 367, 377; política comercial alemã, 454; política da Duma, 164; política de comércio exterior, 375-7, 388-9; política em relação à Polônia, 358-9, 363; política externa, 327, 333, 384; política sindical, 365, 367, 378, 390; política sobre a arte, 411; política sobre exércitos de trabalhadores, 354; política sobre os borotbistas, 309; política sobre religião, 385, 457; políticas das forças vermelhas, 299-300, 316-8, 321-2; políticas de guerra, 194, 199, 204, 282, 464; primeiro encontro com Trotski, 109; *Que fazer?*, 103, 112, 122; questão da sucessão, 25-7, 389-91, 423, 425-6, 439-40, 635;

questão da união dos Bálcãs, 205; questão do artigo no *Pravda*, 392-3; rede de organizações clandestinas, 160; relacionamento com Stalin, 386-8, 391-4, 428; relacionamento com Trotski em Petrogrado, 226-7; relacionamento com Trotski no governo, 256-9, 261-2, 283-4, 290, 297-9, 464; relações com Plekhanov, 114-8; relações com Trotski, 25, 112-4, 193, 200, 202-4, 229-32, 256-9, 283-91, 297-9, 329-30, 343-5, 379-89, 393, 436, 523; reorganização da liderança partidária, 382; retorno à Rússia, 222; sobre o burocratismo, 454-5; *status*, 341-4; opiniões sobre o Ocidente, 341-3; tentativa de assassinato, 298, 343; Terceira Internacional (1919), 330; *Teses de Abril*, 222, 224; testamento político, 389-90, 393-4, 396, 405, 418, 420, 439, 466, 471, 504, 521, 525; Trotski acusado de tramar sua morte, 628

Leningrado, *ver* São Petersburgo

Lermontov, Mikhail, 86

letões, 308-9, 341

Letônia, 178, 263, 341, 355, 359, 364, 610

Levi, Paul, 374-5

Liber, Mark, 274

Liebknecht, Karl: Congresso de Jena, 165; encarceramento, 200-1, 206; liderança espartacista, 329; morte, 330; movimento contra a guerra, 206, 216; relacionamento com Trotski, 165, 271, 602

Liebknecht, Wilhelm, 206

Liga Comunista, 270, 495, 56, 561-2

Liga das Nações, 546

Liga Espártaco, 329-30

Liga Leninista, 502-3, 591

liquidadores, 169, 174, 178, 183, 193-4

Litkens, dr., 151

Lituânia, 355, 364, 504, 610

Lloyd George, David, 325, 334

Lockhart, Robert Bruce, 260, 265, 290, 293, 342

Londres: II Congresso do Partido (1903), 115-7; V Congresso do Partido (1907), 154-5, 178-9; chegada de Trotski, 109-10; Congresso Bolchevique (1905), 132; grupo do *Iskra*, 109; 115-7; Lenin em, 109; opinião de Trotski sobre, 153-5

Lozovski, Solomon, 226

Luch ("O Raio"), 169, 183-4

Ludendorff, Erich, 221, 266, 280

Lukács, Georg, 352

Lunacharski, Anatoli: conselho editorial do *Pravda*, 246; Dias de Julho, 238-9, 241; em Paris, 192, 226; escola de Capri, 164; estratégia revolucionária, 238-9; postura política, 226-7, 231; relacionamento com Trotski, 227; sobre cisão Kamenev-Trotski, 170; sobre Lenin, 257; sobre Trotski, 170, 306-7

Lundberg, Ferdinand, 596-7

Lure, Y. M., 343

Lutero, Martinho, 168

Luxemburgo, Rosa: V Congresso do Partido, 155; antecedentes, 155; crítica a Kautsky, 166; liderança espartacista, 329-30; morte, 330;posição de Lenin, 205; prisão, 200; relacionamento com Trotski, 77, 125, 166, 206, 270

Lvov, Georgi, príncipe, 217, 224, 234-6, 238, 240

Lyons, Eugene, 601

Lyubimov (professor), 65

Mach, Ernst, 102

Machajski, Jan, 101, 603-4

Maiakovski, Vladimir, 411-2

Maiski, Ivan, 595

Makadzyub, M. S., 118

Makhno, Nestor, 321

Malamuth, Charles, 522, 623

Malraux, André, 511, 545

Malvy, Louis, 209-10

Malyantovich, P. N., 144

Mandelshtam, Osip, 411, 413

Manifesto de Outubro (1905), 136, 143

Mannerheim, general, 323-4

Manuilski, Dmitri, 226

Marchlewski, Julian, 361

Marinetti, Filippo Tommaso, 411

Martin des Pallières, Jeanne, *ver* Molinier

Martov, Yuli (Tsederbaum): II Congresso de Sovietes, 254, 256-7; II Congresso do Partido, 116-7; ataque de Trotski a, 174; bloco Trotski-Martov Bogdanov, 173; debates de Kienthal, 207; divisões entre mencheviques, 138; educação, 67; em Londres, 108-9; em Paris, 192, 195, 197; *Iskra*, 108-9, 111, 118, 124-5; judaísmo, 67, 270, 274; julgamento do Soviete de São Petersburgo, 143; mencheviques, 117, 121, 169, 229-30, 240-42, 254; opinião de Lenin, 204; oposição a Lenin sobre filiação partidária, 116-7; panfleto contra Lenin, 166; problema dos liquidadores, 183; rede de organizações clandestinas, 160; relações com Plekhanov, 118; relações com Trotski, 118-9, 124-5, 143, 145, 184-5, 192-3, 197, 207, 229-30, 254; retorno à Rússia, 136; sobre Trotski, 111, 114, 116; verbas para o encontro de Viena, 177

Marx, Karl: *A guerra civil na França*, 142; argumentos de Trotski, 133; doutrinas debatidas no I Congresso do Partido, 104; estátua de, 343; estudo de, por Trotski, 95, 102-3, 476, 597; Hook sobre, 599; Lenin sobre, 299; *Manifesto comunista*, 74; *O Capital*, 74, 88, 102; primeiras opiniões de Trotski sobre, 74-5, 77, 88; Trotski sobre, 122, 334, 409, 598, 600

Masha (babá de Trotski), 48, 517

Maslov, Piotr, 142, 206

Matthews, J. B., 614

Maze, rabino, 275

McCarthy, Mary, 596

Mehring, Franz, 177, 186

Meilman, Alexander (sobrinho de Trotski), 175

Meilman, Elizaveta (Elisheba, irmã de Trotski), 46, 58, 72-3, 126, 156, 175

Meilman, Naum (cunhado de Trotski), 126, 156

Melenevski, Marian, 159, 178, 194

mencheviques: II Congresso do Partido, 116-18; VI Congresso do Partido (1917), 241-2; abordagem do governo provisório, 217-8, 220-1, 223-4, 233-6, 240-1, 245-6; acusações sobre as relações de Trotski com, após sua morte, 628; apoio dos trabalhadores aos (1918), 281; boas-vindas a Trotski, 222-3; Comitê Central, 169-70; Conferência de Kienthal (1916), 207; Conferência de Viena (1912), 177-8; Congresso de Sovietes, 253-7; disputas internas, 121, 138, 153, 227, 230-1, 233-4, 242; emigrados, 489, 554-5; escritores, 510; especialistas econômicos de Stalin, 526; fundos, 177; influência nas ideias de Trotski, 637; jornal, 173, 184, 194; julgamentos de fachada, 386, 526; liderança, 124, 134, 274; lutando contra os Brancos, 386; manifestações em Petrogrado, 235, 239-40; ministros do governo provisório, 233, 244; na Duma, 177, 183-4; nome, 117; opinião de Lenin, 250, 256-7; origens, 116-7; planos de defesa de Petrogrado, 248; políticas, 124, 132, 138-9, 162, 174, 207, 230-1, 611; posição de Trotski após a Revolução de Outubro, 256-8, 456, 536, 585, 637; posição de Trotski em Petrogrado, 226-7, 230-1, 240; posição de Trotski sobre, 118-24, 143, 154-5, 162, 170-3, 177-8, 207-8, 358, 517, 602; questão do restabelecimento, 585; relacionamento com bolcheviques, 135, 139, 152, 154-5, 169-70, 176-7, 179, 207, 231, 258, 422; relações com liquidadores, 183-4; saindo do Instituto Smolny, 262; sindicato dos ferroviários, 258; *Sotsialisticheski vestnik*, 532

Mencken, H. L., 595

Menjinski, Vladimir, 473

Mercader, Ramón (Jacson), 624-6, 628-30

Merrheim, Alphonse, 210

Metsger (diretor do presídio), 90-1

México, 35, 547-50, 576-80

Michels, Roberto, 168

Mikhailovski, Nikolai, 75, 77, 86, 100

Mikoyan, Anastas, 436-7

Miksha (sapateiro polonês), 95-6

Mill, John Stuart, 74

Milyukov, Pavel, 217, 224, 235, 510

Milyutin, Vladimir, 247, 250

Minin, Sergei, 302

Mirbach, Wilhelm von, conde, 295, 527

Mirbeau, Octave, 110

Modigliani, Amedeo, 578

Moglin, Zakhar, 346, 448

Molinier, Jeanne (nascida Martin des Pallières): cuidando de Seva, 551, 557-8; morte de Lëva, 555, 557; partida para Berlim, 508; relacionamento com Lëva, 492, 531, 553, 561-2; trabalho em Paris, 531; visita a Buyukada, 490

Molinier, Raymond, 490, 492, 536, 561-3

Molkenbuhr, Hermann, 192

Molotov, Vyacheslav, 382, 388, 463, 606

Montserrat (navio), 211

Morgunovski, família, 50

Morgunovski, Moisei, 50

Morizet, André, 342

Moscou: capital transferida para, 283; indústria, 173; julgamentos de fachada, 544-6, 594, 633; organização partidária, 427-8; Prisão de Detentos em Trânsito, 90, 94, 102, 145; Soviete, 141

movimento stakhanovista, 583, 585

Mrachkovski, Sergei, 545

Mugica, Francisco, 549, 579, 617

Munique, 110, 120, 332

Münzer, Thomas, 168

Muralov, Nikolai, 450, 532

Muraviev, Mikhail, 297, 310

Murillo, Bartolomé Esteban, 110

Mussolini, Benito, 508, 565, 595, 605

Myasnikov, Gavril, 529

Nachalo ("O Começo"), 138

Napoleão Bonaparte, 311, 400, 425

Nasha zarya ("Nosso Alvorecer"), 173, 184, 194

Nashe slovo ("Nossa Palavra"): censura, 197, 203; conselho editorial, 193, 207-8; contribuição de Trotski, 193, 197, 200, 207-8; deportação de Trotski, 210; interdistritais, 226; nome, 193;

opinião pública francesa, 207; repressão, 209; textos de Trotski, 193-6

Naville, Denise, 490

Naville, Pierre, 490, 504, 531, 542, 563, 567

Nekrasov, Nikolai, 74

Neue Zeit, 167

Neumann, Franz, 506

Nevelson, Lev (filho de Nina, neto de Trotski), 448, 480

Nevelson, Man, 346, 448, 480

Nevelson, Volina (filha de Nina, neta de Trotski), 448, 480

Nevski, V., 343

Nicolau II, imperador: abdicação, 217, 222, 344; ameaças ao trono, 127; guerra com o Japão, 119, 127, 141; mãe, 536; manifestações contra, 139; Manifesto de Outubro, 134, 136; morte, 552; objetivos de guerra, 224; petição a, 128; planejamento da derrubada de, 121; política em relação à Finlândia, 165; preparativos de guerra, 189; relações com o *Kaiser*, 165; resposta ao Domingo Sangrento, 130, 34; Trotski sobre, 517

Nietzsche, Friedrich, 278

Nikolaev: Biblioteca Pública, 79; guerra civil, 320; história da cidade, 70; prisão, 82, 106, 144; Realschule, 69, 71, 73; tamanho, 37; viagem a, 44, 51, 5

Nikolaevski, Boris, 555

Nin, Andreu, 508, 565, 590

NKVD (Comissariado do Povo para Assuntos Internos): acusações contra Trotski, 594; atitude de Trotski em relação ao, 160, 617; captura da família Bronstein, 638;eliminação dos trotskistas, 553; fechamento do arquivo sobre Coyoacán, 631; funções, 553; furto do arquivo de Trotski, 555; guerra civil espanhola, 590; morte de Lëva, 556-7; Quarta Internacional, 567-8; rede, 556; sovietização do Báltico, 610

Noruega, 25, 543-5, 553, 562, 572

Nosar-Khrustalev, Georgi, 135

Nova Política Econômica (NPE): abandonada, 498; auxílio externo, 377; debate no X Congresso, 368, 515; emergência econômica (1923), 396; expansão, 461; falida, 477; gestão Stalin-Bukharin, 429, 526; origens, 369-71, 373; questão do comércio privado, 387-8

Nova Rússia, 35-7, 40, 42-3, 45, 59

Nova York, 212-4, 216, 220, 613-4

Novack, George, 549

Novaia jizn ("Vida Nova"), 138, 227, 251

Novomeiski, Moshe, 99

Novy mir ("Novo Mundo"), 196, 212, 214-5, 217

Obdorsk, 148-9

Odessa: cidade multinacional, 66; forças francesas (1918), 293; grupos políticos, 80-1; guerra civil, 320, 346; história da cidade, 36-7, 70; origem da mãe de Trotski, 43; porto, 36; prisão, 84-8; Realschule St. Pauli, 58, 64-9;

Odesskie novosti ("Noticiário de Odessa"), 161

OGPU: agentes, 483, 491, 502, 505, 530; Blyumkin, 527; campanha contra a Oposição Unida, 468; cuidado com a segurança de Trotski, 404, 406; detenções de membros da Oposição, 523-4; direção, 406; exílio de Trotski em Alma-Ata, 473-76, 479, 482; exílio de Trotski na Turquia, 483; morte de Ioffe, 471; nome, 404; vigilância de Trotski, 524, 530-1; *ver também* Cheka, NKVD

Okhrana: acusações do NKVD contra Trotski, 594; agentes, 82; atividades, 75, 132; caso de Parvus, 144; detenções, 132; informantes, 79-80; vigilância de Trotski, 113, 121, 160, 203

Oposição de Esquerda: carreira de Serge, 568; derrota, 421; discurso de Stalin sobre, 440; formação, 401, 427, 435; liderança, 434, 440; nome, 401; opinião da liderança em ascensão sobre a, 406; política em relação à China, 429; posição das filhas de Trotski, 447-8; tratamento dos simpatizantes e adeptos pela liderança em ascensão, 424, 433-4, 469

Oposição de Leningrado, 426, 429, 470

Oposição Militar, 301, 304-5, 464, 470

Oposição Trabalhista: X Congresso do Partido, 370-2; críticas de Trotski à, 316, 366; defensores, 378; formação, 315-6; ideias, 316, 366, 370-1; política de Lenin em relação à, 372-3; *status*, 401, 470

Oposição Unida: concessões, 429; expulsão do partido, 369-72; formação, 426, 429, 450; liderança, 434, 466-7; luta do Politburo com a, 463-9; rejeitada por Sverchkov, 434; renegada por adeptos, 427; renegada por adeptos, 480; sanções contra as principais figuras, 427

Ordjonikidze, Sergo, 391-2, 394, 406, 464-5, 469

Orgburo (Bureau Organizacional), 305, 317, 372, 396, 402

Orlov, Alexander, 559

Osipovna, Anna, 244

Pablo, Michel, 632

Paderewski, Ignacy, 359

Palestina, 37, 613-4

Panchetti (em Cassis), 539

Panteleev (comissário bolchevique), 297, 301, 311-2, 464

Panyushkin (bolchevique), 312

Pares, Bernard, 589

Paress, René, 195

Parijanine, Maurice, 520, 522, 538

Paris: Bureau Internacional, 563; comuna, 158; conferência (1936), 567; conferência da Quarta Internacional (1938), 567-8; conferência internacional preliminar (1933), 508; deportação de Trotski, 209, 211; discussões no Quai de Jemmapes, 197; jornalismo de Trotski durante a guerra, 192-3, 209; Lëva em, 508, 531, 543-4, 553-8, 561-3; opinião de Trotski sobre, 154; Secretaria Internacional, 508; Trotski em, 110-3; vida da família Trotski, 195-6

Parti Ouvrier Internationaliste, 452-3

Partido Comunista Chinês, 429, 458-9

Partido Comunista da Rússia: X Conferência do Partido (maio de 1921), 378-9; VII Congresso (1918), 288-9; VIII Congresso (1919), 305; IX Congresso (1920), 355, 363; X Congresso (1921), 366, 368-73, 405, 426; XI Congresso (1922), 381; XII Congresso (1923), 393-4; XIII Congresso (1924), 419-22; XIV Congresso (1925), 426; XV Congresso (1927), 469-70; Comitê Central, 280, 283, 285-8, 291, 300, 304-5, 317-8, 334, 343, 354-5, 358-9, 364-6, 370-2, 378, 381-2, 388-90, 397, 400-3, 405-6, 420-7, 435, 438, 440, 444-5, 452, 459, 463-4, 466-8, 473, 477, 564; Conferência do Partido (janeiro de 1924), 405, 420; disputas pela liderança, 396; nome, 288-9

Partido Constitucional-Democrata, *ver* Cadetes

Partido dos Trabalhadores Socialistas, 610, 612, 614-5, 618, 629

Partido Operário Social-Democrata Russo (POSDR): I Congresso (1898), 104; II Congresso (1903), 112, 115-7, 124, 272, 274; IV Congresso (1906), 274; V Congresso (1907), 154; VI Congresso (1917), 241; VII Congresso (1918), 288-9; alianças e antagonismos, 172; bloco de agosto, 179, 183, 273; Comissão Socialista Internacional, 203; Comitê Central, 117, 133, 143, 156, 160, 162, 169-70, 174, 242; Comitê Técnico, 166; Conferência de Viena (1912), 177-9; enfraquecimento após 1905-06, 171; facções de Lenin-Martov, 116-7, 124-5, 136, 162, 165-7, 172-3, 523; filiação ao partido, 116; finanças partidárias, 177; grupo de Nikolaev, 92; julgamento do Soviete de São Petersburgo, 143; liderança, 131, 136, 138-9, 158, 164; membros, 158, 208; movimento em prol da unificação, 222, 229, 231, 274, 523; política para tempos de guerra, 194, 201, 223; relações com a Bund (União Judaica Trabalhista), 113, 116; relações com os cadetes, 124; subsídio do *Pravda*, 169-70, 172

Partido Social-Democrata da Alemanha: cisão, 207; Congresso (1913), 182; Congresso de Jena (1911), 164-6; intervenções de Parvus, 120, 153; ligações de Trotski, 125; políticas, 133; reação à guerra, 191-2, 206-7

Partido Social-Democrata da Áustria, 108, 154, 166

Partido Social-Democrata Independente da Alemanha, 202

Partido Socialista francês, 191, 206, 561

Parvus (Alexander Helphand): amizade com Trotski, 125, 153, 241, 433; antecedentes, 120, 270; caminhadas, 153; contribuição para o *Pravda*, 159; críticas a Kautsky, 165-6; ideias, 120-2, 132-4, 137, 166, 637; influência em Trotski, 120-1, 153, 158, 270, 637; interesses comerciais, 158; prisão (1905), 141, 144; questão do financiamento dos bolcheviques, 239, 24; *Russkaya gazeta*, 137

Pasternak, Boris, 413

Pavlov, Ivan, 598

Pedro, o Grande, imperador,141, 157

Perm, 123, 302-3

Pershing, John J., 595

Perutz, Leo, 154

Petrogrado, ver São Petersburgo

Pevzner, Maria, 491

Pilniak, Boris, 411

Pilsudski, Jósef, 274, 356-8, 360-2, 524

Plekhanov, Georgi: II Congresso do Partido, 115-8; adeptos, 174, 199; antipatia por Trotski, 114, 120; apoio a Martov, 118-9; apoio de Lenin a, 76; críticas a Bernstein, 143; críticas a Trotski, 197, 602; *Ensaio sobre o desenvolvimento da concepção monista da história*, 87; grupo Emancipação do Trabalho, 76; influência de, 81, 88; *Iskra*, 108, 114-6, 120, 125; opinião de Lenin sobre, 114-6; opinião de Stalin sobre atos de, 173; opiniões, 76, 134, 158; polêmica de Trotski com, 193-4; política de guerra, 191, 193-4; pseudônimo Beltov, 88; sobre Bogdanov, 102; Pokrovski, Mikhail, 226

Politburo: assento de Trotski, 424; carta aberta de Trotski com queixa ao, 401-3; caso Panteleev, 312; Conferência de Gênova, 384; criação, 305; "crise da tesoura", 397; críticas de Trotski ao, 25, 453-4, 458, 505, 605-6; debate sobre a Geórgia, 393-4; destino dos amotinados de Kronstadt, 376; doença de Lenin, 386-7, 392, 400; espionagem estrangeira, 336; expulsão de Trotski, 427; fotografias dos membros, 344; funções, 305; futuro de Trotski, 473; grupo de Stalin, 501; influência de Trotski, 440; julgamentos de fachada, 386; luta com a Oposição Unida, 463-70, 476; membros judeus, 277; método uraliano-siberiano de Stalin, 498; política agrária, 367-8, 381; política da Administração de Ajuda Humanitária Americana, 380; política em relação à Alemanha, 399; política em relação à NPE, 461; política em relação à Polônia, 364; política externa, 459; política sobre a Ucrânia, 320; política sobre o comércio exterior, 364, 372-3; políticas sobre o Exército Vermelho, 308, 316-7, 320, 322; problemas com abastecimento de víveres, 476-7; rebeliões, 366, 376; relações com Stalin, 361, 365; relações Trotski-Stalin, 423; Trotski como membro, 25, 305, 343, 357

Polônia: atividade antigovernamental, 134; Comitê Revolucionário Provisório da Polônia, 359, 361; divisões, 37; Estado independente, 355; invasão da Ucrânia, 356, 361, 364; invasão pelos Vermelhos, 358-62, 606-8; invasão por Hitler, 606-8; retirada dos Vermelhos, 362

Poltava, província de, 39, 44, 47, 107, 126-7

Popov, M., 98-100

Popov, Nikolai, 516

Potëmkin, Grigori, príncipe, 70

Potresov, Alexander, 169, 174, 194

POUM (Partido Operário de Unificação Marxista), 565

Poznanski, Igor, 312, 431, 475, 478

Pravda ("Verdade", jornal bolchevique): artigo de Lenin, 392-3; atividade de Stalin, 251, 343; campanha contra Trotski, 422-4, 444; celebração de Stakhanov, 582; conselho editorial, 246; escritos de Radek, 434; fundação em São Petersburgo (1912), 176; leitura de Trotski no exílio, 532; matéria sobre execução, 311; matérias sobre Trotski, 616; nome, 176; relatos de discordâncias, 427; relatos de discussões faccionais, 368; reportagem sobre a morte de Trotski, 628reportagens sobre o Comitê Central, 405; textos de Trotski, 242, 377, 403-4, 413, 428, 445; tiragem, 227, 243; visita de Trotski, 223

Pravda ("Verdade", jornal de Trotski em Viena): atividade de Kamenev, 169-70, 174; atividade de Trotski, 159; conselho editorial, 159-60, 434; distribuição, 160-1; fim do, 191; finanças, 160-1, 166, 169-70, 172; fundação (1908), 159, 178, 194; política em relação à Ucrânia, 178, 194; *Pravda* de São Petersburgo, 176; temas editoriais, 171; volta de Trotski, 182

Preobrajenski, Yevgeni: X Conferência do Partido, 378; Conferência do Partido (1921), 405; declaração (1923), 400; defensor de Trotski, 368, 400, 405; morte, 435;Oposição Unida, 429, 434; perda de cargo no Comitê Central, 372, 435; política em relação à China, 429, 459; políticas agrárias, 367, 381,

435; políticas econômicas, 397; relacionamento com Trotski, 435, 438, 481, 499; renegando ideias oposicionistas, 524; Prisão Central de Trabalho de Alexandrovskoe, 93-4

Puntervold, Michael, 546

Pushkin, Alexander, 86

Pyatakov, Yuri: cargo na Comissão Estatal de Planejamento, 391; morte, 435; Oposição Unida, 429, 434; política em relação à China, 429; questão da sucessão de Lenin, 390; relacionamento com Trotski, 306, 435, 437, 466, 480; renegando ideias oposicionistas, 480, 499, 524

Quarta Internacional: abandonada pelos seguidores, 603; afirmações do assassino, 629-30; após a morte de Trotski, 631-2; Comitê Pan-Americano, 580; conferência de fundação, 567-9; convocação da, 560-1; disputas na, 605, 613; formação, 560, 564; guerra civil espanhola, 565-6; objetivos, 560-1, 568-9, 585; organização, 567-8, 610; postura de Rivera, 578, 580-1; postura dos EUA, 612-3, 615, 623; problemas causados pelas aventuras amorosas de Trotski, 572-3, 576-8, 580-1; renúncia de Serge, 568; reunião em Bruxelas, 561; "seção soviética", 587

Rabkrin (Inspetoria dos Operários e Camponeses), 383, 387, 389, 391-2, 394, 454

Rabochaya gazeta ("Gazeta dos Trabalhadores"), 173

Radek, Karl: aparência, 434-5; cargo no Comitê Central, 372; críticas a Kautsky, 165-6; denúncia de, por Trotski, 528; Esquerda de Zimmerwald, 201-2; estilo de vida do Kremlin, 345; fracasso da insurreição de Berlim, 374-5; morte, 435; Oposição Unida, 434; plano sobre revolta alemã, 399; política dos julgamentos de fachada, 385; política em relação à China, 429; políticas econômicas, 206; relacionamento com Larisa Reissner, 443; relacionamento com Trotski, 372, 434-5, 499; relações com Lenin, 201-2, 207; renegando ideias oposicionistas, 524

Rakhil (tia de Trotski), 252, 346

Rakovski, Khristian: amizade com Chautemps, 538; colaborador do *Nashe slovo*, 226; em Astracã, 478-9; funeral de Ioffe, 471-2; morte, 435-6, 532; partida de Trotski para Alma-Ata, 474; posição no Comitê Central, 372, 381; provas após tortura, 435-6, 565; relacionamento com Trotski, 271, 346, 432-6

Ransome, Arthur, 331

Rappoport, Charles, 601

Raskolnikov, Fiodor, 413

Rassadnik (sementeira), 79-80

Realista, O (revista escolar), 66

Reed, John, 47

Reich, Wilhelm, 510-1

Reino Unido, *ver* Grã-Bretanha

Reiss, Ignacy, 553

Reissner, Larisa, 77, 443-4, 572

Renner, Karl, 167

renovacionistas, 385, 457

Reswick, William, 341

Revolução de Fevereiro (1917), 225-6, 230-1, 235, 250, 418

Revolução de Outubro (1917), 252-5

Revolução Francesa, 122, 133, 156, 235, 311, 425, 464

Ribbentrop, Joachim von, 606

Richelieu, duque de, 36-7

Rieder (editora), 520

Right Book Club, 590

Rivera, Diego: atividades políticas, 577-80, 589; campanha pelo asilo político de Trotski no México, 546, 573, 580; carreira artística, 578, 619; carta a Trotski, 512; caso de Frida, mulher de Rivera, com Trotski, 572-4; chegada de Trotski ao México, 549-50; Manifesto, 579; obra admirada por Trotski, 479; saída da Quarta Internacional, 578; suspeito de atentado contra Trotski, 62

Rizzi, Bruno, 603-4, 609

Robespierre, Maximilien de, 116, 122, 310-1, 464

Robins, Harold, 551, 625

Robins, Raymond, 260, 265, 293

Roland-Holst, Henrietta, 202

Roosevelt, Franklin D., 589

Rosenfeld, Kurt, 490

Rosenthal, Gérard: correspondência com Trotski, 546; desconfiança de Jeanne, 561; morte de Lëva, 557; negociações mexicanas, 547; opinião de Molinier, 563; processo de guarda de Seva, 558; queixas de Trotski a, 520; sobre simpatia de Bukharin por Trotski, 470; visita a Buyukada, 490

Roshkovski, Faddei, 1149

Rosmer, Alfred, 433, 558, 563, 567, 624

Rosmer, Marguerite, 558, 624

Ross, Edward Allsworth, 265, 596

Rotov, K., 415

RSFSR (República Socialista Federativa Soviética da Rússia), 387-8

Rubinshtein, Genrietta, 551, 638

Rubinshtein, Yulia (filha de Sergei, neta de Trotski), 551-2, 638

Rudzutak, Jan, 437, 466

Ruskin, John, 99

Russell, Bertrand, 342, 598-9

Ryabukhina, Anna (mulher de Lëva, nora de Trotski), 478, 492-3

Ryazanov, David, 226

Rykov, Alexei: Conferência Democrática, 247; oposição à deportação de Trotski, 482; posição no Comitê Central, 388; posição no Sovnarkom, 382, 389, 406; repreensão do Politburo a Trotski, 466; sobre política de fazendas coletivas, 452

Sadoul, Jacques, 265, 293

Salazar, Leandro A. Sánchez, 620-2

Saltykov, S. N, 142

Saltykov-Shchedrin, Mikhail, 74, 523

Samara, 107, 294, 299, 475

São Petersburgo (Petrogrado, Leningrado): atividade do soviete em 1917, 216-25; capital transferida para Moscou, 283; Casa de Detenção Preliminar, 142-4; Comitê do Partido, 257; Conselho Militar Revolucionário, 25, 250-3; Domingo Sangrento (1905), 129-31; guerra civil, 321-4; imprensa marxista, 183-4; indústria, 173; Instituto Smolny, 225, 236, 245-6, 250, 252-3, 262, 264, 323; manifestação de adeptos da Oposição Unida, 469; manifestações contra a monarquia, 185; manifestações de rua, 224, 235-7; mencheviques, 207; mudança do nome, 203, 420; Natalia em, 117, 131, 135, 137; Oposição de Leningrado, 426; organização partidária, 428; *Pravda*, 176; Prisão Kresty, 241-3, 245; Revolução de Fevereiro, 216; Soviete de Representantes dos Trabalhadores e Soldados de Petrogrado, 134-5, 139, 141, 143, 146, 183, 222; tomada do Palácio de Inverno, 254; Trotski em, 135-9, 192, 213; Trotski presidindo o Soviete, 243-4, 246

Sapronov, Timofei, 315

Savanier, Hélène, 553

Schlosser, Friedrich Christoph, 61

Schopenhauer, Arthur, 77-8, 145

Schultz, Hank, 623

Secretaria Internacional, 492, 508, 554, 561-2, 567

Sedov, Lev (Lëva, filho de Trotski): aparência, 442; atividade política em Paris, 543; casamento, 478; contatos com o pai na França, 540; correspondência com o pai, 509, 525, 553; cuidando de Seva, 544, 551, 553; cuidando dos arquivos de Trotski, 508, 512; deportação, 483; doença da irmã Zina, 496; educação, 492; em Alma-Ata, 478-9; em Berlim, 492-3; em Nova York, 215; em Paris, 195-6; em Petrogrado, 228; em Viena, 167-8; encontro de Blyumkin, 527; escritório político de Trotski, 489; filho, 478; filiação no Komsomol, 444; furto do arquivo de Trotski, 555; morte, 29, 555-9, 564, 568, 638; mudança para Paris, 508; na Áustria, 153; na Finlândia, 151; na Turquia, 487-9; nascimento do irmão de, 156; nascimento, 146; no Canadá, 219; nome, 271, 508; opinião sobre camaradas europeus, 562, 564; opinião sobre os julgamentos de fachada, 526, 594; opinião sobre Stalin, 584; opiniões políticas, 449; partida para Alma-Ata, 474-5; posição do pai no Soviete de Petrogrado, 244; prisão do pai, 240-2; problemas de saúde, 555-6; problemas de segurança, 529-32, 552-

3, 560-1; relacionamento com a mãe, 493, 508, 545, 554; relacionamento com Jeanne, 492, 553-4, 561; relacionamento com o pai, 492-3, 505, 508-9, 547, 553-4, 562, 564; relatórios sobre a situação de Stalin, 533; sobre motim de Kronstadt, 591; sobre vendas dos livros de Trotski, 520; temperamento, 346; trabalho na Secretaria Internacional, 492, 508, 554, 561-2; trabalho no *Byulleten*, 547, 551, 553; viagem a Nova York, 212-3; viagem do pai pela França, 536; vida familiar em Moscou, 345; vida familiar em Petrogrado, 262

Sedov, Lev (Lyulik, filho de Lëva, neto de Trotski), 478, 493

Sedov, Sergei (filho de Trotski): aparência, 345, 448; caráter, 448-9, 475; carreira, 448-9; doença, 471; em Nova York, 215; em Paris, 195-6; em Petrogrado, 228; em Viena, 167-8; nascimento da filha, 551-2; nascimento, 156; no Canadá, 219; nome, 271, 508; opiniões políticas de, 448-9, 632; partida do pai para Alma-Ata, 474-5, 479; prisão do pai, 240-2; prisão, 551-2; relacionamento com o pai, 448-9, 493; viagem a Nova York, 212-3; vida familiar em Moscou, 345, 449; vida familiar em Petrogrado, 262

Sedova, Natalia: antecedentes familiares, 126-7; antipatia pelos irmãos Sobolevicius, 504; aparência, 111, 264, 571; armada, 490; atentado em Coyoacán, 620-1; caráter, 111; cargo de Trotski no Soviete de Petrogrado, 244; correspondência com Lëva, 493, 509, 545, 554; cuidando de Seva, 495; cuidando de Seva, 632; deportação de Trotski,

210-2; deportação, 483; despejo do apartamento no Kremlin, 471; educação, 126-7; em Coyoacán, 549-51, 559, 616-7; em Nova York, 215-6; em Paris, 110-2, 127; em Petrogrado, 228, 232; em São Petersburgo, 135, 142-3; em Viena, 153-4, 167-8, 189-91; escritório de Trotski, 489; escritos de Trotski, 415; gravidez, 143; incêndio em casa, 494; interesse pela arte francesa, 271; línguas, 264, 573; malária, 395, 479, 488; missão no *Iskra*, em São Petersburgo, 117; morte de Lenin, 406; morte do filho Lëva, 556, 559; morte, 633; mudança para Istambul, 495; na França, 539-40, 543-44; na Noruega, 543-6; na Suíça, 191-2; na Turquia, 487-9; nascimento do filho Lëva, 146; nascimento do filho Sergei, 156; no Canadá, 219; nome, 345; opinião sobre estratégia política de Trotski, 184; opiniões políticas, 448-50; parceria com Trotski, 125-7; primeiro encontro com Trotski, 110-1, 127; prisão de Trotski, 241-2; prisão de, 132; problemas de saúde de Trotski, 444-6; reencontro com Trotski, 150; relacionamento com o filho Sergei, 448-49; relacionamento com Trotski, 535; relacionamento com Trotski, 570-6, 618; relacionamento com Zina, 493-4; relacionamento de Trotski com Clare Sheridan, 349-50, 271-2; responsabilidade por Seva, 557-8; saúde de Trotski, 617-8; saúde, 135; sobre "nervosismo" de Trotski, 447; sobre advertência de Pyatakov, 466; sobre possíveis tentativas de assassinato, 450; sobre Zina, 448, 493-6; *status* político, 345; trabalho em Moscou,

345, 442; viagem à Dinamarca, 537; viagem a Nova York, 211-3; viagem para a França, 539; viagem para Alma-Ata, 473-6; viagem para o México, 548; viagens com Trotski, 131; vida em Alma-Ata, 478-80; vida familiar em Moscou, 345-6, 442; vida familiar em Paris 195-6; vida familiar, 167-8; vida social com Trotski, 437; visita a Berlim, 450; viuvez, 629, 631-2

Segunda Internacional: atividade de Lenin, 330; Bureau Socialista Internacional, 210; Conferência de Zimmerwald, 201; desacreditada, 327, 562; disputa entre bolcheviques e mencheviques, 185; funções, 176; fundação, 176; morte, 191; partidos, 386; política contrária à guerra, 191, 206; posição de Trotski, 178; Segunda Guerra Mundial, 191, 198, 327

Sembat, Marcel, 206

Semkovski, Semyon, 159, 182, 185

Serebryakov, Leonid: declaração (1923), 400; investigação sobre Panteleev, 312; morte, 435; Oposição Unida, 434; relacionamento com Trotski, 312, 368, 402, 435, 480; renegando ideias oposicionistas, 480, 524

Serge, Victor, 568, 590, 602

Sermuks, N., 406, 431, 478

Shachtman, Max: correspondência com Trotski, 561; postura filosófica, 598; Quarta Internacional, 567, 603; relacionamento com Trotski, 603-4, 611-2; sobre plano mexicano, 547; viagem à França com Trotski, 539; viagem ao México, 549

Shakespeare, William, 142, 537

Shaumyan, Stepan, 276

Shaw, George Bernard, 595

Sheridan, Clare, 348-50, 443, 446, 571-2

Shevchenko, Taras, 126

Shlikhter, A. G., 430

Shlyapnikov, Alexander, 316, 366, 378

Shpentser, Fanni, 58-9, 61-4, 68, 346-7

Shpentser, Moshe (primo de Trotski), 54, 58-65, 68, 346

Shpentser, Vera (depois, Inber), 62-3, 344

Shuler (professor), 51-2

Shvannebakh (diretor de escola), 65

Shvigovski, Franz, 71-4, 77, 79, 80-2

Shvigovski, Vyacheslav, 71

Sibéria: campos auríferos, 185, 583; colônias de exilados, 101-2; estudos de Trotski, 102-4; exilados, 528-9, 532, 535, 607; exílio de Alexandra, 552; exílio de Sergei, 551; exílio de Trotski, 93-5; forças dos Brancos, 301, 324; fuga de Trotski, 104, 106-7, 153; indústria leiteira, 76; jornalismo de Trotski, 99-101; liderança partidária, 482; mulher e filhas de Trotski, 104-5, 113-4, 125-6, 156, 497; políticas de Stalin sobre víveres, 476, 498; resistência ao comunismo, 375-6; sentença de Trotski, 90-1; vida em Ust-Kut, 94-8

Simenon, Georges, 510, 545

Simkov, dr., 555

Simplicissimus, 151

Sindicato dos Trabalhadores da Rússia Meridional, 80

Siqueiros, David Alfaro, 619-23, 629-30

Sklyanski, Efraim: afastamento, 425, 432; antecedentes, 312; carta de Lenin, 318; morte, 433; notas de Lenin para, 359; posição no RVSR, 299, 312, 407; relacionamento com Trotski, 431; telegramas de Trotski, 320

Skobelev, Matvei, 159, 225, 233

Smilga, Ivar: críticas de Trotski, 301; investigação de Panteleev, 311; morte, 435;Oposição Unida, 434; posição no Exército Vermelho, 304, 308, 316; relacionamento com Trotski, 435, 499

Smirnov, I. N., 302

Sobolevicius, Abraham, 504-5, 508-9, 531, 563

Sobolevicius, Ruvim, 504-5, 508-9, 531, 563

socialistas revolucionários de esquerda, 257, 262-3, 281, 283, 294-5, 304

socialistas revolucionários: ala esquerda dos, 250, 257, 281-2; assassinato de informante da polícia, 162; cadeiras na Assembleia Constituinte, 281, 294-5; Congresso de Sovietes, 253-4, 257; conspirações, 591;contribuição de Kerenski, 220, 234-5, 240; controle dos sovietes, 231, 234-5, 245; defesa de Petrogrado, 248; Dias de Julho, 238-40, 245; discursos de Trotski contra os, 110, 112; em Genebra, 130; êxodo do Instituto Smolny, 262; filiação, 162, 171, 274; guerra civil, 295, 301, 319; julgamentos de fachada, 385-6, 456, 526-7; Komuch, 294-5; liderança de Chernov, 108, 238, 510; manifestação (junho de 1917), 235; política de guerra, 234; posição de Trotski, 256-9, 385-6, 456, 526-7, 536, 585; posição do *Novaia jizn*, 227; questão do restabelecimento, 585-6; relacionamento com Trotski, 222-3; relações com o governo provisório, 217-8, 220, 223-4, 233, 235, 245; relações com os bolcheviques, 256-8, 422; socialistas revolucionários de esquerda 257, 263, 281-3, 295, 304; Sukhanov, 102; Trotski sobre os, 162, 171, 234-5, 517; Verdes, 319

Sokolniki, 295

Sokolnikov, Grigori, 242, 283, 290

Sokolovskaia, Alexandra (esposa de Trotski), *ver* Bronstein

Sokolovskaia, Maria, 82

Sokolovski, Ilya (Ilyusha), 73, 106, 113

Solntsev, Eleazar, 529

Sologub, Fiodor, 412

Solow, Herbert, 621

Sosnovski, 532

Sotsial-demokrat ("Social-democrata"), 127

Sotsialisticheski vestnik ("Arauto Socialista"), 489, 532

Souvarine, Boris, 503, 565, 602

Sovnarkom (Conselho de Comissários do Povo): atividade de Trotski, 258-64, 291, 365, 391-2, 427, 439; cancelamento de dívidas do Estado, 384; desmobilização, 263, 266, 292; Ditadura do Abastecimento, 295; doença de Lenin, 382, 389, 391-2; eleições para a Assembleia Constituinte, 281; escritórios, 262; Exército Vermelho, 294; formação, 255; guerra civil, 295, 297, 302, 325, 386; negociações de Brest--Litovsk, 266, 282, 284-6; Partido dos Socialistas Revolucionários de Esquerda, 257, 263, 281, 295; política de comércio exterior, 381, 454; política externa, 336, 384; presidência após a morte de Lenin, 406; regras sobre proibição do fumo, 431; relacionamento com os Aliados, 264-5, 292-3, 325, 336

Spilka ("União"), 159

Stalin, Josef: XI Congresso do Partido (1922), 381; XII Congresso do Partido, 394; antecedentes, 276, 278; apresentações de Trotski, 524; ataque a

Trotski, 405, 463-70; atitude perante o governo provisório, 221; atividade militar na guerra civil, 299-305, 318, 326; batalhas com Bukharin, 498-500, 560; biografia escrita por Barbusse, 589; caráter resoluto, 256; críticas de Trotski a, 422, 430; *Curso abreviado*, 598; declaração à Conferência Democrática, 247; demissão do RVSR, 365; denúncia de Trotski (1937), 564; deportação de Trotski da URSS, 482; derrota de Kamenev e Zinoviev, 426-7; desmantelamento da equipe de Trotski, 432; direção da Rabkrin, 383, 387; discussões em Kislovodsk, 396, 398-9; ditatorial, 396, 400; duunvirato com Bukharin, 426-7, 429, 463, 465; elogios a Trotski, 343; estratégia de abastecimento de víveres, 476-7; estratégia econômica, 428; estratégia revolucionária, 252, 282, 284, 287; execução de Blyumkin, 528; expulsão da Oposição Unida, 469-71; julgamentos de fachada em Moscou, 494; morte de Lenin, 406; opinião sobre insurreição alemã, 398, 458; opinião sobre os judeus, 277-8; opinião sobre Trotski, 400-1; ordens para assassinar Trotski, 25, 35, 616; pacto nazi-soviético, 606-7; política cultural, 414; política de coletivização, 461; política de comércio exterior, 387; política de exércitos de trabalhadores, 354; política de paz, 284, 287, 288, 292; política em relação à China, 459, 463; política em relação à França, 541-2; política em relação à Polônia, 359-60, 363; política em relação aos camponeses, 498; política externa, 327; política para

com os nazistas, 506-7, 541; posição na liderança, 401; primeiro plano quinquenal, 435, 477; problemas de saúde, 378; problemas georgianos, 387-8, 391-4; propondo Trotski para cargos no Sovnarkom e na Gosplan, 391; questão da sucessão de Lenin, 390; questão do assassinato, 450; relacionamento com Lenin, 386-8, 391-4, 418; responsabilizado por Trotski pelo suicídio de Zina, 496; retrato de, por Kahlo, 580; secretário-geral do partido, 382; sobre disputas entre bolcheviques e mencheviques, 172-3; *status* no Comitê Central, 388; *status*, 372; testamento de Lenin, 420, 466; transformação da URSS, 582-3; Trotski acusado de tramar a morte de, 628Trotski despachado para Alma-Ata, 473; última doença de Lenin, 404; visão de, por Trotski, 27, 422, 430, 460, 496, 499-501, 506, 517-8, 522, 583-4, 592, 610; vitória sobre Oposição Unida, 427-8
Stolypin, Piotr, 165
Struve (professor), 65
Struve, Piotr, 100-1, 112, 142, 168, 273
Suíça, 190-2, 210-1, *ver também* Kienthal, Zimmerwald, Zurique
Sukhanov, Nikolai, 102, 227, 246, 249, 526
Sverchkov, Dmitri, 148-9, 172, 396, 433-4
Sverdlov, Yakov: caráter decidido, 256; cargos no Exército Vermelho, 304; execução de Nicolau II, 552; judaísmo, 276; morte, 305; reação ao ferimento de Lenin, 298; recomendação sobre Trotski, 259; relacionamento com Lenin, 256, 259, 262; Secretariado do Partido, 251; sobre relações Trotski-Stalin, 300; Terceira Inter-

nacional, 329; Trotski acusado de tramar a morte de, 628

Sviyajsk, 296-7, 304-5, 313

"Svoi" (correspondente), 530, 532

Syrtsov, Sergei, 482

Szamuely, Tibor, 333

Tambov, província de, 367, 376, 516

Taylor, F. W., 266

Tchaikovski, Nikolai, 110, 448

Tchecoslováquia: anexação alemã, 588; avanço do Exército Vermelho, 361-2; camaradas, 504; prisioneiros de guerra tchecos, 294-5

Terceira Internacional, 210, 327-30, 332, 335, 562, 608, ver também Komintern

Terijoki, 150-1, 228, 242

Terror Vermelho, 298, 332

Thalheimer, dr., 555-6

Thälmann, Ernst, 506

Thomas, Albert, 206

Thorez, Maurice, 506

Thornton Butterworth, 520

Tolstoi, Leon, 64, 514

Tomski, Mikhail, 378, 382, 388, 482

Tratado de Comércio Anglo-Soviético (1921), 373

Tratado de Rapallo (1922), 385

Tratado de Versalhes, 376, 506-7

Treint, Albert, 503

Trifonov, Yevgeni, 413

Trilling, Lionel, 596

TROTSKI, LEV DAVIDOVICH (LEIBA BRONSTEIN): X Conferência do Partido (maio de 1921), 378; II Congresso da Komintern (1920), 336-7; IV Congresso da Komintern (1922), 347; II Congresso do Partido (1903), 115-7, 272; IX Congresso do Partido (1920), 355, 363-5; X Congresso do Partido

(1921), 368-72; XI Congresso do Partido (1922), 381-3; XII Congresso do Partido, 393-4; adeptos, 490-1; agressão com picareta de alpinista, 624-6; ajudantes, 312-3, 431-3; ajudantes, 490-1, 495; antecedentes familiares, 36, 42-5, 99; apátrida, 524; ataque à casa de Coyoacán, 619-23; ataque ao "centrismo stalinista", 465-6; ataque do Politburo a, 463-70; atentado contra Lenin, 121-4; aventura amorosa com Frida Kahlo, 572-4; biógrafos, 343; busto de, 348; cargos científicos, 425; carta aberta de queixa ao Politburo, 402-3; casamento com Alexandra, 91-2; Comissão Dewey, 596-7; comissário do povo para Assuntos Militares, 291-5, 366; comissário do povo para Relações Exteriores, 259-64; Comitê Americano de Defesa de Leon Trotski, 596; Comitê Central bolchevique, 246-7; como repórter na Guerra dos Bálcãs, 180-1, 292; condenado à morte em Moscou, 545; Conferência de Viena (1912), 177-9; Conferência de Zimmerwald (1915), 200-3; conhecendo Natalia, 110-1; convalescença, 404; "crise da tesoura", 397, 401; críticas a Stalin, 422, 430; defesa de Petrogrado, 321-3, 330-2; defesas da casa de Coyoacán, 616; demite-se do Comissariado do Povo para Meios de Comunicação, 366; deportação (1929), 461, 482-4, 515; deportação da França, 209-11; despachado para Alma-Ata, 473-4, 515; despejo do apartamento no Kremlin, 471; detenção, 142-4; detenção, 241-4; detenção, 82-4; Dias de Julho, 236-40; discurso à sessão conjunta do Comitê

Central e da Comissão Central de Controle, 401; educação política, 71-9; educação, 51-2, 58-69, 71-3, 97, 425; em Coyoacán, 549-51, 559, 564, 568, 572, 581-2; em Genebra, 108; em Londres, 109-10; em Nova York, 212-9; em Paris, 192-8, 292; em Petrogrado, 222-8; em São Petersburgo, 135-7; em Viena, 152-4; encarceramento, 83-91; entrevistas concedidas a jornais, 549; escrevendo para o *Vostochnoe obozrenie*, 98-101, 103; esforços para atrair apoio, 501;estratégia da Igreja ortodoxa, 385, 457; exílio na Sibéria, 93-105; expulsão do partido, 469-71; expulsão do Politburo, 426; fuga da Sibéria, 106-7; fuga, 148-51; funeral, 627; grupo de Rassadnik, 79-82; infância, 43, 46-57; interesse em filosofia, 597-604; julgamento do Comitê Central sobre, 405; julgamento e sentença, 144-8; julgamentos de fachada, 385-6; libertado da Prisão Kresty, 243; livros destruídos no incêndio em casa, 494; morte da filha Nina, 480, 638; morte da mãe, 175; morte de Lenin, 406-7; morte do filho Lëva, 556-9, 638; morte do pai, 347; morte, 35, 461, 626-8; motim de Kronstadt, 369-72, 376, 568, 590-1; mudança para a Suíça (1914), 191; mudança para Istambul, 495; na França, 538-44; na Noruega, 543-6; na Turquia, 484, 487-8; nascimento da filha Nina, 103; nascimento da filha Zina, 98; nascimento do filho Lëva, 146; nascimento do filho Sergei, 156; nascimento, 35-6; negociações de Brest-Litovsk, 266-7, 280-8, 374; Nova Política Econômica (NPE), 370-1, 377, 379, 382, 396-7, 451, 461; obituários,

628; oposição a, 299-302; no Politburo, 305; Oposição de Esquerda, 401-2; Oposição Unida, 426-9; Ordem da Bandeira Vermelha, 323; passeios de carro, 551; pede demissão, 317-8; pedido de desculpas no XIII Congresso do Partido (1924), 421-2; penetração pela espionagem soviética, 527-33; plano para insurreição alemã, 399; política de ajuda humanitária para a fome na região do Volga, 380; política de comércio exterior, 388-9; política em relação à China, 429, 458-9; política em relação à Polônia, 356-9, 363-4; política em relação à Segunda Guerra Mundial, 608-13; política externa, 327-8, 333-5, 453-4; política externa, 384-5, 398; política sobre a arte, 410-1; possíveis tentativas de assassinato contra, 449-50; presidente do Soviete de Petrogrado, 243-4, 246; primeiro discurso, 81; primeiro encontro com Lenin, 109; em Paris, 110; Quarta Internacional, 559-62, 564; questão da liderança, 395; questão da sucessão de Lenin, 389-90, 394-5; questão da sucessão de Lenin, 423, 439-40, 635; recusa vice-presidência do Sovnarkom e presidência da Gosplan, 391-2, 439; regresso à Rússia, 219-23; rejeição de cargo em Astracã, 473; rejeita chefia do governo, 259; rejeita Comissariado do Povo para Assuntos Internos, 259, 275; reputação, 633-9; responsabilidade por Seva, 557-8; Revolução de Outubro 253-4; rivalidade com Stalin, 423; rotina diária, 488-9; saída do Comissariado do Povo para Assuntos Militares, 429, 439; secretária, 491; sentenciado ao exílio, 90-2;

sob vigilância, 422; *status* na eleição para o Comitê Central, 371-2; *status* no Comitê Central, 388; suicídio da filha Zina, 496-7, 638; Terceira Internacional (1919), testamento, 617-8; Tratado de Brest-Litovsk, 289-90, 293; tratamento na imprensa soviética, 523; trem de, 307-8; viagem a Copenhague, 536-8; viagem para o México, 548-9; vida familiar em Moscou, 345-6, 442-3; vida familiar em Viena, 166-8; vigilância da correspondência de, 560; visita a Berlim, 450

caráter: alienando outras pessoas, 118-9, 437, 635; antipatia por perder jogos, 96, 214; arrogância de, 28-9, 125, 170, 437; asseio e capricho, 62, 119; autoritarismo, 504; aversão a sentimentalismos, 78; caráter decidido, 256; compromisso revolucionário, 110-1, 131, 637; confiança, 111, 128, 185, 221, 264, 445; coragem, 128, 294, 313; descaso quanto às atitudes dos outros em relação a ele, 223, 264; egocentrismo, 441; egoísmo, 445; energia, 256; falta de desejo de se tornar o líder supremo, 395, 635; falta de sentimentos convencionais, 436-7; falta de tato político, 28, 170, 302; gênio forte, 220; humor, 355, 519; impaciência com a estupidez, 196; independência, 128; insensibilidade, 125, 306-7; irascibilidade, 511; modéstia, 437; perfeccionismo, 62; pontualidade, 124; puritanismo, 436-7; vaidade, 604; vontade de dominar, 77, 96

escritos: *A moral deles e a nossa*, 601,

604; *A revolução traída*, 521, 583-4, 592, 633; *A Rússia em revolução* (1905), 156; *Aconteceu na Espanha*, 415; arquivos, 474, 494, 508, 512, 555, 596; artigo para o *Sotsial-demokrat*, 127-8; "Bonapartismo, Fascismo, Guerra", 623; *De Outubro a Brest-Litovsk*, 232, 310; diário, 89, 212, 503, 506, 553-4, 540, 542, 546, 548, 552, 572; ditando, 389, 489, 491, 510, 513, 623; *E agora?*, 507; *Em defesa do Partido*, 154-5; estilo literário, 114, 128, 158, 184, 413-4, 440, 460, 510, 518, 574, 635, 637; *Guerra e revolução*, 415; *História da revolução russa*, 494-5, 513-5, 517, 519-21, 542, 550; jornalismo, 98-9; legado, 29-31; *Lições de outubro*, 422; *Literatura e revolução*, 412-4, 433, 579; manifesto "Por uma arte revolucionária independente", 579; *Minha vida*, 151, 451, 514-9, 550, 590, 633; *Nossas tarefas políticas*, 121; *O jovem Lenin*, 522, 550; *O novo rumo*, 404, 420, 435; *Obra* (1924), 417; obra, 29-31; "Piotr Struve na política", 142; polêmicas, 166, 183-4, 193, 290, 418, 439-40, 525, 602; *Problemas da vida cotidiana*, 62, 409; rascunhos, 5, 12, 21, 97, 343, 385, 400, 401, 403; *Relatório da delegação siberiana*, 118; *Resultados e perspectivas*, 156; *Rumo ao socialismo ou ao capitalismo?*, 452; *Seis artigos para a imprensa burguesa mundial*, 512; *Sobre Lenin*, 415-7, 422; *Stalin*, 521-2, 548, 550, 618, 623; técnica de feitura de rolos, 30, 513; temas, 28; *Ida e volta*, 151; tempo gasto nos textos, 415-6; *Terrorismo e comunismo*, 351, 601; trabalhos infantis, 63-4; traduções de textos, 26, 341, 520-1; vituperativo, 167, 300, 612

FINANÇAS: contratos de publicação, 26, 488, 520-1, 550; despesas de casa, 442-3, 478, 488-9, 549-50; dinheiro do pai, 112, 121, 175-6; direitos autorais, 26, 442, 488, 512, 520-1; em Alma-Ata, 478; em Genebra, 108; em Moscou, 442-3; em Paris, 195-6, 206; entrevistas a jornais, 549; finanças do *Pravda*, 160-1; na Sibéria, 96-8; na Turquia, 488, 538;no México, 549-50; ordens de pagamento, 193, 196, 208; passagens de navio, 211; renda obtida com o jornalismo, 112, 161, 196, 208; seminários para estudantes norte-americanos, 549; venda da correspondência política, 550; verba concedida pelas autoridades soviéticas para instalação no exterior, 488

opiniões: antissemitismo, 277-8; burocratismo, 403, 454-5, 587-8, 636; coletivização, 353, 398, 452, 525; confiança na revolução, 456; cúlaques, 296, 354, 451, 526; cultura russa, 408-10; economia de mercado, 295, 353-4, 451-2; Estados Unidos da Europa, 205, 398; estratégia revolucionária, 132-4, 158, 162, 230-2, 249-50; exércitos de trabalhadores, 353; governo dos trabalhadores, 120-

1, 132-4, 153, 157, 162, 205, 225, 636; guerra civil espanhola, 565; identidade como internacionalista, 161, 194, 269, 341, 398, 637; julgamentos de fachada, 526-7; literatura e outras artes, 409-15; monopólio estatal dos cereais, 296; política externa, 260, 327-8, 384, 398, 427, 458, 525; políticas agrárias, 352-4, 377, 397-8, 451-3; políticas em tempos de guerra, 191-2, 195, 196-208, 213-8, 226, 229-32, 282-90; povos não russos, 457; recuperação econômica, 265-6, 353-4, 381, 384-5; República dos Trabalhadores Revolucionários, 218; revolução permanente, 139, 142, 155, 157, 230, 423, 503, 517, 537; revolução socialista europeia, 198, 230, 232, 237, 255, 260-1, 282, 287, 292, 328, 359-60, 363, 458, 501, 505, 518, 540; sindicatos, 365-6, 368, 371, 373-4, 454; sionismo, 270, 272-4; sobre industrialização, 205, 435, 452-4, 525; terror, 113, 133, 162, 257, 298-9, 351, 408, 455, 584, 598, 634; transporte, 354, 364-5; trotskistas, 565-6; visão de mundo, 95

pessoa: altura, 215, 229; animação, 253; aparência quando estudante escolar, 60, 62; aparência quando pequeno, 47; barba, 349, 544; biblioteca, 494, 550; busto de, 349; cabelo, 131, 215-6, 229, 544, 571; como jogador de *croquet*, 53, 96; como jogador de xadrez, 214, 483; consumo de bebidas, 436; cuidados com a aparência, 137,

225; energia, 256; fumo, 245, 254, 436; habilidade nos debates, 77-8; imagem em cartazes contrarrevolucionários, 276; indumentária, 119, 137, 229, 267, 306, 331, 442, 483; jardinagem, 551; jeito de lobo, 349; judaísmo, 36, 259-60, 268-276, 523; leituras, 64, 74, 77, 107, 109, 278, 437, 443, 511, 540, 545; letra, 31, 446; línguas, 51-2, 59-60, 267, 513; mãos, 253; na caça, 442-3, 479, 491, 551; nomes, 31, 35, 73, 80, 85, 98-9, 106-7, 115, 120, 132, 135-7, 487, 523, 617; olhos, 47, 119; oratória, 128, 136, 155, 213, 228-9, 637; passaportes, 106, 115, 524; pescaria, 491; peso, 571; pincenê, 229, 349; preparação de discursos, 81, 110, 136-7, 215-6, 225, 229; qualidades, 28-9; regime no escritório, 431-2; religião, 66-7, 91, 167-8, 270-1; reputação, 26, 203, 341-3; velhice, 571; vida social, 437; voz, 119
relacionamentos: amizades, 270-1, 307, 432-4; com a filha Nina, 262, 447; com a filha Zina, 156, 262, 447-8, 493-4, 495-7; com a primeira mulher, Alexandra, 77-8, 85-7, 104-5, 111, 125-6, 161, 497; com as mulheres, 348-50, 443-4, 570-7; com auxiliares, 312, 431-2, 616; com companheiros socialistas, 118-20, 125, 263-4, 306, 436-41, 598-604, 612; com Lenin, 25, 112-4, 193, 200, 202-4, 229-32, 256-9, 283-91, 297-9, 329-30, 343-5, 379-89, 393, 436, 523; com Natalia, 125-7, 535, 570-6, 618; com o filho Lëva, 492-3, 505,

508-9, 547, 553-4, 562, 564; com o filho Sergei, 448-9, 493; com Stalin, 343, 363-4, 391-3, 400-1, 405-7, 422-3, 427, 460-1, 463-71, 473-4, 521-2; com adeptos e seguidores, 29, 170, 184-5, 436-7, 478, 481, 562-3, 634-5, 637; vida social, 437

saúde: *check-ups*, 546, 618; colite, 446, 488; convalescença, 404; desmaios, 47-8, 254, 445; doenças, 377-8, 392, 395, 439, 444-5, 540-1, 623; esgotamento, 378, 447; gota, 447, 479, 488; hérnia, 175-6, 447; malária, 479, 488; pressão alta, 618; problemas dentários, 175; problemas estomacais, 446-7, 479; questão da epilepsia, 444-7

Trudoviki, 141

Tsereteli, Irakli, 233

Tsyurupa, Alexander, 328, 347, 377, 382, 389

Tukhachevski, Mikhail, 359, 361-2, 370-1, 376

Turquia, 25, 439, 483-4, 487

Ucrânia: borotbistas, 309; colonos judeus, 39; esperança de Trotski de revolução na, 588, 612; governo independente, 315; guerra civil, 303, 315-21, 324-6, 353, 433; invasão polonesa, 356, 361, 364; jornais, 161, 208, 309, 457; língua, 44, 457; mineração, 76; nacionalismo, 159, 178, 194, 269, 309; nascimento de Natalia, 126; nascimento de Trotski, 35, 269; proposta de autonomia regional, 236; República Soviética, 321, 334, 355, 388; revolta dos camponeses, 367, 376; trigo, 76; ucranização, 457

Ulianov, Alexander, 76
Ulianov, Dmitri, 115, 117
Ulianov, Vladimir, ver Lenin
Ulianova, Maria, 391
Ulrikh, Vasili, 95-6
Unszlicht, Jósef, 359
Urais: base do Exército Vermelho, 334; exército de trabalhadores, 353; grupos bolcheviques, 123; guerra civil, 301-3, 315-6, 319, 324; políticas de Stalin sobre, 476, 498; revoltas de camponeses, 352, 367; visitas de Trotski, 352, 367
Uritski, Moisei, 222, 226, 230, 242, 246
Uspenski, Gleb, 100
Ust-Kut, 94-5, 97, 107

Vaillant, Édouard, 206
Vanka (soldado de artilharia dos Vermelhos), 323
Vatsetis, Ioakim, 300, 316-7, 333
Vela (trotskista espanhol), 560
Verdes (forças partidárias camponesas), 319, 321, 324
Verkhovski, Alexander, 310
Viena: conferência (1912), 176-9; emigrantes políticos russos, 152-4; língua, 195, 267; marxistas austríacos, 167; partida de Trotski, 190-1; Trotski em, 108, 131, 152-4, 159, 166-70, 182
Vinokurov, Alexander, 95
Vladimirov, Miron, 226
Volga: ajuda humanitária norte-americana, 380; fome, 380; guerra civil, 295-7, 299-302, 319, 324, 443; insurreição, 367, 376
Volkov, Platon, 448
Volkov, Vsevolod (Seva, filho de Zina, neto de Trotski): carreira e opiniões políticas, 632; com a avó, 493; em Paris com Lëva e Jeanne, 544, 551,

553; morte da mãe, 496; na Turquia, 493, 496; nascimento, 448; no México, 558, 616, 620; processo de guarda de, 557-8
Volynski (oficial da OGPU), 482-3
Voronski, A. K., 411-2, 415
Voroshilov, Kliment, 302, 396
Vostochnoe obozrenie ("Panorama oriental"), 98-9, 103-4
Vperyod ("Avante"), 227

Wallace, Henry A., 589
Webb, Beatrice, 589, 595
Webb, Sidney, 589
Weber, Sara, 491, 513
Weil, Simone, 591
Weisbord, Albert, 561
Wells, H. G., 342, 595, 598
Wilson, Edmund, 596
Wilson, Woodrow, 214, 217, 288
Witte, conde, 134
Wolf, Erwin, 553
Wolfe, Bertram, 564, 604
Wolfe, Ella, 574, 577, 604
Wrangel, Piotr, 326, 341, 358, 364

Yablonskaya, Faina, 474
Yagoda, Genrikh, 473
Yaroslavski, Yemelyan, 516
Yavich, Misha, 83
Yefimov, Boris, 411
Yegorov, Alexander, 318, 361-2, 623
Yejov, Nikolai, 582, 594
Yeltsin, Viktor, 528
Yesenin, Sergei, 412-3
Yevdokimov, Grigori, 396
Yudenich, Nikolai, 321-4, 326, 328, 335, 351
Yurchenko (professor), 65

Zaharoff, *Sir* Basil, 548

Zalkind, Ivan, 261

Zalutski, Piotr, 311

Zarudni, A. S., 144, 241

Zarya ("Alvorecer"), 173, 184, 194

Zasulich, Vera, 77, 109, 114, 119

Zborowski, Mark (Étienne), 531, 553-5, 559

Zemliachka, Rosália, 117

Zetkin, Clara, 125, 177, 185

Zinoviev, Grigori: afastado do Politburo, 426-8, 468; ataque à organização do partido em Leningrado, 428; ataque a Stalin, 425; ataque a Trotski, 405, 427; ataque do Politburo a, 465-7; biografia de Lenin, 343; busto de, 348; caráter decidido, 256; Comitê Central bolchevique, 258; Conferência de Zimmerwald, 200; conferência dos interdistritais, 230; críticas de Trotski a, 422, 427; debate sobre a paz, 284, 287; demissão do Comitê Central, 468; derrota no XIV Congresso do Partido (1925), 426; descrição de Trotski sobre, 517-8; despejo do apartamento no Kremlin, 471; detenção, 239; estratégia revolucionária, 249-52, 282, 284; expulsão do partido, 469-71; fracasso da insurreição de Berlim, 375; judaísmo, 276-7; julgamento de fachada, 544-5, 594; manifestação de apoiadores, 469; manobras contra Stalin, 481; opinião de Trotski sobre, 532; Oposição Unida, 426-9, 465; perda de cargo na Komintern, 500; permanecendo em Petrogrado, 283; plano da insurreição alemã, 399; plano de reorganização da liderança, 402; política de comércio exterior, 388; política em relação à China, 429; política em relação à Polônia, 358; política externa, 327; política sobre a arte, 410; políticas na guerra civil, 305, 321-3; posição na liderança, 402; posição no Comitê Central, 372, 388; problemas de saúde de, 378; protestos em Petrogrado, 238-9; questão da sucessão de Lenin, 390; questão da sucessão de Lenin, 423, 425-6; readmissão no partido, 481; relacionamento com Lenin, 418; relacionamento com Trotski, 322-3; relacionamento com Trotski, 470-2; relações com Stalin, 396, 398, 425-6; renegando ideias oposicionistas, 524; reputação, 243; sobre ameaça representada por Trotski, 400-1; *status*, 262; temores sobre assassinato, 450; Terceira Internacional, 332; visita aos Urais, 367-8

Ziv, Grigori (Grisha): carreira na medicina, 73, 80-1, 196, 214, 445; grupo de Nikolaev, 73-4; judaísmo, 73; sobre competitividade de Trotski, 96, 214; sobre insensibilidade de Trotski, 78-9, 436; sobre nome de Trotski, 106; sobre redação de discursos por Trotski, 81; sobre saúde de Trotski, 445-6

Zlochanski (professor), 65

Zola, Émile, 579, 596

Zollinger, dr., 618

Zurique, Trotski em, 191-2

Este livro foi composto na tipologia Minion Pro
Regular, em corpo 11,5/15,5, e impresso em
papel off-white no Sistema Digital Instant Duplex
da Divisão Gráfica da Distribuidora Record.